二十一世纪普通高等院校实用规划教材　物流系列

物流战略与规划

戴恩勇　江泽智　阳晓湖　编著

清华大学出版社
北　京

内容简介

本书以物流规划为主线，在吸收物流管理领域近年来新成果的基础上，系统阐述了物流战略、绿色物流战略、物流规划、物流系统规划的理论和方法、物流园区规划、物流综合运输系统规划、配送中心规划、物流信息系统规划、供应链一体化设计、物流运营管理系统规划等内容。

本书内容全面、结构新颖、重点突出、理论与实践结合紧密，既可供高等院校物流专业本科生作为教材使用，也可供其他管理类学科高年级本科生、研究生及物流专业人士参考。由于本教材内容篇幅较大，根据课时要求，可选取核心章节进行教学。

本书封面贴有清华大学出版社防伪标签，无标签者不得销售。
版权所有，侵权必究。侵权举报电话：010-62782989 13701121933

图书在版编目(CIP)数据

物流战略与规划/戴恩勇，江泽智，阳晓湖编著. --北京：清华大学出版社，2014（2020.1重印）
（二十一世纪普通高等院校实用规划教材　物流系列）
ISBN 978-7-302-35521-2

Ⅰ. ①物… Ⅱ. ①戴… ②江… ③阳… Ⅲ. ①物流—高等学校—教材 Ⅳ. ①F252

中国版本图书馆 CIP 数据核字(2014)第 040175 号

责任编辑：李玉萍　杨作梅
封面设计：刘孝琼
责任校对：周剑云
责任印制：沈　露

出版发行：清华大学出版社
网　　址：http://www.tup.com.cn, http://www.wqbook.com
地　　址：北京清华大学学研大厦 A 座　　邮　编：100084
社 总 机：010-62770175　　邮　购：010-62786544
投稿与读者服务：010-62776969, c-service@tup.tsinghua.edu.cn
质量反馈：010-62772015, zhiliang@tup.tsinghua.edu.cn
课件下载：http://www.tup.com.cn, 010-62791865

印 装 者：北京九州迅驰传媒文化有限公司
经　　销：全国新华书店
开　　本：185mm×260mm　　印　张：31.75　　字　数：769 千字
版　　次：2013 年 3 月第 1 版　　印　次：2020 年 1 月第 4 次印刷
定　　价：58.00 元

产品编号：050674-01

前　言

在今天竞争日趋激烈的商业环境中，物流无疑成为组织急欲抓住的新的利润源泉。但在众多企业对之趋之若鹜、一哄而上时，我们应清醒地认识到，企业应该首先树立明确的现代物流理念，建立物流战略思想，并辅之以合适的运作模式，才能发挥出物流的巨大潜力。"十一五"时期，我国的物流产业取得了巨大成就。2010年，我国社会物流总费用占GDP的比率为17.8%，比"十一五"末期的2005年降低0.5个百分点，等于增加了近2000亿元的经济效益。2013年全社会物流总额和物流业增加值分别为10%和12%，低于2012年11%和13%的增速。因此，"十二五"时期作为兼具生产性、生活性服务业属性的现代物流业，在国民经济和社会发展中的基础性、先导性行业地位将进一步突显，"经济动脉"的综合服务功能将进一步增强，成为"十二五"发展目标实现的重要动力和有力保障，物流业自身也必将在这一过程中迎来升级发展的战略新机遇。

随着世界经济的迅猛发展，所有的企业都面临着世界经济一体化所带来的巨大经济效益和空前激烈的竞争局面，面对如此错综复杂、市场高速变化的外部环境，企业已通过整合内外部资源来降低成本、提高效率使产品提高市场竞争力，但企业很少认识到物流的战略作用，物流重要的商业价值一直没有得到广泛利用或认同。2009年国务院通过的《物流业调整振兴规划》，为物流业的大发展创造了良好的外部条件，使物流成为一个真正的战略问题，并把物流推向了企业战略的核心地位，着眼于长远，于是物流本身的战略性发展也提到议事日程上来。我国的企业必须重视物流战略的规划与设计，确立企业设计物流战略的框架，制定企业物流的战略目标。而要做好企业的物流战略规划与管理必须把物流管理提高到战略管理层面，对企业物流战略进行规划与设计。

战略与规划密切相关，制订规划时往往都要把一定时期内实现的战略目标作为规划目标，而一定时期内战略目标的实现又必须以对未来发展具有指导意义和控制作用的规划为基础，从管理职能划分，战略与规划同属计划的范畴，本书正是基于这种认识而编著的。

本书共分10章。第1章在全面介绍物流战略基本内涵的基础上，揭示了物流战略与企业经营战略的关系，并在此基础上对供应链管理环境下的物流战略管理的内容、物流战略规划及其实施策略进行了探讨。第2章对可持续发展理论及其本质、绿色物流的本质及其特征进行了全面的分析；并结合企业的特征，分析企业绿色物流系统的发展模式；从循环物流战略、产品全生命过程绿色物流战略、协同物流战略、宏观调控战略这四个方面介绍了绿色物流系统及主要发展战略，提出了绿色物流发展战略措施。第3章介绍了物流系统的含义、模式、功能、要素和特征，揭示了物流规划的含义、指导原则和规划意义，同时对物流规划体系进行了全面分析。第4章主要从物流系统规划理论基础入手，通过介绍物流系统规划的早期理论，引申出物流客户服务理论，再相对物流系统规划选址、运输网络规划、设施优化布置、物流通道系统、物流预测等主要方法进行了分析，为物流战略与规划提供理论与方法支持。第 5 章通过介绍物流园区的内涵、作用以及其发展趋势，引申出物流园区规划的意义和规划原则，揭示了物流园区规划体系的基本内容。第 6 章从综合运输的基本理论入手，通过对综合运输的含义、综合运输与物流的关系、综合运输系统的构成以及货物运输过程组织的描述，引申出综合运输网络规划模型。第 7 章全面论述了配送中心规划的基本结构、规模确定，阐述了随着现代生产和商业的发展建立现代物流配送中心的重要性和必要性，并在此基础上，详细介绍了配送中心选址、设施布置规划、存储策略和拣货路径规划的具体实现方法和完整的规划方案。第 8 章从物流信息系统的基本理论入手，通过介绍物流信息的概念、物流信息系统的概念及其技术基础，引申出物流信息系统构建的原则，揭示了物流信息系统的体系结构和层次结构；着重分析和讨论了物流信息系统的开发、自动识别系统和库存信息管理。第 9 章介绍了供应链一体化的概念和理论，引申出供应链一体化的框架结构，从不同层次分析了流程一体化规划的基本内容，指出了物流一体化规划的直接体现，并在此基础上对供应链信息一体化规划的目标和框架进行了探讨。第 10 章对物流运营管理系统的基本理论进行了分析，从不同层次对运营网络、营销系统及效率评价进行了探讨。

综合上述内容，本书体现出如下特点。

(1) 编写方法新颖，适用面广。围绕物流战略规划制订和实施过程中所急需解决的物流战略、绿色物流战略、物流园区规划、配送中心规划、运输网络规划、信息系统规划、规划方法的选择、物流绩效评估等关键问题，结合国内外物流战略管理和供应链管理的最新发展动态和研究成果，系统地介绍和分析了物流战略规划和实施的整套体系。

(2) 实用性强。按照正常、合理的教学顺序设计教材结构与内容，突出教学与管理实践相结合，既重视物流战略与规划的基本理论，同时密切联系实际，更加贴近教学与教改的需要，更有利于培养实用的物流专业相关人才。

(3) 理论系统性强。本书力争对一些基本概念进行详细准确的定义，力图使读者对物流战略与规划的基本理论和方法有清晰的认识，能够全面地理解和掌握物流战略与规划的基本内容。

本书由长沙学院戴恩勇编写第 1、2 章；余冰编写第 3、4 章；李金亮编写第 5、6 章；湖南省人大财经委办公室江泽智编写第 7、8 章，湖南省行行行仓储经营管理有限公司董事长阳晓湖编写第 9、10 章。全书由戴恩勇设计、策划、组织和定稿，杨慧负责图片整理工作。在本书写作过程中，我们查阅了大量国内外同行、专家的研究成果，在此一并向有关人士致以诚挚的谢意。此外，对本书在编写过程中参阅的大量教材、专著与期刊，我们已在参考文献中尽可能逐一列出，如有疏漏，敬请原作者见谅。

尽管我们做了大量的准备，尽心竭力地想使本书能最大限度地满足读者的需要，但是由于自身学术水平有限，肯定有诸多不足和偏颇之处，敬请各位专家、读者提出意见并及时反馈，以便我们逐步完善。

作　者

目 录

第1章 物流战略 ... 1
1.1 物流概述 ... 1
- 1.1.1 物流的基本概念及其发展 ... 1
- 1.1.2 物流的功能及其特征 ... 8
- 1.1.3 物流与其他领域的关系 ... 13
- 1.1.4 物流的作用 ... 17
- 1.1.5 物流的全球化 ... 21
- 1.1.6 现代物流的发展趋势 ... 28

1.2 物流战略概述 ... 31
- 1.2.1 战略概述 ... 31
- 1.2.2 物流战略的基本内涵 ... 32
- 1.2.3 物流战略的目标 ... 37
- 1.2.4 物流战略的类型 ... 37
- 1.2.5 物流战略与企业经营战略的关系 ... 38

1.3 物流战略管理 ... 39
- 1.3.1 供应链及供应链管理 ... 40
- 1.3.2 物流战略管理概述 ... 44
- 1.3.3 供应链管理环境下的物流战略管理 ... 46

本章小结 ... 53
思考与练习 ... 53

第2章 绿色物流战略 ... 54
2.1 可持续发展与绿色物流 ... 54
- 2.1.1 可持续发展理论 ... 54
- 2.1.2 绿色物流 ... 56
- 2.1.3 发展绿色物流的必要性 ... 62

2.2 绿色物流系统的运行模式 ... 65
- 2.2.1 绿色物流系统 ... 65
- 2.2.2 企业绿色物流系统的发展模式 ... 70
- 2.2.3 绿色物流系统的运行模式 ... 72
- 2.2.4 基于供应链一体化的循环物流系统运行模式 ... 73

2.3 绿色物流主要发展战略 ... 75
2.4 绿色物流发展战略措施 ... 81
- 2.4.1 绿色物流发展的宏观措施 ... 81
- 2.4.2 绿色物流发展的中观措施 ... 85
- 2.4.3 绿色物流发展的微观措施 ... 87

本章小结 ... 90
思考与练习 ... 90

第3章 物流规划 ... 91
3.1 系统与物流系统 ... 91
- 3.1.1 系统的含义 ... 91
- 3.1.2 物流系统的含义 ... 95
- 3.1.3 物流系统分析 ... 102

3.2 物流规划概述 ... 110
- 3.2.1 规划的含义 ... 110
- 3.2.2 物流规划的含义 ... 114
- 3.2.3 物流规划的内容 ... 115
- 3.2.4 物流规划的指导原则 ... 116
- 3.2.5 物流规划的意义 ... 118
- 3.2.6 我国物流规划的发展现状及方向 ... 119

3.3 物流规划体系 ... 122
- 3.3.1 物流系统空间布局规划 ... 122
- 3.3.2 物流节点规模规划 ... 125
- 3.3.3 物流库存管理与规划 ... 127
- 3.3.4 物流运营管理体系规划 ... 129
- 3.3.5 物流信息平台规划 ... 131

本章小结 ... 136
思考与练习 ... 137

第4章 物流系统规划的理论与方法 ... 138
4.1 物流系统规划的理论基础 ... 138

4.1.1 物流系统规划理论的早期研究 138
    4.1.2 物流客户服务理论 141
  4.2 物流系统规划方法 149
    4.2.1 物流系统规划选址方法 149
    4.2.2 运输网络规划设计方法 163
    4.2.3 设施优化布置方法 173
    4.2.4 物流通道规划方法 195
    4.2.5 物流预测方法 204
  本章小结 216
  思考与练习 217

第 5 章 物流园区规划 218

  5.1 物流园区概述 218
    5.1.1 物流园区的内涵 218
    5.1.2 物流园区的作用 220
    5.1.3 物流园区的形成与发展 222
  5.2 物流园区规划概述 224
    5.2.1 物流园区规划的概念 224
    5.2.2 物流园区规划的意义和总体原则 224
    5.2.3 物流园区规划的基本内容 226
    5.2.4 国外物流园区规划经验总结 228
  5.3 物流园区规划系统分析 231
    5.3.1 物流园区规划的需求分析 232
    5.3.2 物流园区规划的政策分析 234
    5.3.3 物流园区规划的运作分析 236
    5.3.4 物流园区规划的赢利分析 238
  5.4 物流园区总体规划 240
    5.4.1 物流园区用地规模 240
    5.4.2 物流园区功能分析 245
    5.4.3 物流园区总体布局规划 248
    5.4.4 物流园区路网系统规划 254
    5.4.5 物流园区绿地系统布局规划 258

    5.4.6 物流园区总体布局方案评价 259
  5.5 物流园区信息化建设 263
    5.5.1 物流园区信息平台建设的战略目标及功能 264
    5.5.2 物流园区信息平台的体系结构 265
  本章小结 270
  思考与练习 271

第 6 章 物流综合运输系统规划 272

  6.1 综合运输系统概述 272
    6.1.1 交通运输系统 272
    6.1.2 综合运输的含义 274
    6.1.3 综合运输与物流的关系 276
    6.1.4 综合运输系统的构成 277
  6.2 物流综合运输网络规划 281
    6.2.1 综合运输网络概述 281
    6.2.2 综合运输网络结构分析 285
    6.2.3 综合运输网络组成元素 288
    6.2.4 综合运输网络模型 290
    6.2.5 综合运输网络存储方法 295
    6.2.6 综合运输网络系统 304
  本章小结 305
  思考与练习 305

第 7 章 配送中心规划 306

  7.1 配送中心概述 306
    7.1.1 配送的基本知识 306
    7.1.2 配送中心的基本知识 311
    7.1.3 配送中心的作业流程 317
  7.2 配送中心规模的确定 319
    7.2.1 影响配送中心规模的因素 319
    7.2.2 配送中心总体规模的确定 320
    7.2.3 配送中心进出货区规模的确定 322

7.2.4 配送中心仓储区规模的
确定 323
7.2.5 配送中心拣货区规模的
确定 324
7.3 配送中心选址 326
7.3.1 配送中心选址的传统方法 326
7.3.2 传统选址方法与模糊 AHP
方法的比较 330
7.3.3 基于模糊 AHP 的配送中心
选址评价 332
7.4 配送中心设施布置规划 337
7.4.1 配送中心设施布置主要
流程 338
7.4.2 作业区域关联性分析 340
7.4.3 基于图形建构法的配送中心
设施布置 342
7.5 配送中心存储策略 346
7.5.1 储位规划与管理方法概述 347
7.5.2 分区拣货问题分析 349
7.5.3 储位规划模型及算法 352
7.6 拣货路径规划 357
7.6.1 启发式路径策略 357
7.6.2 拣货系统的 VRP 问题研究 360
7.6.3 求解 VRP 的主要算法 363
本章小结 365
思考与练习 365

第 8 章 物流信息系统规划 367

8.1 物流信息系统概述 367
8.1.1 物流信息的概念 367
8.1.2 物流信息系统的概念 369
8.1.3 物流信息系统中的信息流
分析 373
8.1.4 物流信息系统的技术基础 375
8.2 物流信息系统设计 376
8.2.1 构建物流信息系统的原则 376
8.2.2 物流信息系统网络 377

8.2.3 物流信息系统的体系结构 378
8.2.4 物流信息系统的层次结构 380
8.3 物流信息系统的开发 380
8.3.1 物流信息系统开发的
关键点 380
8.3.2 物流信息系统开发的步骤 382
8.3.3 物流信息编码的方法 383
8.3.4 主要开发技术路线 384
8.4 自动识别系统 388
8.4.1 自动识别系统的类别和
作用 388
8.4.2 条形码技术 390
8.5 库存信息管理 395
8.5.1 库存的内容及分类 396
8.5.2 库存信息及其管理 397
本章小结 398
思考与练习 399

第 9 章 供应链一体化设计 400

9.1 供应链一体化概述 400
9.1.1 供应链一体化的概念和
实现基础 400
9.1.2 供应链管理的理论基础 406
9.1.3 供应链一体化框架 418
9.2 流程一体化规划 419
9.2.1 供应链业务流程的概念 419
9.2.2 传统企业的业务流程特征 421
9.2.3 企业流程再造 421
9.2.4 供应链流程一体化的特征 422
9.2.5 供应链流程一休化规划
模型 424
9.3 物流一体化规划 428
9.3.1 供应链物流成本的构成 428
9.3.2 生产延迟规划 429
9.3.3 库存的集中战略 430
9.3.4 供应链物流一体化规划 432

9.3.5　物流一体化战略的影响
     因素 436
  9.3.6　供应链一体化战略的选择 440
9.4　供应链信息一体化规划 441
  9.4.1　供应链中的信息 441
  9.4.2　供应链信息一体化的目标 442
  9.4.3　供应链一体化信息系统的
     框架 444
本章小结 456
思考与练习 456

第 10 章　物流运营管理系统规划 457

10.1　物流运营管理系统概述 457
  10.1.1　运营系统的概念 457
  10.1.2　物流运营模式 459
10.2　物流运营网络协同规划 464
  10.2.1　物流运营网络协同的

     运作方式 464
  10.2.2　物流运营网络的协同效能 ... 467
  10.2.3　物流效率均衡的协同 470
10.3　物流服务营销系统规划 472
  10.3.1　物流服务营销的内涵 472
  10.3.2　物流服务营销规划的程序 ... 479
  10.3.3　物流服务营销规划的内容 ... 486
10.4　物流运营效率评价系统规划 487
  10.4.1　数据包络分析方法概述 487
  10.4.2　数据包络分析模型简介 489
  10.4.3　物流企业运营效率的
     DEA 评价 493
本章小结 496
思考与练习 496

参考文献 497

第1章 物流战略

【学习目标】

- 掌握物流的基本概念、功能及特征。
- 掌握物流战略的基本概念。
- 熟悉物流战略的目标及类型。
- 掌握供应链的基本内涵。
- 掌握供应链管理的基本内涵。
- 掌握物流战略管理的基本内涵。
- 熟悉供应链环境下物流战略管理战略分析与实施策略。
- 熟悉物流战略规划的成本效益分析方法。

随着经济的发展、技术的进步、管理水平的提高，物流活动的技术手段、组织形式等也在发生相应的变化，物流的功能也日益增强，时至今日，物流已作为国民经济中一个新兴的产业，正在全球范围内迅速发展。在国际上，物流产业被认为是国民经济发展的动脉和基础产业，其发展程度不仅会对社会经济各个部门的生产效率和效益产生普遍影响，而且对人们的生活也会产生重大影响。同时，其更是衡量一个国家现代化程度和综合国力的重要标志之一。因此，大力发展物流业，不断推动物流技术的进步、提高物流管理水平，已经成为世界各国经济发展中的重要内容。作为重要的职能战略，物流战略必须与企业总体竞争战略相吻合，以帮助企业获得竞争优势。

1.1 物 流 概 述

1.1.1 物流的基本概念及其发展

1. 物流概念的产生

物流(Physical Distribution，PD)一词最早起源于美国，1915年阿奇·萧(Arch Shaw)在《市场流通中的若干问题》一书中就提到了物流一词，他指出"物流是与创造需求不同的一个问题"。因为在20世纪初，西方有些国家已经出现生产大量过剩、需求严重不足的经济危机，大多数企业因此提出了销售和物流的问题，此时的物流指的是销售过程中的物流。

第二次世界大战期间，围绕战争物资的供应问题，美国军队有两个创举：一是建立了"运筹学"(Operation Research)的理论体系；二是提出并丰富了"后勤学"(Logistics)理论，将这些理论运用于战争活动中。其中"后勤"是指将战时物资的生产、采购、运输和配给等活动作为一个整体进行统一布置，以求战略物资补给的费用更低、服务更好。以系统观点研究物流活动是从第二次世界大战末期美国军方后勤部门的科学研究开始的。因此，物流学在欧美还广泛使用"后勤学"这样的名称。

"二战"后,"后勤"一词在企业经营中得到了广泛应用,并出现了商业后勤、流通后勤的说法,使后勤的外延推广到生产和流通等领域。经过长时间演变之后,后勤学的范围已经远远超出了原先"后勤"的范畴,其内涵也比民用领域的物流更为丰富。之后的70多年里,后勤学的严密性使它逐渐取代了物流在企业中的地位。

日本于20世纪50年代从美国引用了物流这一概念。当时日本的企业界和政府为了提高产业劳动率,组织了各种专业考察团到国外考察学习,其中有"流通技术专业考察团",从1956年10月下旬到11月末,在美国各地进行了实地考察,首次接触了物流这个新生事物,并于1958年撰写了《劳动生产率报告33号》,刊登在《流通技术》杂志上。里面提到的物流的概念,立即被日本产业界所接受,尽管物流这个外来语后来经历了若干年才被正式译为"物的流通",但当时的日本正好处于经济发展的初期,物流革新思想不仅渗透到了产业界,同时也渗透到了整个日本社会。从引进物流概念到20世纪70年代的近20年间,日本逐渐发展成为世界上物流产业最发达的国家之一。

物流概念传入我国主要有两条途径。一条途径是20世纪60年代末直接从日本引入"物流"这个名词,并沿用"PD"这一英文称谓;另一条途径是20世纪80年代初,物流随着欧美的市场营销理论传入我国。在欧美的"市场营销"教科书中,几乎毫无例外地都要介绍"PD",这使我国的营销领域逐渐开始接受物流观念。20世纪80年代后期,当西方企业用"Logistics"取代"PD"之后,我国和日本仍把"Logistics"翻译为"物流",有时也直译为"后勤"。1988年中国台湾地区开始使用"物流"这一称谓。1989年4月,第八届国际物流会议在北京召开,"物流"一词的使用日益普遍。我国在引进物流概念的过程中,为了将"Logistics"与"Physical Distribution"区分开,也常常将前者称为"现代物流",而将后者称为"传统物流"。

物流在概念上随着时间的推移也在发生着变化,最初的物流(PD)概念主要侧重于商品移动的各项机能,即发生在商品流通领域中的在一定劳动组织条件下凭借某种载体从供应方向需求方的实体流动。这种物流是一种商业物流或者销售物流,具有明显的中介性,是连接生产与消费的手段,直接受商品交换活动的影响和制约,具有一定的时间性。

但是,进入20世纪80年代以来,随着社会经济的高速发展,物流所面临的经济环境也有了很大的变化,主要表现在以下几个方面。

(1) 经济管制的缓和使经济自由的空间越来越大,真正意义上的物流竞争开始广泛开展,从而为物流的进一步发展提供了新的更大的机会。

(2) 信息技术的急速发展和革新,不仅使业务的效率化和作为决策支持的信息系统的构筑成为可能,同时也使部门间、企业间的结合或一体化成为可能。

(3) 企业合并和市场集中化的发展使原来的经济构造发生改变,这种变化要求物流必须能够以最低的成本为顾客提供较高水平的服务。

(4) 随着经济全球化的发展,商品不断地向世界市场提供,物流逐步跨越了国境,正因为如此,在要求物流能对生产和销售给予有效支援的同时,应该使其具备在不同环境国家间充分发挥其业务优势的能力。

在这种情况下,原来的物流(PD)概念受到了严峻的挑战。第一,传统的物流只重视商品的供应过程,忽视了与生产相关的原材料和部件的调达物流,而调达物流在增强企业竞争力方面处于很重要的地位,因为原材料以及部件的调达直接关系到生产的效率、成本和创新；第二，传统的物流是一种单向的流通过程，即商品从生产者手中转移到消费者手中，而没有考虑到商品消费以后包装物或者包装材料等废弃物的回收以及退货所产生的物流活动；第三，传统物流只是生产销售活动的附属行为，并着重在物质商品的传递，忽视对生产和销售在战略上的能动作用，特别是以日本为主的即时生产方式(Just in time)在世界范围内的推广，使得以时间为中心的竞争越来越重要，并且物流直接决定了生产决策。

与环境的变化相适应，1984年美国物流管理协会(The Council of Logistics Management，CLM)正式将物流概念从"Physical Distribution"改为"Logistics"，并将现代物流定义为："为了符合顾客的需求，将原材料、半成品、产成品以及相关的信息从发生地向消费地流动的过程，以及为使保管能有效、低成本地进行而从事的计划、实施和控制行为。"这个定义更加强调顾客的满意度和物流活动的效率性，将物流从原来的销售物流扩展到了调节物流、企业内物流和销售物流。此后物流的概念又得到了进一步的发展，1991年11月在荷兰举办了第九届国际物流会议，人们对物流的内涵进行了更多的拓展，不仅接受了欧美的现代物流(Logistics)概念，认为物流应包括生产前和生产过程中的物质与信息流通过程，而且还向生产之后的市场营销活动、售后服务、市场组织等领域进行发展。现代物流应该是指企业生产和经营的整个过程当中，所有实物、信息的流通和相关的服务活动，它涉及企业经营的每一个领域。显然，物流概念的扩展使物流不仅包括了与销售预测、生产计划的决策、在库管理、顾客订货的处理等相关的生产物流，还延伸到了与顾客满意相关的营销物流。

物流一般是指各种物品实体从供应者向需求者的物理移动，它由一系列创造时间和空间效用的经济活动组成，包括运输、配送、仓储保管、包装、搬运装卸、流通加工及物流信息处理等多项基本活动，是这些活动的有机整体。但对于物流的概念，到目前为止仍没有一个统一、公认的定义，各个国家的表述都不尽一致，下面列举几种比较有代表性的物流定义。

(1) 美国物流管理协会早期的定义是："物流是为了计划、执行和控制原材料、在制品库存及制成品从起源地到消费地的有效率的流动而进行的两种或多种活动的集成。这些活动可能包括但不仅限于：顾客服务、需求预测、交通、库存控制、物料搬运、订货处理、零件及服务支持、工厂及仓库选址、采购、包装、退货处理、废弃物回收、运输、仓储管理。"在20世纪80年代修正为："物流是对货物、服务及相关信息从起源地到消费地的有效率、有效益的流动和依存，进行计划、执行和控制，以满足顾客要求的过程，该过程包括进向、去向、内部和外部的移动以及以环境保护为目的的物料回收。"2001年，美国物流管理协会又对物流定义做了进一步修订，修订后的定义是："物流是供应链过程的一部分，它是对商品、服务及相关信息在起源地到消费地之间有效率和有效益的正向和反向移动与储存进行的计划、执行与控制，其目的是满足客户要求。"

(2) 欧洲物流协会(European Logistics Association，ELA)于1994年发表的《物流术语》中将物流定义为："物流是在一个系统内人员或商品的运输、安排及与此相关的支持活动的计划、执行与控制，以达到特定的目的。"

(3) 日通研究所的《物流手册》中，把物流解释为"把物资从供给者手里移动到需要者手里，创造时间性、场所性价值的经济活动"，它的活动领域是"包装、搬运、保管、在库管理、流通加工、运输、配送等"。物流有种种目的(出货量、目的地、收货人、成本、时间、服务水平等条件),为了达到其目的,需要使用物流技术(包装方法、运输方法、搬运方法、保管方法、信息处理技术等),并且为了有效地操作,需要管理活动。"

(4) 中国 2001 年颁布的国家标准《物流术语》中对物流的定义是:"物流是物品从供应地向接收地的实体流动过程。根据实际需要,将运输、储存、装卸、搬运、包装、流通加工、配送、信息处理等基本功能实施有机结合。"

从以上概念中可知,对物流的解释尽管在文字上有所差异,但实质内容是一样的。其实质应该这样理解:首先,物流是一项经济活动,是实现物品空间位移的经济活动,其活动内容包括运输、搬运装卸、仓储、包装、配送、流通加工、物流信息处理等;其次,物流是一项管理活动,通过对物流各环节进行计划、组织、执行与控制,从而有效率、有效益地实现物品从供应者到需求者之间的流动;最后,物流是一项服务活动,是物流企业或物流供给者为社会物流需求者提供的一项一体化服务业务,以满足用户对货物流通多方面的需求。

从经济发展的过程看,通过采取先进技术有效地降低资源消耗而增加的利润是第一利润源,通过人力素质的提高增加的利润是第二利润源,通过降低物流费用增加的利润是第三利润源。

广义的现代物流如图 1-1 所示,其作业内容包括包装、装卸、搬运、储存、流通加工和信息管理等,涉及原材料——生产加工——最终顾客的所有过程。它由三个阶段构成。

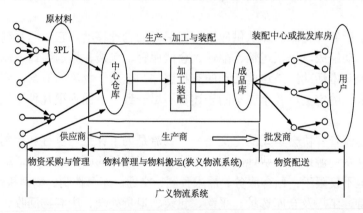

图 1-1 广义物流系统

第一阶段,物资采购与管理(Purchase and Management),从供应商采购的原材料经过初级处理送达制造中心(生产厂),其中 3PL/TPL(Third Party Logistics)为第三方物流。

第二阶段,物料流(Material Flow),即企业内部物流,其功能包括储存、搬运、等待或延时、加工或装配。

第三阶段,物资配送(Physical Distribution),将产品送达用户,其功能包括配送、储存、拣选、销售等。

其中第二阶段可以重复出现,即前面生产的产品(中间产品)作为后续生产的原材料。

这种广义现代物流系统往往被称为社会物流或大物流。而狭义物流是指企业内部的平面布置、仓储、物料搬运等组成的企业内部物流系统,简称企业物流或小物流。

2．物流业概念的产生与发展

产业是一个相对模糊的概念，在英文中，产业、行业、工业等都可以称为"Industry"。在产业经济学中对产业的定义为：产业是国民经济中以社会分工为基础，在产品和劳务的生产和经营上具有某些相同特征的企业或单位及其活动的集合。根据这个定义的理解，物流业是指国民经济中从事物流经济活动的社会生产部门，是从事物流经济活动的所有企业或单位的集合。目前，尽管还没有将物流业列入2002年10月正式实施的《国民经济行业分类》标准之中，但实际上物流业已经是客观存在，是以交通运输业为基础，加上其他相关行业所形成的集合体。

根据我国《国民经济行业分类》(GB/T 4754—2011)中的分类标准，物流业应由交通运输业(包括铁路运输业、道路运输业、城市公共交通、水上运输业、航空运输业、管道运输业、装卸搬运和其他运输服务业)、仓储业、邮政业、批发和零售业组成。物流业是国民经济的重要部门之一，在整个社会机制中发挥着重要作用。

物流业的形成是商品经济发展的产物。从整个人类社会发展看，运输及其他物流活动从生产过程中分离而独立出来，形成一个独立的产业部门，经历了漫长的历史过程。

在人类社会的发展中，第一次社会大分工是畜牧业同农业的分离，使经常的交换即商品交换成为可能。第二次社会大分工是手工业同农业的分离，出现了以交换为目的的商品生产。第三次社会大分工，出现了专门从事商品交换的商人，这使得商品经济进一步发展，商品交换的规模有所扩大。起初，由商品交换而产生的运输活动是由商品生产者自己完成的，是为交换而运输的。其后，运输活动和商业活动结合在一起，商人主要从事商业活动而兼搞运输，运输成为实现商品交换的辅助手段，具有明显的依附性质。然而，流通过程中运输及其他物流活动从商业中分离出来，并形成独立的产业部门，是社会生产力、商品经济发展到一定阶段的结果。

3．物流的复兴

20世纪80年代末和90年代初，结合自工业革命以来的各种变化，物流实践经历了复兴时期。这些变化主要表现在以下几个方面。

1) 规章制度的变化

1980年，在美国，按照激进的改革进程筹划了运输的经济和政治基础结构，作为结果，通过了《汽车承运人规章制度改革和现代化法案》(Motor Carrier Regulatory Reform and Modernization Act，MCA-80)以及《斯泰格司铁路法》(Staggers Rail Act)。虽然每一个法规的基本意图有着极大的区别，但它们结合在一起就创造了一种运输改革的环境。随后的年月中制定的法规所具有的特点是：范围很广的行政诉讼和司法诉讼，进一步放宽了由公共承运人和契约承运人提供的有关服务、价格，以及承担义务方面的限制。类似的解除管制的努力还在全世界各国发生。规章制度的修改也改变了允许私人运输的范围。从1980年起，美国的运输结构已有了根本性的改变。1993年通过了《协议费率法》(Negotiated Rate Act)；随后1994年8月，签署了《机场和航空通道改善法》(Airport and Airway Improvement Act)，该法案领先于州内的汽车运输法规；1994年8月26日出台的《卡车运输行业规章制度改革法案》(Trucking Industry Regulatory Reform Act，TIRRA)进一步减少了联邦法规的约束。所有这些运输规章的变化，不仅使运输业更接近于自由市场体系，而且对物流的发展产生了重大影响。

2) 微处理器的商业化

20 世纪 80 年代以后，微处理器技术的商业化以及分布式数据处理、数据库管理系统等电子技术的逐渐成熟，使物流部门能够应用这种新分布式的、大功率的计算技术，低成本地处理数据，并按用户要求完成绝大多数交易、性能控制以及决策支持信息处理，极大地促进了物流业的发展。同时，微处理器对综合物流的影响也十分深远。它可以利用计算机把从采购、制造到制成品的配送综合过程作为整个物流进行管理。使用关联数据库的相关领域从事物流资源计划，为取得空前水平的物流表现提供了信息基础。实际上新一代更强大的、费用更低的硬件的实现，并结合开放式的系统结构，带动了以信息为动力的物流创新。

3) 信息革命

新的通信技术对物流表现的冲击与微处理器的发展齐头并进，各种类型的电子扫描和传输的迅速冲击，提高了几乎有关物流表现的每一个方面的及时信息的可得性。例如，在 20 世纪 80 年代期间，企业开始试验用条形码技术来改善物流表现，开始使用电子数据交换(Electronic Data Interchange，EDI)，便利商务间的数据传输，开始试验与顾客和供应商进行计算机与计算机之间的联结，及时、精确地传输信息和存取数据。

到了 20 世纪 90 年代初期，功率更大的计算机技术接近于商业化，使得传输图像、声音和文字信息变得越来越普遍而又经济。许多厂商开始试验用声控技术，精确而又轻松地存取数据。传真作为广泛使用的通信模式，提供了易用、低成本的交换硬拷贝文件的方法。卫星通信的实时跟踪信息的能力，把星球大战的气氛引入了物流作业。这种快速、精确和全面的信息技术的结果是引进了以时间为基本条件的物流。以迅速而又可靠的信息交换为基础的作业安排，为取得出色的物流表现的新战略提供了基础。这可以从准时化战略(Just In Time，JIT)、快速反应战略(Quick Response，QR)、连续补充战略(Continuous Replenishment，CR)以及自动化补充战略(Automatic Replenishment，AR)等方面得到证明。

4) 质量创新理念

物流变化最重要的驱动力之一，是整个行业普遍采用的全面质量管理(Total Quality Management，TQM)。在第二次世界大战后的发展和兴旺时期，面对全球激烈的市场竞争和挑战，工业化国家被迫认真地考虑利用质量来参与竞争，从而使产品和服务中的"零缺陷概念"迅速在物流作业中蔓延开来。厂商开始认识到，在其他方面都有出色表现的产品，一旦交付延迟或损坏，都是不可接受的。这就是说，劣质的物流表现可能毁灭产品的质量创新理念。于是，厂商重新设计物流系统，以满足各种顾客的不同期望。例如，一位制造商有 20 个关键顾客，把他们结合在一起，可组成其全部销售额的 80%以上时，他就必须懂得，同一水平的物流表现将不会充分满足所有客户的需求。为此，具有领先优势的厂商通常会实行一整套独特的物流解决方案，以适应每一个关键顾客的期望。因此，与质量有关的事情足以驱使最佳的物流思想把注意力从纯效率上转向变成一种战略资源。

5) 战略联盟

20 世纪 80 年代的 10 年间，是发展伙伴关系和联盟关系的思想成为最佳物流实践的一个时期。在此前的几十年中，企业间业务关系的特点就是建立在权力基础上的谈判，20 世纪 80 年代以后，厂商们开始注意挖掘合作的潜力，考虑将顾客和供应商作为业务伙伴，并认识到合作的最基本的形式是发展有效的组织间的作业安排。这种做法可减少重复劳动和浪费，把注意力集中在核心业务上，有助于取得共同成功。

1984 年制定的《国家合作研究和开发条例》(National Cooperative Research and Development)以及 1993 年的《生产修正案》(Production Amendment of 1993),表明司法部门所执行的传统的反托拉斯法发生了根本性的变化,使发展合作性作业安排的做法制度化。厂商们对此迅速做出反应,采取了更大范围、更多组织间的创新安排。20 世纪 80 年代中期,基于物流的联盟就成为最有效的合作安排的例子之一,专家们选择了物流活动作为其外延实践,使之得以迅速发展。

4．物流的发展过程

国外发达国家物流的发展由于历史背景和经济条件不同,形成了不同的物流发展阶段,但其实质基本一样,大体上可分为以下几个阶段。

1) 实体分配阶段(Physical Distribution)

20 世纪 50 年代和 60 年代,企业重视产品的实体分配,如图 1-2 所示,其目的是把图中所示的一系列活动进行管理,以最低的成本确保产品有效地送达至顾客。企业重视实体分配的主要原因,一是为了扩大市场份额,满足不同层次顾客的需求,扩张其生产线,不仅同一基本产品增加了不同品牌,而且在产品的尺寸大小、形状、色彩等方面都实行了多样化,这就大大增加了库存单位(Stock Keeping Unites),导致库存成本、订单处理成本及运输成本的增加。二是企业为了对付内部与外部的压力,倾向于生产非劳动密集型的高附加值产品,因为存货成本、包装成本及运输成本的增加,会导致物流总成本的增加。

实体分配阶段物流管理的特征是注重产品到消费者的物流环节,这是由于市场环境的改变,即由卖方市场变为买方市场,使生产企业不得不把注意力集中到产品销售上。最早对物流的研究,在整个经济活动中是销售的范畴,也反映了这一客观现实。

2) 综合物流阶段(Integrated Logistics Management)

到了 20 世纪 70 年代和 80 年代,企业越来越认识到,把物料物流与产品物流综合起来管理可以大大地提高企业经济效益,如图 1-2 所示。70 年代后期,美国首先进行了运输自由化,承运人和货主能自由定价,服务的地理范围也可以扩大了,承运人与货主之间建立了紧密与长期的合作,增加了企业系统分析物流、降低成本和改进服务的可能。同时,全球性竞争加剧,采用新的物流管理技术、改进物流系统成为必要。如零库存(Zero Inventory)、全面质量管理(TQM)等方法,极大地改进了物流系统管理。

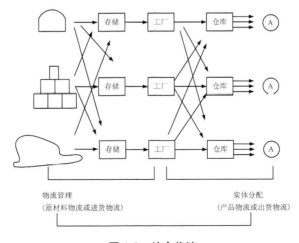

图 1-2　综合物流

3) 供应链物流阶段(Supply Chain Logistics)

随着经济和流通的发展,世界各国不同的企业(厂商、批发业者、零售业者)都在进行物流革新,建立相应的物流系统,开始把着眼点放开至物流活动的整个过程,包括原材料的供应商和制成品的分销商,如图 1-3 所示,其目的是追求通过供应链实现物流服务的差别化,发挥各自的优势与特色。由于流通渠道中各经济主体都拥有不同的物流系统,必然会在经济主体的联结点处产生矛盾。为了解决这个问题,20 世纪 80 年代开始应用物流供应链的概念,建立联盟型或合作式的新的物流服务体系。供应链物流强调的是在商品的流通过程中企业间加强合作,改变原来各企业分散的物流管理方式,以物流体系来提高物流效率,创造的成果由参与企业共同分享。这一时期物流需求信息可直接从仓库出货点获取,通过传真方式进行信息交换,产品跟踪采用条形码扫描,信息处理技术也得到了有效的改善。与此同时,第三方物流也已开始兴起。

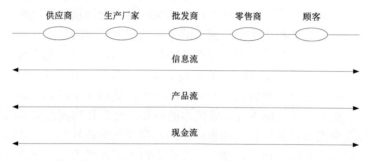

图 1-3　供应链管理

4) 全球物流阶段(Globalization Logistics)

20 世纪 90 年代以来,全球经济一体化的发展趋势十分强劲,各国企业纷纷在国外,特别是在劳动力费用比较低廉的亚洲地区建立生产基地,这一趋势大幅增加了国与国之间的商品流通量,又由于国际贸易的快速增长,全球化物流应运而生。全球物流就是全球消费者(一般指国家)和全球供货源之间的物流和信息流,这一时期的供应链着眼于整体提供产品和物流服务的能力。这一时期物流中心的建设迅速发展,并形成了一批规模很大的物流中心,如荷兰的鹿特丹港物流中心已成为欧洲最重要的综合物流中心之一;在供应链管理上采用供应链集成的模式,供应方、运输方通过交易寻求合作伙伴;物流的需求信息直接从顾客处获取,信息交换采用电子数据交换(EDI),产品跟踪应用射频识别技术,信息处理广泛应用因特网(Internet)和物流服务方提供的软件。可以说全球物流阶段是实现物流现代化的重要阶段。

1.1.2　物流的功能及其特征

1. 物流的功能

根据我国的物流术语标准,物流活动由物品的包装、装卸搬运、运输、储存、流通加工、配送和物流信息等工作内容构成,这些内容也常被称为"物流的基本功能要素"。由此可以看出,现代物流的构成要素不同于传统物流,不仅有实现物品实体空间位移的运输要素和实现时间变化的储存要素,而且更有保证物流顺利进行以及实现物流高效率的装卸与搬运、包装、流通加工、配送、物流信息等要素，它们相互联系、相互制约。

1) 运输

运输是指运用设备和工具，将物品从一个地点向另一个地点运送的物流活动。其中包括集货、分配、搬运、中转、装入、卸下、分散等一系列操作。

运输是物流的主要功能要素之一。运输是改变物品空间状态的主要手段，与搬运装卸、配送等活动结合，就能圆满完成物品空间状态的改变。人们最初往往将运输看成是物流，其原因就是运输承担了物流中很大一部分责任，是物流的主要组成部分。

运输是社会物质生产得以进行的必要条件之一。在生产过程中，运输是生产的直接组成部分，生产所需的原材料、辅助材料、零部件等需要通过运输从产地运到生产部门，生产企业的产品也需要通过运输环节才能进入流通领域。运输是生产过程的继续，这一活动连接生产与再生产、生产与消费，连接国民经济各部门，连接不同国家和地区。

运输可以创造场所效用，实现物品的使用价值。同种物品，由于空间场所不同，其使用价值的实现程度也不同。场所的改变能发挥物品最大的使用价值，进而实现资源的优化配置。

运输是"第三利润源"的主要源泉。运输不改变物品的实物形态，不增加产品产量，但运输过程会消耗大量的人力、物力、财力等。运费在全部物流费用中占有最高的比例，一般综合分析计算社会物流费用，运输费在其中将近占50%的比例，有些产品的运费高于产品的生产费用。因此，合理组织运输能有效地节约物流费用。

2) 储存

储存是对物品进行保存及对其数量、质量进行管理控制的活动。储存是包含库存和储备在内的一种广泛的经济现象，是任何社会形态都存在的经济现象。和运输概念相对应，储存是以改变"物"的时间状态为目的的活动，以克服产需之间的时间差异而获得更好的效用。

储存在物流体系中是唯一的静态环节。在社会生产与生活中，由于生产与消费节奏不统一，总会存在暂时不用或留待以后使用的物品。因此，在生产与消费或供给与需求的时间差异里，需要妥善地保持物质实体的有用性。随着社会经济的发展，需求方式出现了个性化、多样化的改变，生产方式也变为多品种、小批量的柔性生产方式，仓库的功能也从单纯重视保管效率转变为重视流通功能的实现。储存是物流中的重要环节，既有缓冲与调节作用，也有创造价值与增加效用的功能。

3) 装卸与搬运

装卸是指物品在指定地点以人力或机械装入运输设备或卸下；搬运是指在同一场所，对物品进行水平移动为主的物流作业。在实际操作中，装卸与搬运是密不可分的，两者往往相伴而生。搬运与运输的区别在于：搬运是在同一地域的小范围发生的，而运输则是在较大范围内发生的。

在物流过程中，装卸活动是不断出现和反复进行的，它出现的频率高于其他各项物流活动。每次装卸活动都需花费较长时间，所以其往往成为影响物流速度的关键。装卸活动消耗的人力、物力也很多，装卸费用在物流成本中所占比例较高。我国铁路运输的始发和到达的装卸作业费大致占运费的20%，船运占40%左右。此外，在装卸过程中，也可能造成货物破损、散失、损耗等。因此，装卸是物流中的重要环节。

4) 包装

包装是指为了在流通过程中保护商品、方便储运、促进销售，按一定技术要求而采用的容器、材料及辅助物等的总体名称，也指为了达到上述目的而在采用容器、材料和辅助物的过程中施加一定技术方法等的操作活动。

包装处于生产过程的终端和物流过程的开端，既是生产的终点，又是物流的始点。包装与运输、搬运、保管关系密切。如：运输杂货时，若用货船载运，则必须用木箱包装，而用集装箱装运时，则用纸箱包装就可以了。

现代物流条件下，包装对物流服务的成本和效率影响也较大，如：对存货盘存的控制主要依赖于人工或自动化的识别系统，它与商品的包装密切相关，因为商品分选的速度、准确性和效率都要受包装识别、包装形状和作业简便性的影响。

5) 流通加工

流通加工是指物品在从生产地到使用地的过程中，根据需要施加包装、分割、计量、分件、刷标志、拴标签、组装等简单作业的总称。

流通加工有效地完善了流通。尽管流通加工不如运输和储存两个要素重要，但它起着补充、完善、提高、增强的作用，是提高物流水平，促进流通向现代化发展的不可缺少的环节。

流通加工是物流中的重要利润源。流通加工可以达到低投入、高产出的效果，以简单加工解决大问题。实践证明，有的流通加工通过改变装潢使商品档次提升，售价提高，有的流通加工(如批量套裁)可将产品利用率提高 20%~50%，从而获得较大利润。

6) 配送

配送是指在经济合理区域内，根据用户要求，对物品进行拣选、加工、包装、分割、组配等作业，并按时送达指定地点的物流活动。

配送是直接与用户相连的活动，服务对象满意与否，与配送质量直接相关。只有在用户希望的时间内，以希望的方式，配送送达所需要的物品，用户才会满意。因此，整个物流系统的意义和价值的体现，最终依赖于配送功能的价值实现程度。

配送活动大多以配送中心为始点，而配送中心本身大都具备储存的功能。配送活动中的分货和配货作业是为了满足用户要求而进行的，所以经常要开展拣选、改包装等组合性工作，必要的情况下还要对货物进行流通加工。配送的最终实现离不开运输，所以人们经常把面向城市或特定区域范围内的运输也称为"配送"。

7) 物流信息

物流信息是指反映物流各种活动内容的知识、资料、图像、数据、文件的总称。物流活动中会产生大量的信息，现代物流与传统物流最主要的区别就是物流信息。物流信息分为系统内信息与系统外信息，系统内信息对各种物流活动起着相互联系、相互协调的纽带作用，如车辆选择、线路选择、库存决策、订单管理等。而系统外信息有市场信息、商品交易信息等。要提高物流服务水平，必须有准确的信息保证。现代物流信息以网络和计算机技术为手段，为实现物流的系统化、合理化、高效率化提供了技术保证。

2．物流的特征

物流一词从"Physical Distribution"发展到"Logistics"的一个重要变革，是将物流活动从被动、从属的职能活动上升到企业经营战略的一个重要组成部分，因而要求对物流活动作为一个系统整体加以管理和运行。也就是说，物流本身的概念已经从对活动的概述和总结上升到管理学的层次，具体来说，现代物流的特征表现在以下几个方面。

1) 物流以实现顾客满意为第一目标

现代物流是基于企业经营战略基础上从顾客服务目标的设定开始，进而追求顾客服务的差别化战略。在现代物流中，顾客服务的设定优先于其他各项活动，并且为了使顾客服务能有效地开展，在物流体系的基本建设上，要求物流中心、信息系统、作业系统和组织构成等条件的具备与完善。具体来讲，物流系统必须做到：第一，物流中心网络的优化，即要求工厂、仓库、商品集中配送、加工等中心的建设(规模、地理位置等)既要符合分散化的原则，又要符合集约化的原则，从而使物流活动能有利于顾客服务的全面展开；第二，物流主体的合理化，从生产阶段到消费阶段的物流活动主体，常常有单个主体和多个主体之分，另外也存在自己承担物流和委托物流等形式的区分，物流主体的选择会直接影响到物流活动的效果或实现顾客服务的程度；第三，物流信息系统的高度化，即能及时、有效地反映物流信息和顾客对物流的期望；第四，物流作业的效率化，即在包装、装卸、加工等过程中应当运用什么方法、手段使企业能最有效地实现商品价值。

2) 物流着重的是整个流通渠道的商品运动

以往我们认为的物流是从生产阶段到消费阶段商品的物质运动，也就是说，物流管理的主要对象是"销售物流"和"企业内部物流"，而现代物流管理的范围不仅包括销售物流和企业内部物流，还包括调达物流、退货物流以及废弃物流。现代物流管理中的销售物流概念也有新的延伸，即不仅是单阶段的销售物流活动(如厂商到批发商、批发商到零售商、零售商到消费者的相对独立的物流活动)，而且是一种整体的销售物流活动，也就是将销售渠道的各个参与者(厂商、批发商、零售商和消费者)结合起来，来保证销售物流行为的合理化。

3) 物流以企业整体最优为目的

当今商品市场的革新与变化很大，出现了商品生产周期缩短、顾客要求高效经济的输送、商品流通地域扩大等发展趋势。在这种状况下，如果企业物流仅仅追求"部分最优"或"部门最优"，将无法在日益激烈的企业竞争中取胜。从原材料的供应计划到向最终消费者移动的物的运动等各种活动，不光是部分和部门的活动，而是将各部分和部门有效结合发挥综合效益的活动。也就是说，现代物流所追求的费用、效益观，是针对调达、生产、销售物流等全体最优而言的。在企业组织中，以低价购入为主的调达理论、以生产增加和生产合理化为主的生产理论、以追求低成本为主的物流理论、以增加销售额和市场份额扩大为主的销售理论等理论之间仍然存在着分歧与差异(见表1-1)，跨越这种分歧与差异，力图追求整体最优的正是现代物流理论。例如，从现代物流管理观念来看，海外当地生产的开展或多数工厂生产的集约化，虽然造成了输送成本的增加，但是由于这种生产战略有效地降低了生产成本，提高了企业竞争力，因而是可取的。但是，应当注意的是，追求整体最优并不是可以忽略物流的效率化，物流部门在充分理解调达理论、生产理论和销售理论的基础上，在强调整体最优的同时，应当与现实相对应，彻底实现物流部门的效率化。

表 1-1 各部门理论

调达理论	生产理论	物流理论	销售理论
低价格购入	生产增加、生产合理化	降低成本	销售额增加、市场份额扩大
短时间购入	较长的生产循环线	大订货单位	高在库水准
大订货单位	固定的生产计划	充裕的时间	进货时间迅速、顾客服务水准高
在库数量少	大量生产	低在库水准	多品种
		大量输送	

4) 物流既重视效率更重视效果

现代物流的变化主要表现在：在物流手段上，从原来重视物流的机械、机器等硬件要素转向重视信息等软件要素；在物流活动领域，从以前以输送、保管为主的活动转向物流部门的全体，即向包含调达在内的生产、销售领域或批发、零售领域的物流活动扩展；在管理上，从原来的作业层次转向管理层次，进而向经营层次发展。另外，在物流需求的对应方面，原来强调的是输送能力的确保、降低成本等企业内需求的对应，而现代物流则强调物流服务水准的提高等市场需求的对应，进而更进一步地发展到重视环境、公害、交通、能源等社会需求的对应。所有以上论述表明，原来的物流以提高效率、降低成本为重点，而现代物流不仅重视效率方面的因素，更强调的是整个流通过程的物流效果，也就是说，从成果的角度来看，有些活动虽然使成本上升，但如果它能有利于整个企业发展战略的实现，那么这种物流活动仍然是可取的。

5) 物流是一种以信息为中心，实需对应型的商品供应体系

如上所述，现代物流认为物流活动不是单个生产、销售部门或生产企业的事，而是包括供货商、批发商、零售商等相应企业在内的整个统一体的共同活动，因而现代物流通过这种供应链强化了企业间的关系。具体来说，这种供应链通过企业计划的连接、企业信息的连接、在库风险承担的连接等机能的结合，使供应链包含了流通过程的所有企业，从而使物流管理成为一种供应链管理。如果说部门间的产、销、物结合追求的是企业内经营最优的话，那么供应链管理则通过所有市场参与者的联盟追求流通生产全过程效率的提高，这种供应链管理带来的一个直接效应是产需的结合在时空上比以前任何时候都要紧密，并带来了企业经营方式的转变，即从原来的投机型经营(生产建立在市场预测基础上的经营行为)转向实需型经营(根据市场的实际需求来生产)，同时伴随着这种经营方式的转变，在经营、管理要素上，信息已成为物流管理的核心，因为如果没有信息以及高度发达的信息网格的支撑，实需型经营是无法实现的。

6) 现代物流是对商品运动的一元化管理

现代物流是把整个流通阶段从供应商到顾客所发生的商品运动作为一个整体来看待的，这对管理活动本身提出了相当高的要求。具体讲，伴随着商品实体的运动，必然会出现"场所移动"和"时间推移"这两种物理现象，其中"时间推移"(Through-put Time)在当今产销紧密联系、流通整体化与网络化的过程中，已成为一种重要的经营资源。究其原委，现代经营的实需型发展，不仅要求物流活动能实现经济效率化和顾客服务化，而且还必须及时了解和反映市场的需求，并将之反馈到供应链的各个环节，以保证生产经营决策

的正确性和再生产的顺利进行。所以说缩短物流时间不仅决定了流通全过程的商品成本和顾客满意,同时通过有效的商品运动可以为生产提供全面、准确的市场信息,创造出流通网络或供应链价值,并保证商流持续不断地进行。应当看到,现在所倡导的产、销、物三者的结合,本质也在于此。那么,如何才能实现物流时间的效率化呢?从物流时间形态上来看,主要有从订货到送达消费者手中的时间、在库的时日数、材料工程滞留时间、计划变更允许日、新产品开发时间长度、汽车滞留时间等,任何局部问题的解决都无法真正从根本上实现时间的效率化,只有整体、全面地把握控制相关的各种要素和生产经营行为,并将之有效地联系起来,才能实现时间短缩化的目标。显然,这要求物流活动的管理应超越部门和局部的层次,实现高度的统一管理,现代物流所强调的就是如何有效地实现一元化管理,真正把供应链思想和企业全体观念贯彻到管理行为中。

1.1.3 物流与其他领域的关系

1. 物流与流通、商流的关系

从系统的角度讲,经济活动是由生产、流通和消费环节组成的综合系统。由于生产和消费存在着一定的间隔,如图1-4所示,因此需要通过流通环节消除这些间隔。

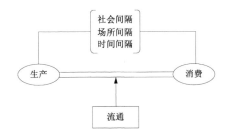

图1-4 经济体制

这些间隔表现为:社会间隔,生产的人与消费的人不同;场所间隔,生产场所与消费场所不同;时间间隔,生产时期与消费时期不同。并且随着社会化大生产的发展,社会分工越来越细,这些间隔也逐渐扩大,甚至超出了国家界限,向全球化方向发展。而流通就是联结生产与消费的桥梁和纽带,通过商流活动消除社会间隔,通过物流活动消除场所间隔和时间间隔,实现产品的价值和使用价值。流通的构成和功能如图1-5所示。

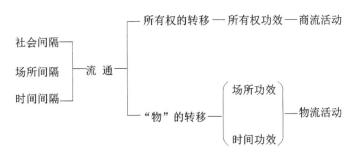

图1-5 流通的构成和功能

商流是指"物品"所有权转移的活动,一般称为贸易或交易。商流的研究内容是商品交换的全过程。具体包括市场需求预测、计划分配与供应、货源组织、订货、采购调拨、销售等。其中既包括贸易决策，也包括具体业务及财务的处理。所以，商流和物流都是流通的组成部分(如图1-6所示)，二者结合才能有效地实现商品由供方向需方的转移过程。一般在商流发生之后，即所有权的转移达成交易之后，货物必然要根据新货主的需要进行实体转移，这就导致相应的物流活动出现。物流是产生商流的物质基础，商流是物流的先导，二者相辅相成，密切配合，缺一不可。只有在流通的局部环节，在特殊情况下，商流和物流才可能独立发生。一般而言，从全局来看商流和物流总是相伴发生的。

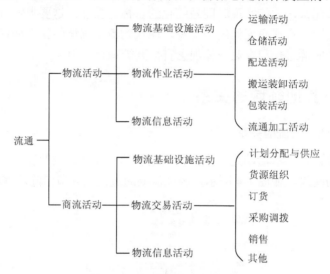

图1-6　流通活动的主要内容

从以上分析可知，物流在流通领域发挥着重要作用，其基本效用表现在以下几个方面。

1) 形态效用

形态效用(Form Utility)是指通过制造、生产和组装使产品的形态发生变化带来的产品价值的增加。物流中的流通加工等活动也能产生产品的形态效用。当原材料通过一定方式组合成为一种产品就产生了形态效用，如瓶装饮料公司把果汁、水和碳酸盐加在一起，制成软饮料。把原材料加在一起生产软饮料的简单过程，说明改变产品形态可以对产品增值。

2) 场所效用

场所效用(Place Utility)是指由于物流活动改变了产品的空间位置，产品的使用价值得以实现所带来的效用。物流的首要功能是消除产品的生产与需求之间存在的空间和时间上的差异，实现产品的移动，即通过把货物从生产地搬运到消费地，提供产品的场所效用。同时，物流扩展了市场的边界，因而增加了产品的经济价值。例如把农产品从农场通过铁路或公路运输到需要的市场、把钢材运送到需要的工厂等，使产品的经济价值得以实现，从而产生了场所效用。

3) 时间效用

时间效用(Time Utility)是指物流活动产生的时间节约和产品时效性所带来的效用。货物不仅要送达消费者需要的地点，而且要按消费者所要求的时间送达，这就需要物流活动满足这种需求，实现货物的时间效用。同时，物流产生的时间效用还可以通过保持库存和货物的战略位置来实现。例如，公司通过广告，事先把产品信息发布出去，在信息发布规定的时间，把产品送达零售店来产生时间效用；通过快速地把货物送到消费地，以运输来代替仓库增加时间效用等。由于时间效用强调减少备货时间，它在当今的商业环境下显得越来越重要。

4) 服务效用

服务效用(Service Utility)是指通过顾客服务以费用低廉的方法给供应链提供重大的增值带来的效用。对"顾客服务"的理解，国外流行的两种解释是：轻轻松松做生意(easy to business with)和留意顾客需要(sensitive to customer needs)。顾客服务可以看作是一种过程，意味着对顾客服务要有控制能力；一种绩效水平，说明顾客服务是可以精确衡量的；一种管理理念，强化市场营销以顾客为核心的重要性。因此，物流在经济活动中的作用充分表现在为顾客服务带来的效用。

2．物流与其他部门的关系

物流及其有关活动与企业中其他部门之间有密切联系，主要有财务、市场营销、信息技术和生产部门，它们之间的关系如图1-7所示。

1) 财务

物流主要通过成本费用数据与财务部门产生联系。成本费用数据为物流决策提供基础信息。对物流系统及其运营策略进行评价需要固定和变动费用信息，运输和保管服务定价也需要详细的费用数据，如燃料、搬运、劳动力、材料、一般管理费用等，购买、更新设备同样需要设备折旧方面的信息，同供货商和第三方物流提供者进行价格谈判也必须有准确的费用数据。

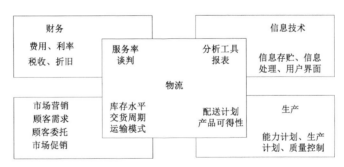

图1-7　物流和其他部门的联系

2) 市场营销

市场营销是设计物流系统的起点，主要包括在产品多样化和反应时间方面顾客的需求，在时间、质量、数量及其他市场促销形式下顾客的委托。几乎所有物流决策都是为满足顾客委托或需求——货主的位置和数量、存货的种类和数量、运输模式选择及包装类型而确定的。整个物流链必须在时间、地点、质量、产品多样性方面由营销部门进行积极的促销活动。

3) 信息技术

信息技术已成为各大公司发展的重要基础，市场上用于信息处理的软硬件价格比较低，也比较先进，能处理大量复杂数据，这就使得信息技术得到了广泛应用。大多数物流需要存贮、处理大量数据，信息技术为我们提供了即时交流的能力，并且它简单易用，有支持先进分析工具、制作报表的能力。信息技术的新发展可满足所有物流功能的需要，并为物流的进一步现代化提供了物质保证。

4) 生产

市场提供了顾客需求，通过生产保证顾客需求(质量、特征、数量、及时性等)得到满足。生产设计人员通过选择合适的材料、颜色和尺寸将顾客需求变为现实。加工计划将产品设计变为一系列制造步骤(在每一步中选用适当类型的机器、工具和所需的设备)。能力计划确定所需要的机器数量和类型。生产计划安排零件的生产，通过平衡可得资源的使用及合理库存来满足配送时间和质量的要求。

3. 物流与运输的关系

1) 交通运输是物流的有机组成部分

整个物流活动是由包装、装卸、保管、库存管理、流通加工、运输和配送等活动组成的，其中运输是物流活动的主要组成部分，是物流的核心环节，不论是企业的输入物流、输出物流，还是流通领域的销售物流，都依靠运输来实现商品的空间转移。可以这样说，没有运输，就没有物流。为了适应物流的需要，要求有一个四通八达、畅行无阻的运输线路网作为支持。

同时，运输与物流其他环节关系密切。第一，运输与包装的关系。物资的包装材料、包装规格、包装方法等都不同程度地影响运输。因为只有当包装的外轮廓尺寸与承运车辆的内部尺寸构成可约倍数时，车辆的容积才能得到充分利用。第二，运输与装卸的关系。装卸是运输的影子，是各种运输方式的衔接手段，有运输活动就必然有装卸活动，一般一次运输伴随两次装卸活动，装卸质量将影响运输质量，如装卸不好，在途中进行二次装卸将影响运输时间。第三，运输与储存的关系。运输活动组织不利会延长物资在生产者仓库中的存放时间，同时也会使消费者的库存增加，因为运输组织不利会使消费者的安全库存数量增大。

2) 交通运输在电子商务中发挥基础作用

信息技术的发展，尤其是 Internet 和 Intranet 的发展，使得电子商务这一运作模式在物流业中的应用越来越广泛，现代物流已经发展到基于电子商务的物流时代，而交通在电子商务中发挥着基础作用。电子商务的基础环境主要有三个方面：Internet 的通信基础设施、实现网上支付的金融环节和物流配送，而物流配送的主体环节是交通运输。其中电信部门为电子商务提供低成本的通信联系环境，金融部门为电子商务提供低成本的支付转账环境，而交通运输为电子商务提供低成本的实体物品转移环境。

3) 现代化运输体系的形成是实现物流管理现代化的基础

在物流业发展的今天，企业不仅仅停留在产业链的某个环节上，他们努力实现自己产品的多元化，同时为每个产品扩大市场。这样，一个企业可以为多个企业提供服务，同时企业也需要从多个企业取得原材料。从整体上看，众多企业组成了一个纵横交错的交易网。企业组成自己的供应链，管理大量产品的输入输出，对单个企业来说，管理自己的供应链变得非常重要，对市场整体来说，实物产品高效流动的网络是社会运行机制的重要组成部分。全社会的物流观念逐步形成，为实现这些物流提供运输服务的运输中介行业也逐渐形成自己的行业体系，物流管理逐渐实现专业化、社会化，物流企业则通过业务电子化和网络化为更多企业的生产和销售活动提供运输服务。

针对企业对物流管理社会化的这种需求，发展公路、铁路、水运和航空的联运，高速货物运输，集装箱化运输，建立集约化的仓储等物资流通中心，实行物资的及时和综合配送等，成为交通运输行业的主要发展方向。在这些物流业务不断分化和组合的过程中，交通运输业在行业内部形成了自己的专业化分工。在行业基础层的是公路、铁路、水运和航空这些运输公司，对他们来说，主要是实现运输线路的畅通并能及时进行运输工具的调度；在行业的另一层面是那些直接承接交易主体运输业务的快递公司或储运公司，他们为客户设计出一个完整的运输送达方案，综合运用多种运输方式，及时完成物品在交易主体之间的转移。这样就形成了一个立体的运输网络，使得每个企业都能够通过这个网络以低成本构建自己的供应链，实现自己的物流管理计划，为物流管理的社会化提供基础条件。

4) 物流服务必须考虑运输因素的影响

根据物流及运输的特点，为实现良好的物流服务，交通运输作为物流服务的有机组成部分，必须满足以下要求：运输时间、运输频率、运输安全、运输可靠性、运输可获得性、运输网络及运输方式衔接的便利性、信息的及时性与准确性等。也就是说，这些运输因素将影响物流服务的水平和质量，必须认真考虑。

4．物流与电子商务的关系

电子商务(Electronic Commerce，EC)是将电子信息技术和商务活动相结合、基于互联网的商务运行方式。从涵盖范围方面看，交易各方以电子交易方式而不是通过当面交换或直接面谈方式进行商业交易；从技术方向看，电子商务是多技术的集合体，包括数据交换、数据获取和数据处理等。电子商务必须通过计算机网络和通信网络将交易各方的信息、产品和服务相关联。

供货方将商品信息通过网络展示给客户；需求方通过浏览器访问网站，选择所需商品，写订单；供货方通过订单确认客户，告知收费方法，同时通知自己的应用系统组织货源；需求方通过电子结算方式付款；供货方组织货物并送到客户手中，即电子商务=网上信息传递+网上交易+网上结算+配送。

电子商务是由网络经济和现代物流共同创造的，是两者一体化的产物。电子商务的任何一笔交易，都包含几种基本的"流"，即信息流、商流、资金流和物流，交易过程的实现也需要这"四流"的协调和整合。其中物流是电子商务的重要组成部分，当信息流、资金流在电子工具和网络通信技术支持下，可通过轻轻点击鼠标完成时，物流——物质资料的空间位移，即具体的运输、存储、配送等各种活动，作为电子商务实现过程中的一个必不可少的实物流通环节，是不可能通过网络传输来完成的，物流过程的逐步完善需要经历一个较长的成长时期。

1.1.4 物流的作用

1．物流的效用

物流作为一种社会经济活动，对社会生产和生活活动的效用主要表现为创造时间效用和创造空间效用两个方面。

1) 物流创造时间效用

物品从供给者到需求者之间存在一段时间差距,由于改变这一时间差所创造的价值,称作时间效用。物流获得时间效用的形式有以下几种。

(1) 缩短时间。缩短物流时间,可获得多方面的益处,如减少物流损失、降低物流消耗、加速物品的周转和节约资金等。物流周期的长短对资本的周转有重要影响,这个周期越短,资本周转越快,表现出资本的增值速度越快。从全社会物流的总体来看,加快物流速度,缩短物流时间,是物流必须遵循的一条经济规律。

(2) 弥补时间差。经济社会中,需求和供给普遍存在着时间差,例如,粮食集中产出,但是人们的消费是一年365天,天天有需求,因而供给和需求之间常出现时间差。类似情况不胜枚举。供给与需求之间存在时间差,可以说这是一种普遍的客观存在。正是有了这个时间差,商品才能实现自身最高价值,才能获得非常理想的效益,才能起到"平丰歉"的作用。但是商品本身是不会自动弥合这个时间差的,如果没有有效的方法,集中生产出的粮食除了当时的少量消耗外,就会损坏掉、腐烂掉,而在非产出时间,人们就会找不到粮食吃。物流便是以科学的、系统的方法进行弥补,实现其时间效用。

(3) 延长时间。在某些具体物流活动中也存在人为地、能动地延长物流时间来创造价值的活动,例如,秋季集中产出的粮食、棉花等农产品,通过物流的储存、储备活动,有意识地延长物流的时间,以均衡人们的需求;配合待机销售的囤积性营销活动的物流便是一种有意识地延长物流时间、有意识增加时间差来创造价值的方式。

2) 物流创造空间效用

物品从供给者到需求者之间存在一段空间差距,供给者和需求者之间往往处于不同的空间,由于改变物品的空间位置所创造的价值,称作空间效用。

物流创造空间效用是由现代社会产业结构、社会分工所决定的,空间效用有以下几种具体形式。

(1) 从集中生产地流入分散需求地。现代化大生产的特点之一,往往是通过集中的、大规模的生产来提高生产效率,降低成本。在一个小范围集中生产的产品可以覆盖大面积的需求地区,有时甚至可覆盖一个国家乃至若干个国家。通过物流将产品从集中生产的低价位区转移到分散于各地的高价位区往往可以获得更高的利益,物流的空间效用也依此而定。

(2) 从分散生产地流入集中需求地。和上面情况相反的一种情况在现代社会中也不少见,例如粮食是在土地上分散生产出来的,而一个大城市的需求却相对大规模集中,一辆大汽车的零配件生产也分布得非常广,但却集中在一个大厂中装配,这也形成了分散生产和集中需求,物流便依此获取了空间效用。

(3) 从低价值生产地流入高价值需求地。现代社会中供应与需求的空间差比比皆是,十分普遍。除了由大生产所决定之外,有不少是由自然地理和社会发展因素所决定的,例如农村生产粮食、蔬菜而易地于城市消费,南方生产荔枝而易地于北方消费,北方生产高粱而易地于南方消费等。现代人每日消费的物品几乎都是在相距一定距离甚至十分遥远的地方生产的,这么复杂交错的供给与需求的空间差都是靠物流来弥合的,当然物流也从中取得了利益。

在经济全球化的浪潮中，国际分工和全球供应链的构筑，一个基本选择是在成本最低的地区进行生产，通过有效的物流系统和全球供应链，在价值最高的地区销售，信息技术和现代物流技术为此创造了条件，使物流得以创造价值，产品得以增值。

2．物流对企业的作用

1) 物流是企业生产的前提保证

从企业这一微观角度来看，物流对企业的作用有以下几个方面。

(1) 物流为企业创造经营的外部环境。一个企业的正常运转，必须有这样一个外部条件：一方面要保证按企业生产计划和生产节奏提供和运送原材料、燃料、零部件；另一方面，要将产品和制成品不断运离企业，这个最基本的外部环境正是要依靠物流及有关的其他活动创造条件和提供保证的。

(2) 物流是企业生产运行的保证。企业生产过程的连续性和衔接性，是依靠生产工艺中不断的物流活动作保障的，有时候生产过程本身便和物流活动紧密结合在一起，物流的支持保证作用是不可或缺的。

(3) 物流是发展企业的重要支撑力量。企业的发展靠质量、产品和效益，物流作为全面质量的一环，是接近用户阶段的质量保证手段。

2) 物流可以降低成本

物流合理化有大幅度降低企业经营成本的作用。我国当前许多企业面临困难的重要原因之一是成本过高。发展物流产业，能够有效降低社会流通成本，从而降低企业供应及销售的成本，起到改善企业外部环境的作用；企业生产过程的物流合理化，又能够降低生产成本，这对于改善我国经济运行的环境，解决我国企业当前的困难无疑是非常有利的。

3) 物流的利润价值

物流活动的合理化，可以通过降低生产的经营成本间接提高利润，这只是物流利润价值的一个表现。对于专门从事物流经营活动的企业而言，通过有效的经营，可以为生产企业直接创造利润。

许多物流企业，在为用户提供物流服务的同时，还可以起到自己的"利润中心"作用，可以成为企业和国民经济新的利润增长点。过去把国民经济中许多物流活动当作公益活动来办，投入没有回报，组织不合理、服务水平低、技术落后。这些领域采用现代物流的组织、管理和技术之后，可以成为国民经济新的利润源。企业中许多物流活动，例如连锁配送、流通加工等，都可以直接成为企业新的利润源。

4) 物流的服务价值

物流可以提供良好的服务，这种服务有利于参与市场竞争，有利于树立企业和品牌的形象，有利于和服务对象结成长期的、稳定的战略性合作伙伴，这对企业长远的、战略性的发展有非常重要的意义。物流的服务价值，实际上就是促进企业战略发展的价值。

3．物流在国民经济中的作用

物流是伴随着商品流通的产生而出现的，并且自始至终构成商品形态变化这一形式下的物质内容。其在国民经济中的作用主要有以下几个方面。

(1) 物流是保证商流顺畅进行，实现商品价值和使用价值的物质基础。我们知道，在商品流通中，商流的目的在于变换商品的所有权(包括支配权和使用权)，而物流才是商品交换过程所要解决的社会物质变换过程的具体体现。没有物流过程，也就无法完成商品的流通过程，包含在商品中的价值和使用价值就不能实现。物流能力的大小，包括运输、包装、装卸、储存、配送等能力的大小强弱，直接决定着商品流通的规模和速度。如果物流能力过小，整个商品流通就会不顺畅，流通过程就不能适应整个经济发展的客观要求，就会大大影响国民经济的协调、稳定、持续增长。因此，自古以来人们就很强调"货畅其流"，这是很有道理的。

(2) 物流是开拓市场的物质基础，决定着市场发展的广度、规模和方向。从市场发展史来看，正是商品运输方式的变革为近代世界市场的开拓创造了物质前提。在16世纪前的长时期内，原始的商品运输工具和运输方式，使国内贸易难以发展，海上贸易很难进行，从而使国际市场难以扩大。16世纪以后，随着商品运输工具的改善和新航线的发现，世界市场得以迅速发展。在当代，任何一个国家在竞争日益激烈的世界市场中要扩大自己的市场开拓能力，就必须重视物流的改善，否则，就会在竞争中失败。从国内市场来看，物流状况直接影响市场商品供应状况，并且制约着人民群众消费需求的满足程度。

(3) 物流直接制约社会生产力要素能否合理流动，直接制约社会资源的利用程度和利用水平，影响社会资源的配置，因而在很大程度上决定着商品生产的发展和产品的商品化程度。由于商品具有二重性，使用价值是价值的物质承担者这一基本特征，使商品的流通范围和流通时间在很大程度上受到商品使用价值本身特性的强烈制约，从而反过来对商品生产的增长速度和产品的商品过程起着决定性作用。例如水果保鲜，在高水平的储存技术没有解决以前，水果的流通时间就有着很大的限制，特别是某些易腐的水果品种，其保质期往往只有几天时间，从而对流通的范围和速度形成近乎苛刻的制约条件。这时水果生产的增长和商品化程度便不能不为物流状况所决定。我们还可以从我国农村商品生产中看到很多产品的商品化程度要由物流状况来决定的例子。很多农副土特产品在运输问题没有解决之前，只能白白地烂掉或者全部或部分地被生产者自己所消费，而无法转化为商品进入流通过程。这就说明资源优势由于物流条件的限制而无法转化为商品优势进入流通过程，可见物流的组织状况已经构成制约生产的发展和产品商品化程度的决定性条件之一。

(4) 物流状况如何，还对宏观经济效益和微观经济效益具有直接制约作用。在当前市场经济条件下，用于物流的费用支出已越来越浩大，越来越成为决定生产成本和流通成本高低的主要因素。一些发达国家如美国、日本等，通过对各种产品物流费用及其在零售价格构成中的比重的分析，看到了物流中存在的巨大潜力。物流被视为同人力、物力这两个利润来源并列的"第三利润源"，被视为"降低成本的最后边界"，从我国的情况来看，商业企业的物流费用大约占到流通费用支出的30%~50%。具体到某些产品如化肥、燃料煤等，所占的比重还要大些。商品在物流过程中的损失也是十分惊人的。据不完全统计，全国物流损失每年不下百亿元，这既说明了物流对宏观和微观经济效益的影响程度，也表明了组织好物流的必要性和紧迫性。

总之，物流在国民经济中占有重要位置，更好地发挥物流的职能，对我们加速现代化建设有着重要的作用。

1.1.5 物流的全球化

经济的全球化，必然会产生无国界物流作业。全球化物流作业提高了物流成本，也增加了物流的复杂性。在复杂性方面，全球作业会增加不确定因素，降低控制能力。这些不确定因素的产生可归因于更远的距离、更长的前置时间，以及市场知识的欠缺。控制问题的产生则是因为中介机构的广泛参与以及政府在这些领域内的干预，例如海关要求和贸易限制等。这些具体的问题使全球物流系统有机高效的开发变得更加复杂。然而，在如今的经济环境中，全球化已无法回避。因此，物流活动必须正视这种复杂性，并解决这些问题。

1. 全球化物流的动力

促使厂商进入国际领域的支持力有许多方面，它们起到了发动机和推进器的作用。企业之所以要在全球范围内扩大作业，其动机是为了生存和发展。而通过技术和能力的发展则可以促进其在全球范围内的作业。概括地说，驱使物流全球化作业的动力有五个方面：经济增长、供应链观念、地区化、技术和解除管制。它们之间的相互作用如图1-8所示。

1) 经济增长

自第二次世界大战以来，在许多工业化国家中，厂商的收入和利润每年都以几十个百分点在增长，而这种增长势头应归功于市场准入的改善、产品种类的发展、国内地域的扩大、作业效率的提高，以及因高出生率导致的市场规模扩大等综合因素。

如今，主要工业化国家的经济增长率已基本稳定甚至有所下降，并且，传统的企业营销战略已不再支持大多数厂商收入和赢利的持续增长。但是，在经济增长率下降的同时，由于新材料的使用和新技术的开发，制造业和物流业的生产效率开始提高，造成了企业生产能力的过剩。在这种环境下，对企业的直接意义是，通过全球化向其他发达地区和发展中国家扩展可以使其增加收入和利润。这类扩展需要把全球化制造与全球化营销能力综合起来，并通过结合物流技术的支持来开辟新的业务地点。于是，对企业的发展和追求利润的研究便成为驱使企业为全球化市场服务的根本动力。

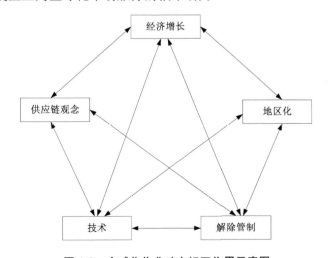

图1-8 全球化作业动力相互作用示意图

2) 供应链观念

全球物流的第二个动力是由制造商和大量配送商所组成的、并被广泛采用的供应链观念。从历史上来看，企业曾致力于寻找企业内部如何降低采购成本和制造费用的手段，因此在制订物流资源和产品来源的决策时，与其他渠道成员发生的费用往往被忽略。如今，人们已愈来愈重视发展各种渠道关系。

厂商在传统上尽可能通过内部承担必要的活动来寻求对物流活动的控制，而内部所承担的活动通常都导致了私营的仓库、运输和信息处理的产生。

尽管这种私有化活动能够实现最大限度的控制，但它同时也要增加所需的资金来支持物流作业。虽然从收益率的角度来看，资金对物流业务的承诺并不一定是至关重要的，但在"资产收益率"(Return On Assets，ROA)方面，则可以期望通过减少资源配置和资金占用来支持任何业务活动。物流经理们发现，他们可以利用外部资源承担更大范围的物流活动以减少资源配置和资金占用。结果，使用专门化公司提供的服务就成为20世纪80年代企业的共同实践。

这种利用外源的经验已被证明对全球化金融的扩展至关重要。厂商们在企图发展低价作业以支持全球化扩张的同时，又在其早先积累的经验上进行了资本化。他们愿意与全球化供应商一起发展联盟，这些全球化供应商能够以合理的成本在诸如国际整合运输和转运、国际运输、物流单证以及便利作业等方面提供专门知识和物流服务。

3) 地区化

如上所述，开辟国际新市场以维持企业利润增长的需要，是鼓励厂商"背井离乡"在国外寻找新顾客的主要动力。有扩张欲的厂商，最初的选择往往是本国附近的一些国家。为促进地区贸易和保护贸易伙伴免遭外部的竞争，各国开始通过条约方式使合伙形式组织化。在协定中主要有"欧共体协定"(EC 92)和《北美自由贸易协定》(North America Free Trade Agreement，NAFTA)等。奥恩梅(Ohmae)提出的"三足鼎立"的观点认为，当今的世界正在演化成为三大贸易区域：欧洲、北美和环太平洋地区。虽然各区域并不限制与其他地区的贸易往来，但它们的协定却在强烈地鼓励和促进区域内贸易。

这种地区化趋势正在导致工业化"三足鼎立"，也即各区域具有相等的人口和经济实力。表1-2就是按人口统计对全球的主要地区作了比较，并对当前的贸易水平作了概括。这些地区通过降低关税、缩减海关要求、通用货运单证，以及支持公共运输和搬运系统等来便利区内贸易，其最终目的就是要使区内的运输待遇如同起运地和目的地在同一个国家内一样。

表1-2 地区人口和商品贸易

地 区	人 口		出 口		进 口		1989年GDP
	1990年总数/百万	1980—1990年变化/%	1990年总值/十亿美元	1980—1990年变化/%	1990年总值/十亿美元	1980—1990年变化/%	总值/十亿美元
北美	275	1.0	525	6.0	641	7.0	6474
拉丁美洲	451	2.0	148	3.0	133	0.5	950

续表

地 区	人 口		出 口		进 口		1989年GDP
	1990年总数/百万	1980—1990年变化/%	1990年总值/十亿美元	1980—1990年变化/%	1990年总值/十亿美元	1980—1990年变化/%	总值/十亿美元
西欧	438	0.5	1613	7.0	1685	6.0	7092
中欧/东欧及俄罗斯	407	1.0	182	0.0	187	0.0	161
非洲	645	3.0	94	2.5	93	0.0	368
中东	126	3.0	132	5.0	103	0.0	185
亚洲	2903	1.5	791	9.5	765	8.0	4864
总计	5245	1.5	3485	5.5	3607	5.5	20094

资料来源：Adapted from OECD Economic Surveys (country), Paris: Organization for Economic Cooperation and Development, Annual; World Trade Annual;and United Nations Statistical Office Annual.

4) 通信与信息技术

通信技术和信息技术是激励国际化作业的第四个动力。大宗市场的通信交流把外国产品展示给国际消费者，于是刺激了全球范围的需求。"无论是什么国籍，处在'三足鼎立'之中的消费者愈来愈表现出类似的动机、寻求类似的生命周期、需要类似的产品。他们都期望以尽可能低的成本获得最佳的产品。"亚洲和东欧一些国家对美国有线电视新闻网(CNN)、今日美国(USA Today)以及其他卫星通信推销了各种产品，刺激了全球范围的需求。

技术发展引起的另一个扩张动力是如今的信息交换能力，计算机和通信网络的日益普及也不断增强着这种能力。从历史上来看，诸如订单、交付凭证以及海关表格之类的国际商业文件，通常属于硬拷贝文件，需要花费大量的时间传输，往往还含有许多误差。在先进的通信技术发展之前，从远东补给美国产的 Adidas 鞋子，从接受订货到收取订货之间的完成周期是 9 个月。由于使用了先进的信息技术，加快了订货需求的传输速度、生产进度、装运进度以及海关清关速度等，使得整个完成周期已减少到 3 个月。

5) 解除管制

在一些主要行业中解除管制是向无国界世界发展的第五个驱动力，其中金融业和运输业便是解除管制的两个主要行业。

(1) 解除对金融业的管制。政府通过法令规章和程序手续方面的变化促进了全球金融和外汇贸易的发展。它以诸如美国进出口银行(Export-Import Bank of The United States)之类的机构形式，或以多国政府发起的信用机构，如国际货币市场(International Monetary Market，IMM)等，扩大和保证长期的进出口信贷，其作用大大超过了单一银行的能力。这种做法不仅提高了基金的可得性，而且还减少了单一银行的风险，增加了贸易潜力。

IMM 也按市场利率提供了外汇交易机制和期货交易机制。虽然 IMM 创办于 1972 年，但随着 1987 年全球电子化自动交易系统的建立，其影响与日俱增。显然，全球金融信息系统的发展是国际贸易增长的一个关键因素。

另一个因素是排除了金本位制,以支持单一货币。美国早在20世纪70年代初期就已结束了金本位制,这使其他一些主要货币的汇率可以根据IMM协定对美元上下浮动。过去,由于固定汇率人为地将工业化国家的主要货币设定在高水平上而限制了贸易发展。高汇率使国际贸易费用昂贵,因为它人为地提高了货物的成本。浮动汇率有助于货币的自由流动,它与全球兴衰息息相关。此外,在给定的全球货币体系下,利率、资本市场和整个投资环境等更加相互关联和相互依赖。

在当今的货币市场中,外汇的自由流动具有特殊的作用。例如,美元有助于全球的货物流动,但只有当它所受到的个别国家工资率差异的影响程度最低时才行。事实上,这些市场支持产权和资本交易中的年度外汇流量,大于三大区域的成员之间年度货物交易量的300倍。所以,外汇交易和货物交易在数额上的差异可以解释货物交易中的方向变化为什么仅对汇率产生重要影响。

(2) 解除对运输业的管制。20世纪80年代初期,美国发动的对运输业解除管制的措施如今已逐渐遍及全球。尽管事实上全球解除管制的进程在速度上要比美国缓慢,但在全球范围内发生了涉及多式联运所有权和经营权、私有化以及沿海航行权和双边协定等三大变化。

从历史上来看,美国曾在规章制度上对国际运输所有权和经营权进行过限制,即承运人在传统上被限制在单一运输方式的范围内经营,几乎很少有共同定价和作业协定,尤其是班轮航线不能拥有和管理诸如汽车和铁路之类的陆上运输作业等,使涉及若干当事人的国际航运变得相当复杂,承运人在作业上、在外国进行收货或交付时普遍受到限制。如今,美国及其他大多数工业化国家放宽了对多式联运所有权的限制,连同制订有关解除管制的法规等,极大地提高了运输的灵活性。如联合包裹服务公司(United Parcel Service Inc.,UPS)公司通过所有权,共同营销和共同作业协定等方式,已具备为190多个国家服务的能力;在国内,UPS公司可以结合公路、铁路、航空和水路运输等提供包裹递送服务。这种安排有助于提高国际装运交付效率和贸易水平,还可以提高一站式(one-stop)物流服务的可能性。

刺激运输全球化的另一个因素是承运人私有化程度的提高。从历史上来讲,有许多国际承运人是由"本国"政府拥有和经营的,其目的是为了促进贸易并在战时能提供战略储备,法国航空公司就是其中一例。政府作为承运人往往会对其本国企业进行营运补贴,同时又向"外国"企业征收附加费。于是,人为抬高的运价和拙劣的服务水准,加之强硬联合和工作规章等限制又产生了低效率的运输作业,因此,高成本和低效率经营相结合导致许多政府承运人不得不亏本营运。为了尽可能地改善运输服务,许多政府已对大型承运人进行了私有化。例如,英国和加拿大正在对航空、汽车和铁路承运人进行私有化;欧共体正在完成其他大规模的私有化和基础设施方案,以满足"欧共体协定"所倡导的日益增长的业务需求。在竞争性的市场环境中营运,迫使已经私有化的承运人必须改善服务、言行一致和竞争定价。

在规章制度方面,沿海航行权和双边服务贸易协定中的变化是影响国际贸易的第三个因素。沿海航行权在法律上要求两个国内港口之间的客货运输只能由国内承运人运输。例如,从洛杉矶到纽约的水路运输须使用美国承运人。若装运港位于加拿大而卸货港位于美国得克萨斯州,则上述沿海航行权法律也将阻止一位加拿大驾驶员从底特律运输回程货。显然,沿海航行权法律保护国内运输行业。

现在，欧共体正在放宽沿海航行权的限制以提高贸易效率。据估计，减少沿海航行权的限制，将节省美国公司在欧洲内 10%～15%的运输费用。欧洲运输部长也已经达成协议，形成了统一、开放的运输市场。一些卓越的美国卡车运输公司，诸如 Yellow Freight 和 Carolina Freight 公司，已经在那里开设办事处，并与欧洲承运人签订作业协定。由此可见，这种政府间的合作将会促进并改善运输服务，同时降低运输费率，其最终的效果将有利于国际贸易。

2．全球物流壁垒

尽管许多因素正在促进无国界作业，但也有些重大壁垒在继续影响全球化物流的发展。其中的三大壁垒是，市场和竞争、金融壁垒以及配送渠道，图 1-9 对这一现象作了描绘。全球化物流管理必须要对克服这些壁垒的实际成本与国际贸易的潜在利益之间的关系进行权衡，以期通过成功的国际运作获得实际利益。

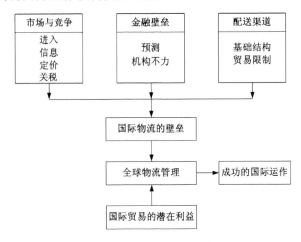

图 1-9　国际物流的壁垒

1) 市场和竞争

从认识上和实践上来讲，市场和竞争方面的壁垒包括市场进入限制、信息可得性、定价和关税等。

(1) 市场进入限制。是指通过立法或司法实践对进口商品制造壁垒来限制市场准入。在实践方面，如欧洲实施当地实际到位制度，该项制度要求以市场为基础的制造工厂和配送设施在还没有进入市场前就须安置完毕；在立法方面，如日本实施当地零售商"投票"制度，以表示是否愿意接收新的零售商、特别是外国零售商进入其市场。

(2) 信息可得性。除有关市场规模、人口和竞争状况等信息方面的可得性有限外，用于明确进口业务和有关单证方面的信息往往得不到协调，这方面的要求通常会因不同的政府甚至特定的情况而异。绝大多数政府要求，有关单证在货物装运前必须备齐和处理完毕。在许多情况下，如果单证有瑕疵，装运就会延迟或被扣押。显然，正确的单证流程对所有的装运来说都很重要，而对国际运输来说更是至关重要。

(3) 定价。国际上的定价受汇率影响很大，经营德国汽车零件的美国配送商所遭遇的境况就能说明汇率是如何影响物流需求的。美国配送商的通常做法是尽可能晚地推迟订购补充零件，以减少风险和投资。然而，当欧元对美元的比价在上升时，如 20 世纪 90 年代初期所发生的那样，采取低成本战略的厂商就会储备零件，以充分利用有利的汇率。

(4) 关税。关税原先的目的是要通过提高进口货物的价格来保护国内的行业。表 1-3 和表 1-4 分别用于说明美国与加拿大之间和美国与墨西哥之间在签订自由贸易协定之前的关税水平。关税在两个方面使国际贸易变得复杂起来。首先，在评估外国供给来源时必须把关税看作其附加的成本要素；其次，关税是政治上的手段，极易随政府政策的改变而迅速变化。由于贸易流量和流向会不断地随关税而变化，因此关税会对物流计划起到阻碍作用。尽管 NAFTA 和 EC 92 已在北美和欧洲排除了许多关税，但大量的关税依然在各地区发挥作用。

关税与贸易总协定(General Agreement on Tariffs and Trade，GATT)是一种多边贸易机制，以改善缔约国贸易伙伴之间的贸易关系，它旨在提高贸易的一致性，改善关系，减少双边协定。GATT 的一项基本原则是要求任何两个成员国之间的关税减让谈判延伸到所有的成员国。自 GATT 于 1948 年成立以来，先后有过 8 个"回合"的谈判，不断地提高了关税的一致性。尽管如此，关税的差异依然存在，并依然是国际物流的实际壁垒。

2) 金融壁垒

全球物流中的金融壁垒来自预测和机构的基础结构。其实，在任何情况下进行预测都不易，而在全球环境下预测尤其困难。国内预测面临的挑战是要在顾客趋势、竞争行业和季节性波动的基础上进行单位销售量和销售金额的预测；而在全球环境下，这些预测还必须结合汇率、顾客行为、以及复杂的政府政策等。

机构的基础结构壁垒产生于在如何协调中间人作业方面上的差异，其中包括银行、保险公司、法律顾问和运输承运人等。在美国理所当然享有的服务权利和能力，往往在国外并非可得或在行政管理上有所区别；十分普通的金融、保险和法律系统以及无所不在的运输系统，在绝大多数不太发达的国家里尚处于萌芽时期。在东欧，即便是在同一个城市里，货款的支付收取和处理仍需花费两三个星期，这类漫长的处理时间在经济上引起的月度波动往往超过 5%。这类延迟使订货处理极大地复杂化，并增加了金融风险和存货风险。

金融上的不确定因素加上机构上的不确定因素，使得厂商难以规划其产品需求和金融需求，其结果是企业不得不增加存货、增加运输的前置时间，以及增加全球作业的金融资源。

3) 配送渠道

配送渠道壁垒表现在基础结构标准化和贸易协定等方面。基础结构标准化方面的差异是指运输和材料搬运设备、仓库设施、港口设施以及通信系统中的差异。尽管近年来努力通过集装箱化来提高标准化，但在全球运输设备中，运输工具的尺寸、能力、重量和轨道规格等依然存在较大的差异，甚至无须跨出美国边境，在州与州之间就能够找出在运输设备的长度和重量限制方面的差异。

贸易协定的限制影响到渠道决策，如有些规则规定，当某些商品一旦达到特定的规模时就将对其进口量予以限制或增加关税。例如，从美属萨摩亚进口到美国的金枪鱼都订有协议，这项协议规定，当年度进口总量超过一定数目时，将征收 15%的关税。于是，当金枪鱼将到达规定的数量时，进口商就会在保税仓库里建立存货。作为随之而来的第二年年初放行装运的货物。美国大陆保税仓库的使用意味着在产品还未装运到当地的仓库之前还不能进行关税的审计。虽然使用保税仓库的策略可以减少关税费用,但同时也增加了物流活动的复杂性及其成本,因为它需要建立存货和临时仓储。这不仅仅是单一企业在使用这一策略时面临的问题,因为竞争对手也会通过类似的策略在相同的进口限制下获得其进口产品,同时最大限度地降低关税和储存费用。这些例子说明了旨在限制数量或需要特定条件的贸易协定如何增加了国际物流的复杂性。

表1-3 美国与加拿大按销售价格百分比计的平均关税(1988年,%)

项 目	美国从下列国家进口的关税		加拿大从下列国家进口的关税	
	加拿大	其他国家	美国	其他国家
农产品	1.6	1.8	2.2	1.8
食品	3.8	4.8	15.5	13.6
纺织品	7.2	9.1	16.9	16.4
服装	18.4	21.4	23.7	22.1
皮制品	2.5	3.8	4.0	8.7
工作鞋	9.0	8.9	21.5	21.9
木制品	0.2	3.8	2.5	4.9
家具和装置	4.6	2.9	14.3	14.1
纸制品	0.0	1.3	6.6	6.5
印刷品和出版物	0.3	0.7	1.1	1.0
化学品	0.6	3.5	7.9	7.0
石油制品	0.0	0.1	0.4	0.1
橡胶制品	3.2	2.0	7.8	6.5
非金属矿产品	0.3	7.2	4.4	8.5
玻璃制品	5.7	5.8	6.9	7.9
钢铁	2.7	3.9	3.1	4.5
非铁金属	0.5	0.8	3.3	2.7
金属制品	4.0	4.4	8.6	8.9
非电子机械	2.2	3.2	4.6	4.8
运输设备	4.5	4.1	7.5	7.1
杂项制品	0.0	2.5	0.0	2.5
平均	0.9	2.0	5.0	5.3

表1-4 美国与墨西哥彼此间按产品销售价格百分比计的进口关税

项 目	墨西哥从美国进口的关税/%	美国从墨西哥进口的关税/%
食品配制品	20.0	10.0
非肉汤菜	无供应	7.0
牙膏	无供应	4.9
女裤	20.0	16.4

续表

项　目	墨西哥从美国进口的关税/%	美国从墨西哥进口的关税/%
女连衣裙	20.0	17.7
金属制成品	20.0	无供应
用具/冰箱	20.0	10.0
汽车部件	20.0	2.2
地板磨光机	20.0	无供应
实验器械	10.0	无供应

注：如果符合 GATT 规定(享受最惠国待遇)，关税可免。

资料来源：United States Customs Service, Telephone Interview with Import Specialist, October 1990; United States Department of Commerce, Mexican Tariff Schedules，1900.

3．全球性挑战

希望在全球范围内发展的厂商需要对鼓励这种活动的动力和他们必须跨越的壁垒进行权衡。不断增长的国际贸易要求物流企业开拓全球意识和全球观念，他们必须意识到前面提及的种种壁垒，考虑各种可选的解决方案，并且要具备在非传统环境中运用各种方案的洞察力。

尽管物流原理在国际或国内基本相同，但国际物流的经营环境更复杂，物流费用更昂贵。物流成本及其复杂性可以用 4 个 D 来概括，即距离(Distance)、单证(Documentation)、文化差异(Diversity in culture)以及顾客需求(Demands of customers)，也即在不同的国家和地区，物流活动的距离更长、单证更复杂，在产品和服务上顾客需求变幻莫测，各种文化差异明显。因此，物流开发的战略和策略如何对"4D"环境做出反应是企业面临的全球性挑战。

全球物流开发需要创造国际经营理念和观念。这种观念必须产生经营战略、绩效期望、衡量以及决策可选方案。

1.1.6　现代物流的发展趋势

1．物流技术高速发展，物流管理水平不断提高

国外物流企业的技术装备已达到相当高的水平。目前已经形成以信息技术为核心，以信息技术、运输技术、配送技术、装卸搬运技术、自动化仓储技术、库存控制技术、包装技术等专业技术为支撑的现代化物流装备技术格局。其发展趋势表现为如下几个方面。

(1) 信息化——广泛采用无线互联网技术，卫星定位技术(GPS)，地理信息系统(GIS)和射频识别技术(RF)，条形码技术等。

(2) 自动化——自动引导小车(AGV)技术，搬运机器人(Robot System)技术等。

(3) 智能化——电子识别和电子跟踪技术，智能交通与运输系统(ITS)。

(4) 集成化——集信息化、机械化、自动化和智能化于一体。

当前，世界物流与运输科技的发展呈现出三大趋势，物流与运输技术的研究集中于五

大热点。

科技发展的三大趋势如下。

(1) 提高通行能力，加强环境保护，开展智能化运输和环保专项技术的研究。

(2) 以人为本，重点开展交通安全技术的研究。

(3) 确定经济合理的目标，促进新材料的广泛应用和开发。

物流与运输技术研究的五大热点如下。

(1) 利用全球定位系统(GPS)，实现测试自动化。

(2) 利用交通地理信息系统(GIST)，促进公路建设管理现代化。

(3) 发展计算机辅助设计技术(CAD)，达到智能化。

(4) 利用高科技检测技术，促进工程质量监测和道路养护智能化。

(5) 智能化运输系统(ITS)广泛应用。

2．物流服务的专业化、集中化趋势

随着竞争的激烈，社会化分工日趋细化，物流服务也向专业化、集中化方向发展。由于商品的经济圈越来越大，物流管理的复杂性和大量高科技的融入，物流管理越来越以其专门的技术能力和运作本领成为一个专门的领域。因此，一方面工业商业企业越来越趋向于把自己不十分在行的物流业务交给专业企业去经营，而集中于自己的主业(Core Business)。另一方面，一些条件较好的运输企业、仓储企业、货代企业等将会抓住时机，进入用户的物流系统，从提供单一的服务项目，成长为能够提供部分或全部物流服务的第三方物流。

从发达国家的情况看，第三方物流虽然只有十几年的发展历史，但它正在成为一个新兴的行业。第三方物流主要是由一些有实力的运输业、仓储业、货代业、信息服务业的企业和生产、销售企业的物流部门发展起来的。从运输企业发展起来的第三方物流公司，一般都是原来的一些大型运输企业的分公司，在利用运输资产的基础上，扩展运输功能，提供更为综合性的物流服务。一般来说，由第三方物流提供的服务，主要是两种方式，一种是以产品定向的物流服务；另一种是以客户定向的物流服务。所谓以产品定向的物流服务，是指把有相似需求的客户服务对象聚合起来，形成规模经营；以客户定向的物流服务是指提供的主要是基本服务，针对单一客户的特殊需求，提供综合性的、量体裁衣式的服务，常常既包括基本服务，也包括增值服务。比如有一些公司不仅承担运输服务和仓储服务，而且还提供一系列附加的创新服务和独特服务，如产品的分类、包装、存货管理、订货处理，甚至包括信息服务、网络设计等，来满足特定客户的特殊要求。少数实力雄厚的大公司，最终能够成为提供全方位、高层次物流服务，并参与复杂、高度一体化的供应链管理的第三方物流。

3．物流服务的优质化、全球化趋势

物流服务的优质化与全球化趋势日益明显，构建合同导向的个性化服务体系将成为企业获得竞争优势的关键。随着消费多样化、生产柔性化、流通高效化时代的到来，社会和客户对物流服务的要求越来越高，物流成本不再是客户选择物流服务的唯一标准，人们更多的是注重物流服务的质量。

物流服务优质化是物流今后发展的重要趋势。"5R 服务"，即把适当的产品(the right

product)，在适当的时间(at the right time)、适当的地点(in the right place)、以适当的数量(in the right quantity)、适当的价格(at the right price)提供给客户，将成为物流企业优质服务的共同标准。

物流服务的全球化是今后发展的又一重要趋势。荷兰国际销售委员会在其发表的一篇题为《全球物流业——供应连锁服务业的前景》的报告中指出，目前许多大型制造部门正在朝着"扩展企业"的方向发展，这种所谓的"扩展企业"把全球供应链条上所有的服务商统一起来，并利用最新的计算机体系加以控制。同时，报告认为，制造业已经实行"定做"服务理论，并不断加速其活动的全球化，对全球供应连锁服务业提出了一次性销售(即"一票到底"的直销)的需求，这种服务要求极其灵活机动的供应链，这也迫使物流服务商几乎采取了一种"一切为客户服务"的解决办法。

面对21世纪更加激烈的市场竞争和迅速变化的市场需求，为客户提供日益完善的增值服务，满足客户日益复杂的个性化需求将成为现代物流企业生存和发展的关键。物流企业的服务范围将不仅限于一项或一系列分散的外协物流功能，而是更加注重客户物流体系的整体运作效率与效益。供应链的管理与不断优化将成为物流企业的核心服务内容。物流企业与客户的关系将越来越多地体现为一种风险共担的战略同盟关系，而不仅仅是现阶段的一般意义上的买卖关系或服务关系，与上述物流发展理念相左的物流企业将逐渐被淘汰出局。

4．电子商务物流需求强劲

基于互联网络的电子商务的迅速发展，促使了电子商务物流的兴起。据统计，通过互联网进行企业间的电子商务交易额，1998年全球已达到430亿美元，据市场调查企业测算，2002年这一数字已迅速增长到8400亿美元。2008年中国的电子商务交易额达到3.1万亿元人民币，2009年达到3.8万亿元人民币，2010年达到4.5万亿元人民币，2011年达到6.8万亿元人民币，2012年达到7.5万亿元人民币，2013年达到9.6万亿元人民币，预计2015年达到18万亿元人民币。

企业通过互联网加强了企业内部、企业与供应商、企业与消费者、企业与政府部门的联系沟通、相互合作。消费者可以直接在网上获取有关产品或服务信息，实现网上购物。这种网上的"直通方式"使企业能迅速、准确、全面地了解需求信息，实现基于客户订货的生产模式(Build to Order，BTO)和物流服务。此外，电子物流可以在线跟踪发出的货物，联机地实现投递路线的规划、物流调度以及货品检查等。可以说电子物流已成为21世纪国外物流发展的大趋势。一方面电子物流的兴起，刺激了传统邮政快递业的需求和发展；另一方面，新兴的快递业发展迅猛，触角伸向全球各地。

长期以来，由于世界许多经济发达国家的经济萧条，导致全球传统邮政业都不景气。而在电子商务快速发展的背景下，有专家预测，短期内邮政业的一些传统功能可能会很快消失，但作为因特网时代的一个必不可少的通信工具，邮政业的功能将以其他的方式很快重现出来。因为通过因特网所进行的电子商务通常都是的距离比较遥远的交易双方通过电话销售、电视直销等方式促成的交易，这就为包裹邮寄和快递业务提供了巨大的发展机遇。在经过促销、电话营销、直销以及电视直销和互联网展示后，产品最终要以邮寄方式送达用户手中。因此，电子商务刺激了传统邮政业向电子物流方向发展。

除了传统邮政业将自己的业务向电子物流方向拓展外,一些国际著名的快递企业在电子物流中充当着前锋,例如,美国联邦快递、UPS 等已将自己的触角延伸到世界各国,大有抢占电子物流市场先机之势。一些新兴的物流企业也将视角瞄准电子商务这一新的物流需求市场而迅速崛起。

5. 绿色物流将成为新增长点

绿色物流(Environmental Logistics)是指在物流过程中抑制物流对环境造成危害的同时,实现对物流环境的净化,使物流资源得到最充分利用。它包括物流作业环节和物流管理全过程的绿色化。从物流作业环节来看,包括绿色运输、绿色包装、绿色流通加工等。从物流管理过程来看,主要是从环境保护和节约资源的目标出发,改进物流体系,既要考虑正向物流环节的绿色化,又要考虑供应链上的逆向物流体系的绿色化。绿色物流的最终目标是可持续性发展,实现该目标的准则是经济利益、社会利益和环境利益的统一。

物流虽然促进了经济的发展,但是经济发展的同时也会给城市环境带来负面的影响,如运输工具的噪声、污染排放、对交通的阻塞,以及生产和生活中废弃物的处理不当等。为此,21 世纪对物流提出了新的要求,即绿色物流。绿色物流主要包含两个方面,一是对物流系统污染进行控制,即在物流系统和物流活动的规划与决策中尽量采用对环境污染小的方案,如采用排污量小的货车车型,近距离配送,夜间运货(以减少交通阻塞,节省燃料和降低排放)等。发达国家政府倡导绿色物流的对策是在污染发生源、交通量、交通流等三个方面制定了相关政策。绿色物流的另一方面是建立工业和生活废料处理的物流系统。

6. 物流专业人才需求增长,教育培训体系日趋完善

在物流人才需求的推动下,一些经济发达国家已经形成了较为合理的物流人才教育培训体系。如在美国,已建立了多层次的物流专业教育,包括研究生、本科生和职业教育等。许多著名的高等院校都设置了物流管理专业,并为工商管理及相关专业的学生开设物流课程,像美国的西北大学、密执根州立大学、奥尔良州立大学、威斯康星州立大学等,或设立了独立的物流管理专业,或附属于运输、营销和生产制造等其他专业。乔治亚技术学院广泛开展物流职业教育,培养物流管理专业的专科生。其中部分高等院校设置了物流方向的研究生课程和学位教育,形成了一定规模的研究生教育系统。美国商船学院的全球物流与运输中心和乔治亚技术学院的物流所开展了物流方面的科学研究。除去正规教育外,在美国物流管理委员会(American Council of Logistics Management)的组织和倡导下,还建立了美国物流业的职业资格认证制度,产生仓储工程师、配送工程师等职位。所有物流从业人员必须接受职业教育,经过考试获得资格后,才能从事有关的物流工作。

1.2 物流战略概述

1.2.1 战略概述

战略一词来源于希腊语"Strategics",含义是"将军",它是相对于全部军事行动而言的,针对战争目的制定目标及采取的一系列行动。如今,战略一词已广泛运用于经济活

动之中,用来描述一个组织如何制定和实现它的目标和使命。当战略思想被引进到物流领域,便产生了物流战略这一概念。

美国哈佛大学商学院教授安德鲁斯(Andrews)认为企业总体战略是一种决策模式,通过它将企业的目的、方针、政策和经营活动有机地结合起来,使企业形成自己的特殊战略属性和竞争优势,将不确定的环境具体化,以便较容易地解决这些问题。美国达梯莱斯学院管理学教授魁因(J. B. Quinn)认为企业战略不仅是一种模式,也是一种计划,它将一个组织的主要目的、政策与活动按照一定的顺序结合成一个紧密的整体;且指出有效的正式战略应包含三个基本因素:可以达到的主要目的或目标,指导或约束经营活动的重要政策,可以在一定条件下实现预定目标的主要活动程序或项目。美国著名战略学家安索夫(Ansoff)、加拿大麦吉尔大学管理学教授明茨伯格(Henry Mintzberg)以及其他战略家和管理学者都对企业战略提出了自己的看法。总体上来说,他们认为战略是一种计划、一种模式、一种计策、一种定位和一种观念。

企业战略可分为三个层次,即公司级战略、事业级战略和职能级战略,三级战略各有侧重点,具体内容如表 1-5 所示。公司级战略属于最高级战略,要统筹规划多个战略业务的选择、发展、维持或放弃;事业部战略只就本事业部从事的某一战略业务进行具体规划,在公司级战略指导下进行;职能战略是为贯彻、实施和支持公司战略与事业战略而在企业特定的职能管理领域制定的战略,职能战略一般可分为营销战略、人事战略、财务战略、物流战略、生产战略、研究与开发战略等。

表 1-5　三级战略侧重点

企业战略 序号	公司级战略	事业级战略	职能级战略
1	企业使命的确定	如何贯彻企业使命	如何贯彻事业发展的总体目标
2	战略事业单位的划分及战略事业单位的发展规划	事业发展的机会与威胁分析	职能目标的论证及细分化
3	关键战略事业单位的战略目标	事业发展的内在条件分析	确定战略的战略重点、战略阶段和重要战略措施
4		事业发展的总体目标和要求	战略实施的风险分析和应变能力分析
5		确定事业战略的重点、实施阶段和实施措施	

1.2.2　物流战略的基本内涵

1. 物流战略的概念及特征

物流战略来源于企业物流活动的实践,是企业面对激烈竞争的经营环境,为取得长期生存和不断发展而采取的竞争行动与物流业务的方法,是为了实现企业目标并支持企业战略所需的与"物"相关的,包括原材料、半成品、成品、废弃物及一般供应用品及专业服务的控制系统的规划、组织、执行和控制的谋划和方略。也可以说,物流战略是企业在充分了解市场环境和物流环境及分析自身物流条件的基础上,为适应未来环境的变化,以求得长期生存和不断发展,对企业物流发展目标、实现物流发展目标的途径和手段所进行的总体谋划。

物流战略对于不同的企业有不同的概念。对物流企业而言是企业的总体战略;对于非物流企业而言就是企业职能战略,与生产、营销、财务、人力资源战略等共同构成企业经营战略。不同领域对物流战略的需求及研究都有侧重,对其基本概念的认识也略有不同。企业物流战略选择的具体载体是企业物流系统,主要涉及流通领域、生产领域、军事领域和生活领域,最主要的是流通领域和生产领域。流通领域中的物流战略与购销活动、商业交易、管理与控制等活动密不可分;生产领域中的物流战略是以企业为核心的全部活动,即从供应开始,下延到生产制造及销售的全过程。

库珀(Cooper)、英尼斯(Innis)和狄克逊(Diekson)将物流战略计划定义如下:"物流战略计划是一个通过提高价值和客户服务而实现竞争优势的统一、综合和集成的计划过程。该计划过程通过对物流服务的未来需求进行预测和对整个供应链的资源进行管理(如何实现目标),实现优异的客户满意度(我们希望实现什么)。这种计划过程是在公司总体目标和计划的背景下进行的。"

物流战略是指为保证物流的可持续发展,制定的物流发展目标及实现目标的途径与措施的行动纲领。根据组织的特点,物流战略一般分为宏观战略(物流业发展战略)和微观战略(企业物流发展战略),其基本内容包括物流系统的使命、物流战略目标、物流战略导向、物流战略类型、物流战略措施等。

物流战略的特征主要表现在以下几方面。

(1) 全局性。物流战略是以组织的全局为对象所制定的整体行动纲领,追求的是整体效果和综合效益。

(2) 长远性。物流战略谋求的是长远发展,是组织对未来较长时期内生存和发展的运筹和规划。

(3) 对抗性。物流战略是关于组织在激烈的物流市场竞争中如何与对手抗衡的行动方案,也是针对来自各方的压力和挑战制定的战略。

(4) 指导性。物流战略所规定的是组织整体的长远目标、发展方向和战略重点,这些都是原则性的、概括性的行动纲领。还必须层层分解,分步骤实施,形成具体的行动计划。

(5) 风险性。物流战略考虑的是物流市场的未来,而未来具有不确定性,因而战略必然带有一定的风险性。这就要求决策者关注环境的变化,并且能根据环境的变化及时调整战略,提高组织承担风险的能力。

2. 物流战略的基本内容

物流战略与企业经营战略一样,由战略思想、战略目标、战略方针、战略优势、战略态势、战略重点、战略部署等内容构成,其中物流战略目标、物流战略优势和物流战略态势是物流战略设计的基本要点。

1) 物流战略目标

物流战略目标与企业物流管理的目标是一致的,在保证物流服务水平的前提下,实现物流成本的最低化。降低成本是指在保持一定的客户服务水平的条件下,尽量将系统总成本降到最低。通常需要评价各备选的行动方案，例如，在不同的仓库选址，在库存决策方案中进行选择或在不同的运输方式中进行选择，以形成最佳战略。减少资本是指战略的实施目标是使系统的总投资最小化，其根本出发点是投资回报最大化。例如，为避免进行仓储而直接将产品送达客户，放弃自有仓库选择公共仓库，选择适时供给而不采用储备库存的办法，或者利用社会物流管理等。改进服务，一般认为企业收入取决于所提供的客户服务水平，尽管提供客户服务水平将大幅度提高成本，但收入的增加可能会超过成本的上涨。

2) 物流战略态势

物流战略态势是指物流系统的服务能力、营销能力、市场规模在当前市场上的有效方位及战略逻辑过程的不断演变过程和推进趋势。研究公司的物流战略态势，就应该对整个行业和竞争对手的策略有敏锐的观察力和洞察力，不断修改自身定位，从而做到知己知彼，以期在行业中获得相应的市场份额。战略态势主要从宏观环境、微观环境及企业自身三个方面分析。物流战略态势分析是物流战略选择和制定的基础。

3) 物流战略优势

物流战略优势，显而易见是指某个物流系统能够在战略上形成的有利形势和地位，是其相对于其他物流系统的优势所在。物流系统战略可在很多方面形成优势：产品优势、资源优势、地理优势、技术优势、组织优势和管理优势等。随着顾客对物流系统的要求越来越高，很多企业都争相运用先进的技术来保证其服务水平，其中能更完美地满足顾客需求的企业将成为优势企业。例如中国的第三方物流企业提供的储运就在国内率先利用GPS定位系统，有了GPS，顾客可以实时跟踪订单的履行情况，因此其在物流行业中就有了技术优势，逐步又形成了其管理优势等。对于企业来说，研究物流战略优势，关键是要在物流系统成功的关键因素上形成差异优势或相对优势，这是取得物流战略优势经济有效的方式，可以取得事半功倍的效果，当然也要注意发掘潜在优势，关注未来优势的建立。

3．物流战略的层次结构

企业认识到物流战略的重要地位，并宣称他们战略性地看待物流，但是在实践中并不容易做到，只有少数能够取得成功。因此，要获取高水平的物流绩效，创造顾客的买方价值和企业的战略价值，必须了解企业在供应链管理环境下的物流系统的各构成部分如何协调运转与整合，并进行相应的物流战略开发与设计。

成为世界级物流的关键是取得内部和外部运作的一体化。这种一体化要求明确物流在整个企业战略中所扮演的角色。物流战略是公司总体战略的一个重要组成部分。在计划过程中，营销和物流必须紧密协调，生产也是这样。物流计划来源于营销计划，营销计划则必须以公司的目标和战略为基础。所有的计划工作都必须在政治和法律环境、社会和经济环境、技术环境、竞争环境的约束条件下进行。

根据物流业务的构成和物流管理的要求，物流战略的内容可分为四个层次，如图1-10所示。

无论是设计输入物流战略，还是输出物流战略，都可应用图1-10中建造的模块。

第一层(战略层)：通过客户服务建立战略方向。

客户服务是发生在买方、卖方和第三方之间的一个过程，这个过程将引起产品或服务交换中的增值。客户服务是给供应链带来重要的增值利益的过程。客户服务需求左右着包括制造、营销和物流在内的整个供应链的结构。因此,有必要首先对顾客需要什么有清晰的了解,并开发能够满足那些期望的客户服务战略。由于顾客始终是形成物流需求的核心与动力,因此客户服务是制定物流战略的关键。

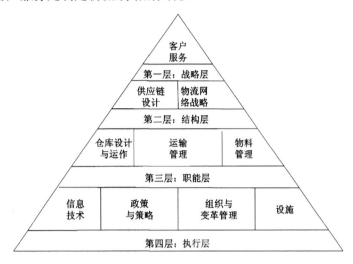

图 1-10　物流战略金字塔

顾客服务需求影响着包括制造、营销和物流在内的整个供应链的结构。因此,有必要清晰地了解顾客需要什么,并开发能够满足那些期望的顾客服务战略。顾客服务战略的简单或是复杂取决于企业的产品、市场和顾客服务目标。因此,任何希望在市场上赢得差异化竞争优势的企业都必须准确地划分顾客群。

在思考物流运作怎样能够为企业创造价值时,多数物流职能没有被紧密地结合到企业的战略规划开发中。在开发战略时,企业可通过五种方法利用物流,来增强企业的竞争优势。

(1) 低成本。通过卓越的效率,物流可以影响到一个成本优势,它对增加市场份额或提高收益率有作用,尤其是对于产品差别极小且费用超过产品售价15%的物流密集型行业。

(2) 优良的顾客服务。这方面显著的衡量标准包括短的订货提前期、库存可得性、订单与票据的准确性、对订货信息的知晓度和对顾客查询的反应能力等。多数顾客愿意为优良的顾客服务支付额外费用,物流可以在服务差别化方面起到重要作用。

(3) 增值服务。这包括提供可使顾客竞争力增强的服务,如给商品打折与贴标签、装配混合货盘、向商店直接配送、安排快速补货或持续补货及为顾客提供培训或软件。

(4) 灵活性。通过定制提供有成本的服务,来满足不同顾客群或个别顾客需求上的灵活性,从而使企业区别于其他企业。

(5) 再造。通过一个有能力以革新或开发新的方法来为市场服务的物流系统。能够提供真正的价值与竞争优势。例如,某些产业的制造商开始直接为渠道服务,这迫使批发商不得不彻底改变自己,并着重于高质量的服务水平。

第二层(结构层):物流系统的结构部分,包括渠道设计和设施的网络战略。

企业在了解了顾客的服务需求之后,就要考虑如何满足它们。结构层——渠道结构和设施网络结构提供了满足这些需求的基础。

渠道设计包括确定为达到期望的服务水平而需执行的活动与职能以及渠道中的执行成员。顾客需求、渠道力量和渠道成员地位等因素影响着渠道战略，企业不仅要了解当前各因素是如何运转的，还必须考虑它们将怎样影响未来，而市场份额与规模常常左右着直接与间接分销决策的经济性。最好的渠道结构最终依赖于经济性和战略的需要。另外，随着顾客需求变化和竞争者的自我调整，渠道战略必须再进行评价以维持或增强市场地位。

实际的设施网络策略必须与渠道策略以一种给顾客价值最大化的方式进行整合，避免出现制造商与分销商库挨着库的情况。同样，物流网络策略必须完全与企业的生产、分销物流战略整合，即在计划与管理中将生产与分销计划进行整合，以改善企业的成本状况和投资绩效。

一个确定的顾客服务水平可以通过不同的物流方案获得。在设计与执行支持服务需求的物流方案时，不要忽视一些重要因素，如成本(包括运作成本和每次执行费用)、风险(如服务中断所引起的)、灵活性(如在必要情况下对分销网络快速扩展或调整的能力)等。企业对这个复杂过程的每个步骤都必须进行战略性管理。首先，发现潜在的一些物流系统解决方案，然后了解每个方案的成本、服务、利益、风险和灵活性，最后选择理想方案。很明显，基于计算机的模拟工具在如此复杂多变的决策过程中的作用是不可估量的。

在对现有的仓储业务、库存配置、运输管理、管理程序、人员组织和体系等进行革新时，必须经受住某些基本问题的考验：预选的系统是否使顾客服务管理更容易、成本更低、反应更快、更有竞争力。

第三层(职能层)：物流战略的职能部分。

物流金字塔的第三层包含了物流战略的职能部分，尤其是仓储、运输和物料管理方面的分析。这里，物料管理涉及的是包括预测、库存计划、生产计划、制造进度安排和采购在内的整个过程。

对职能部分的分析也包括从战略与策略两方面的考虑。战略上的考虑(如企业对自己的仓储服务是自营、外租还是建立合同仓储服务等)迫使企业为了自己及其核心能力审慎地确定至关重要的成功因素，虽然这些考虑是困难的。随着第三方仓储和运输公司提供高质量服务与独特能力(如装载集并计划或拼箱计划、再包装服务等)的水平提高，许多公司逐渐选择3PL服务提供商。

当前，职能部分的策略考虑主要是对企业物流作业管理的分析与优化。仓储方面的考虑包括设施布置、货物装卸搬运技术选择、生产效率、安全、规章制度的执行等；物料管理方面的考虑着重预测、库存控制、生产进度计划和采购上的最佳运作与提高；运输分析则包括承运人选择、运输合理化、货物集并装载计划、路线安排、车辆管理、回程运输或承运绩效评定等方面的考虑。另外，市场、供应模式和顾客服务需求随时都在变化，物流运作必须加以调整来适应这些新的要求。

第四层(执行层)：涉及日常的物流管理问题。

战略物流金字塔的最后一层为执行层，包括支持物流的信息系统、指导日常物流运作的方针与程序、设施设备的配置及维护以及组织与人员问题。信息系统和组织问题对有效的物流业绩尤其重要。

物流信息系统是一体化物流思想的实现手段，没有先进的信息系统，企业将无法有效地管理成本、提供优良的顾客服务和获得物流运作的高绩效。一个整合的、高效的组织对成功的物流绩效是重要的。供应链管理环境下的物流管理并不意味着将分散于各职能部门中的物流活动集中起来,关键在于物流活动之间的协调配合,要避免各职能部门追求局部物流绩效的最大化。如运输、仓储和订货处理等活动经常彼此影响,在绩效评定上,企业如果仅按减少运输成本的目标评价,就不会建立最有效的物流系统。

1.2.3 物流战略的目标

物流战略目标主要表现在四个方面:一是维持企业长期物流供应的稳定性、低成本、高效率;二是为企业产品谋求良好的竞争优势提供支持;三是对环境的变化为企业整体战略提供预警和功能范围内的应变力;四是以企业整体战略为目标追求与生产销售系统的协调性。

基于以上四点,可以把企业物流战略的目标简单地归纳为:提高服务水平、降低运营成本、减少资金占用。

1. 成本最小

成本最小是指降低可变成本,主要包括运输和仓储成本,例如物流网络系统的仓库选址、运输方式的选择等。面对诸多竞争者,公司应达到何种服务水平是早已确定的事情,成本最小就是在保持服务水平不变的前提下选出成本最小的方案。当然,利润最大一般是公司追求的主要目标。

2. 投资最少

投资最少是指对物流系统的直接硬件投资最小化从而获得最大的投资回报率。在保持服务水平不变的前提下,我们可以采用多种方法来降低企业的投资,例如,不设库存而将产品直接送交客户,选择使用公共仓库而非自建仓库,运用 JIT 策略来避免库存,或利用 TPL 服务等。显然,这些措施会导致可变成本的上升,但只要其上升值小于投资的减少,则这些方法均不妨一用。

3. 服务改善

服务改善是提高竞争力的有效措施。随着市场的完善和竞争的日前激烈,顾客在选择公司时除了考虑价格因素外,到货及时准确也越来越成为考虑的重要因素之一。当然高的服务水平要有高成本来保证,因此权衡综合利弊对企业来说是至关重要的。服务改善的指标通常用顾客需求的满足率来评价,但最终的评价指标是企业的年收入。

总之,企业物流战略的制定作为企业总体战略的重要部分,要服从企业目标和一定的顾客服务水平,企业总体战略决定了其在市场上的竞争能力。企业物流战略的基本目标是在保证物流服务水平的前提下,实现物流成本的最低化。具体而言,可通过以上各个目标的实现来达到。

1.2.4 物流战略的类型

关于物流战略的类型,文献上的分法既有类似又有不同,主要有以下五种类型。

物流战略与规划

1. 最低成本战略

最低成本战略是追求物流系统的固定成本与可变成本最低的战略。实施成本最低战略必须将目标确定为满足较为集中的客户需求，向客户集中的地区提供快速服务、通过储运资源和库存政策的合理搭配物流成本达到最小化。一般来说，物流系统的基本服务能力受系统中仓库的数目、工作周期、运营速度或协调性、安全库存政策等诸多因素的影响，为满足客户的基本需求，要按照有效库存和系统目标对物流系统进行整合，以求在成本最低的条件下达到最佳的服务水平。

2. 最优服务战略

最优服务战略是物流系统的有效性和运输绩效最高，服务水平最佳的战略。实施最优服务战略必须充分利用服务设施，认真规划线路布局，尽量缩短运输的时间，为客户提供最优的服务。当然提供最优服务的同时也必须能够得到与之相适应的收益，否则，这种战略就得不偿失。同时，什么是最优的服务对不同的客户来说也是不同的，这就要求企业必须认真分析客户的需求，针对客户的不同需求进行差别化的优质服务，从而构筑起企业的差别竞争优势。

3. 最高利润战略

最高利润战略是物流系统的利润达到最大化的战略。该战略是大多数物流系统希望通过战略规划达到的最终目标。利润最大化就是物流以利润为中心，以营利为目的。大多数的企业却很难做到这一点，认为物流仅仅是为了满足企业需要，并不能带来巨大利润。某些企业本身不具有物流资源，却难找到合适的物流合作伙伴，那么物流经营有可能就是企业的费用中心。

4. 最强竞争力战略

最强竞争力战略是力争达到整体竞争力最强，寻求最大的竞争优势的战略。这种优势可以采用针对性的服务改进和合理的市场定位两种方法来获得。要使竞争力增强，必须保证为客户创造价值，如果发现有重要的客户没有得到卓越的服务，就必须改进服务水平或增加服务能力来适应这些客户。另一种获得竞争优势的方法是确立更加合理的市场定位，提供企业个性化的定制服务。

5. 资产占用最少战略

资产占用最少战略是整个物流系统占用的资产达到最少的战略。这种战略的好处是降低物流系统的风险，增加总体的灵活性，更有利于企业用优质资产开展主业经营。资产占用最少，与低成本还有本质的区别，有可能外包物流更多，物流成本反而会高。

1.2.5 物流战略与企业经营战略的关系

企业经营战略属于总体战略，企业物流战略属于职能级战略，和企业的营销战略、财务战略、生产战略等同属一个层次，共同支持企业经营战略的实现。企业经营战略为企业提供了整体性方向，它涉及的范围广，涵盖整个企业。物流战略面较窄，主要与库存决策、运输规划、流通加工等密切相关。从众多世界级企业的实践来看，物流战略是企业战略成功的关键因素之一。据俄亥俄州立大学和毕马威国际会计公司(KPMG)的最新调查显示，几乎一半以上的美国公司有正规的物流战略。物流战略对实现企业经营战略目标，提高企业竞争优势起着保证和持续发展的作用。如美国铝业公司和中国铝业公司，它们均在国内主导市场建立了健全的物流战略体系，实现了对经销商和终端客户门对门的一体化快速配送、优质服务和信息及时反馈，不仅具有较强的战略竞争优势，也在特定时期内形成了明显的优势战略态势，有力地促进了企业经营战略的实现。

物流战略是企业的职能战略。为了使物流战略明确有效，物流战略必须与企业经营战略联系在一起，制定的物流战略必须服务于组织的目标。这两点就要求高层管理者与物流部门一起制定物流战略，使得物流战略与企业经营战略之间相互一致，而不是相互冲突。物流是一种服务，是企业的"第三利润源"，企业建设物流系统的目的首先是为了实现企业的经营战略，因此，企业发展物流必须首先确立物流战略与规划对企业经营战略的协助作用。物流战略是企业为更好地开展物流活动而制定的更为具体、操作性更强的行动指南，它作为企业经营战略的组成部分，服从企业战略的要求，并与之协调一致，物流战略要求物流系统的每一个环节都要与企业整体规划保持平衡，如图1-11所示。

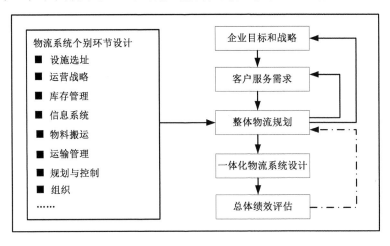

图1-11 企业物流战略规划内容与流程

1.3 物流战略管理

物流理论自20世纪80年代引入中国以来，在物资、商业等部门经历了多年物流业务管理的实践，在传统经济体制的束缚下，物流理论在中国的实际运用受到很大制约。社会主义市场经济体制的确立，客观上要求破除区域、部门割据的局面，从而使物流从业务管理为主走向物流战略管理，完成这一转变的基础工作，就是要面对全球化的供应链管理时代的到来，勇于创新，构造起适应未来竞争需要的物流战略管理体系。战略关系到物流企业的生存和发展，涉及企业全局、长远和根本的利益。物流经营者需要通过战略管理在市场竞争中寻求制胜的途径。

1.3.1 供应链及供应链管理

1．供应链的内涵

供应链是近 20 年来逐渐发展起来的一种新的物流运作模式，是围绕核心企业，通过对信息流、物流、资金流的控制，从采购原材料开始，制成中间产品以及最终产品，最后由销售网络把产品送到消费者手中的将供应商、制造商、分销商、零售商、直到最终用户连成一个整体的功能网链结构模式。它是一个范围更广的企业结构模式，包含所有加盟的节点企业，从原材料的供应开始，经过链中不同企业的制造加工、组装、分销等过程直到最终用户。它不仅是一条连接供应商和用户的物料链、信息链、资金链，而且是一条增值链，物料在供应链上因加工、包装、运输等过程而增加其价值，给相关企业都带来利润。

1) 供应链的概念

供应链是企业供应链的简称，也称网络企业，是指由同行业中具有上下游合作关系的企业组织所形成的企业群体。广义的供应链概念，则包括从供应商到制造商、经销商和顾客的整个范围，集合其共同的技术和资源，连接成垂直整合的团队以发展和配销产品，完成整个从生产到消费的过程；企业供应链强调企业之间的整合，强化专业分工关系，发挥各自的资源优势，实现优势互补。

企业供应链是在市场全球化和信息网络技术迅速发展的背景下产生的。这一背景下的企业外部环境，已经发生了重大变化，这就要求企业必须注重顾客价值的走向，了解顾客的需求，能够快速做出反应，这是促进企业供应链形成的基本动因。新的市场环境向企业提出了如何解决快速反应和不确定性的问题，如企业的成功依赖于迅速适应顾客多变需求的能力；经营成本更多地来自供应链中的不确定性，即全球供应和货源的取得、不可预测的需求、起伏的价格策略、较短的产品生命周期和日益减少的品牌忠诚度。

2) 供应链的驱动力

供应链经济是 20 世纪 80 年代末才被人们使用的新概念。企业通常是以规模经济和范围经济(专业化和多样化)来提升竞争力的，立足于企业本身，独享经济成果。供应链经济则不同，只有当企业积极与其他企业联合，注重利用企业外部的资源才有获取利润的可能性。例如某行业中有 100 家生产同类产品的企业，如果这些企业各自独立开展经营，都拥有齐全而且相近的功能，每个企业的市场份额都有限。如果经营企业在研究开发等环节上联合起来，在生产过程上进行分工，每个企业都专门生产某种或某几种零部件相互供给，就可以带来许多好处：一是每个企业的成本都降下来了；二是不需要以往那么多的设备；三是每个企业都可以享受到研究开发和生产过程中的规模效益；四是每个企业的内部管理活动变得简单化。所以说，最理想的供应链经济效果，是建立在整体下分工的规模经济和范围经济基础上的整合。

供应链经济是与信息社会相适应的一种经济。伴随着从工业社会向信息社会的转变，顾客需求变得越来越多样化、个性化，产品生命周期越来越短，对生产企业的要求是多品种、小批量生产，重视新产品开发，开展非价格竞争，及时快速供货。在此环境下，供应链经济可以解决规模经济效果与消费需求多样化之间固有的矛盾。由规模经济向范围经济和供应链经济过渡，是社会发展的一种趋势。在市场全球化的进程中，竞争形式出现了新变化，出现了企业群体与企业群体之间、供应链与供应链之间的竞争。例如在汽车制造业，美国的福特与日本的马自达联手，美国的通用汽车公司与日本的丰田汽车公司联合，美国的克莱斯乐与德国的戴姆勒-奔驰公司结盟。不仅如此，美国三大汽车公司还共同组建了网络供应市场。群体之间的竞争与合作，构成了新的全球经济发展格局。哪一家企业不寻求建立或加入供应链联盟，仍然单枪匹马闯天下，将会失去竞争优势。

3) 供应链的特点

(1) 相互依赖性。在信息时代，工业时代的企业规模优势不再是竞争力的主要标志，因为它赖以存在的市场环境发生了根本变化。科技发展、信息网络的形成和顾客需求的变化，以及竞争形式的改变，都大大削弱了大型企业控制环境的能力。富于创新并极富灵活性的高科技企业和小型企业越来越多，逐渐对大企业构成巨大的威胁。众多大型企业认识到寻求外部合作伙伴的必要性，在内部实施业务流程和组织再造以消除大企业病、增强快速反应和灵活应变能力的同时，积极开展企业的外部合作，通过建立企业供应链，实现优势互补，以形成新的竞争力。这种新型的合作组织，由于分属不同的企业单位，各自分工明确、细化，都具有某一方面的特长，而且反应敏捷，重新形成的规模经济性具有适应市场环境需要的竞争力。在这个企业链条中，彼此的依赖性增强，哪一家独立的企业不与合作伙伴密切合作都无法形成现实的生产力和竞争力。

(2) 资源外取。在新的竞争时代，不需要企业处处都强过他人，想处处都具优势的结果是丧失优势。因此，企业需要一种有别于他人的核心优势，然后联合那些在某一方面具有优势的企业，构成具有整体优势的企业联盟。企业供应链建立的基本出发点就源于这一思想。企业供应链通常是由一家具有一个或某几个方面关键优势的企业发起建立，这样的企业不仅具有资源外取的能力，还有能够很好地控制外部资源的能力，实现与企业内部资源的优化配置。企业资源外取，成本和价格因素往往不是唯一标准，而是要综合考虑合作企业在技术、人才、资金、信息和信誉度等一系列资源因素方面所具有的优势，能够长期密切合作是第一位的。

(3) 降低经营成本。供应链企业能够形成巨大竞争力，还在于它能够大幅度降低经营成本。信息网络技术的发展为供应链经济提供了最佳的舞台。企业可以通过外联网向全世界范围内征集供应链成员企业，可以在行业内选择世界最具竞争优势的企业加盟。最具行业优势的企业往往在技术、质量、成本、价格和信誉等方面具有优势。而目前在西方企业蓬勃开展的 B2B 电子商务，最大的动力源于降低采购成本。对核心企业来说，通过互联网采购、重组供应链，无论是对于降低成本增加盈利还是增强竞争力都具有决定意义。这不仅是简单的价格降低，关键是找到了最好的供货方。目前出现的变竞争为联合的集中采购分销趋势，使供应链上下游企业和广大消费者实现共赢的局面成为现实。

(4) 组织规模精简。企业传统的经营方式决定其组织机构和规模十分庞杂。为了完成完整的规模生产所需要的一切生产条件，企业被迫实行前向和后向一体化战略，建立包括从原材料生产、供应，到运输、仓储、销售和服务等一系列环节的机构和组织。随着功能的完备，组织也日益膨胀起来，变成了一个庞大、迟缓和难于管理的系统。当企业建立供应链系统后，可以将大量业务以"外包"的形式转移到企业外部去完成，企业从供应链成员企业那里获得了自身所需要的资源和功能，既可以大大减少自身的经营范围，突出自己具有优势的主业，还可以大幅度降低企业的成本。这样企业就大大减少了管理内容。

2. 供应链管理的内涵

1) 供应链理论产生的背景

供应链理论产生于20世纪80年代初的美国，产生的背景有两个。

(1) 市场竞争激烈，企业急需增强竞争能力，才能够占有和扩大市场份额。当时美国受国外纺织品进口急剧增长的冲击，国内的纺织业受到很大压力，市场在急剧收缩。为了纺织、服装企业的生存和发展，企业继续寻找解决问题的办法。通过调查发现，每个纺织、服装企业自身的实力都还不算差，问题就出在企业与供应商之间、企业与分销渠道企业之间的协调上。因此人们着眼于研究企业之间的协调，于是出现了供应链理论。

(2) 信息技术的发展。企业协调，关键在企业沟通。而企业沟通的关键在信息沟通。信息沟通最主要的是商务数据的沟通，例如销售数据、库存数据、发票、合同、订单等。企业之间有距离，这些数据的传送频次又高，靠人传送是不行的。需要由计算机网络传输。正好20世纪80年代出现了电子数据交换技术(EDI)，人们利用EDI技术传送数据。电子信息技术的出现，不但加强了企业之间在业务上的协调和效率，而且也加深了企业之间相互信任、相互支持的友好关系，促进了供应链理论和技术的形成和发展。

供应链理论的形成和发展大大提高了供应链的效率，让企业尝到了甜头，企业越来越广泛接受，因此，20世纪80年代中期以后，供应链理论逐渐普及开来。

2) 供应链管理的概念

供应链管理是一种集成的管理思想和方法，它是指利用计算机网络技术全面规划供应链中的商流、物流、信息流、资金流等，并进行计划、组织、指挥、协调与控制。它覆盖了从供应商的供应商到客户的客户的全部过程。供应链管理的目的是通过"链"上各个企业之间的合作和分工，致力于整个"链"上的物流、信息流、资金流的合理化，从而提高整条"链"的竞争能力。所以说，供应链管理是通过前馈的信息流和反馈的物料流及信息流，将供应商、制造商、分销商、零售商，直到最终用户连成一个整体的管理模式。

3) 供应链管理涉及的内容及领域

供应链管理主要涉及四个主要领域：供应(Supply)、生产计划(Schedule Plan)、物流(Logistics)和需求(Demand)。如图1-12所示，供应链管理是以同步化、集成化生产计划为指导，以各种技术为支持，尤以Internet/Intranet为依托，围绕供应、生产作业、物流、满足需求来实施的。供应链管理主要包括计划、合作、控制从供应商到用户的物料(零部件和成品等)和信息。其目标在于提高服务水平和降低总的交易成本，并且努力寻求二者之间的平衡。

在以上四个领域的基础上，我们可以将供应链管理细分为职能领域和辅助领域。职能领域主要包括产品工程、产品技术保证、采购、生产控制、库存控制、仓储管理、分销管理。而辅助领域主要包括客户服务、制造、设计工程、会计核算、人力资源、市场营销。

由此可见，供应链管理关心的并不仅仅是物料实体在供应链中的流动，还包括以下主要内容。

(1) 战略性供应商与用户合作伙伴关系管理。

(2) 供应链产品需求预测和计划。

(3) 供应链的设计。

(4) 企业内部与企业之间物料供应与需求管理。

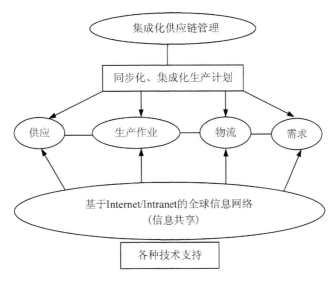

图 1-12 供应链管理涉及的领域

(5) 基于供应链管理的产品设计与制造管理、生产集成化计划、跟踪和控制。
(6) 基于供应链的用户服务和物流管理。
(7) 企业间资金流管理。
(8) 基于 Internet/Intranet 的供应链交互信息管理等。

供应链管理注重总的物流成本(从原材料到最终产成品的费用)与用户服务水平之间的关系,为此要把供应链各个职能部门有机地结合在一起,从而最大限度地发挥出供应链整体的力量,达到供应链企业群体获益的目的。

3. 供应链管理与传统管理模式的区别

供应链管理与传统的管理模式有着明显的区别,主要体现在以下几个方面。

(1) 供应链管理是集成化的管理。供应链管理是一种横向一体化的集成化管理模式,把供应链所有节点企业看作一个整体,强调核心企业与相关企业的协作关系,通过信息共享、技术扩散、资源优化配置和有效的供应链激励机制等途径实现经营一体化。

(2) 供应链管理强调和依赖战略管理。"需求和供应"是整个供应链中节点企业之间共享的一个概念(任何两个节点企业都有供应与需求的关系),同时它又是一个有重要战略意义的概念,因为它影响或在某种程度上决定了供应链的成本和市场占有份额。加之战略联盟又是供应链运作的基本原理,所以,供应链管理非常重视和强调战略管理。

(3) 供应链管理的目标在于提高顾客价值。与传统管理模式相比,供应链管理的目标不仅仅是降低交易成本,还在于通过改善服务水平来提高顾客价值。顾客价值是已给定产品或服务中所期望得到的所有利益,包括产品价值、人员价值和形象价值。顾客的需求是拉动供应链的源动力,通过供应链从下游企业到上游企业传递,只有生产出具有较高顾客价值的产品才能提高整个供应链的竞争力,维持供应链的稳定、运转和发展。

1.3.2 物流战略管理概述

1．物流战略管理的内涵

物流战略管理是物流经营者在物流系统过程中，通过物流战略设计、战略实施、战略评价与控制等环节，调节物流资源、组织结构等，最终实现物流系统宗旨和战略目标等一系列动态过程的总和。

从更一般的意义讲，物流战略管理的实质就是运用战略进行社会或区域物流链管理。在战略形成、战略实施、战略评价与控制中，物流战略形成是物流战略管理的首要环节，指导并决定了整个物流战略系统的运行，战略评价工作渗透在物流链管理各个阶段之中。从物流链管理组织结构分析，道路运输企业(集团)一般可以划分为企业层、事业层和职能层。

在物流战略管理过程中，各个组织层次沿物流战略逻辑过程运行，高层组织的物流战略管理决定并指导着下一层组织的物流战略管理。一般情况下，物流战略引导并决定物流系统组织结构，在进行物流战略管理的初期尤其是这样，但在特定条件下，物流组织结构也会对物流战略提出修正与完善等要求。

2．物流战略管理的特征

(1) 目的性。企业物流战略的制定与实施服务于一个明确的目的，即在激烈的竞争环境中能够生存和发展。

(2) 长期性。物流战略管理的长期性就是在环境分析和科学预测的基础上，展望未来，为现代企业谋求长期发展的目标和对策。

(3) 竞争性。企业物流战略必须面对未来进行全局性的设计和规划，以确保企业的竞争优势和活力，使企业战略具有对抗性和战斗性。

(4) 系统性。任何战略都有一个系统的模式，既要有一定的战略目标，也要有实现这一目标的途径和方针，还要制定政策和规划，并构建一个战略网络体系。

(5) 风险性。物流战略考虑的是企业的未来，具有很多的不确定性，进而就存在风险。这就要求决策者根据环境的变化及时调整战略，以应对风险。

3．物流战略管理的过程

物流战略管理由三个阶段构成，即物流战略制定、物流战略实施、物流战略控制。

1) 物流战略制定

物流战略制定就是企业在内外环境分析的基础上，按照一定的程序和办法，规定战略目标，划分战略阶段，明确战略重点，制定战略对策，从而提出指导企业物流长远发展的全局性总体谋划。战略制定是一项重要而又复杂的系统工程，需依照一定的程序和步骤来完成。一般说来，制定战略的程序有以下几个互相衔接的环节。

(1) 树立正确的战略思想。战略思想是指导战略制定和实施的基本思想，是整个战略的灵魂，它贯穿于物流战略管理的全过程，对战略目标、战略重点、战略对策起一个统帅作用。战略思想来自战略理论、战略环境的客观分析以及企业领导层的战略风格。一个企业的战略思想主要应该包括竞争观念、市场营销观念、服务观念、创新观念和效益观念等。

(2) 进行战略环境分析。这是制定战略的基础和前提。如果对组织内外环境没有全面而准确的认识，就无法制定出切合实际的战略。

(3) 确定物流战略目标。物流战略目标是指企业在完成基本物流服务过程中所追求的最终结果。它是由战略决策者根据企业的物流目标确定的。物流战略目标为企业物流活动的运行指明了方向，为企业物流评估提供了标准，为其资源配置提供了依据。利用物流战略目标可以对企业全部物流服务活动进行有效管理。

(4) 划分战略阶段，明确战略重点。战略阶段是指战略的制定和实施在全过程中要划分为若干个阶段，一步一步地达到预定的战略目标。一个长期的战略，如五年、十年的战略规划，必须逐步实现、逐步推进，因此就要划分为若干个阶段。战略阶段的划分，或者叫作战略步骤的划分，实际上是对战略目标和战略周期的分割。这种划分和分割，要求明确各战略阶段的起止时间以及在这段时间内所达到的具体目标。这些具体目标和阶段的总和就构成了总的战略目标和战略周期。战略重点是指对战略目标的实现有决定意义和重大影响的关键部位、环节和部门。抓住关键部位，突破薄弱环节，便于带动全局，实现战略目标。

(5) 制定战略对策。战略对策是指为实现战略指导思想和战略目标而采取的重要措施和手段。根据组织内外环境情况及变动趋向，拟订多种战略对策及应变措施，以保证战略目标的实现。

(6) 战略评价和选择。战略评价是一个战略制定阶段的最后环节。如果评价后战略方案被否定，就要按照上述程序重新拟订；如果评价后战略规划获得肯定，则结束战略制定而进入战略的具体实施阶段。

2) 物流战略实施

物流战略实施就是将战略转化为行动，主要涉及的问题有：企业如何建立年度物流目标、制定物流政策、配置物流资源，以便使企业制定的物流战略能够得到落实；为了实现既定的战略目标，还需要获得哪些外部资源以及如何使用；需要对组织结构做哪些调整；如何处理可能出现的利益再分配与企业文化的适应问题；如何进行企业文化管理，以保证企业物流战略的成功实施等。

物流战略实施是战略管理过程中难度最大的阶段，战略实施的成功与否，是整个战略管理能否实现战略目标的关键。

3) 物流战略控制与调整

物流战略控制，是物流战略管理的最后阶段。物流战略控制可分为三个步骤：制定控制标准，根据标准衡量执行情况，纠正偏差。战略控制的方法主要有事前控制、事中控制和事后控制。

物流战略调整就是根据企业情况的发展变化，即参照实际的经营事实、变化的经营环境、新的思维和新的机会，及时对所制定的战略进行调整，以保证战略对企业物流管理进行指导的有效性，包括调整企业的长期物流发展方向、调整企业的物流目标体系、调整企业物流战略的执行等内容。

物流战略制定固然重要，但物流战略实施与控制同样重要。一个良好的物流战略只是物流战略管理成功的前提，有效的物流战略实施、控制才是物流战略目标顺利实现的保证。

1.3.3 供应链管理环境下的物流战略管理

1. 物流战略环境分析

制订物流战略规划首先需要对系统赖以生存的环境进行分析,然后对内部条件作评价。外部因素主要包括行业竞争态势、区域市场的变化、新技术动向、物流服务产业发展、政策法规动向等。这些是影响物流的最基本因素,并且处于永恒的变化之中。因此,分析时要把握动态变化的特征,时间跨度应尽可能长一点,如十年以上,太短看不出变化趋势。

1) 行业竞争态势

行业的现状和发展动向是对企业影响最大、最直接的环境因素,应该对其作全面、深入、细致的分析。分析可以从以下几方面入手。

(1) 市场规模与成长性。战略规划是一个长期计划,所以行业的规模大小和长期的发展趋势对于制订战略规划是十分重要的依据。市场规模与企业的经营规模、投资决策密切相关,市场规模大,则企业经营规模可以定得大点,投资也可大一些。成长性会影响投资的方式,如果成长快,投资方式可能采取大规模一步到位的策略,既降低投资成本,又快速占领市场。分析的手段主要采用市场预测方法。

(2) 竞争者的实力与战略分析。在实际的市场竞争中,竞争的局势是错综复杂的,为了使自己处于有利的地位,必须对自己主要竞争者的核心能力、基本策略、赢利能力做仔细分析。企业在竞争中所采取的策略在很大程度上与自己所处的实力地位有关。

(3) 成功因素与不利因素分析。对成功因素(自己的优势条件或是对手的劣势条件等)的分析尽可能采取乐观的态度,寻找更多的成功因素,以充分利用对自己有利的条件,增强信心,获取成功。对不利因素的分析尽可能采取悲观的态度,以引起足够的重视,做好充分的准备,采用必要的预防措施,以降低风险。

(4) 行业平均利润率。在市场经济条件下,资金流动的自由度比较大。且总是流向利润率高的行业,导致竞争加剧,市场波动较大,从而增加了市场走势预测的复杂性,也增加了制订战略规划的难度。

2) 区域市场的变化

企业的物流网络结构直接与区域经济的状况、客户的数量、客户和供应商的地理分布有关。区域经济发展往往是不平衡的,今后数十年间,随着我国中西部经济开发力度的增强,物流的总体格局将产生巨大变化。东部企业随着中西部经济环境的改善,会进入该地区扩展空间,这样一来企业的物流网络势必要做重大调整。

即使在单个地区内,市场的变动也会对企业物流产生影响。以上海的零售业为例,随着市政建设的发展,人口分布发生很大变化,大量人口迁往城郊接合部,市场购买力随之发生大转移,连锁超市如雨后春笋般地在这些地区建立起来。人口统计资料,如数量、年龄、受教育程度、职业、收入等,都是识别和确定特定市场需求的基本要素,对于商贸服务类企业的规划特别有价值。

3) 新技术动向

现代物流的兴起完全得益于新技术革命,对物流管理最有影响的技术主要有信息技术、物料处理技术、包装及包装材料技术、运输技术。其中特别重要的是信息技术,包括计算机、光电扫描、条形码、数据库、卫星定位等。正是这些技术使物流管理实现了高效、准确、快速、低成本的管理模式。

具有机电一体化技术的物料处理设备将会有重大进展。信息管理技术的发展，反过来又需要自动化、智能化机械设备的支持，使物料处理实现全自动化。使用更方便的新型包装材料，对物流的影响也是显而易见的，它会引起包装方式的革命，提高运输工具的利用率。

运输技术主要指运输工具，包括汽车、火车、轮船和飞机。陆运、水运、空运以及液体气体产品的管道运输，在形态上不会有大的变化。但是，运输工具自身技术上的进步，对物流业的影响不容忽视。在我国已开始的火车提速、电气化、主要干线的双轨化等，会提高铁路运输的竞争力。同样，随着高速公路里程的增加，也会改变运输方式的格局。这些都是物流网络规划中必须考虑的技术因素。

新技术最具意义的影响力也许在于它促使了整个物流管理系统的革命，使整个社会的物资供应实现准时化，大大缩短物流周期，减少全社会的库存量，使全球资源得到更充分合理的使用。

4) 物流渠道与物流服务产业状况

企业物流战略很重要的一个方面是决策如何建立自己的物流渠道结构，实现供应链的一体化管理。从大处看，在现代供应链管理全球化的环境下，大型跨国公司的全球采购为公司创造了新的利润。据报道，惠普公司1998年在中国的采购费用大于在中国的销售收入，这说明惠普公司不仅把中国看成是一个产品市场，还当作一个巨大的供应基地。从近处看，国内企业的活动范围越来越大，跨省市建厂开店已没有地域行政的限制。

社会经济发展的一个明显特征是分工越来越细，专业化分工协作已成为一种发展的趋势。当今社会，许多专业化的为第一产业、第二产业服务的服务行业有了迅速发展，使服务业在GDP中的比重日益增长。与物流直接有关的服务企业有运输业、仓储业、通信业以及以因特网技术为基础的信息业。这些领域的专业化企业具有自身的专长。有一定的规模，能提供优质服务的企业，是重组物流系统、建设物流渠道时应该着重考虑的合作伙伴。在美国，由第三方提供物流服务的比重正在不断增加，主要原因是采用第三方物流增加了灵活性，同时又可以减少固定资产的投入。在我国，一些有别于传统物流业的新型物流企业已经出现，对传统的运输、仓储企业产生极大的冲击。预计我国的物流服务业在未来十年中会有较大的发展，物流专业化企业越多，为企业设计规划物流渠道所提供的选择范围就越大。

5) 政策法规动向

政府关于交通运输方面的法规是企业的外部约束，从理论上说具有很强的约束力。国家制定的公路法、航运法、环境保护法等，对物流的发展都会产生一定的影响。除了法规以外，国家的有关政策也是企业必须考虑的外部因素。例如，目前已有相当数量的外资企业进入我国的物流产业，特别在经济开放地区，如上海浦东新区已出现了不少外商独资或合资的物流公司。

在我国，政府法规对物流企业的影响到底有多大，目前尚没有具体的资料。但是在国外已有较多的研究结果，例如在美国，自1980年国会通过《汽车运输公司规范改革及现代化条例》后，有一百多家普通的汽车运输公司宣告破产，与此同时也有一些传统运输公司和新建的创新性公司,因顺应该条例而获得创纪录的增长。物流企业制定战略规划时必须对政府的政策法规及其今后的动向做认真的研究。

总而言之,物流战略是在环境限制下发展和修正的,在计划的范围内,环境因素也许相对稳定。可是,在一个更长的时期内,经济及制度的改变也许会使曾经一度卓越的物流企业能力变得不足。竞争环境要求公司修正战略,保持及改进绩效。在争取获得及保持顾客忠诚方面做出卓越成效的企业,能取得独特的竞争优势。

2. 物流战略的规划与实施策略

1) 战略规划过程

公司物流战略由两部分组成:战略要素和战略规划。战略要素是指评价选择并决定公司的经营领域。这些要素包括:选择公司的产品线、目标市场、成长战略、股东责任以及凭借的核心竞争力等,据此可以制定出公司的基本行为准则,并在低级层次的功能水平上做出更加详细决策的选择和评价标准。如表1-6所示为具体例证。

表1-6 公司物流战略要素和实例

产品线	Mercedes和BWM进入竞技赛车市场
	马自达退出高价豪华车市场
目标市场	富士通公司进入、退出、再次进入美国超级计算机市场
	联邦快递公司停止通过自身对欧洲提供服务
成长战略	波音和麦道公司的合作
股东责任	Body Shop决定担负环境责任
核心竞争力	索尼公司对其产品实行袖珍化
	BWM强调其发动机和悬浮技术

第一步,从描述公司的使命和目标开始,描述如何满足股东、顾客、供货商、员工股东和社会公众的要求。在此基础上,公司应对自身在内部资源和渠道关系上的优势和劣势进行分析,对于未来将会影响公司表现的外部威胁和机会做出分析和鉴别。在对优势、劣势、机会、威胁分析的同时,公司必须注意到其周围环境正在或潜在发生的相关变化,包括社会、人口、行为等环境的变化,以及社会、政府对此变化的反应,例如税收和管理政策的调整。公司应当研究市场和竞争者,从而明白它们是如何适应这种变化的,以决定公司如何定位以应对市场中的竞争者。

第二步,公司需要制订可达到公司战略预定目标的具体行动计划,选择适合公司使命、目标和运营环境的最优方案。市场营销、生产、财务和物流等具体功能性战略的制定也要遵循同样的战略规划模式进行。这种规则过程自上而下进行直到所有的战略、战术和执行计划都被制定出来。另外,具体行动方案要通过反馈的信息和市场的变化进行不断的修正。公司高层关于公司战略不同要素的决策和规划过程对功能性战略规划提供了得以形成和互动的框架结构。因此,物流高层应当很好地与公司战略同步,与关键经营和惯例同步。在对何种物流战略会有助于公司目标实现做出判断时,要有足够的经验和判断力。公司战略规划过程如图1-13所示。

2) 物流战略定位

物流战略定位的要点是表明发展计划期物流管理所应达到的水准,企业应该达到怎样的水准,这个水准是否切实可行,不是凭空想象出来的,应该有充分的依据。一种较为普遍的方法称为"标杆基准法"。作为预测组织成功地完成一项特定任务及专项的方法,这种技术已经得到普遍采用。

(1) 确定基准。确定基准的正式定义是识别最佳实践和修正实际知识以获得卓越绩效的系统程序。

图 1-13 公司战略规则过程

确定基准是由两个基本信念支持的。首先,企业需要从各个方面对自己的工作不断寻求改进。环境不断在变,管理方法也要随之而变。正如,小天鹅提出"末日管理",认为管理最好的时候,正是开始变差的时候,需要进行改进。其次,应识别和研究最好的实践,这通常要求企业到外部去识别和研究最好的榜样。只要是最好的,不管它属于哪个行业,都可以拿来作为自己的目标基准。图 1-14 所示为确定基准过程中的一些步骤。

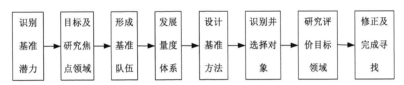

图 1-14 通常确定基准的步骤

基准的选择不局限于单个的企业,可以在众多的企业中各取其中的最好指标,也可以选取本企业历史最好指标,甚至可以参照国外企业的先进指标修订自己的基准。

(2) 成本定位。物流成本是物流管理的重点,做物流战略规划必须要对成本设定目标,但依据选定的基准确定的成本目标来自会计部门的平均数值,它淹没了大量的真实数据,使许多有用的信息丢失了,所以提出了以单项作业为基础的成本概念。如果能够核算出每项作业成本,对确定物流成本水准就能做到有的放矢。

物流成本由直接成本和间接成本组成。直接成本是完全因物流活动的需要而发生的费用支出,很容易从成本会计中获得,而分摊到单项作业的间接成本却十分复杂,分摊的规则和方法对物流系统的设计和运作都会产生重大影响。

(3) 服务质量定位。物流服务质量是另一个重点。最理想境界当然是 100%地满足客户的需求,但质量与成本始终是矛盾的。因为服务质量是吸引客户、提高客户对企业的忠诚度最关键的因素,所以参照选定的基准,确立质量上的领先地位,是确定质量目标的最实际的方式。

物流服务水平通过存货可得性(缺货率、供应比率)，物流任务的完成(速度、一致性、灵活性、故障与修复)和服务可靠性来衡量。

物流质量主要从三个方面来衡量：物流时间、物流成本和物流效率。物流质量指标体系包括以下指标。

- 服务水平指标：$F=\dfrac{满足要求次数}{用户要求次数}$

- 交货水平指标：$J_1=\dfrac{按交货期交货次数}{总交货次数}$

- 交货期质量指标：$J_2=规定交货期-实际交货期$

- 商品完好率指标：$W=\dfrac{交货时完好的商品量}{物流商品总量}\times 100\%$

- 以缺损率表示：$Q=\dfrac{缺损商品量}{物流商品流量}\times 100\%$

- 以货损货差赔偿费率表示：$P=\dfrac{货损货差赔偿总额}{同期业务收入总额}\times 100\%$

- 物流吨费用指标：$C=\dfrac{物流费用}{物流总量}$ (元/吨)

3) 物流战略实施策略

物流战略的定位只是确定了发展的目标，目标能否顺利实现与选定符合实际的实施策略有关。一般可以从物流业务的分工与协作、物流过程重组、基于时间的竞争策略等方面进行考虑。这里重点介绍基于时间的竞争策略。

使用低成本信息，开创了以时间为基础的竞争的新纪元，使利用信息技术来改进物流工作的速度及准确性成为可能。基于时间的竞争策略是建立在与及时完成和减少总成本相关的两个概念——延迟与集运上的。企业的需求可以通过信息的及时传递，使需求变得十分的确定，再按准时化要求组织生产，使减少库存、缩短库存周期成为可能。成功的以时间为基础的系统要求买家与卖家组织理解"延迟"与"集运"在改进物流生产率中的潜力。

(1) 延迟。延迟提供了一种减少物流预估风险的战略。在传统安排中，大多数的库存运动和储存是按照对未来交易的预估进行的。如将一种产品的最后制造和配送延期到收到客户的订单后再进行，则不合适或错误的生产及库存就能自动被减少或被消除。延迟可分为生产延迟(或形成延迟)和物流延迟(或时间延迟)两种。

第一，生产延迟。柔性生产逻辑是由要对客户做出反应的愿望引起的，因此，以反应为基础的生产能力将重点放在适应客户要求的灵活性上。生产延迟的基本原理是准时化，在获得客户确切的需求和购买意向之前，无须过早地准备生产，而是严格按照订单来生产。

在现实情况中，生产批量的经济性是不能忽视的，问题在于采购、生产及物流之间的定量交换成本，在预估生产和由于引入柔性程序而失去规模经济之间的成本和风险的利益互换。生产延迟的目标在于尽量使产品保持中性。理想的延迟应用是制造相当数量的标准产品或基础产品以实现规模化经济，而将最后的特点，诸如颜色等推迟到收到客户的订单以后。在受延迟驱动的生产中，物流节约的机会体现在以标准产品或基础产品去适应广大不同客户的独特需要。

生产延迟的影响有两个方面：一是销售预估的不同产品的种类可以减少，物流故障的风险较低；二是更多地使用物流设施和渠道关系来进行轻型生产和最后的集中组装。产品的客户化最好在最接近客户终点市场的地方被授权和完成。

第二，物流延迟。在许多方面，物流或地理上延迟和生产延迟正好相反。物流延迟的基本概念是在物流网络中设计几个主要的中央仓库，根据预测结果储存必要的物品，不考虑过早地在消费地点存放物品，尤其是价格高的物品，一旦接到订单，从中央仓库处启动物流程序，把物品送往客户所在地的仓库或直接快送给客户。物流延迟的潜力随着加工和传送能力的增长以及具有高度精确性和快速的订单发送而得到提高，它以快速的订单和产品发送替代当地市场的预估库存。与生产延迟不同，系统利用物流延迟，在保持生产规模经济的同时，使用直接装运的能力来满足客户服务要求。

生产及物流延迟模式以不同的方式减少生产或市场风险。生产延迟追求准时性，在物流系统中移动无差别部件并根据客户在发送时间前的特殊要求进行修改。物流延迟则追求快速性，在中央地区储存不同产品，当收到客户订单时做出快速反应。集中库存减少了为用来满足所有市场库存高水平使用而要求的存货量。倾向于采用哪种形式的延迟，取决于数量、价值、竞争主动性、规模经济，以及客户期望的发送速度和一致性。在某些情况下，两种不同类型的延迟能够结合进一个物流战略中。

(2) 集运。延迟策略比较好地处理了物流规模经济性与客户需求多样性之间的矛盾，但在许多地方还是不得不采用小量、甚至单件运输的方式。从运作的角度看，有三种可以取得有效货物集运的方法：区域化集中运输、预定送货和联营送货，它们实现的程度对于形成物流战略是至关重要的。

- 区域化集中运输。即把运往某个区域的不同客户的货物集中起来运输，实现的前提条件是有足够的客户运量。当最终消费区域数量不足时，可以集中几个区域的运输量，运到某个集散地点，再从那儿分送到各目的地。当每天的运输量不足，但需求又比较稳定时，可以规划运输间隔期，集中几天的运输量一次运送。
- 预定送货。即与客户商定一个运送计划，保证按时送到，在预定期内有可能集中到较大的运输量。采用这一方式通常需要与客户沟通，强调集运的互利性。因为一项特定的运输服务的高成本，必然会采取溢价的收费方式，只要时间允许，客户会选择预定送货的方式。
- 联营送货。这是一种更灵活的办法，即由第三方提供运输服务。专业运输公司的服务对象比较广泛，具备把多个货主分散的货物集中起来的条件，比较容易实现集中运送。

采取以时间为要素的策略可以为买卖双方带来利益。但如果单纯追求速度，不仅会增加成本，还可能降低质量。正确的方法应该是从双方的获益中去找，在经济上可行、能提高客户的满意度的前提下，更快、更灵活的服务方式就是合理的。

3．物流战略规划的成本效益分析

物流战略规划的优劣主要体现在全局性、效益性、平衡性、应变性及大众性等特点上。全局性是指物流企业或企业物流的发展必须与整个物流系统、行业、地区乃至国家的发展相互协调及适应；效益性是指以经济效益及社会效益最大化原则安排物流活动；平衡性是指物流活动的各个环节、阶段在时间和空间上相互配合；应变性是指在规划中要考虑到未来不确定性因素的影响；大众性是指物流要体现广大管理者及一般职员的利益。其中，效益性是规划工作的根本要求，特别是经济效益是物流绩效评价的主要内容，也是物流管理的主要目标。这里仅介绍两种比较常用的物流规划成本效益分析方法。

1) 盈亏平衡分析

盈亏平衡分析是根据销售量、成本、利润三者之间的关系综合分析物流规划的效益，是一种预测利润、控制成本的数学分析法。首先找出营业收入与总成本相等时的作业量，即盈亏平衡点，进而在物流规划中进行科学决策，最大限度地扩大获取利润的销售量，实现利润最大化。盈亏平衡点可以用计算公式求得，也可以直接绘盈亏平衡图。基本计算公式为

$$P_{利} = S - C = S - V_{总} - F = (P - v) \times Q - F$$

式中：$P_{利}$——利润；

　　　S——营业额；

　　　C——总成本；

　　　$V_{总}$——总成本费用；

　　　F——固定成本；

　　　P——营业价格；

　　　v——单位变动成本；

　　　Q——作业总量。

盈亏平衡点时的销售量为 Q_0，利润 $P_{利} = 0$，其公式为

$$(P - v) \times Q_0 - F = 0$$

$$Q_0 = \frac{F}{P - v}$$

图 1-15 是以销售量为横坐标，费用为纵坐标绘制的营业额与总成本费用曲线，两条曲线的交叉点便为盈亏平衡点。进行物流规划评价分析时，绘制盈亏平衡分析示意图，更为直观、便于理解。但是在做盈亏平衡图时营业税及其他附加支出通常可视为固定支出，考虑到这个因素，盈亏平衡点需向上稍微移动。

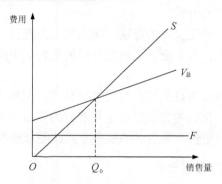

图 1-15　盈亏平衡分析示意图

在物流规划中，物流据点的选址是经常遇到的问题，盈亏分析法是一种非常有效的方法，它可以根据作业量、总成本费用及利润综合分析，确定最合适的选址。在制订物流战

略规划时往往涉及工艺方案的选择，例如某物流中心原来以手工作业为主，随着规模的扩大，规划采用机械设备作业，这样固定成本增加，多大作业量适宜采用机械设备，可用盈亏平衡分析法求出临界作业量，由此决定工艺方案。在制定年度计划时，经常涉及目标利润问题，企业可以利用盈亏分析法计算出最大利润时的物流作业量，也可以计算出成本最小(利润最大)时的订货量。

2) 线性规划法

线性规划法主要用于两方面的分析，第一是如何有效合理地利用人力、物力、财力等资源，通过更好的计划及经营管理获取最理想的绩效；第二是在一定的条件下，怎样统筹规划，以尽可能少的资源损耗及低的成本来实现目标。物流规划中使用线性规划的实例很多，例如最佳运输、配送路线的选择等都可以利用线性规划法进行分析，并在此基础上进行决策。

本 章 小 结

在新的经济形势下，物流产业搭上我国十大振兴产业的末班车，这是国家从战略高度做出的决策。体现了物流在国民经济中的重要地位。物流战略管理是从企业的整体出发，制定发展战略，实现企业的总体目标，进而增强我国综合国力和国际竞争力，以实现中华民族的伟大复兴。

本章主要从物流的基本理论入手，通过介绍物流的概念、功能、特征、作用及其发展趋势，引申出物流战略的基本目标及其类型，揭示了物流战略与企业经营战略的关系。并在此基础上对供应链管理环境下的物流战略管理的内容、物流战略规划及其实施策略进行了探讨。通过本章的学习，读者可对物流战略的基本内容与供应链环境下的物流战略管理有一个初步的认识，明确现代物流企业在现阶段全球经济与全球物流多元化的发展过程中实施战略管理的必要性。

思考与练习

1. 物流的概念是什么？
2. 物流战略的概念是什么？
3. 简述物流的功能、作用及其特征。
4. 供应链的概念是什么？
5. 供应链管理的概念是什么？
6. 论述现代物流的发展趋势。

第 2 章　绿色物流战略

【学习目标】

- 掌握可持续发展的含义及其本质。
- 掌握绿色物流的含义及其本质。
- 掌握绿色物流系统组成要素。
- 熟悉绿色物流系统运行模式。
- 熟悉绿色物流系统及主要发展战略。
- 熟悉绿色物流发展战略措施。

近几年来，随着物流业的迅速发展，与其各个作业环节相关的环境问题也引起了人们的广泛重视。尽管科学技术的发展以及信息技术的广泛应用，减少了物流活动中的部分不合理现象，然而其总量的指数式增长仍对环境产生了显著影响。为了协调物流与环境的关系，适应可持续发展的需要，一种更为合理的物流方式——"绿色物流"应运而生。绿色物流是指以降低环境污染、减少资源消耗为目标，利用先进物流技术，规划和实施的运输、储存、包装、装卸、流通加工等物流活动。生态环境、可持续发展经济在呼唤绿色物流，制定绿色物流战略已成当务之急。

2.1　可持续发展与绿色物流

随着人类社会由农业社会、工业社会向信息社会转变，人类的发展观亦由传统的发展观向可持续发展这一新的发展观转变。用新的发展观看物流业的发展，其前提就是在可持续发展的原则下发展物流业。任何经济发展都必须建立在维护地球环境的基础上，可持续型发展是当今社会经济发展的必然选择，而绿色物流是可持续发展的一个重要环节。

2.1.1　可持续发展理论

1. 可持续发展理论的产生

经济发展问题一直是世界各国普遍关心的焦点问题。20 世纪以来，随着科技进步和社会生产力的极大提高，人类创造了前所未有的物质财富，加速推进了经济发展的进程；与此同时，自然资源的急剧耗损和环境质量的不断下降等问题也日益突出。特别是第二次世界大战以后，人们对发展的理解是按照经济的增长来定义的，即以国民生产总值或国民收入的增长为重要目标，以实现工业化为主要内容。在这一发展观的指导下，世界各国都追求经济的高速增长，"烟囱"产业被看成是"朝阳"产业备受推崇，并在第三次技术革命的推动下，人类在短时间内极大地刺激了生产力的发展，掠取自然资源的能力得到了空前的提高，经济发展达到了前所未有的高度。但与此同时，隐藏在发展背后的一系列危机暴露出来，人类被迫面临人口膨胀、资源短缺、环境污染、生态破坏以及发展不平衡等一系列日益严重的世界性问题。人类开始反思传统的经济发展模式。

1962 年，美国的雷切尔·卡逊(Rachel Carson)发表了《寂静的春天》，为人类前途描绘出一幅惨淡的图景，试图唤起人类对传统发展观的反思。1972 年 6 月，联合国在瑞典斯德哥尔摩举行第一次人类环境会议，在发表的《人类环境宣言》中指出："为了当代人和后代人，保护和改善人类环境已成为人类紧迫的目标，它必须同世界经济发展这个目标同步协调地发展。"这里包含了可持续发展的初步思想。同年，英国科学家编写了《生存的蓝图》，罗马俱乐部发表了著名的《增长的极限》，美国学者芭芭拉·沃德(Barbara Ward)和勒内·杜博斯(Rene Dubos)发表了《只有一个地球》，这些报告从不同角度将人类对生存与环境的认识推向了一个新的境界，即可持续发展的境界。

1980 年，国际自然保护联盟(IUCN)、联合国环境规划署(UNEP)和世界自然基金会(WWF)联合发表了《世界自然资源保护大纲》，对可持续发展的生命资源保护提出了纲领性的意见，这被认为是可持续发展的直接发端。

对可持续发展理论与实践产生巨大推动作用的是世界环境与发展委员会于 1987 年发表的《我们共同的未来》。该报告把可持续发展作为一个关键性的概念提出来，并对其内涵作了界定和详尽的理论阐述。报告指出："人类生活在地球上，我们只有一个地球"，"人们可以期待一个经济发展的新时代的到来，这一新时代必须建立在使资源环境条件得以持续和发展的基础上，既满足当代人的需要，又不对后代人满足其需要的能力构成危害"。

1992 年 6 月，联合国在里约热内卢召开的"环境与发展大会"，通过了以可持续发展为主题的《21 世纪议程》等 5 个纲领性文件，标志着可持续发展观已得到世界上大多数国家的认可。此后，在开罗和哥本哈根召开的世界社会发展首脑会议，又继续对可持续发展问题进行了深入讨论。此外还召开了一系列专题国际会议，签署了一系列旨在改善全球生态环境状况的国际公约、协定和呼吁书，如减少氟利昂排放量的《蒙特利尔议定书》(1987)、控制危险废弃物跨境运输及处理的《巴塞尔公约》(1989)、减少温室气体排放量的《京都议定书》(1997)等。这些国际会议的召开和国际协议的签署，大大加快了可持续发展观在全世界的传播。

2．可持续发展的含义及其本质

可持续发展越来越受到世界各国的重视，但是，迄今为止，关于可持续发展尚未有一个统一的定义，不同学者和组织机构从不同的角度进行了界定，据统计全球可持续发展的定义有一百多种。下面介绍几种比较权威的定义。

世界环境与发展委员会认为，可持续发展是既满足当代人的需求，又不对后满足代人需求的能力构成危害的发展。

联合国环境规划署第 15 届理事会《关于可持续发展的声明》认为，可持续发展是指满足当前需要又不削弱子孙后代满足其需要的能力的发展，而且绝不包含别国国家主权的含义。

世界银行认为，可持续发展是指建立在成本效益比较与审慎的经济分析基础上的发展和环境政策，加强环境保护，从而导致福利的增加和可持续发展水平的提高。

联合国开发计划署高级顾问莫汉·芒纳基河(Mohan Munasinghe)认为，可持续发展是从产出最大化转向公平增长、消除贫困、提高效率三者协同的发展模式。

尽管可持续发展的定义多种多样，但一般认为，可持续发展的本质是："健康的经济发展应建立在生态可持续、社会公正和人民积极参与自身发展决策的基础之上；可持续发展所追求的目标是既要使人类的各种需要得到满足，个人得到充分发展，又要保护资源和生态环境，不对后代人的生存和发展构成威胁。衡量可持续发展主要有经济、环境和社会三方面的指标，缺一不可。"

可持续发展并不否定经济增长，但是，需要重新审视经济增长的实现方式和目的，可持续发展反对以最大利润或利益为取向、以贫富悬殊和资源掠夺性开发为特征的经济增长。它所鼓励的是经济增长应是适度的、注重人类生活质量提高的，它以无损于生态环境为前提，以可持续性为特征，以提高人民生活水平为目的。

可持续发展以自然资源为基础，同环境承载能力相协调。可持续发展的实现，要运用资源保育原理，增强资源的再生能力，引导技术变革使再生资源代替非再生资源成为可能，并运用经济手段和制定行之有效的政策，限制非再生资源的利用，使其利用趋于合理化。

可持续发展以提高生活质量为目标，同社会进步相适应，这一点是与经济发展的内涵和目的相同的。经济增长与经济发展的不同已成为共识，经济发展意味着贫困、失业、收入不均等社会问题的改善，可持续发展追求的正是可持续的经济发展。世界各国的发展阶段不同，发展的具体目标也各不相同，但发展的内涵均应包括改善人类生活质量，保障人类基本需求，并创造一个自由、平等及和谐的社会。

可持续发展是一个涉及经济、社会、文化、技术及自然环境等的综合性概念。分析可持续发展，不能把经济、社会、文化和生态因素割裂开来，因为与物质资料增长相关的定量因素同确保长期经济活动、结构活动以及结构变化的生态、社会与文化等定性因素是相互作用、不可分割的。同时，可持续发展又是动态的，它并不是要求某一种经济活动永远运行下去，而是要求不断地进行内部和外部的变革，在一定的经济波动幅度内，寻求最优的发展速度以达到持续稳定发展经济的目标。

2.1.2 绿色物流

绿色物流是以降低污染物排放、减少资源消耗为目标，通过先进的物流技术和面向环境管理的理念，进行物流系统的规划、控制、管理和实施的过程。发展绿色物流是在可持续发展观的指导下，物流业发展过程中的必然选择。其目标就是实现物流系统效率、经济效益和生态环境效益的协调和平衡，使得社会经济、物流产业、生态环境都得到可持续的发展。

1．绿色物流的兴起

以往对于物流活动的研究，更多的是从降低物流成本和提高服务质量的方面来考虑。然而，随着社会经济的高速发展，人类物质文明大大提高，地球上的资源也在日益减少，人类赖以生存的环境以及地球原本和谐的生态环境正面临着威胁。在这种背景下，20世纪90年代全球兴起了一股"绿色浪潮"。以可持续发展为目标的绿色革命，正成为各国政府、企业和公众广为关注和共同追求的事业。因此，物流业的发展环境也发生了变化，表现为以下方面。

(1) 对环境资源的使用具有外部性，特别是环境污染会造成外部不经济。然而以往环境破坏者并没有对这部分的环境成本负责，而是转嫁到了外部的公共机构或微观经济单位，作了外部处理。如今，随着人们对环境问题的重视及制度的完善，正逐渐建立起将外部成本内在化的成本核算体制，即将生产或消费中所产生的环境外部成本变成当事人的内部成本，促使生产者和消费者以环境友好的方式实现效益最大化。经济手段是目前政府促使环境成本内在化的重要手段之一。政府采取征收环境税的税制，迫使生产者在经济决策中考虑环境成本的高低。另外，对于一些有利于资源循环利用，减少环境影响的行为给予一些优惠政策和经济奖励。这就意味着，今后企业环境问题处理得如何将直接反映到经济收益上来，环境问题处理不好，企业利润就会减少，甚至威胁企业的生存和发展。物流业是经济活动中的主体，当然也必须接受这种经济上的约束。

(2) 长期以来，由于人类不合理的开发和粗放式的利用，地球上有限的自然资源急剧减少，甚至出现匮乏。以燃料能源为例，据统计，已确知的石油储备只能供人类"享用" 42 年，天然气 67 年，煤大约 200 年，人类每年消耗的能源相当于 80 亿~90 亿吨石油。按目前的增长速度，到 2050 年每年消耗的能源将达到相当于 300 亿吨石油的水平。物流业是一个能源消耗大户，对能源的依赖性很强。据我国学者研究显示，全世界所生产的全部能源中，有 20%以上用于交通运输，其中 60%~70%用于客运，其余的用于货运。除了对能源的大量占用外，物流基础设施的建设要占用大量的土地资源，运输工具的制造要消耗大量的矿产资源。因此，物流业的发展要受到自然资源有限性的约束。

(3) 随着环境保护的重要性逐渐受到人们的重视，一种绿色文化悄然兴起。人们开始放弃原来的快速消费、快速淘汰的生活方式，转向一种以节约资源、减少污染、重复使用、垃圾分类、循环回收、救助物种、保护自然为时尚的生活方式。环境危害大的产品和服务逐渐受到人们的排斥，危害环境的行为也会受到法律的制裁和社会舆论的谴责。而以往的物流活动对环境扰动很大，如运输工具在行驶过程中的排放物对地球大气圈的结构和物理特性产生影响，造成大气污染；物流过程中的物流包装废弃物给环境造成负担。因此，在当前社会逐渐形成"尊重绿色、保护绿色、倡导绿色"的文化环境下，物流业发展将受到社会舆论的约束。

在这样的情况下，对于物流活动的研究，就不能只从满足需求的角度出发，而应该在满足需求的条件下，充分考虑到物流资源的合理利用和对环境的保护。因此，传统的物流理念受到了严峻的挑战。

(1) 传统的物流活动把满足物流需求，实现经济利益作为最高目标，而没有考虑到更大范围的社会利益。如随着 JIT 等现代物流理念、技术的普及化，企业普遍采用小批量、多频率等物流高效作业，出现了局部物流效率优化以整体社会物流效率损耗为代价的现象，导致交通阻碍、事故增加、环境恶化、能源浪费等负外部效应。

(2) 传统的物流活动研究是一种对单项的流通过程的研究，即商品从生产者手中转移到消费者手中，而没有考虑到商品消费以后包装物或者包装材料等废弃物的回收以及退货所产生的物流活动。

(3) 传统的物流活动的成本核算只考虑到与物流活动直接相关的费用，如交通费、保管费、采购费等，而由于物流活动而产生的外部环境成本却被忽视，不计入物流成本之内，导致人们对巨大的环境成本的忽视。

由上可见，在新的社会环境下，对物流活动的研究又被赋予了新的任务，即在可持续发展观的指导下，发展资源节约型和环境保护型的绿色物流，兼顾物流活动的企业效益和社会效益。

2．绿色物流的含义

1) 绿色物流的概念

绿色物流是近几年刚提出的一个新课题，目前还没有完全成熟的定义。国际上，绿色物流已成为继绿色制造、绿色包装之后的又一个研究热点。由布鲁尔(A. M. Brewer)、巴顿(K. J. Button)和亨舍尔(D. A. Henschel)合著的《供应链管理和物流手册》一书中，认为由"绿色(Green)"和"物流(Logistics)"组合在一起的"绿色物流(Green Logistics)"一词，代表着与环境相协调的高效运输配送系统。

美国逆向物流执行委员会(RLEC)在研究报告中对绿色物流的定义是：绿色物流也称为"生态型的物流"，是一种对物流过程产生的生态环境影响进行认识并使其最小化的过程。

从国外不同学者的定义可以看出，绿色物流实际上是一个内涵丰富、外延广泛的概念，凡是以降低物流过程的生态环境影响为目的的一切手段、方法和过程都属于绿色物流的范畴。

在国内，随着加入世界经济贸易组织(WTO)以来国际贸易的日益增多，国内企业不仅面临同类国际企业的产品质量竞争，还将面临有关的环境贸易壁垒。国内少数企业及学者已经在绿色生产、绿色包装、绿色流通、绿色物流方面进行了有意的探索，认为绿色物流是指在运输、储存、包装、装卸、流通加工等物流活动中，采用先进的物流技术、物流设施，最大限度地降低对环境的污染，提高资源的利用率。

在我国 2001 年出版的《物流术语》(GB/T 18354—2001)中，对绿色物流的定义是：在物流过程中抑制物流对环境造成危害的同时，实现对物流环境的净化，使物流资源得到充分利用。

国家标准根据绿色物流与一般物流的差异，对绿色物流的概念进行了规定。在总体上，绿色物流的目标不同于一般物流。一般物流主要是为了实现物流企业的盈利、满足顾客需求、扩大市场占有率等，这些目标最终仅是为了实现某一主体的经济利益。而绿色物流在实现经济利益目标的基础之上，还追求节约资源、保护环境这一既具经济属性，又具有社会属性的目标。尽管从宏观角度和长远利益看，节约资源、保护环境与经济利益的目标是一致的，但对某一特定的物流企业在特定时间内却可能存在矛盾。

绿色物流是一个多层次的概念，它既包括企业的绿色物流，又包括社会对绿色物流的管理、规范和控制。从绿色物流的范围来看，它既包括各个单项的绿色物流功能要素(如绿色运输、绿色包装、绿色保管等)，还包括为实现资源再利用而进行的废弃物循环物流。

在可持续发展观的指导下，结合国内外专家对绿色物流含义的理解，绿色物流的实质就是物流的可持续发展，是从可持续发展的角度对现代物流的内涵所提出的新的要求。绿色物流是在当前物流供给能力满足经济发展对物流的需求的前提下，以可持续发展观为指导，以降低污染物排放，减少资源消耗为目标，通过先进的物流技术和面向环境管理的理念，进行物流系统的规划、控制、管理和实施的过程。具体可以概括为如下几个方面。

(1) 物流基础设施、物流装备及运营管理三方面的供给能力与经济发展对物流的需求相平衡。

(2) 有限资源充分利用和追求单位资源利用下的物流的高效率。

(3) 不断改变物流消费模式以减少物流对不可再生资源的消耗，以及开发可替代资源。

(4) 消除或减轻物流对自然环境和生态环境的破坏，并积极促进环境改善。

(5) 促进物流设施在全社会成员之间的公平享用，缩小区域间发展的不平衡性。

2) 绿色物流的本质

对绿色物流的各种定义，虽然有不同的表述，但其本质和内涵是基本相似的，可以从如下几方面进行分析。

(1) 绿色物流的最终目标是可持续性发展。绿色物流是对生态环境友好的物流，亦称生态型物流。其根本目的是减少资源消耗、降低废物排放，这一目的实质上是经济利益、社会利益和环境利益的统一，这也正是可持续发展的目标。因此，绿色物流也可称为可持续的物流。

按照绿色物流的最终目标，企业无论是在战略管理还是战术管理中都必须从促进经济可持续发展这个基本原则出发，在创造商品的时间效益和空间效益以满足消费者需求的同时，严格按生态环境的要求，保持自然生态平衡和保护自然资源，为子孙后代留下生存和发展的权利。实际上，绿色物流是可持续发展原则与现代物流理念相结合的一种现代物流观念。

(2) 绿色物流的活动范围涵盖产品的整个生命过程。产品在从原材料获取到使用消费直至报废的整个生命过程，都会对环境有影响。而绿色物流既包括对从原材料的获取、产品生产、包装、运输、分销直至送达最终用户手中的前向物流过程的绿色化，也包括对退货品和废物回收逆向物流过程的生态管理与规划。因此，其活动范围包括了产品从产生到报废处置的整个生命过程。

生命过程不同阶段的物流活动不同，其绿色化方法也不同。从生命过程的不同阶段看，绿色物流活动表现为绿色供应物流、绿色生产物流、绿色分销物流、废弃物物流和逆向物流；从物流活动的作业环节来看，绿色物流活动一般包括绿色运输、绿色包装、绿色流通加工、绿色仓储等。

(3) 绿色物流的行为主体包括公众、政府和供应链上的全体成员。专业物流企业对运输、包装、仓储等物流作业环节的绿色化负有责任和义务。处于供应链上核心地位的制造企业，既要保证产品及其包装的环保性，还应该与供应链的上、下游企业以及物流企业协调起来，从节约资源、保护环境的目标出发，改变传统的物流体制，制定绿色物流战略和策略，实现绿色产品与绿色消费之间的连接，使企业获得持续的竞争优势。

另外，各级政府和物流行政主管，在推广和实施绿色物流战略中具有不可替代的作用。由于物流的跨地区和跨行业特性，绿色物流的实施不是仅靠某个企业或在某个地区就能完成的，也不是仅靠企业的道德和责任就能主动实现的。它需要政府的法规约束和政策支持。

公众是环境污染的最终受害者。公众的环保意识能促进绿色物流战略的实施，并对绿色物流的实施起到监督的作用。因而，公众也是绿色物流不可缺少的行为主体。

3. 绿色物流的框架结构

企业物流包括从原材料供应，产品生产到产品销售的全部活动，它由供应物流、生产物流、销售物流和逆向物流组成。绿色物流就是在闭环的物流的各个环节包括运输、储存、包装、装卸、流通加工和废弃物处理等物流活动中，采用环保技术，提高资源利用率，最大限度地降低物流活动对环境的影响。因此绿色物流可以分为绿色供应物流、绿色生产物流、绿色销售物流以及逆向物流，有学者把绿色供应物流、绿色生产物流和绿色销售物流统称为绿色正向物流，绿色物流的构成体系如图2-1所示。

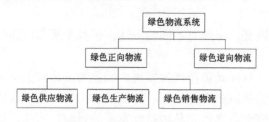

图2-1　绿色物流构成系统

4．绿色物流的特征

绿色物流除了具有一般物流所具有的特征外，还具有学科交叉性、多目标性、多层次性、时域性和地域性等特征。

1) 学科交叉性

绿色物流是物流管理与环境科学、生态经济学的交叉。由于物流与环境之间的密切关系，在研究社会物流与企业物流时必须考虑环境问题和资源问题；又由于生态系统与经济系统之间的相互作用和相互影响，生态系统也必然会对经济系统的子系统——物流系统产生作用和影响。因此，必须结合环境科学和生态经济学的理论、方法进行物流系统的管理、控制和决策，这也正是绿色物流的研究方法。学科的交叉性，使得绿色物流的研究方法复杂，研究内容十分广泛。

2) 多目标性

绿色物流的多目标性体现在企业的物流活动要顺应可持续发展的战略目标要求，注重对生态环境的保护和对资源的节约，注重经济与生态的协调发展，追求企业经济效益、消费者利益、社会效益与生态环境效益四个目标的统一。系统论观念告诉我们，绿色物流的多目标之间通常是相互矛盾、相互制约的，一个目标的增长将以另一个或几个目标的下降为代价。如何取得多目标之间的平衡，这正是绿色物流要解决的问题。从可持续发展理论的观念看，生态环境效益的保证将是前三者效益得以持久保证的关键所在。

3) 多层次性

绿色物流的多层次性体现在三个方面。首先，从对绿色物流的管理和控制主体看，可分为社会决策层、企业管理层和作业管理层三个层次的绿色物流活动，也称作宏观层、中观层和微观层。其中，社会决策层的主要职能是通过政策、法规的手段传播绿色理念；企业层的任务则是从战略高度与供应链上的其他企业协同，共同规划和控制企业的绿色物流系统，建立有利于资源再利用的循环物流系统；作业层主要是指物流作业环节的绿色化，如运输的绿色化、包装的绿色化、流通加工的绿色化等。

其次，从系统的观点看，绿色物流系统是由多个单元(或子系统)构成的，如绿色运输子系统、绿色仓储子系统、绿色包装子系统等。这些子系统又可按空间或时间特性划分成更低层次的子系统，每个子系统都具有层次结构，不同层次的物流子系统通过相互作用，构成一个有机整体，实现绿色物流系统的整体目标。

另外，绿色物流系统还是另一个更大系统的子系统，这就是绿色物流系统赖以生存和发展的外部环境，包括法律法规、政治环境、文化环境、资源条件、环境资源政策等，它们对绿色物流的实施将起到约束作用或推动作用。

4) 时域性和地域性

时域特性指的是绿色物流管理活动贯穿于产品的生命周期全过程，包括从原材料供应、生产内部物流、产成品的分销、包装、运输，直至报废、回收的整个过程。

绿色物流的地域特性体现在两个方面。一是指由于经济的全球化和信息化，物流活动早已突破地域限制，呈现出跨地区、跨国界的发展趋势。相应地，对物流活动绿色化的管理也具有跨地区、跨国界的特性。二是指绿色物流管理策略的实施需要供应链上所有企业的参与和响应。例如，欧洲一些国家为了更好地实施绿色物流战略，对于托盘的标准、汽车尾气排放标准、汽车燃料类型等都进行了规定，其他国家的不符合标准要求的货运车辆将不允许进入本国。跨地域、跨时域的特性也说明了绿色物流系统是一个动态的系统。

5．绿色物流管理的战略价值

绿色物流战略不仅对环境保护和经济的可持续发展具有重要的意义，还会给企业带来巨大的经济效益。实践证明，绿色物流是有价值的，这种价值不仅体现在概念层次上，还体现在实实在在的经济价值上。

1) 绿色物流管理的社会价值

绿色物流首先表现为一种节约资源、保护环境的理念。因此，实施绿色物流管理是一项有利于社会经济可持续发展的战略措施。对于企业而言，实施物流绿色化管理战略，将给企业带来明显的社会价值，包括良好的企业形象、企业信誉、企业责任等。

企业伦理学指出，企业在追求利润的同时，还应努力树立良好的企业形象、企业信誉，履行社会责任。后者虽然仅仅是一种概念层次的价值，却能直接影响企业的实际经济价值，因为良好的社会形象能给企业提供新的经济机遇和市场竞争优势。这也是为什么很多跨国公司非常关注公益事业、关注社会问题的根本原因。

绿色物流管理给企业带来的社会价值具体表现在以下两个方面：首先，实施绿色物流管理将企业推向了可持续发展的前沿，这有助于企业树立良好的企业形象，赢得公众信任；其次，实施绿色物流管理的企业更容易获得一些环境标准的认证，如ISO14000环境管理体系，从而在激烈的市场竞争中占据优势。

2) 绿色物流管理的经济价值

生态经济学理论告诉我们，生态系统是具有经济价值的，生态系统与经济系统之间存在一种固有的平衡。严格的环境标准一方面将迫使企业选择更加环保的物流方式，另一方面，也将迫使企业更加有效地利用资源，从而降低成本，增强竞争能力。因此，我们不能只看到解决环境问题需要实际成本的一面，还应该认识到，环境方面的改善会给企业带来更多的经济机遇和参与国际竞争的机会，带来巨大的实实在在的经济效益。西方国家的最新研究及实践表明，一个在环境绩效方面表现良好的企业通常也具有良好的盈利表现。

实施绿色物流管理为企业创造的经济价值体现在三个方面：一是绿色物流有利于树立良好的企业形象，使企业更容易获得股民和其他投资者的青睐；二是企业通过对资源的节约利用，对运输和仓储的科学规划和合理布局，大大降低物流过程中的环境风险成本，从而为企业拓展了利润空间；三是自然资源的回收、重用等逆向物流举措，可以降低企业的原料成本，提升客户服务价值，增强企业竞争优势。

2.1.3 发展绿色物流的必要性

绿色物流研究既具有理论意义，同时又具有较强的实践性。在我国社会主义市场经济提倡大生产、大市场、大消费，并建立与之相适应的现代物流的同时，创建我国的现代绿色物流，提倡高效节能、绿色环保，不仅是必要的，也是十分迫切的。因此，大力加强对物流绿色化的政策和理论体系的建立和完善，对物流系统目标、物流设施设备和物流活动组织等进行改进与调整，实现物流系统的整体最优化和对环境的最低损害，将对我国物流管理水平的提高、环境的保护和可持续发展产生极其重要的作用。

1．发展绿色物流有利于环保

环境污染已经是国内外普遍关注的现实问题，而传统物流给环境带来的危害则日趋显著。交通工具本身产生噪声污染；汽车尾气对大气环境的毒害众所皆知，尤其是在汽车数量不断增加的城市区域，汽车尾气经太阳照射后形成的光合烟雾，使城市空气长期处于污染状态；汽车的废旧轮胎大量堆积将是环境污染的潜在隐患；加工中资源的浪费或过度消耗，加工产生的废气、废水和废物都对环境和人体构成危害；物流中的包装材料和包装模式，不仅造成资源的严重浪费，而且极其明显地污染了环境，如白色塑料污染，这类材料在自然界中不易降解，滞留时间很长；过度的包装或重复的包装，造成资源的浪费；装卸不当，商品体的损坏，造成资源浪费和废弃，废弃物还有可能对环境造成污染，比如，城市生活垃圾所产生的渗沥水携带各种重金属和有机质，严重污染水体和土壤，并影响地下水质；废弃物发酵过程中产生的甲烷气体则污染大气；石油在海运过程中发生泄漏而造成大片海域污染，这样的污染常常是致命的，并且在很长时期内都无法恢复常态。可见，现代物流活动对环境的影响已经威胁到我们的日常生活，这些污染行为不利于可持续发展，同时也无益于生态经济效益。

地球是人类的大家园，需要每个人、每个组织的共同保护。目前我国政府对环境污染问题非常重视，中国企业作为社会经济发展的一分子，应主动减少污染环境，实行绿色物流。绿色物流是建立在维护地球环境和可持续发展的基础之上的，它强调在物流活动全过程采取与环境和谐相处的理念和措施，减少物流活动对环境的危害，避免资源浪费，因此它有利于环境保护和社会经济的可持续发展。

2．发展绿色物流是实现可持续发展战略的一个重要环节

可持续发展战略已成为世界发展的主题，它特别强调环境资源的长期承载能力对发展的重要性以及发展对改善生活质量的重要性。可持续发展战略是指社会经济发展必须同自然环境及社会环境相联系，使经济建设与资源、环境相协调，以保证社会实现良性循环。这一发展战略的实施关系着各国经济发展的可持续性，具有十分重要的意义。作为经济生活的一个重要部分，绿色物流也是可持续发展的一个重要环节，它与绿色制造、绿色消费共同构成了节约资源、保护环境的绿色循环经济。绿色物流可以通过流通对生产的反作用来促进绿色制造,通过绿色物流管理来满足和促进绿色消费,最终实现社会资源的高效配置和利用,保护环境资源,实现可持续发展。发展绿色物流是可持续发展的需要,绿色物流、绿色制造与绿色消费共同构成了一个节约资源、保护环境的绿色经济循环系统,两者之间是相互渗透、相互作用的。

物流活动对生态环境的破坏越来越严重,如废气污染、噪音污染、资源浪费、交通堵塞、废弃物增加等,这些后果在一定程度上违背了全球可持续发展战略的原则。绿色物流是经济可持续发展的重要方面,它与绿色制造、绿色消费共同构成了一个节约资源、保护环境的绿色经济循环系统。绿色物流强调了全方位对环境的关注,体现了与环境共生和可持续发展的理念,是新的物流管理发展趋势。

3.发展绿色物流有利于企业破除绿色贸易壁垒

贸易壁垒是一个国家为了限制进口而采取的关税和非关税壁垒措施。但随着经济全球化的发展,这些传统的关税和非关税贸易壁垒逐渐淡化,绿色壁垒悄然兴起。据统计,近年来我国每年有400多亿美元的出口产品受到诸多国际环境保护条约限制而不能出口。因此中国企业若想将产品打入国际市场,冲出绿色壁垒的限制,就必须具有绿色物流的基础支持。尤其是我国加入WTO后,外国物流企业将越来越多地进入我国市场,必将与国内物流企业产生激烈的竞争,这将使本就处于劣势的中国物流举步维艰。

随着环境危机日益加剧,许多国际组织和国家相继制定出台了许多与资源、环境保护相关的协议或法律体系,例如《21世纪议程》、《京都协议书》、《约翰内斯堡宣言》、《英国低碳转型计划》等重要文件。以此为契机,各国绿色壁垒层出不穷,涉及面也越来越广,而且"绿色壁垒"是一个动态发展的过程,其标准在不断提高。现在绿色壁垒已经从对最终产品的限制发展到了对生产过程和工艺的规定。可以预见在全球环境规制趋严的背景下,未来我们可能遇到更复杂、更多国家的"绿色壁垒",而且这一壁垒终究会覆盖到整个企业的物流及供应链管理的全过程。日益严峻的环境问题和日趋严格的环保法规,使企业必须为了持续发展积极解决经济活动中的环境问题,改变企业生存和发展的生产方式,建立并完善绿色物流体系,通过绿色物流来追求高于竞争对手的相对竞争优势,所以创建绿色物流,提倡高效节能、绿色环保,不仅是必要的,也是迫切的。我国企业应加快发展绿色物流,以取得新的应对竞争优势和应对未来挑战。

4.发展绿色物流是企业降低成本的重要途径

根据资料统计,目前我国商品周转率只有发达国家的30%,每平方米库存的商品量只及发达国家的25%,配送差错率为发达国家的3倍,每年因包装造成的损失约150亿元,因装卸、运输造成的损失约500亿元,因保管不善造成的损失约30亿元,仓库过剩量达到40%,公路货运因缺乏合理的物流组织,空驶率多年来保持在50%左右。可见,中国物流的传统运作模式弊端重重,尤其是对物流成本而言。一般认为,产品从投产到销出,制造加工时间仅占10%,90%的时间被仓储、运输、装卸、分装、流通加工、信息处理等物流过程所占据,因此物流成本在产品的整个系统中占据了较大的比例,发挥物流的作用能为企业带来更多的盈利空间,物流专业化无疑为降低成本奠定了基础。而绿色物流强调的是低投入大物流的运作方式,企业通过对运输和仓储的科学规划和合理布局,对资源的节约、回收和重复利用,由此带来的节能、高效、少污染,将大大降低生产成本(比如原料成本)

和物流成本(比如环境风险成本),拓展利润空间。

哈佛大学教授纳兹勒·舒克瑞(Nazli Choucri)深刻阐述了对这一问题的认识:"如果一个企业想要在竞争激烈的全球市场中有效发展,它就不能忽视日益明显的环境信号,继续像过去那样经营对各个企业来说,接受这一责任并不意味着经济上的损失,因为符合并超过政府和环境组织对某一工业的要求,能使企业减少材料和操作成本,从而增强其竞争力。实际上,良好的环境行为恰似企业发展的马达而不是障碍。"绿色物流的核心思想正在于实现企业物流活动与社会和生态效益的协调,以此形成高于竞争对手的相对竞争优势从而在激烈的竞争中获得发展。

5. 发展绿色物流可以增强企业社会责任感和提高企业声誉度

一方面,随着可持续发展和环保观念深入人心,绿色消费已成为一种消费理念,消费者不再仅仅关注企业是否能够提供质优价廉的产品和服务,而是越来越关注企业是否具有社会责任感,即企业是否节约利用资源、是否对废旧产品的原料进行回收、是否注意保护环境等。实施绿色物流可以将企业推向可持续发展的前沿,将给企业带来明显的社会价值,既凸显了环保理念,履行了社会责任,又能树立良好的企业形象、企业信誉,使企业形成高于竞争对手的相对竞争优势,增加其品牌的价值和寿命,延长产品的生命周期,有利于提高企业在国内外市场的竞争力。另一方面,绿色物流不仅是实现物流共同化(解决物流领域外部的不经济现象,如交通堵塞、噪音、气味污染等的重要手段)的主要手段,而且是物流企业降低物流成本,实现企业经济效益和社会效益的有效途径。物流企业通过绿色运输、绿色储存、绿色包装、绿色加工及共同配送等一系列优化物流资源配置的运作模式,在节约成本的基础上提高企业的经营效益和物流效率,在构建"大物流"的过程中更好地整合社会各方面的资源,减少物流总支出,降低运营成本,避免资源的浪费和对环境的不良影响,为物流企业的发展提供新的增长点,为利润创造更大的空间,增强企业的竞争优势。

6. 发展绿色物流更有利于满足社会物质和文化生活需要

发展绿色物流有利于满足人民不断增长的物质和文化生活需要。不断满足广大人民群众日益增长的物质和文化生活需要,是建设和谐社会的根本途径。这是因为人民群众生活富裕了,文化精神生活丰富多彩了,我们的社会就有了稳定的物质和文化基础。绿色物流是伴随着人民生活需求的进一步增加,以及绿色消费的提出产生的,如果没有绿色无污染物流的维系,绿色消费就难以进行。

物流作为生产和消费的中介,是满足人民物质和文化生活的基本环节,正是物流实现了消费者在最小购物成本和最少购物时间的基础上满足多样化和多层次的物质需求。但是物流活动所涉及的一系列环节,如运输、加工、包装和储存等,如果处理不当会给环境造成某种程度的破坏,从而影响国民的生活质量。三十年前由不丹国王提出的"国民幸福指数",包括政府善治、经济增长、文化发展和环境保护四个方面,正受到世界上许多国家的验证和推崇。现在国民幸福指数(Gross National Happiness,GNH)正成为国际上衡量一国国民幸福程度高低、生活质量高低的指标。受此国际思潮的影响,我国国家统计局正在制定国民幸福指数、人的全面发展指数、社会进步指数等统计指标。

一国国民生活质量的高低并非由 GDP 或人均 GDP 来衡量,环境保护成了国民幸福指数的内容之一。我国的国民经济从改革开放发展至今,在经济增速上居世界前列,人均 GDP

从不足 1000 美元到超过 1000 美元，有些省、市达到几千甚至超过 10000 美元，在联合国首次发布"2012 年全球幸福指数"报告，比较全球 156 个国家和地区人民的幸福程度，丹麦成为全球最幸福国度，于 10 分满分中获近 8 分，其他北欧国家亦高居前列位置，中国香港第 67，中国内地则排名第 112。数据表明，即使经济持续快速增长也并不能保证国民幸福指数的提高。因此，以节约资源、保护环境为目标的绿色物流将有利于绿色 GDP 的推广和实施，有利于国民幸福指数、生活质量的提高。

2.2 绿色物流系统的运行模式

环境资源的有限与物流发展能力的无限是一对固有矛盾，既然物流系统与环境系统之间是相互作用的关系，要想调和二者必须在技术上进行创新，既不束缚物流的发展又不使环境资源枯竭，就是要运用绿色物流理论，在产品生命周期的运营中采用绿色物流系统的运行模式。绿色物流决策能为很多社会性的问题提供解决方案，尤其能为社会范围的环境管理和生态管理提供解决途径，包括废弃物问题、污染问题、资源节约和能源节约问题等。由于物流本身的交叉性和综合性，再加上绿色物流实施主体的多样性，物流的绿色化是一个系统性的工程。

2.2.1 绿色物流系统

1．绿色物流系统组成要素

应该指出的是，这里所指的绿色物流系统，并不是一般意义上的物流系统之外的新的系统，而应该说是依据可持续发展理论，对一般物流系统提出了更高的要求。一般物流系统是为了满足物流需求，实现物流企业盈利等目标，而绿色物流系统的目标除了上述经济利益目标之外，还有追求节约资源、保护环境这一既具经济属性、又具社会属性的目标。因此，组成绿色物流系统的要素即一般物流系统的组成要素，但绿色物流系统提出了"绿色化"的要求。物流系统的基本模式如图 2-2 所示。

1) 系统的一般要素

系统的一般要素包括人、财、物、信息等。

人是物流的主要因素，是物流系统的主体。人是保证物流得以顺利进行和提高管理水平的最关键的因素。提高人的素质，是建立一个合理化的物流系统并使它有效运转的根本。在绿色物流系统中，要求从事物流行业的管理者及操作员都具有绿色环保意识。

财是指物流活动中不可缺少的资金。交换是以货币为媒介，实现交换的物流过程，实际也是资金运动过程，同时物流服务本身也需要以货币为媒介。物流系统建设是资本投入的一大领域，离开资金这一要素，物流不可能实现。

物是指物流中的原材料、成品、半成品、能源、动力等物质条件，包括物流系统的劳动对象，即各种实物，以及劳动工具、劳动手段。如各种物流设施、工具，各种消耗材料(燃料、保护材料)等。没有物，物流系统便成了无本之木。

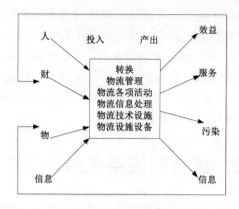

图 2-2 物流系统基本模式

2) 系统的功能要素

功能要素是指物流系统所具有的基本能力，这些基本功能有效地组合、联结在一起，便成了物流的总功能，便能合理、有效地实现物流系统的目标。一般认为物流系统的功能要素有包装、运输、仓储、流通加工等。结合物流系统的绿色化要求，绿色物流系统的功能要素主要有以下几点。

(1) 绿色运输。运输是物流系统中最基本、最重要的活动，运输成本占了物流总成本中的 40%～50%。运输也是物流系统影响环境的最重要因素。绿色运输是绿色物流的一项重要内容。按照运输绿色化策略划分，绿色运输的构成如图 2-3 所示。

(2) 绿色仓储。绿色仓储就是要求仓库布局合理，以减少运输里程，节约运输成本。

(3) 绿色包装。绿色包装指以节约资源、降低废弃物排放为目的的一切包装方式。绿色包装的构成如图 2-4 所示。

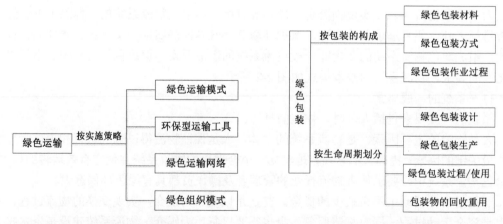

图 2-3 绿色运输的构成　　　　　　　图 2-4 绿色包装的构成

(4) 绿色流通加工。绿色流通加工是指在流通过程中以尽可能小的环境影响，继续对流通中的商品进行生产性加工。

3) 系统支撑要素

物流系统的建立需要有许多支撑手段，尤其是当物流系统处于复杂的社会经济系统中时。要确定物流系统的地位,协调与其他系统的关系,这些要素必不可少。主要有以下几点。

(1) 基础设施。基础设施主要由物流节点与物流线路构成。物流节点是指物流中心、配送中心、港口码头、货运站等基础设施,它们是包装、流通加工、装卸、仓储等活动发生的场所;线路就是物品运输流经的线路,包括公路、铁路、航线线路。

(2) 体制与制度。物流系统的体制、制度决定系统的结构、组织、领导、管理方式。国家对其控制、指挥、管理方式以及系统的地位、范畴,是物流系统的保障。

(3) 法律和规章。法律规章一方面限制和规范物流系统的活动,使之与更大的系统协调;另一方面是给予保障,合同的执行、权益的划分、责任的确定都需要靠法律、规章维系。这点对维持一个绿色的物流系统尤为重要。

(4) 物流标准化。物流标准化是保证物流环节协调运行,保证物流系统与其他系统在技术上实现联结的重要支撑条件。

2. 绿色物流系统的特征

从系统论的角度看,绿色物流系统的主要特征如下。

1) 开放性

绿色物流系统由多个要素构成,其内部各要素之间、系统与外部大环境之间不断地进行着物质、能量和信息的交换,并且以"流"的形态贯穿其间,从而形成一个动态的、系列的、层次的、具有自我调节和反馈能力的相对独立体系。正是通过"流",绿色物流系统才得以维持自身的发展,也只有通过"流",才能识别绿色物流系统的动态特征和演化规律,才能评判、比较和推断不同系统的优劣。开放性的另一个体现就是绿色物流系统内部要素之间存在着协同与竞争的复杂关系。

2) 区域特征

绿色物流系统总是有一定的空间范围,也就是说当我们讨论物流业发展或物流业的绿色化发展时,总是将它放在特定的空间上去考察。区域作为某种特定范围的地域综合体,有其特定的自然、社会、经济、生态环境等要素,亦有其固有的形成、发展和演化机制,一个区域的社会经济活动必须遵循其固有的基本规律。因此,绿色物流系统也必须考虑区域这一基本特征。按照区域范围的大小,绿色物流系统可以划分为社会绿色物流系统和城市绿色物流系统,而企业物流是社会物流系统和城市物流系统的基本组成。

3) 多环节特征

绿色物流系统既包括物流系统的"绿色"状态,也包括为使物流系统变得"绿色"所进行的调整和行动过程。由于物流系统的多环节特点,绿色物流系统也具有多环节的特点。不管是社会物流、城市物流还是企业物流,绿色物流系统都应该包括绿色包装、绿色运输、绿色仓储、绿色流通加工等功能环节。

4) 行为主体的多样性

绿色物流系统的行为主体包括了广大的公众消费者、各行业的生产企业、分销企业、物流企业、批发零售业等。这些行为主体的环境意识和环境战略对他们所在的供应链物流的绿色化将产生重要的推动作用或制约作用。因此,与绿色物流系统相关的政策法规、消费者督导、企业自律等也是实施绿色物流战略的宏观管理策略。

5) 层次性

层次性也是绿色物流系统的基本属性和特征。不同层次的物流子系统通过相互作用，构成一个有机整体，实现绿色物流系统的整体目标。

3．绿色物流系统层次

随着现代系统科学的发展，事物或系统的层次观作为辩证自然观的核心内容之一，已经成为共识。层次性也是绿色物流系统的基本属性和特征。绿色物流系统的层次分析，有助于正确理解系统整体与部分，层次与层次间的关系。

（1）按照对绿色物流系统管理和控制主体划分，可以分为社会决策层、企业管理层和企业作业层的绿色活动。其中，社会决策层的职能是通过制定绿色物流方面的政策、法规、标准，传播绿色理念，约束和指导企业的绿色物流战略；企业战略层的任务是从战略高度，与供应链上的其他企业协同，共同规划并管理企业的绿色物流系统，建立有利于资源再利用的循环物流系统；企业作业层的绿色物流活动主要是指物流作业环节的绿色化，如运输的绿色化、包装的绿色化、流通加工的绿色化、仓储的绿色化等。

（2）按照绿色物流系统的考察范围划分，可以分为企业物流的绿色化、区域(城市)物流的绿色化、社会宏观物流的绿色化。区域(城市)物流包含了企业物流，而社会宏观物流系统又包含了区域(城市)物流；企业物流的绿色化又可分解为绿色供应物流，绿色生产物流、绿色分销物流、废弃物物流、逆向物流等；所有这些物流子系统又都是由绿色包装、绿色运输、绿色仓储等功能环节构成。

绿色物流系统的层次结构可用图 2-5 所示。

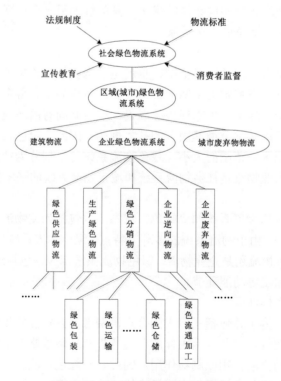

图 2-5　绿色物流系统的层次结构

根据图 2-5 给出的绿色物流系统层次结构可知，绿色物流战略的实施和管理是一项庞大的系统工程，自顶向下包括：宏观范围的政策、法规、标准、理念的传播及公众的教育，区域(城市)物流的绿色规划与控制，企业物流的绿色化战略和策略以及物流各环节的绿色化。

4. 绿色物流系统运行框架

物流系统是一个复杂的系统，它不仅与社会经济、国家政策等密切相关，同时还直接影响到生态环境和自然环境。物流的发展，是物流系统、社会经济系统、资源环境系统共同运作的结果，这也正是可持续发展思想在物流领域中的具体体现。图 2-6 清楚地显示出物流系统与社会经济系统、资源环境系统之间的相互联系及运行机制。

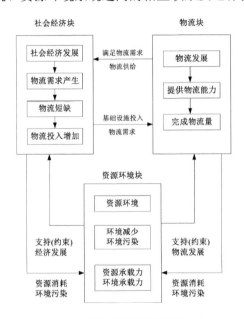

图 2-6　绿色物流系统运行框架

1) 物流与社会经济之间的协调

社会经济系统是一个与外界环境联系紧密的开发系统，物流系统是社会经济系统与外部交流的主要途径。物流系统与社会经济系统之间的协调发展，能够促进各自的运行效率。一方面，物流系统的发展提高了物流服务水准、强化时间效益和成网水平，为经济的发展提供重要支撑；另一方面，经济的发展为物流活动提供必要的发展条件和发展空间。

2) 物流与环境资源之间的协调

人们对生活环境质量要求的提高是社会进步的标志之一。物流在促进社会发展的同时，也带来了诸如天气污染、水污染、土壤污染、噪声污染、视觉污染等一系列环境问题。资源环境的承载能力对物流的发展存在硬约束，物流的发展要限制这一极限值内。另外，物流的发展随之带来的资金、技术和政策方面的投入，也会使一定区域的承载能力有改善和转移的可能。

5. 绿色物流系统目标分析

绿色物流系统的目标(如图 2-7 所示)，应该是在考虑环境、资源容量的前提下，促进物流的发展，更好地为社会、经济的发展提供支持和保证。绿色物流系统的目标主要体现在四个方面：社会发展、经济发展、环境保护和资源利用。总目标应该是这四个方面的加权平均和。

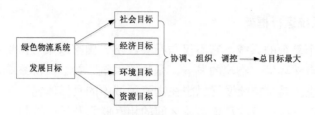

图 2-7　物流系统目标

2.2.2　企业绿色物流系统的发展模式

纵观美国、日本和欧洲等发达国家物流发展的过程，都没有离开国家对物流行业的宏观调控。科学技术的发展以及先进运输工具的广泛应用，使得产品流通的地域范围越来越大。只有建立绿色物流系统，才能更好地使资源得以再利用和最终废弃物减量化，结合前面的内容分析企业绿色物流结构模型设计，如图 2-8 所示，形成"原材料绿色采购—产品绿色设计和生产—绿色包装和配送—绿色消费—绿色回收—绿色再生产"的循环绿色物流模式，这个模型实际上是一个物料循环流动系统。该绿色物流系统的运作过程如下。

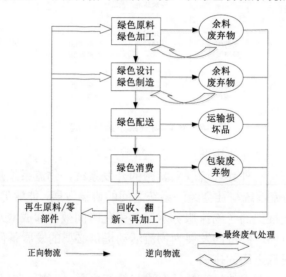

图 2-8　企业绿色物流系统运行模式

1. 原材料绿色采购

制造商经过对供应商的评估，选择出绿色供应商，供应商将由自然资源、能源和人力资源转化而来的原料、零部件送达生产企业。由于供应商的成本绩效和运行状况对企业经济活动构成直接影响，因此在绿色供应链中，必须增加供应商选择和评价的环境指标，即对供应商的环境绩效进行考察。

2. 产品绿色设计和制造

企业经过对产品的绿色设计、绿色制造、绿色包装，形成最终的绿色产品；生产过程中的边角余料、副产品、加上残次品等，直接进入内部回收系统，尽量做到维修后再利用，避免废弃物的产生。

3. 绿色包装和配送

产品被制造出来后，经过企业的绿色分销渠道，由企业自身组织物流配送活动或者交给第三方物流企业进行专业化的运输和配送。在"绿色包装"方面实行"3R"原则、"1D"(Degradable)原则(是指包装材料应"可降解")。根据上述原则企业促进生产部门尽量采用简化的、可降解材料制成的包装，商品流通过程中尽量采用可重复使用单元式包装，实现流通部门自身经营活动包装的减量化，促使生产部门进行包装材料的回收及再利用。在配送方面可采取以下方式。

(1) 开展共同配送，几个中小型配送中心联合起来，分工合作对某一地区客户进行配送，共同配送可以最大限度地提高人员、物资、资金、时间等资源的利用效率，取得最大化的经济效益。

(2) 采取复合一贯制运输方式，是指吸取铁路、汽车、船舶、飞机等基本运输方式的长处，把它们有机地结合起来，实行多环节、多区段、多运输工具相互衔接进行商品运输的一种方式，这种运输方式以集装箱作为连接各种工具的通用媒介，起到促进复合直达运输的作用。

(3) 大力发展第三方物流。是由供方与需方以外的物流企业提供物流服务的业务方式，可以从更高的角度、更广泛地考虑物流合理化问题，简化配送环节，进行合理运输，有利于在更广泛的范围内对物流资源进行合理利用和配置，可以避免自有物流带来的资金占用、运输效率低、配送环节烦琐、企业负担加重、城市污染加剧等问题。

4. 绿色消费

对于消费者来说，应积极倡导绿色需求、绿色消费，通过绿色消费方式倡导企业实施绿色物流管理，通过绿色消费行为迫使企业遵循绿色物流管理，通过绿色消费舆论要求政府规范绿色物流管理。

5. 绿色回收和绿色再生产

企业销售、使用阶段出现的退货或报废品经集中式回收中心处理后，经修复、改制或原料再循环，重新进入产品的供应链；另外，零部件制造、产品组装工程中出现的废次品，也应该直接进入再制造过程。在这种情况下，企业将正向物流和逆向物流进行有机整合，充分利用资源，最大限度地减少浪费，降低企业整体成本，有利于资源节约，也有利于企业经济效益和竞争能力的提高。从系统构筑的角度，建立废弃物的回收再利用系统。

从整个企业绿色物流结构模型来说，企业不仅仅要考虑自身的物流效率，还必须与供应链上的其他关联者协同起来，从整个供应链的视野来组织物流，最终在整个经济社会建立起包括生产商、批发商、零售商和消费者在内的回收循环物流系统。

总之，对于现代生产型企业或者流通型企业来说，要取得优势，就不得不考虑绿色物流问题，从而优化企业资源、社会资源，实现企业物流不断增值的目的。

2.2.3 绿色物流系统的运行模式

绿色物流系统由绿色包装、绿色运输、绿色流通加工以及绿色仓储等功能要素构成，这些功能要素贯穿产品的整个生命周期。基于产品生命周期的环境管理是可持续发展的必然要求。在产品的整个生命周期，重大的环境压力往往与原材料采掘和产品的使用阶段有着密切关系，产品全生命周期的物流过程中对环境的危害不可忽视。因此，企业必须从产品全生命周期的范围进行企业物流的绿色化管理。

1．产品全生命周期的物流活动

产品从原材料开采或原材料供应开始，经过原材料加工、产品制造、包装、运输和销售、经消费者使用、回收直至最终废弃处理，这一整个过程称为产品的全生命周期。产品在其生命周期的不同阶段，物料及其信息从一个企业或部门向另一个企业或部门流动，或者按照一定的工艺流程要求，在不同车间进行流转。因此，在产品的整个生命周期，不断伴随着企业之间、部门之间以及企业内部的物料流动和信息流动。

1) 供应物流

随着采购、供应一体化以及第三方物流分工专业化的发展，采购、供应物流一直延伸到企业车间。供应物流包括物料需求计划、运输、流通加工、装卸搬运、储存等功能，它是产品生产得以正常进行的前提，而且供应商提供的原料及零配件的质量和环保性能将直接决定产品的质量和环境性能。

2) 生产物流

原材料、配件、半成品等物料，按产品的生产过程及工艺流程的要求，在企业的各车间内、企业半成品仓库之间流转，这就是生产物流。生产物流担负着物料输送、储存、产品组装、产品包装等任务，是生产过程得以延续的基础。

3) 分销物流

分销物流指从生产企业成品仓库到产品需求者之间的物流过程，包括包装、流通加工、储存、订单处理、运输、装卸搬运等功能环节。另外，在零售商与消费者之间、零售商与批发商之间还存在着因产品不合格或积压库存而发生的退货物流。

4) 回收物流

准废物通过回收、加工、转化为新的生产资源而重新投入使用，要经历一系列物流活动，主要有收集、分类、加工、处理、运输等功能。根据物流流向的不同，回收物流将发生在产品的全生命周期，生产阶段的余料、残次品等应在企业内部进行回收、处理、再利用。在产品使用阶段的废旧包装材料、维修更换件、淘汰件等的回收处理，则发生在用户、销售商、原料生产商和产品生产商之间。

5) 废弃物物流

废弃物物流指在现有技术和经济条件下无法再利用的最终排放物的物流过程。因物理形态不同，废弃物物流的方式也不同，一般包括收集、搬运、中间净化处理、最终处置等功能。净化处理是为了实现废弃物的无害排放，最终处置主要有掩埋、焚烧、堆放、净化后排放等方式。产品生命周期的每一阶段中,都会产生各种形式的废弃物,因此,废弃物物流也将贯穿产品整个生命周期。

2. 基于产品生命周期的企业绿色物流系统运行模式

企业物流包括企业从原材料供应,产品生产和产品销售的全部活动,它由供应物流、生产物流、销售物流和逆向物流构成。企业既要从整体上把握物流绿色化的策略和途径,还应该从物资供应、产品生产、分销、回收等环节实现物流的绿色化,即从产品生命周期实现物流的绿色化。图 2-9 列出了基于产品生命周期的企业绿色物流运行模式。

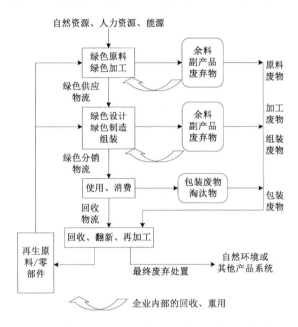

图 2-9 基于产品生命周期的企业绿色物流运行模式

2.2.4 基于供应链一体化的循环物流系统运行模式

随着人们物质生活水平的提高,消费的个性化、多样化趋势日益明显,产品更新换代的速度越来越快,这就产生了"大量生产→大量流通→大量消费→大量废弃物"的必然结果,进而会引发社会资源的枯竭及自然资源的恶化。因此,绿色物流系统的构筑,不仅要考虑单个企业的物流系统,还必须与供应链上的关联者协同起来,从整个供应链的视野来组织物流,最终建立起包括生产商、批发商、零售商和消费者在内的"生产→流通→消费→再利用"的循环物流系统。

所谓"循环物流"就是物料及其相关信息在供应商、生产商、批发商、零售商以及消费者之间的往返流动而形成的一个物质闭路循环运动的过程。循环物流的目标是资源、能源消耗最少化、环境污染最小化。循环物流涉及供应链上所有企业,需要供应链上所有企业之间的协同运作。因此,循环物流系统必须基于供应链而构建。基于供应链一体化的循环物流系统结构如图 2-10 所示。

从上述模型可以看出,循环物流的运行过程涉及供应链上所有企业,在供应链上所有企业之间以及企业内部都会发生物料流、能量流、信息流的循环往复运动。循环物流的运行过程如下。

(1) 绿色制造的前提依赖于原料供应商、零部件供应商提供输入的环境质量。制造商对绿色产品原料、零部件的性能要求和规格要求先通过信息流传递给供应商，然后才是货物供应的实物流。

(2) 制造商使绿色材料进行绿色生产，生产出绿色产品通过分销网络分销给销售商，再由销售商通过绿色销售渠道将产品最终送到终端客户手中。

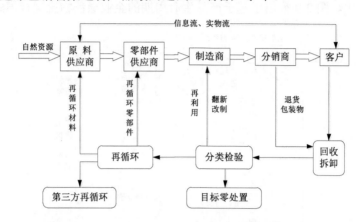

图 2-10　基于供应链的循环物流系统模式

(3) 在产品的生产、销售和使用阶段，末端客户可以将退货品、报废品送达制造企业设立的回收中心，也可将缺陷品、包装废物退给分销商，由分销商集中受理，再运往回收中心进行正确的处理。

(4) 在回收中心，有缺陷的产品或废弃产品经过分类、检验等一系列复杂的预处理过程，划分出不同的类型，进入不同的循环渠道。

(5) 对于适于维修、改制、翻新的产品，直接送制造厂经过抛光、修整、替换上新的零部件，重新组装成"新"产品，再进入分销网络。不能整体利用的产品，则经过拆卸进入再循环，优先考虑以零部件的形式再循环，然后考虑以提取原料为目的的再循环。再循环的零件流向零部件供应商，再生的材料流向原材料供应商，从而完成逆向物流过程。在再循环过程中，可能还有部分再循环材料或零部件进入其他产品链。

(6) 原材料经过上述循环流动后，最终一定会有部分无法再利用或不值得再循环的残余物，这类物资经过焚烧或填埋，做最后处理。循环物流系统的目标是资源消耗、能源消耗的最少化、废物排放的最少量化、环境污染最小化。

作为循环经济条件下的绿色化物流运行模式，循环物流通过供应链上企业之间的协同战略和科学管理，可以提高企业物流运行的整体效率，从而促进物流经济效益和环境效益的协调发展。但是，由于现代供应链管理的复杂性，在供应链基础上建立企业的循环物流系统也不是一蹴而就的，需要政府政策的支持和社会全员"绿色化"意识的提高，只有真正做到全员参与，在全社会范围内建立一个"大循环"系统，供应链上的循环物流系统才能真正有效运行。

产品生命周期及供应链一体化的绿色物流运行模式，其核心思想就是系统整合，只有发挥系统的整体功能,绿色物流系统的活力才能被充分释放。因此在系统化的绿色物流运行实践中我们需要树立全局意识,全员参与意识,协同产品生命周期内各阶段的物流活动并通过供应链上各企业之间的协作,使绿色物流的协同效应被放大,从而在全社会范围内产生共鸣,只有这样才能促使绿色物流的实践成为人们的一种自觉行动。

2.3 绿色物流主要发展战略

制定绿色物流发展战略要以可持续发展理论为依据,以系统论为手段,在综合考虑物流、经济、资源、环境等因素的前提下,从优化物流系统的角度,进行绿色物流系统规划,实现降低污染物排放,减少资源消耗的目标,达到物流、生态、经济的可持续发展。

1. 循环物流战略

目前的物流活动只关注从资源起始地到产品消费地的物流活动,并以尽可能高的效率来实现这一单向的物流活动。而对于资源供给及利用的效率以及产品消费后废弃物的处置效率则很少考虑。这种忽视生态环境效益的单向性物流系统的维持需要两个前提条件,一是自然环境的存储量相对于人类的需求是无限的;二是自然资源对于人类经济活动产生的废弃物的容量也是无限的。当人类经济活动的规模较小时,这种假设是合理的,但是,从目前人类活动的规模来看,不仅自然资源是稀缺的,而且环境对废弃物的容纳量也是有限的。可见,维系单向性物流系统的两个前提条件是不存在的。因此,在可持续发展观的指导下,以系统论为依据,我们应完善物流系统,改变以往单向物流的发展模式,建立正向物流和逆向物流共同发展的循环物流体系。

循环物流是由正向物流和逆向物流有机结合而形成的一个完整的物流网络,如图2-11所示。

正向物流中的物是消费者需要的物品,其流向是从生产者到消费者。逆向物流中的物是消费者不需要的物品,即废弃物或退货,其流向是从消费者到原始来源地。可见,循环物流是物质的"双向"循环活动,可以大大减轻物流活动对生态环境的压力。

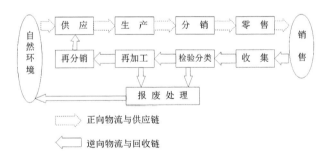

图 2-11 循环物流网络示意图

发展循环物流需要从两个方面入手。
1) 建立逆向物流系统

逆向物流是指为了获取产品再生价值和实现废弃物恰当处理而对废旧物品及相关信息从消费地到原始地之间有效率和有效益流动与存储所进行的计划、实施与控制过程。逆向物流通常可分为退货逆向物流和回收逆向物流。在这里着重讨论一下回收逆向物流。回收逆向物流的绿色化主要有以下几个环节构成。

(1) 回收。回收是逆向物流的起点。回收是将顾客所持有的废旧产品或包装物通过有偿或无偿的方式收集起来并运往处理的地点。由于回收往往点多量少，因此这个过程的运输是逆向物流中引起环境污染的关键因素之一，在废旧品收集过程中应尽量采用合并运输策略，以减少不必要运输。

(2) 检测和拆分。检测和拆分是决定回收的废旧产品或包装物是否可再利用以及通过何种方式再利用的一系列活动。早期检测和拆分可以及早识别没有回收价值的废品，节省对无用废弃物的运输成本。

(3) 再处理。再处理是对回收物品或零部件进行处理以重新获取价值的过程。对回收物品的绿色处理方式的划分，可借助蒂埃里(Thierry)在 1995 年提出的观点：直接再利用(Direct Reuse)、修理(Repair)、再生(Recycling)和再制造(Remanufacturing)(简称为 4Rs)。4Rs 能够减少要处置的废旧物品数量，降低企业处理废旧物品的成本，减少因焚烧、填埋带来的资源浪费和环境污染。其绿色处理方法、应用举例及层次关系如表 2-1 所示。

表 2-1 4Rs 的层次及处理方式、方法和举例

层次	绿色处理方式	绿色处理方法	举 例
1	直接再利用(Direct reuse)	回收的物品不经任何修理可直接再用(或许要经过清洗或花费比较低的维护费用)	如集装箱、瓶子等包装容器
2	修理(Repair)	通过修理将已坏产品恢复到可工作状态，但可能质量有所下降	如家用电器、工厂机器等
3	再生(Recycling)	只是为了物料资源的循环再利用而不再保留回收物品的任何结构	如从边角料中再生金属、玻璃及制品再生等
4	再制造(Remanufacturing)	与再生相比，再制造则保持产品的原有特性，通过拆卸、检修、替换等工序使回收物品恢复到"新产品"的状态	如飞机发动机的再制造、汽车发动机的再制造、复印机的再制造等

通常情况下使回收物流绿色化的最优途径是再利用和再制造。这种再利用和再制造通过循环重复利用物料，充分回收有用的自然资源，减少对废旧物品的处理成本，产生巨大的经济效益。另外，还有一个关键的效益就是废旧物数量的减少，降低了对自然环境的污染，保护生态环境，促使生态平衡。这就实现了"使生态环境持续利用"的目标，为实现可持续发展这一战略目标提供良好的发展空间。

(4) 处置。这是由于技术或经济原因，回收产品或零部件不能再利用时采取的方法。对那些没有经济价值或严重危害环境的回收产品，可通过机械处理、地下掩埋或焚烧等方式进行销毁，但注意不要造成二次污染。

2) 实现正向物流和逆向物流的无缝对接

虽然正向物流和逆向物流的方向不同，但二者并不是毫不相干的，它们之间有着紧密的联系。产品的正向物流和废弃物的逆向物流是循环物流系统的两个子系统，两者相互联系、相互作用和相互制约。一方面，逆向物流是在正向物流运作过程中产生和形成的，没

有正向物流，就没有逆向物流。逆向物流流量、流向、流速等特性是由正向物流的属性决定的；另一方面，正向物流与逆向物流在一定条件下可以相互转化。正向物流中产生的废弃物质可以转化成逆向物流，经过再处理、再加工、再制造，又转化成正向物流，被生产者和消费者再利用。循环物流由正向物流与逆向物流构成，但并不是二者简单的相加，而是要把他们连接成一个有机的整体，即实现无缝对接，因为，循环物流系统的效率既取决于正向物流系统和逆向物流系统各自的运行效率，也取决于两个子系统协调与对接的效率。无缝对接的目的在于获取 1+1>2 的效果，其实现手段就是建立有效的信息系统。

2．产品全生命过程绿色物流战略

基于产品全生命周期的绿色物流发展战略应该从产品原材料或零部件的采购阶段开始，制定供应物流的绿色化、生产物流的绿色化、销售物流的绿色化、产品回收及废弃处置的绿色化策略。具体来说：首先制造商经过对供应商的评估，选择出绿色供应商，供应商将由自然资源、能源和人力资源转化而来的原料/零部件送达生产企业；接着，企业经过对产品的绿色设计、绿色制造、绿色包装，形成最终的绿色产品；生产过程中的边角余料、副产品、加工残次品等，直接进入内部回收系统，尽量做到维修后再利用，避免废弃物的产生；产品被制造出来后，经过企业的绿色分销渠道，交给第三方物流企业进行专业化的运输和配送；企业的分销系统规划必须考虑产品退货、产品召回以及报废后的回收和处理要求，并制订相应的运行策略。基于产品全生命周期的物流过程如图 2-12 所示。

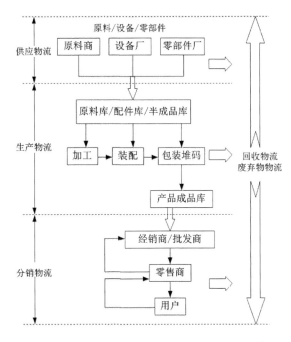

图 2-12　产品生命周期的物流过程及功能结构

1) 绿色供应物流

供应物流的绿色化就是原材料获取过程的绿色化，包括绿色供应商的评价选择及采购运输过程的绿色化。为了确保产品在使用过程中的用户安全性和产品废弃时的环保性，降低产品整体的环境负荷，首先就必须对构成产品的零件材料的绿色性进行评估，以避免环境风险。因此，绿色供应物流的第一步就是对构成产品的原料或零件的环境特性进行评估，选择环境友好的原料，舍弃危害环境的原料物质。如，日本夏普(SHARP)公司，对其产品的所有组成零部件和材料进行环保性评估，甚至包括所使用的包装材料、包装用器物、使用说明书、附件和易耗品等；SHARP公司参考欧洲的《关于限有制在电子电器设备中使用某些有害成分的指令》(Restriction of Hazardous Substances, RoHS)规定，列出了即将禁止使用的物质清单，包括有害重金属铅、水银、镉、六价铬及它们的化合物、溴素系列的阻燃剂等几十种物质。

绿色供应物流的第二步就是根据材料的绿色性对供应商进行绿色性评估，评估过程包括对组织过程和产品的评价，环境的组织过程评价着眼于管理系统、环境业绩、环境审核；产品评价包括生命周期评价、商标和产品标准的评价。例如，SHARP将公司的废弃物质清单及废弃时间表通知给供应商后，对原供应商提供的零件材料含有的化学物质进行调查和统计，以此为根据对供应商进行重新评估。

绿色供应物流的第三步就是采购过程的绿色化。先要改变观念，从重视采购成本转向重视采购品的环境质量；然后在包装和运输过程中采用绿色运输，绿色包装方式，如使用可重复利用的包装袋、集装箱运输、降低公路运输的比例、货物合并运输、降低运输次数、回程管理等。

2) 绿色生产物流

生产物流担负着物料的输送、储存、装卸等任务。生产物流系统一般具有点多、线长、面宽、规模大的特点。为实现生产物流的绿色化，首先必须以清洁生产技术为基础，通过不断地改善管理和改进工艺，提高资源利用率，减少污染物的产生和排放，以降低对环境和人类的危害。通过清洁生产，能实现企业内部的物耗和能耗的削减；通过内部的回收循环，提高资源利用率。绿色生产物流必须是为此目标服务的。

其次，JIT生产方式的实施必须充分考虑环境代价或交通拥挤带来的社会成本，通过库存节约与环境成本的平衡，确定最合适的库存标准。当然，这一点需要政府通过法规和市场手段对环境影响的外部成本予以核算，并施加到企业头上，企业才会主动改变生产方式。

另外，以减少物料输送、储存、装卸过程中的能量消耗和废物排放为原则，进行物流技术的改进和物流管理方式的改善。通过对生产物流系统的优化，对物流路径进行最优规划，对物流设备进行最佳配置，消除无效的输送或装卸，也能有效降低能源消耗，减少物流作业过程的破损率。

3) 绿色分销物流

商品分销是商品价值实现的重要环节。有了绿色的原料供应、生产出来绿色的产品，还必须使分销物流绿色化。分销环节的物流过程最复杂，要实现分销物流的绿色化，首先，必须合理规划分销网络，绿色分销网络应该有利于运输线路的最优化，也要能充分利用铁路、水路等更加环保的运输方式；其次，商品的物流包装在保证物流安全性的前提下应该尽量简单化的、标准化，尽量做到重复使用。

4) 回收物流及废弃物流

回收物流和废弃物物流是整个物流过程中最后的也是非常关键的一环。在此环节中最重要的是减少不必要的运输和合理地处理废弃物，避免造成二次污染。

3. 协同物流战略

协同(Synergy)来源于希腊文"Sunergia",本意为"共同工作"。"协同"表达了处理和解决问题的方式,以及事物发展过程中的状态,即指为实现系统总体演进的目标,各子系统或各元素之间相互协作、配合、促进所形成的良性循环态势。这是系统发展的内在规定,是对系统的各种因素和属性之间的动态相互作用关系及其程度的一种反映。

发展协同物流就是使物流系统各环节、各层次、各部门之间互相配合、协调发展,发挥系统 1+1>2 的功效。从可持续发展角度来说,发展协同物流,可以使资源得到集约化的利用,在提高物流效率的同时,减少了对资源的获取,降低排放,实现了对环境的净化。实现物流系统可以从以下几个层次考虑。

1) 物流各环节内的协同

物流活动由运输,仓储等环节构成,而这些环节包括具体操作环节。物流环节本身运作过程的协同应该使这些具体操作的协作配合来实现。以运输环节为例,在选择运输方式时,应充分考虑各种运输的技术经济特性,如铁路运输运输批量大,距离远,对环境污染较小;公路运输机动灵活,适合门到门运输,对环境的影响较大等。因此,我们应开展联合运输,发挥各种运输方式的长处,把它们有机地结合起来,实行多环节、多区段、多运输工具相互衔接进行商品运输。

2) 物流各环节间的协同

物流各环节间也要彼此协调,才能实现最终的绿色化。例如,在包装环节,"零包装"是最节约资源,且不产生废弃包装物的包装方式。日本、美国等发达国家在国际货物运输中推行了水泥的裸装运输,这是合理的。但如果片面强调无包装技术,就达不到运输、装卸、储存中所要求的强度、刚度等各种性能指标的要求,这必然带来商品耗损率上升,很有可能造成废弃物的增加,加重对环境的污染。

3) 供应链上的协同

这是要求供应链上的企业以一种协调的方式运作,把供应链看作一个完整的运作过程对其进行管理,企业之间形成利益的共同体。供应链的协同需要实现信息共享,将市场上产品需求及数量准确地反映给上游的生产商、销售商。这样可以减少产品的退货及不必要的库存,使运输、仓储等资源得到有效利用。此外,供应链上的企业可以保留其核心竞争力,将非核心的物流服务外包给第三方物流企业,这样有利于在更广泛的范围内对物流资源进行合理利用和配置,可以避免自有物流带来的运输效率低,配送环节烦琐,城市污染加剧等问题。

4) 区域物流协同

区域物流系统中的"区域"为经济区域,是基于地理的、自然的、资源的以及基础设施等多种客观条件形成的。区域物流协同要求区域同产业内及不同产业间协调配合,共同使用物流资源,完成物流任务。如共同配送,它是指多个企业联合组织实施区域内的配送活动。共同配送可以最大限度地提高人员、物资、资金、时间等资源的利用效率,取得最大化的经济效益。同时,可以去除多余的交错运输,并取得缓解交通,保护环境等社会效益。

4. 宏观调控战略

物流活动具有典型的外部性特征。所谓外部性是指一个人或一个企业的活动对其他人或其他企业的外部影响,或称"溢出效应"。这种效应是在有关各方不发生交换的意义上产生的。也就是说,在没有管制的情况下,某主体的生产或消费行为对其他主体的福利造成了影响,但又无须进行补偿,这就产生了外部性问题。在这种情况下,商品的价格没有反映出社会为了获得这种商品而必须放弃的价值。

外部性可分为负外部性和正外部性,负外部性是指私人成本小于社会成本,私人收益大于社会收益的情形,例如,环境污染;正外部性是指私人成本大于社会成本,私人收益小于社会收益的情形,例如,教育、发明创造。负外部性的存在往往强化了不良行为的激励,而正外部性的存在则会导致对良好行为的激励不足,这两者都会使资源配置偏离帕累托最优点,从而导致资源配置的低效率。

物流活动具有负的外部性,主要表现为污染的外部性(废气排放、固体废弃物、噪声)和交通拥挤的外部性。

(1) 废气排放的外部性。物流过程中车辆尾气的排放是城市对流层臭氧的主要来源,对流层臭氧的集聚对人体健康造成了严重威胁,并且导致周边地区农业减产。但是,如果没有政府干预,这种尾气排放是免费的,排放者无须为其行为付费。

(2) 固体废弃物的外部性。固体废弃物会产生很多的外部性。例如,废弃物的随地倾倒或焚烧处置,会释放出有害物质,渗透到地下水系统或向空气中排放,典型的如甲烷气体以及微量的苯、硫化氢等。垃圾填埋场又可能导致地下水污染、气体排放、甲烷气体的聚集和爆炸,使邻近地区的环境受影响。如果企业或个人承担废弃物处理价格很低,则产生的废弃物更多。研究表明,随着废弃物抛弃者承担的处理费用的上升,废弃物的数量会下降。

(3) 噪声的外部性。噪声污染对于处于噪声源附近(例如机场、码头、物流中心、货运场站)的居民的健康和福利有不同程度的影响,它影响人们的交流和睡眠等活动、引发心理和生理上的不适,还会引起心血管疾病、造成听力减退。如果没有关于噪声方面的法规限制,企业可能不会主动针对降低噪声而进行投资。

(4) 交通拥挤的外部性。拥挤使得人和货物的出行要花费更长的时间和代价,政府通过制定最优的道路价格水平,可以在一定程度上抑制拥挤的程度,虽然道路价格会增加运输成本,但是由于降低了运输时间,也会大大降低与城市配送有关的成本。

由此可见,物流的外部性特征不能在自由放任的市场经济里靠"看不见的手"(即市场机制)来完全解决,必须依靠政府的政策制度来干预。由于物流功能要素多,在我国涉及的政府管理部门较多。又由于各部门之间分工有交叉,政企也未完全分开,造成了物流系统中存在管理分散化、条块分割、部门分割、重复建设等种种问题,物流系统化水平很低,导致综合经济效益下降,物流成本提高。物流制度的改革并不是要求建立一个巨大的物流系统,将几个部门统一起来,而是按照物流系统化的要求,加强政府对物流各环节的协调监督职能,整合优化物流系统结构,通过建立综合物流中心,使其成为网络化的战略联盟;加强宏观政策规划指导,制定出符合市场要求的相互配套和具有可操作性的政策,促使全国物流系统合理布局和统筹规划。

目前我国物流业仍处于粗放的经营状态,离绿色物流的要求相距甚远。因此必须对现行政策中影响绿色物流业发展的规章制度进行必要的改革和创新,为物流业的可持续发展提供保证。这种制度创新一方面体现在政策制度如何激励物流经营主体的绿色行为,另一方面体现在如何约束物流经营主体的粗放行为。

企业作为经济主体,其追求利润最大化的动机与可持续发展的宗旨并非始终保持一致,也就是说物流业的绿色化并非企业自身的自觉行为,而是其在一定的制度环境下的理性选择。因此政府的绿色政策工具是推进绿色物流发展的关键。政府在市场竞争中起着引导、培育、管理和调控的作用,规范物流行为主体的市场行为,营造公平的市场环境,从而推进绿色物流的有序发展。

2.4 绿色物流发展战略措施

战略是发展绿色物流的行动纲领,而措施是行动的具体指南。通过宏观的政策保障,中观的优化协调以及微观的绿色化操作,可以全面落实绿色物流的发展战略。

2.4.1 绿色物流发展的宏观措施

物流作为一种经济活动,其本身是处在客观社会环境之中。绿色物流对社会经济的持续发展和人类生活质量的持续提高具有重要意义。因此,绿色物流战略的实施受到社会宏观环境的影响和作用。政府政策、法律、规章制度以及消费者的监督和支持是绿色物流战略成功实施不可缺少的推动力量。

1. 绿色物流发展的政府规制

"规制"一词源于英文"Regulation"。日本学者植草益(Masu Uekusa)认为,政府规制是指政府依据一定的规划对构成特定社会的个人和构成特定经济主体的活动进行限制的行为。政府规制存在的合理性在于"市场失灵"的存在。绿色物流业发展的政府规制的目的在于政府对物流企业和制造企业的物流行为予以限制或禁止,是对企业物流活动外部不经济的约束与干预。政府规制具有目标明确性、执行强制性以及效果直接性的优点,它可以弥补激励机制约束力不足的缺陷。绿色物流发展的政府规制主要包括:环境立法、排污收费制度、许可证制度和绿色物流标准。

1) 环境立法

环境立法就是通过明确的环境控制标准和方法条款来约束企业或个人的行为。绿色物流虽然是顺应环保要求而产生的,但绿色物流是不可能完全依靠市场而自发实现的。因此,对绿色物流进行法律调控是必不可少的,通过法律条款,明确污染者对他们所造成的损害应负的法律责任。根据物流活动的外部性,与物流活动有关的环境立法主要包括固体废弃物、回收再循环、空气污染控制以及噪声控制四个方面。

(1) 固体废弃物处理法。针对废弃物处理问题,很多国家制定了一系列的相关法律条例,禁止某些产品的废弃填埋,鼓励或强制要求进行废弃物的循环利用,以此控制废弃物的产生,减少废弃物对环境的破坏。如德国于1991年颁布了《包装废弃物处理法》,规定了对一些包装容器的回收再利用率,还对一些难以降解的包装材料收取环境税;美国佛罗里达州政府制订了《废弃物处理预收费法》。

(2) 回收再循环法。回收法不仅是为了解决废弃物过多的问题,同时也是为了缓解资源危机的问题。从发达国家的环境立法情况看，欧洲具有强烈的产品回收倾向，欧洲许多国家通过法律条例来促使产品生产商承担起产品寿命终结后的回收处置责任。回收法不仅可以推动逆向物流的产生，而且也促进了面向回收、面向拆卸的产品设计方法的诞生，促进资源缩减目标的实现。随着产品回收再利用的法规要求得更加严厉，涉及的产品范围越来越广，对于逆向物流的发展将产生巨大的推动作用。

(3) 空气污染控制法。机动车燃料燃烧是三大空气污染物(一氧化碳、碳氢化合物、氮氢化合物)的主要来源，也是其他有害排放物如铅、二氧化碳的重要来源。机动车辆污染属于流动的污染源，对流动污染源的控制比固定污染源的控制更加困难。物流活动中的空气污染主要是因为货车的普及造成的，尤其是城市配送和门到门的物流服务的发展。政府在控制空气污染方面，应该进一步完善《空气污染控制法》等法律规范，另外，通过立法和经济手段的结合，例如，排污收费、燃油税等，鼓励车主购买更清洁的燃料、安装催化转换器、购买燃油效率更高的车辆、减少行驶里程或改变驾驶习惯，缓解汽车运输造成大气污染的程度。

(4) 噪声控制法。在物流系统的规划建设中，尤其是在物流中心、配送中心的施工建设期，应该遵循《建筑施工场界噪声限值》的标准规定。在物流系统运营过程中，比如在城市区域运送货物时，则要遵守《城市区域环境噪声标准》规定。

2) 排污收费制度

根据厂商或污染源产生的排污量收费，其宗旨在于收取的费用能反映每单位排放物对人类健康或生态系统造成的损害。排污收费属于一种经济刺激手段。排污收费的宗旨在于消除由污染损害造成的私人价格与社会有效价格之间差别，通过成本的调整使私人价格接近社会价格。在没有排污收费的情况下，企业没有任何削减污染的经济激励，利润最大化的行为驱使企业必然采取零削减，污染排放水平高。但是，如果污染排放收费，企业就产生了污染削减的经济刺激，因为企业可能因削减污染而减少交费或获得某种补贴。厂商的理性选择是将污染削减到边际控制成本等于费率这一水平上来。

排污收费可以包括运输环节的燃料排污费，即对污染较严重的燃料征收更高的排污费，使运输者自动选择清洁燃料；废弃物处理费，即根据污染物产生的数量来收取废弃物处理费，促使企业主动降低生产过程和物流过程中的废弃物排放，主动实施废弃物循环再利用策略；押金返还制度，即对污染制造者收取首端—末端税费(押金)，它能将政府无法实施的监督阻止行为转换为可操作的旨在归还产品后就可赎回押金的自觉行动。

3) 许可证制度

自戴尔斯(Paul Dales)提出在满足环境标准的前提下将允许的污染物排放作为许可份额，准予排污者之间相互有偿交易之后，可交易的许可证制度被用于有些国家的环境保护领域。其基本思路是环境管理部门首先确定符合环境标准的总排污量，然后确定单个的排放许可，各单位排放许可之和即为允许的排污总量。政府在进行许可额初始分配后，各排污单位可以将所分配的许可额留着自用，也可以在市场上进行交易。排污总量的确定是独立于市场的，其确定的依据是环境资源对经济发展的承载力。

4) 绿色物流标准

由于物流系统的功能环节涉及不同的行业、不同的管理部门，如果没有各环节统一的技术标准，很难保证各环节的有效衔接，也很难实现一贯到底的物流模式，这样一来，既增加了货物中间损失的概率，也增加了能量消耗和资源占用，使物流费用上升，效率下降，环境影响增加。因此，政府制定有关的绿色物流标准是十分必要的。绿色物流标准包括以下方面。

(1) 最低排放标准。最低排放标准主要包括运输车辆的废弃排放标准和噪声标准，其中，尾气排放最低标准必须针对不同的污染物制定，噪声标准包括运输车辆的噪声标准和装卸机械的噪声标准。

(2) 车辆技术标准。车辆技术标准包括车速标准、安全标准、设备规格、规定设备、使用的燃料标准等。

(3) 装载工具标准化。装卸搬运工具的标准化，有利于作业管理的物流作业效率的提高，也为仓储、运输、包装各环节的协调提供了条件，尤其是与包装尺寸标准要协调匹配。

(4) 包装尺寸标准化。物流系统中的仓储、装卸搬运、运输作业一般都是以一个包装体为单位进行操作的。包装模数标准与物流设施标准之间的协调统一，为各环节的无缝衔接提供了保证，有利于物流过程的能源节约和效率提高。而且物流包装的标准化为包装容器的直接重用提供了方便，有利于节约资源，减少废弃物。

2．绿色物流发展的政策激励

政府规制虽然具有严肃性、可操作性的优点，但缺乏刺激企业自觉控制污染、实行绿色化经营的动力，对已达到环保标准的企业的作用减弱甚至失去作用。因此，为了促进绿色物流的发展，政府还必须建立有效的绿色激励政策，主要通过经济杠杆来激励和引导物流主体的行为，使其在经营活动中向绿色化方向发展。激励政策主要有以下几方面。

1) "绿色补贴"政策

从社会公平和经济公平的角度来看，实施绿色物流的企业对资源环境的维护，为地区、国家的可持续发展提供了保障条件，相应地企业也为此付出了代价与成本，但是这种代价和成本在市场条件下是难以得到补偿的。因此，政府必须建立一种补偿机制，对这种具有公共物品性质的产品的正外部性予以补偿。一种行之有效的办法就是对积极采用先进环保设备、清洁能源以及积极实施资源循环利用的企业实施"绿色补贴"政策。补贴的方式包括物价补贴、企业亏损补贴、财政贴息、对无污染或减少污染的设备实行加速折旧等。

2) 税收政策

对于污染排放行为征税，对绿色环保行为给予税收优惠，通过税收政策可以起到激励企业绿色经营行为的作用。对企业绿色物流活动，政府应根据物流绿色化过程中的投入与收益进行税收减免，例如，对环境表现出色的企业实行低增值税率，或者对满足绿色生产(服务)要求的企业，返还部分所得税，以鼓励其绿色经营行为。企业进行的绿色投资具有很强的外部效应，其绿色投资除享受国家企业所得税法的有关规定之外，还可以相应制定更为有力的税收优惠政策。税收政策可以有：对不可再生资源征收重税；对使用原生材料征税；征收道路使用税；对回收再循环给予税收优惠；对清洁车辆和清洁燃料的使用予以税收优惠；对铁路运输和水路运输给予税收优惠。

3) 政府采购

政府不仅是环境保护的调节者和推进器，也是环境保护的购买者。他们可以行使自己的权利，购买绿色产品和绿色服务，从而对实行绿色行动的企业起到经济刺激的作用。利用政府采购的规模优势和导向作用，能够对社会、经济发展目标的实现进行调节和控制。政府采购可以通过以下几方面采购倾斜措施来促进绿色物流的发展：优先购买具有绿色标志的产品和包装，促进绿色包装和资源缩减目标的实现；优先选择通过ISO14000体系认证的物流企业提供的物流服务，促进物流企业环境管理水平的提高；采购再生资源产品，鼓励资源的回收和循环利用，促进逆向物流的发展；优先选择绿色运输方式，例如，铁路运输、水路运输和清洁车辆的运输，促进运输绿色化的发展。

4) 产业引导

为促进社会物流、企业物流的绿色化发展，政府还应该对物流产业的发展提供支持和强化管理，引导和推动物流业的社会化发展。

首先，统一规划社会性的物流网络，促进物流社会化。物流社会化对于节约社会资源、改善环境、降低物流成本具有十分重要的意义。物流社会化就是利用第三方物流为企业提供物流服务，其优势体现在：有利于共同配送的形成和发展，而共同配送能降低物流成本；有利于降低普遍存在的空载行驶、非满载行驶现象，有利于节约社会能源；有利于城市环境改善，因为物流效率的提高使完成同样的物流量所需的车辆数、行驶里程和燃料消耗都减少了，从而对降低城市空气污染和交通拥挤程度具有积极的作用。因此，物流的社会化对于物流的绿色化具有特别重要的意义。

为促进物流社会化发展，政府应该从总体上规划社会性的物流网络和物流基础设施，避免各部门的重复建设和资源浪费，并对高速公路、区域性物流中心等大型物流基础设施建设提供财政支持和政策支持，先进的物流基础设施为物流社会化发展提供了硬件条件。

其次，政府对物流信息网络的建设和物流信息化研究提供经费支持，有利于全社会的物流信息化水平的提高。物流信息化对于物流需求信息发布、货物合并运输、资源共享和资源最优利用等都有重要作用，因而对资源环境保护具有积极作用。

另外，对流动污染源进行强化管理。货物运输是一种流动的污染源，其污染的危害性不仅与车辆的技术性能和环境性能有关，还与排放源的位置和排放时间有关系，因此必须进行行政控制和强化管理。

3. 绿色理念的教育与传播

随着绿色社会的呼声日益强烈，绿色教育越来越成为一个广泛传播、引领教育发展方向的概念。绿色教育的理念源于对现代教育的反思与超越。关于绿色教育的理论建构和实践探索是当代教育界必须承担的历史使命。推进绿色物流发展除了要加强政府政策法规的约束和激励外，还需要广大公众的积极参与。因此，必须重视对绿色理念的教育，重视对消费者和企业的绿色物流的宣传教育。

1) 可持续消费观教育

可持续消费是指提供服务以及相关产品以满足人类基本需求、提高生活质量，同时使自然资源和有毒材料的使用量最少，使服务或产品生命周期的废物和污染物最少。开展可持续发展观的教育可以使广大公众真正了解环境问题的严重性、认识到地球资源的有限性，使更多的公众意识到环境问题。另外，绿色消费行为能鼓励和监督企业的环境行为，公众通过选择绿色产品，支持回收活动，支持再生资源产品等行为，刺激企业的绿色经营行动，产生良好的联动效应。

2) 企业绿色理念传播

包含资源缩减和废弃物最少化目标的绿色物流，实际上涉及供应链上的制造企业、物流企业、销售企业和消费者。企业在环境保护方面的作用是最重要的，除了受到政府规制和政策影响外，企业环境自律和管理对绿色物流的推进也是至关重要的。企业从领导层到员工层都要具有强烈的环境意识和绿色理念。仅有领导层的认识而没有一线员工的积极参与和配合，即使制定了最佳的绿色物流战略，也很难得到很好的执行，使战略的作用降低。因此，有必要从上至下进行绿色理念的传播，培养各层次员工的环境意识和环保行为。

2.4.2 绿色物流发展的中观措施

对于中观层面绿色物流措施的探讨，主要从区域(城市)物流绿色化角度提出战略措施。区域(城市)物流是众多微观物流作业、企业物流在区域空间领域的反映，是微观和宏观层面之间的衔接，具有企业间、产业内部、相关产业间、区域内、区际间等更为复杂的关联。因此，区域(城市)物流绿色化是宏观绿色物流发展措施的具体表现以及微观企业物流绿色化工作的集中反映。在中观层面发展绿色物流的战略措施如下。

1．设立统一的物流主管部门

由于物流的功能要素多，在我国涉及的政府管理部门较多，由于各部门之间分工有交叉，物流系统中存在管理分散化、条块分割、重复建设等种种问题。当然，要在全社会范围内建立一个巨大的物流系统，将物流部门统一起来，这是不现实的。但在一个区域(城市)范围内建立统一的物流主管部门是可行的，也是有必要的。只有统一的管理部门，才能对整个城市的物流系统进行公益规划，将物流系统的各个功能环节统一管理。也只有统一的物流管理部门，才能从经济效益、环境效益和区域(城市)可持续发展的战略高度，制订区域(城市)物流系统发展方案，并针对物流行业制定相关政策法规，控制其运作，规划其发展，促进区域(城市)物流的优化发展。

2．大力发展第三方物流，实现共同配送

资源消耗、环境污染和交通拥挤是区域(城市)物流的主要问题，而这些问题产生的原因是以汽油、柴油为动力的汽车运输的大量利用。道路上汽车过多的原因主要是在近距离运输、配送以及保管等物流活动中，企业自营物流比较多，自营物流造成道路上大量车辆空载行驶，这降低了卡车运载的效率，增加了道路上车辆数量，增加了空气污染源和交通事故发生源。为此必须大力发展社会化、专业化的第三方物流。

第三方物流是由供方与需方以外的物流企业提供物流服务的业务方式。发展第三方物流，由这些专门从事物流业务的企业为供方或需方提供物流服务，可以从更高的角度，更广泛地考虑物流合理化问题，简化配送环节，进行合理运输；有利于在更广泛的范围内对物流资源进行合理利用和配置，可以避免自有物流带来的资金占用、运输效率低、配送环节烦琐、企业负担加重、城市污染加剧等问题。当一些大城市的车辆配载大为饱和时，专业物流企业的出现使得在大城市的运输车量减少，从而缓解了物流对城市环境污染的压力。除此之外，企业对各种运输工具还应采用节约资源、减少环境污染的原料作动力，如使用天然气、太阳能等作为城市运输工具的动力或加快运输工具的更新换代。

3. 物流系统合理规划

区域(城市)物流中出现的货物迂回运输、重复运输、对流运输与区域(城市)物流网络布局不合理有很大关系，其中物流节点(如物流中心、配送中心、中转站、仓库、批发站等)的布局不合理是造成这些现象的主要原因。

从国外城市物流发展的经验看，物流节点设施的过于分散、节点功能单一是造成城市内车流量过于密集、交叉运输以及运输效率低下的重要原因。要解决区域(城市)交通环境恶化、运输效率低下的问题，有效措施之一就是合理规划物流系统中的节点布局，规划物流结点的布局应该同城市规划、城市建设紧密联系起来，作为城市整体规划的一部分同时考虑。在规划区域(城市)用地、道路及铁路枢纽建设时，应同时考虑物流设施点的布局问题。当物流设施处于离公路网和铁路车站都比较接近的位置时，该物流设施点就具有良好的货物集散作用和转运功能，能更有效地利用铁路进行大运量运输，减少公路运输在整个运输中的比重。这样的设施选址具有很好的发展前景，为今后的运输模式的创新和物流功能的创新提供了条件。

4. 积极发展联合运输，发挥各种运输方式的优势

汽车运输具有服务灵活、迅速、门到门等优点，物流方式的变革对汽车的依赖程度越来越高，不仅是短距离运输，城市之间的中长距离运输也越来越多地使用汽车，特别是随着高等级公路网的完善，"汽车加上高等级公路"的货运方式已成为物流高度化的重要特征。

更多地利用污染小的铁路运输和水上运输，降低汽车运输在社会物流量中的比例，是降低能源消耗、缓解环境污染的有效途径之一，而且效果明显。当然，这里不是简单地将一部分汽车运输的货物转给铁路或水路，而是通过卡车运输同铁路运输、水运的有机结合，在保证物流服务质量的前提下，实现"公—铁"或"公—水"等形式的联合运输。联合运输模式如图 2-13 所示。

图 2-13 联合运输模式

联合运输可以吸取各种运输方式的长处，把它们有机地结合起来，实行多环节、多区段、多运输工具相互衔接进行商品运输。这种运输方式一般以集装箱作为连接各种工具的通用媒介，起到促进复合直达运输的作用。由于全程采用集装箱等包装形式，可以减少包装支出，降低运输过程中的货损、货差。一方面，这种运输方式克服了单个运输方式固有的缺陷，从而在整体上保证了运输过程的最优化和效率化。另一方面，从物流渠道看，它有效地解决了由于地理、气候、基础设施建设等各种市场环境差异造成的商品在产销空间、时间上的分离，促进了产销之间紧密结合以及企业生产经营的有效运转。

5. 应用信息技术，实现物流管理智能化

信息是现代物流系统的灵魂，物流信息是保证及时运输、及时供货以及"零库存"的

关键，区域(城市)物流信息对于合理配置物流资源、降低能源消耗、减少废气排放具有重要的意义。

1) 基于 Internet 的物流信息系统

基于 Internet 的物流信息系统为处于不同地理位置的物流需求方和物流提供方之间架起了一座桥梁，第三方物流企业可以从网络最优的目标出发，选择需要服务的企业，企业则可以从降低成本的角度选择物流服务商。这里的选择原则包括：消除空程行驶，避免路径迂回，避免舍近求远的运输，车辆利用率的最大化。通过减少无效运输，对城市物流资源进行最充分利用，从而节约资源、节约燃料消耗，降低空气污染和交通拥挤程度。

2) 应用 GIS、GPS 技术到区域(城市)配送活动中

基于 GIS 的物流分析软件可以将车辆路线模型、网络模型、设施定位模型集成于一体，能解决一个起点、多个终点的货物运输车辆数量确定及最短路径确定，解决物流网点布局、各网点服务范围和市场范围等问题。GIS 应用于区域(城市)配送系统，能帮助配送企业优化车辆与人员的调度，最大限度地利用人力、物力资源，缩短配车计划编制时间，提高车辆利用率，减少闲置及等待，合理安排配送区域和路线等，使配送服务最优化。

GIS 与 GPS 技术集成，还可以将配送车辆的当前位置在电子地图上显示出来，在必要的情况下实施对配送车辆的跟踪和监控；同时，根据道路交通状况向配送车辆发出实时调度指令，提高配送服务水平。

2.4.3 绿色物流发展的微观措施

企业物流是全社会物流系统的最重要组成部分。企业物流的绿色化是企业环境战略的重要组成，它不仅能改善企业本身的经营活动对环境的影响，而且还能推动企业产品所在的供应链的绿色化，进而推动全社会物流系统的绿色化。可以说，企业是绿色物流的直接实施者，是可持续发展战略的最核心的行为主体。因此，我们有必要从微观企业绿色物流发展层面来探讨我国绿色物流战略措施。

1．树立环境保护意识，打造企业绿色品牌

由于我国物流业起步较晚，企业对现代物流重要性的认识才刚刚开始，企业物流系统的构建主要还是以降低成本、提高效益和效率为目标。一些企业虽然已开始认识物流中的环境问题，但对绿色物流的认识还非常有限。大多数企业对绿色物流知之甚少，甚至存在着"环保不经济，绿色等于花费"，"环境保护主要是政府的事，跟企业关系不大"等认识。然而在当代，环境保护在国际和国内愈来愈受到重视的情况下，企业只有树立环境保护意识，打造绿色品牌，才能在市场竞争中取得优势，获得持续性发展。

企业要发展绿色物流，就必须扭转"绿色等于花费"的理念，充分认识到绿色物流带来的经济价值。

首先，绿色物流利于树立良好的企业形象，使企业更容易获得股民和其他投资者的青睐。随着消费者环境意识的增强，拥有绿色消费观念的公众越来越多，他们更愿意选择环境友好的产品和服务，这说明环境表现良好的企业将具有更多的市场机会。

其次，实施绿色物流战略的企业通过对资源节约利用、对运输和物流网络的科学规划和合理布局，可以大大降低物流运作中的原料成本和燃料成本，降低物流过程的环境风险

成本，从而为企业拓展有限的利润空间。

最后，自然资源的回收、重用等逆向物流举措，可以降低企业的原料成本，提升客户服务价值，增强企业竞争优势。

2．加强绿色物流管理，实现物流各功能的绿色化

物流活动由运输、仓储、包装、流通加工、搬运装卸等功能组成。企业要实施绿色物流，首先要从物流各功能的绿色化开始。

1) 绿色运输

所谓绿色运输是指以节约能源、减少废弃排放为特征的运输，绿色运输是绿色物流的一项重要内容。根据运输环节对环境影响的特点，运输绿色化的关键原则就是降低卡车在道路上的行驶总里程。围绕这一原则的绿色运输途径主要有以下方面。

(1) 绿色运输方式。即结合其他几种运输方式，降低公路运输的比例。

(2) 环保型运输工具。主要是针对货运汽车，指的是采用节能型的或以清洁燃料为动力的汽车。

(3) 绿色物流网络。即路程最短的、最合理的物流运输网络，以便减少无效运输。

(4) 绿色货运组织模式。指的是城市货运体系中，通过组织模式的创新，降低货车出动次数、行驶里程、周转量等。

2) 绿色仓储

所谓绿色仓储，就是要求仓库布局合理，以减少运输里程、节约运输成本。如果仓库布局过于密集，会增加运输的次数，从而增加能源消耗，增加污染排放；如果布局过于分散，则会降低运输效率，增加空载率。此外，仓库建设前还应当进行相应的环境影响评价，充分考虑仓库建设和运营对所在地的环境影响。易燃、易爆商品仓库不应设置在居民区，有害物质仓库不应该设置在重要水源地。

3) 绿色包装

绿色包装是指采用节约资源、保护环境的包装。实现绿色包装的途径主要包括：促进生产部门采用尽量简化的以及由可降解材料制成的包装；商品流通过程中尽量采用可重复使用的单元式包装，实现流通部门自身经营活动用包装的减量化；积极主动地协助生产部门进行包装材料的回收及再利用。

4) 绿色流通加工

流通加工具有较强的生产特性，对环境的影响主要表现在：分散进行的流通加工过程能源利用率低，产生的边角废料、排放的废气、废弃物等污染周边环境，还有可能产生二次污染。绿色流通加工实施的途径主要有：专业化集中式流通加工，以规模作业方式提高资源利益效率以及流通加工废料的集中处理量，与废弃物物流顺畅对接，降低废弃物污染及废弃物物流过程的污染。

3．构建企业逆向物流体系

企业发展绿色物流，仅把焦点集中在正向物流活动的绿色化上显然已经不符合时代要求，必须将逆向物流纳入企业管理活动中来，使正向物流和逆向物流有效衔接，实现完整的循环物流体系。

1) 分层次实施逆向物流目标

企业实施逆向物流活动计划，应该首先强调产品生命周期的资源缩减计划，即通过环境友好的产品设计,使原料消耗和废弃物排放量最少化,使正向物流和逆向物流量最低化;其次是重复利用,应尽量使产品零部件以材料本身的形态被多次重复使用,这就要求改变传统的单向物流方式,以便处理双向的货物流动;接着是尽可能大范围的"再循环";废弃处置是最后选择。

2) 压缩逆向物流处置时间

大多数回收的产品并没有完全"老化",需要尽快处理,因此,必须经过快速分类,确定正确的处理方式并尽快行动。回收的零部件处理越快,企业的利益就越多。在确定产品处置时,要谨慎地制定决策机制,企业更应实行有效客户响应,减少各个环节的处理时间。企业可以通过建立逆向物流信息系统、集中式回收中心等来缩短逆向物流处置周期。

3) 从供应链的范围构建企业逆向物流系统

逆向物流并不等于废品回收,它涉及企业的原料供应、生产、销售、售后服务等环节,因而不能作为一个孤立的过程来考虑,企业要实施逆向物流,还必须与供应链上的其他企业合作。另外,企业采取宽松的退货策略,所获信息将严重失真。为了实现风险共担、利益共享,企业必须与供应链上的企业共享信息,建立战略合作伙伴关系,通过对退货物品的跟踪,测定处理时间,评价卖方业绩,以便与上、下游企业更好地协作。也就是说,必须从供应链的范围来构建企业的逆向物流系统。

4) 利用第三方逆向物流企业

逆向物流也需要经过运输、加工、库存、配送等环节,这可能会与企业的正向物流环节相冲突。大多数企业关注的是物流的正向部分,对逆向物流的投入很有限,当两者发生冲突时,常常会放弃逆向物流。企业可以将逆向物流外包给第三方物流企业,第三方逆向物流供应商可以为多家企业服务,通过规模经济,获得运营的成功。

4. 建立绿色物流成本核算体系

建立绿色物流成本核算体系,使企业的物流活动对生态环境的影响能够从会计成本账目中得到明确的体现,从而将物流活动的外部成本内部化。目前对于绿色成本的理解很多,联合国国际会计和报告标准政府间专家工作组第15次会议文件《环境会计和财务报告的立场公告》将绿色成本定义为:"本着对环境负责的原则,为管理企业活动对环境造成的影响力被要求采取的措施成本,以及因企业执行环境目标和要求所付出的其他成本。"

企业应将其在运输、仓储保管、包装、搬运、流通加工等过程中产生的环境损耗成本,为了避免物流活动造成的环境破坏而采取的环境保护成本,以及企业的环境管理成本等都纳入成本会计核算体系之内。具体来讲,可以设立如表2-2所示的环境成本会计科目。

表2-2 企业绿色物流成本分类

绿色成本类别	绿色成本会计项目
资源和环境损耗成本	企业对自然资源的消耗和使用费用
	自然资源的实际成本
	自然资源的边际使用者成本(能源税)
	污染物排放的社会成本(排污税)
	意外事故造成的生态环境的补偿费用

续表

绿色成本类别	绿色成本会计项目
环境保护(治理)成本	治理被污染和破坏的环境而发生的各项支出，包括环境预防费用、环境治理费用、环境发展费用以及公共环境资源保护项目中企业负担的部分。
环境管理成本	企业为预防环境污染而发生的间接成本，包括职工环保培训费、环保部门管理费以及环境管理体系的构筑和认证的成本费用
环境机会成本	因对某些环境资源的保护而对相关部门进行调整、关闭造成资产闲置的直接损失

本 章 小 结

在物流方面，由于我国物流业的起步较晚，人们对现代物流重要性的认识才刚刚开始，企业物流系统的构建主要还是以降低成本、提高效益和效率为目标。但是，随着经济的发展，物流活动对生态环境的破坏越来越严重，如废气污染、噪音污染、资源浪费、交通堵塞、废弃物增加等。传统物流活动在一定程度上违背了全球可持续发展战略的原则，在客观上为我们探讨可持续发展背景下绿色物流的发展策略提供了坚实而可靠的依据。

本章首先对可持续发展理论及其本质、绿色物流的本质及其特征进行了全面的分析。结合企业的特征，分析企业绿色物流系统发展模式。从循环物流战略、产品全生命过程绿色物流战略、协同物流战略、宏观调控战略这四个方面介绍了绿色物流系统及主要发展战略，提出了绿色物流发展战略措施。

思考与练习

1. 可持续发展的含义及其本质是什么？
2. 绿色物流的含义是什么？
3. 简述发展绿色物流的必要性。
4. 简述绿色物流系统的特征。
5. 简述绿色物流系统发展模式。
6. 论述绿色物流系统及主要发展战略。
7. 论述绿色物流发展战略措施。

第3章 物流规划

【学习目标】
- 掌握系统的含义与分类。
- 掌握物流系统的含义与功能。
- 掌握物流系统分析的概念与基本方法。
- 掌握规划的含义及其类别。
- 物流规划的含义与内容。
- 熟悉物流规划的指导原则与意义。
- 熟悉物流规划体系。

随着世界经济的快速发展和现代科学技术的进步，现代物流业作为现代经济的重要组成部分和工业化进程中一种经济合理的综合服务模式，正在全球范围内得以迅速发展。同时日益激烈的市场竞争迫使企业不断寻求物流规划模式的持续改进，以满足用户对产品在性能、款式、质量、价格、交货期及服务等方面的要求。物流系统规划以一定区域范围内的物流系统作为研究对象，研究物流系统内不同物流活动的空间布局与变化。在我国现代物流发展刚刚起步的今天，对物流系统进行先规划然后有步骤、有计划地发展说明我国在物流发展的认识上逐渐成熟起来。

3.1 系统与物流系统

3.1.1 系统的含义

1. 系统的来源

英文中系统(System)一词来源于古代希腊文"systεmα"，意为部分组成的整体。名词意义上的系统论是近代科学发展的产物，但系统思想却自古就有。

当我们的原始祖先第一次对自己的身体进行理性审视的时候，就会发现由各个器官组成的一个统一整体，而这个整体都接受一种统一意识的支配，而表现出神奇的秩序性和协调性。

古代希腊的许多自然哲学家，都曾朴素地把宇宙看作是一个统一的整体。赫拉克利特(Heraclitus)曾指出："世界是包括一切整体的。"另一位古希腊唯物主义哲学家德谟克利特(Leukippos)留下了名为《宇宙大系统》的著作。欧几里得 (Euclid)和斯多葛派(Stoicism)的一些学者，曾在几何学和逻辑公理化系统的建立上作出过重大贡献。而提出过"整体大于它的各部分总和"著名系统思想论点的亚里士多德(Aristotle)，更是西方思想史上最早进行各门学科体系系统化的伟大代表。

中国古代劳动人民在长期的社会实践中逐渐形成了把事物诸因素联系起来作为一个整

体或系统来进行分析和综合的思想。随着系统思想的产生，逐渐形成了系统概念和处理问题的系统方法。许多古籍，如《孙子兵法》、《黄帝内经》、《易经》、《老子》等，都有不少应用系统思想观察和认识事物以及解决实际问题的生动事例。中国古代思想家的系统思想表现在治学和社会实践的许多方面，而且在朴素的宇宙观、中医学说、军事理论、农业生产和大型工程实践中尤为突出。

系统思想自古就有，而系统的提出则是近代的事情。作为一门学科的系统论，是人们公认的美籍奥地利人、理论生物学家贝塔朗菲(L. Von. Bertalanffy)创立的。在1937年，他提出了一般系统论的初步框架，1945年在《德国哲学周刊》上发表了《关于一般系统论》的文章，但不久毁于战火，未被人们注意。1947年他在美国讲学时再次提出系统论思想。1950年发表了《物理学和生物学中的开放系统理论》。1955年专著《一般系统论》，成为该领域的奠基性著作。1972年发表《一般系统论的历史和现状》，把一般系统论扩展到系统科学范畴，也提及生物技术。1973年修订版《一般系统论：基础、发展与应用》再次阐述了机体生物学的系统与整合概念，提出了开放系统论用于生物学研究，以及采用计算机方法与数学模型建立，提出了几个典型的数学方程式。该书被公认为是这门学科的代表作。

2．系统概述

系统是两个以上既相互区别又相互作用的、能完成某一功能的单元之间的有机结合，它是一个综合体，用数学函数式可表示为：

$$S = f(A_1, A_2, A_3, \cdots, A_n)$$

式中：S——系统；

$A_n (n \geq 2)$——单元元素。

每一个单元也可以称为一个子系统。系统与系统的关系是相对的，一个系统可能是另一个更大系统的组成部分，而一个子系统也可以继续分成更小的系统。在现实中，一个机组、一个工厂、一个部门、一项计划、一个研究项目、一辆汽车、一套制度都可以看成是一个系统。由定义可知，系统的形成应具备下列条件。

(1) 系统是元素的多元函数，由两个或两个以上要素组成。
(2) 各要素间相互联系，使系统保持相对稳定。
(3) 系统具有一定结构，保持系统的有序性，从而使系统具有特定的功能。

根据以上关系，系统的基本模式如图3-1所示。

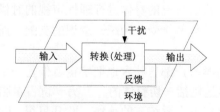

图3-1　系统的基本模式

3．系统的三要素

系统是相对外部环境而言的，并且与外部环境的界限往往是模糊过渡的，所以严格地说系统是一个模糊集合。

系统由输入、处理、输出三要素组成。

首先，外部环境向系统提供劳力、手段、资源、能量、信息，称为"输入"；系统以自身所具有的特定功能，将"输入"的内容进行必要的转化和处理，使之成为有用的产成品；最后，将经过处理后的内容向外部输出供外部环境使用，从而完成"输入、处理、输出"的基本功能要素。如生产系统就是先向工厂输入原材料，经过加工处理，得到一定产品这样一个循环过程。

4．系统的特征

根据系统的定义，可以归纳出"系统"的如下特性。

(1) 组成性。系统由两个或两个以上的要素组成。根据系统的不同，系统的要素可以是世界上的一切事物，比如物质、现象、概念等。如果只有一个要素，这个要素本身就是一个系统，但它是由许多更小的要素组成的系统，如物流系统由储存、运输、包装、装卸搬运、流通加工、相关信息等要素组成，其中运输系统又是由铁路、公路、水路、航空和管道等要素组成。

(2) 层次性。要素和系统处于不同的层次，系统包含要素，要素包含于这个系统里面，要素是相对于它所处的系统而言的，系统是从它包含要素的角度来看的，一个系统总是隶属于其他更大的系统，前者就是后者的一个要素。要素也可称作子系统，子系统就是系统的要素，是隶属于系统的系统。可以通过这个特性来区别物流系统和储存系统、运输系统的层次，物流系统包含储存系统、运输系统，所以，物流系统的层次高于储存系统、运输系统等。

(3) 边界性。系统和要素都有明确的边界，应该能够区分。由于要素包含于系统之中，所以要素的边界小于系统的边界。同时，系统内不同的要素可能会产生边界交叉，但是不能完全重合，都有各自的不同边界。

(4) 相关性。要素应该互相联系，将没有联系的要素放在一起不可能成为系统。当然根据物理学的规律，世界万物都是互相联系的，但我们这里指的联系不是那种与所考虑和要研究的问题毫不相干的联系，而应该是相关的联系。

(5) 目的性。要素的结合是为了达到特定的目的，不同的要素的结合、相同的要素进行不同的结合可能目的都不会一样，但它们都是为了满足特定的目的才按照特定的方式结合起来的。

(6) 整体性。系统是一个整体。系统无论由什么样的要素和多少要素组成，从形态上讲应该是一个能够与其他系统相区别，并且系统要素互相配合和协调，能够发挥特定功能的整体，系统要素只有以这种方式联合起来才能发挥这样的整体功能。

5．系统的分类

对系统的认识可以借助系统论提供的方法，即通过分析结构来认识。将系统进行分类是认识系统结构的方法之一。可以从两个方面对系统进行分类。

1) 从现实系统的实际内容分类

(1) 一般系统和具体系统。一般系统是指从各种现实系统中抽取特殊内容而得到的具有共性的抽象系统，而存在内容的系统则为"具体系统"。

(2) 自然、社会和思维系统。在传统的科学研究中，可将世界分为自然系统、社会系统和思维系统。思维系统是由人的精神、心理以及思维工具等组成的系统。社会系统就是人类系统。除此之外的系统就是自然系统。

2) 根据系统的数学特征分类

按照系统的数学特征进行分类并进行更深入的研究十分重要。在系统论的文献中,许多关于系统理论的研究成果都是从自然科学中导出的,因而系统论研究特别强调数学方法的应用。根据系统的数学特征可以将系统分成如下类型。

(1) 封闭系统和开放系统。与环境产生联系的系统是开放系统,否则是封闭系统。真正意义上的封闭系统是不存在的,如果存在,那肯定是人造的封闭系统,因为,按照耗散结构理论,由于封闭系统的熵将逐渐增加直至达到最大,最后系统必然灭亡。所以现实存在的系统都是开放系统,当然还可以根据开放的程度进行进一步分类。

(2) 静态系统和动态系统。静态系统也称无记忆系统。如果一个系统在任一时刻的输出只与该时刻的输入有关,而与该时刻之前或之后的输入无关,则该系统是静态系统,反之则为动态系统或称记忆系统。

(3) 线性系统和非线性系统。当把系统的输入和初始状态线性叠加时,系统的输出也能线性叠加,则该系统就是线性系统,否则就是非线性系统。严格地说,线性系统只有在实验或人工干预条件下才存在,实际存在的系统绝大部分都是非线性系统。非线性系统可以认为是线性系统的无穷逼近和叠加,因而可以将一个非线性系统转化为线性系统来求解。

(4) 连续系统和离散系统。当系统的状态 x、输入集 u 及输出集 Y 是离散集合时,该系统就是离散系统;当 x、u 及 Y 是 R(R 为实数集)中的开集时,该系统就被称为连续系统。

(5) 确定性系统和不确定性系统。确定性系统是指系统的实时输入和实时状态能明确唯一地规定下一个状态和实时输出;不确定性系统是指系统的实时输入和实时状态不能明确唯一地规定下一状态和实时输出,被规定的是一些可能状态集或可能输出集,缺乏唯一性,因而是不确定的。

6. 一般系统论

我们当前所说的作为一门新兴学科的系统论和方法,是现代自然科学进一步发展和变化的结果,是与20世纪40年代所谓的"计算机革命"等最新科学技术的进步相联系的。也就是说,它主要是指由贝塔朗菲最初取名为"一般系统论",后来又进一步加以扩展,并经其他科学家的丰富、完善而逐渐建立起来的比较完整的系统科学和方法。

一般系统论创始人贝塔朗菲定义:"系统是相互联系相互作用的诸元素的综合体。"这个定义强调元素间的相互作用以及系统对元素的整合作用。

这个定义指出了系统的三个特性:①多元性,系统是多样性的统一,差异性的统一。②相关性,系统不存在孤立元素组分,所有元素或组分间相互依存、相互作用、相互制约。③整体性,系统是所有元素构成的复合统一整体。这个定义说明了一般系统的基本特征,将系统与非系统区别开来,但对于定义复杂系统有着局限性。另外严格意义上现实世界的"非系统"是不存在的,构成整体的而没有联系性的多元集是不存在的。对于一些群体中元素间联系微弱的,可以忽略这种联系,我们把它视为二类非系统。

在这个定义中包括了系统、要素、结构、功能四个概念,表明了要素与要素、要素与系统、系统与环境三方面的关系。系统论认为,整体性、关联性、等级结构性、动态平衡性、时序性是所有系统的共同的基本特征。这些，既是系统所具有的基本思想观点，而且也是系统方法的基本原则，表现了系统论不仅是反映客观规律的科学理论，而且具有科学方法论的含义，这正是系统论这门科学的特点。

3.1.2 物流系统的含义

1．物流系统概述

物流系统是指由两个或两个以上的物流功能单元构成，以完成物流服务为目的的有机集合体。作为物流系统的"输入"就是采购、运输、储存、流通加工、装卸、搬运、包装、销售、物流信息处理等环节的劳务、设备、材料、资源等，由外部环境向系统提供的过程。系统对这些输入的内容进行处理转化，而后将其送至客户手中，变成全系统的输出，即物流服务。所谓物流系统是指在一定的时间和空间里，由所需输送的物料和包括有关设备、输送工具、仓储设备、人员以及通信联系等若干相互制约的动态要素构成的具有特定功能的有机整体。

值得一提的是单一的运输或单一的包装等不能称为物流，只有基本的功能要素组合在一起才能称之为物流或物流系统。

物流系统整体优化的目的就是要使输入最少，即物流成本最低，消耗的资源最少，而作为输出的物流服务效果最佳。

随着计算机科学和自动化技术的发展，物流管理系统也从简单的方式迅速向自动化管理演变，其主要标志是自动物流设备，如自动导引车(Automated Guided Vehicle，AGV)、自动存储/提取系统(Automated Storage/Retrieve System，AS/RS)、空中单轨自动车(SKY-RAV-Rail automated vehicle)、堆垛机(Stacker Crane)等，及物流计算机管理与控制系统的出现。物流系统的主要目标在于追求时间和空间效益。

2．物流系统的模式

一般来说，物流系统具有输入、处理(转化)、输出、限制(制约)和反馈等功能，其具体内容因物流系统的性质不同而有所区别，如图3-2所示。

1) 输入

输入包括原材料、设备、劳力、能源等，就是通过提供资源、能源、设备、劳力等手段对某一系统发生作用，统称为外部环境对物流系统的输入。

2) 处理(转化)

处理(转化)是指物流本身的转化过程。从输入到输出之间所进行的生产、供应、销售、服务等活动中的物流业务活动称为物流系统的处理或转化。具体内容有：物流设施设备的建设；物流业务活动，如运输、储存、包装、装卸、搬运等；信息处理及管理工作。

3) 输出

物流系统的输出则指物流系统与其本身所具有的各种手段和功能，对环境的输入进行各种处理后所提供的物流服务。具体内容有：产品位置与场所的转移；各种劳务，如合同的履行及其他服务等；能源与信息。

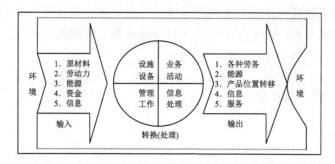

图 3-2　物流系统模式简图

4) 限制(制约)

外部环境对物流系统施加一定的约束称之为外部环境对物流系统的限制和干扰。具体有：资源条件，能源限制，资金与生产能力的限制；价格影响，需求变化；仓库容量；装卸与运输的能力；政策的变化等。

5) 反馈

物流系统在把输入转化为输出的过程中，由于受系统各种因素的限制，不能按原计划实现，需要把输出结果返回给输入，进行调整，即使按原计划实现，也要把信息返回，以对工作做出评价，这称为信息反馈。信息反馈的活动包括：各种物流活动分析报告，各种统计报告数据，典型调查，国内外市场信息与有关动态等。

发展至今，物流系统是典型的与现代机械电子相结合的系统。现代物流系统由半自动化、自动化以至具有一定智能的物流设备和计算机物流管理和控制系统组成。任何一种物流设备都必须接受物流系统计算机的管理控制，接受计算机发出的指令，完成其规定的动作，反馈动作执行的情况或当前所处的状况。智能程度较高的物流设备具有一定的自主性，能更好地识别路径和环境，本身带有一定的数据处理功能。现代物流设备是在计算机科学和电子技术的基础上，结合传统的机械学科发展来的机电一体化的设备。

从物流系统的管理和控制来看，计算机网络和数据库技术的采用是整个系统得以正常运行的前提。仿真技术的应用使物流系统设计处于更高的水平。物流已经成为并行工程的基础和计算机集成制造系统概论(Computer Integrated Manufacturing Systems，CIMS)的组成部分。

3．物流系统的基本功能

物流系统应具备如下七项基本功能。

1) 运输功能

运输是物流的核心业务之一，也是物流系统的一个重要功能。选择何种物流运输方式对于物流效率具有十分重要的影响，物流运输方式的选择，必须权衡物流系统要求的运输服务水平和运输成本水平，可以从不同运输方式中的技术经济和环境特征及服务特性作为判断的标准：经济性、可达性、时效性、安全性、便利性、灵活性、网络性、环境友好性、运输能力保障等。

2) 仓储功能

在物流系统中，仓储是与运输同等重要的功能要素。仓储功能包括了对进入物流系统的货物进行堆存、保管、保养、维护、库存控制等一系列活动。仓储的作用主要表现消除生产与消费在时间上的差异性及速率上的不协调性，实现物流活动的时间效应，保障生产的均衡连续性和消费的及时可得性。

3) 包装功能

包装功能属于物流系统重要的选择性服务功能之一，除少数无须包装的大宗散堆装货物外，大部分产品均需要进行包装。包装分为物流包装和商业包装两种。选择确定合理的包装方案，包括包装材料、包装结构、规格、集装方式与器具、与装卸机具的匹配方案等，对于保障产品质量、作业安全、充分利用装卸机具和载运工具能力、提高物流作业效率、降低物流成本等，都具有重要的作用。

4) 装卸搬运功能

装卸搬运是为满足物流过程中的运输、仓储、包装、配送、流通加工等物流功能的作业需要必不可少的衔接环节。由于装卸搬运功能是物流过程中出现频度最高的功能环节，因而其对物流作业效率和产品安全的提高的作用尤为突出。加强装卸搬运管理，主要是对装卸搬运方式、机械设备的合理选择和优化配置，提高装卸搬运作业效率，降低装卸搬运成本，确保物流服务质量。

5) 信息服务功能

现代信息技术的应用是现代物流区别于传统物流的主要标志之一，物流信息系统是现代物流系统运作管理的神经中枢，在物流系统中处于不可或缺的重要地位。物流公用信息平台的建设和全面的物流信息服务，可实现物流组织方案的系统优化，物流经营的网络化，物流运作的透明化、可控化，物流服务的优质化以及物流决策的科学化。

6) 配送功能

物流配送是在运送的产品品类、数量、批次、距离、时效性要求、载运工具、交通管制条件、技术管理方法等诸多方面，与一般运输活动有较大差异的一类特殊的运输活动。物流配送包括集货、存储、流通加工、分拣、配货、运送等主要作业环节，可视为微型"物流系统"。作为整体物流系统的末端环节，物流配送的组织水平和完成质量对物流系统的整体效率、物流成本及服务质量具有极其重要的作用。

7) 流通加工功能

流通加工功能是在产品从生产领域向消费领域流动的过程中，为了促进产品销售、维护产品质量和实现物流效率化，对物品进行的部分加工处理活动。它可以弥补生产过程中加工程度的不足，更有效地满足用户的需求，更好地衔接生产和需求环节，使流通过程更加合理化、效率化。

4. 物流系统流动要素

物流系统是一个复杂系统，从供应链的环节划分，包括原材料供应物流系统、生产物流系统、销售物流系统、废弃和回收物流系统等。物流的过程，显然是"物"的流动过程。通过这个流动过程，实现物的空间和时间的转移。通过空间和时间的转移实现物的时间价值和空间价值。这个流动过程，体现了物的七个流动要素。七个流动要素分别是流体、载体、流向、流量、流程、流速、流效。北京工商大学何明柯教授对物流的七要素有了明确的定义和说明。

1) 流体

流体是物流的主体，也是物流的对象，即物流中的"物"，是指物流的实物。但是在具体操作中，已经超出了物的概念。一些国家在对物流进行定义的时候，就把人定义在流体的范围之内。

流体具有社会属性和自然属性。社会属性确定了流体的所有权，具有价值属性，具有与消费者、生产者、使用者之间的各种关系。特别是发生重大突发事件时，如战争、地震、洪灾、火灾等大型事件发生时，关系国计民生的重要商品作为物流的流体，肩负着稳定社会、济世救民的重要使命。合理保护流体在运输、保管、装卸作业中的安全显得异常重要。流体的自然属性是指其物理、化学、生物属性。自然属性是流体在流动过程中需要保护和利用的属性。

流体的价值特性可以用价值密度来反映，表征单位流体所含有的价值。价值采用的货币单位，可以是元或万元。单位流体可以是重量单位，如吨、公斤等，也可以是体积单位，如立方米、立方厘米，也可以是件、个、只、箱等。流体的价值密度如表 3-1 所示。

表 3-1 流体价值密度表

价值密度 ρ	重量价值密度 ρ_{t_i} (万元/t)	体积价值密度 ρ_{c_i} (万元/m³)	数量价值密度 ρ_{p_i} (包装单位)
计算公式	$\rho_{t_i} = p_i/t_i$	$\rho_{c_i} = p_i/c_i$	$\rho_{p_i} = p_i/n_i$
含义	每吨商品价值	每立方米商品价值	每件商品的价值

注：p_i 表示商品价值，单位是万元/t；t_i 表示商品重量，单位是吨；c_i 表示商品体积或数量。

流体的价值密度是一个很重要的量纲单位，可以反映商品的贵贱、生产过程的技术构成以及相应的物流作业方案，对物流保险条款的确定都有重要的参考价值。商品的价值密度越大，物流作业越要精心选择运输方式、运输工具、运输方法、保管场所、包装方式和材料及装卸设施设备。

2) 载体

载体是流体借以流动的设施和设备。载体分成两类。

(1) 设施(Infrastructure)。第一类载体主要指基础设施，包括铁路、公路、水路、航线、港口、车站、机场等。大多是需要较大规模投资、固定场所、使用年限较长且对物流的发展具有战略意义的一类载体。

(2) 设备(Equipment)。第二类载体指各种机械设备，包括车辆、船舶、飞机、装卸搬运设备等。它们大多可以移动，使用年限相对较长，而且必须依附于固定设施才能发挥作用。

管道可以考虑为设施，虽然承载流体但本身不移动。集装箱和托盘可以考虑为设备，虽然承载流体运动，但很可能不与车辆、船舶等往返于装卸地点。随着社会的发展，第三类载体的出现也不是不可能的。

物流载体是物流系统的重要资源，同时也是物流成本发生和计算的主要对象。物流载体的状况直接影响到物流作业的质量、效率和效益，同时对物流系统的网络形成与使用也会产生重大的影响。载体一直是物流学科科学研究的重要内容。交通运输、仓储包装、装卸搬运等多年来技术革新、技术革命开展得轰轰烈烈，其成果对今天的影响毋庸置疑。

物流节点的选择与载体关系密切。如果已有的物流基础设施完善，选择这类节点可行，投资额可能大大减少，对于项目的实施及顺利进行将会大有好处。

3) 流向

流向是指流体从起点到终点的流动方向。物流是矢量。物流的流向有两类，即正向物流和反向物流。从供应链的角度来说，从上游到下游的物流流向称为正向物流，如原材料的采购和供应，产成品的成型过程，销售过程的批发和零售，这些都是正向物流。不合格零部件的返工，消费者的退货，包装材料的回收等，都是反向物流。

从流向的计划性角度可以把正向流向分为四种。

(1) 自然流向。自然资源分布、工厂布局、产销关系等决定商品流向。如商品集中产地向消费地的分散供应是一种基本的自然流向。

(2) 计划流向。按照经营者的商品计划而形成的商品流向，即商品从供应地流向需求地。

(3) 市场流向。根据市场供求规律由市场确定的流向。

(4) 实际流向。在物流活动过程中实际发生的流向。

反向物流的流向是从供应链的底端向上游或称顶端的"反向流向"，可以是从消费者流向制造商的流向，如图3-3所示。

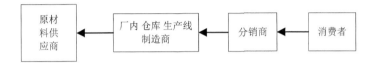

图3-3 反向物流的流向

根据反向物流的目的和原因，可将其分为下属几类：①发货错误；②收货错误；③贸易壁垒；④用户退货；⑤商品维护；⑥产品召回；⑦库存改制；⑧包装回收；⑨废物处理；⑩托盘周转；⑪车辆回空。

实践证明，反向物流是不可避免的。特别是电子商务的出现，使得反向物流发生的概率会更高。反向物流需要花费更高的成本。比如各种原因发生的产品召回，影响产品质量不说，服务水平也会受到重大影响，最终会牵涉到企业的核心竞争力，客户的忠诚度等，绝不可掉以轻心。

4) 流量

流量是指通过载体的流体在一定流向上的数量表现。流量与流向是不可分割的，每一种流向都有一种流量与之相对应。反映流量的时间单位多以日流量、月流量或年流量来表示，数量单位可以是重量单位的吨、公斤等，也可以是体积或容积单位的立方米、立方厘米等，还可以是货币单位的￥、$等。

理论上讲，物流网络节点之间的流量可能平衡，但是事实上这种平衡是不可能实现的。在一个特定的时间段内，各个方向的物流量很难做到完全平衡，还有载体之间、流体之间、流量之间的不平衡也是普遍的。这就要求通过资源配置，实现基本平衡。

5) 流程

流程是指通过载体的流体在一定流向上行驶路程的数量表现。流程与流量、流向一起构成了物流向量的三个数量特征，流程与流量的乘积是物流的重要量纲。比如"吨·公里"就是一个常见的流量与流程之间的乘积关系。流程也可以有如同流量一样的基本分类方法，分为自然流程、计划流程、市场流程及实际流程。也可以像流量那样，将流程分为两类，第一类是实际流程，第二类是理论流程。理论流程多数是可行路线中的最小流程，也是可行路线中时间最省的路线。实际流程的统计方法按照流体统计、载体统计、流向统计、发运人统计、承运人统计均可，以需要为准。

6) 流速

流速是指单位时间内流体空间转移的距离。流速包括两部分，一部分是空间转移的距离，一部分是转移所需要的时间。距离与时间的比值称为速度，流速也是这样。流速反映的是流体运动的速度，流体运动的速度一般需要由载体的速度决定。流速可能是零，比如在等待装卸这个阶段，当然，在配送中心一些短暂的停留也可以认为是流速等于零的物流运动状态，这对于物流图的计算会有一些帮助。同时需要流速等于零的状态尽可能的少，这就要求装卸作业的时间以及在库的时间尽可能的短，这样才能提高物流的效率。为了使流速等于零的阶段尽可能少，研发效率高的装卸和仓储装备是必要的途径。

7) 流效

流效是指物流的效率和效益。效率和效益分别属于管理学和经济学研究的范畴，但是在生产实际中，是反映管理水平的一个统一体。物流企业要提高核心竞争力，就是要提高反应速度，就是要提高效率。提高效率的同时，必须增加效益，否则提高的效率只能是暂时的。

物流效率和效益的内涵包括：物流效率是单位时间投入人力、资本、时间等要素完成物流量大小的数字反映。如某物流企业人年物流量 5 万吨，年万元流动资金物流量 8 千吨等，综合反映了物流的反应速度、订货处理周期、劳动生产率等。物流效益是指单位人力、资本、时间投入所完成物流收益多寡的数量反映，可以用成本、收益、服务水平等定量和定性指标来衡量。

5．物流系统的增值服务功能

物流增值服务是在物流基本服务基础上的延伸。增值性服务的内容主要有以下几点。

1) 增加便利性服务

主要包括：简化操作程序，简化交易手续，简化消费者付费环节等。

2) 快速的信息传递服务与快速的物流服务

快速反应是物流增值服务的核心，它比一般的运输业或仓储业效率要高，更能吸引客户，使客户在享受服务中，得到增值。

3) 降低成本服务

通过提供增值物流服务，寻找能够降低物流成本的物流解决方案。可以考虑的方案包括：采用 TPL 服务商；采取物流共同化计划；采用比较适用但投资较少的物流技术和设施设备；推行物流管理技术(如运筹学中的管理技术、单品管理技术、条形码技术和信息技术等)。

4) 延伸服务

通过物流供应链以及完善的信息系统，其增值服务还可以对其上游和下游进行延伸，如提供上游企业在工商管理之外而物流企业所能及的诸如加工、流通等服务，提供下游企业在原材料供给、配送、开发等方面的服务，还可以提供税收、报关、教育培训、物流方案设计等服务。

6．物流系统的主要特征

物流系统特征既有一般系统所共有的特征，如整体性、相关性、目的性、环境适应性等，同时还有规模庞大、结构复杂、多目标等有别于一般系统的特征。

1) 物流系统是经济、社会复合系统

物流系统活动涉及运输、仓储、包装、装卸搬运、流通加工、配送、货运代理、多式联运、海关监管、信息服务等多个行业，关联生产制造、商贸流通、农林牧业、产品消费等国民经济各领域，是经济大系统的重要组成部分。同时，物流活动又处在国家产业政策、相关法律法规、行业管理、市场运行及调控、人力资源管理等内外社会环境之中。物流系统是经济与社会的复杂系统，其运作效率取决于经济社会发展环境的营造和系统内外的良好协调。

2) 物流系统是大跨度系统

物流系统是大跨度系统，表现在两个方面：一是物流系统地域空间跨度大；二是时间跨度大。企业间物流经常会跨越不同地域，甚至国际界限。物流为了解决产需之间的时间矛盾，在时间上往往也具有较大跨度。

3) 物流系统是多层次系统

不同规模的物流系统，可以分解成一定层次数量的子系统。系统与子系统之间，子系统与子系统之间，存在着时间和空间上及资源利用方面的联系，也存在总的目标、总的费用以及总的运行结果等方面的相互联系和相互影响。

4) 物流系统是动态系统

物流系统联结着不同的生产企业和用户，系统内要素及系统的运行随需求、供应、渠道、价格的变化而变化。因此，物流系统应是一个满足社会需求、适应环境能力的动态系统。这种动态性使物流系统具有足够的灵活性和系统柔性。

5) 物流系统是复杂系统

物流系统的复杂性表现在：物流系统运行对象——"物"的多品种、大数量；参与物流活动人员的数量多；物流资金的高投入；物流系统的活动范围广阔，其范围横跨生产、流通、消费三大领域；物流信息采集数量大，传输处理的实时性要求高。

6) 物流系统是多目标函数系统

物流系统的总目标是要在满足市场需求的前提下实现物流活动的经济效益、社会效益和环境效益，是典型的多目标系统。实现物流系统总目标过程中，时常会发生不同的系统目标之间、服务质量与成本效益之间的矛盾。这就要从系统的整体出发，追求多目标系统的整体最优效果。

7) 物流系统的结构要素间有非常强的"背反"现象

物流系统的结构要素间有非常强的"背反"现象，常称之为"交替损益"或"效益背反"现象，产生这种现象的主要原因是物流系统的"后生性"。物流系统中许多要素，在按新观念建立物流系统前，早已是其他系统的组成部分，因此，往往受原系统的影响和制约，而不能完全按物流系统的要求优化运行，如处理不当可能会导致系统总体恶化的结果。需要以系统论的思想进行统筹协调，各个局部须服从整体要求，才能保证系统最优目标的实现。

7. 物流系统化

物流是指从生产供应到消费资料废弃的一个范围很广的系统。这里主要就其中有关从生产到消费的范畴来研究所谓物流系统化问题，即把物流的各个环节(子系统)联系起来看成一个物流大系统进行整体设计和管理，以最佳的结构、最好的配合，充分发挥其系统功能、效率，实现整体物流合理化。

1) 物流系统化的目标(5S)

(1) 服务性(Service)。在为用户服务方面要求做到无缺货、无货物损伤和丢失等现象，且费用便宜。

(2) 快捷性(Speed)。要求将货物按照用户指定的地点和时间迅速送到。为此可以把物流设施建在供给地区附近，或者利用有效的运输工具和合理的配送计划等手段。

(3) 有效地利用面积和空间(Space Saving)。虽然我国土地费用比较低，但也在不断上涨。特别是对城市市区面积的有效利用必须加以充分考虑。应逐步发展立体化设施和有关物流机械，求得空间的有效利用。

(4) 规模适当化(Scale Optimization)。应该考虑物流设施集中与分散的问题是否适当，机械化与自动化程度如何合理利用，情报系统的集中化所要求的电子计算机等设备的利用等。

(5) 库存控制(Stock Control)。库存过多则需要更多的保管场所，而且会产生库存资金积压，造成浪费。因此，必须按照生产与流通的需求变化对库存进行控制。

上述物流系统化的目标简称为"5S"，要发挥以上物流系统化的效果，就要进行研究，把从生产到消费过程的货物量作为一贯流动的物流量看待，依靠缩短物流路线，使物流作业合理化、现代化，从而降低其总成本。

2) 物流系统设计的六个基本元素(数据)

在进行物流系统设计中需要以下几方面的基本数据。

(1) 所研究商品(Products)的种类、品目等。

(2) 商品的数量(Quantity)多少，目标年度的规模、价格。

(3) 商品的流向(Route)、生产厂配送中心、消费者等。

(4) 服务(Service)水平、速达性、商品质量的保持等。

(5) 时间(Time)，即不同的季度、月、周、日、时业务量的波动、特点。

(6) 物流成本(Cost)。

以上 P、Q、R、S、T、C 称为物流系统设计有关基本数据的六个要素。这些数据是物流系统设计中必须具备的。

3.1.3 物流系统分析

1. 物流系统分析的概念

如前所述，物流系统是多种不同功能要素的集合。各要素相互联系、相互作用，形成众多的功能模块和各级子系统，使整个系统呈现多层次结构，体现出固有的系统特征。对物流系统进行系统分析，可以了解物流系统各部分的内在联系，把握物流系统行为的内在规律性。所以说，不论从系统的外部或内部，设计新系统或是改造现有系统，系统分析都是非常重要的。

系统分析是从系统的最优出发，在选定系统目标和准则的基础上，分析构成系统的各级子系统的功能与特点，它们之间的相互关系，系统与系统、系统与环境以及它们之间的相互影响。运用科学的分析工具和方法，对系统的目的、功能、环境、费用和效益进行充分的调研、收集、比较、分析和数据处理，并建立若干替代方案和必要的模型，进行系统仿真试验，把试验、分析、计算的各种结果同早先制订的计划进行比较和评价，寻求使系统整体效益最佳和有限资源配备最佳的方案，为决策者的最后决策提供科学依据和信息。

系统分析的目的在于通过分析比较各种替代方案的有关技术经济指标，得出决策者形成正确判断所必需的资料和信息，以便获得最优系统方案。系统分析的目的可以用图 3-4 表示。

图 3-4　系统分析的目的

物流系统分析所涉及的问题范围很广，如搬运系统、系统布置、物流预测、生产—库存等各种信息，要应用多种数理方法和计算机技术，这样才能分析比较实现不同系统目标和采用不同方案的效果，为系统评价和系统设计提供足够的信息和依据。

2．物流系统分析的作用

物流系统的建立过程可以分为系统规划、系统设计和系统实施三个阶段。

第一阶段为系统规划阶段。在系统规划阶段中，主要的任务是定义系统的概念，明确建立系统的必要性，在此基础上明确目的和确定目标，同时，提出系统应具备的环境条件和约束条件。简单地说就是提出问题，确立元素和约束条件。

第二阶段为系统设计阶段。在此阶段中，首先是对系统进行概略设计，其内容主要是制订各种替代方案；然后进行系统分析，分析的内容包括目的、替代方案、费用、效益、模型和评价标准等；在系统分析的基础上确定系统设计方案，据此对系统进行详细设计，也就是提出模式和解决方案。

第三阶段为系统实施阶段。首先是对系统设计中一些与系统有关的关键项目进行试验，在此基础上进行必要的改进，然后正式投入运行，即实施和改进。

由此可见，系统分析在整体系统建立过程中处于非常重要的地位，它起到承上启下的作用，特别当系统中存在着不确定因素或相互矛盾的因素时更需要通过系统分析来保证，只有这样，才能避免技术上的大量返工和经济上的重大损失。

3．物流系统分析的基本内容与原则

系统是由两个或两个以上元素及元素间形成的特别关系所构成的有机整体。其中元素是形成系统的基础，元素之间的关系是构成系统的不可缺少的条件。在进行物流系统分析时需要注意元素之间的关联，既要注意元素间的逻辑关联度，又要有一定的"模糊"观念，因而数学中的数理统计的各种研究方法是物流系统分析的基本模型，而在分析思想和分析方法上，对立统一的哲学思想、辩证法的分析手段、物理的实验性分析模式以及计算机技术的运用都为系统分析提供了理论及技术基础。

1) 物流系统的分析原则

(1) 外部条件与内部条件相结合的原则。注重外部条件与内部条件的相互影响，了解物流活动的内在和外在关联，正确处理好它们之间的转换与相互约束的关系，促使系统向最优化发展。

(2) 当前利益与长远利益相结合的原则。所选择的方案，既要考虑目前的利益，又要兼顾长远利益。只顾当前不顾长远，会影响企业和社会的发展后劲；只顾长远不顾当前，会挫伤企业的发展积极性。只有方案对当前和将来都有利，才能使系统具有生命力。

(3) 子系统与整个系统相结合的原则。物流系统是由多个子系统组成，并不是所有子系统都是最好的整个系统才是最好的，而应是以整体系统最好作为评价标准，只有当子系统以能发挥最大功能的模式组合在一起并且使整个系统最佳才为最好。就像一辆汽车，整车的年限为十年，而轮胎的年限即使有二十年，其作用也只有十年，而当所有的汽车零配件的使用年限都最为接近，使整个汽车(相当于整体系统)年限达到最佳才是最佳。

(4) 定量分析与定性分析相结合的原则。当分析系统的一些数量指标时，采用定量分析的方法，有利于使系统量化，便于根据实际确定对策(例如车辆发车的时间间隔，仓库的大小适宜度等)；而当分析那些不能用数字量化的指标时(如政策因素、环境污染对人体的影响等)则采用定性分析的方法，这可以减少弯路，节省成本。

2) 物流系统分析的基本内容

(1) 系统目标。这是系统分析的首要工作，只有目标明确，才能获得最优的信息，才能建立和提供最优的分析依据。

(2) 替代方案。足够的替代方案是系统分析选优的前提，例如，一个仓储搬运系统，可采用辊道、输送机、叉车或机器人搬运，使用时要根据具体情况选择具体不同的搬运系统。替代方案足够就能有较大的选择余地，使系统更优。

(3) 模型。模型包括数字模型、逻辑模型，可以在建立系统之前预测有关技术参数，在系统建立之后帮助分析系统的优化程度、存在问题以及提出改进措施等。

(4) 费用与效益。原则是效益大于费用。如果费用大于效益，则要检查系统是否合理，明确问题是暂时性的还是长期性的，是表面上的还是本质上的。

(5) 评价标准　用于确定各种替代方案优先选用的顺序。系统的评价准则要根据系统的具体情况而定，但必须具有明确性、可计量性和适度的灵敏度。

4．物流系统的特征参数与标准

1) 物流生产率

$$物流生产率 = \frac{物流系统的总产出}{物流系统的总投入}$$

物流系统的总产出包括为生产系统和销售系统提供的服务及服务所产生的效果。

物流系统的总投入包括人力资源、物质资源、能源资源、物流技术等构成物流成本的元素。

物流生产率通常包括实际生产率、利用率、行为水平、成本和库存等。

2) 物流质量

物流质量是对系统产出质量的衡量,是物流系统的第二大系统特征要素,正确的物流定义应该为:在正确的时间内,以正确的价格,将正确数量和正确质量的货物,送往正确的地点。这里所说质量包括数量的正确、质量的正确、时间的正确、地点的正确以及价格的正确这五个质量指标,反映物流系统评价的时间的准确性(采购周期、供货周期和发货故障平均处理时间等)、数量的正确性(计划完成率、供货率、订货率等)和工作的完善性(用户问询响应率、用户满意率、特殊回复和售后服务完善程度等)。

3) 物流系统量化指标

(1) 运输。运输的质量标志是"完好,正点,运力"。衡量完好的指标通常用"物品损坏率",衡量正点的指标通常用"正点运输率",衡量运力的指标通常用"运力利用率"。

$$物品损坏率 = \frac{年货损总额}{年货运总额} \times 100\%$$

$$正点运输率 = \frac{年正点运输次数}{年运输总次数} \times 100\%$$

$$运力利用率 = \frac{年实际运输量(t \cdot km)}{年运输能力(t \cdot km)} \times 100\%$$

运输部分常见的生产率指标有:运费占产值的百分比、运费预算比、t·km 运费、装载率、时间利用率。质量指标则主要有:物品损坏率、正点运输率。

(2) 仓储。仓储一般可用大宗原料、燃料库、辅助材料、中间在制品和成品仓库来分析和衡量其生产率和质量,同样,每种仓库分为外用与自备两大类。

外用仓库类型有:原燃料库、辅助材料库、中间库和成品库。生产率指标有:年仓储费用(元)/年物品周转量(t)、年仓储费用(元)/年储备资金总额(万元)、仓储费用/预算。质量指标有:物品完好率、物品盈亏率和物品错发率。

自备仓库类型和质量指标都与外用仓库一样。生产率指标则有:年仓储费用(元)/年储备资金总额(万元)、人年均物品周转量(t)、设备时间利用率、仓容利用率、仓库面积利用率。

(3) 物品完好率、物品盈亏率和仓容利用率的计算公式为:

$$物品完好率 = \left(1 - \frac{年物品损坏变质金额}{年储备总金额}\right) \times 100\%$$

$$物品盈亏率 = \frac{年物品盘盈额 + 物品盘亏额}{年物品收入总额 + 物品发出总额} \times 100\%$$

$$仓容利用率 = \frac{年储存物品实际数量或容积}{年可储存物品数量或容积} \times 100\%$$

(4) 库存管理。库存管理可划分为原燃料、辅助材料、中间产品和成品库存管理,其主要衡量指标的计算公式如下:

$$库存结构合理性 = \left(1 - \frac{一年以上无需求动态物品额 + 积压物品额}{库存物品总额}\right) \times 100\%$$

$$在制品库存定额 = 生产周期 \times 日产量$$

$$供应计划实现率 = \frac{实际供应额}{计划供应额} \times 100\%$$

$$物流中断率 = \frac{后阶段物料需求量 - 前阶段物料供应量}{后阶段物料需求量} \times 100\%$$

$$销售合同完成率 = \frac{实际按期供货额}{合同供货额} \times 100\%$$

上述指标中,供应计划实现率、物流中断率和销售合同完成率是反映库存管理的质量指标,是研究物流水平的重要参数。

(5) 生产计划与控制。生产计划与控制的常用生产率指标与质量评价指标有:

① 生产指标。

$$费用预算比 = \frac{生产费用}{预算}$$

$$产能利用率 = \frac{年实际产值}{年可能产值} \times 100\%$$

$$劳动生产率 = \frac{年总产值}{生产工人平均数} \times 100\%$$

此外还有在制品储存量/预算、在制品周转天数、生产资金占用/预算以及生产资金占用产值的百分比等。

② 质量指标。

$$生产计划完成率 = \frac{年实际产值}{年计划产值} \times 100\%$$

$$生产均衡率 = \frac{年完成产量计划天数}{年生产天数} \times 100\%$$

5. 物流系统评价

1) 评价的三原则

首先,要保证评价具有客观性,评价的目的是为了准确地决策,对于系统的生产率指标和质量指标要保证客观,要注意人为因素造成的负面影响及参加评价人员的组成是否具有代表性。

其次,要保证评价方案具有可比性,特别是基本功能,不要以个别功能取代整体功能。

最后,评价指标要注意系统的有机结合,评价的重心应放在各项指标相互关联以及对系统的综合效果上,注重整体效益,减少片面成分。

2) 评价的三步骤

(1) 有明确的目的,整体把握物流系统现状,准确对待各个元素对物流系统的影响,寻找系统的薄弱环节,明确实际与预定目标的差距。

(2) 建立合理的评价指标体系,对评价体系的建立,着重点是注重整体系统的发展,系统功能的改善情况及薄弱环节与历史数据相比较等。

(3) 选择可行的评价方案并建立合适的评价模型,这可以使评价更加公正和切合实际。

3) 物流系统综合评价指标体系

(1) 供应物流。供应物流生产率指标,包括万元产值耗用原材料、百元产值占用储备资金、储备金周转天数、物流费用率、人均供应额等指标。供应物流质量指标,包括采购不良品率、仓储物品盈亏率、采购计划实现率和供应计划实现率。

(2) 生产物流。生产物流生产率指标，包括生产费用占产值的百分比、劳动生产率、在制品资金周转天数、生产资金占产值的百分比等。生产物流质量指标，包括生产计划完成率和生产均衡率两项。

(3) 销售物流。销售物流生产率指标，包括成品资金周转天数和销售物流费用率。销售物流质量指标，包括合同完成率和发货差错率。

(4) 回收、废弃物流生产率指标包括废弃回收利用率和主副产品产值比率。

对于物流系统的评价，一是要有整体的观念，二是要有综合的分析，注重客观，注重实际，减少人为影响，正确应用综合评价体系；对公式的应用也要注意各项指标间的关联度及背反原则，不要局限于个别指标的波动，关键是注意各项评价指标对整个系统的影响程度以及整体系统对外输出的整体表现，以性能、时间、费用、可靠性、适应性能等权重指标来进行重点分析；应用现代科学技术将系统的概念具体化，应用逻辑推理、数学运算、定量处理系统内部的关系等一整套系统分析方法进行综合评价。

6．系统工程

随着系统分析技术的发展，将系统作为一项工程，用系统工程科学的方法分析系统可以将现有的科学技术手段应用于系统分析和评价。

所谓系统工程，就是研究系统的工程技术，其目的就是要在改造系统这一工程过程中，按照要达到的目标，采用最优化方法，以期使目标达到最佳值。也就是说，系统工程是从系统的观点出发，跨学科地考虑问题，运用工程的方法去研究和解决各种关系问题。

系统工程是一门技术，它有一套方法，正是以这套方法处理系统问题，才使它具有广阔的适用范围。它解决的问题涉及自然科学、社会科学以及一切能够形成系统的领域。随着系统思想和定量技术的发展，以及计算机技术的广泛应用，促使系统工程由一般的工程技术向软技术发展。因此，从这种意义上讲，系统工程是一项管理软技术，它运用系统的思想、现代化的科学管理方法和最新手段，将分散的、各自为政的局部利益，巧妙地连接成一个有机整体，使其发挥最大的效果，从而纠正了过去只注意局部的和部分的设计，而对总体设计草率从事的缺点。它强调运用多学科知识，注重各个部分的组合以及组合方式，以达到整体效益最佳。系统工程一开始就着眼于新系统的创造和改进，不像一般工程技术以产品分析为中心而形成某种局限性。

可以采用三维结构(见图3-5)来进一步说明系统工程的概念。采用系统工程方法分析解决问题的过程分为六个阶段(时间维)，实施过程有七个步骤(逻辑维)，为此要应用各方面的专业知识(知识维)。这里表示了系统工程的基本思想方法，也表明系统工程科学是运用各种知识，以求得整体最优为目的的科学方法。

1) 系统分析的基本步骤

系统工程的核心就是用科学的方法进行系统分析，而系统分析的过程大致要经过以下几个基本步骤。

(1) 划定问题的范围。进行系统分析，首先要明确问题的性质，划定问题的范围。通常，问题是在一定的外部环境作用和系统内部发展的需要中产生的，这不可避免地带有一定的本质属性并限定了其存在范围。只有明确了问题的性质范围后，系统分析才能有可靠的起点。其次，还要研究问题要素、要素间的相互关系以及同环境的关系等，进一步划清问题界限。

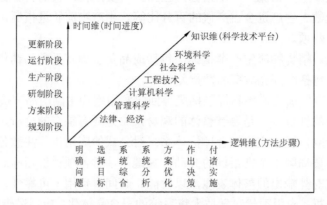

图 3-5 系统工程三维结构

(2) 确定目标。为了解决问题，要确定出具体的目标。目标通过某些指标来表达，系统分析是针对所提出的具体目标而展开的，由于实现系统功能的目标是靠多方面因素来保证的，因此系统目标也必然有若干个。如物流系统的目标包括物料费用、服务水平，即以低的物流费用获得好的服务水平，以确保物流系统整体效益最大。总目标是通过各子系统的功能活动来实现的。在多目标情况下，要考虑各项目标的协调，防止发生抵触或顾此失彼，同时还要注意目标的整体性、可行性和经济性。

(3) 收集资料，提出方案。建立模型或拟定方案，都必须有资料作为依据，方案的可行性论证更需要有精确可靠的数据，为系统分析做好准备。收集资料通常是进行全面的调查、实验、观察、记录以及引用外国资料等。

(4) 建立模型。所谓建立模型就是找出说明系统功能的主要因素及其相互关系并选择适当的分析模式。由于表达方式和方法的不同，模型有图式模型、模拟模型、数字模型等。通过模型的建立，可确认影响系统功能和目标的主要因素及其影响程度，确认这些因素相关程度总目标和分目标的达成途径及其约束条件。

(5) 系统的最优化。系统的最优化是运用最优化的理论和方法，对若干替代方案的模型进行仿真和优化计算，求出几个替代解。

(6) 系统评价。根据最优化所得到的有关解答，考虑前提条件、假定条件和约束条件后，在结合经验和知识的基础上决定最优解，从而为选择最优系统方案提供足够的信息。对于复杂的系统，系统分析并非进行一次即可完成。为完善修订方案中的问题，有时需要根据分析结果对提出的目标进行再探讨，甚至重新界定问题范围后再做系统分析。

2) 物流系统分析的模型化

物流系统模型化就是将系统中各个组成部分的特征及变化规律数量化、组成部分之间的关系解析化。为了实现物流系统合理化，需要在物流系统的规划与运行过程中不断做出科学的决策。由于物流系统结构与行为过程的复杂性，只有综合运用定性、半定量与定量分析方法，才能建立恰当的物流系统模型，进而求得最佳的决策结果。因此，物流系统模型化是物流合理化的重要前提。

(1) 物流系统模型化的意义。

第一，由于物流系统中物流过程的实现非常复杂，难以或根本无法用常规的方法做试验,而模型化则提供了一种科学的方法,通过建立易于操作的模型,能帮助人们对物流过程有深刻认识。

第二,将需要解决的系统问题,通过系统分析,明确其内部构成、系统特征和形式,针对系统的规律和目标,用数学的分析原理,从整体上说明系统之间的结构关系和动态情况。

第三,模型化能把非常复杂的物流系统的内部和外部关系,经过恰当的抽象、加工、逻辑整理,变成可以进行准确分析和处理的结构形式,从而能得到需要给出的结论。采用模型化技术可以大大简化现实物流系统或新的物流系统的分析过程。物流系统模型化还提供了计算机协同操作的连接条件,为计算机辅助物流管理系统(CALM)的建立做了理论准备,从而可加速系统分析过程,提高系统分析的有效性。

(2) 系统模型分类。

模型按结构形式分为实物模型、图式模型、模拟模型和数学模型。

实物模型:实物模型是现实系统的放大或缩小,它能表明系统的主要特性和各个组成部分之间的关系,如桥梁模型、电机模型、城市模型、风洞试验中的飞机模型等。这种模型的优点是比较形象,便于共同研究问题;它的缺点是不易说明数量关系,特别是不能揭示要素的内在联系,也不能用于优化。

图式模型:图式模型是用图形、图表、符号等把系统的实际状态加以抽象的表现形式如网络图(层次与顺序、时间与进度等)、物流图(物流量、流向等)等。图式模型是在满足约束条件下的目标值的比较中选取较好值的一种方法,它在选优时只起辅助作用。当维数大于2时,该种模型作图的范围受到限制。其优点是直观、简单,缺点是不易优化,受变量因素的数量的限制。

模拟模型:用一种原理上相似,而求解或控制处理容易的系统,代替或近似描述另一种系统,前者称为后者的模拟模型。它一般有两种类型:一种是可以接受输入并进行动态表演的可控模型,如对机械系统的电路模拟,可用电压模拟机械速度,电流模拟力,电容模拟质量;另一种是用计算机和程序语言表达的模拟模型,例如物资集散中心站台数设置的模拟,组装流水线投料批量的模拟等。通常用计算机模型模拟内部结构不清或因素复杂的系统是行之有效的。

数学模型:数学模型是指对系统行为的一种数量描述。当把系统及其要素的相互关系用数学表达式、图像、图表等形式抽象地表示出来时,就是数学模型。它一般分为确定型和随机型,或分为连续型和离散型。

3) 物流系统建模的方法

物流系统建模的方法有如下几种。

(1) 优化方法。优化方法运用线性规划、整数规划、非线性规划等数学规划技术来描述物流系统的数量关系,以便求得最优决策。由于物流系统庞大而复杂,建立整个系统的优化模型一般比较困难,而且用计算机求解大型优化问题的时间和费用太大,因此优化模型常用于物流系统的局部优化,并结合其他方法求得物流系统的次优解。

(2) 模拟方法。模拟方法利用数学公式、逻辑表达式、图表、坐标等抽象概念来表示实际物流系统的内部状态和输入输出关系,以便通过计算机对模型进行试验,通过试验取得改善物流系统或设计新的物流系统所需要的信息。虽然模拟方法在模拟构造、程序调试、数据整理等方面的工作量大，但由于物流系统结构复杂，不确定因素多，所以模拟方法仍以其描述和求解问题的能力优势，成为物流建模的主要方法。

(3) 启发式方法。启发式方法针对优化方法的不足，运用一些经验法则来降低优化模型的数学精确程度，并通过模仿人的跟踪校正过程求取物流系统的满意解。启发式方法能同时满足详细描绘问题和求解的需要，比优化方法更为实用；其缺点是难以知道什么时候好的启发式解已经被求得。因此，只有当优化方法和模拟方法不必要或不实用时，才使用启发式方法。

除了上面三种主要方法外，还有其他的建模方法，如用于预测的统计分析法、用于评价的加权函数法、功效系统法及模糊数学方法。一个物流决策课题通常有多种建模方法，同时一种建模方法也可用于多个物流决策课题。物流决策课题与物流建模方法的多样化，构成了物流系统的模型体系。

4) 对所建立的模型的要求

(1) 保持足够的精度。模型应把本质的东西反映进去，把非本质的东西去掉，但又不影响模型反映现实的真实程度。

(2) 简单实用。模型既要精确，又要力求简单。若模型过于复杂，一则难以推广，二则求解费用高。

(3) 尽量借鉴标准形式。在模拟某些实际对象时，如有可能应尽量借鉴一些标准形式的模型，这样可以利用现有的数学方法或其他方法，有利于问题的解决。

用系统的观点看待物流，有助于全面地分析和评价物流活动，这是真正实现物流是第三利润源的根本。分析物流现象，探讨物流如何为客户增值的问题，是物流业应该完成的课题。

3.2 物流规划概述

3.2.1 规划的含义

1. 规划的内涵

规划(Planning)是一个带有模糊性的词，对于不同的行业和不同的层次，规划的内涵有所不同，因此，要给规划下一个准确的定义是很困难的。一般可以这样理解，规划是组织或个人为未来一定时期内的行动目标和方式在时间上和空间上所作出的安排，是为实现既定目标而对各有关行动所作出的构思。

规划，意即进行比较全面、长远的发展计划，是对未来整体性、长期性、基本性问题的思考、考量和设计未来整套行动的方案。提及规划，部分政府部门工作同志及学者都会视其为城乡建设规划，把规划与建设紧密联系在一起。因此，提及规划，就要考虑土地征用、规划设计图纸等一系列问题。其实，这是对规划概念以偏概全的理解。

规划需要准确而实际的数据以及运用科学的方法进行从整体到细节的设计。依照相关技术规范及标准制定有目的、有意义、有价值的行动方案。其目标具有针对性，数据具有相对精确性，理论依据具有翔实性及充分性。

规划的制订从时间上需要分阶段，由此可以使行动目标更加清晰，使行动方案更具可行性，使数据更具精确性，使经济运作更具可控性以及收支合理性。

合理的规划要根据所要规划的内容，整理出当前有效、准确及翔实的信息和数据。并以其为基础进行定性与定量的预测，而后依据结果制定目标及行动方案。所制定的方案应符合相关技术及标准，更应充分考虑实际情况及预期能动力。

规划是实际行动的指导，因此目标必须具备确定性、专一性、合理性、有效性及可行性。其作为实际行动的基础，更应充分考虑实际行动中的可能情况，以及对未知的可能情况做具体的预防措施，以减少规划存在的漏洞或实际行动中的可能情况的发生所产生的不可挽回的后果或影响。

尽管规划的主体和形式多种多样，但任何规划都是为了实现一定时期内的既定目标而编制的，因此，在制订规划时往往都把战略目标当作规划目标，并为在一定时期内实现战略目标而对规模、结构、功能、运动状态等作出前瞻性的构思。其中，结构是规划的核心问题，包括了数量结构、空间结构、功能结构和组织结构的整合和优化，不同类型的规划，都必须考虑这四大结构的协调，只不过是侧重点及表现形式不同而已。例如城镇规划，主要考虑功能用地的空间布局，但这种空间布局本身就有数量关系，功能用地的大小及其比例关系，本身就是数量结构，各种功能用地的协调也就是组织结构的问题，所以城镇规划虽然是以解决空间结构和功能结构为主，但也包括了数量结构和组织结构；又如经营管理规划，虽然表面上看是以数量结构、组织结构为主，但涉及各个部门，实际上也就隐含了空间结构和功能结构。所以，从系统的角度，可以认为规划的实质，就是为实现一定时期的战略目标，对未来的系统数量结构、空间结构、功能结构、组织结构而做的整合、协调和优化工作。

规划一般具有约束和指导双重目的。所谓约束是指一定的管理职能，政府规划一般具有一定的法律效力，主要表现在：首先通过审批制度实现上级部门对下级部门规划的约束作用，其次约束财政性投资，最后是约束相关政策的制定和执行。所谓指导是对规划对象发展及其行为主体进行的引导作用，在宏观规划方面突出表现为政府的规划对于企业的投资、生产、销售行为具有导向性的作用。

2．规划的类别

作为经济社会发展来说，规划分为产业规划和形态规划两种类别，两者的关系是相辅相成的。

1) 产业规划是形态规划的前提和基础

经济社会如何发展，最核心的不是厂房、道路、绿地、景观等系统的工程建设，而是如何从当地资源能源禀赋及经济发展基础条件出发，设计主导产业、优势产业、特色产业，研究产业链条，并从空间和时间两个方面，对区域产业发展做出科学、合理、可操作性强的产业发展规划。只有如此，区域经济才有可能获得健康、快速发展，才需要有相应的在产业规划基础上并与产业规划相配套的形态规划(平面建设规划)。所以说，产业规划如人的内在修养和知识，形态规划如人的外衣。轻重缓急是显而易见的。

2) 形态规划会促进或影响产业规划

正如好的衣服可以增加人的整体表现一样，一个好的形态规划会极大地促进产业规划的实施，反之则会限制或制约产业规划的有效实施。这也正是科学研究的意义与专家存在的价值所在。国家经济社会发展规划的编制，必然是建立在大量的科学研究基础上的。前些年，许多地方简单盲目地从形态规划入手，投入大量资金建设开发区、高新区，结果造成有楼无市、有房无人的结果。

3．规划与计划

规划与计划在英语中做动词时可以用同一单词(plan)，故在一些译文中，也没有作出严格的区分，而在汉语中是有区别的，"计"有"计算"、"定计"的含义，而"规"有"规定"、"规矩"的含义，同时"规"又是一种量度的工具。因此，可以这样理解：计划是以计算为主要手段，对未来作出安排，以文字和指标等形式表达为主，有较强的文字和数字逻辑，有较高的准确性；规划则以量度为主要手段，对未来作出安排，以数字和空间的逻辑为主，有较强的轮廓性。

规划与计划基本相似，不同之处在于：规划具有长远性、全局性、战略性、方向性、概括性和鼓动性。具体区别有以下三点。

(1) 规划的基本意义由"规(法则、章程、标准、谋划，即战略层面)"和"划(合算、刻画，即战术层面)"两部分组成，"规"是起，"划"是落；从时间尺度来说侧重于长远，从内容角度来说侧重(规)战略层面，重指导性或原则性；在人力资源管理领域，一般用作名词，英文一般为"program"或"planning"。

(2) 计划的基本意义为合算、刻画，一般指办事前所拟定的具体内容、步骤和方法；从时间尺度来说侧重于短期，从内容角度来说侧重(划)战术层面，重执行性和操作性；在人力资源管理领域，一般用作名词，有时用作动词，英文一般为"plan"。

(3) 计划是规划的延伸与展开，规划与计划是一个子集的关系，即"规划"里面包含着若干个"计划"，它们既不是交集的关系，也不是并集的关系，更不是补集的关系。

规划与计划虽然同样都是对未来的安排，但规划的目标时段较长，往往都在三年以上，而计划的目标时段较短，往往都在五年以下，甚至以年度、季度、月份、数天为期限。近期规划的时段多数与长期计划的时段相吻合。如过去我们所熟悉的"国民经济与社会发展五年计划"，如今已经正式改称为"国民经济发展五年规划"。

4．规划与设计

规划是带有轮廓性、全局性、长期性的安排。而规划的实施则需要按期限、按部就班，把规划蓝图变成现实，因此需要逐步把每一个局部内容进行细化，达到可操作的程度，以实现规划的要求，这个过程称为设计。所以设计是规划的深化、细化和程序化，是规划的实施过程的开始。规划和设计都是实现对未来安排的关键环节，但设计主要解决近期需要安排的内容。例如按照城市规划的深度要求，修建性详细规划的要求应与初步设计(或总体布置)的要求衔接，因此，往往都以"规划设计"这种复合术语来表达。如城市规划中的修建性详细规划应当包括的内容中，就有"作出建筑、道路和绿地等的空间布局和景观规划设计，布置总平面图"、"道路交通规划设计"、"工程管线规划设计"、"竖向规划设计"等。规划与设计的主要区别有以下两点。

(1) 规划与设计关注事物的深度不同。规划更多关注为了满足业务需求，应该有哪些功能、组成、参数要求、发展路线图、建设指导意见等，关注的顺序是"业务战略→总体战略";设计则对应到规划中的功能组件,根据已定义的设计指导意见,具体给出这些组件内部如何搭建、适当进行概念验证,并产出设备列表,设计的顺序是"总体战略→功能实现",而设计后续的实施的顺序是"功能实现→功能部署"。

(2) 规划与设计关注事物的重点不同。规划应更多关注功能架构如何与业务架构对齐,阐明功能架构应如何满足业务需求,为业务带来的收益,并应强调对后续设计的指导意义;而设计则更多关注功能组件内部的各种结构的选择以及参数选择等内容,为后续实施提供指导意义。

所以,要明显地区分开规划做哪些事情,设计做哪些事情的确比较难,因为有些任务是贯穿整个规划、设计、实现阶段的,只是在深度(详细程度)和重点上不同。

5. 规划与战略

战略(Strategy)一词最早是军事方面的概念,指军事将领指挥军队作战的谋略。在现代,"战略"一词被引申至政治和经济领域,其含义演变为泛指统领性的、全局性的、左右胜败的谋略、方案和对策。而规划指的是进行比较全面、长远的发展计划,是对未来整体性、长期性、基本性问题的思考、考量和设计未来整套行动方案。

战略是方向,规划是步骤。一个企业有什么样的发展战略,必制定出实现这一战略的发展规划。规划是为战略服务的。从理论上来讲,战略和规划是有联系的,即规划是战略的具体实施和具体操作。但在实际操作中,规划往往沦为了分割利益的工具,和战略没有什么关系。

战略与规划按照不同的标准有不同的分类,范围较广,从企业层面战略与规划的主要的区别与联系有以下方面。

(1) 含义方面:企业战略是指企业在激烈竞争中的市场环境中,为求得生存和发展而做出的长远性、全局性的规划以及为实现企业远景规划和使命而采取的竞争行动和管理业务的方法;企业规划是确定企业宗旨、目标以及实现企业目标的方法、步骤的一项重要经营活动。

(2) 特点方面:企业战略是为实现目标而进行的总体性、指导性谋划,属于宏观管理范畴,具有指导性、全局性、长远性、竞争性、系统性、风险性六大主要特征;而规划具有长远性、全局性、战略性、方向性、概括性、指导性和鼓动性。

(3) 企业战略可分为三个层次:公司战略、业务战略或竞争战略和职能战略,三个层次的战略都是企业战略管理的重要组成部分,但侧重点和影响的范围有所不同;规划主要通过对战略目标的实现在实践和时间上予以体现。

(4) 企业的战略和规划都是对未来的一种设想性行为;企业战略是企业发展的路线和原则、灵魂与纲领,停留在理念和概念层面上;而企业规划需要结合实际情况和主要矛盾,给出切实可行的具体安排,为实现这些战略目标,完成工作任务,是一种能力和行为,具有实际性、可操作性以及效应性。企业战略指导企业规划,企业规划落实企业战略。

(5) 企业的战略与规划都是为企业发展目标服务的:企业战略贵在谋略,规划重在筹划和实施;战略讲究点,规划讲究面;战略只定性,规划要定量。

(6) 企业在制定发展战略时,一定包括长期、中期和近期的规划,而在制定规划时,也一定会先确定企业的发展战略。因此,规划是为战略服务的。

3.2.2 物流规划的含义

物流规划理论在国际上是一个非常活跃的研究领域,但是在我国的发展还相对滞后,基本处于研究的起步阶段,没有形成科学的方法体系,不能为区域物流系统和物流园区规划提供足够的决策支持和理论依据,导致我国物流建设过程中出现了诸多问题,比如重复建设、设施冗余、服务瓶颈等。提高我国物流规划和建设的科学性,加快区域物流系统和物流园区规划理论的研究,形成科学的、操作性强的决策方法是我国物流理论与方法研究的当务之急和重点研究方向。

1. 物流规划的产生

在经济全球化背景及加入 WTO 之后的机遇与挑战,使我们需要认真思考总体经济结构的问题,正确处理生产、流通、消费的相互关系和结构层次。规划物流就是在这个前提下提出的。

中国物流从起步期开始进入发展期,能动地部署全面的发展,是发展初期应当做的主要工作。

中国物流的起步期,大约经历了二十年,在物流的起步期,主要工作是引进、学习和研究,由点到面地进行科学普及,并且在物流的局部领域(例如配送),在个别地区(例如 20 世纪 90 年代初在石家庄,无锡市的配送试点)和个别部门(例如物资部门、商业部门)进行探索性的推动。应该说,二十年时间虽然长了一些(日本引进物流概念之后的起步期,大约是十年),但是,这二十年左右的时间,为我们现在的发展奠定了一个比较坚实的基础。起步期的探索往往是盲目和无序的,不断否定前面的探索,再重新回到起点寻找新的路子,这是起步期很正常的事情。在中国物流从起步期进入发展期之后,如果保持起步期的习惯思维和习惯运作方式,不但会造成资源的极大浪费,更重要的是会延误中国现代物流的发展进程。

很明显,进入发展期之后,必须要强调能动的、有序的、有计划的发展,必须要有明确的目标、正确的发展路线和有效的组织运作措施。在大规模发展之后,就不能允许有大的失误,更不能允许用巨大的投资去进行失败的运作。小的错误不可避免,小的调整也是随时需要进行的,但是全面否定和推倒重来,是绝对要避免的。

要做到这一点,需要在多方面采取措施,包括尽快促成对现代物流分割的体制进行改革,改革是有难度的,并且需要时日,但是,发展不能等待,在现行体制下,寻找促进发展的方法,显得更为重要。

2. 物流规划的内涵

解释一:物流规划是对物流的发展进行规划和设计,是对物流进行比较全面的、长远的发展计划,是对未来整体性、长期性、基本性问题的思考、考量和对未来整套行动方案的设计。

解释二:物流规划是对大范围、大规模、长时间的物流信息与资源开发总方向和大目标的设想蓝图,是一种战略性的全局部署方案,要求运用系统思想、统筹全局和权衡利弊来编制的发展规划,不能简单地理解为是对物流用地的规划。

解释三：物流规划是指国家或地区长远的物流发展计划，是对今后物流发展一个较长时期的指导性纲要和组织实施策略。它包括国家物流规划、省物流规划、市物流规划、县物流规划、集团物流规划、乡镇物流规划、企业物流规划等。

3.2.3 物流规划的内容

物流规划主要解决做什么、何时做和如何做的问题，涉及三个层面：战略层面、策略层面和运作层面。它们之间的主要区别在于计划的时间跨度。战略规划(Strategic Planning)是长期的，时间的跨度通常超过一年；策略规划(Tactical Planning)是中期的，一般短于一年；运作计划(Operational Planning)是短期决策，是每个小时或者每天都要频繁进行的决策。决策的重点在于如何利用战略性规划的物流渠道快速、有效地运送产品。表 3-2 说明了不同规划期的若干典型问题。

表 3-2 战略、策略和运作决策举例

决策类型	决策层次		
	战略层次	策略层次	运作层次
选址	设施的数量、规模和位置	库存定位	线路选择、发货、车
运输	选择运输的方式	服务的内容	确定补货数量和时间
订单处理	选择和设计订单录入系统	确定处理客户订单的	发出订单
客户服务	设定标准		
仓储	布局、地点选择	存储空间选择	订单履行
采购	制定采购政策	洽谈合同、选择供应商	发出订单

各个规划层次有不同的视角。由于时间跨度长，战略规划所使用的数据常常是不完整、不准确的。数据也可能经过平均，一般只要在合理范围内接近最优，就认为规划达到要求了。而在另一个极端，运作计划则要使用非常准确的数据，计划的方法应该既能处理大量数据，又能得出合理的计划。

由于物流战略规划可以用一般化的方法加以探讨，所以我们将主要关注战略规划。运作计划和策略性规划常常需要对具体问题做深入了解，还要根据具体问题采用特定方法。

物流规划主要解决四个方面的问题：客户服务目标、设施选址战略、库存战略和运输战略，如图 3-6 所示。除了设定所需的客户服务目标外(客户服务目标取决于其他三方面的战略设计)，物流规划可以用物流三角形表示。这些领域是相互联系的，应该作为整体规划。虽然如此，分别进行规划的例子也并不少见。每一领域都会对系统设计有重要影响。

(1) 客户服务目标。企业提供的客户服务水平比任何其他因素对系统设计的影响都要大。服务水平较低，可以在较少的存储点集中存货，利用较廉价的运输方式。服务水平高则恰恰相反。但当服务水平接近上限时，物流成本的上升比服务水平上升得更快。因此，物流战略规划的首要任务是确定适当的客户服务水平。

(2) 设施选址战略。存储点及供货点的地理分布构成物流规划的基本框架。其内容主要包括确定设施的数量、地理位置、规模，并分配各设施所服务的市场范围，这样就确定了产品到市场之间的线路。好的设施选址应考虑所有的产品移动过程及相关成本，包括从工厂、供货商或港口经中途存储点然后到达客户所在地的产品移动过程及相关成本。通过不同的渠道来满足客户需求,如直接由工厂供货、供货商或港口供货,或经选定的存储点供货等,则会影响总的分拨成本。需求成本最低的需求分配方案或利润最高的需求分配方案是选址战略的核心所在。

(3) 库存战略。库存战略是指管理库存的方式。将库存分配(推动)到储存点与通过补货自发拉动库存,代表着两种战略。其他方面的决策内容还包括产品系列中的不同品种分别选在工厂、地区性仓库或基层仓库存放,以及运用各种方法来管理永久性存货的库存水平。由于企业采用的具体政策将影响设施选址决策,所以必须在物流战略规划中给予考虑。

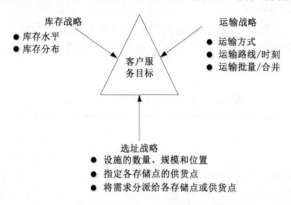

图 3-6　物流决策的三角形

(4) 运输战略。运输战略包括运输方式、运输批量和运输时间以及路线的选择。这些决策受仓库与客户以及仓库与工厂之间的距离的影响,反过来又会影响仓库选址决策。库存水平也会影响运输批量和运输决策。

客户服务目标、设施选址战略、库存战略和运输战略是规划的主要内容,因为这些决策都会影响企业的盈利能力、现金流和投资回报率。其中每个决策互相联系,规划时必须对彼此之间存在的悖反关系给予考虑。

3.2.4　物流规划的指导原则

物流系统本身的范畴和物流系统设计的核心都是关于效益悖反(Trade-off)的分析,并由此引出总成本的概念。成本悖反就是指各种物流活动成本的变化模式常常表现出相互冲突的特征。解决冲突的办法是,平衡各项活动以使其整体达到最优。如图 3-7 所示,在选择运输服务的过程中,运输服务的直接成本与承运人的不同运输服务水平对物流渠道中库存水平的影响而带来的间接成本之间就互相冲突。最优的经济方案就在总成本最低的点,即图 3-7 中虚线所指的点。

第 3 章 物流规划

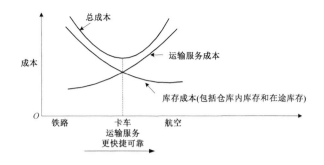

图 3-7 运输成本和作为运输服务函数的库存成本之间的普遍冲突

总成本概念不仅可运用于运输服务的选择，还可运用于以下方面，如图 3-8 所示。

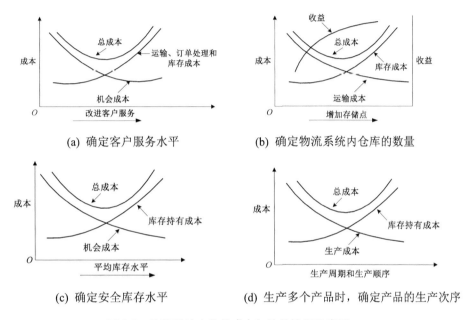

(a) 确定客户服务水平　　　　　(b) 确定物流系统内仓库的数量

(c) 确定安全库存水平　　　　　(d) 生产多个产品时，确定产品的生产次序

图 3-8 物流系统中其他成本与效益悖反示意图

(1) 客户服务水平与物流成本的效益悖反。图 3-8(a)中的例子是确定客户服务时存在的问题，随着客户得到更高水平的服务，由于缺货、送货慢、运输不可靠、订单履行错误造成失去客户的可能性就越小。换言之，随着客户服务水平的提高，机会成本会下降。机会成本相对应的是维持服务水平的成本。客户服务的改善往往意味着运输、订单处理和库存费用更高。

(2) 库存—运输综合成本与客户服务水平之间的效益悖反。图 3-8(b)所示的是确定物流系统内仓库的数量时要考虑的基本经济因素。如果客户小批量购买，存储点大批量补货，从存储点向外运出的运费就高于运进的内向运输费率。这样，运输成本会随着存储点的增加而减少。但是，随着存储点数量的增加，整个系统的库存水平上升，库存成本会上升。此外，客户服务水平也受该策略的影响。此时，该问题就变成在库存—运输的综合成本与客户服务水平带来的收益之间寻求平衡点的问题。

(3) 库存水平与客户服务水平之间的效益悖反。图 3-8(c)举例说明的是确定安全库存水平的问题。因为安全库存提高了平均库存水平，并通过客户发出订单时的存货可得率来影响客户服务水平。这样，机会成本就会下降。平均库存水平的提高会使库存持有成本上涨，而运输成本不受影响。同样，我们要在这些相互冲突的各项成本之间找到平衡。

(4) 生产多个产品时，确定产品的生产次序。最后，图 3-8(d)给出的是生产多个产品的情况下生产调度的基本问题。生产成本受产品生产次序和生产运作周期的影响，随着生产次序改变，库存成本会上升，因为收到订单的时间与补充存货的最佳时间往往不一致，结果导致平均库存水平的提高。在生产和库存总成本的最低点可以找到生产次序和生产周期的最优点。

总之，本章试图建立物流网络规划的整体框架，规划的问题可以抽象地表述为网络节点与链的问题。物流战略通常围绕以下目标制定：①降低成本；②提高效率；③改进服务。根据不同的类型，可以有从长期到短期的不同战略。规划围绕四个关键方面进行：①客户服务；②选址；③库存；④运输网络规划。

3.2.5 物流规划的意义

这些年的发展表明，人们对物流规划的重要性有了共识。就物流领域而言，规划更具有重要的意义，这和物流本身的特殊性有关。

第一，物流的涉及面非常广泛，需要有共同遵循的规划。物流涉及军事领域、生产领域、流通领域、消费及后消费领域，涵盖了几乎全部社会产品在社会上与企业中的运动过程，是一个非常庞大而且复杂的领域。仅以社会物流的共同基础设施而言，我国相关的管理部门，就有交通、铁道、航空、仓储、外贸、内贸等六大领域，更有涉及这些领域的更多的行业。实际上，这些领域和行业在各自的发展规划中，都包含有局部的物流规划。这些规划，由于缺乏沟通和协调，更多是从局部利益考虑，再加上局部资源的有限性，往往不可避免地破坏了物流大系统的有效性，必然给今后的物流发展留下诸多的后遗症。所以，必须有一个更高层次的、全面的、综合的物流规划，才能够把我国的现代物流发展纳入到有序的轨道。

第二，物流过程本身存在"悖反"现象，需要有规划的协调。物流过程往往是很长的过程，一个过程经常由诸多环节组成，物流系统的一个重要特性，就是这些环节之间往往存在"效益悖反"现象，如果没有共同的规划制约，各个环节各自独立去发展，就可能使"悖反"现象强化。

第三，物流领域容易出现更严重的低水平的重复建设现象，需要有规划的制约。物流领域进入的门槛比较低，而发展的门槛比较高，这就使物流领域容易出现在低水平层次的重复建设现象，尤其最近几年的"物流热"引发一定的"寻租"的问题，加剧了物流领域低水平的重复建设。这种低水平重复建设的问题，在配送中心、一般物流中心和小型物流节点方面可能有突出的表现。

第四，物流领域的建设投资，尤其是基础建设的投资规模巨大，需要有规划的引导，物流领域大规模建设项目的规划尤其应当引起我们的重视。这是因为，就我国而言，这种项目的数量相当多，仅深圳市就规划了六个规模比较大的物流园区，如果再加上港口、车站、货场等基础设施，一个城市大型物流项目就会有十几个甚至几十个。投资规模巨大，如果没有有效的规划，就不能有效地利用资源，就可能造成巨大损失。

第五，要跨越低水平的发展阶段，实现我国物流跨越式的发展，需要有规划的指导。我国物流系统建设刚刚起步，已经与发达国家有了几十年的差距，要迅速追赶，需要跨越发达国家曾经用几十年时间走过的低水平发展阶段。就我国的技术水平和管理水平而言，实现这一跨越是完全有可能的。但是，如果缺乏规划引导和制约，任其行事，那么必然会有相当多的地区和企业，要从头走起，重复低水平发展阶段，白白地消耗我们的资源时间。

第六，就生产企业而言，在暴利时代结束之后，"轻资产"运行的新型企业，需要改变过去大量投资于生产能力的旧的投资方式，而将大量制造业务外包。这样就必须建立诸如"供应链"之类的物流系统，形成以联盟为新的组织形式的、虚拟的企业。这就必须对物流系统进行新的构筑，或者对企业的整个流程从物流角度进行"再造"。所以，规划物流的问题对于生产企业也是非常重要的一件事情，它是在经济全球化背景下，在新的竞争格局的压迫下，生产企业转型变形以求生存的问题和求发展的问题。社会上存在一种误解，认为规划物流问题是宏观的问题而不是企业的问题，这显然是低估了物流对于企业发展的重要意义。

3.2.6 我国物流规划的发展现状及方向

经过多年的发展，物流业作为一个行业的观念已经被接受。2009年2月25日，国务院通过了《现代物流业调整和振兴规划纲要》，首次把物流作为一个行业而制定国家级规划，国家发改委和各地政府正在编制相关的规划。在已经发布的"十二五"规划建议中，明确表述了"大力发展金融、保险、物流、信息和法律服务等现代服务业"。纵观近些年各地出台的规划和政策，在概念基础、规划思想、规划方法、规划内容等方面，仍有很多局限，与国际公认的物流概念和物流思想仍有一定的距离。

1. 物流行业和物流规划中仍然存在的问题

1) 对物流的概念和价值认识存在偏差

物流作为改革开放以后出现的新概念，与传统的仓储和计划经济时代的流通的区别和界限在哪里，在学术界尚无共识。这导致企业对所谓第三方利润源的期望过高，有些脱离中国的现实情况，同时也成为很多地方政府争夺地方利益的一个砝码。地方政府往往根据自己利益的需要，随意扩大物流概念的内涵和外延。物流不仅仅是运输和仓储，它还属于管理范畴。

物流到供应链的发展过程，是物流融入综合经济体系、成为社会经济不可分割的一部分的过程。国内一些地方已经出台的新的物流规划，虽然比以前有了明显的进步，但仍然没有摆脱传统的规划思想和规划体系，仍然是就物流而规划物流，很少引入供应链的思想、综合物流规划的思想。可以说，这些规划是落后于时代的。

2) 对社会物流成本和物流需求规模难以准确判断

由于我国尚未建立物流统计体系，只能根据抽样调查数据来估算物流成本和物流市场的规模。即便如此，在行业与行业之间存在差别、不同地区之间的产业水平和产业结构也不尽相同的情况下，从宏观上难以对物流需求的规模做出准确的判断，难以对该地区的物流行业进行定位。

同时，企业普遍不能准确计算出自己的物流成本。典型的问题是企业大多只考虑了运输和仓储的成本，没有对存货持有成本的认识和计算，而美国存货持有成本则占总成本的1/3左右。这样一个主要的成本部分完全被忽略了。

因此，能否建立科学的物流成本统计指标体系和提高企业的物流成本意识，将是制定、实施和评估物流规划的最基础性工作。

3) 物流政策对物流市场培育和物流企业整合推动力不足

由于缺乏先进理论的指引，早些年各地出台的物流规划过分看重物流园区和公共信息平台的建设。前者片面导致了物流热成为物流园区热，物流园区热又变成了商业地产热，而后者也脱离中国企业物流信息化水平低的现实。中国企业"大而全，小而全"的现象还没有根本性的改变，企业没有形成核心竞争力，普遍多元化经营，基于专注于核心竞争力的需要而将物流功能"外包"的比例并不高。从潜在需求转化为现实的市场需求还有很大距离。而从各地出台的物流政策来看，鼓励企业基于成本控制而将物流外包的推动力度是不够的。与企业物流外包需求市场规模不大的现实相伴随的是，有物流外包需求的工商企业认为，现实的市场中难以找到信誉优良、服务能力和水平高的物流企业。应该说，中国物流行业的需求和供给处于一种低水平的均衡状态中。

2. 我国的物流规划发展方向

1) 将供应链的思想纳入物流规划

全球物流进入供应链时代之后，供应链的思想贯穿了所有产业。就中国未来发展而言，物流的价值增值必须也只能够体现在生产企业内部。因此，未来中国物流发展的空间和潜力，是在生产领域。由供应链带动产业链的聚集，提高产业和区域的竞争力，是未来中国物流发展的方向，也是未来物流规划的重点之一。所以说，必须将供应链作为跨企业的商业集成的思想纳入物流规划。物流从根本上是为生产行业服务的，必须从供应链的角度来推动物流与产业的结合，为产业服务，提高产业的竞争力。国家级的物流行业规划尤其要以诸多工业行业的规划为基础，分析工业行业为物流行业提供的机会和提出的要求。从这个意义上讲，物流规划不应只重视建设港口、机场、园区，而更应重视提升生产企业的核心竞争力，重视提升整体经济效益。

2) 加大物流需求分析的力度

物流需求主要来自生产企业。生产企业的物流成本、库存周期、采购与销售物流的流量流向、物流外包比例等问题，是确定物流成本和物流需求的主要依据。没有物流需求的分析，制订的规划就缺乏依据。因此，要在一定范围内做生产企业的物流需求调查，特别是针对大型企业的调查。找出物流需求的主要行业和经济地理分布，为物流基础设施的建设提供优先和进度安排的依据，找出对物流企业的评价和需求特性，从而制定有利于物流企业整合的政策。从美国的经验看，高技术企业的物流外包比例最高。美国制造业财富500强的物流外包比例已经达到了80%左右，而我国制造业物流外包的比例约为20%～30%(不同区域有所不同)，潜在的物流需求没有转化为现实的有效需求。

3) 规避定位上的同质化

各地出台的物流规划，同质现象比较严重，尤其是地理位置邻近的城市都将自己定位于某一区域范围内的"物流中心"。这不利于不同区域的产业分工体系的形成，并可能导致基础设施建设的重复和资源浪费。跨省份的物流行业规划问题如何协调，同一省份内不同地级市的行业规划如何协调将是一个无法回避的问题。否则，国家级规划中的定位可能导致上行下效，导致省市两级物流规划的同质化。因此，各地在编制物流规划时，不能盲目地追求高定位。必须分析各自的战略环境，分析本地区的优势和劣势，与相邻地区错位发展、互补发展，这样，才能形成区域物流的协调发展。

4) 以物流需求为基础建设物流园区

物流园区作为物流行业链条中的一个环节尽管不可缺少，但也不能大量重复建设。物流园区作为大量消耗土地的基础设施项目，应该防止演变成单纯的商业地产项目。物流园区按什么分类，设置多少级别，如何在规划中加以控制，是需要重点解决的问题。

5) 着力提升第三方物流能力

物流行业的主体应该是第三方物流企业，这使得物流业作为现代服务业有别于传统的运输和仓储业，因为只有第三方物流，才具备价值增值的能力。第三方物流应区别于港口、机场等物流基础设施产业。因此，应该明确第三方物流服务能力是物流企业的核心竞争力，而物流企业的主体应该是具备第三方物流能力的服务供应商。物流业在中国加入 WTO 的开放时间表中属于基本没有保护期的行业，比较早感受到外来跨国公司竞争的压力。无论是规模和网络覆盖范围、服务能力和水平以及信息技术含量，国内企业和跨国巨头的差距都十分明显。在中国的物流企业普遍没有形成第三方物流能力之前，跨国巨头很容易把成熟的行业经验、知识积累以及信息系统移植到中国，通过人才吸引和网络复制占领国内市场。快递业已经是这方面的先例。同时，也应该注意这样一种现象，国外的物流企业越来越大，而国内的企业则越来越小，在道路运输企业中，似乎个体户最有竞争力。据对工商企业的调查，他们认为中国目前不存在全国范围内的物流服务供应商。通过改善企业的外部经营环境，比如对税率和税种的简化，对公路超载的治理，对地方黑恶势力把持运输市场行为的打击，都将有利于推动物流业资源的整合，培育全国范围内运营的、能够与跨国公司对抗的现代物流企业。

6) 鼓励发展商业物流

与国内传统流通业的批发零售不同，美国的物流概念和观点以生产企业为本位，把产品向最终用户销售的过程称之为"分销"(Distribution)，而物流与分销是难以分开的外。如果说，物流最终是要为提高生产企业的效率，那么物流业除了要与工业行业相互支持，也要与作为生产延伸的商业相互支持。商业的连锁化经营和跨地区经营需要配套的物流体系作为支撑，而商业的城市配送只是物流的一小部分。在国家层级的物流规划中，应明确鼓励连锁商业、连锁便利店等发展，提出连锁商业占总商业比重的目标，鼓励商业物流的发展。

7) 完善地区物流规划的方法与内容

由于已经出台的各地的物流规划所使用的指导理念和框架体系很不一样，同时也考虑到这方面存在的争论，很难要求在国家级物流规划中对地区级物流规划的内容和格式做出统一的要求。从规划的方法上，应界定全社会物流成本、企业物流成本，分析、预测全社会物流需求，从而正确预测物流增加值，为政策、规划、基础设施和园区定位提供决策依据。从规划的内容上，应根据产业结构和产业规划、城市化进程、综合交通发展、可持续交通发展以及在更大经济区域背景中的城市定位等基本面，提出包括物流基础设施、物流信息化、行业物流市场培育以及物流企业整合在内的有可操作性的政策措施。

3.3 物流规划体系

3.3.1 物流系统空间布局规划

物流系统空间布局规划是指在一定层次和一定地区范围内确定物流网络(物流通道、节点设施)合理的空间布局方案。

根据规划对象的不同，物流系统空间布局规划可分为国家级、省市级(或区域级)、行业部门级及企业级等不同层次的规划，层次越高，其研究的对象就越宏观，随着规划层次的下降，研究的对象就愈加细化。国家一级的物流系统空间布局规划主要着重于以物流基础设施和物流基础网络为内容的物流基础平台规划，如干线通道、物流枢纽城市、国际枢纽港等，省和区域一级的规划着重于区域物流园区、物流中心、配送中心三个层次的物流节点以及次要的干线通道、支线通道等。企业物流系统布局规划是基于国家和省市物流系统布局规划的基础进行的，企业物流系统依托自身物流节点(物流中心、配送中心、仓库、车站等)的选址，通过与公共物流网络的资源共享，从而形成企业物流系统的网络。例如一个经营时效性区域运输的企业往往将其配送中心选址于高速公路附近，使高速公路成为该企业物流网络的组成部分之一。企业物流系统的物流网往往通过利用公共物流网络的资源来构筑，因此，物流节点的选址是企业物流系统布局规划的重点。

物流系统空间布局理论是对物流产业布局现状进行理性思考及采取各种物流政策的理论依据。合理布局物流园区和物流中心的物流网络节点，优化物流产业空间布局，是现代物流产业实现集约化发展的必然选择。物流系统空间布局的基本思路是：按照一级物流节点和二级物流节点分层次进行合理布局，物流园区作为物流系统网络一级节点，其布局要由点及面展开，形成现代物流业发展的主骨架；物流中心作为二级节点，是一级节点的补充和完善，要通过合理布局，形成现代物流业发展的次骨架。通过区域内各个节点的紧密联系和优势互补，构建起完善的物流系统网络结构，形成具有超强辐射能力的物流枢纽节点。

1. 物流系统空间布局的目标和原则

从国内外物流中心的形成和发展的成功模式来看，由于各自的具体情况不同，在发展过程中所采取的模式不尽相同，但其共同的特点是：以物流园区、物流中心为聚集的"极核"，发展国际、区域、市域综合物流配送，形成现代物流系统的空间布局。物流系统空间布局规划研究是实现建设全国性区域物流中心区域发展总目标战略研究的重要组成部分。

1) 物流系统空间布局规划的战略目标和步骤
(1) 物流系统空间布局规划的战略目标。

物流系统空间布局规划的发展目标是：围绕着建设超强辐射能力的物流枢纽节点的总体目标，以物流园区为支点，以物流中心为补充，布局现代物流网络节点，以区域物流为支柱，构建国际物流、区域物流和市域物流三层结构的现代物流系统，优化现代物流产业布局。

区域物流系统主要是围绕地区所能辐射的经济区，提供全方位、高质量的物流服务，形成国内区域性物流枢纽；市域物流系统主要是为市域地区的产业提供物流服务；国际物流系统主要是为了发展国际物流，提高现代物流业的国际化水平。

(2) 物流系统空间布局规划的步骤和内容。

现代物流产业空间布局规划的重点是：对物流园区和物流中心进行合理布局，并对其选址和功能定位进行专题研究。根据规划的层次和内容，空间布局规划研究主要分四个步骤展开。

第一步，物流园区布局规划研究。物流园区是物流系统网络的一级节点，通过物流园区布局规划可以形成现代物流系统网络和现代物流产业发展的主骨架。规划研究的主要内容包括：①总体布局规划研究。分析总体空间布局的约束条件，提出布局规划的方案，并初步提出各园区的功能定位；②物流园区选址规划研究。提出各园区选址的比选方案，通过比选确定各园区的具体位置，明确各园区的功能定位以及规划控制面积。

第二步，物流中心布局规划研究。物流中心是物流园区在功能和辐射区域上的重要补充，布局规划研究的重点是在总体布局的基础上，研究布局专业物流中心。主要研究内容包括：专业物流中心布局规划研究和专业物流中心选址规划研究。

第三步，物流园区和物流中心建设方案研究。重点研究提出各园区或中心主要功能区和空间布局方案，具体分析提出建设机制方案。

第四步，物流园区和物流中心建设机制研究。重点研究投融资机制、管理机制、运营机制等，提出各种可能的比选方案。

2) 现代物流系统空间布局规划的主要原则

物流园区、物流中心的布局选址和功能定位应遵循以下主要原则。

(1) 功能性原则。物流服务涉及国民经济的各个方面，物流园区的功能要覆盖国民经济的各个方面，应根据物流业发展的总体需要使各物流系统网络节点的功能互补，尽量避免功能重复，从而使城市总体物流网络功能最大化。

(2) 区域性原则。各节点均有一定的辐射区域，根据物流时间的不同要求，有效辐射区域不同。区域辐射物流对城市内的各园区来说影响不大，但城市配送体系各节点在规定时间的有效辐射范围差距较大，在布局时应尽量避免标准配送范围的重叠，减少资源的浪费。

(3) 适应性原则。物流园区要与城市布局和结构、城市发展规划、物流需求布局和结构等影响物流业发展的决定性因素相适应。另外，在布局选址时要与生态环境等因素相适应。

(4) 特色性原则。在布局选址规划时就要明确各物流园区和中心的功能类型、服务对象、配送商品、辐射区域等总体功能，这样有利于园区的规划和建设符合区域物流的总体要求，更重要的是有利于园区聚集相应的物流企业，使园区的特点突出，功能完善，客户也非常明确从哪个物流园区可获得所要的物流服务。

(5) 便利性原则。物流的核心功能是运输，为避免对城市交通和城市环境的影响，物流园区应选址在城区的边缘地带。物流园区所在区域必须交通便捷，集疏运通道畅通，能够与公路、铁路方便连接。

(6) 需求性原则。方便需求是一个基本原则，物流园区应布置在物流需求最近区域，有利于保证物流服务的时效性，并降低物流配送费用。

(7) 合理化原则。规划时要充分考虑现有的物流资源状况，发挥物流园区的资源整合作用，既有利于园区的开发，也有利于社会资源的合理配置和利用。

(8) 经济性原则。物流产业是投资回报期较长、具有一定公益性质的产业，园区建设必须考虑土地价格等投资成本因素。规划建设物流园区和物流中心要预留充足的发展空间。

2．物流系统空间布局的规划方法

1) 物流节点选址方法

(1) 物流节点选址的思路。

物流节点选址是在物流节点布局的基础上进行的，即确定各物流节点的具体位置。

物流节点选址规划应建立在物流需求预测和功能定位的基础上，以确定系统的最小和最大容量(以此判断是否有建设物流园区的必要，是否满足园区建设的门槛值)以及城市产业结构、目标定位、城市物流系统服务的主要对象和达到的最终目标等，这些都是布局规划的前提条件。

目前的布局选址方法是一个整数规划的问题，即在有限备选点中选择最优点或者最优组合。物流的节点布局规划实际分三步操作：第一步是选址与布局方案的形成，也就是备选点和其组合的产生；第二步是布局方案的选优；第三步是布局方案的评价。物流节点布局决策过程如图 3-9 所示。

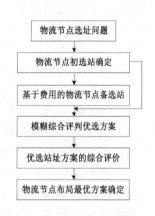

图 3-9　物流节点布局决策流程

(2) 定量选址方法。

常用的定量选址方法有重心法、混合整数规划模型、鲍姆尔-沃尔夫法离散型选址模型、多重心法、模拟模型。

定量方法的优点是通过正确的建模与计算得到令人信服的最优解，缺点是在建立模型时必然要对现实问题进行抽象处理，可能会导致结果的不合理，而在计算过程中又可能由于算法的原因导致只求出局部最优解，同时一般定量方法是以单一的指标最优为目标的，可能会由于没有考虑其他重要的影响因素而导致结果并非最优。

(3) 定性选址方法。

常用的定性分析方法有头脑风暴法、专家调查法、PERT 法、层次分析法等。

定性方法的优点是：注重历史经验，简单易行。缺点是：很可能犯经验主义和主观主义的错误，同时在地点较多时，不易作出理想的决策，导致决策的可靠性不高。

(4) 物流节点综合选址方法。

在运用上述方法进行物流节点的选址时，可以看出这些模型算法存在以下几方面的缺陷：①由于土地利用规划的限制，不同方位地价差别较大，上述模型几乎都未考虑此因素；②上述模型算法对于备选物流节点的数目和位置的论述不够，都是简单提及，然而备选物流节点的数目和位置对于规划结果有很大的影响；③道路状况不尽一样，同样的距离可能由于等级、通行能力等的不同产生的运输费用不同，所以上述模型中采用运输距离代替运输费用不够合理。

物流节点选址是建立物流系统的重要环节，选址决策对物流节点的经营管理影响很大。

为了把握物流节点选址的准确性和完备性，不能只运用上述模型算法中的一种，而应综合运用其中的几种方法和模型，将定量与定性的方法相结合，各种方法相互补充，使物流节点的选址达到更科学化的目的；将在上述模型和方法的基础上提出物流节点的一种综合选址方法，使物流节点的选址具有较强的可靠性和较好的实操性。该方法包括物流节点备选站址方案的确定、备选站址方案的比选和对优选站址方案的综合评价三个部分。

为了把握物流节点选址的准确性和完备性，采用定性和定量相结合的方法，提出了物流节点综合选址方法。其基本思路是：首先根据影响城市物流节点的布局规划因素，选定 n 个具有该特点的候选点。由于一般项目往往会在费用上有所限制，超出这个限制的方案应首先被剔除掉，因此在 n 个候选点的基础上基于费用这一量化指标进行评测，找出可行方案，这里量化模型的建立力争达到准确性的要求。然后在上述基础上对所得可行方案的定性指标进行模糊综合选优。这种顺序的评测可以避免并行评测在不可行方案上精力的耗费。最后根据上述两个模型所得结果，利用层次分析法进行综合评价，最终得出最优选址。

物流节点三阶段选址指标体系如图 3-10 所示。

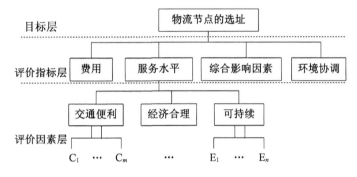

图 3-10 物流节点选址指标体系图

该综合选址方法符合物流节点选址决策的思维过程，能够较全面、准确地反映影响物流节点选址的各项因素，并且具有较强的可操作性、实践性，是进行物流园区选址决策的一个比较实用的方法。

3.3.2 物流节点规模规划

物流节点的规划应该从区域经济发展的角度，综合考察当地的宏观经济走向，细致分析当地货运流向，协调好各个方面的利益。物流节点用地规模的确定必须以物流现状分析和预测为依据，尽量利用已有的批发用地、仓储用地及交通设施，综合考虑影响物流企业布局的各种因素，选择最佳的物流节点场地和用地规模。

1. 影响物流节点规模的主要因素

物流节点规模确定的影响因素涉及多方面内容，不单纯以物流需求量为唯一目标。国外物流节点的占地规模没有特别严格和统一的标准，主要由空间服务范围、物流需求量的大小、经营产品的类型、城市土地利用现状等因素综合决定。影响物流节点规模的主要因素为：空间服务范围、物流处理量、服务功能类型、时效性要求、用地限制、土地价格、单位面积建设成本、物流节点可达性、货运通道连通性、路网拥挤度等。

空间服务范围反映了各个物流节点的服务对象所分布区域的大小。

物流处理量反映了各个物流节点规划年的货物需求预测量，包括潜在的货物需求预测量。

服务功能类型和时效性要求反映了各个物流节点经营产品的类型，如以提供储存、转运等基础性服务功能为主以及对时效性要求低的物流节点的规模相对较大。

用地限制和土地价格反映了各个物流节点所在区域的土地利用现状，如用地紧张以及土地价格高的物流节点的规模相对较小。

单位面积建设成本反映了各个物流节点所在位置的地形地貌状况，包括地面倾斜度、地下水深和地载力等。

物流节点可达性、货运通道连通性和路网拥挤度反映了各个物流节点所在区域的交通状况，其中，物流节点可达性和货运通道连通性反映了区域内交通基础设施状况，而路网拥挤度则反映了区域内动态的交通状况。

上述十种因素中，空间服务范围、物流处理量、服务功能类型、物流节点可达性以及货运通道连通性与物流节点规模成正相关关系；而时效性要求、用地限制、土地价格、单位面积建设成本以及路网拥挤度与物流节点规模成负相关关系。在确定上述主要影响因素的基础上，以专家为决策层，物流节点为目标层，影响因素为指标层，得到群决策层次分析结构如图 3-11 所示。

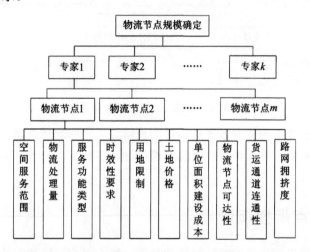

图 3-11　物流节点规模确定的群决策层次分析结构

2. 物流节点规模确定的总体思路

专家群决策方法主要是充分利用多位专家的知识、经验和能力，在对各评价目标和影响目标的各种影响因素综合分析的基础上，对各评价目标进行综合评判。在物流节点总规模确定的情况下，各具体物流节点的规模在总规模中的分摊比例确定的思路如下。

首先，由每位专家在层次分析法(Analytic Hierarchy Process，AHP)的基础上，各自对影响物流节点规模确定的各种影响因素针对某一个物流园区构造两两比较判断矩阵，得到基于该物流节点的各位专家给出判断矩阵下的各影响因素的权重向量；然后，采用权重合成方法，把各个专家的各影响因素的权重向量进行合成；接着，对各影响因素中的定量指标和定性指标按不同的方法针对该物流节点进行评分，得到该物流节点的各影响因素评分向量；最后，合成的权重向量乘以评分向量，即得到该物流节点的综合评分值，根据该物流节点的综合评分值在所有物流节点综合评分总值中的比例，得出该物流节点的规模在总规模中的分摊比例。

3.3.3 物流库存管理与规划

持有一定的库存，对于一个企业的正常运转是非常必要的。库存可以从时间、地点、多样性和数量四个方面缓冲生产或销售中的不确定性。库存还可以帮助企业达到生产的规模经济。但是另一方面，持有这些库存每年耗费的成本约占商品价值的 20%～40%。我国每年的库存成本大约占整个国民生产总值的 5%。如果库存问题能够较好地得到解决，其经济效益将非常巨大。

库存管理系统帮助企业管理人员对库存物料的出、入、移动、盘点等操作进行全面的控制和管理，以达到降低库存、减少资金占用，避免物料积压或短缺现象，保证生产经营活动顺利进行的目的。合理的库存结构是实现有效销售的物质基础，是提高经济效益的必要条件，是企业管理水平的重要标志，是企业防止潜亏和长足发展的关键。

1. 库存管理基本概念

(1) 库存决策。它是由一系列决策组成，包括应该购买什么或制造什么，何时购买制造，以及购买或制造多少，还包括库存安置以及工厂和配送中心布置等决策。

(2) 订货完成周期。它是顾客发出购买订单与收到相应的货物装运交付之间的时间。

(3) 基本储备。在订货过程中必须持有的平均存货被称为基本的储备，其中平均存货由在物流设施中储备的材料、零部件、在制品和制成品构成。

(4) 安全储备库存。它是平均库存的一个重要组成部分，用以防止库存供给和顾客需求等的不确定性因素对物流服务的影响。

(5) 中转库存。又称运送中库存，代表着正在转移或等待转移的储备在运输工具中的库存。中转库存给供应链增添了复杂性：第一，中转库存代表了真正的资产，即使并不存取或使用，也必须支付运费；第二，存在与中转运送相关的高度不确定性因素，尽管全球定位系统已经在很大程度上降低了这种不确定性，但是托运人依然会受到获取这类信息的限制。目前，在中转库存战略中物流经理们已经愈来愈重视更小的订货批量，更频繁的订货周期，以及准时化供应运送等战略，逐渐减少中转库存在总资产中占有的百分比，把注意力集中到如何减少中转库存数量和与此相关的不确定性因素上。

(6) 订货费。在订货全过程中为订购物资补充库存而发生的全部费用，包括通信费、订单手续费、招待费等。订货费用的特点是，订一次货只发生一次费用，换句话说，订货费用只和订货次数有关。

(7) 保管费用。指库存在储备过程中所发生的一切费用，例如出入储存设施时的装卸、搬运、验收、堆码以及储备中发生的货损、货差等费用。

(8) 缺货费。缺货对企业和顾客都会造成经济损失。对企业来说，失去销售机会将产生市场机会损失，影响企业的服务形象；对用户来说，会影响生产和制造支持。所有上述经济损失都可以折算成缺货费用。

(9) 经济订货批量(EOQ)。从经济的观点出发制定库存战略,使库存费用最省的订货批量叫作经济订货批量。

(10) 订货点库存量。根据库存量的变化情况,当库存量下降到某一个值时决定订货,把这个订货时的库存量称为订货点库存量,简称为订货点。

(11) 前置期。把自发出订货到收到新订货物之间的时间叫作订货前置期。

(12) 安全库存量。指在前期平均需求量之外为减少缺货以及预防不确定性的需求和延误而设的保险富余量库存。只有在随机型库存模型下才设安全库存量。

2. 物流库存管理和规划的意义

库存管理的目的是在满足顾客服务要求的前提下通过对企业的库存水平进行控制,力求尽可能降低库存数量、提高物流系统的效率,以强化企业的竞争力。

在企业经营过程的各个环节间存在库存,也就是说,在采购、生产、销售的不断循环的过程中,库存使各个环节相对独立的经济活动成为可能。同时库存可以调节各个环节之间由于供求品种及数量的不一致而发生的变化,把采购、生产和销售等企业经营的各个环节连接起来起润滑的作用。对于库存在企业中的角色,不同的部门存在不同的看法。例如,库存管理部门力图保持最低的库存水平以减少资金占用、节约成本。销售部门愿意维持较高的库存水平和尽可能备齐各种商品来避免发生缺货现象,以提高顾客满意程度。制造部门愿意对同一产品进行长时间的大量生产,这样可以降低单位产品的固定费用,然而这样又往往会增加库存水平。运输部门倾向于大批量运送,利用运量折扣来降低单位运输成本,这样会增加每次运输过程中的库存水平。总之,库存管理部门和其他部门的目标存在冲突,为了实现最佳库存管理,需要协调和整合各个部门的活动,使每个部门不只是以有效实现本部门的功能为目标,更以实现企业的整个效益为目标。

从物流系统的角度来看,库存战略决策有很大的风险,它需要对特定的存货进行分类,然后将其装运到具体的市场或销售地区,并对销售量预测以确定一系列的物流活动决策。很显然,当库存分类不恰当时,市场营销就会迷失方向,顾客满意程度就会下降。同样,库存计划的制订对制造部门也至关重要,原材料的短缺会削减产品品种或者使其被迫改变生产计划,并因此引起制造费用增加,还可能造成产品短缺。正如缺货会扰乱既定的营销活动和制造作业一样,积压(库存量过多)同样也会产生很多问题,会由于增加仓储、磨损、保险、税收、折旧等原因而增加成本减少利润。

库存物品过剩或者枯竭,是造成企业活动混乱的主要原因。因为库存具有对不同部门间的需求进行调整的职能,不能仅从制造部门独自的立场来控制库存量。在各企业中,库存战略要求绝不允许发生缺货,也不允许库存绝对的过剩,这是一个相互矛盾的问题,而这一麻烦棘手的难题将直接摆在库存管理者的面前。

库存管理效率对企业的赢利能力至关重要。企业的库存管理能力直接决定能否实现按预期的服务水准要求控制库存水平。对于许多企业来说,库存是很大一部分资金负担,所以能否改善库存管理控制绩效将直接关系到企业的市场竞争能力与生存发展。要使物流系统得到改善,库存决策者必须做出有关何时订货和订多少货的更为精确的决策,而库存管理者在做出决策时必须考虑到一系列相关的因素,包括销售流量、运费率、库存储备成本、数量折扣等。即使给定上述相关的因素,对库存经理来说,确定最佳的订货批量和补给时间也是有相当难度的。

库存决策者期望并可以达到的目标如下。

(1) 更具反应能力的订货处理和订货管理系统。

(2) 更高的获取信息和管理物流信息系统的能力。

(3) 更高、更强、更有效的、运输资源的高度可得性。

(4) 更高的存货设置能力,以便客户需要时可以随时获得。

3.3.4 物流运营管理体系规划

物流是若干领域经济活动系统的、集成的、一体的现代概念,它要求按用户(商品的购买者、需求方、下一道工序、货主等)的要求,将物质实体(商品、货物、原材料、零配件、半成品等)从供给地向需要地进行转移。在这个过程中,涉及运输、储存、保管、搬运、装卸、货物处理、货物选择、包装、流通加工、信息处理等许多相关活动。物流的运营就是将这些本来各自独立但有某种联系的相关活动组织起来,进行集成的、一体化的管理。这种集成的、一体化的管理就构成了物流运营管理系统。

1. 物流运营管理系统构成

一个完整的物流运营管理系统主要由营销系统、物流运营网络、人力资源管理系统、财务结算系统及绩效考核评价系统等组成,通过各个系统之间的协调工作,以保证物流运营的效益性,保证满足客户的物流需求。

1) 营销系统

营销系统是物流企业根据决策层的市场定位决策和经营管理决策,结合物流市场特点和自身资源特点以及物流运作的要求而设立的,其主要职能是根据市场定位来负责物流市场和客户的开发。对于制造企业的物流部门来说,其有效部门的主要职能一般是负责供货商的选择与管理以及物资的采购。如果工商企业的物流部门独立核算,并成立了独立的法人实体,那么,其运营部门也应该与物流企业一样,面向社会开拓物流服务企业。

2) 物流运营网络

运营网络是物流运营的实体作业及其管理部分,是物流服务的具体作业表现,直接承担着物流业务的运作。

由运营网络系统接收营销系统传来的订单任务,通过各个物流环节的协调作业,完成整个体系的资源调度、指挥、协调及业务总体运作,根据客户化的业务流程,直接控制物流过程。

物流运营网络一般由相应的仓库、运输、配送、客户服务等环节组成。物流企业和工商企业的物流部门应根据自身的资源状况以及客户的物流服务需求,保证向客户提供完美的服务。

3) 财务结算系统

物流服务系统是一个全球化的大型系统,不但涉及企业内部物流系统本身,更重要的是涉及社会各个方面。在为客户提供服务过程中,需要与客户、接收人、物流合作伙伴、承运人、信息服务企业等各个方面发生业务关系,要协调好各个环节,完善的预算体系是不可缺少的。通过合理的结算体系，确保各个方面的利益，促使整个服务链的效率最优。同时，从企业内部的角度考虑，通过设置有效的财务核算体系，可以为物流运营的决策者和管理者提供有用的决策管理信息。

4) 人力资源管理

物流企业及工商企业物流部门的一项重要工作，就是要建设一支核心的专业技术与管理团队，并有效地搞好员工队伍的建设，这是关系到物流运营以及物流企业经营成败的关键。对于物流运营过程来说，核心管理与技术团队是至关重要的，他们代表了物流企业和工商企业物流部门的专业水平。而具体物流运营的效率和效益都是通过每一个实际操作人员的能力和水平来体现的。因此，物流运营的人力资源管理应以核心团队和具体从事物流业务操作的员工队伍两个层面为基础，并以核心团队的建设、协调和稳定运行为主来开展。

5) 绩效评价系统

在物流运营过程中，应随时根据质量控制标准对物流服务质量进行监控，确保每一个作业环节的高效、合理运行。并且对物流的运营过程及总体情况作出最终的考核评价，进行相应的奖惩和改进，使整个运营过程保持畅通、规范。

一个设计得好的物流绩效评价体系可以使高层管理者准确判断现有经营活动的获利性，及时发现尚未控制的领域，有效地配置企业资源，评价管理者的业绩。具体来说，物流绩效考核评价可以是对每个物流作业环节的考核，也可以是对整个物流服务质量和物流活动的评价，也可以是对物流企业或工商企业物流部门的综合财务评价。

任何一个体系的设计都同组织结构有着密不可分的关系，物流运营绩效评价系统的设计，也应适应物流运营的组织结构，同时组织结构的设置也影响信息的流向与流量。物流绩效评价体系是设计在整个组织结构之内的，这个体系的设计必须准确、及时、可接受、可理解，能够反映企业的特性，与企业的发展战略具有目标一致性，并具有一定的可控性、激励性和应变性。

2. 物流运营管理体系规划的内容

物流运营管理体系规划是物流企业或工商企业的物流部门为物流运营管理各环节的活动作出的前瞻性安排，因此规划的体系与各环节基本上对应，即包括物流营销系统规划、物流运营网络规划、物流运营人力资源规划、物流运营绩效评价系统规划等。

制订物流营销系统规划对物流企业有着极其重要的意义，物流服务的定制性和专业性都较强，因此，物流营销系统规划包括了物流营销的组织规划、物流产品策略规划，物流价格策略规划、物流渠道策略规划、物流促销策略规划等。

物流运营网络规划既涉及基础设施，又涉及流程组织。物流网络由节点(物流中心)和通道构成。但对企业而言，所需考虑的主要是节点，即物流中心的问题。物流中心既可自建，也可以租用公共型物流中心，而物流通道则大部分是利用社会公共物流通道资源。建立物流网络的关键是确定各个物流中心的布局，以及据此确定具体物流中心的任务和规划。因此，物流运营网络规划主要包括物流中心规划、流程规划和输配送系统规划。

物流运营人力资源规划，就是根据企业的战略规划，通过对企业未来人力资源的需求和供给状况进行分析和预测，采取岗位配置、员工招聘、培训开发、薪酬设计及绩效考核等人力资源管理手段，制订使企业人力资源与企业发展相适应的综合性发展规划。

物流运营绩效评价系统规划包括物流活动主要环节(运输环节、仓储环节、配送环节以及其他增值服务环节等)的绩效评价系统设计、物流企业的财务绩效评价系统设计、物流企业的综合绩效评价系统设计、工商企业物流绩效综合评价系统设计等。但无论哪一个子系统的物流运营绩效评价系统规划，重点都是评价指标体系提出的评价方法设计。

3.3.5 物流信息平台规划

随着现代物流业的兴起和物流企业规模的不断扩大，采用先进的计算机、网络技术，开发适合物流企业实际情况的物流信息系统，实现分布式、异地、网络化物流信息的安全传输、管理和共享，已经成为物流企业提高市场竞争力和满足电子商务要求的重要手段之一。

随着现代科学技术的突飞猛进，现代物流业已经进入网络技术和电子商务为代表的物流活动信息化的新阶段。发达国家的物流业已经成为独立产业并在社会经济中发挥着巨大的作用，而我国与发达国家相比还存在较大差距。

我国加入 WTO，给现代物流业的发展带来了新的机遇和挑战。现代物流业必将在中心城市发展成为支柱性产业，而物流系统的信息化建设必将成为物流业发展的关键因素。

物流系统信息化的目的是利用网络化、信息化的优势，通过对整个物流系统资源的优化整合，为企业提供共享交互的载体和高质量、高水平的增值服务，提高资源的利用率，实现物流系统的优化运作。

1．物流信息平台规划原则

1) 信息的可得性

物流信息系统所存储的信息，必须具有容易而且持之以恒的可得性，例如订货和存货的信息。这包括两个层面的含义，一是情报的存入，物流信息系统必须能够快速而准确地将以书面为基础的信息转化为电子信息，保证第一时间提供最新的信息；二是信息系统应能够向信息需求者提供简易、快捷的获取信息方式，而不受时空的限制。信息的可得性能够减少企业作业上和制订计划上的不确定性，减少损失和浪费。

2) 信息的精确性

物流信息必须精确地反映企业当前的状况和定期活动，以衡量顾客订货和存货水平。信息精确性的含义既包含了信息本身由书面信息转化为电子信息时的准确性，同时又包含了信息系统上所显示的存量信息与实际存货的一致性。通常，要达到平稳的物流作业要求，企业实际的存货与物流信息系统提供的存货其吻合度必须达到 99%以上，信息越是准确，企业不确定性运作情况就越少，缓冲存货或安全存货的需求量也越少，甚至根本就不需要。

3) 信息的及时性

物流信息必须及时地提供快速的管理反馈，及时性要求一种活动发生与该活动在信息系统内可见的时间间隔应尽可能的小。信息系统必须及时地更新系统内的信息，信息更新的时间间隔越长，信息系统所报告的信息与实际情形的偏差就越大，对物流过程和其他活动过程的危害也就越大。

4) 处理异常情况的能动性和主动性

物流信息系统必须以处理异常情况为基础，依托系统来突出问题和机会。管理者通过信息系统能够集中精力关注最重要的情况，包括存量的居高不下或严重不足，促使管理者做出相应的决策。

5) 信息系统的灵活性

物流信息系统必须具有高度的灵活性，以满足用户和顾客的需求。因为顾客的广泛性和需求的多样性，他们对信息的需求不尽相同，企业物流信息系统必须有能力提供能迎合特定顾客需要的数据。

6) 系统界面的易操作性

物流信息系统必须是友善和易于操作的，这一方面是为了使管理者便于使用操作，同时也可提升工作效率。适当的系统界面要求提供的物流信息要有明确的结构和顺序，能有效地向决策者提供所有相关的信息，避免管理者通过复杂的操作才能达到相应的要求。

2．物流信息平台的组成

1) 公用物流信息平台

公用物流信息平台是通过广域网及其他可能的接入方式，为社会广大用户提供物流信息交换的场所。它打通了行业或企业的壁垒，实现节约运行成本、运行快速可靠，并与用户交互，进一步提供用户所需的信息与决策等方面的支持服务。

公用物流信息平台是通过对公用物流数据(如交通流背景数据、物流枢纽货物跟踪信息、政府部门公用信息等)的采集、分析和处理，为物流服务供需双方的企业信息系统提供基础支撑信息，满足企业信息系统中部分功能(如车辆调度、货物跟踪、运输计划制订、交通信息状况查询)对公用物流信息的需求，支撑企业信息系统功能的实现。

公用物流信息平台的本质是物流信息系统集成平台，它是以获取物流业规模化效率化效益为目的，以先进的信息技术为支撑，以信息共享为手段而建立的信息平台。

(1) 公用物流信息平台服务对象。公用物流信息平台的服务对象是供应商、采购商、物流服务企业和政府机关等。

(2) 公用物流信息平台服务。公用物流信息平台的基本功能是提供第三方企业发布的物流服务供求信息，自动匹配与组合，加快完成物流过程。

- 为物流活动中的主要三方追踪、监控物流设施设备的动态，使之及时了解和掌握物流设备与货物的运行位置、状态等，以便与企业 ERP 结合，安排相应生产计划。
- 通过平台查询企业信誉、经营状况、技术能力等信息，辅助多方进行合作伙伴选择。
- 挖掘物流数据，发现知识，辅助企业制定物流战略和政府有关部门调研与发布物流行业政策。

(3) 公用物流信息平台结构。公用物流信息平台为跨地区、跨行业的分布式网络布局，采用 B/S 结构与可扩展标记语言(XML)数据格式，通过互联网，为企业提供规范化的程序接口和通信服务，并允许企业内部数据的异构交互与通透。各区域、行业、企业物流信息系统均为其子系统，各自独立又相互融合构成，并由中心系统将多个地区与多个行业整合为一个统一的大物流信息平台。在公用物流信息平台中，数据仓库由中心物流数据仓库与区域和行业物流信息与知识库结合构成。数据仓库分散布置，可以降低数据维数，分散储存数量，提高挖掘与查询速度，其弊端是系统维护困难增大。

2) 物流信息交易平台

物流信息交易平台是一个信息平台，它分门别类地向物流服务供需双方提供商业信息及市场信息，并对这些信息进行专业的分析，提出建议，进行辅助决策。

物流信息交易平台是一个服务平台，运营商通过和金融机构、海关、商检部门及运输、速递、仓储公司合作，提供安全及时的资金流、物流、商检等信息服务。

(1) 物流信息交易平台的规划目标。

物流信息交易平台实现的目标是要对我国的行业进行细分，提供石化、钢铁、煤炭、汽车及零部件、农资和农产品等领域的行业网站，使我国的各个行业都有网上电子商务和物流的交易平台。各个行业网站针对供应链上的上游厂商提供从生产到销售流程化的网上管理，提高了生产、流通和物流企业的及时响应能力，提高了政府部门应急信息处理和资源调度能力，促进了重点生产、运输和流通行业与政府应急信息的互连互通，提高了应急物流保障能力。

物流信息交易平台实施目标是要建立全国性的专业市场，在一般的消费品领域，也可以实现购物与物流配送一体化服务建设。如服装、出版物、小家电、农业种养殖和农产品营销等领域都可以利用物流信息交易平台进行网上交易。

(2) 物流信息交易平台的功能。

物流信息交易平台主要是实现电子商务和物流的结合，为所有的企业用户提供商品买卖，为物流公司提供货源信息的一个全国性商务物流信息共享平台。使用群体主要面向产品制造商、经销商、物流公司、最终用户等，该平台实现企业与外部上下游合作商的信息互动，及时解决企业与客户间的信息互通问题。通过电子商务和物流的结合，可以实现从产品生产、产品销售、供应、货物运输到最终用户的整条链信息自动化管理。

3) 企业物流信息系统

在生产资料和劳动力成本无法降低的情况下，降低物流成本成为第三利润的源泉。依托高新技术作为强有力的支撑，建设企业物流信息系统不仅有利于实现企业物流供应链的一体化和信息化，提高物流管理的系统性和集成性，也将为企业与供应商、销售商、客户间物流信息网络的建设和供应链一体化奠定良好的基础。

企业物流信息系统主要根据物流企业、生产企业、商业企业的内部物流信息一体化、网络化、高效化的需求，构建企业信息系统，提高物流运作效率，并逐步要求在供应链上、下游企业以及合作伙伴之间实现信息共享。

(1) 企业物流信息系统设计内容。

企业物流信息系统设计阶段的主要输出是前一阶段的需求分析报告，需求报告主要应包含事件流图、数据流图、需实现的各功能描述、功能接口、优化算法等内容。物流信息系统的设计也包括逻辑设计和具体程序实现的功能设计，逻辑设计主要决定了系统由哪些功能模块组成，每个模块完成哪些具体的工作，在逻辑设计阶段不考虑功能模块如何实现的问题。在程序的模块化设计阶段，应遵循耦合度尽可能小，凝聚度尽可能大的原则，但模块的划分不宜太多，这样不利于整个系统的管理。

(2) 企业物流信息系统的功能。

在现代企业的竞争过程中，各种不同的消费结构和顾客差异演绎出多种价值流，从而带动了物流的多样性和变化性，显然，在这种竞争态势下，坚持严格的顾客价值导向是最为基础和坚实的选择。高效有序的物流信息系统一般应该包括以下几个方面的基本功能。

第一，顾客与需求的整合。所有企业的核心职能都是建立在以顾客和消费为导向的价值观念之上的，物流信息系统也应该建立在顾客需求和市场的基础之上。建立持续的顾客满意导向系统，将顾客和消费需求加以整合，重视顾客的分类，重视企业物流系统的需求反应能力和良好柔性，满足顾客不断变化的消费需求，对不可预期的顾客愿望迅速做出反应，能够应对环境变化引起的消费变异并加以引导。

第二，内部与资源的整合。优秀的物流管理信息系统首先着眼于内部，以此为基础达到顾客的价值最大化。通过内部的物流整合实现简化物流和供应链系统的目的。通过标准化，检查合并，程序的制定与优化，结构的适应性调整通常能够满足内部资源整合的需要，能够削减内部运转的无效环节，适当整合上下游企业以及进行有效的客户关系管理。

第三，战略与供应的整合。良好的物流信息系统不仅重视顾客和市场的接口，而且尤其重视整体战略和供应的整合。战略与供应的整合可以通过整体经营战略的制定，合并与重组的操控，供应与需求的资金运行调整等手段取得规模效益、协作效益、投资控制效益、知识积累效益，进而达到节约成本的目的。

第四，信息与规划的整合。高效运作的物流信息系统对所有相关管理方面的整合还涉及高效准确的信息流。通过掌握准确的经营信息，能够更加准确和坚实地规划和控制组织间的供应链物流(产业链)。通过信息系统管理、内部信息交流、信息处理与交换能力的提升，改善自身的信息处理技术和手段，以与物流供应链中的合作方共享信息为突破，掌握主动权。

第五，绩效与评价的整合。经营业绩始终是企业追求的最大目标，是企业生存和发展的基础。通过不断测量和评价物流系统的效率和效益，能够及时察觉变化并迅速做出反应。通过顾客满意度、市场占有率、成本与收益、质量与数量、投资与资源的数据可以测定企业物流系统的职能效果、作业成本、总成本，进而确定整个物流供应链的财务效益和各个环节在企业价值创造方面的贡献。

第六，合作关系的整合。企业的目标和运作模式千差万别，合作关系的整合事关物流价值链系统的稳定和发展。在普通的管理平台上建立起来的合作关系，即使有长期的合作合同或技术联系也有可能瓦解。因此，必须借助于企业的物流信息系统建立多方面的合作关系，通过专业化分工伙伴角色的定位，物流供应链主体价值观，根据力量对比而不断修订的规则，信息交流以及合理的成果利益分配来建立稳定的、长期的、具有战略资源依存特征的合作伙伴关系。

(3) 企业物流信息系统的要求。

面对不断创新的信息技术和不断提高的顾客需求，企业的物流信息系统设计、运行的要求越来越高，而且也越来越困难。虽然如此，但是信息智能、应变快速、柔性重组和成本精简始终是物流供应链信息系统的基本要求。

第一，信息智能。信息智能是物流信息系统的运作基础。物流信息系统应该能够具有收集顾客消费现状和消费变换愿望的详尽信息的能力，并通过现有的物流系统资源来满足他们，这就要求所有组织内部和组织间的信息交流必须顺畅。通过信息的智能化来实现顾客价值，满足顾客需求，赢得顾客满意。

第二，应变快速。应变快速是物流信息系统的运作重点。预测顾客的需求仅仅是竞争的开始,企业必须要以比竞争对手更快的速度来适应和满足这种变化的需求。通过数据(统计、市场)分析寻觅顾客需求的细微变化,识别和引导顾客需求,开发现实和未来的消费市场,以此应付多变的市场竞争环境。

第三,柔性重组。柔性重组是物流信息系统运作的核心。随着竞争的加剧,产品生命周期越来越短,顾客需求越来越苛刻,企业的组织结构、价值结构、成本结构等都必须具备快速变革和重组的能力。这就使得企业内部各单元在相对独立的情况下,以市场为导向,根据物流系统和生产系统的需求在短时间内实现柔性重组。灵活地运用组织内部和外部资源,适时进行价值、服务、成本和能力的评估,达到满意的组织结构、价值结构和成本结构是现代物流信息系统运作的核心。

第四,成本精简。成本精简是物流信息系统运作的目标,成本是企业竞争和实现顾客价值最大化的基础,最小投入和最大产出的原则是企业的永久追求。通过科学高效的物流信息系统,有效防止各种浪费,建立低成本运作模式的组织结构和程序以达到最佳的绩效。通过核心竞争力的拓展提高整体物流供应链系统的价值,在提高服务水平的同时降低成本。

4) 物流园区信息系统平台

物流园区是多个物流实体在空间上集中布局的场所,是具有一定规模的综合物流服务与管理设施的集结点。从现代物流的发展趋势看,物流园区实物空间的占位作用在逐步退化,而信息服务和信息管理作用在逐步强化,现代物流逐渐趋向信息化、自动化、智能化。以网络为平台、供应链为主体、电子商务为手段,构筑商流、信息流、资金流为一体的现代物流园区正在成为物流园区建设规划的重要内容。

(1) 物流园区信息系统平台的规划目标。

物流园区信息系统建设的目的在于以最短的流程、最快的速度、最少的费用传输高质量的信息。其目标定位:一是整合物流信息、资源。完成各系统之间的数据交换,实现信息共享及协作;二是加强物流企业与上下游企业之间的合作。形成并优化供应链;三是通过信息平台的建设,提供在线交易,实现电子商务。其具体目标如下。

第一,建立良好的通信基础设施,为政府相关部门之间、企业之间以及政府与企业之间数据交换提供基础设施。

第二,引导相关物流企业的信息建设,接入共用信息平台系统。

第三,完善行业管理部门相关物流信息系统的建设,建立完善的数据采集系统,提供行业管理的信息支撑手段,提高行业管理水平。

第四,提高运输、保管、搬运、包装、流通、加工等作业效率,使这些作业环节更省力、更合理。

第五,使用户订货适时、准确。尽可能不使用户所需的订货断档。

第六,保证订货、出货、配送信息畅通无阻。

第七,使物流成本降到最低。

(2) 物流园区信息系统平台框架体系。

物流信息系统平台规划的关键是构建信息平台的体系框架,并对其进行技术分解,确定各系统之间的衔接要求,明确信息组织方案等。根据信息属性和可实现的技术方法,物流信息平台由共用信息平台、基础信息平台和作业信息平台三部分组成,其中共用信息平台是中心。从服务性质上来看,共用信息平台是广义的,基础信息平台是局部的(园区内物流企业),作业信息平台是针对某一具体物流企业的。共用信息平台服务于基础信息平台和作业信息平台,而基础信息平台和作业信息平台的企业相关数据信息又服务于共用信息平台。三者是一个有机的整体。

第一,共用信息平台。物流共用信息平台以其跨行业、跨地域、多学科交叉、技术密集、多方参与、系统扩展性强、开放性好等特点对现代物流的发展构成了有力支撑,其作用是:保证货物运送的准时性;货物与车辆跟踪,提高交货的可靠性;提高对用户需求的响应性;提高政府行业管理部门工作的协同性;提高资源配置的合理性。企业直接使用公共物流信息平台,可以利用其庞大的资料库以及开放性的商务功能,实现企业自身的信息交流、发布、业务交易、决策支持等的信息化管理,是物流企业信息化的捷径。

第二,基础信息平台。通过园内物流企业的接入和园区获取的物流需求信息的抽取,构成物流基础信息平台。物流基础信息平台为园内物流企业的接入提供技术支持,向相应数据库抽取服务于物流企业的相关信息提供技术支持,并提供信息共享功能;抽取园内物流企业的信息流、物流和资金流,为政府的物流决策提供技术支持。

第三,作业信息平台。物流作业信息平台主要是向园内物流企业提供一个完整的生产作业平台,以满足物流企业完成生产过程的各项功能需求。设置物流作业信息平台的目的是为了满足不自建信息网络系统的物流企业的需求,以减少重复建设,提高中心信息网络系统资源的利用率,降低物流成本。具体被租用的物流作业信息平台以虚拟网的形式寄存于物流园区中心信息网络系统,共享中心信息网络系统资源。企业租用作业信息平台时,不承担"共享协议"之外的任何责任和义务,与有独立信息网络系统的企业具有同等的待遇。企业的生产经营、日常管理及相应数据信息的保存,以完全独立的形式存在于物流园区的中心信息网络系统。作业信息平台由多个分系统组成。其主要的分系统有:仓储管理信息系统,运输管理信息系统,配送管理信息系统,货代管理信息系统,条形码数据采集管理系统,射频数据采集管理系统,客户管理信息系统,合同管理信息系统,决策支持信息系统,统计管理信息系统,结算管理信息系统,行政管理信息系统。

本 章 小 结

随着世界经济的快速发展和现代科学技术的进步,现代物流业作为现代经济的重要组成部分和工业化进程中最为经济合理的综合服务模式,正在全球范围内得以迅速发展。特别是我国加入 WTO 以后,物流业作为国民经济中一个新兴的产业,已经成为我国经济发展的重要产业和新的经济增长点。因此,如何对物流进行合理的规划,使企业立于不败之地,是企业和学者们努力研究的方向。

由于物流系统是社会经济系统的组成部分,其构成相当复杂,本章从系统的基本理论入手,介绍了物流系统的含义、模式、功能、要素和特征,揭示了物流规划的含义、指导原则和规划意义,同时对物流规划体系进行了全面分析。通过本章学习,读者可以对物流规划的基本内容和规划体系有一定的了解,为物流规划提供理论指导。

思考与练习

1. 系统的含义是什么？
2. 物流系统的含义是什么？
3. 简述物流系统分析的方法。
4. 规划的含义是什么？
5. 物流规划的含义是什么？
6. 简述物流规划的意义。
7. 论述物流规划体系。

第 4 章　物流系统规划的理论与方法

【学习目标】
- 熟悉物流系统规划早期理论。
- 掌握物流客户服务理论。
- 掌握物流系统规划选址方法。
- 掌握运输网络规划设计方法。
- 掌握设施优化布置方法。
- 掌握物流通道系统方法。
- 掌握物流预测方法。

随着现代科学技术的迅猛发展，全球经济一体化的趋势加强，各国都面临前所未有的机遇和挑战。现代物流作为一种先进的组织方式和管理技术，被广泛认为是降低物资消耗、提高劳动生产率以外的重要利润源泉，在国民经济和社会发展中发挥着重要作用。因此，如何确切理解物流系统设计理论和方法、物流组织管理理念及物流合理化等问题是十分重要的。在我国理论界，物流系统规划设计方面的探讨很多，也确实取得了一些研究成果，但是很多理论较为零散，不成系统，可应用性不强。本章在研究前辈的理论和全面理解物流网络的内涵的基础上，较为系统地论述了物流网络规划的理论与方法，提出一些较为实用的方法和模型。

4.1　物流系统规划的理论基础

4.1.1　物流系统规划理论的早期研究

1. 典型物流系统优化设计理论和方法

关于物流系统的优化设计理论和方法的研究，许多国内外专家做了很多很好的工作。这里我们所说的物流系统设计是指物流系统优化的数学模型，其主要内容包括目标函数、约束条件及优化模型和算法。

1) 目标函数：总费用函数=固定费用+运行函数

(1) 典型的固定费用是物流中心个数 N 的单调上升函数。最简单的情况是线性函数 $f(N)=CN$，其中 C 是建设一个物流中心的费用，N 是物流中心的个数。

(2) 最典型的运行函数是各物流中心到其每个用户距离的单调上升函数，最简单的情况是线性函数 $G(P_{ij}, D_{ij}) = \sum C_i P_{ij} D_{ij}$。其中，$C_{ij}$ 为常数，指第 j 个物流中心的第 i 个用户的每吨公里运输费用；P_{ij} 指第 j 个物流中心的第 i 个用户的运量；$D_{ij} = [(X_i - X_{Dj})^2 + (Y_i - Y_{Dj})^2]^{\frac{1}{2}}$，指第 j 个物流中心的第 i 个用户到物流中心的直线距离，(X_i, Y_i) 为常数，是第 j 个物流中心的第 i 个用户的坐标；(X_{Dj}, Y_{Dj}) 是物流中心的位置，为决策变量。

(3) 最典型的总费用函数：$\min = f(N) + \sum C_{ij}P_{ij}D_{ij}$。在这个典型的模型中，运行费用仅仅包括运输费用。但是，从物流整个运作来看，总费用还包括装卸费用、搬运费用及管理费用。

2) 约束条件：服务水平、能力和需求的限制。

这是一个典型的布局/分配问题，难度较大。其中确定物流中心位置的问题，称之为布局问题；确定第 j 个物流中心的第 i 个用户的运量，或第 i 个用户由哪一个物流中心配送的问题，称之为分配问题。

3) 物流系统设计传统优化模型和算法

(1) 在分配问题给定的情况下确定物流中心的位置。

上面已经提到什么是分配问题，当已经确定各用户由哪一个物流中心送时，即分配问题已经确定，此时，有以下两种方法确定物流中心位置。

近似算法：其中以重心法最为典型，近似地用重心代替最佳物流中心位置的布局。数学上可以证明，这类方法的目标函数中的费用自变量实质上不是距离 D_{ij}，而是距离的平方。目前常用于确定物流中心选址时的初始位置。

一般优化的方法：这种模型和方法的困难在于，当物流中心位置趋于其用户时，目标函数的导数将会趋于无穷大。当最优的物流中心位置与某需求点一致时，给求解带来很大困难。

(2) 物流系统设计的布局/分配问题。

整数规划法：用线性规划方法求最优解。根据不同的目的，可细分为 0-1 规划、纯整数规划和混合整数规划。此类方法目标明确，较能更准确地反映实际情况，但算法较复杂，计算时间较长。

鲍姆尔-沃尔夫法(Baumol-Wolf)：采用分阶段逐次逼近(向最优解收敛)的方法。首先，按照运输问题求解运输费用和发送费用；然后，求管理费用函数的微分，使边际费用最小；再进一步解运输问题。按此顺序反复进行。

剖分/选点法：该方法采用剖分/选点反复进行计算优选。剖分是确定每个流通中心的送配区域，选点是求出各送配区域物流中心的位置。这种方法在理论上可以证明，每次剖分/选点都是逐步下降的，但不能保证能够达到最优点。

以上一般解法是采用分段迭代的算法，即求对偶的算法。

2．物流系统模型的分类

对于物流系统模型，按其结构形式可以分为实物模型、图式模型、模拟模型和数学模型等类型。可根据物流系统的目标、要求、需要费用预算等情况进行选择，用于不同层次的物流系统分析。

1) 实物模型

实物模型可以实现系统的放大或缩小，它能够表明物流系统中的各个基础设施分布、作业场地分布、基本建设的布局、物流工艺流程等的规划、布局与设计是否合理，是否便于整个物流系统的运行。实物模型的特点是直观形象，能参与研究讨论的人员较多，便于研究共同问题、集思广益分析和完善有关系统。但是，实物模型描述物流系统一般比较粗糙，数量关系和一些细节不易搞清楚，有关要素的内在联系也不易表述清楚，一般情况下，不宜用于物流系统优化。

2) 图式模型

图式模型是用图形、图表、符号等把系统的实际状态加以抽象表现的形式。如网络计划图可以表示物流相关作业内容、作业逻辑顺序、作业时间与进度、各种时差及关系，是一种较为理想的图式模型。图式模型是在满足约束条件下寻求实现目标值的满意方案的一种方法。图式模型要视其复杂程度以及包含的内容与关系是否能用图形表示清楚来决定是否采用，较理想的图式模型也可以用作优化的辅助工具。图式模型的优点是简洁、清晰、直观。但是，对于复杂的图式模型需要借用计算机进行计算和优化，当变量维数较大时图式模型的应用就受到限制。

3) 模拟模型

模拟模型是根据同构成或同态系统之间可以进行模拟的原理，所建立的一种便于求解、控制或处理的分析系统，或可用相似模型代替或近似描述原系统的另一系统。模拟模型一般有如下两种。

(1) 可以接收输入、进行动态演示的可控模拟图形。

(2) 用计算机程序语言表达的模拟模型。例如，物流中心(物流枢纽)站台数量的模拟。对于一些内部结构不清的或因素复杂的系统，这种模拟往往是有效的。

典型的物流系统模拟方法如下。

(1) 克莱顿希尔模型，它的特点是服务水平最高，物流费用最小，信息反馈最快。克莱顿希尔模型采用逐次逼近的方法来求解下列决策变量：①流通中心的数目；②对用户的服务水平；③流通中心首发货时间的长短；④库存分布；⑤系统整体的优化。

(2) 哈佛大学的物流系统模拟：具体要确定的问题是：流通中心的数目和地点选择、流通中心的装卸设备选择、运输和发送手段的选择。

4) 数学模型

通过数学手段建立描述实际系统的一种模型。数学模型一般是将物流系统的要素和相关关系用数学表达式、图像和图表等抽象地表达出来，往往需要计算机求解。一般可将数学模型划分为确定型和随机数学模型，或划分为连续型和离散数学模型。所建立的数学模型在多数情况下可以优化，或可以取得近似优化的结果，但是在数学模型的建立过程中，往往舍去了一些次要因素和少数难以描述或无法描述的因素，所以，取得的优化结果往往是假设条件下的理论上最优或较优。

3．建立物流系统一般模型的要求

(1) 满足功能和精度分析要求。能反映特定物流系统的本质问题，在除去非本质问题的基础上，能保持反映物流系统现实的真实度。

(2) 借鉴标准模型形式。尽可能借鉴一些标准模型构建物流系统，这样有利于用现有数学方法和其他方法解决问题。

(3) 简单实用，便于求解。物流系统模型既要满足精度要求，又要力求简单、便于分析应用、便于推广、求解费用低、节约时间和用费。

4.1.2 物流客户服务理论

从物流角度来看，客户服务是一切物流活动或供应链的产物。企业提供的客户服务水平比任何其他因素对系统设计的影响都要大，因而，在物流系统的设计之初就应该确定物流客户服务标准，因为不同的服务标准决定了物流系统框架的规划设计。物流客户服务必然是企业所提供的总体服务中的一部分，客户服务是能够对创造需求、保持客户忠诚产生重大影响的首要变量。物流服务质量管理既是物流企业营销的基础，也是物流企业营销的核心，深刻理解和认识服务质量，对于物流企业开展营销活动具有重要的意义。

1. 物流客户服务基本理论

1) 客户服务的概念

物流客户服务是企业所提供的总体服务中的一部分，它是发生在买方、卖方及第三方之间的过程，使交易中的产品或服务实现增值。同时，这种增值意味着通过交易，各方都得到了价值的增加。因而，从过程管理的观点看，客户服务是通过节省成本费用为供应链提供重要的附加价值的过程。

不同的群体对客户服务这一概念往往有不同的理解，而且客户服务的内涵与外延十分广泛，有着不同的表达方式。

美国凯斯威斯顿大学罗伯特·约瑟夫·巴罗(Robert Joseph Barro)教授提出的交易全过程论，将客户服务分为交易前、交易中和交易后三个阶段，每个阶段又有不同的服务内涵，如图4-1所示。

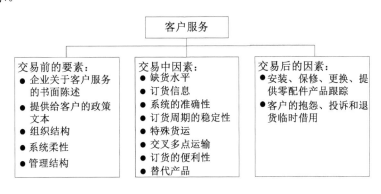

图 4-1 客户服务的构成因素

日本神奈川大学唐泽丰教授提出客户服务可以划分为营销服务、物流服务和经营技术服务三大类，分别有着一些相应的可度量或不可度量的要素，如图4-2所示。

2) 客户感知的服务质量

物流客户服务是与客户的相互交流、相互影响的交易过程，因而客户服务应该从客户的角度出发，去了解客户，确定企业合理的客户服务标准也以此为依据。

虽然企业和它的客户对客户服务这一概念的解释有所不同，但大多数人都认为良好的客户服务包括三个主要的方面：产品的可得性、交易的便利性和获得相关信息的及时性。也就是说，客户在购买某项产品时，总是期望在确定的时间，在确定的地点，以良好的状态得到所需要的产品，客户还期望交易手续最简便，若供应商不能按时交货或订单不能按时配齐，则客户期望能立即得到通知。

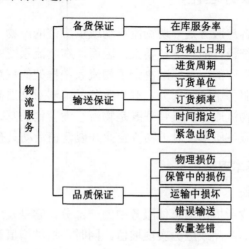

图 4-2　物流客户服务构成要素

在研究物流企业的质量管理中，以工业企业质量管理理论为指导，势必不符合物流企业是一种服务型企业的客观事实，而服务型企业提供的服务与工业企业提供的产品相比，具有无形性、不可储存性、差异性和不可分离性的特点，两类企业无论在经营上，还是营销中，都有着很大的差别。

顾客对服务质量的认识取决于他们的预期同实际所感受到的服务水平的对比。如果实际质量满足了顾客的期望，即期望质量，那么可感知质量就是上佳的；如果顾客期望未能实现，即使实际质量以客观标准衡量是不错，整体可感知质量仍是不好的。顾客感知服务质量如图 4-3 所示。

图 4-3　顾客感知服务质量

期望质量是一系列因素的综合，如企业与顾客的市场沟通、企业形象、口头传播、顾客需求水平。市场沟通是企业可以直接控制的，形象和口头传播则不为企业所直接控制，虽然企业的内部因素对它们会有所影响，但它们基本上是由企业以往的业绩所决定。最后，顾客的需求水平对顾客的期望也是有一定影响的。而顾客所经历的实际质量，包括技术性质量与功能性质量两个方面。技术性质量是企业为顾客提供的服务结果，是顾客能比较客观地评估的质量属性；功能性质量是服务过程的质量，它不仅与服务时间、服务地点、服务人员的服务态度有关，也与顾客的个性特点、态度、行为方式等因素有关，即它是顾客在企业提供服务时相互接触的刹那间，对企业服务的印象，是顾客对服务质量的一种较主观的判断。企业形象是个"过滤器",它影响顾客对企业服务质量的认识,如果形象良好,企业又提供优势服务、顾客对服务质量的认识会好上加好;倘若形象不佳,企业任何细微的失误都会给顾客造成很坏的印象。顾客的感知服务质量就取决于期望质量和实际经历的质量之间的差距。根据服务型企业的感知服务理论,进行如下的探讨。

(1) 物流服务质量是顾客感知到的对象。物流服务质量不能由企业单方面决定,它必须适应顾客的需求和愿望。另外,物流服务质量不是完全用客观方法制定的,它可能更多的是顾客主观上的认识。

(2) 物流服务质量离不开生产的交易过程。物流服务生产过程的产生结果,只是顾客认识的物流服务质量的一部分,顾客在与企业员工面对面接触时的真实瞬间,是买卖双方的相互作用过程,它是顾客感知质量的一个关键因素。因此,质量的设计和计划必须体现在这个时刻中。

(3) 每个员工对服务质量都做出了贡献。一方面物流服务质量是在买卖双方相互作用的真实瞬间中产生和实现的,处理顾客关系和为顾客服务的一线员工参与了质量的形成;另一方面,这些与顾客接触的前台员工工作的完成,要依赖于后台人员的支持。这些后台的"支持者"对顾客感知的质量,也负有责任。如果某个与顾客直接接触的员工或处在组织与顾客联系层面的员工,对服务处理不当,质量就会因一招不慎而满盘皆输。

(4) 物流服务质量管理须与企业外部营销融为一体。顾客感知的质量是一个期望质量和实际经历的函数,无论是期望质量还是实际经历的质量都要受到外部营销的影响。比如,在营销沟通活动中对顾客做出的物流服务承诺大于实际做到的,顾客的期望没有得到满足,尽管按客观实际标准衡量质量确实不错,但顾客感知的质量却可能较差,因此企业营销沟通活动的计划应与质量改进过程协调起来,统筹规划。

3) 物流服务质量评估标准

既然物流服务质量的高低,是由顾客对感知服务质量评估决定的。那么,服务质量的测定应围绕"顾客"这一中心展开,但顾客的感知是受到各种无形因素制约的,很难用固定的标准来评估,如何解决服务质量评估这一难题呢?

可以从内部顾客和外部顾客两个角度来评估服务质量。当物流服务过程发生在企业内部,并向企业中的其他员工或部门提供服务时,此类接受服务的顾客称为内部顾客,而处于企业组织外部的顾客则统称为外部顾客。显然,对于内部顾客而言,服务质量的评估可以比较客观。对于外部顾客而言,情况就比较复杂了。事实上,我们在讨论服务质量难以评估时,也主要是基于企业外部顾客对企业物流服务质量的评价。目前,作者尚未发现一种有效的方法来解决这个问题,但美国营销学家派拉索拉曼(Para-suraman)、泽塞莫尔(Zeithaml)和贝里(Berry)提出的服务质量模型(SERVQUAL 模型)对解决这一问题不无启发。他们在对信用卡、零售银行、证券经纪和产品维修与保护等各个服务行业进行考察和比较研究时,发现顾客在评价服务质量时主要是从下述五个方面进行考虑的。

(1) 可感知性。可感知性是指服务产品的"有形部分",如各种设施、设备以及服务人员的服饰等。由于服务是一种行为过程而不是某种有形的实体,所以顾客只能借助这些可视的有形证据来把握服务的实质。

(2) 可靠性。可靠性是指企业准确无误地完成所承诺的服务。可靠性实际上是要求企业避免在服务过程中出现差错,因为服务差错给企业带来的,不仅是直接意义上的经济损失，而且可能意味着失去很多潜在的顾客。

(3) 反应性。反应性是企业准确为顾客提供快捷、有效服务的意愿程度。对于顾客的各种要求企业是否予以及时的满足表明了企业的服务导向。

(4) 保证性。指企业服务人员的知识、技能和礼节能使顾客产生信任感。服务人员的友好态度和胜任能力二者是不可或缺的，服务人员态度粗鲁自然会让顾客感到不快，而他们对专业知识和技能的缺乏，也会令顾客失望。

(5) 移情性。移情性不仅仅是指服务人员的态度问题，而是指企业要真诚地为顾客着想，了解他们的实际需要，关心顾客，为顾客提供个性化服务，使服务过程富有人情味。

4) 物流服务质量分析

顾客实际经历的物流服务，是由物流企业的一系列经营管理决策和经济管理活动决定的。企业管理人员根据自己对顾客期望的理解，确定本企业的服务质量标准，要求员工按照这些标准为顾客服务。在服务过程中，由于涉及多个主体自身的复杂性，往往难以充分达意和有效实施，从而造成服务传递中的种种差距，影响服务质量。图 4-4 体现了影响物流服务质量的五种差距。查明各类差距产生的原因，分析各类差距对服务质量的影响，企业管理人员就能确定适当的措施，改进物流服务质量管理工作。

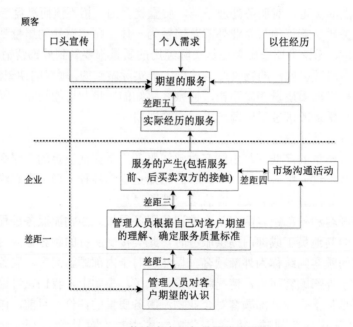

图 4-4　物流客户服务质量差距模型

差距之一是管理人员认识的差距，产生的原因可能有以下方面。

(1) 对市场研究和需求分析的信息不准确。

(2) 对期望的解释信息不准确。

(3) 没有进行市场需求分析。

(4) 服务人员未向管理人员反映或未精确地反映顾客的期望。

(5) 企业组织架构中管理层次过多，阻碍或改变了在顾客联系中所产生的信息等。对此，管理人员应通过市场调研，深入地了解顾客的需要和愿望，并改进企业内部信息沟通渠道，减少管理层次来缩短差距。

差距之二是质量标准差距，产生的原因有以下方面。

(1) 物流服务质量设计工作失误或服务质量设计程序不够完善。
(2) 企业未确定明确的目标。
(3) 高层管理人员对服务质量设计工作不够重视。

如果管理人员不了解顾客的期望，就无法制定正确的服务质量标准，但即使在顾客期望的信息充分和正确的情况下，质量标准的制定也会失败，这主要是由于管理层指导思想的偏差，对质量的重要性认识不足所致。

差距之三存在于服务实绩与实施标准之间，产生的原因有以下方面。

(1) 标准过于复杂或太苛刻。
(2) 员工不愿自觉接受标准的约束。
(3) 标准与现有的企业文化不相适应。
(4) 服务操作管理不善。
(5) 内部营销不充分或根本未开展内部营销活动。
(6) 企业的技术设备或经营管理系统不适应标准的需要。

可能出现的问题是多种多样的，很少只有一个原因在单独起作用。一般说来，员工无法按照管理人员确定的质量标准为顾客提供服务的原因有：①管理和督导方向的问题；②员工与管理人员对物流服务质量标准、规章制度、顾客的需要和愿望有不同的理解；③企业缺乏技术和经营管理系统的支持。因此，管理人员应采用综合性措施来消除差距。

差距之四是营销沟通的差距，表现在企业在市场沟通活动中所作出的承诺与实际提供的服务不一致。这类差距是由以下问题引起的。

(1) 营销沟通计划与服务能力没有统一。
(2) 传统的营销活动和物流处理活动缺乏协作。
(3) 在营销沟通活动中提出一些标准，却未能在服务工作中执行。
(4) 夸大其词，过度承诺。

因此，在营销沟通活动中，营销部门必须与业务部门合作，以便精确、客观地介绍各企业的服务情况，促使业务部门履行本企业作出的承诺，并力戒虚假、夸大的宣传。

差距之五是顾客期望与实获服务之间的差距，这个差距就被定义为服务质量，它是前四类差距引起的，是它们的综合和结果。做好物流服务差距分析工作，管理人员可发现各类质量问题产生的原因，采取必要的措施，缩小并最终消除这些差距，使物流服务实绩符合顾客期望，提高顾客的满意度，进而加强顾客的忠诚感。

2. 确定最优的物流服务水平

物流服务和市场运营的成功是密不可分的。若物流工作能提供适当的服务水准并能满足客户的需求，就能增加企业的销售额和市场份额，并最终提高企业的盈利能力促进企业发展。反之，则会使企业盈利下降。这是在许多行业中就物流服务工作所做的一项近十年的调查得出的结论。这项调查研究旨在识别给定供应商以后，分析能造成买方(最终购买者或中间采购代理)订货量增减的特别客户服务要素。该研究特别表明两点。

(1) 通过有选择性地实施优良服务，供应商可提高市场份额。

(2) 分销服务的关键部分可以识别，它们对销售额的影响是可以测定的。

这两个事实实际上就是企业建立服务战略的基础。然而，企业要提高优良的客户服务是要付出代价的，故后勤管理人员所要解决的问题就是建立服务方程或成本方程，使费用支出和所得收益的差值最大。

因为客户服务对销售额的影响可以测定，就如同提供这种服务的成本可计算一样，再加上计算机化的评价分析可识别能产生最大利润的优质服务方式，故服务的价值可以确定。分销及分销所提供的客户服务的主要目的是向客户提供某种价值，最终扩大销售和市场份额，提高企业盈利能力和全面发展。如果实物分配仅被看成是一项成本支出，那么管理工作可以将其降到最低。但最低成本的分销计划往往不能提供适宜的服务水准，且可能给企业经营带来一连串的问题。

实践证明，每个企业都可确定它的最优物流服务水平，而且可在每个市场方向上确定。在每个地区，针对每种客户类型，产品系列，每个季节和促销方式来确定自己的客户服务标准体系，以便制订最好的服务策略和设计最适合的分销系统。服务水平的确定主要取决于客户基本需求。买方通常是从如下几个方面来评价供应商的服务的。

(1) 订货周期。
(2) 按时交货率。
(3) 交货可靠性和一贯性。
(4) 订单完成率(包括产品结构、数量)。
(5) 对紧急需求的响应能力。
(6) 促销期间的服务。
(7) 对客户咨询和抱怨的反应。
(8) 订货准确性。
(9) 存货服务水准。
(10) 交货时产品性状。
(11) 市场形象。
(12) 量价结构(最小订货量、批量价格分级)。

当然，不能要求上述所有的方面都一样。有些方面的要求太高会导致成本的大幅上升，如紧急需求的响应和存货服务水准等。故各服务要素的水平确定要适当。实际上，确定上述要素的合理组合是设计最优分销服务计划的关键。

良好的服务水准对产品的销售存在直接和间接影响。直接的影响比较明显，表现为市场份额和销售的提高。间接的影响则在于买方选择供应商的优先考虑。若是经常缺货或不按时发货，则会造成零售脱销和企业存货积压。脱销会造成销售额下降，而且有长期负效应。

1) 成本与服务的关系

必须指出，虽然一般来说有效地提高分销服务水平能增加销售额，但随着服务水平的提高，服务成本也迅速上升。在服务水平超过一定程度后，销售利润的增加将被服务成本的增加全部吃掉，故服务水平的提高实际上是有限的。必须在服务水平和服务成本之间实现某种平衡，即尽可能使发生的服务成本与获得的受益之差最大。

随着物流活动水平的提高，企业可以达到更高的客户服务水平，成本则会加速增长。在大多数经济活动中，只要活动水平超出其效益最大化的点，人们就能观察到这种一般现象。销售-服务关系中的边际递减和成本-服务曲线的递增将导致利润曲线如图4-5所示的形状。

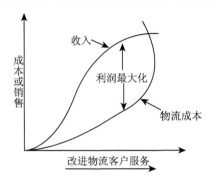

图 4-5　不同物流客户服务水平下成本-收入悖反关系示意图

不同服务水平下收入与成本之差就决定了利润曲线。因为利润曲线上有一个利润最大化点，所以规划物流系统就是要寻找这一理想的服务水平。该点一般在服务水平最低和最高的两个极端点之间。

一旦已知各服务水平下的收入和物流成本，我们就可以确定使企业利润最大化的服务水平，用数学方法来找这个最大利润点。

2) 计算最优点的原理和方法

假设企业目标是利润最大化，即与物流有关的收入与物流成本之差最大化。在数学上，最大利润在收入变化量与成本变化量相等的点上实现，也即边际收入等于边际成本之时。我们举例来说明，假设已知销售-服务(收入)曲线为 $R = 0.5\sqrt{SL}$ (根据销售-服务曲线性状假设，具体规划中可根据历史数据，做出散点图，求出曲线的近似函数)，其中 SL 表示服务水平，假设表示订货周期时间为五天的订货单所占的百分比。相应的成本曲线假设已知为 $C = 0.00055 SL^2$。最大化利润(收入减成本)的表达式就是

$$P = 0.5\sqrt{SL} - 0.00055 SL^2 \tag{4-1}$$

式中：P——利润。

用微积分，可求出方程(4-1)的利润最大化点。这样，利润最大化条件下，服务水平的表达式为

$$SL^* = \left[\frac{0.5}{4 \times 0.00055}\right]^{\frac{2}{3}}$$

因此，$SL^* = 37.2$，也就是约37%的订单应该有五天的订货周期，如图4-6所示。应用上述原理解决某生产商的库存服务水平问题，我们只选择了一种产品 A，但该方案同样适用于仓库中所有其他产品。

已知产品 A 的库存量很大，其服务水平超过99%，通过分析计算我们将确定此产品的客户服务水平。

根据公司内部的经验，服务水平每变化 1%，毛收入就变化0.1%。仓库每周向零售店补货，所以客户服务水平可以定义为补货提前期内仓库有存货的概率。销售毛利是每箱0.55美元，每年经仓库销售的量是59904箱。每箱标准成本是5.38美元,年库存成本估计为25%。补货提前期是1周，平均每周销量为1152箱，标准差为350箱。

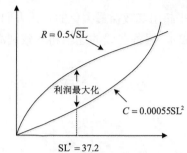

图 4-6 假想收入、成本曲线的利润最大化点

当收入变化量等于成本变化量，即 $\Delta R = \Delta C$ 时，可以得到最优服务水平。由于在所有服务水平下，销售反应系数是一个常量，所以收入变化量为

ΔR = 销售毛利 × 销售反应系数 × 年销售量 = $(0.55 \times 0.001 \times 59904)$ 美元 = 32.95 美元

表示服务水平每变化 1%，年收入变化 32.95 美元。

各个服务水平下需要保持的不同安全库存量会引起成本变化。安全库存是为防止需求和补货提前期的变化而持有的额外库存。已知安全库存的变化是

ΔC = 年库存持有成本 × 标准产品成本 × ΔZ × 订单周期内的需求标准差

其中，Z 是现货供应概率的正态分布曲线系数(称为正态偏差，normal deviate)。对每个 ΔZ 年成本的变化为

$\Delta C = 0.25 \times 5.38 \times 350 \times \Delta Z = 470.25 \Delta Z$

对应不同 ΔZ 值的安全库存成本的变化如表 4-1 所示。

表 4-1 对应不同 ΔZ 值的安全库存成本的变化

服务水平的变化 SL/%	Z 的变化 ΔZ^*	安全库存成本的变化/(美元/年)
87～86	1.125-1.08=0.045	21.18
88～87	1.17-1.125=0.045	21.18
89～88	1.23-1.17=0.05	23.54
90～89	1.28-1.23=0.05	23.54
91～90	1.34-128=0.06	28.25
92～91	1.41-1.34=0.07	32.95
93～92	1.48-1.41=0.07	32.95
94～93	1.55-1.48=0.07	32.95
95～94	1.65-1.55=0.10	47.08
96～95	1.75-1.65=0.10	47.08
97～96	1.88-1.75=0.13	61.20
98～97	2.05-1.88=0.17	80.03
99～98	2.33-2.05=0.28	131.81

*：这些 Z 值可以从正态分布表中查得。

将 ΔR 和 ΔC 的值描在图 4-7 中可以得出最优服务水平(SL^*)为 93%，即 ΔR 和 ΔC 曲线的交点。

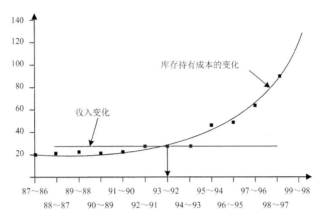

图 4-7　确定食品加工厂某产品的服务水平

以上通过一个算例介绍了如何确定最佳的客户服务标准。由此可见，物流客户服务的标准并不是越高越好，而是应该根据实际情况，从物流服务的利润最大化为出发点进行物流系统的规划。

3) 如何保持有效的客户服务

最有效的客户服务是向客户提供一贯的、符合需求的服务。因此必须很好地管理物流客户服务水平，这就要求及时对物流网络系统进行必要的调整。

(1) 调整地区性仓库的布局使销售潜力最大化。

(2) 在选定的存货点增加存货的可得性，以提高一次性交付订货的能力和适应新的服务水准要求。这样，在扩大销售的同时可消除区域性的交叉发货而降低运输成本。

(3) 尽可能减少产品的存放点，以减少存货成本。

(4) 不同规模的订货选用不同的发货点，尽可能由工厂直接发货，以减少网点上的存货量。

(5) 科学地监测和评价销售额和成本对新的物流服务战略的每个要素的反应。服务战略的每次调整都应增加企业盈利能力并为将来的决策提供进一步的信息。

对客户服务工作进行适当的监测和评价，并及时进行适当调整是企业保持服务领先的重要手段，也是企业参与市场竞争的重要手段之一。

4.2　物流系统规划方法

4.2.1　物流系统规划选址方法

物流设施的选址在整个物流网络规划设计中是一个十分重要的决策问题，它决定了整个物流系统的模式、结构和形状。反之，物流系统的设计又限定了物流系统运作中的可选用的方法及其相关成本。选址决策包括确定物流设施的数量、位置和规模。这些设施包括网络中的各个节点(如工厂、港口、供应商、仓库、零售店和服务中心)，这些节点是物流网络内货物运往最终消费者过程中临时经停的各点。

1. 物流设施选址的早期研究

许多关于选址问题的早期理论是由土地经济学家和区域地理学家提出的,譬如杜能(Johann Heinrich on Thünen)、阿尔弗雷德·韦伯(Alfred Weber)、帕兰德(T. Palander)、爱德加·胡佛(Edger Hoover)、沃尔特·艾萨德(Walter Isard)。运输成本在选址决策中的重要作用是贯穿所有这些早期研究的共同主题。尽管大多数研究是在农业社会和早期工业社会条件下进行的,但是他们所提出的许多概念一直沿用至今。

1) 地租出价曲线(Bid-Rent curves)

杜能认为,任何经济开发活动能够支付给土地的最高地租或利润是产品在市场内的价格与产品运输到市场的成本之差。他将理论形象地表述为平原上孤立的城邦(市场),城邦附近的土地肥沃程度是一致的,各种经济活动将根据其支付地租的能力分布在城邦周围。在农业经济中,农业生产活动就可能如图 4-8 所示那样从市场向外布局。如今,我们观察围绕城市中心环形分布的零售、居住、生产制造和农业区时,会发现这一观点仍然适用。那些能够支付最高地租的经济活动将分布在距离城市中心最近的地区,以及主要运输枢纽的周边地带。

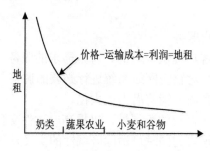

图 4-8　杜能的地租曲线

2) 韦伯的工业分类

韦伯提出了从农业社会到工业社会的区位理论。韦伯的理论系统由吨公里运输成本和与之相联系的分布在一个地区的许多消费地点组成。韦伯发展了一项意在将大多数的原料按分布的和地方的原则分类的计划。分布原料是在所有地方均可使用的,因而它们不能用来吸引工业设施的原料。地方原料是由仅在选择性的地区发现的矿藏组成的。按照他的分析,原料指数就是地方原料与制成品的重量的比例。每一类工业都能够根据原料指数分配到一个区位重量。

韦伯认识到原材料在生产过程中所起的作用及其对选址的影响(如图 4-9 所示)。他观察到,有些生产过程是失重的(Weight Losing),例如炼钢,即原材料的重量之和大于成品的重量。由于生产过程中存在毫无用处的副产品,所以重量损失了。因此,为了避免将副产品运到市场,这些生产过程趋向于接近原材料产地,以使运输成本最小。

另一方面,有些生产过程则可能增重(Weight Gaining)。通常,当普遍存在的要素进入生产过程时会发生这种情况。韦伯认为,普遍存在的要素包括在任何地方都可以获得的原材料,如空气和水。要尽可能缩短普遍要素的运输距离以使运输成本最小,生产过程就应该尽量靠近市场。

最后，还有一些生产过程的原材料与成品重量相同。装配线生产是这一类的典型代表，其成品重量是装配过程中使用的所有零部件重量之和。韦伯认为，这类生产过程既不必趋近原材料产地，也不必趋近市场。即，在原料地和市场之间的任何地点定位，企业内向运输和外向运输成本的总和都是一样的。

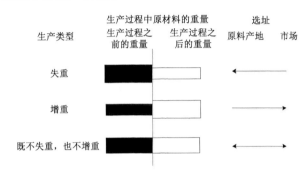

图 4-9　生产过程前后的产品重量对比工厂选址的影响

韦伯指出当工业在制造过程中是"增重"的，应在消费点建立设施；而当制造过程中是"失重"的，必须在接近原料产地建立设施；最后，如果制造过程既不"增重"也不"失重"，则公司可以在中间的方便处选择工厂位置。

3) 胡佛的递减运输费率

胡佛(Edgar Hoover)观察到：运输费率随着距离的增加，增幅下降。如果运输成本是选址的主要决定因素，要使内向运输与外向运输的总成本最小，位于原料产地和市场之间的设施必然可以在这两点之中找到运输成本最小的点。如图 4-10 所示，如果定位在这两点之间，经济上是不稳定的。因为 Y 在成本曲线上的位置比 X 低，因此应该定位在 Y 点。

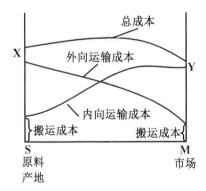

图 4-10　递减费率使选址趋向原料产地或趋向市场

2．单个物流设施选址方法

接下来介绍较现代的关于物流设施选址的方法。随着应用数学和计算机的普及，这些方法就不再是理念上的方法，而更多是数学上的方法。首先介绍单个物流设施选址的两种方法，分别是数值分析法和重心法。

1) 数值分析法

数值分析法主要以运输费用最小为目标，如图 4-11 所示，设有 n 个客户，分布在不同坐标点(x_i, y_i)上，假设物流设施的位置在(x_0, y_0)处，c_i记为从配送中心到客户i的运输费用，则运输费总额为$H = \sum_{i=1}^{n} c_i$。

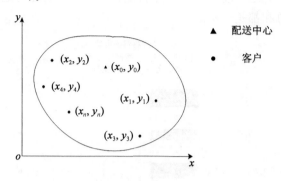

图 4-11　数值分析法

设：a_i——配送中心到客户i每单位量、单位距离所需运输费；

W_i——到客户i的运量；

d_i——发送中心到客户i的直线距离。

根据两点距离公式：$d_i = \sqrt{(x_0 - x_i)^2 + (y_0 - y_i)^2}$

则总运输费H为：$H = \sum_{i=1}^{n} a_i W_i d_i = \sum_{i=1}^{n} a_i W_i \sqrt{(x_0 - x_i) + (y_0 - y_i)^2}$

希望求到H值为最小的配送中心地(x_0, y_0)，使$\Delta H / \Delta x_0 = 0$，$\Delta H / \Delta y_0 = 0$

$$\Delta H / \Delta x_0 = \sum_{i=1}^{n} a_i W_i (x_0 - x_i) / d_i = 0$$

$$\Delta H / \Delta y_0 = \sum_{i=1}^{n} a_i W_i (y_0 - y_i) / d_i = 0$$

可得(x_0, y_0)的解：

$$x^* = \frac{\sum_{i=1}^{n} a_i W_i x_i / d_i}{\sum_{i=1}^{n} a_i W_i / d_i} \qquad y^* = \frac{\sum_{i=1}^{n} a_i W_i y_i / d_i}{\sum_{i=1}^{n} a_i W_i / d_i}$$

虽然求出了(x_0, y_0)的解，但在等式的右边仍有含未知数(x_0, y_0)的d_i项，故一次求不出(x^*, y^*)。实际上，从确定初次值，一直求到使运输费用最小的解，要反复进行递减计算。

2）重心法

这是一个常用模型，该模型可用来为工厂、车站、仓库或零售/服务设施选址。该模型有不同名称，如精确重心法(Exact Center-of-gravity Approach)、网格法(Grid Method)和重心法(Centroid Method)。因为选址因素只包括运输费率和该点的货物运输量，所以这个方法很简单。数学上，该模型可被归为静态连续选址模型。

设有一系列点分别代表生产地和需求地，各自有一定量货物需要运向位置待定的仓库，或从仓库运出，那么仓库该位于何处呢？我们以该点的运量乘以到该点的运输费率，再乘以到该点的距离，求出上述乘积之和(即总运输成本)最小的点。即

$$\min TC = \sum_i V_i R_i d_i \tag{4-2}$$

式中：TC——总运输成本；

V_i——i 点的运输量；

R_i——到 i 点的运输费率；

d_i——从位置待定的仓库到 i 点的距离。

解两个方程，可以得到工厂位置的坐标值。其精确重心的坐标值为

$$\bar{X} = \frac{\sum V_i R_i X_i / d_i}{\sum V_i R_i / d_i} \tag{4-3}$$

$$\bar{Y} = \frac{\sum V_i R_i Y_i / d_i}{\sum V_i R_i / d_i} \tag{4-4}$$

式中：$\bar{X}$，$\bar{Y}$——位置待定的仓库的坐标；

X_i，Y_i——产地和需求地的坐标。

距离 d_i 可由下式估计得到：

$$d_i = K\sqrt{(X_i - \bar{X})^2 + (Y_i - \bar{Y})^2} \tag{4-5}$$

式中 K 代表一个度量因子，将坐标轴上的单位指标转换为更通用的距离度量单位，如公里或米。解的过程包括下列七个步骤。

(1) 确定各产地和需求地点的坐标值 X，Y，同时确定各点货物运输量和运输费率。

(2) 不考虑距离因素 d_i，用重心公式估算初始选址点

$$\bar{X} = \frac{\sum V_i R_i X_i}{\sum V_i R_i} \tag{4-6}$$

$$\bar{Y} = \frac{\sum V_i R_i Y_i}{\sum V_i R_i} \tag{4-7}$$

(3) 根据式(4-5)，用步骤(2)得到的 $\bar{X}$，$\bar{Y}$ 来计算 d_i。(此时无须使用度量因子 k)

(4) 将 d_i 代入式(4-3)和式(4-4)，解出修正后 $\bar{X}$，$\bar{Y}$ 的坐标值。

(5) 根据修正的 $\bar{X}$，$\bar{Y}$ 坐标值，再重新计算 d_i。

(6) 重复步骤(4)和步骤(5)直至 $\bar{X}$，$\bar{Y}$ 的坐标值在连续迭代过程中都不再变化，或变化很小，继续计算没有意义。

(7) 如果需要，利用式(4-2)计算最优选址的总成本。

精确重心法的连续选点特性和其简单性使其不论是作为一个选址模型，还是作为更复杂方法的子模型都很受欢迎。精确重心模型有许多推广模型，其中主要有：考虑客户服务和收入，解决多设施选址问题，引入非线性运输成本等。

除重心模型外，其他的单设施选址方法包括图标技术法(Graphical Techniques)和近似法(Approximating Methods)。这些方法体现现实情况的程度、计算的速度和难度、得出最优解的能力都各不相同。显然，没有任何模型具有某一选址问题所希求的所有特点，也不可能由模型的解能够直接导出最终决策。因此，这些模型只能提供指导性解决方案。有效利用这些模型不仅需要我们充分认识其优势，还需要了解其缺陷。

这些单设施选址模型的优点是显而易见的——它们有助于寻找选址问题的最优解，而

且因为这些模型能够充分真实地体现实际问题,因而问题的解对管理者是有意义的。模型的缺点则不那么明显,需要加以注意。任何模型在适用于实际问题时都会表现出一定的缺陷,但并不意味着模型没有使用价值。重要的是选址模型的结果对失实问题的敏感度。如果简化假设条件(比如假定运输费率呈线性),对模型设施选址的影响很小或根本没有影响,则可以证明简单的模型比复杂的模型更有效。

以下列出了单设施选址模型的一些简化的假设条件。

(1) 模型常常假设需求集中于某一点,而实际上需求来自分散于广阔区域内的多个消费点。市场的重心通常被当作需求的聚集地,而这会导致某些计算误差,因为计算出的运输成本是到需求聚集地而非到单个的消费点。

(2) 单设施选址模型一般根据可变成本来进行选址。模型没有区分在不同地点建设仓库所需的资本成本,以及与在不同地点经营有关的其他成本(如劳动力成本、库存持有成本、公共事业费用)之间的差别。

(3) 总运输成本通常假设运价随运距成比例增加,然而,大多数运价是由不随运距变化的固定部分和随运距变化的可变部分组成的。最低运费(RateMinimums)和运价分段统一(Rate Blanketing),则更进一步扭曲了运价的线性特征。

(4) 模型中仓库与其他网络节点之间的路线通常假定为直线。实际上这样的情况很少,因为运输总是在一定的公路网络,在既有的铁路系统中或在直线环绕的城市街道网络内进行的。我们可以在模型中引入一个比例因子把直线距离转化为近似的公路、铁路或其他运输网络的里程。

(5) 对这些选址模型人们还有某些其他顾虑,如不是动态的,即模型无法找到反映未来收入和成本变化的解。

3. 多设施选址方法(Multifacility Location)

在大多数情况下,问题往往是必须同时决定两个或多个设施的选址,虽然问题更加复杂,却更加接近实际情况。多设施选址问题很普遍,除了非常小的系统外,绝大多数的物流系统中都涉及多个物流设施。由于不能将这些物流设施看成是经济上相互独立的,而且可能的选址布局方案相当多,因而问题相当复杂。

物流设施选址问题一般可以归纳为这样几个基本问题。

(1) 物流网络中应该有多少个仓库?
(2) 这些仓库应该有多大规模?
(3) 仓库应位于什么位置?

下面介绍多设施选址方法。

1) 多重心法(Multiple Center-of Gravity Approach)

如果我们在多点布局时使用精确重心法,就可以发现多设施选址问题的特点。我们知道精确重心法是一种以微积分为基础的模型,用来找出起讫点之间使运输成本最小的中间设施的位置。如果要确定的点不止一个,就有必要将起讫点预先分配给位置待定的仓库。这就形成了个数等于待选仓库数量的许多起讫点群落。随后,找出每个起讫点群落的精确重心点。针对仓库进行起讫点分配的方法很多,尤其是在考虑多个仓库及问题涉及众多起讫点时。方法之一是把相互间距离最近的点组合起来形成群落,找出各群落的重心位置,然后将各点重新分配到这些位置已知的仓库，找出修正后的各群落新的重心位置，继续上述过程直到不再有任何变化。这样就完成了特定数量仓库选址的计算。该方法也可以针对不同数量的仓库重复计算过程。

随着仓库数量的增加，运输成本通常会下降。与运输成本下降相平衡的是物流系统中总固定成本和库存持有成本的上升。最优解是使这些成本和最小的解。如果能够评估所有分配起讫点群落的方式，那么该方法是最优的。尽管如此，就实际问题的规模而言，在计算上却是不现实的。即便预先将大量顾客分配给很少的几个仓库，也是一件极其庞杂的工作。因此还需要使用其他方法。

2) 混合-整数线性规划(Mixed-Integer Linear Programming)

为寻求解决选址问题的有效方法，数学家们已经付出了多年努力。他们希望求解方法对问题的描述足够宽泛，使其在解决物流网络设计中常见的大型、复杂的选址问题时具有实际意义，同时可以得到数学上的最优解。数学家们尝试使用先进的管理科学技术来丰富分析方法，或者提供寻求最优解的改进方法。这些方法包括目标规划法(Goal Programming)、树形搜索法(Tree Search Approach)、动态规划法(Dynamic Programming)及其他方法。其中最有前景的当属混合-整数线性规划法。

混合-整数线性规划法的重要优点是(其他方法通常没有)，它能够把固定成本以最优的方式考虑进去。此种优化法虽然很吸引人，但其代价也很大。除非利用个别问题的特殊属性，否则计算机运行的时间很长，需要的内存空间也非常巨大。

仓库选址有多种不同的形式。使用整数规划法的研究者们对物流设施(仓库)问题的描述如下：找出物流网络中仓库的数量、规模和位置，使得通过该网络运送所有产品的固定成本在下列条件约束下降至最低。

(1) 不能超过每个工厂的供货能力。
(2) 所有产品的需求必须得到满足。
(3) 各仓库的吞吐量不能超过其吞吐能力。
(4) 必须达到最低吞吐量仓库才可以开始营运。
(5) 同一消费者需要的所有产品必须由同一仓库供给。

该问题可以用一般整数线性规划的计算机软件包来求解。从历史上看，即便使用最先进的计算机，也无法对这类问题进行求解。然而，现在研究者运用这样一些方法，比如，将一个多产品问题按产品类别分解成若干问题，去掉与解无关的部分，然后估计出近似的数据关系，弥补前面解法的缺陷，从而使计算机运行时间和所需内存空间限制在可以让人接受的范围。

3) 模拟法(Simulation Methods)

模拟设施选址模型是指以代数和逻辑语言做出的对物流系统的数学表述，在计算机的帮助下人们可以对模型进行处理。经济或统计关系的现实表述已定，就可以使用模拟模型来评估不同布局方法的效果。

算术模型寻求的是最佳的仓库数量、最佳的位置、仓库的最佳规模，而模拟模型则试图在给定多个仓库、多个分配方案的条件下反复使用模型找出最优的网络设计方法，分析结果的质量和效率取决于使用者选择分析地点时的技巧和洞察力。

当前用于仓库选址模型的经典模拟模型是为美国亨氏公司(H.J.Heinz Company)开发

的，后来用于雀巢公司的分拨问题。该模型为基本的物流设施选址问题(数量、地点、仓库的需求分配等)提供了答案，且可以涉及多达 4000 个客户、40 个仓库以及 10～15 个工厂。与许多算术模型相比，本模型的适用范围更广。亨氏公司模型中的主要分拨成本要素包括以下几点。

(1) 客户。影响分拨成本的因素如下。

① 客户的位置。

② 年需求量。

③ 购买的产品类型。不同的产品属于不同的货物等级，从而会有不同的运价要求。当产品组合存在地区差异时，就不能对所有产品按平均价进行计算。

④ 订单大小的分布。运输批量规模不同，也会导致适用不同的效率。

(2) 仓库。影响成本的因素如下。

① 公司对自有仓库的固定投资。有些喜欢选择公共仓库，这样固定投资就相对较少。

② 年固定运营和管理成本。

③ 存储、搬运、库存周转和数据处理方面的可变成本。

(3) 工厂。工厂的选址和各工厂的产品供应能力是影响分拨成本的最大因素。工厂内的某些仓库和搬运费用对分拨成本也可能有一定影响，但这些成本大部分与仓库位置分拨无关，可以不做分析。

(4) 运输成本。产品从工厂运到仓库生产的费用成本被称为运输成本，它取决于涉及的工厂、仓库的位置，运输批量的大小，产品的货物等级。

(5) 配送成本。产品从仓库运到客户手中的成本被称为配送成本，它取决于运输批量的大小、仓库和客户的位置、产品的货物等级。

亨氏公司在应用模拟模型时，输入数据的处理过程分为两个部分。首先，预处理程序把通过仓库就能履行的客户订单与那些货量足够大，由工厂履行更经济的订单区分开；然后，测试(或主要)程序计算出经纬坐标系里客户到仓库和工厂到仓库的距离。

选择向客户供货的指定仓库时要先检验最近的五家仓库，然后选择从仓库到客户的配送成本、仓库的搬运和储存成本、工厂到仓库的运输成本最低的仓库。接着，在仓库系统产品流向已知，测试程序读入地理信息的条件下，用计算机运行必要的计算来评估特定的仓库布局方案。还要利用线性规划求解工厂生产能力的限制。

需要评估多少个仓库布局方案，就需要重复多少次测试。图 4-12 是模拟运行的流程图。

4) 启发法(Heuristic Methods)

库恩(Kuehn)和汉伯格(Hamburger)建立的启发法是一种用于仓库选址问题的经典方法，一直沿用至今，已成为仓库选址中的常用方法。

选址问题实际就是对与选址有关的成本进行的一种权衡，这些成本主要包括：①生产/采购成本；②仓储和搬运成本；③仓库固定成本；④仓库订单和客户订单处理成本；⑤仓库内向、外向运输成本。

每一成本类别都会反映地理位置的差异、货物数量和运输批量的特征、政策的差异、规模经济的特点。

成本悖反规律的性质如图 4-13 所示。库存、仓储和固定成本与入库运输成本之间存在直接的悖反关系。生产成本和订单处理成本之间也存在悖反关系，但在该图中没有充分反映出来。选址模型的任务就是在给定客户服务水平和其他实际条件的限制下，找出使总的相关成本最低的仓库和最优工厂布局。

图 4-13 显示运输成本随分拨系统内仓库数量的增加而下降，这一般符合实际情况，因为到达仓库的内向运输通常比离开仓库的外向运输批量更大、费率更低。当系统内仓库数量增多时，仓库距顾客更近，因而内向运输成本上升，但外向运输成本下降的比例更大。这样运输成本曲线持续下降，直到系统内仓库数量过多以至于实际无法保证到达所有仓库的运输都达到整车批量。从该点开始，运输成本曲线会上升。

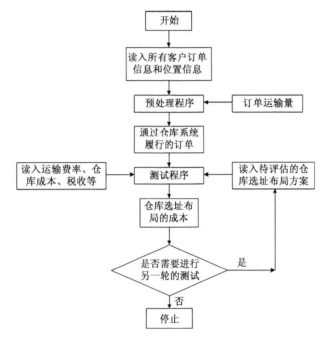

图 4-12　亨氏公司开发的仓库选址模拟程序流程

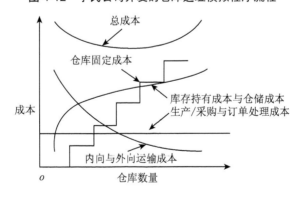

图 4-13　设施选址问题中的一般成本悖反规律

如图 4-13 所示，随着系统内仓库数量的增加，库存持有成本和仓储成本曲线上升的速度渐趋缓慢。仓库数量增多，系统中安全库存量就会成倍增加，如果仓库是企业自有的或租赁的，每个仓库每年都会产生一笔固定费用。这样，系统总成本也会随仓库数量的增加而上升。

这些模型非常有用，也可以多次重复用于各种形式的物流网络设计，且能提供规划所需的细节；适用的成本不高，因而适用带来的收益远远超出其应用成本；模型要求的数据信息在大多数企业很容易获得。从土地经济学家的早期模型开始，这些模型已经经历了漫长的发展过程，从而更具有代表性。

然而，这些模型还没有完全发挥作用。第一，库存政策、运输费率结构和生产/采购规模经济中会出现非线性的、不连续的成本关系，如何准确和高效地处理这些关系仍然是数学上的难题。

第二，设施选址模型应该得到进一步的发展，应该更好地解决库存和运输同步决策的问题，即这些模型应该是真正一体化的网络规划模型，而不应该分别以近似的方法解决各个问题。

第三，网络设计过程中应该更多地关注收入效应，因为一般来讲模型建议的仓库数量多于将客户服务作为约束条件，成本最小化时决定的仓库数量。

第四，建立的模型应该便于管理人员和规划者使用，这样模型才能经常被用于策略性规划、预算，而不是仅仅用于偶尔为之的战略规划。

总之，尽管各种模型的适用范围和解法不同，但是任何模型都可以由具备一定技能的分析人员用来得出有价值的结果。物流设施选址问题很多学者取得了许多非常有效的研究成果，典型的物流设施选址问题的程序如图4-14所示。使现有技术更易于应用，更便于决策者利用的模型，必然成为未来的发展方向。

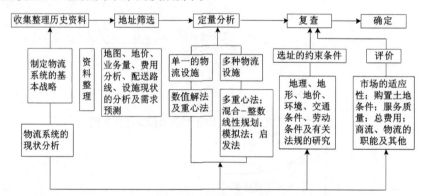

图4-14　物流设施选址程序

4．模糊排序及启发式算法在物流中心选址中的应用

前述的选址研究很难将选址中的所有影响因素考虑周全，如地理、地形、交通、劳动、建设规模、功能水平、城市发展及环境问题等。即使想把这些因素考虑进去，也很难量化形成模型中的约束条件。因而在此基础上进一步研究建立一种新的评价体系十分必要。

1) 模型的基本思路及选址过程

(1) 模型的基本思路。费用依然是非常重要的评价指标，先用一种启发式算法对各物流中心选址方案的费用进行比选，淘汰一批在费用上不可接受的方案。然后，综合考虑其他影响因素，即建立对整个物流中心选址的评价体系并对其划分层次，应用模糊理论得到各方案对应于某项评价指标时隶属度向量。接着，利用层次分析法计算指标体系的权重W_i，即确定评价指标体系中最底层的评价指标相对高层次、乃至最高层次(总目标)的各评价指标之间的相对重要性或相对优劣次序的排序。最后，应用模糊贴近度对各个方案进行排序，得到最优方案。

(2) 物流中心的选址过程。通过分析所在区域的自然、社会、经济特点，区域经济水平和发展规划，按照区域物流要求，确定物流中心的具体功能和选址原则。分析所在区域高速公路出入口，主要干道的位置、数目及规划发展情况，并考虑各种因素初步确定若干可选为物流中心的位置，拟定多个地址作为被选方案。建立选址模型进行运输与物流总费用选址计算(即总费用最省)，用量化的方法初步确定选址方案。利用模糊数学及层次分析法(AHP)对各指标进行量化，通过模糊贴近度对各方案进行排序得到最佳方案。

优选地址之前需要进行一些必备数据的收集。

(1) 掌握物流量大小。
① 供货方向综合物流中心发送的物流量。
② 综合物流中心向收货方发送的物流量。
③ 综合物流中心保管的数量。
(2) 掌握各种费用。
① 供货方与综合物流中心之间的配送费用。
② 综合物流中心与收货方之间的配送费用。
③ 利用各种运输方式运输的费用。
④ 货物保管费用。
⑤ 与设施、土地有关的费用以及人工费、业务费。

2) 模型的算法过程

(1) 应用奎汉-哈姆勃兹(Kuehn-Hamburger)模型进行初步比选

奎汉-哈姆勃兹模型是多个物流中心选址的典型方法。此法是一种启发式算法，即以逐次求近似最佳解的方法对模型进行求解。奎汉-哈姆勃兹模型按下列公式确定它的目标函数和约束条件。其中，启发式算法的目标函数为费用最省，约束条件①表示顾客需要的数量与工厂提供的数量平衡；②表示顾客需要的数量不大于工厂的生产能力；③表示各工厂经由仓库向所有顾客配送产品的最大库存定额不超过仓库储存能力。

$$f(x) = \sum_{ijk} h_{ijk}(A_{hij} + B_{hjk}) X_{hijk} + \sum_j F_j Z_j + \sum_{hj} S_{hj} (\sum_{ik} X_{hijk}) + \sum_{hk} D_{hk}(T_{hk})$$

$$\sum_{ij} X_{hijk} = Q_{hk}$$

$$\sum_{jk} X_{hijk} \leqslant Y_{hi} j$$

$$I_j(\sum_{hjk} X_{hijk}) \leqslant W_j$$

式中：h —— 产品$(1,\cdots,p)$；

i —— 工厂$(1,\cdots,r)$；

j —— 仓库$(1,\cdots,s)$；

k —— 顾客$(1,\cdots,s)$；

A_{hij} —— 从工厂(i)到仓库(j)运输产品(h)时的单位运输；

B_{hjk} —— 从仓库(j)到顾客(k)之间配送产品(h)时的单位运输费；

X_{hijk} —— 从工厂(i)经过仓库(j)向顾客(k)运输产品(h)的数量；

F_j —— 在仓库(j)期间的平均固定管理费；

Z_j ——当 $\sum_{hik} X_{hijk} > 0$ 时取1，否则取0；

$S_{hj}(\sum_{ih} X_{hijk})$ ——在仓库(j)中，为保管产品(h)而产生的部分可变费用(管理费、保管费、税金以及投资的利息等)；

$D_{hk}(T_{hk})$ ——向顾客(k)配送产品(h)时，因为延误时间(T)而支付的损失费；

Q_{hk} ——顾客(k)需要的产品(h)数量；

W_j ——仓库(j)的能力；

Y_{hi} ——生产产品(h)的工厂(i)的能力；

$I_j \sum_{hjk} X_{hijk}$ ——各工厂经由仓库(j)向所有顾客配送(产品)的最大库存定额，通过目标规划法、逐渐逼近法可求出最小费用。

(2) 各个评价指标的层次划分及其评价值的确定。

由上述计算可比较各方案的费用，但在物流中心的选址过程中不可避免地要涉及社会、经济、人文，甚至政治因素。因而，我们应综合考虑各指标，建立评价指标体系并对其划分层次。项目规划方案综合评价的指标体系一般可分为三个层次：总体评价层、评价因素层和评价指标层。图4-15中评价层 $B_i(i=1,2,\cdots,m)$ 为 m 个分项评价因素，评价层 $C_{ij}(i=1,2,\cdots,m;\ j=1,2,\cdots,n)$ 为第 i 个评价因素的第 j 个评价指标。

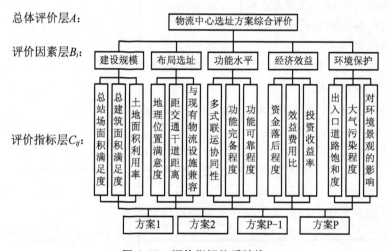

图4-15 评价指标体系结构

(3) 各评价指标的评价值的确定。

为了对各指标进行定量评价，可引入模糊隶属函数和隶属度的概念。

定义：设给定论域 U，U 到[0,1]闭区间的任一映射：$U_A: U \to [0,1]$，$U \to U_A(u)$ 都确定一个模糊集 $\tilde{A}$，U_A 称为 A 的隶属函数，$U_A(u)$ 称为 u 对 $\tilde{A}$ 的隶属度。

模糊隶属度的确定在规划方案评价中具有突出的地位，如果确定得当，可以大大降低对评价对象的模糊性，取得准确的刻画数值。结合已有的理论成果，对模糊集隶属度的确定有如下方法：模糊统计法、德尔菲法、对比排序法、综合加权法、选择适当的隶属函数、集合套法。

在此建立一个基于综合评价的模糊排序专家系统，假设物流中心被选地址集为 $X=\{x_1,x_2,\cdots,x_p\}$，评审专家集 $S=\{s_1,s_2,\cdots,s_k\}$。对任意的排序样本 $x \in X$，有排序指标集

$U = \{u_1, u_2, \cdots, u_n\}$，排序评语集 $V = \{v_1, v_2, \cdots, v_p\}$。$U \times V$ 上的普通关系或模糊关系为 R，$R(u_i, v_j) = r_{ij}$ 表示专家对任意排序对象 x，抉择了 u_i 属于 v_j 的确定性程度（$r_{ij} \in \{0,1\}$）或者模糊程度（$r_{ij} \in [0,1]$）。$R = (r_{ij})_{n \times p}$ 是 $n \times p$ 阶排序矩阵。(X, S, U, V, R) 构成了专家排序空间，是一个模糊排序专家系统。

确定专家的模糊评价关系 R：当任一专家 $s_t(s_t \in S)$ 对任意排序对象 $x(x \in X)$ 的排序指标 $u_i(i=1,2,\cdots,n)$ 给定了一个且仅为一个 U 上的一个肯定性评语 $v_j(j \in \{1,2,\cdots,p\})$ 时，其评价矩阵为普通矩阵 $R_t(t = 1,2,\cdots,k)$，将它变为一个模糊矩阵 $R = (r_{ij})_{n \times p}$，按下述方法确定 r_{ij}。考虑到每个专家的学术权威性，对专家排序评审意见进行"加权"处理确定评价矩阵 $R = (r_{ij})_{n \times p}$。

$$r_{ij} = \frac{\sum_{t=1}^{k} a_t r_{ij}^{(t)}}{\sum_{t=1}^{k} a_t} \quad (i = 1, 2, \cdots, n; \quad j = 1, 2, \cdots, p) \tag{4-8}$$

其中，$r_{ij}^{(t)}$ 为第 t 个专家 S_t 对排序指标 u_i 给予评语 v_j 的评价值，即为隶属度，$r_{ij}^{(t)} \in \{0,1\}$，对 $R = (r_{ij})_{n \times p}$，使 $\sum_{j=1}^{p} r_{ij} = 1$。$a_t$ 为第 t 个专家的权重，一般来说，可使 $a_t \in \{1, 2, \cdots, 10\}$。显然 $r_{ij} \in [0,1]$。

当专家 s_t 对任一排序对象 $x(x \in X)$ 的排序指标 $u_i(i = 1, 2, \cdots, p)$ 给定了 V 中评语 $v_j(j = 1, 2, \cdots, n)$ 的一个可能程度 $r_{ij}^{(t)} (r_{ij}^{(t)} \in [0,1])$，那么就有一个模糊矩阵 $R_t(t = 1, 2, \cdots, k)$，并使 $\sum_{j=1}^{m} r_{ij}^{(t)} = 1$。综合所有 k 个专家的评价结果，那么 $R_t(t = 1, 2, \cdots, k)$ 变换为一个模糊矩阵 $R = (r_{ij})_{n \times p}$。其中：$r_{ij}^{(t)} \in [0,1]$，$a_t$ 为第 t 个专家的权重，$a_t \in [0,1]$。

一般来说，权重较大的专家，其评价意见就越重要。若不考虑专家之间的学术权威性，每个专家按"等权"处理，此时令式(4-8)的 $a_t = 1(t = 1, 2, \cdots, k)$。

(4) 指标体系的权重确定。

评价指标的权分析，就是通过某种途径或方法，确定图4-15所列评价指标体系中最底层的评价指标相对高层次乃至最高层次(总目标)的各评价指标之间的相对重要性或相对优劣次序的排序。采用层次分析法(AHP)确定评价指标的权重，其步骤如下。

第一步：对指标体系中各层各组指标构造判断矩阵。引用常用的 1～9 的标度准则对各指标分别建立评价因素层对总体评价的判断矩阵 $B = (b_{ij})_{m \times m}$，以及评价指标层各指标对应评价因素的判断矩阵 $C = (c_{ij})_{n \times n}$。其中 b_{ij} 表示对 A 而言，R_i 和 R_j 相对重要性的数值表现；c_{ij} 表示对 B_i 而言，c_i 和 c_j 相对重要性的数值表现。

第二步：由矩阵理论可分别得到方阵 B、C 的最大特征值 $\lambda_{b\max}$、$\lambda_{c\max}$ 及其所对应的特征向量 $W_{B_i} = [W_{b_1}, W_{b_2}, \cdots, W_{b_m}]$ 和 $W_{C_{ij}} = [W_{C_1}, W_{C_2}, \cdots, W_{C_n}]$，则向量 W_{B_i}、$W_{C_{ij}}$ 即为相应评价因素层和评价指标层的相对权重。

第三步：判断矩阵一致性检验及误差分析。

设置一致性指标：$C.I. = \dfrac{\lambda_{\max} - n}{n - 1}$

当判断矩阵 B、C 不能保证完全一致时，相应的判断矩阵的特征根亦发生变化，可用判断矩阵的特征根的变化来检验矩阵一致性的程度。$C.I.$ 的值越大，则表明判断矩阵偏离一致性越远，反之则说明判断矩阵接近完全一致。一般 $C.I. \leq 0.1$ 即可接受。

第四步：其指标相对总体目标组合权重的确定。

采用层次分析法计算 C 层次对于 A 层次总排序权值，其方法如下。

若层次 B 包含 m 个评价指标 $B_1, B_2, \cdots, B_m$，其相对于上一层次 A 的总排序权值分别为 $b_1, b_2, \cdots, b_m$；若层次 B 的下一层次 C 包含 n 个评价指标 $C_1, C_2, \cdots, C_n$，各个指标对于上一层次 B 中的因素 B_j 的层次单排序权值分别为 $c_{1j}, c_{2j}, \cdots, c_{nj}(j=1,2,\cdots,m)$，但 C_k 与 B_j 无关时，$c_{kj} = 0$。那么，C 层次对于 A 层次的总排序权值为 $W_i = \sum_{j=1}^{m} b_j c_{ij}$，且有 $\sum_{i=1}^{n} W_i = 1$。

(5) 运用模糊贴近度对各个方案进行排序选优决策。

由前面几个步骤，可得到基指标评价如表 4-2 所示。

表 4-2 基指标评价表

指标	权	方案			
		a_1	a_2	$\cdots$	a_p
c_1	w_1				
c_2	w_2	$r(2,1)$	$r(2,2)$	$\cdots$	$r(2,p)$
$\vdots$	$\vdots$	$\vdots$	$\vdots$	$\cdots$	$\vdots$
c_n	w_n	$r(n,1)$	$r(n,2)$	$\cdots$	$r(n,p)$

根据目标规划思想，如果选址方案与理想方案越接近，则该方案越好。这样方案的排序可根据各方案与理想方案的贴近度加以确定。下面我们首先引入度量两模糊集接近程度这个概念。

定义：设 $F(U)$ 是论域 U 上的模糊集合全体，映射 $N: F(U) \times F(U) \rightarrow [0,1]$。满足条件：
$N(\tilde{A}, \tilde{B}) = N(\tilde{B}, \tilde{A})$；$N(\tilde{A}, \tilde{A}) = 1$；
$|u_{\tilde{A}}(u) - u_{\tilde{B}}(u)| \leq |u_{\tilde{A}}(u) - u_{\tilde{C}}(u)|$，$\forall u \in U$
$\Rightarrow N(\tilde{A}, \tilde{C}) \leq N(\tilde{A}, \tilde{B})$，$\tilde{A}, \tilde{B}, \tilde{C} \in F(U)$

则称 N 为 $F(U)$ 的贴近度，$N(\tilde{A}, \tilde{B})$ 为 $\tilde{A}, \tilde{B}$ 的贴近度。

显然，如果指标各评价值均为 1，则该选址方案为理想方案，事实上这个方案并不存在，我们只是以此为参考方案，在评价指标空间中计算各方案到理想方案的贴近度，并按其大小进行排序。在集 U 离散情况下，可采用下面两种常用贴近度确定各个方案与理想方案的贴近度。

第一种：Hamming 贴近度

$$N(j) = 1 - \sum_{i=1}^{m} W_i[1 - r(i,j)] \quad (j = 1, 2, \cdots, g)$$

第二种：Euclid 贴近度

$$N(j) = 1 - [\sum_{i=1}^{m} W_i(1 - r(i,j))^2]^{1/2} \quad (j = 1, 2, \cdots, g)$$

第 4 章　物流系统规划的理论与方法

根据上述计算得到 $N(j)$ 的值,对各方案间进行优劣排序,其原则是距理想方案最近为最优方案。

以上通过对物流中心选址进行系统的讨论,在计算总费用后将其作为一项重要的评价指标,嵌入到评价体系中去,并运用模糊理论将其他各个指标量化、综合比选,得到最佳方案。

(6) 应用的关键环节。

应用模糊排序和层次分析法时有两个关键环节。

首要环节是物流选址规划方案评价指标体系的设计,一般情况下,物流选址项目评价指标体系及评价指标设计要满足如下要求。

① 评价目标明确。所有项目评价因素及评价指标的设置、设计目标必须十分清晰。每个评价指标都要能反映物流项目规划方案的某一侧面或某一侧重点以及对实现规划方案总目标的满足或满意程度。

② 评价指标全面。评价指标体系要能覆盖物流选址项目评价对象的各个方面。

③ 指标内容清晰。各个评价指标都要有清晰的内涵,易于理解、认识、便于进行刻画与评价。

④ 指标间相互独立。各评价指标要能独立地反映物流项目规划方案的一个方面,相互间不覆盖、不干扰。

⑤ 方法容易操作。评价指标设计要易于刻画和进行数据处理。

其次是评价指标的量化。无论是定性还是定量评价指标的隶属度量化处理都要科学合理。一方面要采取定性与定量分析相结合的方法准确地进行评价指标隶属度的刻画;另一方面要注意不同评价指标隶属度在量级上的一致性与可比性。

4.2.2　运输网络规划设计方法

运输是物流决策中的关键所在,运输网络规划对于整个物流系统来说有着非常重要的地位。设计和优化网络规划方案是物流系统的关键领域,其主要包括运输方式选择、运输路线的规划、车辆调度等内容。

在进行物流配送网络的优化时所涉及的因素较多,评价目标具有综合性。因此,系统具有数据量大、数据种类多、数据之间的关系复杂的特点,这使得手工进行有效的物流配送路径安排非常困难,尤其是在运输节点多,交通网络发达或发生配送物品数量突变、交通条件发生变化等情况下显得尤其突出。这时对物流配送的路径规划采用优化方法进行辅助决策就显得非常重要。

路径优化是配送运输路径规划中的第一步。其目的就是要从现有的交通运输网络中寻找到配送中心到各个客户的最佳运输路径,并确定配送点的顺序。交通运输网络是一个网状结构,如果把分布于这个网状结构中的各配送中心简化为一个个数学上的点,把各配送中心间的运输线路简化为一条条带"权"的线。那么,路径优化问题就转化为在一个个以许多"点"和"线"组成的"图"中找各点与点间的最短路径。待选好路径后,接着是车次的优化,其主要是基于已得到的最佳路径,再根据现有的车次运行情况来确定它们的链接关系,并由相应的评价指标(模型)和专家知识来确定其优劣次序。

下面将建立一个模型来说明优化运输网络(运输路径和运输顺序的安排)。假设一个配送中心(Distribute Center，DC)将为 13 个客户进行配送服务，每一个客户在运输网络模型中以一个质点来表示，位置以 (X_i, Y_i) 表示，客户的需求用 a_i 表示。客户的位置和批量如表 4-3 所示。

表 4-3 客户的位置和批量

	X 轴	Y 轴	批量大小
仓库	0	0	
客户 1	0	12	48
客户 2	6	5	36
客户 3	7	15	43
客户 4	9	12	92
客户 5	15	3	57
客户 6	20	0	16
客户 7	17	-2	56
客户 8	7	-4	30
客户 9	1	-6	57
客户 10	15	-6	47
客户 11	20	-7	91
客户 12	7	-9	55
客户 13	2	-15	38

配送中心共有 4 辆卡车，每辆卡车的承载能力是 200 个单位。显然，运输费用与卡车运输总距离紧密相连，并且运输方案有多种组合，对于不同的组合，运输的总距离不同，运输费用不同。运输路线的规划设计的任务就是从中选出运输距离最短的路线，有两种不同的方法来解决这个问题。

1. 节省矩阵法

节省矩阵法是一个分配客户车次与运输路线选择的运算工具，主要步骤如下。

第一步：建立距离矩阵。

第二步：建立节省矩阵。

第三步：分配车次和路线。

第四步：将客户排序。

运算中的前三步主要是安排车次，第四步则是安排路线顺序以使运输的总距离最短。

1) 建立距离矩阵

距离矩阵确定点与点之间的距离，包括各点到仓库的距离和各点之间的距离。A、B 两点之间的距离用公式(4-9)计算：

$$\text{Dist}(A,B) = \sqrt{(X_A - X_B)^2 + (Y_A - Y_B)^2} \tag{4-9}$$

由此，我们可以得到距离矩阵，如表 4-4 所示。

表 4-4 距离矩阵

	DC	1	2	3	4	5	6	7	8	9	10	11	12	13
1	12	0												
2	8	9	0											
3	17	8	10	0										
4	15	9	8	4	0									
5	15	17	9	14	11	0								
6	20	23	15	20	16	6	0							
7	17	22	13	20	16	5	4	0						
8	8	17	9	19	16	11	14	10	0					
9	6	18	12	22	20	17	20	16	6	0				
10	16	23	14	22	19	9	8	4	8	14	0			
11	21	28	18	26	22	11	7	6	13	19	5	0		
12	11	22	14	24	21	14	16	12	5	7	9	13	0	
13	15	27	20	30	28	22	23	20	12	9	16	20	8	0

2) 建立节省矩阵

如果一辆卡车把两个点的货物压缩到一条路线送,自然要比分别运送一个点后返回到DC,再去运送第二个点的货物要节省,这样节省矩阵就生成了。即把路线 DC-A-DC 和 DC-B-DC 合并成 DC-A-B-DC,这将节省卡车走的距离,可以由公式求得。

$$S(A,B) = \text{Dist}(DC,A) + \text{Dist}(DC,B) - \text{Dist}(A,B) \tag{4-10}$$

从而可以得到节省矩阵,如表 4-5 所示。

表 4-5 节省矩阵

	1	2	3	4	5	6	7	8	9	10	11	12	13
1	0												
2	11	0											
3	21	15	0										
4	18	15	28	0									
5	10	14	18	19	0								
6	9	13	17	19	29	0							
7	7	12	14	16	27	33	0						
8	3	7	6	7	12	14	15	0					
9	0	2	1	1	4	6	7	8	0				
10	5	10	11	12	22	28	29	16	8	0			
11	5	11	12	14	25	34	32	16	8	32	0		
12	1	5	4	5	12	15	16	14	10	18	19	0	
13	0	3	2	2	8	12	12	11	12	15	16	18	0

3) 安排车次和路线

距离矩阵和节省矩阵求出后，不同的车次和路线的组合安排会发生不同的费用，这里主要阐述优化各种路径的方法，以求出合理的车次安排。

这里有一个反复循环的过程，首先每个客户被安排在不同的路线，如果两条路线的载重量不超过卡车的载重量，我们就可以将两条路线合并起来，如若合并第三条路线也没有超过卡车的载重量时，将第三条路线与刚才的合并路线重新合并成新的路线，如此反复，直至不能合并为止，或超过了卡车的载重量。

首先，从上述矩阵中可以得到，合并路线 6 和路线 11 可以节省 34，是其中最大的节省量。我们将这两条路线合并起来，如表 4-6 所示。

因为路线 6 和路线 11 的载重之和为 16+91=107，小于卡车的载重量 200，合并这两条路线是可行的，34 被排除后，节省量最大的是 33，即将客户 7 合并到路线 6 中，可以节省 33，这也是可行的，因为客户 7 的载重量为 56，107+56=163，仍然低于 200。因此客户 7 合并到路线 6 中，如表 4-7 所示。

表 4-6　由节省矩阵得到的修正路线 1

	路线	1	2	3	4	5	6	7	8	9	10	11	12	13
1	1	0												
2	2	11	0											
3	3	21	15	0										
4	4	18	15	28	0									
5	5	10	14	18	19	0								
6	6	9	13	17	19	29	0							
7	7	7	12	14	16	27	33	0						
8	8	3	7	6	7	12	14	15	0					
9	9	0	2	1	1	4	6	7	8	0				
10	10	5	10	11	12	22	28	29	16	8	0			
11	11	6	5	11	12	14	25	34	32	16	8	32	0	
12	12	1	5	4	5	12	15	16	14	10	18	19	0	
13	13	0	3	2	2	8	12	12	11	12	15	16	18	0

表 4-7　由节省矩阵得到的修正路线 2

	路线	1	2	3	4	5	6	7	8	9	10	11	12	13
1	1	0												
2	2	11	0											
3	3	21	15	0										
4	4	18	15	28	0									
5	5	10	14	18	19	0								
6	6	9	13	17	19	29	0							

续表

路线		1	2	3	4	5	6	7	8	9	10	11	12	13
7	6	7	12	14	16	27	33	0						
8	8	3	7	6	7	12	14	15	0					
9	9	0	2	1	1	4	6	7	8	0				
10	10	5	10	11	12	22	28	29	16	8	0			
11	6	5	11	12	14	25	34	32	16	8	32	0		
12	12	1	5	4	5	12	15	16	14	10	18	19	0	
13	13	0	3	2	2	8	12	12	11	12	15	16	18	0

下一个最大节省量为32，即把客户11合并到路线6中(我们不必考虑客户7和客户11合并之后的节省量，因为这两个点已经在路线6中了)。但是，这是不合理的，因为客户10的载重量为47，47+163>200，而下一个最大节省量是29，即把客户5或客户10合并到路线6中，继续反复以上过程可以得到最终路线合并矩阵，如表4-8所示，即可以得到{1,3,4} {2,9} {6,7,8,11} {5,10,12,13}，每一个路线由一辆卡车运输。下一步确定卡车访问客户的顺序。

表4-8 由节省矩阵得到的最终路线

	路线	1	2	3	4	5	6	7	8	9	10	11	12	13
1	1	0												
2	2	11	0											
3	3	21	15	0										
4	3	18	15	28	0									
5	5	10	14	18	19	0								
6	6	9	13	17	19	29	0							
7	6	7	12	14	16	27	33	0						
8	8	3	7	6	7	12	14	15	0					
9	9	0	2	1	1	4	6	7	8	0				
10	10	5	10	11	12	22	28	29	16	8	0			
11	6	5	11	12	14	25	34	32	16	8	32	0		
12	12	1	5	4	5	12	15	16	14	10	18	19	0	
13	13	0	3	2	2	8	12	12	11	12	15	16	18	0

4) 线路中访问客户的顺序安排

我们知道，在一条路线中，卡车运送货物到不同的客户时，访问客户的顺序不同，所运输的距离是不同的，例如，在组合{5,10,12,13}中，如果运送的顺序是(5,10,12,13)，那么总路程为15+9+9+8+15=56(距离可由表4-4得到)，然而，运送的顺序为(5,10,13,12)，运输总路程为15+9+16+8+11=59。我们的目标就是通过合理安排不同客户的访问顺序以使卡车的运输距离最小化。初始运送顺序是开始得到的最初路径，经过优化处理得到最佳路径。

以组合 {5,10,12,13} 为例来阐述优化路径的方法。其中包括最远插入法、最近插入法、最近相邻法和扫描法。

(1) 最远插入法：以配送中心(DC)为中心，选取离配送中心最远的点(客户)为路径，以此为顺序排列路线。

在 {5,10,12,13} 中，这 4 个点中 5 离 DC 的距离为 15，即 DC-5-DC 的路程为 30，点 10 为 32，点 12 为 22，点 13 为 30。应用最远插入的原则，先插入 10 得到一个新的路径 DC-10-DC。下一步，如若插入客户 5，则路线为 DC-10-5-DC，总路程为 40；插入 12 为 DC-10-12-DC，总路程为 36；插入 13 总路程为 46。根据最远插入法的原则，插入客户 13，得到新的路径 DC-10-13-DC。剩下还有客户 5 和客户 12 未被插入。对于插入客户 5 最小运输里程路径为 DC-5-10-13-DC，总路程为 55；而插入客户 12 的最小运输里程路径为 DC-10-12-13-DC，总路程为 48，因此插入客户 5 得到路径 DC-5-10-13-DC，最后插入客户 12，其最小增加运输里程的路径为 DC-5-10-12-13-DC，总路程为 56。

(2) 最近插入法：与最远插入法相反，最近插入法是选取插入的点是使得所增加运输里程最少的点，如此反复直到所有的点都被插入。还是以上述组合为例，选择离 DC 最近的点是 12，即插入客户 12 得到 DC-12-DC，总路程为 22。下一步，插入客户 5，路径总路程为 40。以最近插入法的原则，得到路径 DC-5-10-12-13-DC，总路程为 56。

(3) 最近相邻法：与最近插入法不同的是，最近相邻法是选取离运输所在点最近的相邻点插入。

对于组合 {5,10,12,13}，离 DC 最近的点是客户 12，即插入客户 12 得到 DC-12，离客户 12 最近的点是 10，插入客户 10。依次类推可以得到路径 DC-12-10-5-13-DC，总路程为 66。

(4) 扫描法：扫描法的原理比较简单，在坐标系中，假设一条射线从正 Y 轴开始顺时针扫描，每扫到一点，此点即被插入。用此方法可以得到路径 DC-5-10-12-13-DC，总路程为 56。

以上四种方法的路径和总路程如表 4-9 所示。

表 4-9　用不同方法的得到的最初路线

路径排序方法	路径	总路程
最远插入法	DC-5-10-12-13-DC	56
最近插入法	DC-5-10-12-13-DC	56
最近相邻插入法	DC-12-10-5-13-DC	66
扫描法	DC-5-10-12-13-DC	56

5) 路线优化

得到上述路径后，要对这些路径进行路线的优化，进一步缩短运输路线的里程。下面将应用两种优化方法对上述得到的运输路线进行优化。

(1) 2-OPT 法。2-OPT 法是将得到的路径，在某一点切断，使之一分为二，再将其组合起来形成新的路径，计算得到的每个新路径的总路程，取最小的路径作为选定方案。

例如，由最近相邻插入法得到路径 DC-12-10-5-13-DC，可以分成 13-DC 和 12-10-5，将这两个路径重新组合成 DC-5-10-12-13-DC,总里程缩短了。

(2) 3-OPT 法。3-OPT 法与 2-OPT 相似,只是将原有路径分为三段,再将其重新组合,分别计算得到的新路径的总路程。取最小的路径作为选定方案。

例如,路径 DC-5-10-12-13-DC 可以分成三段路径,分别是 DC、5-10、12-13。进行不同方式的组合,分别为 DC-12-13-5-10-DC,总路程为 61;DC-12-13-10-5-DC,总路程为 81;DC-13-12-5-10-DC,总路程为 61。这里 3-OPT 法似乎并没有起到作用,因为目前的路径就是最短路径,但这并不是说 3-OPT 法无效。通过上述方法我们可以得到每一辆卡车的路径、总路程和装载量,如表 4-10 和图 4-16 所示。

表 4-10 由节省矩阵法得到的车次及路径规划

卡 车	路 径	总 路 程	装 载 量
1	DC-2-9-DC	32	93
2	DC-1-3-4-DC	39	183
3	DC-8-11-6-7-DC	49	193
4	DC-5-10-12-13-DC	56	197

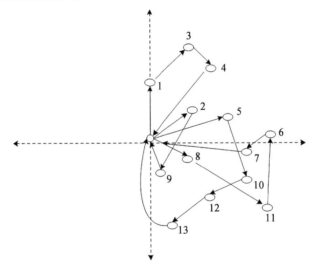

图 4-16 由节省矩阵法得到路径顺序

2. 广义分配法

广义分配法比节省矩阵法更复杂,但是在约束条件较少的情况下可以得到更佳的方案,广义分配法车次安排和路径规划的步骤如下。

第一步:计算母点(Seed Point)的位置。
第二步:对于每个顾客计算插入的费用。
第三步:把顾客分配到不同的路径。
第四步:在路径中安排顾客访问的顺序。

前三个步骤是分配顾客到不同的车次,第四步是确定每条路径访问顾客的顺序,以得到最佳路线,即总路程最小的路线。

1) 计算母点的位置

(1) 计算平均载重量。对于 13 个顾客,配送中心需要配送的总载重量为 666(见表 4-3),那么对于每量卡车平均载重量为 $L_{seed} = 666/4 = 166.5$。

(2) 计算每一个点在坐标系的角度,可由表 4-3 的坐标值计算每个点的正切值,即 $\theta_i = \tan^{-1}(y_i/x_i)$,如表 4-11 所示。

表 4-11 客户的角度位置及订货批量

	X 轴	Y 轴	角 度	订货批量
DC	0	0		
1	0	12	1.57	48
2	6	5	0.69	36
3	7	15	1.13	43
4	9	12	0.93	92
5	15	3	0.20	57
6	20	0	0.00	16
7	17	-2	-0.12	56
8	7	-4	-0.52	30
9	1	-6	-1.41	57
10	15	-6	-0.38	47
11	20	-7	-0.34	91
12	7	-9	-0.91	55
13	2	-15	-1.44	38

(3) 从 DC 发出一条射线沿顺时针旋转,依次扫过点 1,3,4,2,5,6,7,11,10,8,12,9 和 13。从点 1 开始,可以形成 4 个锥体,每一个锥体的载重量为 166.5。那么每个锥体母点的位置可用如下公式求得:

$$\theta' = \theta_k - [(166.5 - \sum_{i=1}^{k} L_i / L_{k+1})](\theta_k - \theta_{k+1})$$
$$a_{ci} = (\theta' + \theta_{c1})/2$$
$$d_{ci} = \max(d_1, d_2, \cdots, d_k)$$

其中,a_{ci} 为第 i 个锥体的母点;d_{ci} 为母点离 DC 的距离,即为所扫过的点中离 DC 最远的点;k 为射线扫过所有点的总载重 $\sum_{i=1}^{k} L_i < 166.5$ 的点;$k+1$ 为扫描过程中 k 的下一个点;L 为载重量;θ_{c1} 为扫描形成锥体的起始边所在的角度;θ' 为锥体末边所在的角度。

我们以计算第一个锥体为例(如图 4-17 所示),射线从点 1 开始,客户 1 和客户 3 的总载重量为 91,那么 166.5-91=75.5,即还需 75.5 的载重量。当射线经过客户 4 时,载重量为 92>75.5,因此,第一个锥体只能旋转到 3 和 4 之间的点,即为客户 3 和客户 4 之间夹角的 75.5/92。客户 3 的位置是 1.13,客户 4 的位置是 0.93,二者夹角为 0.20,因此第一个母点旋转到超过客户 3 的角度位置(75.5/92)×0.20 的角度,即 1.13-(75.5/92)×0.20=0.97,第一个锥体的母点参数位置为 $a_{c1} = (1.57+0.97)/2 = 1.27$,$d_{c1} = d_3 = \sqrt{(7-0)^2 + (15-0)^2} = 17$。故可以得到母点在坐标轴中的位置为

$$X_{c1} = d_{c1}\cos a_{c1} = 17\cos 1.27 = 5 , \quad Y_{c1} = d_{c1}\sin a_{c1} = 17\sin 1.27 = 16$$

由上面的方法我们可以依次得到 S_2, S_3 和 S_4，如表 4-12 所示。

表 4-12 母点的坐标位置

母 点	X 轴	Y 轴
S_1	5	16
S_2	18	9
S_3	19	-5
S_4	9	-12

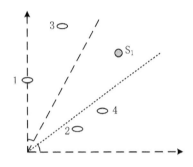

图 4-17 确定母点 1 的位置

2) 计算插入每一个顾客产生的费用

我们首先假设已有一路径 DC-S_k-DC，对于每一个母点 S_k 和任一客户 i，插入 i，形成新的路径 DC-i-S_k-DC，所产生的费用 c_{ik} 是由所增加的路程计算的，即 $c_{ik} = \text{Dist}(DC,i) + \text{Dist}(i,S_k) - \text{Dist}(DC,S_k)$。

我们以点 1 插入母点 1 所产生的费用为例计算如下：

$$c_{11} = \text{Dist}(DC,1) + \text{Dist}(1,S_1) - \text{Dist}(DC,S_1) = 12 + 10 - 17 = 5$$

计算所有点的插入费用可以得到表 4-13。

表 4-13 插入路径费用

客 户	母点 1	母点 2	母点 3	母点 4
1	5	10	18	23
2	2	0	5	10
3	2	9	20	29
4	4	4	15	24
5	15	2	5	16
6	25	9	5	21
7	22	8	1	15
8	11	5	0	1
9	12	9	4	1
10	24	11	1	10

续表

客　户	母点1	母点2	母点3	母点4
11	32	17	4	18
12	20	12	4	0
13	30	24	15	8

3) 分配车次

将客户合理分配给 4 辆卡车，以使总的插入费用最小，并且不超过卡车的载重量。这个问题属于整数规划的问题，需要如下数据：

c_{ik}——将客户 i 插入母点 k 的费用；

a_i——客户 i 的订货批量；

b_k——卡车 k 的载重量。

定义如下决策变量：

$$y_{ik} = \begin{cases} 1 & \text{客户}i\text{分配到母点}k \\ 0 & \text{客户}i\text{未分配到母点}k \end{cases}$$

由整数规划可得到：

目标函数 $\min \sum_{k=1}^{K} \sum_{i=1}^{n} c_{ik} y_{ik}$，

约束条件 $\sum_{k=1}^{K} y_{ik} = 1$，　　$(i = 1, 2, \cdots, n)$

$\sum_{i=1}^{K} a_i y_{ik} \leq b_k$，　　$(k = 1, 2, \cdots, K)$

$y_{ik} = 0$ 或 1。

每个客户的运输批量和插入费用及卡车的载重量都已知，通过 Excel 计算可以得到车次安排和路径分配及每量卡车的载重量，如表 4-14 和图 4-18 所示。

由表 4-14 可知 4 辆卡车的总路程为 159，而用节省矩阵法得到路径总路程为 176，可见由广义归纳法得出的方案优于节省矩阵法的方案，但是广义归纳法的运算过程较复杂，并且当约束条件较多时很难用广义归纳法的配送计划方案。如果约束条件较少时，则用此法。节省矩阵法简单实用，并在约束条件较多时，显得功能很强大。

表 4-14　由广义规划法得到的车次和路径分配

车　次	路　径	总路程	载重量
1	DC-1-3-4-DC	39	183
2	DC-2-5-6-DC	43	109
3	DC-10-7-11-DC	47	194
4	DC-8-12-13-9-DC	36	180

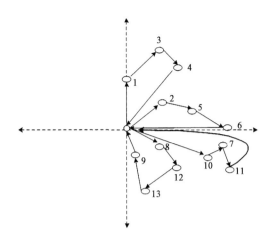

图 4-18 由广义规划法得到的路径顺序

4.2.3 设施优化布置方法

目前物流中心的设施布局规划方法主要是引用工业工程学中的设施布置理论。1961 年美国的理查德·缪瑟(Richard Muther)提出了具有代表性的系统布置设计(System Layout Planning, SLP)和系统搬运分析(Systematic Handling Analysis, SHA)理论,应用关系图和关系表来分析设施间的相关程度,从而确定各设施的相对位置。缪瑟的设计技术条理清晰,考虑完善,简明适用,所以在物流中心内部设施布局设计中仍被广泛采用。近年来,随着计算机科学的发展,设计各种计算机算法对物流中心进行优化布局的研究成果很多。利尔(Lee R. C.)和莫尔(Moore J. M)等以设施之间的密切度最大为目标,确定一个设施加入到区域中的顺序矢量和相对位置的方法,设计了 CORELAP(Computerized Relationship Layout Planning)布局法和 ALDEP(Automated Layout Design Procedure)布局法的构造型算法。布法罗(Buffa)等人则以总搬运费用最少为目标,通过将设施的位置两两交换的方法对一个给定的布局方案进行逐步改进,设计了名为 CRAFT(Computerized Relative Allocation of Facilities Technique)布局法和 MultiPLE(Multi-floor Plant Layout Evaluation)布局法的改造型算法。此外还有用遗传算法、网络覆盖算法、蚁群算法、数据包络算法等来确定设施的最优布局。以下就几种常用的布局方法做简单的介绍。

1. 系统布置设计法

1) 系统布置设计(SLP)的阶段结构

系统布置设计是一种逻辑性强、条理清楚的布置设计方法,分为确定位置、总体区划、详细布置及安装实施四个阶段(如图 4-19 所示),在总体区划和详细布置两个阶段采用相同的 SLP 设计程序。

(1) 阶段 I 确定位置。

在新建、扩建或改建工厂或车间时,首先应确定出新厂房坐落的地区位置。在这个阶段,要首先明确拟建工厂的产品及其计划生产能力,参考同类工厂确定拟建工厂的规模,从待选的新地区或旧有厂房中确定出可供利用的厂址。

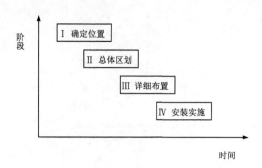

图 4-19 设施布置阶段结构

(2) 阶段Ⅱ总体区划。

总体区划又叫区域划分，就是在已确定的厂址上规划出一个总体布局。在这个阶段，应首先明确各生产车间、职能管理部门、辅助服务部门及仓储部门等作业单位的工作任务与功能，确定其总体占地面积及外形尺寸，在确定了各作业单位之间的相互关系后，把基本物流模式和区域划分结合起来进行布置。

(3) 阶段Ⅲ详细布置。

详细布置一般是指一个作业单位内部机器及设备的布置。在详细布置阶段，要根据每台设备、生产单元及公用、服务单元的相互关系确定出各自的位置。

(4) 阶段Ⅳ安装实施。

在完成详细布置设计以后，经上级批准后，可以进行施工设计，需绘制大量的详细施工安装图和编制搬迁、施工安装计划。必须按计划进行土建施工，机器、设备及辅助装置的搬迁、安装施工工作。

在系统布置设计过程中，上述四个阶段按如图 4-19 所示顺序交叉进行。在确定位置阶段就必须大体确定各主要部门的外形尺寸，以便确定工厂总体形状和占地面积，在总体区划阶段就有必要对某些影响重大的作业单位进行较详细的布置。整个设计过程中，随着阶段的进展，数据资料逐步齐全，从而能发现前期设计中存在的问题，通过调整修正，逐步细化完善设计。

在系统布置设计四个阶段中，阶段Ⅰ与阶段Ⅳ应由其他专业技术人员负责，系统布置设计人员应积极参与。阶段Ⅱ和阶段Ⅲ由系统布置设计人员来完成，因此，我们常说工厂布置包括工厂总平面布置(总体区划)及车间布置或车间平面布置(详细布置)两项内容。

2) 系统布置设计(SLP)的程序模式

依照系统布置设计思想，阶段Ⅱ和阶段Ⅲ采用相同的设计步骤——系统布置设计程序，如图 4-20 所示。

在 SLP 程序中，一般经过下列步骤。

(1) 准备原始资料。在系统布置设计开始时，首先必须明确给出基本要素——产品 P、产量 Q、生产工艺过程 R、辅助服务部门 S 及时间安排 T 等原始资料，同时也需要对作业单位的划分情况进行分析，通过分解与合并，得到最佳的作业单位划分状况。所有这些均作为系统布置设计的原始资料。

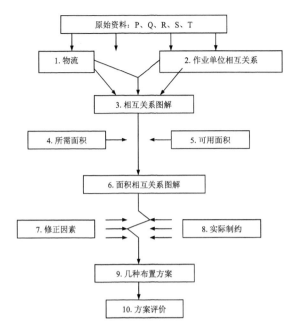

图 4-20 系统布置设计程序模式

(2) 物流分析与作业单位相互关系分析。针对某些以生产流程为主的工厂，物料移动是工艺过程的主要部分时(如一般的机械制造厂)，物流分析是布置设计中最重要的方面。对某些辅助服务部门或某些物流量小的工厂来说，各作业单位之间的相互关系(非物流联系)对布置设计就显得更重要了，介于上述两者之间的情况，需要综合考虑作业单位之间物流与非物流的相互关系。

物流分析的结果可以用物流强度等级及物流相关图来表示。非物流的作业单位间的相互关系可以用量化的关系密级及相互关系图来表示。在需要综合考虑作业单位间物流与非物流的相互关系时，可以采用简单加权的方法将物流相关图及作业单位间相互关系图综合成综合相互关系图。

(3) 绘制作业单位位置相关图。根据物流相关图与作业单位相互关系图，考虑每对作业单位间相互关系等级的高或低，决定两作业单位相对位置的远或近，得出各作业单位之间的相对位置关系，有些资料上也称之为拓扑关系。这时并未考虑各作业单位具体的占地面积，从而得到的仅是作业单位的相对位置，称为位置相关图。

(4) 作业单位占地面积计算。各作业单位所需占地面积与设备、人员、通道及辅助装置等有关，计算出的面积应与可用面积相适应。

(5) 绘制作业单位面积相关图。把各作业单位占地面积附加到作业单位位置相关图上，就形成了作业单位面积相关图。

(6) 修正。作业单位面积相关图只是一个原始布置图，还需要根据其他因素进行调整与修正。此时需要考虑的修正因素包括物料搬运方式、操作方式、储存周期等，同时还需要考虑实际限制条件如成本、安全和职工倾向等方面是否允许。

考虑了各种修正因素与实际限制条件以后，对面积图进行调整，得出数个有价值的可行工厂布置方案。

(7) 方案评价与择优。针对得到的数个方案，需要进行技术、费用及其他因素评价，通过对各方案比较评价，选出或修正设计方案，得到布置方案图。

依照上述说明可以看出，系统布置设计(SLP)是一种采用严密的系统分析手段及规范的系统设计步骤的布置设计方法，具有很强的实践性。后面将详细介绍上述步骤。

3) 输入基本要素分析

(1) P-Q 分析。

企业生产的产品品种的多少以及每种产品产量的高低，决定了工厂的生产类型，直接影响着工厂的总体布局及生产设备的布置形式。

P-Q 图是 P-Q 分析的一种一目了然的手段。图中的横轴表示产品 P(品种或种类)，纵轴表示数量 Q。将各类产品按数量递减的顺序排列，绘制出 P-Q 曲线。曲线的左端表示数量很多而种类较少的产品，右端表示数量少而种类很多的产品。

P-Q 图的举例如图 4-21 所示。从图上可以看出，M 区的产品数量大，品种少，适宜采用大量生产方式，加工机床按产品原则布置。J 区的产品数量少，品种多，属于单件小批量生产方式，必须按工艺原则布置。在 M 区和 J 区之间的部分，则适于采用上述两种相结合的成组原则布置。

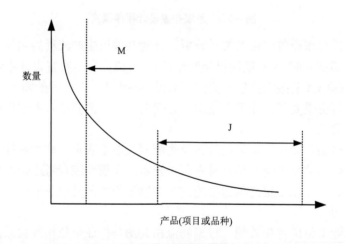

图 4-21　P-Q 分析图

P-Q 分析的结果不仅是确定生产方式和布置形式的基础，也是划分作业单位的基础，即把不同生产方式和布置形式的机器设备，分开配置在不同的面积内。例如，可以把产品原则布置和工艺原则布置的机器设备分别设置在不同的车间内，或者分别设置在一个车间的不同工部内。

在生产作业单位确定的基础上，要相应确定辅助服务部门的作业单位。这就为下一步分析创造了条件。

(2) 作业单位划分。

任何一个企业都是由多个生产车间、职能管理部门、仓储部门及其他辅助服务部门组成的，我们把企业的各级组成部门统称为作业单位。每一个作业单位又可以细分成更小一级的作业单位(或称为作业单元)，如生产车间可以细分成几个工段，每个工段又是由几个加工中心或生产单元构成，那么生产单元就是更小一级的作业单位。在进行工厂总平面布置时，作业单位是指车间、科室一级的部门。

一个好的企业应该有一个良好的组织结构，每个作业单位承担着明确的任务，作业单位之间既相互独立又相互联系，共同为企业整体利益服务。

在工厂布置设计过程中，生产车间的地位容易受到人们的重视，往往其他部门的重要性容易被忽视，而这些部门恰恰是生产系统的保障系统，这些部门布置得好坏直接影响着全厂的人流、信息流的顺畅程度。因此在系统布置设计中，所有部门都将得到应有的考虑。

企业各个部门的占地面积大小与其建筑物外形尺寸对布置设计的影响很大，需要根据生产工艺流程、设备占地面积大小、物流模式及其通道、人员活动区域、建筑结构等各种因素加以确定。

下面以电瓶叉车厂为例，来看看其作业单位的划分，如表 4-15 所示。

表 4-15 电瓶叉车总装厂作业单位建筑物汇总表

序 号	作业单位名称	用 途	建筑面积/m²	备 注
1	原材料库	存储原材料	72×36	
2	油料库	存储油漆油料	36×36	
3	标准件、外购件库	存储标准件半成品	48×36	
4	机加工车间	零件切削加工	72×36	
5	热处理车间	零件热处理	90×30	
6	焊接车间	焊接车身	90×30	
7	变速器车间	组装变速器	72×36	
8	总装车间	总装	180×96	
9	工具车间	制造随车工具箱	60×24	
10	油漆车间	车身喷漆	48×30	
11	试车车间	试车	48×48	
12	成品库	存储叉车成品	100×50	露天
13	办公服务楼	办公室、生活服务	300×60	
14	车库	车库、停车场	80×60	露天

(3) 物流分析(R 分析)。

据资料统计，产品制造费用的 20%～50%是用作物料搬运的。而物料搬运工作量直接与工厂布置情况有关，有效的布置大约能减少 30%的搬运费用。工厂布置的优劣不仅直接影响着整个生产系统的运转，而且通过对物料搬运成本的影响，成为决定产品生产成本高低的关键因素之一。这就是说，在满足生产工艺流程的前提下，减少物料搬运工作量是工厂布置设计中最为重要的目标之一。因此在实现工厂布置之前必须就生产系统各作业单位之间的物流状态做出深入的分析。

① 物流分析内容与方法。物流分析包括确定物料在生产过程中每个必要的工序之间移动的最有效顺序及其移动的强度和数量。一个有效的工艺流程是指物料在工艺过程内按顺序一直不断地向前移动直至完成，中间没有过多的迂回或倒流。当物料移动是工艺过程的主要部分时，物流分析就是工厂布置设计的核心工作。针对不同的生产类型，应采用不

同的物流分析方法。

- 工艺过程图。在大批量生产中，产品品种很少，用标准符号绘制的工艺过程图直观地反映出工厂生产的详细情况，此时，进行物流分析只需在工艺过程图上注明各道工序之间的物流量，就可以清楚地表现出工厂生产过程中的物料搬运情况。另外，对于某些规模较小的工厂，不论产量如何，只要产品比较单一，我们都可以用工艺过程图进行物流分析。前面提及的电瓶叉车厂全厂工艺过程如图 4-22 所示，该图清楚地表示了叉车生产的全过程及各作业单位之间的物流情况，为进行深入的物流分析奠定了基础。

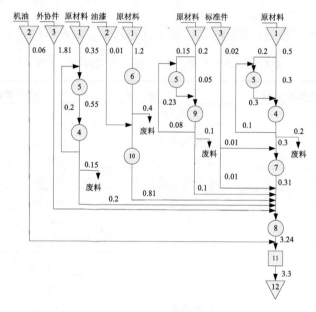

图 4-22　叉车工艺过程

- 多种产品工艺过程表。在多品种且批量较大的情况下，如产品品种为 10 种左右，将各产品的生产工艺流程汇总在一张表上(如表 4-16 所示)，就形成了多种产品工艺过程表，在这张表上各产品工艺路线并列绘出，可以反映出各个产品的物流途径。
- 成组方法。当产品品种达到数十种时，若生产类型为中、小批量生产，进行物流分析时，就有必要采用成组方法，按产品结构与工艺过程的相似性进行归类分组，然后对于每一类产品采用工艺过程图进行物流分析；或者采用多种产品工艺过程表表示各组产品的生产工艺过程，再做进一步的物流分析。
- 从-至表。当产品品种很多，产量很小且零件、物料数量又很大时，可以用一张方阵图表来表示各作业单位之间的物料移动方向和物流量，表中方阵的行表示物料移动的源，称为从；列表示物料移动的目的地，称为至，行列交叉点标明由源到目的地的物流量。这样一张表就是从-至表(如表 4-17 所示)，从中可以看出各作业单位之间的物流状况。

表 4-16 多种产品工艺过程表

作业	零件					
	A	B	C	D	E	F
剪切	①	①	①		①	①
开槽口	②	②	②	①		
回火		③	④	②	③	③
冲孔	③		③		②	②
弯曲	④	④		③	④	④
修整		⑤	⑤	④	⑤	

表 4-17 从-至表

	A	B	C	D	E	F	G	H	I	J	合计
A		2									2
B			5	6		3			2		16
C	2										2
D					3	1		4			8
E		6									6
F			4				4	5			13
G				2							2
H		8	1			1					10
I			2								2
J			4								4
合计	2	16	8	6	10	3	5	4	9	2	

如上所述，将不同的分析方法应用于不同的生产类型，是为了方便工作。在物流分析时，应根据具体情况选择恰当的分析方法。

② 物流强度等级的划分。根据前面的定义，物流分析包括确定物料移动的顺序和移动量两个方面。如果通过工艺流程分析能够正确地安排各工序或作业单位之间的相互关系(前后顺序)，那么各条路线上的物料移动量就是反映工序或作业单位之间相互关系密切程度的基本衡量标准。我们把一定时间周期内的物料移动量称为物流强度。对于相似的物料，可以用重量、体积、托盘或货箱作为计量单位。当比较不同性质的物料搬运状况时，各种物料的物流强度大小应酌情考虑物料搬运的困难程度。

SLP中将物流强度分成五个等级，分别用符号 A、E、I、O、U 来表示，其物流强度逐渐减小，对应着超高物流强度、特高物流强度、较大物流强度、一般物流强度和可忽略搬运五种物流强度。作业单位对或称为物流路线的物流强度等级应按物流路线比例或承担的物流量比例来确定，可参考表 4-18 来划分。

表 4-18 物流强度等级比例划分表

物流强度等级	符号	物流路线比例/%	承担的物流量比例/%
超高物流强度	A	10	40
特高物流强度	E	20	30
较大物流强度	I	30	20
一般物流强度	O	40	10
可忽略搬运	U		

针对前述电瓶叉车厂的实例，我们来讨论物流强度等级划分的具体步骤。首先根据工艺过程图 4-22，利用表 4-19 来统计存在物料搬运的各作业单位之间的物流总量(正向和反向物流量之和)，应注意用统一的计量单位来统计物流强度。然后将表 4-19 中各作业单位对按物流强度大小排序绘制成表 4-20 所示物流强度分析表进行物流分析，参照表 4-18 划分物流强度等级。表 4-19 和表 4-20 中未出现的作业单位对不存在固定的物流量，因此物流强度等级为 U 级。

表 4-19 叉车厂物流强度汇总表

序号	作业单位对	物流强度
1	1-4	0.3
2	1-5	0.7
3	1-6	1.2
4	1-9	0.05
5	2-10	0.01
6	2-11	0.06
7	3-7	0.01
8	3-8	1.82
9	4-5	1.15
10	4-7	0.3
11	4-8	0.2
12	5-9	0.31
13	6-10	0.8
14	7-8	0.31
15	8-9	0.1
16	8-10	0.81
17	8-11	3.24
18	11-12	3.3

表 4-20　物流强度分析表

序号	作业单位对	物流强度	物流强度等级
1	11-12		A
2	8-11		A
3	3-8		E
4	1-6		E
5	4-5		E
6	8-10		E
7	6-10		E
8	1-5		E
9	5-9		I
10	7-8		I
11	1-4		I
12	4-7		I
13	4-8		O
14	8-9		O
15	2-11		O
16	1-9		O
17	2-10		O
18	3-7		O

4) 作业单位相互关系分析

(1) 物流相互关系图。

为了能清楚地表明各作业单位之间的物流关系，我们将物流强度用图 4-23 所示的物流相互关系图表示，在这个表中不区分物料移动的起始与终止作业单位，在行与列的相交方格中填入行作业单位与列作业单位的物流强度等级。

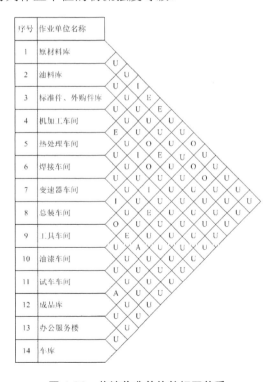

图 4-23　物流作业单位的相互关系

(2) 非物流相互关系图。

在制造业的企业或工厂中,当物流状况对生产有重大影响时,物流分析就是工厂布置的重要依据,但是也不能忽视非物流因素的影响,尤其是当物流对生产影响不大或没有固定的物流时,工厂布置就不能仅依赖于物流分析,而应考虑非物流因素对设施布置的影响。

不同的企业,作业单位的设置是不一样的,作业单位间的相互关系的影响因素也是不一样的。作业单位间相互关系密切程度的典型影响因素一般可以考虑:物流;工艺流程;作业性质相似;使用相同的设备;使用同一场所;使用相同的文件档案;使用相同的公用设施;使用同一组人员;工作联系频繁程度;监督和管理方便;噪声、振动、烟尘、易燃易爆危险品的影响;服务的频繁和紧急程度。

据缪瑟在 SLP 中的建议,每个项目中重点考虑的因素不应超过 8~10 个。

确定了作业单位相互关系密切程度的影响因素以后,就可以给出各作业单位间的关系密切程度等级,SLP 中作业单位间相互关系密切程度等级划分为 A、E、I、O、U、X,其含义及比例如表 4-21 所示。

表 4-21 作业单位相互关系等级表

符号	含义	说明	比例/%
A	绝对重要		2~5
E	特别重要		3~10
I	重要		5~15
O	一般密切程度		10~25
U	不重要		45~80
X	负的密切程度	不希望接近	

针对前述叉车厂,选择如表 4-22 所示作业单位相互关系影响因素。在此基础上建立如图 4-24 所示的非物流各作业单位相互关系图。

表 4-22 作业单位相互关系影响因素

编码	关系等级的理由
1	工作流程的连续性
2	生产服务
3	物料搬运
4	管理方便
5	安全与污染
6	共用设备及辅助动力源
7	振动
8	人员联系

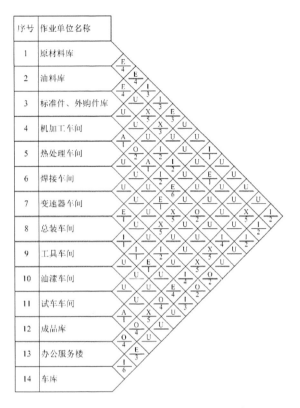

图 4-24 非物流作业单位的相互关系

(3) 作业单位综合相互关系图。

在大多数工厂中，各作业单位之间既有物流联系也有非物流联系，两作业单位之间的相互关系应包括物流关系与非物流关系，因此在 SLP 中要将作业单位间物流的相互关系与非物流的相互关系进行合并，求出合成的相互关系——综合相互关系，然后由各作业单位间综合相互关系出发实现各作业单位的合理布置。下面说明作业单位综合相互关系图的建立步骤。

① 确定物流与非物流相互关系的相对重要性。一般说来，物流与非物流的相互关系的相对重要性的比值 $m:n$ 应在 1∶3～3∶1 之间。当比值小于 1∶3 时，说明物流对生产的影响非常小，工厂布置时只需考虑非物流的相互关系；当比值大于 3∶1 时，说明物流关系占主导地位，工厂布置时只需考虑物流相互关系的影响。实际工作中，根据物流与非物流相互关系的相对重要性取 $m:n$=3∶1，2∶1，1∶1，1∶2，1∶3，我们把 $m:n$ 称为加权值。

② 量化物流强度等级和非物流的密切程度等级。对于图 4-23 及图 4-24，一般取 A=4，E=3，I=2，O=1，U=0，X=-1，得出量化以后的物流相互关系图及非物流相互关系图。

③ 计算量化的所有作业单位之间的综合相互关系。具体方法如下。

设任意两个作业单位分别为 A_i 和 A_j，其量化的物流相互关系等级为 MR_{ij}，量化的非物流的相互关系密切程度等级为 NR_{ij}，则作业单位 A_i 和 A_j 之间综合相互关系密切程度数量值为

$$TR_{ij}=mMR_{ij}+nNR_{ij}$$

④ 综合相互关系等级划分。TR_{ij} 是一个量值，需要经过等级划分，才能建立出与物流相关表相似的符号化的作业单位综合相互关系图，综合相互关系的等级划分为 A、E、I、O、U、X，各级别 TR_{ij} 值逐渐递减，且各级别对应的作业单位对数应符合一定的比例，表 4-23 给出了综合相互关系等级及划分比例。

需要说明的是，将物流与非物流相互关系进行合并时，应该注意 X 级关系密级的处理，任何一级物流相互关系等级与 X 级非物流相互关系等级合并时都不应超过 O 级。对于某些极不希望靠近的作业单位之间的相互关系可以定为 XX 级，即绝对不能相互接近。

表 4-23 综合相互关系等级及划分比例

符 号	关系等级	作业单位对比例/%
A	绝对重要	1～3
E	特别重要	2～5
I	重要	3～8
O	一般密切程度	5～15
U	不重要	20～85
X	负的密切程度	

③ 经过调整，建立综合相互关系图。
④ 建立作业单位综合相互关系图例。

下面还以叉车厂为例，来看一下如何建立作业单位综合相互关系图。

由图 4-23 和图 4-24 给出的叉车厂作业单位物流相关图与作业单位非物流相互关系图显示出两图并不一致，为了确定各作业单位之间综合相互关系密切程度，需要将两表进行合并。

- 加权值选取。加权值大小反映工厂布置时考虑因素的侧重点，对于叉车总装厂来说，物流影响并不明显大于其他因素的影响，因此取加权值 $m:n=1:1$。
- 综合相互关系计算。根据各作业单位对之间物流与非物流关系等级高低进行量化及加权求和，求出综合相互关系，详见表 4-24。

表 4-24 叉车厂作业单位综合相互关系计算表(表中只填部分，后面的照推)

序 号	作业单位对	关系密切程度				综合相互关系	
		物流关系加权值 1		非物流关系加权值 1			
		等 级	分 数	等 级	分 数	分 数	等 级
1	1-2	U	0	E	3	3	I
2	1-3	U	0	E	3	3	I
3	1-4	I	2	I	2	4	E
4	1-5	E	3	I	2	5	E
5	1-6	E	3	E	3	6	E
6	1-7	U	0	U	0	0	U

续表

序号	作业单位对	关系密切程度				综合相互关系	
		物流关系加权值 1		非物流关系加权值 1			
		等级	分数	等级	分数	分数	等级
7	1-8	U	0	U	0	0	U
8	1-9	O	1	I	2	3	I
9	1-10	U	0	U	0	0	U
10	1-11	U	0	U	0	0	U
11	1-12	U	0	U	0	0	U
12	1-13	U	0	U	0	0	U
13	1-14	U	0	I	2	2	I
14	2-3	U	0	E	3	3	I
15	2-4	U	0	U	0	0	U
16	2-5	U	0	X	−1	−1	X
17	2-6	U	0	X	−1	−1	X
18	2-7	U	0	U	0	0	U
19	2-8	U	0	U	0	0	U
20	2-9	U	0	U	0	0	U
21	2-10	O	1	E	3	4	E
22	2-11	O	1	U	0	1	O
23	2-12	U	0	U	0	0	U
24	2-13	U	0	X	−1	−1	X
25	2-14	U	0	I	2	2	I
26	3-4	U	0	U	0	0	U
27	3-5	U	0	U	0	0	U
28	3-6	U	0	U	0	0	U
…	…	…	…	…	…	…	…

- 划分关系密级。在表 4-24 中，综合关系分值取值范围为-1~8，按表 4-23 统计出各分值段作业单位对的比例，参考表 4-24 划分综合关系密级。当分值为 7~8 时，综合相互关系定为 A 级；分值为 4~6 时，综合相互关系定为 E 级；分值为 2~3 时，综合相互关系定为 I 级；分值为 1 时，综合相互关系定为 O 级；分值为 0 时，综合相互关系定为 U 级；分值为-1 时，综合相互关系定为 X 级。

应该注意，综合相互关系应该是合理的，应该是作业单位之间物流的相互关系与非物流的相互关系的综合体现，不应该与前两种相互关系相矛盾。如作业单位 6 与 10 之间物流关系为 E 级，而非物流关系为 X 级，计算结果为 I 级，也就是说出现了重要的关系密级，与 X 级的非物流相互关系相矛盾，这显然是不合理的。表 4-24 中(未显示出来)应最后调整为 U 级。

进一步统计各级作业单位对综合相互关系比例，如表 4-25 所示。

表 4-25 综合相互关系等级的划分

总 分	关系等级	作业单位对数	百分比/%
7~8	A	3	3.3
4~6	E	9	9.9
2~3	I	18	19.8
1	O	8	8.8
0	U	46	50.5
-1	X	7	7.7
合 计		91	100

- 建立作业单位综合相互关系图。将表 4-24 中的综合相互关系总分转化为关系密切等级后，绘制成作业单位综合相互关系图，如图 4-25 所示。

图 4-25 作业单位综合相互关系

5) 作业单位位置相关图

(1) 作业单位综合接近程度计算。

在 SLP 中，工厂总平面布置并不直接去考虑各作业单位的建筑物占地面积及其外形几何形状，而是从各作业单位间相互关系密切程度出发安排各作业单位之间的相对位置，关系密级高的作业单位之间距离近,关系密级低的作业单位之间距离远,由此形成作业单位位置相关图。

当作业单位数量较多时,作业单位之间相互关系数目就非常多,为作业单位数量的平方量级,因此即使只考虑 A 级关系也有可能同时出现很多个,这就给如何入手绘制作业单位位置相关图带来了困难。为了解决这个问题,我们引入综合接近程度的概念。所谓某一作业单位综合接近程度就是该作业单位与其他所有作业单位之间量化后的关系密级分值的总和。这个值的高低,反映了该作业单位在布置图上是应该处于中心位置还是应该处于边缘位置。也就是说,综合接近程度高的作业单位与其他作业单位相互关系总体上是比较密切的,即与大多数作业单位都比较接近,当然,这个作业单位就应该处于布置图的中央位置;反之,这个作业单位就应该处于布置图的边缘。为了计算各作业单位的综合接近程度,我们把作业单位综合相互关系图,变换成右上三角矩阵与左下三角矩阵表格对称的方阵表格。然后量化关系密级,并按行或列累加关系密级分值,其结果就是某一作业单位的综合接近程度。表 4-26 就是电瓶叉车厂作业单位综合接近程度的计算结果。

表 4-26 电瓶叉车厂作业单位综合接近程度排序表

作业单位代号	1	2	3	4	5	6	7	8	9	10	11	12	13	14
1		I	I	E	E	E	U	U	I	U	U	U	U	I
2	I		I	U	X	X	U	U	U	E	O	U	X	I
3	I	I		U	U	U	I	E	U	U	U	U	U	I
4	E	U	U		A	O	E	I	I	U	U	O	U	U
5	E	X	U	A		U	U	U	U	E	X	U	X	U
6	E	X	U	O	U		E	U	E	A	U	U	X	O
7	U	U	I	E	U	E		E	U	U	I	U	I	O
8	U	U	E	I	U	U	I		I	E	A	U	I	I
9	I	U	U	I	E	U	E	I		U	U	U	O	U
10	U	E	U	U	X	I	A	E	U		U	U	X	U
11	U	O	U	O	O	U	I	A	U	U		A	O	U
12	U	U	U	U	U	U	U	U	U	U	A		O	I
13	U	X	U	I	X	X	I	I	O	X	O	O		I
14	I	I	I	U	O	O	I	U	U	U	I	I	I	
综合接近程度	17	7	11	18	7	7	13	21	10	4	13	7	7	14
排序	3	12	7	2	11	14	5	1	8	13	6	10	9	4

(2) 作业单位位置相关图。

在作业单位位置相关图中,采用号码来表示作业单位,用如表 4-27 所示符号来表示作业单位的工作性质与功能。可以利用表中推荐的颜色来绘制作业单位,以使图形更直观。作业单位之间的相互关系用相互之间的连线类型来表示,如表 4-28 所示。表中实线连线多表示作业单位相对位置应该彼此接近,而波浪线可以形象化地理解为弹簧,将连线两端的作业单位彼此推开。同样可以利用表中推荐的颜色来绘制连线。有时,为了绘图简便,往往采用O内标注号码来表示作业单位而不严格区分作业单位性质,当然,也可以用虚线来代替波浪线表示X级关系密级。

表4-27 作业单位工作性质符号

作业单位区域	符　号	颜色区别
成型或处理加工区	○	绿
装配区	○	红
与运输有关的作业区域	⇨	橘黄
储存作业区域	▽	橘黄
停放或暂存区域	D	橘黄
检验、测试区域	□	蓝
服务及辅助作业区域	⌒	蓝
办公室或规划面积	⇧	棕(灰)

表4-28 作业单位关系等级表示方式

关系等级	密切程度	线条数	颜色
A	绝对必要	≣	红
E	特别重要	≡	橘黄
I	重要	=	绿
O	一般	/	蓝
U	不重要		不着色
X	不希望	～	棕
XX	极不希望	～～	黑

绘制作业单位位置相关图的过程是一个逐步求精的过程,一般应按下列步骤进行。

第一步:从作业单位综合相互关系表出发,求出各作业单位的综合接近程度,并按其高低将作业单位排序。

第二步:按图幅大小,选择单位距离长度,并规定关系密级为A级的作业单位对之间距离为一个单位距离长度,E级为两个单位距离长度,依此类推。

第三步:根据综合相互关系级别高低按A、E、I、O、U级别顺序先后确定不同级别作业单位位置,而同一级别的作业单位按综合接近程度分值高低顺序来进行布置。应随时检查待布置作业单位与图中已布置的作业单位之间的关系密级,选择适当位置进行布置,出现矛盾时,应修改原有布置。

在绘制作业单位位置相关图时,设计者一般要绘制多次,每次不断增加作业单位和修改其布置,最后才能达到满意的布置。

具体针对电瓶叉车厂来说,绘制作业单位位置相关图的步骤如下。

第一步：处理综合相互关系密级为 A 的作业单位。

- 从作业单位综合相互关系表中取出 A 级作业单位对，有 8-11、4-5、11-12，共涉及 5 个作业单位，按综合接近程度分值排序为 8、4、11、12、5，其中作业单位 5 与 12 的综合接近程度是一样的，其顺序可以任意确定。
- 将综合接近程度分值最高的作业单位 8 布置在位置相关图的中心位置。
- 处理作业单位对 8-11。将作业单位 11 布置到图中，且与作业单位 8 之间距离为一单位距离，如图 4-26(a)所示。
- 布置综合接近程度分值次高的作业单位 4 的位置。由于作业单位 4 与图上已有的作业单位 8 和 11 均非 A 级关系，因此应从综合相互关系表中查出 4-8、4-11 的关系密级，结果分别为 I 级和 O 级，即作业单位 4 与 8 的距离应为 3 个单位距离长度。而作业单位 4 与 11 的距离应为 4 个单位距离长度，可选择如图 4-26(b)所示的位置布置作业单位 4。
- 处理与作业单位 4 有关的 A 级关系 4-5。从综合相互关系表中查出图中已存在的作业单位 8 和 11 与作业单位 5 的关系，均为 U 级。关系密级 U 为不重要的关系，因此只重点考虑作业单位 4 和 5 的关系，将作业单位 5 布置到如图 4-26(c)所示的位置。
- 下一个要处理的作业单位 11，已布置在图上，只需要直接处理与作业单位 11 关系为 A 级的作业单位 12 的位置。从综合相互关系表中查出作业单位 12 与 8、5 的关系密级，均为 U 级，综合考虑后的结果是将作业单位 12 布置在如图 4-26(d)所示的位置上。

至此，作业单位综合相互关系表中，具有 A 级关系的作业单位对之间的相对位置均已确定。

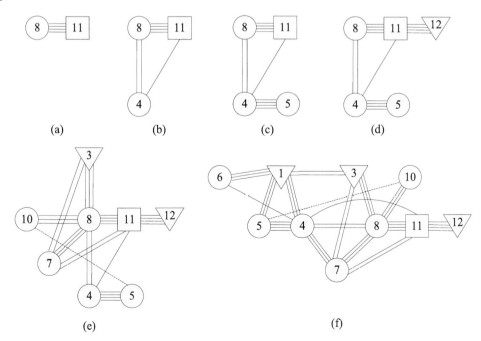

图 4-26　作业单位位置相关图绘制步骤

第二步：处理相互关系为 E 的作业单位对。

- 从综合相互关系表中取出具有 E 级关系的作业单位对，有 1-4、1-5、1-6、2-10、3-8、4-7、5-9、7-8、8-10，涉及的作业单位按综合接近程度分值排序为 8、4、1、7、3、9、5、10、2、6。
- 首先处理与作业单位 8 有关的作业单位 3、7 和 10，布置顺序为 7、3 和 10。作业单位 7 与图中存在的作业单位 8、4、11、12 和 5 的关系密级分别为 E、E、I、U 和 X，重点考虑较高级的关系，将作业单位 7 布置到图中，而后依次布置作业单位 3 和 10。布置中要特别注意作业单位 10 与 5 之间的 X 级关系密级，应使作业单位 10 与 5 尽量远离。布置结果如图 4-26(e) 所示。

在上述处理过程中已经看到，随着布置出的作业单位数目的增加，需要考虑的作业单位之间的关系也随之增加。为了使进一步的布置工作更简捷，应该对综合相互关系表中已处理的相互关系加注标记，以后不再做重复处理。

- 其次要处理作业单位 4，与之相关的作业单位对有 1-4、4-7，作业单位 1 与图中已存在的作业单位 4 和 3 的关系密级均为 E 级。由图 4-26(e) 可以看出，作业单位 1 难以按其要求布置到与作业单位 4 和 3 距离大致相同的位置上，为此必须修改原有布置方案，新的布置方案如图 4-26(f) 所示。
- 处理剩余作业单位。

第三步：分别处理位置相关图中仍未出现的 I、O、U 级作业单位对。

第四步：重点调整 X 级作业单位对之间的相对位置，得出最终作业单位位置相关图，如图 4-27 所示。

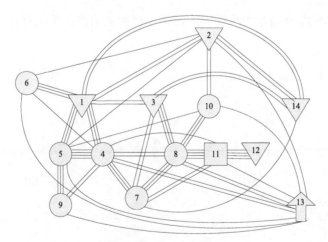

图 4-27　作业单位位置相关图

6) 作业单位面积相关图及最终方案形成

(1) 作业单位面积相关图绘制。

将各作业单位的占地面积与其建筑物空间几何形状结合到作业单位位置相关图上，就得到了作业单位面积相关图。这个过程中，首先需要确定各作业单位建筑物的实际占地面积与外形(空间几何形状)。作业单位的基本占地面积由设备占地面积、物流模式及其通道、人员活动场地等因素决定。作业单位面积相关图的绘制步骤如下。

第一步：选择适当的绘图比例。

第二步：将作业单位位置相关图放大到坐标纸上，各作业单位符号之间应留出尽可能大的空间，以便安排作业单位建筑物。为了图面简洁，只需绘出重要的关系如 A、E 及 X 级连线。

第三步：按综合密切程度分值大小顺序，从大到小依次把各作业单位布置到图上。绘图时，以作业单位符号为中心，绘制作业单位建筑物外形。作业单位建筑物一般都是矩形的，可以通过外形旋转角度，获得不同的布置方案。当预留空间不足时，需要调整作业单位位置，但必须要保证调整后的位置符合作业单位位置相关图的要求。

第四步：经过数次调整与重绘，得到作业单位面积相关图。图 4-28 所示为叉车厂作业单位面积相关图。

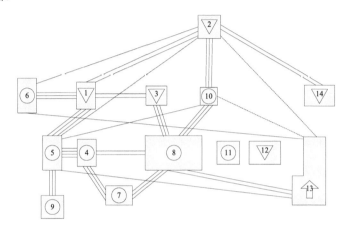

图 4-28　作业单位面积相关图

(2) 作业单位面积相关图的调整。

作业单位面积相关图是直接从位置相关图转化而来的，只能代表一个理论的、理想的布置方案，必须通过调整修正才能得到可行的布置方案。在这里我们必须从前述工厂总平面布置设计原则出发，考虑除产品 P、产量 Q、工艺过程 R、作业单位 S 和时间 T 等五个基本要素以外的其他因素对布置方案的影响。进行调整需要考虑的内容，通常有以下几个方面。

第一，物料搬运方法。物料搬运方法对布置方案的影响主要包括搬运设备种类特点、搬运系统基本模式以及运输单元(箱、盘等)。

第二，建筑特征。作业单位的建筑物应保证道路的直线性与整齐性、建筑物的整齐规范以及公用管线的条理性。

第三，道路。厂内道路按其功能分为主干道、次干道、辅助道路、车间引道及人行道。厂内道路除承担运输任务外，还起到划分厂区、绿化美化厂区、排除雨水、架设工程管道等作用，也具备消防、卫生、安全等环境保护功能。因此厂内道路布置设计应该符合有关要求，可参考《厂矿道路设计规范》进行设计。

第四，公用管线布置。工业企业内的管线较多，有水、气(汽)、燃油管道，输电线路以及运输物料及废渣的管渠等，同一种管线又有很多条。各种管线的性质、用途、技术要求各不相同，又往往交织在一起，互相联系又互相影响。它们当中任何一条发生故障，都有可能造成停水、停电、停气(汽)、断料，直接或间接影响生产的正常进行。因此，在布置上要遵循各种管线自身的技术条件要求，满足管线与管线之间、管线与建筑物之间的各种防护间距要求，还应注意节约用地。

第五，厂区绿化布置。在条件允许的情况下，厂内空地都应绿化。一般情况下，工厂主要出入口及厂级办公楼所在的厂前区、生产设施周围、交通运输线路一侧或双侧，都是厂区绿化的重点。因此，在进行工厂总平面布置时，应在上述区域留出绿化地带。

第六，场地条件与环境。厂区内外的社会环境、公共交通情况、环境污染等方面因素都会影响布置方案。为便于与外界联系，常常把所有职能管理部门甚至生活服务部门集中起来，布置在厂门周围，形成厂前区。而厂门应尽可能便于厂内外运输，便于实现厂内道路与厂外公路的衔接。注重合理利用厂区周围的社会条件，同时要充分考虑自然地理条件，如地形、地质、气象等对工厂布局的影响。

上述修正因素是布置设计中应考虑的事项。此外还存在一些对我们的布置设计方案有约束作用的其他因素，包括给定厂区的面积、建设成本费用、厂区内现有条件(建筑物)的利用、政策法规等方面的限制因素，这些因素统称为实际条件限制因素。确定布置设计方案时，同样需要考虑这些因素的影响，根据这些限制因素，进一步调整方案。

(3) 工厂总平面布置图的绘制。

通过考虑多种方面因素的影响与限制，形成了众多的布置方案，抛弃所有不切实际的想法后，保留2～5个可行布置方案供选择。采用规范的图例符号，将布置方案绘制成工厂总平面布置图。

(4) 方案的评价与选择。

通过对作业单位面积相关图的调整，已经取得了数个可行方案，应该对每个方案进行评价，选择出最佳方案，作为最终的工厂总平面布置方案。

方案评价与选择是系统布置设计程序中的最后环节，也是非常重要的环节，只有做好方案评价，才能确保规划设计的成功，因此，必须重视评价阶段的工作。常用的布置方案的评价方法有技术指标评价法，如物流—距离图分析，以及综合评价法如加权因素法和费用对比法等。

2．关系表布局法

如果已知各物流设施的作业量、作业面积及作业流程，要在一个给定的区域内合理布置这些设施的位置和形状，使物流园区(物流中心、配送中心)内的作业流程顺畅，可以采用此方法。

在系统布局设计法(SLP)中，由关系图生成空间关系图是采用试错法完成的。该方法定量性不强，往往需经过多次的尝试。汤普金斯(Tompkins)是一种由相互关系图生成空间关系图的布局方法，称为关系表(Relationship Diagramming)布局法，该方法可以按照一定的逻辑关系进行布局，其主要步骤如下：将物流与作业设施相互关系图转换为关系表；选择A级关系最多的设施作为第一设施优先进入布置；选择与第一设施具有A级关系的设施作为第二设施进入布置；按照与第一、第二设施为AA、AB、AC、AD的排列顺序选择第三设施；依次选择直至结束；根据面积进行实际面积的布置。

3. CORELAP 布局算法

计算机化关系布局算法(Computerized Relationship Layout Planning，CORELAP)，是利尔(Lee R.C.)和莫尔(Moore J.M.)于 1967 年提出的一种优化算法。

1) 算法思路

与关系表布局法类似，CORELAP 布局法也是一种构造型方法。算法首先按一定规则生成一个设施顺序矢量，依照这个矢量的顺序逐个将设施加入到区域中，并尽量使新加入的设施与已有的设施在相对位置上保证关系最密切。布置方案完成后，对其质量指标进行评估。CORELAP 算法在设施顺序矢量的确定、相对位置的选择以及质量指标的计算方面，都依赖于设施间关系程度的衡量，即 CORELAP 算法的出发点是设施之间的关系图 (Relation-Chart)，布置的目标是实现设施之间最大的密切度。

2) 布局质量指标

为了对布局方案进行优化，首先需量化两个设施间的关系程度，可将不同的关系等级转换成不同的关系值，关系等级越高，所对应的关系值就应该越大。为简便起见，一般可根据对应规则进行转换。

优化的目标函数值可通过计算任意两设施间的关系值乘以该两设施间的最短距离的总和来求得，即

$$Z = \sum r_{ij} d_{ij} \qquad (i<j) \qquad (4-11)$$

式中：r_{ij}——设施间的关系值；

d_{ij}——设施间的距离，一般可采用设施中心间的折线距离。

Z 值越小，布局方案越优，因此，根据该值可以比较不同方案的优劣。

4. ALDEP 布局算法

自动布局设计算法(Automated Layout Design Procedure，ALDEP)法与 CORELAP 法类似，也是一种构建型布局算法，其布置基础也是关系图，算法思路也是每次选择一个设施加入布置图，按一定规则寻找其适当的位置，并对方案进行评估。只是设施的选择次序、位置的确定方法和方案评估的指标不相同。

1) 优化目标

设一个物流节点(物流园区、物流中心或配送中心等)由 n 个物流设施组成，已知各物流设施的作业面积需求及各设施间的关系等级，需确定一个设施布局方案 p_0，使各相邻设施的关系值总和达到最大。

从以上问题可以注意到 ALDEP 与 CORELAP 的区别是优化的目标不同。ALDEP 的评估思想是寻求相邻设施的关系总和最大的布置为最后布置方案。为强调相邻设施的相互关系，ALDEP 法在将关系转换成关系值时，拉大了不同等级之间数值的差距。

2) 布置设施顺序的确定

为优化布置结果，扩大选择范围，在 ALDEP 中，第一个布置设施的选择方法是随机选取一个设施。随后选择方法是根据与第一个设施的关系进行排队，直到排到设定的最低关系密切度 TCR。所谓 TCR，这里是指一个关系代码，比如说 TCR=B，则选择与布置设施具有 A、B 关系的设施进入布置排列。对于与先布置设施均为 A 或 B 的布置设施，则随机选择进入布置。

5. CRAFT 布局算法

计算机辅助规划技术(Computerized Relative Allocation of Facilities Technique, CRAFT)是伯法(Buffa)等人于 1964 年提出的。

CRAFT 法是一种改进型的算法,对一个初始可行布置方案,可以给出一个使总搬运费用减少的调整方法,并保证调整后的方案仍是可行布置方案。

1) 设施交换条件

CRAFT 法中的可行布置方案是将若干个满足一定条件的设施进行交换,为使调整后的布置方案仍然可行,交换的设施需满足具有公共边或面积相等的条件。这种交换条件不是可行交换的必要条件,它是为了使相交换的设施的位置互换后不致引起其他设施位置的变化。这种交换通常是以两两交换的方式进行的,也可以采用三个设施交换的交换方式,交换的最大次数小于 $n(n-1)/2$。

2) 优化目标函数

CRAFT 的优化目标函数是使总物料搬运费用最少,即

$$\min Z = \sum q_{ij} d_{ij} c_{ij} \quad (i,j=1,\cdots,n, \text{ 且 } i \neq j)$$

式中: q_{ij}——设施间的物流量;

d_{ij}——设施间的距离,一般采用设施中心间的折线距离;

c_{ij}——设施间搬运货物单位距离成本。

6. MultiPLE 布局算法

多层厂房设施布置设计(Multi-floor Plant Layout Evaluation, MultiPLE)是类似于 CRAFT 的一种改进型布局算法。

MultiPLE 与 CRAFT 的已知条件(输入数据)相同,都是设施间的物流量矩阵;目标函数也相同,都是使内部搬运成本最少,所不同的是对初始方案进行调整的方法不相同。

1) 设施交换方法

MultiPLE 设施间的交换是在每次迭代中,选择布置成本下降最大的方案。MultiPLE 与 CRAFT 的区别在于 MultiPLE 的交换可以不局限于两相邻设施之间。这一点的实现主要是通过空间填充曲线 SFC 来实现的。所谓空间填充线 SFC,是指填充一定空间的一条折线。

在曲线 SFC 中,对图中的每个单元只访问一次,恰能游历整个单元。该曲线事实上确定了布置方案的设施放置位置和形状。若对换两个设施,就是对换这两个设施的放置顺序,从而生成一个新的布置顺序矢量,各设施就根据自己的面积,沿着 SFC 曲线进行放置,直至生成整个布置。

2) MultiPLE 算法步骤

MultiPLE 算法的思路是对初始布置方案任意进行设施交换,生成新的布置矢量,然后根据 SFC 生成调整后的布置,并计算各设施中心间的直线距离,计算物流费用。循环往复,直至寻找到最低物流费用的布置方案。MultiPLE 算法的计算结果较好,但运算次数是随着设施数的增加而指数型增加,故算法只适合对中心规模的设施布局问题进行设计计算。

7. 流程分析布局法

一个企业设施的物料流程是否通畅,关系着该企业的经营绩效,由收料、制造、装配、

仓储至出货等一连串的活动,都是通过物料搬运系统来连接其物料流程,其系统生产效率的高低视物料流程通过工厂的迅速、平稳和流畅程度而定,并且物料的周转率也是企业盈亏的重要指标之一。设施内物料流程的分析与部门间活动关联性分析的重要性均不可忽视,规划者必须了解其个别优缺点,再依设施内部的不同需求特征加以组合运用。

1) 流程动态分析

流程动态分析是使用流程改善的技巧,如将流程相似的零部件或是利用设备使零件在工厂内自动移动,不需要重复搬运,等等,以使机器、工作站以及各部门得到最有效的安排,提升公司的营运绩效。

设施规划者可针对一般物料管理系统及实体分销系统等宏观流程的内容,和系统内物料发生移动的始末,即流程类型,进行描述,以确定整体流程的范围和途径。常见流程类型有工作站内流程、部门内流程及部门间流程。

流程分析所需考虑的因素很多,相关的资料又是千头万绪,如何将这些繁杂的资料加以系统地整理、分析,让管理者对于操作程序、物料流程与活动间的相互关系有清晰明确的概念,是物料流程规划的重点,而有关物料流程分析的方法,可分为计量方法和传统方法两方面。

计量分析法是使用数学和统计的方法,将流程的流动量、成本或相关系数等变量量化,并建立一个通用的数学模式,再利用作业研究的技术求出各流程的位置,一般会配合计算机来完成复杂的分析计算工作。

传统分析方法以各种图表来表示物料所经过的制造程序和作业流程,以作为分析的工具。

2) 整体设施的流程分析

整体设施的流程分析需考虑产品的零件加工装配以及包装等阶段,一般使用三种技术:操作程序图、流程程序图和流程图。

3) 活动关联性分析

设施布局设计是针对企业内部不同部门或不同设备的配置进行安排的,使其生产流程能顺利进行而不受干扰。在一个设施内除了生产部门还有其他的单位,有些单位也需要良好的流程安排,其中包括:物料流程,由验收、储存、加工到装运出厂;信息流程,指在不同部门间的信息流动;人员流程,工作人员由一个地方移动到另一个地方。活动关联性的分析图形有活动关系图和活动相关线图两种。

4.2.4 物流通道规划方法

通道规划,首先要分析影响道路交通发展的外部环境,从社会政治、经济发展、有关政策的制定和执行、建设资金的变化等方面,来确定道路交通发展的目标和水平,预估未来通道的货流量、流向,确定通道的布局、规模和位置等。物流系统通道应满足货运需求和人流的安全畅通,同时还应满足市政工程管线铺设、日照通风、救灾避难等要求,而且要做到"功能分明、层次清楚、系统连续",充分发挥道路在物流系统建设和发展中的重要作用。

1. 物流通道的含义

尽管学术界对物流通道的定义尚未统一，但一条完整的物流通道应包括三个方面的含义：一是物理通道，包括由航空、铁路、公路、水运和管道线路及其物流节点设施组成的系统；另一个是服务通道，包括由航班、车次、班列、班轮组成的系统，它是完成物流服务的实物载体；最后是信息通道，通过数据库、互联网以及卫星通信等技术，实现物流节点之间的信息交流，同时掌握与通道中各物流活动相关的信息，为物流活动的管理与决策提供支持。

物流通道与运输通道是两个既相互联系又相互区别的概念，二者在功能和内容上存在交叉。首先，从服务对象上看，运输通道既服务于货物运输，又服务于旅客运输，即运输通道包括客运和货运通道，从这点上说，运输通道的范围大于物流通道。其次，从功能上看，物流通道除运输功能外还包括仓储、包装、装卸、搬运、流通加工和信息管理等功能，而除运输功能以外的其他物流功能大多在作为货物收与发节点的物流中心或枢纽内进行，所以物流通道实现的物流功能要远不止运输通道所实现的货物运输功能，从这点上说，物流通道的范围要大于运输通道。

根据以上分析可以得出这样的结论：物流通道是用于满足货物流动的服务设施的总称。具体而言，物流通道除应具有货物运输通道的一般功能和结构特征外，还应包括实现货物的包装、装卸、搬运、流通加工及信息处理功能的物流节点，这些节点即通常所说的物流枢纽或物流中心。

物流通道是指连接物流园区、物流基地、物流中心等之间，以及它们和外部交通基础设施(包括铁路、公路、水运、航空等货运站场)之间的货运道路系统。物流通道主要是构建快速畅通的货运道路体系，保证物流中心与物流园区、物流节点等各节点之间的各项物流功能顺利实施，达到货畅其流的目的。物流通道结构如图4-29所示。

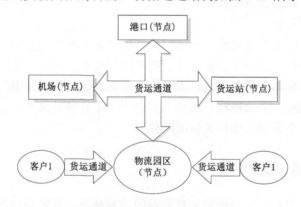

图4-29 物流通道结构

2. 物流通道的特征

(1) 物流通道是交通运输网的骨干，具有全局意义。因为它承担着区际货物运输联系的大部分或全部任务，物流通道是否畅通对于运输网整体的效益起决定性作用。

(2) 运输量大而集中。运量包括区际(省、市际)运量，过境运量，地方运量。在这三部分运量中，物流通道主要是为了满足区际运量需求。

(3) 信息化程度高。物流通道中信息交流和管理方式都通过采用先进的技术、设备来实现。

(4) 有一定层次性。高层次的物流通道由多种运输方式组成，通过能力大，能适应各种货物运输需求。低层次的则由单一方式组成或以某一方式为主。并非所有低层次运输通道都可以发展为高层次的通道，因为影响通道发展的因素很多。

(5) 联系区域具有扩展性。除直接联系和经过的区域外，物流通道对货运量的吸引还影响到非相邻区域。

3．物流通道形成机理与过程

1) 物流通道形成机理

通过深入研究物流通道的发展，其形成的机理主要有以下方面。

(1) 产业发展形成和发展的集聚效应。宏观经济的空间分布是不断发展变化的，区域经济的发展是在少数有利地点首先发展，又从集中至扩散，如此不断向前发展。其结果是，区域分工越来越细，协作也越来越密切。一方面，产业向中心城市集中，进而形成中心城市带、城市连绵区和经济集聚区；另一方面，城市腹地不断扩大形成了相对独立的空间分布格局。经济集中和扩散的结果使得运输设施不断集聚，成为工业集聚的轴线。

(2) 区际分工与联系。区际产业分工是产生运输联系的主要原因。随着经济发展，工业化进程逐步加快，不同区域的产业分工更加细化，商品交流规模扩大化、交流方向复杂化。货物交流的流量随之增加，流向更加广阔，运输距离逐步延伸。同时居民的收入水平逐步增加，出行次数和距离随之增加。运输联系的增强首先使得运输干线和通道更加繁忙。国内区际交流如此，国际交流也是同样的趋势。

(3) 运量集中化规律。研究发现无论任何国家或地区的交通运输网络，都存在着交通流集中于若干主干线路的现象。这是由运输组织的规律所决定的。因为主干线能力大，行车(驶)密度高、成本低、速度快，承担大批量的货物运输，运输经济效益高，因此为运输组织工作所采用。这说明物流通道是最快捷、最经济的方法。

(4) 信息化管理的加入。随着计算机信息技术的迅速发展和广泛应用，条形码系统(POS)、地理信息系统(GSI)、全球卫星定位系统(GPS)、电子数据交换(EDI)等信息网络技术成为物流信息革命的主要标志，并促使物流信息网络化。

2) 物流通道形成的过程

区域货物运输联系的需求推动了物流通道的形成和发展。尽管古代运输联系量小且不频繁，但是仍有物流通道的形成。工业革命以后，物流通道的发展速度加快，表现出三种明显趋势：第一，区域间运输通道的数量增多；第二，通道组成方式多样化；第三，通道的能力不断增强。

美国地理学家泰弗(E.Taffe)于1963年通过对发展中国家运输发展的比较分析，得到交通发展的典型模式，这也可借以说明物流通道的形成过程。这种模式把运输发展划分为六种序列状态，即六个阶段。

阶段一：分散的天然小港口阶段。在平直海岸线沿海地带，均匀分布着无差异的小港口，这些港口只与其周围的陆地组成一个个封闭的自然经济系统(完成渔业生产)。

阶段二：内地的中心与主要港口的交通连接形成阶段。某些港口由于内地交通线路深入，使这些港口由单纯渔港变成商港，腹地大小规模决定商港的规模，而商港的规模经济将吸引附近的港口向其集中，故有交通线深入的港口将逐渐变成运输枢纽，而没有交通线，又距集中港口远一些的港口仍然为分散状态。

阶段三：在内陆伸向港口的交通干线上大力发展支线阶段。通过交通线有效地开发腹地，在交通干线上按"1/2"效应分布的原理形成小城镇，并由此发展支线。

阶段四：腹地中的交通线顶端之间的交通连接形成阶段。小港口也因沿海港口之间的交通运输开始转移到陆上而减少。这是因为小规模的运输在陆上进行快速、方便且经济。

阶段五：腹地中城镇间交通联系完善阶段。腹地内组成准完全网络，主要港口、内陆大城市以及重要城镇间都有直达交通线。沿海港口间的交通运输完全转移到陆上。

阶段六：经济发展更快并且实现一体化。所有主要中心和一些次要中心直接连线在交通网系统中。同时一些运量大、条件好的交通线或组合发展成为物流通道，这些物流通道连接着主要的大中心，并刺激沿通道的经济发展。

物流通道形成模式如图4-30所示。泰弗的理论模式，虽然来自对殖民地国家运输发展的研究，但较典型地反映了通道的形成过程。在其他国家或地区，物流通道的形成也多数出于同样的模式。

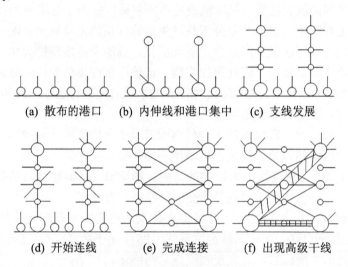

图4-30 物流通道形成模式

4．物流通道形成影响因素分析

从物流通道形成、发展过程看出，物流通道的形成受自然地理、经济活动模式、人口分布密度、生产力布局、人为规划以及政治等多种因素的影响。

1) 交通基础设施是物流通道形成与发展的前提条件

现代经济活动，尤其是工业活动对运输及其他基础设施的依赖越来越严重，物流通道是大能力的、高速度的，能从根本上解决交通问题，然而建设投资也是巨大的。交通运输基础设施和大型物流园区都存在建设周期长、投资量大、涉及面广等特点，这就决定了个人无力全面举办。一个国家或地区在交通基础设施建设上的投资大小受其综合实力及投资决策等诸多因素决定。然而，只要有巨大的运输需求，能产生相当大的交通量，通道的建设就无疑具有很高的经济效益。

2) 产业的发展与壮大是物流通道发展与壮大的主要动力

在通道的发展过程中，沿线的经济因素是主导因素。沿线经济发展水平与特点决定着货运量生成的大小、构成和流向，而货运量又是物流通道形成与发展的基础，具体表现在质与量两个方面。从量上，沿线经济发展诱发的城际、区际运输量需要一条大运能的通道；从质上，沿线生产力水平的提高，对运输的时间性、便利性提出了更高的要求，特别是许多高价值制成品的运量也会增加，这也需要一条快速化、服务水平高的通道。几乎所有的运输通道都会沿通道形成产业带和城镇带，它们反过来又促进通道的发展。

3) 物流节点是物流通道发展的重要依托

物流节点是物流系统的重要组成部分，是组织各种物流活动，提供物流服务的重要场所。商品就是通过这些节点的收入和发出，并在中间存放保管，实现物流系统的时间效益，克服生产和消费时间上的分离，促进贸易的顺利运行的。同时，物流节点因其具备的物流服务功能影响着产业布局以及通道空间方位结构。例如，政府圈地建立物流园区等，必然吸引新的企业入驻，由此形成新的产业布局，随之为了满足新布局下的物流活动需求，新的物流通道将建立和完善。

4) 自然条件是物流通道发展的物质基础和约束条件

自然条件包括自然资源、地质、地貌条件，气候和水文条件等。自然资源的种类、数量、质量、分布、开发利用条件及地域组合状况直接决定着地区开发的时序、经济发展的状况及该地区在全国地域分工中的地位和作用。另外，物流通道的建设像其他多种交通线路和场站建设一样，受到自然条件不同程度的影响。这种影响反映在物流通道的线路走向，运输方式的构成，战场与港址的选择，也反映在通道的通行能力、限制区段等各个方面。需要指出的是随着科技的进步，自然条件在物流通道的建设与发展中的制约作用逐步下降。

5) 各种运输方式的技术经济特性是物流通道形成的关键因素

每种运输方式都包括线路和运载工具、牵引动力和枢纽(站、场、港)。各种运输方式对于不同类型的物流，提供的运输服务是有差别的。为了满足不同物流的需求，建设物流通道时往往是几种运输方式的组合，而物流通道由哪几种运输方式组成，取决于各运输方式的不同特性。

5. 物流通道规划技术评价方法

物流通道规划的技术评价是从技术因素方面分析网络的内部结构和功能，以验证规划方案的合理性，为优化和决策提供技术依据。

技术评价的指标可以分为两类：第一类指标反映网络自身的技术状况，而与是否满足运输需求无关，如通道连通度、路网密度、路网覆盖形态等，这些指标从网络的连续性、通达性、分布密度、布局等方面描述网络的状况；第二类指标则反映路网对社会经济需求的适应程度，既与网络的能力有关，又与对网络的需求有关，如饱和程度、负荷均匀性等，这些指标从网络能力适应需求的程度等方面描述网络的状况。技术评价方法的主要指标和数学模型有以下几方面。

1) 通道连通度 D_n

通道连通度反映各节点间的连接程度，其计算公式如下：

$$D_n = \frac{L_n/\zeta}{\sqrt{AN}} \qquad (4\text{-}12)$$

式中：D_n——通道连通度；

L_n——通车总里程；

A——区域面积；

N——区域内的节点数；

ζ——变形系数(反映线路的弯曲程度)，通常取 11～13。

考虑到多种运输方式，式(4-12)可修正为

$$D_{zn} = \sum_{i=1}^{m} \frac{L_i/\zeta_i}{\sqrt{AN}} \qquad (4\text{-}13)$$

式中：D_{zn}——综合通道连通度；

L_i——第 i 种运输方式的通车总里程；

ζ_i——第 i 种运输方式的变形系数；

m——运输方式的种类数。

2) 通道可达性

可达性是指在规划区内某一点出发抵达任一目的地的行程距离、行程时间或费用的大小。它反映各节点间交通的便捷程度。

路网中某一节点 i 的可达性，可由该节点开始至其他各节点的平均行程时间 T_i 或距离 D_i 表示如下：

$$T_i = \frac{\sum_{i=1}^{N} t_{ij}}{N} \quad (i=1,2,\cdots,N) \qquad (4\text{-}14)$$

$$D_i = \frac{\sum_{i=1}^{N} d_{ij}}{N} \quad (i=1,2,\cdots,N) \qquad (4\text{-}15)$$

式中：t_{ij}——网络中从节点 i 至节点 j 的最短平均行程时间；

D_{ij}——网络中从节点 i 至节点 j 的最短平均行程距离；

N——区域内的节点数。

于是，整个路网的可达性，可用所有节点的可达性的均值来表示：

$$\overline{T} = \frac{\sum_{i=1}^{N} T_i}{N} \qquad (4\text{-}16)$$

$$\overline{D} = \frac{\sum_{i=1}^{N} D_i}{N} \qquad (4\text{-}17)$$

3) 通道连续性

连续性指标有两方面的含义。其一是指"运输方式的连续性"，其二是指"服务水平的连续性"。运输方式的连续性十分重要。若不同的运输方式不能连续，对运输时间、运输费用、运输质量等诸方面均会产生很大的不利影响。服务水平的连续性主要用于公路网

络，不同等级的交通设施具有不同的服务水平，从使用较高服务水平的交通设施(如高速公路)转换到较低服务水平的交通设施(如低等级公路)时，一般将增加交通事故率，因此通常要求高速公路网不能有支线端，即使其某些部分交通量很小，也应考虑设置连线，使得高速公路能与较高等级的干线公路连接。

4) 通道起讫点之间线路的效率 E

线路效率 E 是一个较为微观的指标，它是在起讫点给定的情况下，最短路线的行程时间(或距离)与实际行程时间(或距离)之比值。这里的最短路线行程时间(或距离)通常定义为航空线路的时间(或距离)或者某条实际存在的最短路线的时间(或距离)。它反映各起讫点之间的交通状况与最佳状况的差距。其计算公式如下：

$$E = \frac{d \sum_{k=1}^{k} f_k}{\sum_{k=1}^{k} d_k f_k} \tag{4-18}$$

式中：E ——某起讫点之间的线路的效率；
  f_k ——该起讫点间线路 k 上的交通量；
  d_k ——该起讫点间线路 k 的行程时间(或距离)；
  d ——该起讫点间航空线路的行程时间(或距离)。

如果规划在一些起讫点间增加新线路，设这些起讫点的确定有若干个方案。则用上式可计算出各个方案实施后的线路效率 E'，在某起讫点间增加新线路相对于在其他起讫点间增加新线路的重要程度(等级) W 为

$$W = \frac{\sum_{k=1}^{k} f_x}{E'} \tag{4-19}$$

上式表明，在某起讫点间增加新线路的重要程度，与该起讫点间的交通量成正比，与该起讫点间的线路效率成反比。这就是说，该起讫点间的交通量越大，越需增加新线路；效率越低，越需增加新线路。

利用起讫点间的线路效率指标，可考察在该起讫点间增加新连线的规划方案是否提高了线路效率以及新线路的重要等级，从而对方案进行精细的改进及调整。

5) 通道适应性 α 与 β

适应性就是通道规划方案所能达到的运输能力对国土、人口和经济适应状况的指标。适应性可用通道适应系数 α 和通道适应度指标 β 来表示。其计算公式如下：

$$\alpha = \frac{L}{\sqrt{SP'}} \tag{4-20}$$

或

$$\alpha = \frac{L}{\sqrt[3]{SPQ'}}$$

以及

$$\beta = \frac{C}{Q} \tag{4-21}$$

式中：α ——通道适应系数；
  β ——通道适应度指标；
  L ——通道总长度，km；

P —— 人口数量，万人；
S —— 区域面积，km^2；
Q —— 运输量，万吨；
C —— 运输能力，万吨。

通道适应系数 α 反映网络对于区域面积、人口与运输需求的适应状况，通道适应度指标 β 则表示运输能力适应运输需求的程度。

6) 通道路网饱和程度 V/C

饱和程度又称通道路网能力适应度，它是公路网特有的指标，反映公路网的能力适应需求的程度，也反映出公路网的拥挤程度。饱和程度等于运网上的实际交通量与设计容量的比值。其计算公式如下：

$$V/C = \frac{\sum_{i=1}^{n} V_i l_i}{\sum_{i=1}^{n} C_i l_i} \tag{4-22}$$

式中：L_i —— 第 i 条道路(包括公路、铁路、航道)的交通量；
C_i —— 第 i 条道路(包括公路、铁路、航道)的容量；
l_i —— 第 i 条道路(包括公路、铁路、航道)的长度；
V/C —— 饱和程度；
n —— 道路的总数。

饱和程度是一个十分重要的指标，用饱和程度 V/C 可以对公路网给出一个直观的、综合性的评价结论。据我国交通部公路科学研究所的研究成果，将公路干线网的状况采用如下评语集：{超前，适应，基本适应，不适应，很不适应}，其评价标准如下。

当 $V/C \leq 0.7$ 时，超前(指干线路网的能力超前于需求)，这时所有路段的 V/C 均小于 1，且有较多路段的交通量远未达到其通行能力；

当 $0.7 < V/C \leq 0.85$ 时，适应，这时基本上所有路段的 V/C 均小于 1；

当 $0.85 < V/C \leq 1$，基本适应，这时除少数路段外，大多数路段的 V/C 均小于 1；

当 $1 < V/C \leq 1.5$，不适应，这时有相当多的路段的 V/C 均大于 1；

当 $1.5 < V/C$，很不适应，这时几乎所有路段的 V/C 均大于 1。

7) 通道负荷均匀性 η

通道负荷均匀性也是公路网特有的评价指标，它反映区域内各线路上拥挤状况的差异程度。其计算公式如下：

$$\eta = \sqrt{\frac{1}{n}\sum_{i=1}^{n}(V_i/C_i - V/C)^2} \tag{4-23}$$

式中：η —— 负荷均匀性指标；
n —— 道路总数；
V_i —— 第 i 条道路的交通量；
C_i —— 第 i 条道路的设计容量；
V/C —— 饱和程度。

8) 通道铺面率 PR

铺面率是公路特有的指标,它是指路面道路里程占公路总里程的比重。这里的"有路面"的道路包括具有高级、次高级、中级和低级所有经过人工适当处理的路面的道路。铺面率反映道路的质量,如行车的全天候性问题(即晴雨通车问题)、扬尘与颠簸问题等。其计算公式如下:

$$\mathrm{PR} = \frac{\sum_{k=1}^{k} L_k^f}{\sum_{i=1}^{I} L_i} \tag{4-24}$$

式中: PR ——铺面率;
　　L_k^f ——第 k 条有路面的道路的长度;
　　L_i ——第 i 条道路的长度;
　　K ——有路面的道路的总数;
　　I ——道路的总数。

铺面率的超前与否也有一定的判断标准。据我国交通部公路科学研究所的研究成果,将公路铺面率状况采用如下评语集:{超前,适应,基本适应,不适应,很不适应},其评价标准如下:

当 95%≤PR 时,超前;
当 90%≤PR<95%时,适应;
当 80%≤PR<90%时,基本适应;
当 60%≤PR<80%时,不适应;
当 PR<60%时,很不适应。

9) 通道路网密度 HD

路网密度描述区域内路网的密集程度,它等于平均单位国土面积上的道路里程长度。其计算公式如下:

$$\mathrm{HD} = \frac{\sum_{i=1}^{n} l_i}{A} \tag{4-25}$$

式中, l_i 为第 i 条道路(包括铁路、公路、航道)的长度; A 为区域土地面积。

路网密度也可定义为区域内每万人口或每万元产值所拥有的道路长度。一般认为,通道路网密度越大越好,但通道路网密度越大,意味着需要的建设资金越多,对环境等影响也越大,因此通道路网密度应当有一个合理的量。通道路网密度反映了交通运输网络建设的总体规模与水平。通过不同地区或国家之间的横向比较,可以评价通道路网密度的宏观规模的合理性。一般来说,一个国家的路网密度与该国的经济发展水平和人口密度的关系最为密切,经济发展水平和人口密度越高,对交通运输的需求就越大,因而路网密度也越高。这一关系可由下述数学模型表示:

$$\mathrm{HD} = K \cdot \mathrm{PD}^{\alpha} \cdot \mathrm{PG}^{\beta} \tag{4-26}$$

式中: HD ——路网密度,km/km²;
　　PD ——人口密度,人/km²;
　　PG ——人均国民生产总值(美元);

K, α, β ——参数。

分别将世界上发达国家、发展中国家、国内其他地区的有关数据作为样本，用回归分析法确定上式中的参数，建立不同的回归模型，可以将待评价区域的路网密度与发达国家、发展中国家、国内其他地区进行横向比较，判断出本区域现状网络与规划网络是否适应社会经济发展及其处于何种水平。

10) 路网平均技术车速

路网平均技术车速是一个评价公路网的指标，它是以各路段的长度为权重得到的整个路网的平均技术车速。其计算公式如下：

$$V = \frac{\sum_{i=1}^{m} V_i L_i}{\sum_{i=1}^{m} L_i} \tag{4-27}$$

式中：V ——路网平均技术车速，km/h；

V_i ——第 i 条路段的平均技术车速，km/h，根据该路段的道路等级获得；

L_i ——第 i 条路段的长度；

m ——路网中路段的总数。合理的路网平均技术车速应高于汽车的燃油经济车速。

对于水运网，可用平均航速来反映这一指标。

上述 10 个指标是描述交通运输网络的主要指标。在应用时，不必对每个指标都进行计算，而应突出重点，根据具体情况选择其中的几项指标进行计算、分析与评价。在这 10 个指标中，一般认为饱和程度 V/C、负荷均匀性 η、通道连通度 D_n、通道可达性、通道路网密度 HD 是较为重要的指标。

4.2.5 物流预测方法

对很多企业来说，需求变得越来越多样化和不确定，这有时可归因于终端顾客的喜好变化非常快，但是供应链本身也是需求不确定的来源。在这一形势下，物流量的预测对于物流企业的战略化发展就显得更为重要。但是，由于我国物流企业还处于起步阶段，对于预测所需要的历史数据的统计还很不完整，也很不科学。在这种情况下，如何提高物流量预测的精度，就显得尤为重要。同时对交通量进行科学预测也是完成物流规划中基础性的工作。因此，选择合适的预测方法对预测目标进行预测是保证预测准确的先决条件。

1．物流量定性预测方法

定性预测在人们的社会活动中的应用最为广泛，在科学技术还不发达的时代，人们就是依靠定性预测的方法来预测事物的未来，从而指导人们的生产活动的。所谓定性预测就是人们根据自己掌握的实际情况、实践经验、专业水平，利用判断、直觉、调查或比较分析等方法，对经济发展前景的性质、方向和程度做出的判断，有时在对事物分析的基础上也可以给出数量估计。

1) 定性预测方法的优势

需要的数据少、能考虑无法定量的因素、简便易行，在缺乏足够统计数据和原始资料的情况下，可以根据经验做出一些定性估计和得到从资料上不能直接得到的信息，这种预测方法很大程度上取决于政策和专家的努力,而不是技术基础,因此,它是一种不可缺少的灵活的经济预测方法。

2) 定性预测方法的劣势

人的主观因素影响太大,方法很难标准化,准确性很难把握。

3) 定性预测方法的适用范围

在掌握的数据不多、不够准确或主要影响因素是难以量化的、模糊的、主观的情况下,常采用定性预测方法。当经济环境、系统结构发生大的变化,或建立新的系统时,如新产品需求预测、新技术的影响等,这是无法用定量预测方法进行预测的,而这时定性预测却是一种行之有效的方法。系统中一些无法定量的因素,只能通过判断,进行定性分析及预测。如:党和国家方针政策的变化,消费者心理的变化对市场供需变化的影响等。另外,在进行定量预测时也需要进行定性分析及定性预测,如确定预测问题的影响因素、对预测值的修正、对突变因素影响的预测等。由于物流量预测本身的特点,在物流量预测中定性预测在整个预测工作中更是不可缺少的预测方法。

4) 应用定性预测方法时注意的问题

(1) 由于定性预测的特点,其受人的主观因素的影响大,因此,在预测时专家的选择非常重要。

(2) 在进行市场调查研究及收集资料时,应尽量使定性分析的结果数量化。

(3) 要提高经济预测的质量,应注重定性预测和定量预测相结合。

5) 定性预测方法举例

(1) 头脑风暴法。

头脑风暴法又叫智暴法(Brain Storming Method),是由奥斯本(Alex F.Osborn)于1939年首次提出,1953年正式发表的,并很快就得到了广泛的应用。在我国是在改革开放以后才引入的,但很快就得到了重视。它应用的基本原理是通过一组专家共同开会讨论,进行信息交流和互相启发,从而诱发专家们发挥其创造性思维,促进他们产生"思维共振",以达到互相补充,并产生"组合效应"的预测方法。它既可以获取所要预测事件的未来信息,也可以弄清问题,形成方案,搞清影响,特别是一些交叉事件的相互影响。

头脑风暴法分为创业头脑风暴和质疑头脑风暴两种。前者是组织专家对所要解决的问题开会讨论,各持己见地、自由地发表意见,集思广益,提出所要解决问题的具体方案;后者是对已经制订的某种计划方案或工作文件,召开专家会议,由专家提出质疑,去掉不合理的或者不科学的部分,补充不具体或不全面的部分,使报告或计划趋于完善。

它应用的原则有以下几点。

① 对象一致。专家的选择要与预测的对象一致,而且要有一些知识渊博,对问题理解较深的专家参加。一般来说,要有以下几个方面的专家参加会议,即方法论学者,也就是预测专家;设想产生者,也就是专业领域内的专家;分析者,指专业领域内的高级专家;演绎者,指有较高思维推断思维能力的专家。

② 互不相识。被挑选的专家最好彼此不认识。如果是彼此相识,应从同一职称或级别中挑选。在会议上不公布专家所在的单位、年龄、职称或职务,让专家们认识到与会者一律平等、一视同仁。

③ 环境条件。要为头脑风暴法创造良好的环境条件,以便专家高度集中注意所讨论

的问题。就是要有一个真正自由发言的环境，会议主持者要说明政策，使专家没有顾虑，做到知无不言、言无不尽。如果没有这种环境，就难以产生共振。

④ 综合比较。鼓励参加者对已经提出的设想进行改进和综合，为修改自己设想的专家提供优先发言的机会。

⑤ 思维共振。主持会议者在会议开始时要有诱发性发言，尽量启发专家的思维，引导专家产生思维共振。

⑥ 专家负责。对头脑风暴会议的领导工作，最好委托预测专家负责。预测专家不仅熟悉预测程序和处理方法，而且对所提的问题和科学辩论均有充足的经验。

(2) 德尔菲法。

德尔菲法(Delphi Method)又称为专家调查法，是由美国兰德公司的达尔基(N.Dalkey)和赫尔默(O.Helmer)于 1964 年正式提出的。在正式提出此法后，很快就在世界上盛行起来。在初始阶段，大多数预测案例都是科技预测的内容，因而该法被许多人误解为只是科技预测的一种方法，实际上并非如此。现在，此法的应用遍及社会、经济、科技等各个领域，而且应用频率较高。

德尔菲法的应用过程是由主持预测的机构确定预测的课题并选定专家，人数多少视具体情况而定，一般是 10~50 人。预测机构与专家联系的主要方式是函询，专家之间彼此匿名，不发生任何横向联系。通过函询收集专家意见，加以综合、整理后，再反馈给各位专家，征求意见。这样反复经过四至五轮，尽管每个专家发表的意见各有差异，但由于参加讨论的专家人数较多，会出现一种统计的稳定性，使专家的意见趋于一致，作为最后预测的根据。它的主要步骤有如下几个。

① 第一步函询调查。一方面向专家寄去预测目标的背景材料，另一方面提出所需预测的具体项目。这轮调查，任凭专家回答，完全没有框框。专家可以以各种形式回答有关问题，也可向预测单位索取更详细的统计材料。预测单位对专家的各种回答进行综合整理，把相同的事件、结论统一起来，剔除次要的、分散的事件，用准确的术语，进行统一的描述，然后反馈给各位专家，进行第二步函询。

② 第二步函询。要求专家对与所预测目标有关的各种事件发生的时间、空间、规模大小等提出具体的预测，并说明理由。预测单位对专家的意见进行处理，统计出每一件事可能发生日期的中位数，再次反馈给有关专家。

③ 第三步评价。各位专家再次得到函询综合统计报告后，对预测单位提出的综合意见和论据进行评价，重新修正原先各自的预测值，对预测目标重新进行预测。

上述步骤，一般通过四轮，预测的主持者应要求各位专家根据提供的全部预测资料，提出最后的预测意见。若这些意见收敛或者基本一致，即可以此为根据进行预测。

挑选的专家必须要对预测目标比较了解，并有丰富的实践经验或较高的理论水平，对预测目标有一定的见解。专家既可以是教授、理论研究人员或工程师，也可以是有一定工龄的工人或管理人员。专家可以由本单位专家推荐，也可以从报纸杂志上视其研究成果来挑选，还可以通过上级部门介绍、查询专家档案数据库等方法来进行挑选。

特别需要注意的是专家函询调查表的设计。应该根据预测目标，设计出合适的调查表。不同的课题应该有与之对应的函询表，设计表格时应该遵守一些共同的原则。首先，要把调查预测的问题讲清楚，尽量避免模糊语言，时间、数量的指标都要一清二楚，不要含糊不清、模棱两可；其次，表格要力求简明，提出的问题不能太多，使填表者不致因填表而厌烦；再次，提出的问题不要脱离预测目标，也不要对专家的回答提出任何附加条件，要让专家自由、心情舒畅地回答问题；最后表中要明确专家寄回表格的最晚时间。

随着我国社会、经济、科技的进一步发展，德尔菲法的应用也越来越广泛。我国结合自己的具体情况，对它做了一些改进，进一步拓宽了德尔菲法的应用范围。例如，采用书面调查与会议调查相结合的方法，部分取消匿名性，部分考虑专家的权威性，对专家的答卷数据采取加权处理。根据课题的难易和经费、时间的充足性程度，可适当减少反馈的次数，有时又可以在专家反馈一至二次后，再召集一小批专家面对面进行讨论，做出预测结果。这种方法我们称为广义的德尔菲法。

除以上常用的方法之外，还有市场调查法、专家评估法、主观概率法、交叉影响法等等，这些方法的应用要根据具体的预测问题，灵活地进行。

2．物流量定量预测方法

定量预测的方法有很多，据统计，至少有一百多种，比如指数平滑预测模型、灰色预测模型、回归预测模型等。前二者属于时间序列预测模型。由于物流量预测自身的特点，在用到这些具体的定量预测方法时，尤其要注意预测目标的历史数据应如何进行处理，如何选择适当的预测模型。

1) 时间序列预测模型

时间序列预测法是利用预测目标的历史数据的统计规律来进行预测。

(1) 时间序列预测方法的优点。

第一，不需要了解预测目标的影响因素，它认为所有的影响因素都归在时间序列数据的波动之中。这样对历史数据的要求仅仅局限在预测目标上，而不必考虑其他影响因素的历史数据。也就是说，历史数据的收集和整理的工作量远远小于回归模型。

第二，预测模型的建立较回归模型容易。时间序列预测模型的建立只需要考虑一组数据的变化趋势，这样比考虑多个因素、多组数据要容易得多。

第三，短期预测精度较高。

(2) 时间序列预测模型的劣势。

无法揭示系统内各因素之间的关系，它仅仅将时间作为预测目标的影响因素。但预测的目的是在了解未来的基础上，对系统进行规划和控制。控制系统的发展必须了解影响系统发展的主要因素。而时间序列预测方法并不具备此项功能。

(3) 时间预测模型的适用范围。

第一，预测目标的相关因素的历史数据难以收集。

第二，仅需要了解预测目标的发展趋势。

第三，预测目标的历史数据较完整。

(4) 应用时间预测模型时必须注意的问题。

时间序列预测模型有许多种，由于每一种时间序列预测模型都有它的针对性和适用范围。在采用时间序列预测模型进行预测时应对每一种模型的特点有一定的了解，否则盲目地选择某一种预测方法，很难保证预测精度。

2) 回归预测方法

(1) 回归预测模型的优势。

建立回归模型，必须进行系统中各主要因素的相关分析，通过系统的相关分析能了解系统中各要素之间相互依存紧密程度的定量描述，通过系统的回归分析揭示预测目标在发展过程中与其主要影响因素之间的定量关系，一旦回归模型建立，只要知道预测目标的影响因素(自变量)的值就能通过模型直接得到预测目标(因变量)的值。因此，回归模型既可以作为预测模型，又能对系统的结构进行描述和分析，使决策者能从模型中了解到影响预测目标值的主要原因，从而能做出更为科学的决策。

(2) 回归预测模型的缺陷。

第一，历史数据质量要求高。由于系统因素之间的相关分析及回归预测模型的建立需要充分而完整的数据，如果没有足够的历史数据作为基础就无法有效地建立回归模型。

第二，系统结构要求稳定。由于因素之间的数量关系是由系统的结构所决定的，一旦进行技术改造等影响系统结构的环境发生变化，则系统中的各因素之间的数量关系就会发生变化，仅靠历史数据建立起来的回归模型的预测精度就会受到很大的影响。

第三，回归模型的建立难度较大。回归模型的理论模型的建立往往是首先描绘历史数据因素之间关系的散点图，分析散点图曲线与什么理论函数接近。然后对其进行检验，选择描述这些变量之间关系的较理想的函数形式来近似表示历史数据所描述的因素之间的关系。由于影响因素可能很多，并且随机因素对系统的影响往往很难用一个确定的函数来描述或者是多个函数的叠加和组合，因此需要有较强的数学建模水平。人们往往为了计算简单，常常采用线性回归来进行预测。但是，真正的实际问题，因素之间的关系往往是非线性的关系，那么用线性模型代表非线性的问题，其误差可想而知。非线性问题的复杂性给建模带来了很大的难度。

(3) 回归预测模型的适用范围。

由回归模型的优劣势分析可知，当系统及预测内容具有下述特性时可采用相关回归预测模型进行预测。

第一，当系统预测所需要的历史数据较完整时。

第二，需要了解各因素之间的关系时。

第三，系统较稳定的情况下。

(4) 应用回归预测模型时必须注意的问题。

第一，对回归模型中的自变量和因变量必须作相关分析。了解其因素之间的相关程度到底有多大，因为回归分析是对具有因果关系的影响因素(自变量)和预测目标(因变量)所进行的数理统计分析。自变量与因变量的相关程度，影响到预测值的有效性的大小。实际上，只有在分析了自变量与因变量之间的相关性以后，我们才能最终确定因变量的主要影响因素，并进行回归分析。

第二，回归模型的函数形式一定要符合历史数据的规律。也就是自变量与因变量之间的函数关系描述得是否准确直接影响预测的精度。

第三，模型参数估计的方法选择。对于回归模型的参数估计的方法有多种，特别是非线性的回归模型的参数估计的方法的选择是否恰当直接影响预测结果。在选择参数估计方法时要了解该方法所产生的误差特性。

3．物流量组合预测方法

人们对于组合预测方法的研究范围很广，有关于各种定量预测方法结合起来运用的组合预测方法，也有关于将定性预测方法与定量预测方法结合起来运用的组合预测方法。我们这里的组合预测方法是指前者。

在做预测时，对同一预测对象常采用不同的预测方法。不同的预测方法由于所用到的数据、信息不同，或者由于其本身预测特性的不同，其预测精度往往也不尽相同。如果简单地根据各种预测方法的误差将预测误差较大的一些方法舍弃掉，将会造成预测方法的片面化、单一化，其预测结果可能会出现较大的偏差。目前流行的一种较为科学的做法是：将不同的预测方法进行适当的组合，利用各种方法不同的预测特性，尽可能地提高预测精度。

目前对组合预测方法的研究主要集中在关于各单个预测方法的权重的确定上。一般来说，把组合权重分为两种，一种是定常权重，一种是时变权重。定常权重研究较早，确定方法较为成熟，但由此构成的组合预测方法的权重不随时间的变化而变化，所以预测精度较差；时变权重的研究虽然起步较晚，确定方法仍处于探讨阶段，但由此构成的组合预测方法的权重会随着时间改变，所以预测精度明显高于定常权重组合预测方法，但是因为变权函数是随时间的变化而变化的函数，所以它的确定比较困难。

目前关于定量预测的模型有很多，估计达100多种，常用的模型主要有指数平滑模型、灰色系统模型、回归模型以及神经网络模型等。根据这些预测模型得出各个预测值之后，就要根据组合预测来确定预测目标的最终预测值。

1) 定常权重的确定

如果某预测问题在时刻1到时刻n的实际观察值分别为y_1至y_n，记为y_i ($i=1,2,\cdots,n$)，而对此预测问题有m种预测精度较好的预测方法，其预测值分别记为f_{ij} ($i=1,2,\cdots,n$；$j=1,2,\cdots,m$)。设对这m种预测方法的加权系数为w_j ($j=1,2,\cdots,m$)，$\widehat{y}_i$为该预测问题在时刻i的预测值，由此我们可以把这一组合预测模型描述为

$$\left.\begin{array}{l} \widehat{y}_i = \sum_{j=1}^{m} w_i f_{ij} \quad (i=1,2,\cdots,n) \\ \sum_{j=1}^{m} w_j = 1 \end{array}\right\} \quad (4\text{-}28)$$

w_j应该满足归一化的条件，而它的计算方法有多种，对于定常权重的确定我们有如下方法。

(1) 算术平均法。

这种方法也称为等权平均法，它不考虑各模型预测效果好坏的差别，直接对各个模型的预测值进行算术平均。由于这种方法的计算比较简单，所以是一种比较常用的计算权重的方法。如果有m个预测模型，那么各个预测模型的权重w_j都为$1/m$。

(2) 方差倒数法。

这种方法是根据各个模型的方差的大小来确定权重的，方差越大，那么权重越小。我们设第j个预测模型的方差为D_j，则$D_j = \frac{1}{n}\sum_{i=1}^{n}(y_i - f_{ij})^2$，进行归一化处理，那么此模型的权重

$$w_j = D_j^{-1} \Big/ \sum_{j=1}^{m} D_j^{-1} \quad (4\text{-}29)$$

(3) 均方差倒数法。

顾名思义，这种方法是与上面的方差倒数法类似，以各个模型均方差的大小来确定权重，第 j 个模型的权重

$$w_j = D_j^{-\frac{1}{2}} \Big/ \sum_{j=1}^{m} D_j^{-\frac{1}{2}} \tag{4-30}$$

(4) 专家确定法。

由于受外界多种因素的影响，有些模型虽然预测的拟合度不如另外一些模型好，但它更能准确地反映预测对象的发展规律，但这些因素的影响是无法从数学上直接计算出来的。那么我们可以咨询专家意见或者运用德尔菲法来确定各种预测模型的权重。

除以上这些方法之外，还有二项式系数法、简单加权法等确定权重的方法。

2) 时变权重的确定

对于时变权重的确定我们有如下方法。

首先做一些必要的符号说明：设对于同一预测问题，我们有 n 种预测模型，并假设

$Y(t)$：第 t 期的实际观察值 $(t=1,2,\cdots,N)$；

$\widehat{Y}(t)$：第 i 个预测模型预测的第 t 期的值；

$w_i(t)$：第 i 个预测模型在第 t 期的加权值；

满足

$$\left. \begin{array}{l} \sum_{i=1}^{n} w_i(t) = 1 \quad (t=1,2,\cdots,N) \\ w_i(t) \geq 0 \quad (i=1,\cdots,n) \end{array} \right\} \tag{4-31}$$

$\widehat{y}(t) = \sum_{i=1}^{n} w_i(t)\widehat{y}_i(t)$，变权组合预测模型的第 t 期预测值。

我们记 $\overline{e}_t = \dfrac{\widehat{y}(t) - y(t)}{y(t)} (1 \leq t \leq N), z = \max(|\overline{e}_t|)$，基于决策论中极大极小原则，即要使 z 的值达到最小。其中 $\widehat{y}(t) = \sum_{i=1}^{n} w_i(t)\widehat{y}_i(t)$；$\sum_{i=1}^{n} w_i(t) = 1$；$t=1,2,\cdots,N$；$w_i(t) \geq 0$。

然后我们可以用 $u_t = \dfrac{|e_t| + e_t}{2}, v_t = \dfrac{|e_t| - e_t}{2}$（当 $e_t \geq 0$ 时，$u_t = e_t$，$v_t = 0$；当 $e_t < 0$ 时，$u_t = 0, v_t = -e_t$ 来替换 e_t），则有 $|e_t| = u_t + v_t, e_t = u_t - v_t$，从而可建立如下的线性规划模型：

$$\left. \begin{array}{l} \min z \\ z - u_t - v_t \geq 0 \\ \overline{e}_t - u_t + v_t = 0 \\ \sum_{i=1}^{n} w_i(t) = 1 \\ z \geq 0, u_t \geq 0; v_t \geq 0; w_i(t) \geq 0 \quad (i=1,\cdots,n; t=1,\cdots,N) \end{array} \right\} \tag{4-32}$$

这里 $\overline{e}_t = \sum_{i=1}^{n} w_i(t) \dfrac{\widehat{y}_i(t) - y(t)}{y(t)} = \sum_{t=1}^{n} w_i(t) \dfrac{\widehat{y}_i(t)}{y(t)} - 1$

$= \left(\dfrac{\widehat{y}_1(t)}{y(t)}, \cdots, \dfrac{\widehat{y}_n(t)}{y(t)} \right) (w_1(t), \cdots, w_n(t))^T - 1$

我们令 $\overline{Y}_t = (\widehat{Y}_1(t)/y(t), \cdots, \widehat{Y}_n(t)/y(t))$，$W_t = (w_1(t), \cdots, w_n(t))^T$

然后把以上模型整理可以得到：

$$\begin{aligned}
&\min z \\
&z - u_t - v_t \geq 0 \\
&\overline{Y}_i w_i - u_t + v_t = 1 \\
&\sum_{i=1}^{n} w_i(t) = 1 \\
&z \geq 0; u_t \geq 0; v_t \geq 0; w_i(t) \geq 0 \quad (i=1,\cdots,n; t=1,\cdots N)
\end{aligned} \right\} \quad (4\text{-}33)$$

以上线性规划模型含有 $nN+2N+1$ 个未知量，有 $3N$ 个约束条件，可以通过其对偶问题求得其最优解，从而得到最佳的变权重系数 $w_i(t)$ ($i=1,\cdots,n$；$t=1,\cdots,N$)。

除了这种方法以外，计算时变权重的方法还有绝对误差和达到最小法、误差平方和达到最小法以及模糊组合预测方法等。

3) 评价指标

任何预测都必须以一定的标准来检验它的预测效果，即预测精度。我们可以用以下指标来评价组合预测方法的好坏。

(1) 平方和误差

$$\text{SSE} = \sum_{i=1}^{n}(\hat{y}_i - y_i)^2 \quad (4\text{-}34)$$

(2) 平均绝对误差

$$\text{MAE} = \frac{1}{n}\sum_{i=1}^{n}|y_i - \hat{y}_i| \quad (4\text{-}35)$$

(3) 均方误差

$$\text{MSE} = \frac{1}{n}\sqrt{\sum_{i=1}^{n}(\hat{y}_i - y_i)^2} \quad (4\text{-}36)$$

(4) 平均绝对百分比误差

$$\text{MAPE} = \frac{1}{n}\sum_{i=1}^{n}\frac{|y_i - \hat{y}_i|}{y_i} \quad (4\text{-}37)$$

(5) 均方百分比误差

$$\text{MSPE} = \frac{1}{n}\sqrt{\sum_{i=1}^{n}\left(\frac{\hat{y} - y_i}{y_i}\right)^2} \quad (4\text{-}38)$$

4) 存在的问题

由于组合预测方法的研究起步比较晚，参考有关的文献资料以及分析，目前关于组合预测的研究主要存在以下问题。

(1) 对于负权重的看法。

目前预测界对于负权重问题还存在着一些争议。有人提出了一种最优组合预测方法，它根据过去一段时间内组合预测误差最小的原则来求取各个单项预测方法的权系数向量，那么这样就有可能产生负权重。但有些人对负权重持否定态度，因为权重表示对某种方法的偏重程度，而负权重并没有实际的物理意义，从解释上说不通。

(2) 预测精度的确定。

部分组合预测方法在求取组合预测精度时，根据已知的时刻 1 至时刻 n 的实际观察值

y_i ($i=1,2,\cdots,n$)和各单项预测值 f_{ij} ($i=1,2,\cdots,n$；$j=1,2,\cdots,m$)，求出权重 w_j ($j=1,2,\cdots,m$)，然后又将 w_j 与时刻 1 至时刻 n 的单项预测值 f_{ij} 相乘，得出组合预测值 $\hat{y}_i$，再计算出预测精度。这种做法是错误的。因为 w_j 是根据各实际观察值与预测值得出的，不能再反代入时刻 1 至时刻 n 来求预测精度。我们求出的权重应该代入 $n+1$ 时刻的单项预测值，得出 $n+1$ 时刻的组合预测值，再结合 $n+1$ 时刻的实际值，进一步求出预测精度。

(3) 对组合预测权重的看法。

组合预测方法并不一定会比单项预测方法更准确，同样地，时变权重组合预测方法也并不一定会比定常权重预测方法准确。因为我们是以先前的已经过去的时刻 1 至时刻 n 的观察值以及在此时间段的各单项预测值的误差作为标准来确定组合预测方法中各单项预测方法的权重的，但有可能虽然某单个预测方法的误差虽然比较大，但预测对象未来的发展趋势更接近此单个预测方法。

组合预测方法是预测学理论研究的重要内容，它在我国已经得到了一定的发展，并且在许多方面的应用取得了比较好的效果，但由于它的起步比较晚，所以在理论上还很不完善。

4．物流量定性与定量预测结合方法

在许多预测中，人们往往只重视了定量预测，片面追求使定量预测的误差达到最小，从而忽视了定性预测。由于定量预测有其自身的局限性，比如时间序列预测模型是根据惯性原则而对未来进行的递推，而预测对象未来不一定就会按照以前的趋势发展；回归模型中自变量之间的相关关系以及它们的发展趋势也可能较难确定。特别对于物流系统内的物流量预测来说，我们必须结合当前的预测对象所处的环境的变化趋势以及影响预测对象的各种因素的变化趋势，参考相关专家的意见等，看预测值是否合理，是否需要进行调整，从而确定最终的预测值。

我们先比较一下定性预测与定量预测的特点。

(1) 定量预测不能识别预测趋势的转折，比如有时受政策影响，物流量的增长呈现波动性或者跳跃式的，这时定量预测就不能体现出这种变化来。而这种转折点或者是暂时的还是长期的，必须依赖于定性的判断。

(2) 定量预测不能充分运用历史数据所包含的信息。比如，有些时间序列方法比较容易忽视较早的历史数据所包含的信息，而过分依赖近期数据；相反地，回归预测模型则轻视近期数据所包含的信息，它赋予所有历史数据相同的权重。定性预测可以充分利用各种信息，包括有关预测环境的信息、过去类似的情况等，使预测工作者可以充分利用经验，结合各种信息做出判断。

(3) 定量预测的最大优点在于它的客观性。只要选择好适当的模型，任何人应用同样的数据都会得到相同的预测结果。定性预测则不一样，根据同样的信息，不同的人可以得出完全不同的结论，它受预测者的性格、经验、阅历方面的影响较多。

关于定性预测与定量预测的结合运用，主要有三种方法。

1) 定量修正定性的方法

即先做定性预测，然后用定量的方法修正定性的预测结果。因为定性预测结果很大程度上是受预测者的知识水平和经验等的影响，定性预测结果可能存在系统偏差和回归偏差。

在做出定性预测后，再用定量方法对定性预测所产生的这些偏差进行修正。

我们把一个预测结果的均方差分成三个部分：

$$M = (\bar{Y} - \bar{F})^2 + (S_F - \rho S_Y)^2 + (1-\rho)^2 S_Y^2 \tag{4-39}$$

其中，$\bar{Y}$ 和 $\bar{F}$ 分别表示实际值和预测值的均值，S_F 和 S_Y 分别表示预测值和实际值的标准差(即各个值与均值的差的平方和，开方后再平均)，ρ 表示预测值和实际值的相关系数。

在式(4-39)中，$(\bar{Y} - \bar{F})^2$ 代表均值的偏差，这是预测值的整体偏差，或者称为系统偏差。$(S_F - \rho S_Y)^2$ 代表回归偏差，表示预测值未能追踪实际值的程度。$(1-\rho)^2 S_Y^2$ 代表预测中的随机误差。根据最小二乘法，我们可以利用历史数据把均值偏差和回归偏差去除，这需要用到一个优化线性方程，形式如下：

$$Y_t = \hat{a} + \hat{b} F_t \tag{4-40}$$

其中，Y 是 t 时刻的实际值，F 是 t 时刻的预测值。

假设我们在 1 至 n 时刻的实际值为 $y_1, y_2, \cdots, y_n$，预测值为 $f_1, f_2, \cdots, f_n$，那么我们就可以根据这两组数据，用最小二乘法得出它们的关系式，然后我们对 $n+1$ 时刻的定性预测值用此公式来进行修正，就可以得出更为准确的 $n+1$ 时刻的预测值。

2) 定性预测的量化的方法

即定性预测结果作为定量模型的一部分。有些人研究了把独立的定量预测和主观定性预测合成统一模型的预测效果。可能是因为这样可以充分利用有价值的信息，所以一般的结论都是提高了预测的效果。甚至有些研究结果还表明仅仅是定量预测和主观定性预测简单平均就能明显地提高预测效果。有学者认为当数据趋势不稳定时，由于难以确定定性预测和定量预测权重的分配方法，这种情况下简单平均就是最合适的方法。

合成预测的误差方差与定量预测的误差方差以及主观定性预测误差方差有如下关系：

$$\sigma_c^2 = 0.25(\sigma_s^2 + \sigma_j^2 + 2\gamma\sigma_s\sigma_j) \tag{4-41}$$

其中，σ_s^2 是定量预测的误差方差，而 σ_j^2 是主观预测的误差方差，γ 是两种预测误差之间的相关系数。

当 $\dfrac{\sigma_j}{\sigma_s} > \dfrac{\gamma + (\gamma^2 + 3)^{0.5}}{3} = \phi$ 或 $\dfrac{\sigma_j}{\sigma_s} < \dfrac{1}{\phi}$ 时，合成预测的误差方差小于主观预测的误差方差。

在上面的合成预测中，如果实际值的均值和主观预测值的均值存在系统偏差，则合成预测的效果要打折扣。如果主观预测和统计预测的均值误差分别用 v 和 w 表示，则合成预测的均方差为

$$M = 0.25[(\sigma_s^2 + \sigma_j^2 + 2r\sigma_s\sigma_j) + (v+w)^2] \tag{4-42}$$

如果统计预测是无偏估计，则主观预测的均值偏差是 v^2。

3) 定性修正定量的方法

即先用定量方法做预测，然后用定性的方法修正定量预测结果。先假定事物的发展趋势不会发生变化，用定量的方法进行预测，然后再采用定性预测方法修正，判断其趋势走向，然后再作综合预测分析。用定性预测修正定量预测不是用定性预测取代定量预测，而定量预测的修正要谨慎处理。如果影响预测目标的外部环境和内部因素比较稳定，将来不会有特别事件发生，仅用定量预测方法就能达到很好的效果；但当外部环境和内部各因素发生变化时，或者会有发生特别事件时，就必须用定性方法来对定量预测进行修改。对于

物流量预测来说，由于物流量的多少易受各种相关因素的影响，所以更需考虑用定性方法对定量结果进行修正。同时，为了避免对定量预测频繁进行修正，预测者应该仔细考虑以下三个问题。

(1) 是否需要修改。预测者在面对定量预测结果时首先就要考虑这个问题，这个问题的目的就是尽量避免随便修改定量预测结果。

(2) 调整的理由。这个问题的目的也是尽量减少不必要的调整，通过对调整理由的逐项分析，使预测者的思路更加清晰、系统化。

(3) 需要调整的幅度。预测者应该认真分析各种影响因素可能会对定量预测结果产生的影响的大小，尽量把各种影响因素的影响效果量化，从而得出最可能出现的结果。

5. 物流交通量的预测方法

物流系统所产生的交通量包括货运流动与人员流动两方面产生的交通量，其中以货运交通量为主，人员流动包括园区内企业职员的上下班、相关公务出行、物流需求客户等集散。由于货运交通量与非货运交通量的产生机理不同，需分别进行预测。

1) 货运流动产生交通量的预测

对于货运交通量，首先在明确物流园区功能布局的情况下，根据各个区域的货运量或仓储量，结合该区域的货运特征进行预测。

方法一：综合参数法。首先预测各小区产生的交通量，然后根据货物空间分布特征加载到各路段，高峰小时货运产生当量交通量计算公式如下：

$$N = A_B / i / a / h_x \beta \tag{4-43}$$

式中： N ——货车高峰小时交通吸引量，pcu(标准车当量数)；

A_B ——日吞吐量；

i ——折减系数，一般 $i = 2$，预测以每天进货量和出货量大致相等为基础进行预测，可以根据作业性质调整；

a ——货物重量与标准车转换系数，根据仓储及运输性质取值，一般每载货 5 吨按一辆标准中型货车计算；

h_x ——每天平均有效运营时间，小时；

β ——不均衡系数，包含货运量时间的不均衡以及日进货和日出货车辆的不均衡，一般取 2~4。

在得到高峰小时货运产生当量交通量的基础上进行交通分配，即将前面预测的各区的交通量分配到具体的通道上去，在物流系统的交通量分配时重点考虑货流的方向。一般情况下物流系统面积较大，有多处出入口，需要根据各个区域货运通道进行分析，结合该区域货运方向分别进行加载。

假设货运量产生区域为 i，共 i 个小区，将同区周边路网分为 j 个流向，即 j 个路段，根据物流与人员流动方向，将 i 个小区的交通量加载到各通道中。

最后得出各路段的货运产生交通总量为

$$Q_j = \sum_{i=1}^{I} q_{ij} \tag{4-44}$$

式中： Q_j ——路段 j 上总的交通量；

q_{ij} ——小区 i 在路段 j 上的交通量。

方法二:"运量分担法"。首先依据物流量的空间分布将小区物流量分配到各路段上,再根据每个路段上各小区的车辆出行比例、满载率、不同车型的运量等因素,得到小区在路段上的车辆出行总数,再根据车辆转换系数,计算出路段标准交通量。

假设有 i 个小区与 j 个路段,则 i 小区在路段 j 上的物流量(吨)为

$$q_{ij} = Q_i \gamma_{ij} \tag{4-45}$$

式中:q_{ij} ——小区 i 在路段 j 上的物流量;

Q_i ——小区 i 总的物流量;

γ_{ij} ——小区 i 在路段 j 上的物流量的空间分布比例。

然后再将各路段上的货运量转化为标准交通量,即根据小区 i 在路段 j 上的不同车型的出现比率、满载率以及运载能力,即

$$q_{ij} = \sum_{n=1}^{N} X_{ij} A_{ijn} B_{ijn} C_n \tag{4-46}$$

式中:X_{ij} ——小区 i 在路段 j 上的出行车辆总数;

A_{ijn} ——小区 i 在路段 j 上第 n 种车辆出行比例向量;

B_{ijn} ——小区 i 在路段 j 上第 n 种车辆的满载率;

C_n ——第 n 种车型的载运量吨数。

得出小区 i 在路段 j 上的出行车辆总数后,根据每种车型比例与该车型车辆换算系数计算出小区 i 在该路段 j 上的标准交通量,最后将各小区在某路段上的交通量进行叠加,得到每条路段上的新增交通量。

综合参数法与运量分担法对比可以发现,两种方法虽然都是基于分区预测的思想,但是预测思路不同。方法一虽然考虑了各小区在不同路段上的货物空间分布,但是没有考虑车辆在该区域的运行特征;方法二弥补了方法一的缺点,但相比较而言,方法二的所需数据更加难以获得,但是如果能够获得较为准确的数据,预测较为贴切实际。

2) 人员流动产生交通量的预测

对于人员产生的交通量的预测是根据办公区建筑面积、作业量采用吸引发生率法,其重点是选择合适的吸发率数据。国内目前还没有对这方面进行系统的统计,规划人员往往根据不同项目,选择一些与拟建项目类型相同的建筑物对其交通发生和吸引情况进行调查,并且综合考虑进行适当的修改,确定交通产生率。相比之下,美国机械工程师学会(American Society of Mechanical Engineers,ASME)出版的《出行发生》(Trip Generation)已经推出至第七版。在 4250 个实例调查和分析的基础上,得出了所有类型建设项目的吸发率数据,保证了交通生成预测的准确性。其中部分开发类型的吸发率如表 4-29 所示。

表 4-29 ITE 规定的部分开发类型的吸发率数据

具体开发类型	开发类型编码	吸发率(1 工作日)/100m²(建筑面积)
一般轻工业	110	7.50pcu/100m²
一般重工业	120	1.61pcu/100m²
工业园	130	7.50pcu/100m²
制造业	140	4.41pcu/100m²
仓库	150	5.25pcu/100m²

随着国内物流的发展，数据的获取变得可行，可以通过多家相似的物流系统的作业数据建立多元线性回归模型来预测新增交通量。首先调查其他的发生、吸引原单位指标，由实测高峰小时非货运交通量与办公服务建筑面积之比算得，然后建立多元回归模型：

$$y = a + bx_1 + cx_2 + dx_3 + ex_4$$

式中：y——高峰小时非货运交通量，pcu；

　　　x_1——正式职工数，人；

　　　x_2——办公服务建筑面积，m^2；

　　　x_3——日均吞吐量，吨；

　　　x_4——日交易额，万元。

根据实际情况可以选定具体不同的参数，由调查数据计算得出非货运车辆吸引多元线性回归模型和非货运车辆发生多元线性回归模型，从而得出较准确的数据，实际上，这种方法与美国ITE所做的数据整理的原理相似。

同理将非货运产生的交通量加载到路网中，该类交通量主要流向为市区及基地住宅区。最后将货运于非货运交通量进行叠加，即得到整个路网新增交通量。

本 章 小 结

现代企业竞争的手段，除了技术的先进性，最重要的就是内部管理的有效性和对市场快速反应的能力。随着内部管理水平的提高，企业节约物化劳动和活劳动的潜力已经十分有限，只有物流领域才是尚待挖掘的第三利润源。同时，为了提高市场反应能力，企业必须具备快速高效的销售渠道和采购方式，而物流与传统运输、仓储业的不同之处正在于其特有的集成性和敏捷性，物流是企业经营敏捷性的重要物质保障，对改善企业经营状况、提高竞争力具有不可替代的作用。实际上，虚拟经营、动态联盟等现代企业经营形式都必须要有强大的物流服务作后盾。因此，经济要发展，企业要生存，必须优先发展物流产业。在发展物流的过程中，理论的指导必不可少。

很多传统的物流规划项目都是仅凭决策者的主观意志和经验确定的，造成了很多决策上的失误。一些依赖于理论计算的规划决策方法，结果也往往不尽如人意，实际中由于各种规划论证的失误所造成的损失不计其数，其中很多问题就出在理论方法本身，物流规划理论的研究已刻不容缓。

物流规划的模型化方法中，存在很多难题，其中最主要的就是对不确定性问题的描述。本书作者认为，我们应该突破传统数学模型的框架，运用各有关学科的最新成果，采用学科交叉的方式，开发符合我国物流本身特点的研究方法和思路，将我国物流规划的理论水平提高到一个新的层次，为我国物流规划工作提供切实可行的理论工具。

本章主要从物流系统规划理论基础入手，通过介绍物流系统规划的早期理论，引申出物流客户服务理论，再针对物流系统规划选址、运输网络规划、设施优化布置、物流通道系统、物流预测等主要方法进行了分析。通过本章的学习，读者可对物流系统早期的基本理论与物流客户服务理论有一个初步的认识，同时可以掌握物流系统规划中相关的技术方法。

思考与练习

1. 典型物流系统优化设计理论和方法有哪些？
2. 客户服务的概念是什么？
3. 简述系统布置设计(SLP)的阶段结构。
4. 简述通道规划的含义。
5. 简述物流企业实施绩效管理的必要性。
6. 论述物流绩效反馈。

第 5 章　物流园区规划

【学习目标】
- 掌握物流园区的含义与形成机理。
- 掌握物流园区的作用。
- 熟悉物流园区的形成与发展趋势。
- 掌握物流园区规划的概念。
- 熟悉物流园区规划的意义和原则。
- 熟悉物流园区规划系统分析。
- 熟悉物流园区总体规划。
- 熟悉物流园区信息平台建设的战略目标及功能。

随着现代物流在全球的快速发展，物流园区的规划建设被认为是促进现代物流发展的突破口，并被看作是加速物流业甚至是地区经济发展的重要因素。在物流园区的规划过程中，其选址和总体布局是影响物流园区发展的一个重要的、基础性的环节。物流园区作为现代物流发展到一定阶段的产物，是现代物流体系的重要节点，然而对适用于我国的物流园区规划理论的研究还不完善，一般都只从某一方面进行规划分析，没有形成系统的规划分析。在物流园区规划中，物流园区的功能分区布局及其道路交通规划是两大重点。因此，综合研究物流园区的功能布局与道路交通之间的关系，提出方案建议，对物流园区规划和建设具有重要的理论上和实践上的指导意义。

5.1　物流园区概述

5.1.1　物流园区的内涵

1. 物流园区的概念及分类

关于物流园区的内涵，目前国内尚无明确统一的定义，即便是在《国家标准物流术语》中，也仅对物流中心和配送中心进行了界定。从国内提出进行物流园区或物流基地建设的城市、企业的相关项目的界定，借鉴日本开发建设物流团地、德国不来梅建设城市基础设施的大规模物流中心等的经验，考虑到大规模和相对集中的物流基础设施的建设不仅仅是为了发展物流本身，往往会涉及物流运作、交通运输组织、信息组织、产业整合、资源整合和城市功能开发与调整等综合性方面，在参考目前的工业园区、经济开发区、高新技术产业开发区内在含义的基础上，将物流园区定义为：物流园区是多家专业从事物流服务的企业和物流密集型工商企业在空间上集中布局的场所，是具有一定规模和综合服务功能的物流节点。它依托于经济发达地区的中心城市，位于大型交通枢纽附近，一般与两种或两种以上的交通运输方式相连接。物流园区是基础设施的一种。它在社会属性上既有别于企业自用型的物流中心,又有别于公路、铁路、港口等非竞争性基础设施,是具有经济开发性质的物流功能区域,与科技园区、工业园区有相似之处。物流园区将众多物流企业聚集在一起,实行专业化和规模化经营,对物流企业发挥整体优势,促进物流技术和服务水平的提高,共享相关设施,降低运营成本,提高规模效益,将起到重要作用。

由于物流的组织功能因园区的地理位置、服务地区及企业的物流组织内容和形式、区位交通运输地位及条件等存在着较大差异,物流园区的功能和定位不应有整齐划一的界定点。从主要功能上讲,物流园区大致可分为以下四大类型:转运型物流园区、存储配送型物流园区、流通加工型物流园区以及综合物流园区,如表5-1所示。

要注意的是物流园区的划分不是绝对的,某种类型的物流园区可能同时兼有其他一种或几种功能,例如流通加工型物流园区可能本身就具有基本的仓储设施,划分的依据是占主导地位的那种功能。

表 5-1 按功能分类的物流园区

园区类型	概 念	代表园区
转运型物流园区	指可实现运输方式转换(海—陆、空—陆、公路—铁路)的物流园区	上海国际航空物流园区、深圳华南国际物流中心、北京空港物流园区
存储配送型物流园区	指以大规模的仓库群为基础,形成以存储和配送功能为主的物流园区	深圳笋港—清水河物流园区、北京华通物流园区
流通加工型物流园区	指承担了一部分生产加工功能,实现了从厂商生产的标准产品部件到客户所需个性化产品转换衔接的物流园区	宁波物资物流中心
综合物流园区	指同时具有以上几种功能,规模庞大、功能齐全的物流园区	深圳平湖物流基地、上海西南、西北综合物流园区、北京通州物流园区

2. 物流园区形成机理

物流园区是现代物流和社会经济发展到一定阶段的必然产物,其形成和发展有着深刻的内在规律性,物流园区形成的最本质原因是市场竞争与规模经济双重力量造成的集聚效应。主要表现在以下三个方面。

1) 集聚效应是物流园区形成的内在动力

现代物流的重要优势就是低成本,成本优势来源于现代物流将原有分散的运输、仓储、包装和流通加工等功能实行系统整合,实现物流作业的专业化和规模化。

在生产力尚不发达、交通运输和仓储业落后的农业时代和工业化初期,为了实现农工商业有关企业之间的物资交流,各个传统物流行业的网络节点大都采取了密集布局的方式。从而在宏观上呈现出极其分散的局面。随着生产力的发展和科学技术水平的不断提高,特别是物流市场竞争的日益激烈,传统货运场站、仓库、大量企业自营的物流中心和配送中心分散布局的弊端愈加明显地暴露出来。主要表现在:布局不合理,缺乏统一规划;无法达到经济规模,难以实现集约化经营;各个节点功能目标、作业流程、作业方式雷同相似,缺乏有机的合理分工与协调配合,难以实现专业化;资源闲置与重复配置矛盾突出;不利于物流节点实现现代化等诸多方面。

为解决上述问题，各不同物流节点系统之间的协调就成为必然。为此不同的物流节点系统在功能上进行协调、拓展和整合，从而形成了物流园区。

2) 产业集聚和经济集中是物流园区形成的外在要求

经济区位论认为企业生产区位在空间上的集聚可产生规模经济，带来收入递增。因此，通过空间集聚可以较好地解决资源有限性与企业规模化的矛盾。相互关联密切的企业的空间集中，就是产业集聚的主要外在表现。

产业集聚在宏观上主要表现为经济集中化，即空间面积较小的地域集中了大量的人口和经济产值。例如日本在经济集中化的表现主要是形成了以"东京圈"、"名古屋圈"和"大阪圈"三大圈集聚发展的格局，"三大圈"的经济总量占日本全国一半以上。

3) 政府是形成物流园区的催化剂

经济学研究已充分说明了政府对宏观经济良性发展的重要作用，国家或地方政府的宏观调控是保证社会经济快速、协调和有序发展的基本手段。

物流园区作为具有双重属性的物流节点，需要政府提供有力支持才能更好地发展。如果仅仅在前述的内在动力与外在要求的机制作用下，物流园区的形成则往往需要一个较长的过程，而政府通过颁布法律法规、采取引导鼓励政策和制订发展规划等手段能够促进物流园区的迅速形成和发展。

5.1.2 物流园区的作用

1. 物流园区对产业发展的推动作用

物流园区在聚集各种物流服务提供商的同时，也为物流企业提供了一个良好的发展空间，推动了物流企业自身的发展。本文将这些推动作用归结为资金推动、技术推动、人才推动和信息化管理推动。

1) 资金推动

由于物流园区的建设投资巨大，一般企业无从独立开发，而从各国的物流园区建设来看，德国、日本等都由政府进行统一规划，筹集资金，以政府投资为主，采用信用贷款和企业投资为补充。因此一般认为，物流园区是属于政府出资进行的物流基础设施建设，通过政府的投资大大减轻了物流企业发展的前期投入成本，从而促进物流企业将更多的资金投入到核心能力和物流服务的开发之中，在高质量的服务中所获得的竞争优势将为物流服务提供者带来丰厚的利润。物流园区通过各种为物流企业的服务获得良好的投资回报，由此可以形成良性的资金链循环，促进物流服务的不断发展。

2) 技术推动

在物流园区内，存在不同实力和水平的物流企业，一些行业领先者在物流园区的驻扎，给物流行业不断地带来最新的物流设备和技术的应用经验。物流园区管理部门则不断关注最新的物流业界技术发展动向，通过各种信息传播平台共享给各企业，从而促进了行业内的技术交流和传播。物流园区还通过建立各种物流辅助设施生产企业，如引入国家标准，统一托盘、条形码、电子标签等的规格，将标准化的技术结合到物流产业中，推动产业的技术标准化进程。

3) 人才推动

中国在物流园区的建设过程中发现，物流企业对于人才的需求一直没有得到很大的重视，在传统的观念中，人才的培养是教育培训机构的责任。但是在提供一体化服务的物流园区内，完全可以引入物流专业培训部门，或者与社会教育和培训机构合作，形成物流人才培养基地。这样既可以为园区内企业输送人才，也可以为社会提供更多的物流知识，推动物流社会化的进程。

在人才管理中，园区管理还能够集成园区内企业的人事管理职能，为部分进驻物流企业，尤其是小型物流企业提供人力资源管理能力。

4) 信息化管理推动

综合性、大规模的物流园区同时也是指挥、管理和信息的中心，通过园区将信息集中，达到指挥调度的功能。现代物流企业面向的是供应链管理环境，没有良好的管理信息系统的支持几乎无法展开在市场中的竞争，但是信息化的风险和巨额的投资又使一些中小物流企业观望不前。物流园区将技术较为成熟的信息系统引入这些小企业，同时也将这些企业的能力和管理经验整合起来，通过整合园区内各企业的信息系统，形成一个统一的指挥管理中心，提高了整个园区工作的效率。

而信息技术的运用也让中小物流企业获得了信息化管理带来的优势，逐步建立起具备现代管理水平的企业制度和文化，从而推动了整个产业管理的信息化。

2．物流园区对建立国家物资流通网络的作用

当前一些地方政府争相将物流作为支柱产业，盲目兴建物流园区，由于物流园区本身具有一个地区产业覆盖面，导致一些地区物流园区的重复性建设，或者是恶性竞争，在园区服务上则依然停留在低水平和低效率状态，没有起到物流园区应有的作用。从宏观角度出发，客观认识到社会物流园区的建设作用，对于建立起整个国家的物资流通网络至关重要。因此物流园区需要合理和严谨地进行规划。

整个国家的物资流通硬件网络是由各地物流中心、物流基地和贯穿中国的公路、铁路、航空和航道组成的，而这一物流网络的形成在历史上来源于经济和贸易往来。物流中心往往就是那些物资集散中心地，在地理上往往接近于物资生产地或者是物资消费地，是由于不同物资的产地和销地不同所设立的必要的中转站。由于社会物流产业的发展，物流功能从生产和销售中分工独立出来，新兴的物流园区则正好充当了将这些集散中心进一步整合和管理的职能。因此，未来国家物资流通网络的战略支点，将由各地的物流园区来担当。

国家物资流通网络还需要能够对各种物资信息进行调配，而物流园区所具备的信息管理功能将进一步发挥作用，物流园区之间还将通过信息系统的集成，形成虚拟的中国物流管理中心。从全社会角度出发，可以发现物流园区实质上不单单是一个经济单位，更是一个具有国家战略意义的实体，充当的是支撑整个国民经济发展的基础支柱。

中国物流业的发展，是为了发展和完善中国从计划经济走向市场经济后所需要重新构建的国家物资流通网，因此从这个角度看，物流园区在物流业整体发展中也一样起到了基础支柱作用。

5.1.3 物流园区的形成与发展

1．物流园区的形成

国外物流源于第二次世界大战之后，最早出现在美国，随后在日本和西欧等国家和地区相继发展起来。物流园区作为物流系统中的重要环节，是物流配送专业化、社会化发展的产物，是运输、仓储、装卸搬运、配送、流通加工和信息服务等物流环节有效衔接的节点，是从事物流活动的场所或组织，是物流产业的载体。20世纪60~80年代，随着经济的快速发展，发达国家物流园区迅速向规模化和连锁式发展，物流业也成为一门新兴的产业。90年代以来，利用电子信息技术，发达国家物流园区向网络化和信息化迅速推进，深刻改变着社会生产和消费方式。据专家估计，物流业产值占发达国家生产总值的10%~25%，而物流园区是创造这部分产值的主要因素。

各国政府都重视本国的物流管理，都在创造有利于物流业发展的环境。他们大多遵循综合性的物流理念，并致力于发展综合物流体制，因此提倡并引导建立综合的物流园区和物流中心。在欧洲，物流园区(也称作货运村，Freight Village)这一概念于90年代初在英国开始使用。当时的物流园区主要是为办理英吉利海峡隧道交通的有关手续而设立的。随后这个概念衍生为指采用公路和铁路交通运输方式的运输站，即所谓的综合物流园区。之后物流园区在欧洲逐步成为一个国际通行的概念，引起人们越来越多的注意。

德国的物流园区建设主要表现在货运中心的建设上。德国政府在促进和引导物流发展中做了大量的工作。在做好物流的发展规划、建设和协调工作的基础上，在全国规划了40个物流中心及货运中心。合理的规划，使物流中心形成网络。各州政府和地方政府围绕着规划中的物流中心，积极做好选址、征地工作，并负责物流中心地面以下的基础设施建设以及连通物流中心的道路、铁路的建设，同时，通过政策调整，引导企业从事专业物流业务，并为物流企业提供一个良好的经营环境。

除了德国，在欧洲其他实行完全市场经济的国家中，荷兰、比利时等也都有自己的物流园区。

日本是建设物流园区最早的国家。自1965年至今，已经建成20多个物流园区。建设较早的日本东京物流园区是以缓解城市交通压力为主要目的而兴建的，建设中采取的具体措施有：政府牵头确定市政规划，规划园区用地；物流园区的建设资金从物流行业协会会员入股集资和向政府低息贷款取得。

韩国在富谷和梁山也分别建立了物流中心。

从国外的经验来看，物流园区的成功模式主要有三种：日本的物流园区以城市配送为主；德国更多带有交通运输枢纽的性质；而西班牙、荷兰和新加坡的物流园区依赖港口开展国际贸易和国际中转业务。这三种模式功能鲜明，完全是结合市场需要和自身资源来建设的。日本人口多，空间小，城市的高人口密度是城市配送型物流园区产生的直接原因。德国的机械制造业发达，物流量大，整合交通资源是形成物流园区的重要原因。而对于西班牙、荷兰和新加坡式的港口物流园区的形成，则主要归功于天然的港口资源和大量的国际贸易需求。

我国作为一个发展中国家，物流业起步较晚，物流社会化程度低，物流管理体制混乱，机构多元化,这种分散的多元化物流格局,导致社会化大生产、专业化流通和集约化经营优势难以发挥,规模经营、规模效益难以实现,具体表现为设施利用率低,布局不合理,重复建设,资金浪费严重等。由于利益冲突及信息不畅通,大量物资不能及时调配,滞留在流通领域,造成资金沉淀,发生相当多的库存费用。另外,由于我国物流企业与物流组织的总体水平低,设备陈旧,损失率大,效率低,运输能力严重不足,形成了物流发展的"瓶颈",制约了物流的进一步发展。

借鉴国外发达国家物流发展的经验,我国从1992年开始了物流配送中心的试点工作,原商业部曾在1992年发文部署全国物流配送中心建设试点,标志着中国的物流中心建设正式起步。1996年原国内贸易部发出了《关于加强商业物流配送中心发展建设工作的通知》,指出了发展建设物流配送中心的重要意义,提出发展建设的指导思想和原则等,同时,还印发了《商业储运企业进一步深化改革与发展的意见》,提出了"转换机制,集约经营,完善功能,发展物流,增强实力"的改革与发展方针,确定了向现代化物流配送中心转变、建设社会化的物流配送中心、发展现代物流网络的主要发展方向。我国各级政府部门逐渐认识到物流产业以及物流园区对于地方经济发展的促进作用。国家发改委、原国家经贸委、原铁道部、原交通部等中央部委,香港、北京、天津、上海、山东、广州、深圳、青岛、厦门、苏州等地方政府,在借鉴国外发展经验的基础上,都从战略高度出发把发展现代物流作为保证经济腾飞的重要支撑点之一,制定了一系列有关物流发展和物流园区建设的相关规划和政策。各地的物流园区的发展规划一般均纳入当地物流系统整体规划中。

2. 物流园区的发展趋势

物流园区作为物流活动的场所、物流系统网络的节点、物流产业的载体,将在社会经济生活中发挥重要作用,特别是对推动物流产业发展具有重要作用。今后物流园区的发展趋势将主要体现在以下几个方面。

(1) 管理规范化。随着物流的产业化发展,物流业将逐步走向成熟,按照物流园区发展的规律进行规范化管理将是大势所趋。

(2) 组织经营集团化、网络化。发达国家物流园区发展的成功经验证明,实行物流园区的集团化、网络化,将成为物流园区的发展方向。特别是跨地区、跨部门、跨企业的集团化、网络化组织经营,对发挥物流系统效率,提高物流经营效益,实现信息共享,降低全社会物流成本等,具有重要的意义。

(3) 物流作业高效化。物流园区的各项作业经历了从手工劳动、半机械化、机械化到自动化四个阶段。一些先进国家正朝着集成化和智能化发展,我国物流园区处在起步发展阶段,物流园区存在着人力、机械和自动控制作业等多种方式。随着经济发展水平的提高和物流技术的完善,机械化和自动化技术将是我国物流园区的发展方向。

(4) 物流技术与服务标准化。物流标准化不仅是物流系统化的前提,而且还是和国际接轨的前提,因此无论是物流装备,还是物流系统建设与服务,必须首先满足标准化的要求。物流园区的标准化必须和物流整个系统的标准化具有一致性、统一性。物流园区的标准化涉及物流园区库房的设计建造、装卸存储等硬件的标准化以及包括票据标准化等的软件标准化。硬件标准化要能够适应门到门的直达配送,信息与服务的标准化是实现电子数据交换以及实现信息化和服务优质、规范的基础。

(5) 管理与服务信息化。物流信息系统是现代物流作业的支柱。随着计算机技术与通信技术的充分发展以及全球信息网络的建成，物流园区的信息化趋势将进一步加强。在美国、日本等国家，信息系统已成为物流业的基础，信息的作用延伸到物流作业的全过程，据资料显示，日本物流领域应用的计算机已占全国总数的 50%，物流中心从接受订货到发货送至最后的消费者整个过程都全部实现信息化。

(6) 物流虚拟化。虚拟物流就是以计算机网络—信息—物流程序构成虚拟软件世界，模拟实现物流的运输、仓储、配送、流通加工等业务流程的系统化、一体化、自动化过程。虚拟物流的是物流电子商务，物流电子商务是物流产业本身应用电子化的手段，实现物流商务运作的过程。物流的电子商务化包含了物流的运输、仓储、配送等各业务流程中组织方式、交易方式、服务方式的电子化。虚拟物流的实质是，虚拟物流中信息交流不仅是现实物流的信息反应，更主要的是通过信息的分析、判断进行决策，控制现实物流运行。

5.2 物流园区规划概述

5.2.1 物流园区规划的概念

根据 2012 年 9 月公布的第三次全国物流园区(基地)调查报告，调查中有 754 个物流园区有占地规模的数据，其中，运营的 348 家，占 46%；在建的 241 家，占 32%；规划的 165 家，占 22%。与上次调查结果相比，园区数量稳步增长，分布格局趋于均衡；运营的园区占比升高，未实质开发的园区比例下降；物流园区转型升级态势显现，增值服务发展较快；企业主导开发模式受重视，综合服务型园区占比高；涌现出一批具有示范和带动作用的物流园区，经济和社会效益明显。

物流园区的产生原因决定了物流园区大都布局在城市中心区域边缘、交通条件较好、用地相对充足的地方，为吸引众多物流企业和相关联企业，物流园区在空间布局时还需考虑市场需求、交通设施、劳动力成本等多方面因素。因此物流园区规划是指对城市区域物流用地进行定位、空间布局，对区域内功能进行设计，对设备与设施进行配置，以及对物流园区经营方针和管理模式等进行策划的过程，也可以概括为对某一个物流园区进行战略性、全局性、多方面、多角度的实施方案的论证编写过程，其中应包括物流园区规划的原则依据、对物流需求的分析和预测、战略目标和功能定位、建设运作模式分析、相关政策分析、投资及赢利分析、社会生态环境分析等内容。

5.2.2 物流园区规划的意义和总体原则

1. 物流园区规划的意义

物流园区投资规模大，资金回收期长，但是却具有良好的社会效益，主要体现在经济效益和环境效益两个方面。经济效益表现为促进城市乃至以城市为中心的区域经济的发展，环境效益表现为改善城市环境，促进城市可持续发展。因而做好物流园区的规划至关重要，它主要体现在以下三个方面。

(1) 有利于在战略层面对物流园区和城市区域经济发展进行经济分析，避免过分夸大城市经济的实力,且对物流园区的建设规模和运营发展产生误导。

(2) 物流园区规划可以优化地整合现有的城市物流资源,并从多角度、多方面进行综合评价分析,从而提高物流园区实施、运营、发展的可行性。

(3) 物流园区规划可以有效结合城市发展规划,使城市功能区更加明确,从而形成城市商务区、生活区、生产区、物流区等特色功能区,使得城市生态环境、投资环境更趋合理化。

2．物流园区规划的总体原则

现在许多地方政府都把物流园区作为城市向现代都市发展的一个重要内容进行规划,但却对本地的经济、市场、产业布局没有深入研究。现代物流是市场高度发展、产业布局调整升级后自然形成的,但许多地方并不具备这种经济发展的水平,因此虽然政府规划有热情,但就是没有企业愿意参加,即使勉强被拉了进去,企业也只能是负债经营,无法开展业务。在既有的物流发展规划中存在诸多问题,主要体现在规划缺乏宏观高度,缺少综合性,布局不够合理等。

为了使物流园区发挥其应有的作用,物流园区规划应遵循以下八条原则。

1) 经济合理性原则

首先,能否为物流企业发展提供有利空间,吸引物流企业进驻是决定物流园区规划成败的关键,在物流园区选址和确定用地规模时,必须以物流现状分析和预测为依据,按服务空间范围的大小,综合考虑影响物流企业布局的各种因素,选择最佳地点,确定最佳规模。

2) 环境合理性原则

缓解城市交通压力、减轻物流对环境的不利影响是物流园区规划的主要目的,也是"以人为本"规划思想的直接体现。使占地规模较大、噪声污染严重、对周围景观具有破坏性的配送中心尽量远离交通拥挤、人口密集和人类活动比较集中的城市中心区,为人们创造良好的工作生活环境,既是物流园区产生的直接原因,也是城市可持续发展的必然要求。

3) 整合、利用现有资源原则

以仓储资源为例,在诸多物流基础设施中,仓库以其庞大的规模和资产比率成为物流企业的空间主体,国外一般经验是仓库用地占整个配送中心用地的40%左右。仓库建设投资大,回收期长且难以拆迁,充分利用好现有的仓储设施,则可基本解决原有设施再利用及优化资本结构的问题;仓库多分布在交通枢纽和商品主要集散地,交通便利,区位优势明显,可满足物流企业对市场区位和交通区位的要求,充分利用已有仓储用地,可减少用地结构调整和资金投入,是物流园区规划的捷径。

4) 循序渐进的原则

物流园区规划同其他规划一样,需要具有一定的超前性,但任何盲目的、不符合实际的超前建设都可能造成不必要的资源浪费。因此,必须坚持循序渐进的原则,结合地区实际,在客观分析物流业发展现状和未来趋势的基础上,合理规划物流园区。

5) 统一规划原则

物流园区的规划和布局应该从城市整体发展的角度来统筹考虑,并结合规划选址的用地条件来确定园区的具体位置。此外,在全国运输大通道的格局下,规划建设物流园区还需从宏观经济出发，对国内外市场的发展和货物流通量等情况进行认真的调查分析和预测，根据长远和近期的货物流通量，确定物流园区长远和近期的建设规模。因此，物流园区应由规划部门统一规划，以便与城市总体规划、土地利用总体规划及其他有关规划相协调，符合城市物流用地空间的统一布局和统筹安排，满足城市地域合理分工与协作的要求。

6) 与城市总体规划相协调原则

物流园区的规划应以城市的总体规划和布局为基础，顺应城市产业结构调整和空间布局的变化需要，与城市功能定位和远景发展目标相协调。

7) 市场化运作原则

规划建设物流园区，既要由政府牵头统一规划和指导协调，又要坚持市场化运作的原则。政府要按照市场经济要求转变职能，强化服务，逐步建立起与国际接轨的物流服务及管理体系。物流园区的运作以市场为导向，以企业为主体，在物流园区的功能开发建设、企业的进驻和资源整合等方面，都要靠园区优良的基础设施、先进的物流功能、健康的生活环境和周到有效的企业服务来吸引物流企业和投资者共同参与。

8) 高起点现代化原则

现代物流园区是一个具有关联性、整合性、集聚性和规模性的总体，其规划应该是一个高起点、高重心的中长期规划，并具有先进性和综合性。因此规划现代物流园区必须紧跟世界物流发展的先进水平，以现代化物流技术为指导，坚持高起点现代化。物流园区必须以市场为导向，以物流信息管理系统的建设为重点，以第三方物流企业为主体，成为现代物流技术的研发、应用或转化的基础。

5.2.3 物流园区规划的基本内容

物流园区规划是一项系统工程，其所包含的物流活动范围广阔，既有城市的、区域的、全国的活动领域，又有跨国的活动领域；物流流程复杂，须经过仓储、运输、配送、包装、装卸、流通加工、信息处理等环节；物流涉及面广，涉及工业、农业、商贸、铁路、交通、航空、信息、城市规划等部门。在这种情况下，需要协同各方才能做好物流园区规划工作，否则会影响物流园区的效益提高和效能发挥。

按照规划编制的一般程序和方法，物流园区的规划应涵盖以下几方面的内容：物流园区规划的背景和依据、物流园区规划的必要性和可行性、物流园区的战略定位、物流园区物流需求预测及构成分析、物流园区的选址决策、物流园区的规模确定、物流园区的主要作业内容和功能区划、物流园区的主要技术装备、物流园区的基础平台和信息平台规划、物流园区的系统需求及系统初步设计、物流园区建设的投资规模及资金来源、物流园区建设的国民经济评价和财务评价、物流园区的运营管理模式等。

按照物流园区规划的影响因素来归纳，物流园区规划主要归结为三个大类、四个环节和八个主要方面。其中三个大类分别是社会效益、经济效益、技术效能；四个环节依次是城市交通布局、城市产业商业的布局及供应链、专业化市场的需要、城市发展规划；八个主要方面依次是社会环境、生态环境、自然环境、经营环境、投资环境、功能设计、布局规划、建设规模。八个方面中社会环境、生态环境、自然环境归属于社会效益类，经营环境、投资环境归属于经济效益类，功能设计、布局规划、建设规模归属于技术效能类。物流园区规划影响因素的具体划分、内容、要求及优先级如表 5-2 所示。

表 5-2 物流园区规划影响因素

一级准则	二级子准则	内容	要求	优先级
社会效益	社会环境	交通管理	改善城市交通管理，有效缓解物流对城市交通的压力	√
		城市规划	符合城市规划用地要求	√
		对居民影响	尽可能减轻对城市居民出行、生活等的干扰，要求减轻或消除噪音	√
		道路拥挤	出入口道路饱和度适中	√
	生态环境	大气污染	对大气污染程度低	√
		生态景观	对环境生态景观影响小，并要求有一定的绿化覆盖率	√
	自然条件	气象条件	湿度、温度、风力、降水、日照等气象条件适中	
		地质条件	符合建筑承载力要求	
		水文条件	规划地点远离泛滥的河流	
		地形条件	要求地形坡度平缓，适宜建筑；形状尽量规划，以矩形为宜	
经济效益	经营环境	靠近大型企业	与工业商业联系紧密，靠近大型企业	√
		周边企业情况	周边企业环境和谐，企业密度适中	
		消费市场	接近消费市场，一般位于都市圈内	√
		运输成本	要求运输成本低	√
	投资环境	地价因素	较低的地价区位	√
		劳动力条件好	有数量充足、素质较高的劳动力条件，劳动力成本较低	√
		公共设施齐全便利	有充足的供电、水、热、燃气的能力，排水、厂区道路、通信设施完备，有污水、固体废弃物的处理能力并要求符合标准	√
		资金落实程度	资金落实程度较好	
		效益费用比	效益费用比合理	
		投资收益率	投资收益率较好	
技术效能	功能设计	功能完备程度	功能完备，既有综合性的配送中心设施，又有专业性的配送中心设施	√
		功能可靠程度	功能可靠，既有提供综合性的服务，又能提供专业性的服务	√
		多式联运	多式联运协调、方便，可达性较好	√
	布局选址	利用现有的设施	与现有的物流设施兼容	√
		靠近主干道	靠近交通主干道，特别是高等级公路主干道出入口，力求距离最短	√
		道路运输网络	完善的道路运输网络，同时要求路况较好	
		靠近货运枢纽	特别是靠近公路货运集散中心，同时力求靠近铁路货运枢纽、港口中心、航空中心等	√
	建设规模	总建筑面积满意度	总建筑面积要考虑近期需求好远景规划，要求面积不宜过小	√
		总站场面积满意度	货站、货场、货区、货位等要有一定的保有量，并能适应扩建扩能的需要	√
		土地面积利用率	应贯彻节约用地、充分利用国土资源的原则，要求土地面积利用率较高	

注："√" 表示物流园区规划中必须优先考虑的因素。

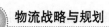

以上分别从程序方法和影响因素对物流园区规划的内容进行了阐述，在具体进行某个物流园区的规划时可以综合考虑并结合园区的自身特点进行展开。

5.2.4 国外物流园区规划经验总结

1. 日本物流园区规划方法

日本是人多地少的国家，故而对土地利用率非常重视。针对物流团地(物流园区)的建设和规划，既要考虑到物流团地(物流园区)作为社会公共基础设施的属性，又要充分发挥市场经济运作的优势，在政策扶植方面制定相应的政策和法规。

首先，日本对物流进行了系统分类：根据物流服务的区域和范围将物流系统的布局分为区域内、区域间和国际物流三个部分。

1) 区域内物流

区域内物流是物流系统的端点，与企业的供应物流、销售物流密切关联。主要内容是将企业物流合理化推进到区域物流合理化，形成战略管理，配送成为完善区域内物流的主要手段。相应的配送中心、物流中心成为区域内物流的基础节点。区域内物流网络体系布局的主要依据是企业、配送中心(或物流中心)、物流园区间干线道路、物流设施、城市的交通密度时段等综合因素，以及集成化理论；要求是设施集约化，活动效率化，提高物流信息和综合控制能力；目的是削减企业库存量，加快周转，提高企业销售能力，减少物流总费用。各区域内物流分布是不均等的，预估的物流量以产值和商品销售总值为参考。

2) 区域间物流

区域间物流是物流系统的骨干，物流的进步主要是区域间物流的改善推动引发的。从企业的角度看物流的改善，首先是选择运输公司，然后是生产场地到市场之间物流中心的平衡，输送商品量的调整和形式的平衡。而区域间的物流改善，目的是进行生产场地与市场及物流中心的平衡化，输送商品量调整与形式的平衡化。因而区域间的物流改善必须具备的条件就是物流信息系统的完善，同时它提倡的输送方式是集装箱化和集装箱托盘化，使运输量成单位货载、大型化，以达到物流效率化。区域间物流网络体系布局的主要依据是：高速公路、高等级公路、铁路新干线、近海定期航班的连接；物流园区设施和相互配合。物流园区设施由较多不同的配送中心、物流中心、公共仓储、信息中心和金融服务组成，设计、运营要实现功能分配合理、运行机制兼容，能够协同运作；要求也是设施集约化、标准化，活动效率化，提高物流信息和综合控制能力；目的是提高干线运输效率，减少物流总费用。改善区域间物流的突破口是信息化、标准化、规模化。正因为是区域间的物流，构筑物流网络系统的指挥系统需要运用大量通信、计算机网络、车辆跟踪定位等技术，需要建立与公共经济信息网和 EDI 的交互系统，而它的目标就是实现物流信息共享和信息流、商流、物流、资金流集成化。

3) 国际物流

国际物流包括国际上的交易、储存、海洋运输、铁路运输、航空运输、邮政运输、联合运输、加工与通关等流程。由于涉及跨国界或跨政治实体(如欧盟)的贸易行为，就需要必要的现代物流能力来应对不同法规、法律、传统、文化的约束和应对不同的客户群。国际物流作为国际贸易过程中一个重要的环节，其布局的主要依据是：各类港口(包括海港、航空港)之间的连接，国际物流园区设施相互配合。

其次，根据对物流的分类，日本政府着手进行宏观上的物流规划。早在 1964 年，日本就着手规划物流体系，在八大区域按经济总量进行规划、建设和整顿物流设施，形成以物流园区为据点的区域间物流网络，由这些网络构成全国的地面物流体系，配合虚拟的信息网络建设，形成日本的立体物流体系。如在《流通业务市街地的整顿法律(流市法)》中，确定东京、大阪、名古屋、广岛、福冈、仙台等共计 30 个城市为都市物流。按人口(150 万～300 万人口)、经济总量、运输总量、区域交通条件确定分布物流团地(物流园区)的数量。例如，东京为 5 个，大阪 3 个，名古屋、广岛、福冈、仙台等中等城市各 1 个，全国共计 86 个。而在物流团地(物流园区)的选址方面，规定以都市外围的高速道路网和铁路网的交叉口为中心的 10 公里半径范围内为团地选址地点，确立了物流团地的交通优势，以及与都市内配送的衔接优势。

第三，建设方面由政府规划、出让低价土地或由政府加以补助，物流团体组织投资，物流企业按专业共同使用。

第四，由于对规模经营有总量的控制(涉及覆盖面和人口，且超过经济规模，效益反而下降)，建筑用地相应作了限制，物流团地(物流园区)的用地为 20 万～50 万平方米，一般不超过 35 万平方米(约 500 亩)，要求高层发展。

从以上情况我们可以总结一下日本的物流园区规划的经验。

(1) 重视规划：物流园区的规模较大，影响的范围较广，政府重视通过制定园区发展规划和配套的市政规划，在城市的市郊边缘带、内环线外或城市之间的主要干道附近，规划有利于未来具体配套设施建设的地块作为物流园区。

(2) 优惠的土地使用和政府投资政策：将规划的园区内土地分地块以生地价格出售给不同类型的物流行业协会，这些协会再以股份制的形式在其内部会员中招募资金，用来购买土地和建造物流设施，若资金不足，政府可提供长期低息贷款。

(3) 良好的市政设施配套及投资环境：政府对规划的物流园区，积极加快交通、市政设施的配套建设，吸引物流企业进驻园区，并在促进物流企业发展的同时，促使物流园区的地价和房产升值，使投资者得到回报。

2．德国物流园区规划方法

德国是一个物流业发达的国家，主要表现在两个方面：一是大量制造企业和商业企业将运输服务、装卸搬运、仓储业务、包装及流通加工交给第三方物流公司，形成了发达的物流产业；二是第三方物流公司，包括几千人的大型跨国物流集团，仅极少数拥有自己的车队，绝大多数将运输业务转交给了专业运输车队。根据以上情况，德国政府在物流园区的规划和建设上与日本存在一定区别，一般采取联邦政府统筹规划，州政府、市政府扶持建设，公司化经营管理，入驻企业自主经营的发展模式，其基本做法有四个方面的内容。

1) 联邦政府统筹规划

联邦政府在统筹考虑交通干线、运输枢纽规划的基础上，通过对经济布局、物流现状进行调查，根据各种运输方式衔接的可能性，在全国范围内对物流园区的布局、用地规模与未来发展进行合理科学的规划。

2) 州政府、市政府扶持建设

考虑到物流园区对地区经济有明显的带动和促进作用,为引导各州按统一的规划建设物流园区,德国交通主管部门还对符合规划的物流园区给予资助或提供贷款担保。德国政府扶持物流园区发展的重要原因是对园区公共服务职能的定位,认为园区建设并非单纯地追求盈利。

在物流园区的建设和运营过程中,州及地方市政府扮演了主要投资人的角色。例如位于德国中部图林根州州府 Erfurt 市郊的图林根物流园区,其建设投资比例为:市政府占 42.5%,州经济开发部占 35.5%,联邦铁路(DB)占 14.7%,行业协会占 7.3%。

3) 企业化经营管理

德国政府扶持园区建设,并非不考虑园区效益与效率。一般认为,企业化的管理方式比行政化的管理方式更有效率。德国物流园区的运营管理经历了由公益组织管理到企业管理两个阶段。负责管理物流园区的企业受投资人的共同委托,负责园区的生地购买、基础设施及配套设施建设以及园区建成后的地产出售、租赁、物业管理和信息服务等。由于园区的投资人主要是政府或政府经济组织,所以园区经营企业的经营方针不以盈利为主要目标,而主要侧重于平衡资金,实现管理和服务职能。

以图林根物流园区为例,其管理企业由四人负责,企业的业务包括销售、宣传和物业管理三大部分,管理公司还负责代表园区企业与政府交涉,负责兴建综合服务中心、维修保养厂、加油站、清洗站等公共服务设施,为成员企业提供信息、咨询、维修服务等。物流园区内的道路、下水等市政工程设施的维修、养护由市政公司负责,享受与普通市区同等水平的公共服务并缴纳相关费用。

4) 入驻园区企业自主经营

入驻物流园区的企业实行自主经营、照章纳税,依据自身经营需要建设相应的仓储设施、堆场、转运站,配备相关的机械设备和辅助设施。

从以上情况我们可以总结一下德国的物流园区规划的经验。

(1) 政府统筹规划:优先选择交通枢纽中心地带,使物流园区布局与运输网络相适应;同时至少可以实现两种运输方式连接,特别是公路和铁路两种方式。

(2) 各级政府大力扶持:政府将规划的物流园区看作政府的公共服务设施之一,并投入大量资金参与建设运营,若资金不足,政府还可提供贷款担保。

(3) 专业化管理和企业自主经营:以政府或政府经济组织为主的园区投资人决定园区管理企业更多关注的是资金的平衡,而不是一味追求利益,另外园区在设置时也充分考虑经济合理性,包括较低的地价、数量充足且素质较高的劳动力等,为园区企业获得必要利益创造条件。

(4) 德国物流园区规划普遍采用"MSFLB 五部曲"规划方法论,其实是五个步骤英文首字母的简称,分别是市场分析(Market Study)、战略定位(Strategic Positioning)、功能设计(Function Design)、布局设计(Layout Design)和商业计划(Business Plan)。

3. 国外物流园区规划经验的总结

根据以上对日本和德国两个发达物流国家的物流园区规划情况的介绍和总结,并结合日本和德国两个发达物流国家的物流发展经验,可以得出以下国外物流园区在规划方面总结的经验。

(1) 从国家经济发展的角度高度认识现代物流对国家经济、社会发展的重要作用，制定国家关于现代物流体系的基本框架和制度，在政府规划中包含物流园区的发展规划以及配套交通道路、市政方面的规划。

(2) 在国家层面建立能够发挥协调作用的全国现代物流推进组织，有效协调各部门、各方面的物流资源和力量，进行宏观的布局和贯彻综合发展的规划，对涉及物流系统标准化的企业进行规范编制和指导实施。

(3) 物流园区在建设过程中要充分进行论证，要在对现有基础设施、交通条件、企业需求等调查的基础上统一进行规划。规划时应注意以下四点内容。

① 与政府规划相协调。物流园区的建设是城市功能建设的重要组成部分。因此，在初期规划时要与当地经济发展规划相匹配，杜绝重复建设、浪费土地资源的现象。在网络布局上注意区域中心与局部中心的关系，从网络、系统方面进行统一规划。物流园区规划一般在城市的近郊或远郊，当附近有一定的土地资源时可以征用。

② 在规划时要从物流需求管理的角度进行考虑。物流园区周边有旺盛的或潜在的物流需求，有较多的物流企业需要相对集中的迫切要求。

③ 投资的多元化及配套设施的完善。园区建设的长期性和投资回收周期长，因此，在建设初期可采取多种经营方向回收投资成本。同时，在园区的设施配套上，要为入驻企业提供良好的环境，特别是给物流企业提供宽松的经营环境，并在资金方面政府可以提供优惠政策。同时对入驻企业进行仔细甄别，在审核入驻企业资质时严格把关，对土地的使用以及建筑物的形式等提出要求，从而保持园区土地的充分利用和可持续发展。

④ 在物流园区规划时考虑至少两种以上运输方式存在，可以实现多式联运，从而对物流园区运营提供多种实现方式。在园区信息系统的规划建设上明确功能目标，通过系统建设真正实现物流的提高效率、降低成本的根本目的。

5.3 物流园区规划系统分析

区域经济是国民经济系统的子系统，不同区域有其不同的经济特点，而在区域经济系统中，物流又是构成区域经济活动的重要组成部分。由于不同的经济区域所处的区位、物流基础设施条件、产业结构与规模、产业组织及其间的关联程度、产业布局、区际产业之间的联系及原材料输入地和产品输出地、区域市场等方面存在的差异，因此不同的区域存在着不同的区域发展模式。

作为区域经济系统的子系统——区域物流系统，必然是在区域经济发展战略的总体目标和模式框架下，根据区域的区位、产业活动、流通活动等特点，开展有效、独特的物流活动，因而也就应该有着不同的区域现代物流活动的基本模式，包括基于产业聚集区的区域综合型物流模式，基于产业链的区域供应链一体化型物流模式，基于区域货物中转枢纽的集报关、商检等服务、物流活动为一体的多功能服务型的物流模式，基于区域交易市场的交易服务、仓储配送型物流模式等。

不同的区域物流模式都有着不同的物流服务对象、物流活动方式和物流基础设施需求，因此在物流园区规划时就必须综合考虑区域物流模式、交通组织、区域经济产业布局、物流需求、园区投资和运营等内容。

5.3.1 物流园区规划的需求分析

1．物流园区物流需求

物流园区物流需求指在一定的时期内，一定的价格水平下，社会经济生活在物流服务方面对物流园区所提出的具有支付能力的需求。也就是说，物流园区物流需求必须具备两个条件，即具备得到物流服务的愿望和具备相应的支付能力。

在规划时要从物流需求管理(Logistics Demand Management，LDM)的角度进行考虑。LDM 是 TDM(Traffic Demand Management，交通需求管理)思想在物流业的体现。既要根据需求的变化不断扩充设施，同时也要对需求进行分析，某些需求需要抑制，某些需求需要重新整合。如果一味地毫无节制地满足需求，则会陷入越扩充设施越满足不了需求的怪圈。

另外，根据区域经济重点行业的营业额、产量、货物周转率、库存需求，可以推导出区域经济对物流园区所产生的现实和潜在的运输、仓储和加工方面的需求，从而推算出物流园区规划平面设计中仓库作业面积、增值加工区的作业面积以及其他相应配套设施的占地面积。

2．物流园区物流需求预测

物流园区物流需求预测是对尚未发生或目前还不明确的物流服务需求流量、来源、流向、流速、货物构成等内容进行预先的估计和推测，是在现时对这些项目将要发生的结果进行探讨和研究，它属于经济领域中市场预测的范畴。物流园区物流需求预测的目的是根据有关数据找到物流园区物流需求发展的规律和趋势，预测规划物流园区的物流需求总量。

1） 预测的步骤和主要方法

预测主要可以分为以下六个步骤。

(1) 确定预测目标。预测是为决策服务的，在进行具体的预测之前，必须首先根据决策所提出的要求确定预测的目标，包括确定预测目的、对象和预测期间。

(2) 搜集、分析有关资料。做预测必须有大量的、系统的、适用于预测目标的资料作支撑。一般资料可分为纵向、横向两类。所谓纵向数据资料，是指历史数据资料，如历史上的产品销售、成本资料等，利用这类历史资料可由动态数据变化的分析作为预测未来的依据。横向资料是指在某一时期内(主要是当前)，作用于预测对象的各种影响因素的数据资料。比如做能源预测，既要搜集历史能源消耗量的纵向历史资料，也要搜集当前各部门能源消耗的数据，只有将这两类资料综合起来使用才能搞好预测。

(3) 选择预测方法进行预测。这一步骤包括三个方面的内容：选择预测方法，建立预测模型和利用模型进行预测。

预测方法合适与否，将对预测精度产生很大的影响。一般在确定预测方法时主要考虑的因素有：预测对象的种类和性质，对预测结果的精度要求，已搜集到的资料与情报的数量和质量，以及预测的人力、物力、财力和时间限制等。

建立预测模型，就是运用搜集到的资料和选定的预测方法进行必要的参数估计与计算，以建立能描述和概括研究对象特征和变化规律的模型。

利用模型进行预测，就是根据预测模型，输入有关资料和数据，进行计算与处理并得到预测结果。

(4) 分析评价预测方法与预测结果。预测毕竟是对未来事件的预计和推测，建立的模型也只是对实际情况的近似模拟，其结果不一定与将来发生的实际情况相符，同时，在计算或推测过程中难免产生误差，因此在得到预测结果后，还应对预测进行分析评价工作。通过对误差的计算，分析产生误差的原因，评价预测结果是否适用于实际情况。如果预测误差主要是由于所选用的预测模型或预测方法造成的，就应该改进预测模型和预测方法以尽量缩小误差，如果预测误差已减到最小尚达不到要求时，则应分析给定置信区间和置信度。

(5) 修正预测结果。如果预测结果已减到最小但还与实际情况有较大出入，则在误差计算的基础上，可以通过定性、定量分析及预测的常识和经验修正预测结果，使之更加适用于实际情况并形成最终预测结果。

(6) 提交预测报告。预测报告应该给出预测过程中的主要过程，叙述预测目标、预测对象及预测的一些要求，说明主要预测资料的搜集方式、方法及其分析结果，详细阐述选择预测方法的原因及建立模型的过程，并反映对预测结果进行评价与修订的过程及结论。

预测方法可主要分为四种基本类型：定性预测，时间序列预测，因果联系和模拟。

定性预测基于主观判断，基于估计和评价。时间序列分析是基于"与过去需求相关的历史数据可用于预测未来的需求"这样的观念，历史数据可能包括诸如趋势、季节、周期等因素。因果联系假定需求与某些内在因素或周围环境的外部因素有关。模拟模型允许预测人员对预测的条件作一定的假设，是以计算机为基础的动态模拟。

2) 预测的具体内容

(1) 预测物流需求的各项内容。它们是：流量、流速、来源、流向、构成比例等。需要收集它们自身的历史和现实的资料、数据，还要对这些数据资料进行分析整理，在此基础上进行预测。

(2) 预测物流服务保障能力。包括运力的保障、装卸搬运分拣等处理能力的保障、储存的保障、流通加工的保障、信息传递保障、安全运营的保障等。可以结合内部实地调查和外部客户调查的方式进行，根据调查得到的资料和客户反馈的意见综合评价推断货流保障能力，并与地区相邻、性质类似的物流枢纽了解到的情况进行类比分析，从而分析货流保障能力的瓶颈，为货流量的预测进行补充说明，使得货流预测结果真正成为物流园区科学决策的依据。

(3) 预测主要影响因素的变化。物流园区物流需求的变化取决于对它产生影响的各主要因素的变化，因此对主要影响因素的变化也要加以预测分析，从而为推断物流需求变化提供依据。它们包括：宏观环境的影响因素，如地区经济发展水平和发展速度、地区产业结构、地区外贸进出口状况、交通环境及地理位置等；政策影响因素，有关物流业政策导向、运输系统相关政策、土地税收政策、其他相关产业政策或优惠措施等；各运输方式的综合影响因素，包括各种运输方式线路的密度、货运价格、货运代理市场的变化、各运输方式的成本等；其他物流业的拓展因素及影响货流的重要随机因素。这些因素根据不同地域物流园区的特点各有不同。

(4) 预测市场占有率。市场占有率是指在社会生产专业化分工的基础上物流园区处理的货物流量在一定区域范围内的总货流量中所占的比重，也就是某物流园区的货流量与一定区域内的总货流量的比值。同样地，了解到货流量的未来发展变化情况，以及一定区域内的总货流量的变化情况，可以间接地推算出物流园区处理货流的市场占有率。在物流园区经营期间，预测出该市场占有率有助于分析物流园区将来的发展前景，以便做出正确的经营决策。

5.3.2 物流园区规划的政策分析

中国著名的物流专家王之泰教授认为：物流园区规划建设的成败在于体制。物流园区的建设和发展离不开政府的指导和大力扶持，尤其是在政策的制定上要有具体措施，特别是在如何给物流企业提供宽松的经营环境上。

1. 政府在物流园区规划中的作用

1) 总体规划和统筹协调的作用

一般来说，政府应选择交通便利、连接海运、陆运、空运的枢纽地区作为物流园区用地，同时，由于我国土地属于国有，城市的规划、交通污染又涉及民众，物流园区的选址必须符合城市的规划，否则便会造成混乱。同时政府应做好协调有关部门的服务配套工作，比如工商、税务、城市规划、交通市政、银行、保险等部门。日本由于国土狭小，大城市集中，人口密度大，政府的规划力度强；而对于国土面积广阔的美国，政府的作用就小得多。

2) 政府支持的作用

物流园区是投资大、利润低的企业，投资回报期较长，必须得到政府土地批租、税收政策的支持才能维持运营。政府可以根据实际情况明确相应的产业政策，比如物流园区享受经济开发区待遇，土地方面享受工业用地政策，财税方面享受低息贷款政策，政府先期对物流园区进行必要的投资(市政配套、交通路网、信息平台搭建)等。如日本政府将土地以较低的价格卖给物流企业或企业集团，向物流企业提供低息或贴息贷款，解决建设资金问题，日本开发银行、北海道东北开发公库等金融机构就是专项物流产业贷款的政府金融机构，有时政府出资兴建物流园区，待运营正常后卖给私人资本。

3) 制定和执行标准

从国家层面大力推广并实现物流设备的标准化、通用化、国际化，便于货物的换载和装卸保管工具的使用，使单证及数据的交换和计算机语言相统一。

4) 研究、制定物流园区和物流产业的发展战略

物流战略规划是政府在一定时期内实施物流战略的行为纲领，它明确了物流产业的发展目标、实施步骤和战略措施、资金保障等，是促进物流产业发展的有效措施。随着现代物流网络化经营的发展，物流园区在现代物流系统中地位在逐渐加强，我国政府应制定相应的物流园区发展战略，统筹规划各地的物流园区规划，并明确相应的产业政策，避免出现重复建设、浪费土地资源的现象。

2. 物流园区规划的相关政策分析

物流管理活动及物流技术的应用已渗透到经济活动的各个领域和环节，专业化的物流服务实际上具有跨部门、跨企业和多环节的特征，其服务业态和服务种类的多样性成为显著特点。物流业作为一个产业，其与过去传统上具有相对独立发展界面的产业具有明显的不同，物流管理存在于各类企业的各个经济活动环节，因此物流业很难独立地存在，将其定义为复合产业比较符合其产业特征。在城市物流系统中物流园区无疑是重要的一环，它具有中枢辐射的作用，可以有效提升城市物流服务水平。鉴于物流业的复合产业特征和物流园区的重要地位，我国政府必须加强对物流发展具有重要影响的管理部门和企业之间的协调，通过对既有不适应发展的政策的调整和制定有利于物流发展的政策及措施，促进我国现代物流业的发展，其具体的政策制定可从以下三个方面考虑。

1) 支持物流园区开发建设

(1) 土地政策。考虑到物流园区为开发建设起步阶段，土地政策应以优惠和扶持为主。比如对列入规划的物流园区的物流基础设施如土地征用，应适度减免土地出让金；企业经批准后划拨土地自行改造为物流园区，未涉及产权变更、转让或出租的，可适度减免土地出让金。

(2) 贷款优惠政策。政府可以考虑设立物流园区国土开发专项基金，实行专款专用，园区内的土地收入全部用于区内基础设施建设，同时提供融资或担保服务，并给予长期低息贷款。对列入规划的物流园区，加大对周边交通设施的建设资金的贷款力度，促使物流园区地价和房产的升值。

2) 激励物流企业入驻园区

(1) 税收政策。对列入规划的物流园区，实行"税收属地化"政策，比如凡是到物流园区注册经营的物流企业，市政府权利范围内的相关规费一律免除。对经营期10年以上的物流企业，其所得税可视不同情况给予"两免三减"。

(2) 土地政策。对开发市场的企业，给予试验田政策，可放宽条件，划出临时用地；对开发仓储、后勤保障业务企业，给予类似年租制政策，一次交地价有困难可分几年逐期交付，而一次性交纳地价的，给予一定比例的减收地价的优惠；对技术、资本等达到一定标准的物流企业在土地出让价格上给予优惠。

(3) 奖励带头开发企业的政策。对在物流园区建设初期(根据实际情况界定一个时间段)，最先进入园区具有一定规模的企业，实行奖励性政策，政府可以在地价、税收、租金等方面采取更加优惠的办法对其实行重点扶持，激励这些企业更好地发挥示范带头作用。

(4) 融资和投资政策。建立健全物流园区企业信用评定及担保体系，鼓励金融机构加大对物流园区及相关物流企业的信贷支持，增加信贷投放和授信额度，为企业的发展提供良好的融资环境。在投资方面鼓励国内外投资者在园区建立专业性或综合性的物流中心，开展专业性物流服务。同时适当扩大外资企业在园区内的经营范围。

(5) 工商、城管政策。工商、城管部门要为物流园区内投资活动尽量放宽限制，对企业投资者和市场经营户要尽可能减免各种规费。

(6) 行业准入政策。放宽行业准入政策，增强企业的入驻意愿。同时园区管理机构应为企业提供获取国际货代资格、申请设立海关监管仓库等协助工作。

3) 促进物流园区持续发展

(1) 产业调控和引导政策。争取使有关部门在优化行业、市场布点方面向物流园区有针对性倾斜。当然,政策创新是一项动态性的工作,不可能一蹴而就,一步到位,要在实践的过程中不断修改、补充、完善,以最大限度地调动各个方面的主动性、积极性和创造性。

(2) 自主经营政策。对物流园区内各企业的经营活动采取"积极不干预"政策,既对物流园区实行严格的监督,又原则上不参与、不干预物流园区企业的自主经营。

(3) 促进物流园区之间的公共信息平台建设相关政策。物流产业核心优势在于物流资源的网络化。政府部门应制定相关政策,促进物流园区公共信息平台的建设,加强物流园区的网络联盟,实现优势互补,为物流园区的持续发展提供保障。

5.3.3 物流园区规划的运作分析

从区域经济角度出发,物流园区作为一项大型的基础设施建设,投资规模一般较大,涉及范围很广,且具有政府主导或支持的公益性特征,其建设与运营的成功与否直接影响到区域经济圈内物流系统的形成与发展,因此应该从物流园区开发建设和运营管理两个主要方面进行物流园区规划的运作分析。

1. 物流园区规划的开发建设分析

根据国内外与物流园区功能相同或相当的物流基础设施开发建设的经验,各国物流园区的开发建设一般离不开政府和物流企业这两大主体,它们将在物流园区的开发和建设中各尽所职,各取所需。因而物流园区在开发建设模式上主要也可分为两大类,一类以政府为主导的自上而下模式,比如经济开发区模式,工业地产商模式;另一类以物流企业为主的自下而上模式,还有在结合两大类模式基础上发展的综合运作模式。

(1) 经济开发区模式。顾名思义,物流园区的经济开发区模式,是政府将物流园区作为一个类似于目前的工业开发区、经济开发区或高新技术开发区的项目进行有组织的开发和建设。它是在政府特定的开发规划、政策和设立专门的开发部门的组织下进行的经济开发项目。由于物流园区具有物流组织管理功能和经济发展功能双重特性,因此,建立在经济开发区模式基础之上的物流园区建设项目,实际上就是在新的经济发展背景下的全新的经济开发区项目,而且以现代物流的发展特点、趋势和在经济发展中的地位和作用,物流园区无疑是构筑高效和转变经济增长方式与增长质量的新的经济发展体系的重要组成部分。

(2) 工业地产商模式。物流园区开发的工业地产商模式,是指将物流园区作为工业地产项目,通过政府给予开发者适应工业项目开发的适宜的土地政策、税收政策和优惠的市政配套等相关政策,由工业地产商主持进行物流园区的道路、仓库和其他物流基础设施及基础性装备的建设和投资,然后以租赁、转让或合资、合作经营的方式进行物流园区相关设施的经营和管理。

工业地产商开发模式的理论基础是物流园区的开发建设目的在于建立良好的物流运作与管理环境,为工业、商业以及物流经营企业创造提高物流效率和降低物流成本的条件,物流园区建设自身不是为了赢利,而是一种社会效益的体现,城市及政府的收益来自整体经济规模的扩大和经济效率与效益的提高。

(3) 主体企业引导模式。从市场经济发展的角度,从利用市场进行物流资源和产业资源合理有效配置的角度,通过利用在物流技术进行企业经营和企业供应链管理中具有优势的企业,由其率先在园区开发和发展,并在宏观政策的合理引导下,逐步实现物流产业的聚集和依托物流环境进行发展的工业、商业企业的引进,达到物流园区开发和建设的目的,这就是主体企业引导下的物流园区开发模式。

(4) 综合运作模式。由于物流园区项目一般具有较大的建设规模和涉及经营范围较广的特点,既要求在土地、税收等政策上的有力支持,也需要在投资方面能跟上开发建设的步伐,还要求具备园区的经营运作能力的保证,因此,单纯采用一种开发模式,往往很难达到使园区建设顺利推进的目的,必须对经济开发区模式、工业地产商模式、主体企业引导模式等进行综合使用。

(5) BOT 模式。根据以上四种模式的分析,结合我国现阶段的物流发展实际情况,从减少政府投资和促进物流企业自主经营的角度出发,可以考虑 BOT 模式(建设—运营—移交),将物流园区所有权和经营权彻底分离,即政府授权给予园区开发者适宜的优惠政策(比如优惠的土地和财政税收政策),在给予一定的运营年限基础上,吸引投资者进行物流园区的道路、仓库和其他物流基础设施设备的建设和投资,随后由投资者寻找并授权物流专业运营商作为园区经营者,由运营商负责整个园区的招商、融资、运营服务及日常管理工作,运营期满后由开发者收回。这种模式的物流园区运作流程如图 5-1 所示。

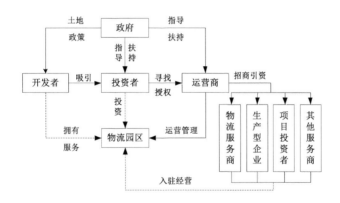

图 5-1 物流园区 BOT 运营管理模式结构

2. 物流园区规划的运营管理分析

物流园区的运营管理模式是园区运营管理者围绕园区发展目标设计的一整套运营体制和管理方法,用以规范园区内企业或服务商的具体行为,全面协调各种经济与非经济关系。物流园区建设完成或部分建设完成投入使用以后,即标志着物流园区进入经营管理阶段,有些经营管理工作更是在建设期间就已经开始实施。物流园区规划的功能和在物流系统中所起的节点作用都将通过园区经营管理来实现,结合国外物流园区运营管理的经验以及国内的实际情况,物流园区的运营管理可以采用以下措施。

1) 政府统筹规划

2012 年 9 月公布的第三次全国物流园区(基地)调查报告指出,全国 754 个物流园区中政府主导开发的园区达 677 个,占 89.7%,其中包含"物流基地"59 个,包含"港"18

个，由此可见政府在物流园区运作中起着重要的作用。因此，政府可以设立物流园区管委会或投资管理公司，对物流园区实施统一管理与规划运作，并设立政府一条龙服务机构，便于物流园区健康快速发展。

2) 市场化运作

物流园区从某种意义上来说可以看作一个企业，它必须根据市场上的物流需求来进行市场运作，结合不同的物流园区开发建设模式可以分不同情况进行运营管理，比如按照经济开发区模式开发，政府可以委托专业物流管理企业来进行运营管理，经营管理公司代表园区投资者(政府)行使经营管理职能；按照工业地产商开发模式，则由工业地产商先行统一开发，然后再出租园区的相应场地、仓库等设施设备；按照主体企业引导模式开发，主体物流企业可以率先在园区进行开发和发展，吸引物流产业的聚集和引进依托物流环境进行发展的工业、商业企业。

3) 园区招商

物流园区可以通过邀请、投标等方式进行招商，引入必要的服务商，活跃园区经营方式，提供园区更加全面、方便的工作环境，融洽气氛，实现园区与入驻企业共赢。当然在招商时对入驻企业要进行甄别，要对土地的使用严格控制。在国内目前物流园区建设过程中发现，尽管大多数企业投资物流设施是以推动物流业发展为目的，但也有个别企业或集团以土地炒作为目的。因此，在审核入驻企业资质时要严格把关，要对土地的使用以及建筑物的形式等提出要求，以保持园区土地的充分利用和可持续发展。

4) 投资多元化

物流园区的开发建设及后期运营都需要大量的资金投入，因此物流园区的资金融入不应只局限于政府和物流企业，投资应考虑多元化，根据不同园区的情况，可以设置必要的进入门槛，既保证园区资金的充裕，又保证入驻园区物流企业的高质量、高水平运作，为园区创出品牌，达到双赢局面。

5) 信息化建设

现代物流已成为跨部门、跨行业、跨地域的以现代科技管理和信息技术为支撑的综合性物流服务，信息已成为提高营运效率、降低成本、增进客户服务质量的核心因素。物流园区规模大，涉及的企业及业务范围都很大，因此园区的信息化建设将对园区的运作起到良好的促进作用。物流园区的信息化建设可以采用委托定制开发、外购成熟产品以及自行开发的方式。

5.3.4 物流园区规划的赢利分析

物流园区成功的标志是通过园区运作，园区经济总量得到较大的提升，园区开发商和园区内企业经济效益得到较大提高，园区的建设改善了当地的投资环境并因此吸引了更多的外地投资来本地发展，产生了较大的社会效益。因此，物流园区规划必须处理好三个层面的利益：政府收益(社会效益)、园区开发商的收益和园内企业的收益，研究好物流园区的赢利模式。赢利模式主要指收入来源及利润形成途径。物流园区的赢利模式包括三个方面，一是政府的赢利模式，即通过经济总量增加、税收增加、就业扩大等来取得经济与社会效益；二是开发商的赢利模式，即通过园区土地增值、物业增值、土地与物业转让或出租收入、配套服务等来取得经济效益；三是入驻企业的赢利模式，即通过交易收入、仓储收入、配送收入、信息中介收入、加工收入等来取得经济效益。作为一个成功的物流园区规划就是要使三方面都有赢利，从而达到共赢。

根据国外物流园区的发展经验，物流园区的投资回报期大约在15年左右，其主要原因是物流园区项目投资大，投资回报缓慢。在我国，由于地价相对更为低廉，同时物流园区大多利用了原来的仓储设施存量，因此，理论上来说，其赢利前景应该更为看好。结合物流园区开发建设模式，由于投资主体的不同(有的物流园区以政府为主，有的物流园区以企业为主)，以及物流园区功能定位方面上的不同，各园区投资者有着不同的赢利能力，回报率也不一样。总的来说，物流园区的赢利主要来自五个方面，即土地增值回报、设施设备出租收入、服务费用收入、项目投资收益及其他收益，如图5-2所示。

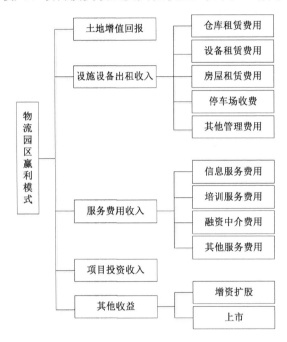

图 5-2 物流园区赢利模式

1) 土地增值回报

对于物流园区投资者与运营商来说，均将从土地增值中获得巨大收益。投资者从政府手中以低价获得土地，进行初期基础设施和市政配套设施建设后，地价将会有一定的升值，而到物流园区正式运营后，还将随着物流企业的入驻有大幅上涨。对于运营商来说，物流园区土地的增值能带动提高其土地、仓库、房屋等出租收入。

2) 设施设备出租收入

根据物流园区投资者对基础设施设备投资开发的情况，园区投资者与运营商可按一定的比例对出租收入进行分配。

(1) 仓库租赁费用。运营商将园区内所修建的大型现代化仓储设施租给一些第三方物流商、生产型企业等，从中收取租金，这是出租收入主要来源之一。

(2) 设备租赁费用。将园区内一些主要的交通设施(如铁路专用线)、物流设备(如装卸、运输设备)等租给园区内企业使用,收取租金。

(3) 房屋租赁费用。包括园区办公大楼及用作其他用途的房屋租金。

(4) 停车场收费。物流园区凭借强大的信息功能,吸引众多运输企业入驻,园区内修建现代化停车场,收取一定的停车费用。

(5) 其他管理费用,包括物业管理费等其他费用。

3) 服务费用收入

(1) 信息服务费用,物流园区可以搭建信息平台,从提供信息服务中赢利,比较典型的方式有两种。一是提供车辆配载信息,帮助用户提高车辆的满载率和降低成本,并从节约的成本中按比例收取一定的服务费;二是提供商品供求信息,可以为园区内的商户服务,从本地和周边地市配送他们所要进的各种商品,以降低他们的经营成本;同时可以专门为社会上大的商场、批发市场和广大客户服务,为他们从全国各地集中配送他们所需要的各种商品。在收费方式上可以采取按成交额提取一定比例的中介费的方式。

(2) 培训服务费用,利用物流园区运作的成功经验及相关的物流发展资讯优势,开展物流人才培训业务,从中收取培训费用。

(3) 融资中介费用,园区运营商通过介绍投资进驻园区项目,从中收取中介费用。

(4) 其他服务费用,包括技术服务、系统设计、专家咨询等向入驻企业提供的公共设施和服务所收取的费用。

4) 项目投资收入

对于园区投资者来说,还可以自己对看好的物流项目如加工项目、配送业务等进行投资,从中获取收益。

5) 其他收益

园区运营商还可以通过增资扩股、优质项目上市等方式获取收益。

5.4 物流园区总体规划

5.4.1 物流园区用地规模

物流园区是多个物流企业和配送中心的集聚地,它一般以仓储运输、加工等用地为主,同时还包括一定的与之配套的信息、咨询、维修等综合服务设施用地。物流企业是物流园区的使用者,市场需求的大小直接决定了物流园区的规模,所以物流园区建设过程实质上可以理解为一种市场行为,政府在其中主要承担了基础设施的建设职能和需求引导作用。物流园区的建设在我国还没有标准和规范可依,在确定物流园区规模时,可以依据"优先配置土地资源,分期开发,滚动调整"的策略,以分期建设和滚动调整土地资源,来满足变化的市场需求。具体规模可参照国外的相关资料,对照确定。

1. 国外物流园区用地规模

日本是最早建立物流园区的国家,自 1965 年至今已建成 20 个大规模的物流园区,平均占地约 $0.74km^2$。东京是日本物流最繁忙的城市,也是城市用地最珍贵的城市,其物流园区的建设规模与营运指标如表 5-3 所示。日本东京物流园区是以缓解城市交通压力为主要

第5章 物流园区规划

目的而兴建的，主要以城市物流配送为主，所以园区面积普遍较小。

表5-3 东京物流园区建设规模和营运指标

物流园区	占地面积/km²	日均物流量/(t/d)	每1000t占地面积/km²
Adachi	0.33	8335	0.040
Habashi	0.31	7262	0.043
Keihin	0.63	10150	0.062
Koshigaya	0.49	7964	0.062

韩国于1995至1996年分别在富谷和梁山建立了两个物流园区，占地都是0.33km²；荷兰统计的14个物流园区，平均占地0.49km²；比利时的Cargovil物流园区占地0.75km²；英国的物流园区的规模则小得多，1988年建设的第一个物流园区占地不到0.01km²；德国物流园区更多带有交通运输枢纽的性质，一般占地规模较大，如表5-4所示。一般来说，国外物流园区用地多在0.07~1.00km²。不同的地理位置、服务范围、货物种类以及政府的指导思想会产生不同规模的物流园区。

表5-4 德国部分物流园区用地情况汇总表

编号	物流园区名称	占地面积/km²	生产使用面积/m²	兼有的交通运输方式	仓库总面积/m²
1	Bremen	2.0	1200000	公铁水空	330000
2	Wustermark	2.02	840000	公铁水空	
3	Wolfburg	0.02	350000	公铁水空	
4	Weil am Rhein	0.26	60000	公铁水空	3000
5	Trier	0.64	360000	公铁水空	15000
6	Thuringen	3.4	100000	公铁水空	
7	Salzgitter	0.11	100000	公铁水空	
8	Rostock	1.5	450000	公铁水空	
9	Rheine	0.76	240000	公铁水空	35000
10	Osnabruck	0.420	420000	公铁水空	
11	Numberg	2.55	256000	公铁水空	406000
12	Magdeburg	3.07	1350000	公铁水	
13	Lcipzig	0.96	282000	公铁空	126000
14	Koblenz	0.7	120000	公铁水	
15	Hannover	0.36	240000	公铁空	
16	Grossbeeren	2.6	684000	公铁空	
17	Gottingen	0.12	100000	公铁	
18	Glauchau	1.72	599144	公铁空	
19	Emscher	0.23		公铁水	
20	Freienbrink	1.49	580000	公铁空	

续表

编号	物流园区名称	占地面积/km²	生产使用面积/m²	兼有的交通运输方式	仓库总面积/m²
21	Frankfurt	1.22	582000	公铁	
22	Emsland	0.48		公铁水	35000
23	Dresden	0.39	80000	公铁水空	31000
24	Augsburg	1.12		公铁空	

2. 国内物流园区用地规模

由于物流园区在经济开发、促进多种运输方式整合、改善城市环境等方面作用明显，我国政府及企业在近几年中不约而同地将其作为推动地区、区域和城市物流发展的重点工程，给予大力的支持。目前基本形成了从南到北、从东到西的物流园区建设发展局面，特别是以深圳、广州为代表的珠江三角洲地区，以及上海、北京、青岛、武汉、长沙等经济发达城市的物流园区建设步伐更快。

深圳带头规划了平湖、盐田港等六大物流园区，广州也规划了东、西、南、北四大物流园区。上海规划了外高桥、浦东、西北三大物流园区，北京市已于2001年完成了《北京地区"十五"期间物流系统发展规划研究》，规划在北京西南和东南方向上建设两个大型物流园区。表5-5汇总了我国部分物流园区的用地情况。

表5-5 我国部分物流园区用地情况汇总表

编号	物流园区	占地面积/km²	兼有的交通运输方式
1	上海外高桥保税物流园区	1.03	铁公水空
2	上海浦东物流园区	0.2	空公铁
3	上海西北物流园区	2.63	公轨
4	北京空港物流园区	6.2	空公
5	天津港散货物流园区	12	铁公水
6	天津空港国际物流园区	0.95	铁公水空
7	南京龙潭物流园区	7.58	水公铁管
8	深圳平湖物流园区	8	公铁水
9	深圳笋岗—清水河物流园区	2.37	公水空
10	深圳西部港区物流园区	0.4	公铁水
11	深圳盐田港区物流园区	0.5	公铁水
12	深圳机场航空物流园区	1.16	公空

从用地规模看，高效率、低库存的现代物流对物流园区用地规模要求不高，物流园区一般远小于工业园区，但因具体服务范围、服务产品类型不同，物流园区的规模和等级序列并无严格统一的标准。配送型物流园区通常占地面积较小，货运枢纽型的占地面积较大，而国外物流园区的用地面积一般在1平方公里以内。在物流园区的具体建设规模上，一方面要借鉴国外经验，另一方面要结合本国、本地区实际，综合考虑空间服务范围、货物需

求量、运输距离与成本、规模效益、用地紧张与宽松等多方面因素。一般的，每1000t日作业量考虑用地为0.04～0.08km²。

3．物流园区用地比率

不同的物流园区由于所处地理位置及物流特性的差异，在功能定位上有不同的要求，因此根据功能定位所决定的设施构成也有较大的差异。这种差异会引起不同物流园区之间用地比率的不同。

以深圳笋岗-清水河物流园区为例，从该园区用地现状可以看到，仓储用地为单项最大宗用地，面积118.84公顷，占总用地面积的25.08%，这在一定程度上表明传统仓储业务是目前园区最主要业态和主要功能。包括专业市场在内的商业用地总面积32.77公顷，占总用地面积的6.92%，表明园区内初步形成一定的商流规模和相应功能。现有园区配套设施以生产型配套为主，主要是为货物中转服务，生活性公共配套设施较少。物流道路交通网络占地大，包括道路广场用地(面积90.88公顷，占总用地面积的19.18%)和铁路用地(面积53.57公顷，占总用地面积的11.31%)，表明园区道路交通网络已经基本建成。

根据圣昆延(StQuintin)论文资料，国外物流园区的建筑覆盖率一般设为40%～50%，其中仓储设施面积占物流园区建筑面积的85%以上，其余为信息、汽车维修、旅馆、餐饮等配套服务设施。表5-6为欧洲物流园区面积分配表。

表5-6 欧洲物流园区面积分配表

面积类型	园区数量/个	面积比例/%
企业面积	29	35.3
园区内道路交通面积	27	5.8
综合运输设施面积	27	4.4
其他面积	24	1.8
内部生态平衡面积	26	12.3
外部生态平衡面积	22	25.6
扩建面积	27	14.5

4．物流园区用地规模计算

决定物流园区规模的设施主要包括企业办公楼、停车场、集装箱堆场、各类仓库、园区交通线路、绿化等，其中停车场、集装箱处理区、仓库和道路可按照相应的设计规范或标准确定规模。

1) 停车场面积

可参考城市交通规划中有关停车场规划的方法。若物流园区停车场停放车辆车型复杂，不宜使用停车场规划的方法计算面积时，可采用如下方法：

$$T = k \times S \times N$$

式中：T——停车场面积；

k——单位车辆系数($k=2\sim3$)；

S——单车投影面积(m^2)，根据选取主要车型的投影面积来确定；

N——停车场容量，通过调查及预测的方法结合物流园区作业量获得。

2) 集装箱处理区面积

主要依据国家标准《集装箱公路中转站站级划分和设备配备》规定的有关参数选取。集装箱处理区面积主要包括：拆装箱库面积、集装箱堆场面积、装卸作业场面积和集装箱库站台面积等。

集装箱堆场(包括空、重箱堆放)的堆高 H 可以根据箱型确定。集装箱尺寸一定，预测集装箱运输量已知时，按下式可计算堆场面积 S：

$$S = Q / H \times L \times B$$

式中：Q——集装箱运输量，个；
L——集装箱的箱长；
B——集装箱的箱宽。

3) 物流仓储、流通加工区面积

物流仓储、流通加工区是物流园区的主要功能区之一，由于我国物流园区内较少采用高架立体仓库，这部分面积占用在很大程度上决定了物流园区的大小，一般为总占地面积的 30%～40%，主要进行货物的入库受理、存储、保管、流通加工、出库配送等作业，设施主要包括各类库房(收货区、收货暂存区、存储区、流通加工区、发货区等)等。

(1) 各类仓库面积计算。

由于物流园区处理的货物品类多、特性各异，无法采用现行的货物配送中心的分类和计算方法来确定具体规模，因此可以根据货物的密度、保存期限、仓库的利用率等因素计算仓库的需求面积：

$$C = \frac{Q \times \alpha \times \beta}{m \times n}$$

式中：C——仓库需求面积，m^2；
Q——日货物处理量，吨；
α——货物平均存储天数；
β——每吨货物平均占用面积，m^2/吨；
m——仓库利用系数；
n——仓库空间利用系数。

由于仓库需求面积仅为仓库内部的使用面积，还应该将其在方案设计后根据所采取建筑工程方案得到的数据转换为仓库库房的占地面积。

对于零担等运输货物受理区的规模计算以货运站规模设计标准为依据，可参考交通部标准 JT 313—88 和国家标准 GB/T 1241—90。

(2) 仓库装卸站台面积。

仓库装卸站台面积与仓库的建筑形式有密切关系，但也可以在具体仓库建筑方案确定后得出：

$$Z = K \times \gamma \times (H + 1)$$

式中：Z——每个仓库装卸站台面积；
K——每装卸车位宽度(一般 $K = 4.00 m^2$)；
γ——站台深度；
H——装卸车位数，根据仓库货物进出频率、装卸时间等确定。

(3) 货物装卸场面积。

货物装卸场面积包括车辆停放区和调车、通道区两部分，计算时可参照停车场面积计算方法。

4) 接货、发货、分拣作业面积计算

在作业量一定的情况下，作业效率越高，在单位时间内需要的作业面积也就越少。接货、发货、分拣作业的面积 S 都可以采用下式计算：

$$S = [(Q \times T)/H] \times s$$

式中：Q——一个工作日的平均作业量；

T——完成一次作业的时间；

H——一个工作日的时间；

s——货物的平均单位面积。

5) 园区内线路、绿化面积

(1) 线路面积。

物流园区铁路专用线用地、铁路装卸场用地等计算可参考有关铁路场站的设计标准。

进入物流园区内的车流量大、车型复杂，为保证园区内有良好的交通秩序，应采用单向行驶、分门出入的原则。园区内主要干道可按企业内部道路标准设计为双向四车道或六车道，最小转弯半径不小于 15 米，次干道设计为双车道，辅助道路为单车道，每车道宽 3.50 米，单侧净空 0.5 米。物流园区道路面积一般占总面积的 12%～15%。

$$S = \sum_{i=1,2,4,6} L_i (n_i \times 3.50 + 1.00)$$

式中：S——道路总面积；

n_i——i 条车道道路 (i =1,2,4,6)；

L_i——i 条车道道路长度。

(2) 专用绿化面积。

根据国家规定，园区内绿化覆盖面积要达到总占地面积的 30%，考虑利用上述占地面积间的空余地带进行绿化(如道路两旁、广场、建筑物边等)外，还至少有 15%～20%的地带应专设为绿化用地。

6) 其他建筑面积

企业商务用房面积可根据对拟进入物流园区企业的调查分析得到。其他辅助生产和生活辅助设施的规模则可根据服务的不同功能区的规模得到，即洗车、车辆维修等根据停车场规模确定，机械维修、集装箱清洗消毒可根据仓库总量和集装箱运输量计算得到等。

7) 发展预留用地

考虑物流园区发展过程中的不可预见因素影响，一般应预留 3%～5%的空地，近期可以作为绿化或其他简易建筑用地。

5.4.2 物流园区功能分析

1．物流园区基本功能分析

1) 按经营方式确定功能

借鉴国外先进的物流园区建设管理经验，从物流园区的建设、经营管理角度出发，物流园区的功能一般包括以下内容。

(1) 物流服务：集中物流基础设施，提供各项物流服务，完成各种物流作业功能。具体包括三个方面：①具有综合各种物流方式的物流形态的作用，可以全面处理进货、验货、储存、处理订单、分拣、包装、装卸、流通加工、配送等作业方式及不同作业方式之间的转换；②第三方物流服务：借助专业优势和信息优势，为各类企业提供配送、加工和其他服务，以及物流方案设计、库存管理、实物配送、搬运装卸、包装加工等一系列物流服务；③城市配送服务：对社会消费物流实现全面的高效配送。

(2) 集中仓储：园区建立现代化的仓储设施，利用科学的仓库管理方法，实现高效、低成本的仓储。因此，园区所在地的工商业用户可以充分利用园区仓储设施，减少投资的同时也可进一步降低物流成本。

(3) 物流信息服务：园区利用自身的信息平台同社会公用信息网及大型企业内联网进行联网，使园区成为信息汇集地，并实现高效处理信息功能。同时利用现代化的通信技术，提高物流系统的管理效率。

(4) 多式联运：对于枢纽型的物流园区，它的主要功能还表现在，发挥其作为物流网络节点优势的同时，起到运输枢纽的作用，实现多式联运功能。多式联运的实现又是提高物流效率的重要方面。

(5) 辅助服务：园区可通过政府管理部门、行业管理部门和配套服务企业，如工商、税务、运输管理、金融、保险、海关、维修企业等部门单位的入驻，为物流行业提供全方位配套服务。

(6) 车辆停放：园区可以为外地车辆集中停放、城市便捷车辆临时停放、园区自身车辆停放提供场地。

2) 按实现的物流环节功能确定功能

从理论上说，物流园区作为物流体系中高一级的网络节点应具备与配送中心等低一级的物流节点相同的物流环节功能。从这一意义上讲，物流园区的功能研究可以从其完成的物流活动各环节功能角度展开。由此，对物流园区的类型及功能进行定位。这些基本物流功能如下。

(1) 货物运输。物流园区内集中了各类物流基础设施，首先使其具备了运输枢纽的功能，可以依托已建立的运输网络，组织园区内的专业物流企业和各类运输经营者为客户选择满足客户需要的运输方式，然后具体组织网络内部的运输作业，在规定的时间内将客户的商品运抵目的地，并达到安全、迅速、价廉的要求。

(2) 储存。物流园区需要有仓储设施，但客户需要的不仅是在物流园区储存商品，更需要通过仓储环节保证市场分销活动的展开，同时尽可能降低库存，减少储存成本。因此，物流园区内需要配备高效率的分拣、传送、储存、拣选设备以支持包括堆存、保管、保养、维护等物流活动。

(3) 装运搬卸。为了加快商品在物流园区的流通速度，物流园区内应该配备专业化的装卸搬运机械，以提高装卸搬运作业效率，减少作业过程对商品造成的损毁。包括对输送、保管、包装、流通加工等物流活动进行衔接活动，以及在保管等活动中为进行检验、维护、保养所进行的装卸活动。

(4) 分类包装。要实现物流系统运行通畅、提高物流效率，每一环节的物流活动都应与包装材料、包装容器、包装标准等的选择与管理密切相关。商品包装除能起到销售功能，还能起到保护商品的功能；商品经过包装，特别是推行包装标准化，能为商品的流转提供方便，如便于在园区内对销售包装进行组合、拼配、加固，形成适于物流和配送的组合包装单元。

(5) 流通加工。流通加工是指某些原料或产成品从供应领域向生产领域，或从生产领域向消费领域流动过程中，为了有效利用资源、方便用户、提高物流效率和促进销售，在流通领域对产品进行的初级或简单再加工。在物流园区内流通加工可以增加运输、仓储、配送等活动对象的附加价值，同时也提高了物流过程本身的价值，使用户获得价值增值。流通加工的形式有：实现流通的加工、衔接产需的加工、除去杂质的加工、生产延伸的加工和提高效益的加工。

(6) 配送。配送是在合理区域范围内，根据用户要求，对物品进行拣选、加工、包装、分割、组配等作业，并按时送达指定地点的物流活动。配送是连接了物流其他功能的物流服务形式，提高了物流系统的价值增值部分。配送体现了配货和送货的有机结合，是最终完成社会物流并实现资源配置的活动。

(7) 物流信息处理。物流园区的建设基于现代物流发展对物流链管理信息化、计算机化、网络化的要求。因此，物流园区通过园区内信息平台的建立，利用各种固定通信、移动通信技术及电子信息技术的支持，对在各个物流环节的各种物流作业中产生的物流信息进行实时采集、分析、传递，并向客户提供各种作业明细信息及咨询信息，并作出与上述各项活动有关的计划、预测、动态的情报及有关的费用情报、生产情报和进行市场情报活动、财务情报活动的管理，要求建立情报系统和情报渠道，正确选择情报科目和情报的收集、汇总、统计、使用方式，以保证其可靠性和及时性。

3) 物流园区具有的增值性功能

(1) 结算功能。结算功能是物流功能的一种延伸，不仅仅是物流费用的结算，在从事代理、配送的情况下，物流园区还要替货主向收货人结算货款等。

(2) 需求预测功能。现代物流的供应链管理一体化要求物流园区要经常根据出库量和市场销售情况，预测市场对商品的需求。这样在提高供应链上各环节的物流效率的同时，可实现供应链上各部门最佳经营效益。

(3) 物流系统设计咨询功能。物流园区由于集中专业物流设施、现代化信息技术和专业化物流人才，因此具备专业物流系统设计咨询功能，为不同的服务对象提供他们需要的物流系统设计。这是一项增加价值、增加物流园区竞争力的服务。

2．物流园区功能定位

物流园区所能提供的服务与园区内的物流企业的性质密不可分的，其主要功能包括：存储、装卸、包装、配载、流通加工、运输方式的转换及信息服务。不同的物流园区由于所处地区的地理位置及物流特性，在功能定位上有不同的要求。物流园区的功能定位应适应地区的物流服务模式的实现。因此，根据上述的物流服务模式，可将物流园区的功能定位于四种类型，如表5-7所示。

表 5-7 物流园区类型划分

类　型	说　明
国际货运枢纽型	主要是指与港口、陆路口岸相结合，以集装箱运输为主的，设有海关通道的大型中转枢纽
时效性区域运送型	类型一：主要是满足跨区域的长途干线运输和城市配送体系之间的转换枢纽
	类型二：多式联运转换枢纽
市域配送型	主要是满足多品种、多批次、少批量的配送运输要求，提供快速、准时、高速服务质量的货运枢纽
综合型	具有上述三种类型特征

以上海市为例，上海市将重点发展外高桥、浦东空港、西北三大物流园区。其中外高桥、浦东空港分别为港口型和空港型的国际货运枢纽型物流园区。外高桥物流园区充分利用保税区所具有的"两头在外"的功能和港区航运资源为货物快速集并、集散等方面提供的便利条件，开展货物进口、出口、中转的集运，多国多地区的快速集并和国际联合快运等业务，加快货物在境内外的流动，力争建成跨国公司分拨中心聚集地；浦东空港物流园区依托空港，提供高附加值货源组织、中转、仓储、运输和多式联运；西北四大物流园区是上海面向大陆腹地的公路门户，以省际物流集散功能为主体，主要处理外省来沪或者外地的公路物流业务，建成上海陆路辐射长江三角洲和内陆省份的物流枢纽，其定位为区域物流园区。

物流园区有物流组织与管理及经济开发等功能，物流过程所需要的存储、运输、装卸、加工、包装、信息处理、分拨、配送等功能，都可以在物流园区实现。不同的物流园区，其功能配置不同，承担的物流业务也不同，应根据物流园区的作用、物流特征、地理位置等因素，合理规划物流园区的各种物流作业。不同类型物流园区的服务功能如表 5-8 所示。

表 5-8 不同类型物流园区的服务功能

类　型	存储	配载	运输方式	包　装	拼　装	组装加工	信息服务	报关三检	保险金融
国际货运枢纽型	■	■	■	□	■	□	■	■	☆
时效性区域运送型	■	■	□	□	□	□	■	○	☆
市域配送型	■	■	□	■	■	□	■	○	☆

注：■基本服务功能；□可选服务功能；☆增强型服务功能；○不需要。

不同的物流园区由于所处地理位置及物流特性的差异，在功能定位上有不同的要求，因此根据功能定位所决定的设施构成也有较大的差异。综合性的物流园区必须具备开展综合物流服务所需的各项硬件设施，其他物流园区在此基础上可根据实际情况进行取舍。

5.4.3 物流园区总体布局规划

在物流园区内的各项物流作业形成的工作流程中，始终伴随着搬运活动。不管搬运作业多少都会增加成本，而不会增加产品的价值。为此，在进行物流园区功能布局规划时要注意必须尽力改善搬运路线，减少货物搬运次数，降低成本。为降低搬运成本，应该考虑距离和数量的原则,即搬运的距离越短越好,搬运的数量越多越好。这样,每单位移动成本就越低。为了达到这个目的,要根据园区的作业流程进行总体布局规划。

物流园区包含多种基本业务功能,各种功能的组合形成多种功能分区,如仓储区、加工区、综合服务区、转运区、展示区等。为完成各种功能,优化物流园区的作业流程,提高物流园区的作业效率,各功能分区需要妥善布局,确保园区内物料流动合理便捷,物流园区的场地分配、设施设备布局易于管理,对作业量的变化和物品形状变化能灵活适应等。

一般来说,物流园区功能布局规划流程如图 5-3 所示。美国人理查德·缪瑟(R.Muther)所创立的"系统布置设计"和"搬运系统分析"的方法已被广泛采用,我们也可以依据这一套科学的方法进行严密地分析和设计,保证布局的基本合理。

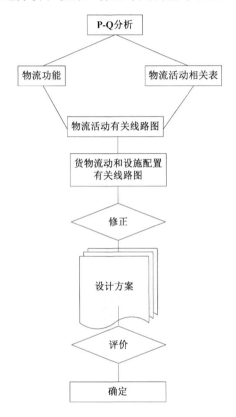

图 5-3 物流园区功能布局规划流程

1. 物流园区总体布局规划的目的和原则

总体布局规划决定了物流园区各功能分区的合理布局,对园区的运营效益、作业效率等具体先天性、长远性的影响。如果只凭经验设计,很难得到满意的结果。

在预定的区域内合理布置各功能块的相对位置是非常重要的。合理布置的目的如下。

(1) 有效地利用空间、设备、人员和能源。

(2) 最大限度地减少物料搬运。

(3) 简化作业流程。

(4) 缩短生产周期。

(5) 力求投资最低。

(6) 为职工提供方便、舒适、安全和卫生的工作环境。

物流园区功能布局规划过程中所应遵循以下原则。

(1) 近距离原则：在条件允许的情况下，使货物在园区内流动的距离最短。以最少的运输与搬运量，使货物以最快的速度到达用户的手中，并满足客户的要求。如：深圳机场航空物流园区规划中就考虑将货站与货运村(货运代理人进行理货、打板、加工等的场所)组合在一个大型的连体楼内，以方便货运代理人进行进出港货物的理货、打板、加工、储存、交接运货物、转运及地面代理运输等活动。这样既方便了货运代理人，又提高了整个物流园区效率和园区整体运作的有序性。

(2) 设施布置优化原则：在园区规划设计时，应尽量使彼此之间货物流量大的设施布置得近一些，而物流量小的设施与设备可布置得远一些。同时尽量避免货物运输的迂回和倒流，迂回和倒流现象会严重影响物流园区的整体效率与效益，甚至会影响物流园区货物运输的流畅。因此必须将迂回和倒流减少到最低限度，使整个物流园区的设施布局达到整体最优。

(3) 系统优化原则：物流园区不仅要重视作业流程的优化，而且还要重视园区设施规模和布局的优化；既要解决各物流环节的机械化、省力化和标准化，又要解决物流园区的整体化、合理化和系统化；既要降低成本，又要使用户满意，提高服务水平，增强竞争力，达到物流园区整个运作的最优化。

(4) 柔性化原则：随着社会经济的发展，货流量及货物的种类也会发生变化，因此，物流园区设施的规划及布局应该留有发展的空间和适应于变化的设计。如发达国家有些工业厂房都是组合式的，设备安装也有利于变动和调整。物流园区的建设应随货流量的增加而逐步进行，国际经济形势的变化可能会使货流量成跳跃式的增长，因此园区建设必须留有发展的空间。

(5) 满足工艺、生产和管理要求的原则：物流园区的设施布局首先要满足货物的工艺流程的要求。要有利于货畅其流，有利于生产和管理，有利于各环节的协调配合，使物流园区的整体功能得到充分的发挥并获得最好的经济效益。要完善物流增值配套功能，尽可能地提供货物的分拣、包装与再包装等服务，加强与海关、检疫等监管部门的协作，完善通关环境等，为客户的整个物流过程节省时间和减少费用，实现物流园区的物流和客户效益的整体最优化。

2．物流园区总功能分区

物流园区有物流组织与管理及经济开发等功能，物流过程所需要的存储、运输、装卸、加工、包装、信息处理、分拨、配送等功能，都可以在物流园区实现，各种功能的组合形成多种功能分区。

一般来说，物流园区都由以下几个功能分区组成。

1) 仓储区

仓储区主要用于货物的暂时存放，提供仓储服务，是物流园区的重要功能分区之一。主要分类如下。

(1) 堆场。主要办理长、大、散货物的中转、存储业务，重点发展集装箱堆场。

(2) 特殊商品仓库。主要处理有特殊要求的货物存储、中转业务，如防腐保鲜货物、保价保值物品、化工危险物品、保税物流等。

(3) 配送仓库。经过倒装、分类、保管、流通加工和情报处理等作业后，按照众多客户的订货要求备齐货物，暂存在配送仓库，存放时间较短。

(4) 普通仓库。主要处理除上述几类货物之外的绝大部分普通货物存储、中转业务，如百货日用品、一般包装食品、文化办公用品等。

2) 转运区

转运区主要是将分散的、小批量的货物集中以便大批量运输，或将大批量到达货物分散处理，以满足小批量需求。因此，转运区多位于运输线交叉点上，以转运为主，物流在转运区停滞时间较短。

3) 配送中心

配送中心是从供货商接受多品种大批量的货物，进行倒装、分类、保管、流通加工和情报处理等作业，然后按照众多客户的订货要求备齐货物，以令人满意的服务水平进行配送物流的中转枢纽。

其主要业务包括以下方面。

(1) 接受种类繁多、数量众多的货物。

(2) 对货物的数量、质量进行检验。

(3) 按发货的先后顺序进行整理、加工和保管，保管工作要适合客户单独订货的要求，并力求存货水平最低。

(4) 接到发货通知后，经过拣选，按客户的要求，把各类货物备齐、包装，并按不同的配送区域安排配送路径、装车顺序，对货物进行分类和发送，并于商品的配送途中进行商品的追踪及控制，必要时进行配送途中意外状况的处理。

4) 行政区

行政区也称作行政管理服务区，为入园企业提供各项服务，包括政策推行、招商引资、信息发布、税收、海关、边检、口岸、项目审批、后勤等一系列政府管理服务。

5) 交易展示区

交易展示区提供展台展厅等服务，是产品展览、交易区，特别为一些新品种提供展示服务。

6) 综合服务区

综合服务区提供货物中转、货物配载、货物分拨配送、货物装卸、车辆维修、停车场、加油加气、商业、餐饮、银行、保险等综合服务。

不同的物流园区由于不同的设施条件和功能定位，也会有不同的功能分区。例如南京龙潭物流园区紧邻龙潭港一期(集装箱专用码头)，所以规划中增加了集装箱辅助作业区；天津空港物流园区根据航空运输量小、品类多的特点，单独设计了物流分拨区。

3．物流园区功能分区布局

在功能分区布局规划中，各功能分区及设施之间的联系包括物流、人际、工作事务、行政事务等活动。当物料移动是工艺过程的主要部分时，物流分析就是布置设计的核心，尤其当物料大而笨重或数量多，或当运输或搬运费用比加工、储存或检验费用高时更为重要。所以在物流园区的功能布局中，主要考虑各功能分区之间以及各功能分区与交通基础设施之间的物流关系。在初步布局后，根据一些约束条件进行调整(比如危险品仓库对风向的要求，大型仓库、堆场对水文地质条件的要求等)。

例：假设某物流园区主要运输方式为港口和公路，每日进、出园区货流量均为 1000 吨，各分区货流量如图 5-4 所示，则各功能分区与港口、公路之间的实际物流量如图 5-5 所示。各作业单位面积如表 5-9 所示。

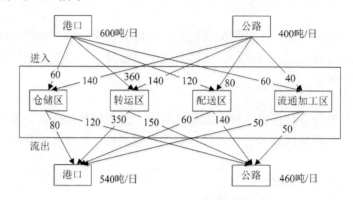

图 5-4　物流园区各分区货流量

根据图 5-6 可以初步做出物流园区的功能布局规划图，如图 5-7 所示。

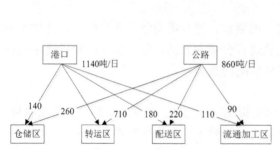

图 5-5　实际物流量

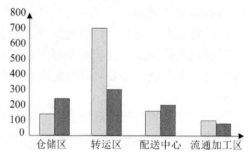

图 5-6　各功能分区与不同交通方式的物流量

表 5-9　各作业单位面积

作业单位代码	作业单位名称	每日作业量	单位面积作业量	设施面积
V	仓储区	400	0.5	2000
W	转运区	1000	0.2	5000
X	配送中心	400	0.2	2000
Y	流通加工区	200	0.2	1000
Z	综合管理区			1000
	合计	2000		11000

注：表中数字为本例为说明情况的假设数据。

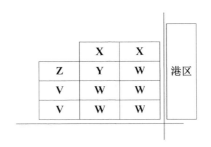

图 5-7　本例物流园区功能布局示意图

4．物流园区总体布局形式

根据对国内物流园区布局形式的分析，针对物流园区的特点，将物流园区主要功能进行组合，其布局形态大致有如下三种：平行式、双面式、分离式，如图 5-8 所示。

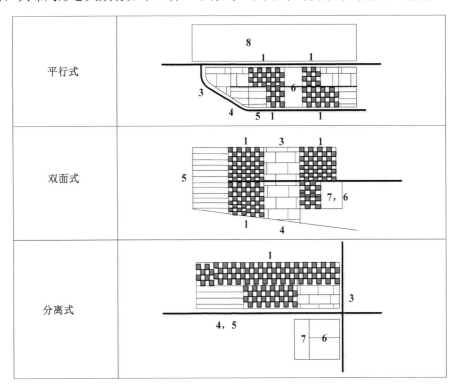

图 5-8　物流园区平面布置形式示意图

1—仓储；2—集装箱作业区；3—转运区；4—配送中心；5—加工区；6—综合服务区；
7—展示展销区；8—港区或铁路站场

(1) 平行式：园区各功能分区及园区外干道与港区或铁路站场平行布置。这种布置形式，使园区与区外道路和港区(或铁路站场)充分贴近，有利于充分利用交通基础设施资源。但占用道路面积多，平面形式呈窄条型，因而道路设施比例过大，投资较大，不利于节约用地。该形式一般适用于物流量较大的物流园区。

(2) 双面式：园区内的交通主轴与区外交通相接，园区各功能分区分别在区内交通主轴两边排列。此类型充分利用园区内交通主轴，相对交通设施占地面积较少，有利于管理和保安。一般适用于物流量较小，货物较轻巧的园区。

(3) 分离式：将区内的综合管理区、展示展销区、配套服务区及休息场所与其他功能区分离，中间有绿化带相对分割。这一布局形式，可以营造安静的办公和休憩环境，但不太便于管理和监督。

5.4.4 物流园区路网系统规划

对于物流园区的规划布局影响最大的是道路网的规划布局。道路网的布局犹如物流园区发展的骨架，它的功能主要是联络物流园区的不同组成要素，以及连接园区与周围各种交通方式。同时，物流园区路网系统也是园区消防通道和园区景观构成的重要因素。

道路网规划，首先要分析影响道路交通发展的外部环境，从社会政治、经济发展、有关政策的制定和执行、建设资金的变化等方面，确定道路交通发展的目标和水平，预估未来道路网的货流量、流向，确定道路网的布局、规模和位置等。物流园区道路网应满足货运需求和人流的安全畅通，同时还应满足市政工程管线铺设、日照通风、救灾避难等要求，而且做到"功能分明、层次清楚、系统连续"，充分发挥道路在物流园区建设和发展中的重要作用。

1．物流园区路网系统规划的原则

具体地讲，物流园区道路网规划布局要考虑以下几个原则。

(1) 与城市总体规划——道路系统规划，即该地区的干道系统规划相一致、相协调，并与物流园区总体布局相协调。路网分割的用地及分区形状应有利于总体布局对用地的分配，满足各类用地的基本要求，有利于组织园区的景观，结合绿地、水体、地貌特征等，形成自然、协调的园区风貌。

(2) 要满足交通的需求，道路系统应该构架清楚，分级明确，一方面要与区外交通枢纽、城市干道有便捷的联系，另一方面要在区内形成完整协调的系统。道路的走向、级别等要根据交通流量等因素确定，保证物流园区交通的顺畅、安全。

(3) 要考虑发展的趋势，尤其要考虑物流园区对交通量的吸引作用。随着园区发展，要能够应对交通量急剧增长所带来的交通压力。

(4) 要满足消防、救护、抗灾、避灾等特殊需要，还要结合其他市政设施的布局，尤其要考虑地下管线的布局需要。其他市政基础设施的布局要注意配套齐全，各种工程管线(包括电力、电信、给水、雨水、污水、燃气、供热等)应该在地下建设，减少对物流园区正常运作的干扰。各种设施之间要相互协调，便于其功能的充分发挥。

2．物流园区道路类型的划分

物流园区道路可分为以下几种。

(1) 主干道，连接园区主要出入口的道路，或交通运输繁忙的全区性主要道路。

(2) 次干道，连接园区次要出入口的道路，或园区内各功能区之间的交通运输繁忙的道路。

(3) 支路，直接与两侧建筑物出入口相接的道路、消防道路以及功能分区内部道路。

支路的规划建设应在各功能分区具体项目确定后，根据入驻企业的实际要求规划设计。

(4) 人行道，为行人通行的道路。

在路网中，就每一条道路而言，其功能是有侧重面的，主干道在园区中起"通"的作用，要求通过的机动车快而多；次干道兼有"通"和"达"的作用，对于园区货物运输在支路上的集散以及在主干道上的运输起到承接转换的作用；支路主要起"达"的作用，它将深入到园区各个分区内部，交通过程最初的"集"和"散"是支路主要的功能。

由于物流园区交通的基本组成为货运交通，交通构成中以大中型货运车辆为主，所以在进行道路断面选择时应主要采用机非分行的道路断面形式，如三幅路、四幅路，以减少机动车与非机动车的相互干扰，保证行人及非机动车辆的安全出行。

3．物流园区道路的平面布置形式

园区内道路的布置形式有环形式、尽端式和混合式，如图5-9所示。

(1) 环形式道路布置形式。根据物流园区总体布局对功能分区的布置，道路沿着各分区周围布置，道路大多平行于主要建筑物，组成纵横贯通的道路网。这种布置方式，便于各分区相互联系，有利于功能分区、交通运输、消防及工程技术管线的建设，便于组织货流、人流，是较多采用的道路布置形式。一般适用于交通运输流量大(如货运枢纽型物流园区)，场地条件好的物流园区。这种布置形式的缺点是：园区道路总长度长，占地多，对场地地形要求高。

(2) 尽端式道路布置形式。由于受运输要求或场地地形条件限制，道路不纵横贯通，只通到某个地点就终止。尽端式道路布置的优点是：园区道路总长度短，对场地地形适应性强，一般适用于运量较少、货流分散的物流园区。该种布置的缺点是：园区内纵横向运输联系不便，运输灵活性差，为了汽车掉头，需设置回车场或转向设施。

(3) 混合式道路布置形式。在园区内同时采用环形式和尽端式两种道路布置形式，称为混合式布置形式。这种布置形式有环形式和尽端式的优点：既满足了生产、运输的要求和人流、货流的畅通，又能适应场地，节约用地和减少土石方工程量。这是一种较为灵活的布置形式。

环形式　　　　　　尽端式　　　　　　混合式

图 5-9　物流园区道路布置形式

4．物流园区停车场布置

停车场属于静态交通范畴。静态交通所指的就是为乘客上下车的停车，为装卸货物的短时间停车，汽车及其他交通工具出行中的停车，以及各种车辆在停车场或存车处的长时间停车等所组成的一个总概念。国外发达国家认为停车设施不仅仅是一个静态交通供应问题，更是一个"以静制动"的重要手段。

动态交通和静态交通是构成交通现象的不可分割的两个部分。静态交通处理不好，势必影响动态交通的正常秩序。例如，由于停车场严重不足，各种车辆混乱停放在人行道甚至主干道的现象屡见不鲜，这不但降低了道路的通行能力，而且更进一步加剧了交通的紧张程度。

停车场的设计内容主要应考虑停车方式、车位布置形式、车位数量、车位类型等方面，兼顾征地面积、场内路面结构、绿化、照明、排水、竖向设计等对停车场的综合影响。

1) 停车场规划设计的注意事项

(1) 停车场满足停车需要应以最大限度为司乘人员提供服务为准则。只有停车场的设计利于车辆停放，能够解决司乘人员实际需要，才能体现停车场的作用。

(2) 规划停车场时，绿化是设计的重要一环。绿化不仅能美化环境，而且能避免车辆曝晒，调节车厢内温度，为车辆提供一个良好的停放环境。

(3) 停车场的布置应注意利用当地地形，灵活布置车位，在满足整个服务区使用功能的前提下，尽量减少土石方量。为使所停放车辆不至于滑动，停车场的纵横坡度应结合场内有组织排水的设计严格控制。一般来说，停放车辆的纵向坡度应小于 2%，横向坡度应小于 3%。

(4) 停车场路面的结构材料宜采用水泥混凝土，这可避免采用沥青混凝土路面时，路面被停滞车辆滴漏的汽油、柴油、机油所污染，影响场地使用的寿命。

(5) 与周围设施保持合理的距离，尤其是加油站、汽修车间等建筑，严格避免与加油、维修车辆行驶路线相互干扰。

2) 停车场规划设计的原则

(1) 决定性因素领先原则。停车位的数量和划分是由路段内交通量及构成所决定的。交通量及构成要充分考虑长远发展的变化，避免设计与发展相互脱节。

(2) 集中与分区就近统一原则。停车场应集中一处，避免分散设置成许多小停车场，尽量提高停车场综合利用率，但为平衡服务水平，一般做法是将大中型车与小型车的停车场分开，小型车布置在距餐饮、休息等主要设施较近的位置，大型车靠后设置。

(3) 功能协调原则车辆在停车场内交通路线必须明确，应采取单向行驶路线，避免互相交叉，为便于驾驶员停放、寻找车辆，车场内用标牌标明区域，用标线指明行驶路线，车位以标线划分、编号。

3) 停车场规划设计的内容

停车场规划设计应建立在对交通及其构成的分析调研、科学计算上，以满足各类车辆停放的需要，提高停车场的使用效率。

(1) 交通量构成的分析。由于物流园区运行的车辆类型多种多样，车身大小不一，不可能按所有车辆类型进行停车场规划设计。为适应各种车辆的停放需求，应选择有代表性车辆交通量作为设计依据，因此要对不同类型车辆重新划分，合理归类，以归类后各类型车辆的交通量作为设计条件，这可充分保证停车场规划设计的合理性。

(2) 交通量计算。调查物流园区现状交通量，结合园区的规划货运吞吐量，根据交通构成分析，用插入法确定本期建设预测交通量。

(3) 停车位数计算。停车位数主要由主线交通量大小所决定，因车辆种类的不同，其停留时间、周转周期、停留高峰时间也有所不同。根据交通量构成分别按不同车种的停留率、高峰率、周转率算出不同车种所需要的停车车位数。

(4) 停车车位的规划布置。车辆停放方式有平行式、垂直式、斜放式三种。这三种方式各有特点，其中平行式所需停车带较窄，驶出车辆方便、迅速，但占地最长，单位长度内停放的车辆数最少；垂直式单位长度内停放的车辆数最多，用地比较紧凑，但停车带占地较宽，并且在进出停车位时，需要倒车一次，因而要求通道至少有两个车道宽。布置时可两边停车，合用中间一条通道；斜放式有利于车辆出入及停车，缺点是单位停车占地面积比垂直停放方式要多。

(5) 大型车停车车位的布置。由于大型车车身长，拐弯、后退非常不便，原则上该种车采用平行通道设置，即前进式停车、前进式发车车位布置方式(见表 5-10)，这可方便车辆直接驶入停车的车位上，不易造成就位混乱和堵塞通道，适合停车带窄，占地长，停车数量少的场地。

表 5-10 车位尺寸列表

车种	停车角	停车方式	车道宽/m	与车道相垂直方向的停车长度/m	与车道相垂直方向的停车宽度/m	单位停车宽度/m	每辆停放车所需面积/m²
小型车	90°	前进停车	9.50	5.00	2.35	19.5	24.4
小型车	90°	后退停车	6.00	5.00	2.5	16.0	20.0
中型车	60°	前进停车	11.0	12.9	3.75	22.15	82.1
中型车	60°	前进出车	7.5	12.9	3.75	22.15	82.1
大型车	平行	前进停车	6.0	3.5	17	6.5	110.5
大型车	平行	前进出车	6.0	3.5	17	6.5	110.5

在物流园区中大型货车交通量大，使用停车场次数及停留时间较长、一般以大型半挂载重车作为设计标准。

车位与车位间人行道宽度，以 0.75m 进行计算，与大型车相连设置时按 4 个并排所需宽度计算，计 3.0m。中间以绿化带为分隔，建议种植高大树种，为车辆提供防晒树荫。大型车车位布置如图 5-10 所示。

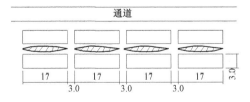

图 5-10 大型车车位布置图

(6) 中型车停车车位的布置。根据停车高峰时期对车辆司机调查得知，多数司机倾向于斜放式停车，即前进式停车、前进式发车车位置方式。这种布置方式车辆停车、启动较为方便，有利于迅速停置和疏散，同时考虑到单位停车占地面积比垂直停放方式要多(因部分三角块用地利用率不高)，为尽量减少场地浪费，故采用 60°停车方式。

中型营货车辆车身长度大多在 10m 以下，由表 5-10 提供的数据，中型车车位布置如图 5-11 所示。

(7) 小型车停车车位布置。由于小型车车身小，行驶灵活，原则上采用直角前进停车、后退出车，或后退停车、前进出车，可充分利用场地减少浪费。小型车多为轿车、旅行车、小货车等，车身长在 5m 以下，根据表 5-10 提供的数据，小型车车位布置如图 5-12 所示。

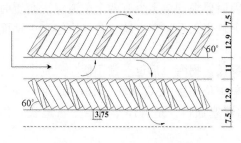

图 5-11　60°车位布置图

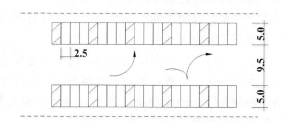

图 5-12　90°后退停车车位布置图

上述三种车型停车场的布置方式是相互独立规划设计的，具体设计时可根据场地实际情况，科学分析三种场地的关系，与周边设施有机结合起来，合理布置。

保证物流园区交通顺畅，首先要科学规划物流园区路网，在园区运营过程中，也要进行合理的交通管理。例如，考虑各分区主出入口开口位置。如园区运行初期，交通量不饱和情况下，可考虑将出口设在园区的交通主轴上，使交通线路短捷，充分利用资源；当园区交通量增长接近饱和时，应保证交通主轴的交通流畅，减少交通主轴上的开口数，将其转到其他支路或环线上，加长交通流线，以缓解拥堵现象。

5.4.5　物流园区绿地系统布局规划

人类文明进入到工业时代以后，经济高速发展的同时对自然环境的破坏亦达到了前所未有的范围和强度。而随着可持续发展思想与生态意识的深入人心，城市规划越来越重视环境问题，重视城市与自然的和谐发展。物流园区的地面设计中，为满足功能要求，硬质铺地居多，造成该地区地面反射热量偏大，进而影响该地区的局部气候。为了保证地区良好的投资和工作环境，应保证一定的绿化面积。根据国家规定，园区内绿化覆盖面积要达到总占地面积的 30%，考虑利用空余地带进行绿化(如道路两旁、广场、建筑物边等)外，还至少有 15%～20%的地带应专设为绿化用地。

物流园区布局在城市周围，其绿地系统规划方法可以参照一般的城市绿地系统规划，但其又有特殊之处：有更多的噪音、废气污染，车流量大、人流量小。所以在规划时要结合园区本身的特点进行规划设计。

1. 物流园区绿地的作用

(1) 保护环境。物流园区本身的性质特点决定了园区内必有较大的交通量，会产生较强的噪音和废气污染。大面积的绿地能起到净化空气、调节小气候、减低噪音和过滤尘埃的作用。

(2) 改善园区面貌，提供休息的场所。物流园区内建筑多是大面积的仓库、车间，缺少层次和变化，极易形成单调呆板的景观形象。在园区中，结合有利的自然地形条件布置绿地，可以增添美丽的自然景色，丰富园区景观，并提供给人们休息、游览的场所，降低人们的疲劳情绪。

(3) 有利于防震、抗灾。在发生地震或火灾时，一定数量的绿地面积，可供临时安全疏散之用。

2．物流园区绿地的分类

园区绿地的分类方法，参照城市绿地分类方法，按照绿地的主要功能及其使用对象类划分。

(1) 集中公共绿地。分布面积较大的集中成片布置的绿地，包括广场绿地、生态防护绿地等。

(2) 分散专用绿地。是指分散在各类用地边角地带以及院落的小块绿地(如花园、小游园等)，一般属某单位或某部门专用的绿地，其投资和管理也归该部门负责。

(3) 道路绿地。是指各种道路用地上的绿地，包括行道树、交通岛绿地、桥头绿地等。这类绿地具有遮阴防晒、减弱交通噪音、吸附尘埃等功能。

3．物流园区绿地系统布局

物流园区绿地系统是构成物流园区总体布局的一个重要方面，规划布置时，必须根据功能分区用地、道路系统以及当地自然地形等方面的条件综合考虑，全面安排。物流园区绿地系统布局应考虑以下要求。

(1) 绿地系统规划应在物流园区总体布局规划的基础上，结合其他组成部分的布局，综合考虑，全面安排。

(2) 规划必须结合当地特点，因地制宜，从实际出发。

(3) 按照服务半径，均匀分布各级公共绿地。

(4) 系统既要考虑有远景目标，又要有近期安排，做到远近结合。

物流园区绿地系统布置时，重点强调绿地的卫生防护功能，并做到点(花园、小游园等)、线(道路绿化、道路边绿化隔离带)、面(广场绿地、生态防护绿地等)相结合，使各类绿地连接成为一个完整的系统，以发挥绿地的最大效用。

在上海西北物流园区绿地系统规划中，在园区东西两侧分别布置一条百米宽防护绿化带，将园区与周围用地隔开，减少对周围的噪音、空气污染。在园区内，沿着东西向三条规划河道规划三条主要绿化通道，连同东西两侧两条百米防护绿化带，并在园区主干道两侧各设置 10 米宽的绿化带，共同组成一个完整的绿地系统。在水利系统规划中，在两条百米防护绿化带中规划两条宽度分别为 20m 和 30m 河道，同时拓宽三条东西向的河道，河道之间相互贯通，形成园区完整良好的水系。

5.4.6 物流园区总体布局方案评价

1．加权因素分析法

加权因素分析法根据工程技术的基本概念来进行，即把问题分成若干要素并对每一要素加以分析，这样做使评价更客观一些。其主要措施如下。

1) 列出所有对于选择布置重要或有意义的因素

把布置设计的总目标划分成所谓的因素或事项——即该布置要完成的重要事情。在批准该布置的相关人员参加讨论后,由一个人确定目标或标准,再将之列成表,并简要加以说明。该表应经过仔细推敲,必要时要修正,如有遗漏的因素,应补进去。列因素表时,一定要把各因素解释清楚,使之明了易懂,并防止模糊或重复。若把"物料流程"与"生产路线顺序"作为单独的因素考虑,只能引起混乱。

最常见的有关因素或考虑事项如下所示,以下顺序不是按照重要性排列的。

(1) 易于将来发展;
(2) 适应性及通用性;
(3) 布置灵活性;
(4) 物流的效率;
(5) 物料搬运效率;
(6) 储存效率;
(7) 空间利用率;
(8) 辅助部门的综合效率;
(9) 安全及房屋管理;
(10) 工作条件及职工满意;
(11) 易于监督及管理;
(12) 外观、宣传价值、公共关系或社会关系;
(13) 与园区的组织机构相适应;
(14) 自然条件或环境的利用;
(15) 满足货物中转量需求的能力;
(16) 安全与防窃;
(17) 与园区的长远规划相协调。

2) 衡量每个因素与其他因素之间的加权值(相对重要性)

制定每一因素的加权值通常是各部门共同的任务,它牵涉到一些管理部门的重要成员。确定加权值的办法是:把最重要的因素提出来,并定它的值为10,然后把每个其他因素的重要程度与10对比。在进行下一步工作之前,这些值要取得批准,特别是得到将来决定布置的人员的批准。

3) 评定各个方案

在评价每个方案时,每次只评一个因素,并使用表中所列的元音字母评价代码,如表 5-11 所示。它容易记忆,定义明确,可以进一步细分(加上减号),但没有数字系统的那种精确性。因为数字评价会无意中造成暗示,还因为在评价之前很容易使人把数字加起来,以便看看各种方案到底如何,所以不采用数字评价而采用评价代码。

表 5-11 评价代码及其值

元音代码	评价说明	数 值
A	近于完善——(优)	4
E	特别好——(良)	3
I	达到主要效果——(中)	2
O	效果一般——(可)	1

续表

元音代码	评价说明	数 值
U	效果不显著——(差)	0
X	不能接受——(劣)	

4) 把加权过的评定值都列出来，然后比较各个方案的总值

各个方案中所有的因素都评定完了以后，再把字母等级转换成数值。转换时，把加权因素乘以字母等级所对应的相应数值。所有这些数值都算出来以后把每个方案的各数值加在一起。一般来讲，其结果为下列四种中的一个。

(1) 某一方案明显超过其他方案，可以作为最合理的、综合考虑过的方案(总值比最接近的竞争方案高 20%即表明是一个获胜方案)。

(2) 两个方案总值非常接近。此时，可重新评价该两个方案，加进更多的因素，更细致地权衡、评价或请更多的人共同来参加权衡及评价。

(3) 设计人员和(或)其他"评价人员"看到一个或几个比较方案有可能加以改进。例如，将两三个最好的比较方案的弱点集中起来，设计人员就有可能进一步改进每个布置。

(4) 在评价过程中，发现可以把两三个方案结合起来。这时要编制一个结合方案的复制图。设计人员可按照评价其他方案的原则来评价这个新的结合方案。

加权因素分析法的灵活性很大且精确，即使用一系列可能性的判断或估计为基础做出的分析也是精确的。此方法是从许多不同的主观看法中整理出的一个系统评价方法，所以当各个方案之间的投资费用与节约不能很精确地衡量或当其他差别不明显时，这种方法特别可取。当对于适当的经济方面的考虑意见很多时，这种程序也是很适合的。

2．层次分析法

层次分析法(Analytic Hierarchy Process, AHP)是由美国学者萨蒂(Saaty)于 20 世纪 70 年代末提出的多层次权重解析决策方法，是一种定性与定量分析相结合的多目标决策分析方法。利用层次分析法可以处理复杂的社会、政治、经济、技术等方面的决策问题，分析各个组成因素在所研究问题中的权重，特别在是将决策者的经验判断给予量化，在判断目标(因素)结构复杂且缺乏必要的数据情况下更为实用。

层次分析法的基本过程是：把复杂问题分解成各个组成元素，按支配关系将这些元素分组、分层，形成有序的递阶层次结构，构造一个个因素之间相互连接的层次结构模型。通常把这些因素按照目标层、准则层和方案层进行自顶向下的分类。在此基础上，通过两两比较的方式判断各层次中各元素的重要性，然后综合这些判断计算单准则和层次总排序，从而确定诸元素在决策中的权重。这一过程体现了人们决策思维的基本特征，即分解、判断、再综合。

影响物流园区总体布局的因素很多，我们可将这些因素可概括为经济效益和社会效益两个主要方面。满足经济效益是保证物流园区稳定运行和发挥最大效能的前提条件，而满足社会效益则是可持续发展的重要环节。按层次分析法对影响物流园区总体布局的影响因素进行归纳，其层次结构如图 5-13 所示。

层次分析法的计算步骤如下。

1) 构造判断矩阵 p

根据层次结构模型每层中各因素的相对重要性，给出判断数值列表，形成判断矩阵。

判断矩阵表示针对上一层某因素，本层与之有关因素之间相对重要性的比较。若 A 层次中因素 A_k 与下层次 $B_1, B_2, \cdots, B_n$ 有联系，则判断矩阵 p 如图 5-14 所示。

b_{ij} 是判断矩阵 p 的元素，表示对因素 A_k 而言，B_i 对 B_j 相对重要性的数值。b_{ij} 的取值由专家调查法确定，并用萨蒂提出的 1~9 标度法表示，如表 5-12 所示。

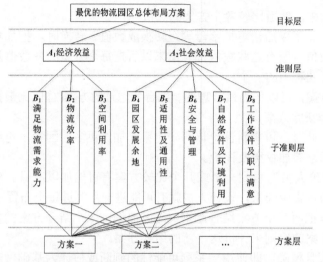

图 5-13　总体布局方案评价层次结构图　　　图 5-14　因素 A_k 的判断矩阵 p

表 5-12　判断矩阵元素的 1~9 标度法定义

标度 b_{ij}	定　　义
1	i 因素与 j 因素同等重要
3	i 因素与 j 因素略重要
5	i 因素与 j 因素重要
7	i 因素与 j 因素重要得多
9	i 因素与 j 因素绝对重要
2，4，6，8	介于以上两种判断之间的状态的标度
倒数	若 j 因素与 i 因素比较，结果为 $b_{ji} = 1/b_{ij}$

2）层次单排序，得到权重向量

根据判断矩阵，计算对上层某因素而言本层次与之有联系的因素的权重值，即计算判断矩阵的最大特征值及对应的特征向量，将特征向量归一化就得到权重向量。

3）层次单排序一致性检验

最大特征根为 $\lambda_{\max}$，判断矩阵为 n 阶时，有一致性指标如下：

$$C_I = \frac{\lambda_{\max} - n}{n - 1}$$

式中：C_I——层次单排序一致性检验指标；

　　　n——判断矩阵的阶数；

　　　$\lambda_{\max}$——判断矩阵的最大特征值。

当判断矩阵的维数 n 越大，需引入随机一致性指标 R_I 进行修正，R_I 的值见表 5-13。经修正的一致性指标用 C_R 表示，即 $C_R = C_I / R_I$，其中 R_I 为随机一致性指标。当 $C_R < 0.10$ 时，排序结果具有满意一致性，否则需调整判断矩阵的元素值。

表 5-13 随机一致性指标 R_I 数值列表

维数	1	2	3	4	5	6	7	8	9
R_I	0	0	0.58	0.90	1.12	1.24	1.32	1.41	1.45

4) 层次总排序

若上层次 A 有 m 个因素，总排序权值为 $a_1, a_2, \cdots, a_m$，本层 B 有 n 个因素，它们对于上一层第 j 个因素的单排序权值为 $b_{1j}, b_{2j}, \cdots, b_{nj}$，则此时因素的总排序权值为

$$B_i = \sum_{j=1}^{m} a_j b_{ij} \qquad i = 1, 2, \ldots, n$$

5) 自下而上组合评价

假设评价是在 l 个方案中进行，则每个方案的量化评价指标等于每个指标的量化值乘以其权重和。即

$$S_k = \sum_{i=1}^{n} B_i x_{ik} \qquad k = 1, 2, \cdots, l$$

式中：S_k——第 k 个方案的总评价值；

B_i——第 i 个指标的权重；

x_{ik}——第 i 个指标在第 k 个方案中的取值；

l——参与评价的方案个数。

层次分析法的优点是能把其他方法难以量化的评价因素通过两两比较加以量化，把复杂的评价因素构成简化为一目了然的层次结构，能够有效地确定多因素评价中各因素的相对重要程度。但层次分析法在进行方案的总体评价时，缺乏一个统一的、具体的指标量化方法，因而在实际使用中，人们大多只采用它进行指标权重的分析，然后用其他方法进行指标值的量化和归一化计算。

5.5 物流园区信息化建设

现代物流已成为跨部门、跨行业、跨地域的以现代科技管理和信息技术为支撑的综合性物流服务。在现代物流中，信息已成为提高营运效率、降低成本、增进客户服务质量的核心因素。在信息平台上，信息流的处理和利用水平决定整个物流过程的运作水平。信息平台的建设，一方面是发展现代物流的核心和关键，另一方面，通过建设信息平台又极大地推动着现代物流向前发展。当前，物流园区的实物空间占位作用正在逐步退化，而信息服务和信息管理的作用在逐步加强。所以，在现阶段我国区域性物流园区建设过程中，应特别关注园区的信息化建设，它是未来物流园区建立核心竞争力的有力保障。

现代物流园区信息服务平台是通过对共用数据的采集，为园区内物流企业的信息系统提供基础支撑信息，满足企业信息系统对公用信息的需求，支撑企业信息系统各种功能的

实现；同时，通过共享信息支撑政府部门间行业管理与市场规范化管理方面协同工作机制的建立。

5.5.1 物流园区信息平台建设的战略目标及功能

1．物流园区信息平台建设的战略目标

现代物流园区信息平台建设的战略目标必须切合现代物流园区的内涵及特征，服务于物流园区的管理与发展，它应该是物流园区发展目标在信息技术上的直接体现，具体如下。

(1) 建立良好的通信基础设施，提供政府相关部门之间、企业之间及政府与企业之间的数据交换基础设施。

(2) 完善行业管理部门相关物流信息系统建设，建立完善的数据采集系统，提供行业管理的信息支撑手段，提高行业管理水平。

(3) 实现园区基础设施的信息化管理，提高基础设施的利用率，充分发挥"群集企业"的协同作业优势，进一步显现物流园区的产业聚集效应。

(4) 支持园区与各供应链之间物流信息的高度共享，实现物流信息与物流资源的全面整合和优化配置。

(5) 支持以园区为协调中心，园区内外众多物流企业为成员的物流供应链或动态联盟的动态重组，实现对客户动态物流需求的快速响应。

2．物流园区信息平台的功能

根据物流园区的作业、管理内容、运作需要等方面来看，物流园区信息平台应具备的一些主要功能如图 5-15 所示。按照分步实施、循序渐进的原则，把其分为近期功能和远期功能两部分。先建设近期功能项目，再建设远期功能项目。这些项目涉及现代物流宽带网络系统、物流业务信息系统、现代物流园区内部管理信息服务系统及商务信息系统。

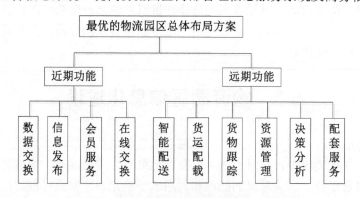

图 5-15 现代物流园区信息平台功能示意图

1) 近期功能

(1) 数据交换功能：主要指电子单证的翻译、转换和通信，包括网上报关、报检、许可证申请、结算、缴税、退税、客户与商家的业务往来等与信息平台连接的用户间的信息交换，这是信息平台的核心功能。为了实现此功能，所有需要传递数据的单位都要与信息平台相连，要传递的单证信息先传递到信息平台，再由信息平台根据电子数据中的接收方

转发到相应单位,接收单位将收到的电子单证信息经转换后送到内部系统处理。

(2) 信息发布功能:主要包括水、陆、航空、多式联运价格体系、新闻和公告、电子政务指南、货源情况和运力、航班航期、空车配载、铁路车次、适箱货源、政策法规等信息的发布。要实现此功能,应在园区内部建立管理信息服务系统,组建局域网并通过 DDN 或拨号方式与信息中心联网,同时在物业服务现场端配备工作站,实行计算机全程管理,及时发布、搜集、下载有关信息。

(3) 会员服务功能:为注册会员提供个性化服务,主要包括会员单证管理、会员的货物状态和位置跟踪、交易跟踪、交易统计、会员资信评估等内容。

(4) 在线交易功能:交易系统为供方和需方提供一个虚拟交易市场,双方可发布和查询供需信息,实现信息共享,加速业务开展,并规范整个商贸业务的发生、发展和结算过程。

2) 远期功能

(1) 智能配送功能:以最大限度地降低物流成本、提高运作效率为目的,按照实时配送原则,利用物流园区的运输资源,为购买、供应双方提供高度集中的、功能完善的和不同模式的配送信息服务,降低配送成本。

(2) 货运配载功能:主要包括分销商批发配送、消费者购物配送管理、车辆调度等内容。通过货运配载,可以大大提高园区为运输从业者和货主提供的服务水平,提高货车的实载率,降低货运成本。

(3) 货物跟踪功能:采用 GIS/GPS 实现对车辆、货物的实时监控,用户能随时随地通过电话或互联网查询自己货物的状态和位置,并可动态提供最佳路线。

(4) 资源管理功能:主要是提供对物流园区内各类物流资源,包括车辆、仓储、技术装备等在内的虚拟管理,以反映园区内各类物流资源的实时状况,实现资源的最优化配置。

(5) 决策分析功能:通过建立物流业务的数学模型,通过对已有数据的分析,帮助园区管理人员鉴别、评估和比较物流战略和策略上的可选方案。

(6) 金融服务功能:在网络安全技术进一步完善的基础上,通过建立与有关机构信息系统之间的数据交换系统,为同区内物流企业及客户的物流运营提供银行、保险、通关、卫生安全检疫等配套服务。在此类业务中,信息平台起到的是信息传递的作用,具体业务在相关部门内部处理,处理结果通过信息平台返回用户。

5.5.2 物流园区信息平台的体系结构

在现代物流园区的运作中,信息平台的建设应充分体现供应链管理的先进思想与现代信息技术的综合运用,应能充分实现信息资源的共享和集成,基于这种理念,可将现代物流园区信息平台规划如下。

1. 物流园区信息平台的总体结构

物流园区信息系统一般由物理层、数据层和应用层三个层次组成。物理层包括计算机和必要的通信设施等(例如计算机主机、服务器、电缆等),它是构成物流园区信息系统的物理设备和硬件资源,是实现园区信息平台的基础;数据层主要是指信息的收集、处理、发布和管理等；应用层则是在物流相关的交易、调拨、配送等物流园区内部建成独立的专业信息网络，外部则与 Internet 相连接。

根据信息属性和技术可实现的方法，物流园区信息服务平台由公用信息平台和企业物流信息平台两部分组成。从服务性质上来讲，公用信息平台是一个广域的、开放的信息平台，它是为社会经济的生产经营者服务的基础设备，它满足的对象包括物流企业、工商企业，及社会其他生产或非生产部门。公用信息平台主要连接的是园区内物流企业在业务操作时要联系的政府机构或其他单位，如工商、税务、空港、海港、外贸、外代，以及其他需要进行沟通和联系的机构或人员等。而企业物流信息平台则是园区内具体某一物流企业在物流运作过程中内部使用的物流信息平台，它满足的是物流企业的生产经营活动、物流活动，以及与这个活动有关联的客户或其扩展系统，一般情况下，这个系统一般不对与此无关的部门、机构或个人开放。公用信息平台是企业物流信息平台的基础系统和支持系统，企业信息平台是公用信息平台的延伸和补充，二者是一个有机整体。物流园区信息平台的系统结构如图 5-16 所示。

物流园区信息中心通过 Intranet 与园区内物流企业的企业内部管理信息系统相连，实现信息交换和共享；外部可通过 GPS、GSM 对园区内物流企业的运输车辆和货物进行实时跟踪。信息平台通过基于 Internet 的 EDI 系统实现与海关、银行、检验、港口等等机构实现信息交换和传递，提供物流企业运作的效率，并且客户可通过 Internet 访问信息平台的 Web 站点进行信息查询和在线交易。

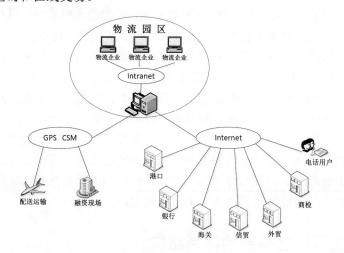

图 5-16　物流园区信息平台系统结构示意图

2．物流园区公用信息平台

物流园区公用信息平台是物流园区内信息综合度最高的管理信息系统，它以网络业务管理、信息交换和信息共享为支撑，以建立一个综合、开放的 B2B、B2C 物流电子商务为目的，其总体功能为公用信息的及时交换和共享，为用户提供在线的物流交易环境和政府职能部门的"一站式"服务的集成环境。公用平台需要为园区内各企业的基础数据管理、业务过程管理、辅助决策、财务管理等提供公用信息支持，并能通过互联网为企业提供区域范围内的数据传输、数据汇总、异地出货、异地签单、财务结算等功能；同时要为货主提供基于互联网的询价、订舱、车货跟踪、提单查询等自助服务功能。它既要保证园区内各企业的信息交流，又要能和园区外客户企业的信息系统对接。由此可以看出，物流园区信息平台的建设以公用信息平台的建设为主，它是一项庞大的系统工程，不是个人和企业能够单独完成的。在这种情况下，政府作为国家公共事务的管理机构，应担当起现代物流园区信息化建设引导力量的责任。按照政府引导、市场驱动的模式进行物流园区公用信息平台建设，称为面向市场的政府引导型建设模式，如图5-17所示。

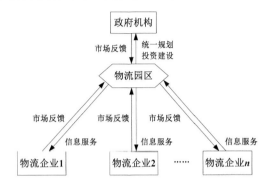

图 5-17　物流园区公用信息平台建设模式

整个物流园区公用信息平台的设计应充分体现物流园区的内涵与特征，并具有良好的开放性、先进性、实用性和安全性。根据对物流园区的需求分析，按系统的功能模块划分，物流园区公用信息平台主要包括以下几部分，如图5-18所示。

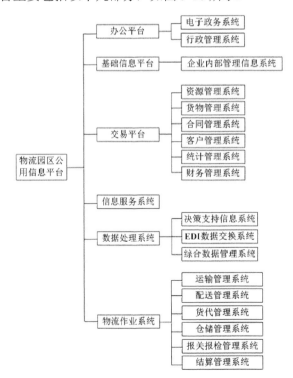

图 5-18　公用信息平台体系结构示意图

1) 办公平台

它是一个服务于园区内部和入园企业的办公系统。主要包括与政府公共部门关联的电子政务系统和园区内部的行政管理系统。

(1) 电子政务系统。

物流园区电子政务主要是指政府通过网上服务，实现对企业行为的监管，为企业创造良好的电子商务空间，如网上工商注册、网上审批、网上公告、网上投诉、网上统计资料等。

(2) 行政管理系统。

它是一个以降低企业办公成本、提高办公效率为目的，在基本业务信息管理(配送、仓储和配送等)和财务信息管理(结算)的基础上，通过对客户、人力资源、质量管理、决策支持等信息的管理，为物流企业的管理决策层提供系统、全面、高效信息的办公平台。

2) 基础信息平台

基础信息平台是对园区内物流企业进行行业管理和信息服务的平台。通过物流企业内部管理信息系统的接入，实现对园区内物流企业的统一管理和服务。物流园区(或相应机构)搜集、处理、储存后的信息通过基础信息平台向园区内物流企业提供信息服务，园区内物流企业通过基础信息平台达到信息共享的目的。

3) 交易平台

它主要是一个面向园区内外企业和用户的虚拟电子交易市场。

(1) 资源管理系统。对物流园区内包括仓储、设备、运力在内的各种资源进行虚拟管理，以反映系统内各类物流资源的实时状况，提高资源利用率。

(2) 货物管理系统。包括货源管理、仓储管理、委托管理、货物跟踪查询管理等内容，能实时向用户提供货物的状态。

(3) 合同管理系统。合同是业务开展的依据，系统通过对合同的数字化解析，充分理解甲方的需求，拟定物流服务的实施方案，并以此为依据，分配相应的资源，监控实施的效果和核算产生的费用，并可以对双方执行合同的情况进行评估，以取得客户、信用、资金的相关信息，提交调度和政策部门作为参考。

(4) 客户管理系统。通过对客户资料的全方位、多层次的管理，使物流企业之间实现客户资源的整合。

(5) 统计管理系统。按照物流行业的标准，对物流企业网上交易的情况进行统计调查、统计分析，提供统计资料。

(6) 财务管理系统。主要是对园区的整个业务和资金进行平衡、测算及分析，编制各业务经营财务报表，并与银行金融系统联网进行转账。

4) 信息服务系统

为工商企业、仓储、运输等物流企业和海关、交通等政府部门提供各类物流信息(如货运信息、行业管理信息、交通基础信息等)的发布和查询。

5) 数据处理系统

(1) 决策支持信息系统。采用数据仓库技术，通过对历史数据的挖掘和多角度、立体的分析，帮助管理人员进行物流活动的评估和成本—收益分析，提高管理层决策的准确性和合理性。

(2) EDI 数据交换系统。提供与第三方电子数据交换的途径，可灵活地配置数据导入导出的方式，支持 TXT、XML 和 EXCEL 三种文件格式。

(3) 综合数据管理系统。提供对整个信息平台的综合数据信息管理的技术支持，包括用户管理、权限管理、安全管理等内容。

6) 物流作业系统

(1) 运输管理系统。对所有可以调度的运输工具，包括自有的和协作的以及临时的车辆信息进行调度管理，提供对货物的分析，配载的计算，以及最佳运输路线的选择。系统支持全球定位系统(GPS)和地理信息系统(GIS)，实现运输的最佳路线选择和状态调配。

(2) 配送管理系统。按照即时配送原则，满足生产企业零库存生产的原材料配送管理，结合先进的条码技术、电子商务技术等实现智能配送。

(3) 货代管理系统。按照资源最大化和服务最优化的原理，满足代理货物托运、接取送达、订舱配载、联运服务等多项业务需求，完成物流的全程化管理，提供门到门，一票到底的物流服务。

(4) 仓储管理系统。通过对不同地域、不同类型、不同规格的所有仓库资源进行集中管理，同时可采用条码、射频等先进的物流技术，对出入仓库的货物进行登记、盘点、库存查询、租期报警等仓储信息的管理。

(5) 报关报检管理系统。与保险、通关、卫生等部门之间建立数据交换系统，为园区内物流企业和客户提供配套服务。

(6) 结算管理系统。充分利用本平台系统的服务功能和计算机处理能力，为通过公用信息平台发生的各项物流服务进行计费，为物流企业的自动结算提供一套完整的解决方案，达到快速、准确、自动地为客户提供各类业务费用信息。

3．企业物流信息平台

物流企业管理信息系统是物流园区信息平台中最基本的组成部分，它为物流园区信息平台提供最底层的物流业务信息。该管理系统通常是以功能代理体的形式嵌入园区公用信息平台，并在园区公用信息平台的组织与协调下，完成具体的物流作业功能，它的建设主要由园区内物流企业自身的业务需要和战略目标而定。按照系统的功能组成分类，物流企业管理信息系统主要组成如图 5-19 所示。

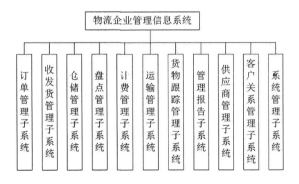

图 5-19 物流企业管理信息系统结构

(1) 订单管理模块。主要是对不同客户下达的订单(运作指令)和物流企业对订单的接收、确认和执行等活动进行管理，是客户获取物流运作状况最主要的渠道和方式。

(2) 收发货管理模块。通过收货管理模块可以有效地实现为了企业收取客户货物状况的及时管理，该模块包含的收货、发货、理货、退货等功能，不仅使客户能随时了解和掌握所收货物的状态(完好、破损、搁置)和数量，并且能使物流企业实现对货物的及时控制。

(3) 仓储管理模块。向系统输入客户资料、产品资料(如货物的规格、尺寸、数量等)后，对不同客户及其所有产品、客户的收货人进行管理。

(4) 盘点管理模块。其主要功能是对储存在仓库中的所有客户货物进行分仓库、分货品、分存储时间、分货位或分客户等方式，进行日、周、月或年的盘点管理。

(5) 计费管理模块。通过该模块，物流企业可随时掌握应向各客户收取的物流服务费的种类、时间和数量，以及应向不同供应商支付的费用种类、时间和金额。

(6) 运输管理模块。是系统对各种不同运输方式承运的不同客户的货物进行适时管理的主要手段，主要包括对承运人的分类管理，对运输装载的公开，对运输途中出现的货损货差和运输事故管理等内容。

(7) 货物跟踪管理模块。通过与 GIS/GPS 相连接，实现对物流企业车辆(需装备 GPS 跟踪仪)运行在途过程的全程监控和管理，并可按客户需求向客户提交货物追踪报告。

(8) 管理报告模块。物流企业管理人员或客户工作人员可通过该模块查询或生成其所需要的所有报表，如欠货报告、货物差异报告、货物库存报告等。

(9) 供应商管理模块。是物流企业对外聘供应商进行采购、评估和使用的重要技术支持功能模块，包括现存不同供应商的现状(资质、能力、水平等)、已为物流企业服务过的供应商运作档案(车辆、仓库、成本档案等)、物流企业对供应商的评估结果报告等内容。

(10) 客户关系管理模块。是对物流企业所有现有客户和潜在客户进行针对性管理的功能模块，包括客户状况、客户产品生产销售状况、客户服务状况、客户服务报告等内容。

(11) 系统管理模块。主要用于物流企业的系统管理员对整个系统的安全管理、授权管理、客户登录管理等，它是企业物流管理信息系统的核心模块之一，其运行的稳定性直接关系到整个系统的运行状况和安全。

本 章 小 结

物流园区对于实现物流企业集聚、整合利用现有物流资源、促进物流技术装备升级和服务质量提高、改善物流投资环境、推动第三方物流企业成长等具有重要作用。因此加快物流园区的规划和建设可以被视为加快现代化物流发展的突破口。物流园区建设正日益成为促进物流业乃至地区经济整体发展的十分重要的问题。其中，物流园区的总体布局问题，是影响物流园区整体建设发展的重要问题之一。但是到目前为止，物流园区的规划理论方法体系不够完善，布局规划实践缺乏有力的理论指导，是造成当前物流园区规划建设工作存在诸多问题的根本原因。

物流园区所包括的内容广博，园区总体布局工作复杂。由于我国物流业起步较晚，对于物流园区的规划建设和运营管理缺乏经验，尚未有完善、有效的做法可以借鉴。因此，在当前我国进行大规模物流园区规划与建设的情况下，结合中国实际情况，探索现代物流园区的规划与运作不仅具有十分重大的现实意义，而且也是一项十分迫切的任务。

本章主要从物流园区的基本理论入手，通过介绍物流园区的内涵、作用以及其发展趋势，引申出物流园区规划的意义和规划原则，揭示了物流园区规划体系的基本内容，并对物流园区总体规划进行了详细探讨，同时单独分析了物流园区信息化建设。通过本章的学习，读者可对物流园区的基本理论与物流园区规划方法的实际应用有一个初步的认识。

思考与练习

1. 物流园区的概念是什么？
2. 物流园区规划的概念是什么？
3. 简述物流园区的作用。
4. 简述物流园区规划的基本内容。
5. 简述物流园区规划的赢利模式。
6. 论述物流园区信息平台建设的战略目标与功能。

第 6 章　物流综合运输系统规划

【学习目标】
- 掌握综合运输的概念。
- 掌握交通运输系统的概念。
- 掌握综合运输的含义。
- 熟悉综合运输与物流的关系。
- 熟悉综合运输系统的构成。
- 熟悉综合运输货物运输过程组织。
- 熟悉综合运输网络模型。
- 掌握运输决策行为与方法。

运输需求是一种派生需求，它来源于社会经济活动，而社会经济活动具有发展性和动态性的特点。近些年来，随着国民经济和社会的高速发展，交通运输在规模总量和质量上都有了较大的提高，但是相比而言运力不足和结构不合理的现象依然比较突出。综合运输是交通运输业发展到一定阶段的内在要求。构建网络设施配套衔接、技术装备先进适用、运输服务安全高效的综合交通运输体系，是交通运输领域落实科学发展观的重要举措，对促进经济长期平稳较快发展、全面建设小康社会具有十分重要的意义。

6.1　综合运输系统概述

6.1.1　交通运输系统

1. 交通运输系统的概念

运输是经济社会的基本活动。印度经济学家潘德拉格认为，运输是人类文明的生命线，是构成支持经济增长的基础结构的一个重要组成部分。《辞海》对"运输"一词的解释为"人和物的载运和运输"。不列颠百科全书则将其定义为"将物品和人员从一地运送到另一地及完成这类运送的各种手段"。从类似文献的解释中不难得出，运输是指借助交通网络及其附属设施和运载工具，通过一定的组织管理技术，实现人与物空间位移的一种经济活动和社会活动。这种活动推进不同地区之间的人和物的交流和交换，对国家的强盛、经济的发展、社会的进步、文化的交流、生活方式的改变和生活水平的提高都起着重要的作用，从而成为社会赖以生存和发展的基础。运输的四要素是交通运输网络及其附属设施、运载工具、组织管理技术和运输对象——人与物。

随着社会经济的发展和社会分工的细化，交通运输逐渐作为一个相对完整的系统得到了发展和加强。古人为了从事生产活动，用人力、畜力、重力等来达到运输的目的。随着近代工业技术的进步，出现了铁路、公路、水路、航空和管道等现代运输形式。和平的环境和全球化的进程使得人与人之间、地区与地区之间的物质文化交流日益广泛与频繁，对日常出行和货物运输越来越高的要求促进了运输工具和设施的进一步发展。每一种运输方式都在力求充分挖掘自身的优势，借助现代科学技术的力量，朝着更先进的机械化、电气化和自动化迈进。

从宏观角度而言，现代交通运输系统是一个复杂的巨系统，主要包括铁路、公路、水路、航空和管道等五个运输子系统。从本质上看，它是一个人工系统，其目的在于安全、经济、迅速、准时地把人、物和信息送到目的地，功能的实现需要人的参与。虽然高度自动化已经在某些运输领域实现，但是运输的组织管理、自动化设备的控制与操作仍然需要人工干预。从交通与环境的关系看，由于交通运输系统与外部环境的工业、农业、商业等各部门进行着频繁的物质、能量和信息交流，所以它是一个开放系统。由于交通服务于经济，是推动国民经济发展的先行和基础产业，是国民经济协调稳定健康发展的重要保障，与国民经济其他部门共同组成国民经济系统，所以它又是国民经济系统的重要子系统。交通运输系统拥有的五个运输子系统，可以一层一层地分下去。在各阶层系统中，各运输子系统是相对独立的，组织和管理机构也相对独立，如交通运输部主管的公路、水路和铁路。民航由民航总局管理，管道由中石油、中石化负责规划、建设和运营等。

随着对交通运输的认识深化和相关学科的发展，人们逐渐认识到交通运输体系是一个涉及经济、环境、资源、交通等多个方面的复杂的系统。与一般的系统相比，交通运输系统具有以下鲜明特征。

(1) 交通运输系统具有协调性。交通运输系统由公路运输系统、水运运输系统、铁路运输系统、航空运输系统和管道运输系统组成，其总体功能的发挥必须依赖于这五个子系统协调发展，五种运输方式互相合作才能保证整个交通运输系统连接顺畅。

(2) 交通运输系统具有复杂性。交通运输系统自身的结构比较复杂，同时交通运输需求也纷繁多样，交通运输各个子系统之间又存在密切的联系，因此要处理好交通运输系统发展过程中出现的问题，必须把它当作复杂系统来解决。

(3) 交通运输系统具有动态性。交通运输系统是一个动态的系统，交通运输系统随着国民经济的发展而不断演变，表现为交通运输发展滞后或超前于国民经济发展的需要，其与国民经济发展是一个动态适应的过程。

(4) 交通运输系统具有网络型的特点。良好的交通运输系统必须具备布局和结构合理的交通运输网和交通运输枢纽，具有实现内外协调、布局合理、相互衔接的完整体系。

面对全面建设小康社会的新形势和贯彻落实科学发展观的新要求，交通运输的进一步发展必须走以提升系统协调能力为主的内涵式发展道路。首先，要满足国民经济和社会发展总体需要，特别是满足社会经济向循环经济、绿色经济、生态经济、知识经济发展的基本需要；其次，要符合经济社会可持续发展对交通运输的总体要求，建立安全、高效、经济、协调、绿色的交通运输体系；第三，交通对资源的占用、对环境的破坏及交通伤亡等要控制在国家允许的范围内，实现资源、环境、交通的和谐统一。

2．交通与运输的区别

在生产实践中，常常与"运输"相提并论的是"交通"。两者都具有广义概念和狭义概念之分，并且在一定程度上可以相互替代使用。但是究其深层含义，这两者属于不同的概念，有各自不同的含义和描述重点。

交通是指从事旅客和货物运输及语言和图文传递的行业，包括运输和邮电两个方面，在国民经济中属于第三产业。运输有铁路、公路、水路、航空和管道五种方式，邮电包括邮政和电信两方面内容。交通的英文"Communication"一词不仅包含了我们常识中的交通，还包括信息流的传送。国家或地方统计年鉴上也是将"运输"与"邮政"归属于同一个统计单元。狭义上的"交通"侧重通行、往来，关注的对象是运输工具或交通工具(严格叫法都应叫运输工具)，强调的是运输工具在运输网络上的流动情况，而与交通工具上载运的人员及物资的有无和多少没有太多的关系。

运输是实现人和物空间位置变化的活动，与人类的生产生活息息相关。因此，可以说运输的历史和人类的历史同样悠久。"运输"侧重于运送、搬运，关注的对象是人、货物的位移，是运输工具完成运行过程后的结果，也是运输工具运行的目的。物流的运输则专指"物"的载运及输送。它是在不同的地域范围间(如两个城市、两个工厂之间，或一大企业内相距较远的两车之间)，以改变"物"的空间位置为目的的活动，是对"物"进行的空间位移。它强调的是运载工具上载运人员与物资的多少、位移的距离，并不特别关心使用何种交通工具和运输方式。社会化运输过程包括客户服务、运输组织、运输工具和运行过程。私人小汽车出行，小汽车的运行目的和结果也是人的位移，只是其没有客户服务和运输组织这些环节。

运输一般分为运输和配送。关于运输和配送的区分，有许多不同的观点，可以这样来说，所有物品的移动都是运输，而配送则专指短距离、小批量的运输。因此，可以说运输是指整体，配送则是指其中的一部分，而且配送的侧重点在于一个"配"字，它的主要意义也体现在"配"字上；而"送"是为最终实现资源配置的"配"服务的。

综上所述，交通与运输反映的是同一过程的两个方面。这一过程就是运载工具在运输网络上的流动。两个方面指的是：交通关心的是运输工具的流动情况(流量的大小、拥挤的程度)，而运输关心的是流动中的运输工具上的载运情况(装载人员和物资的计量、将其输送了多远的距离等方面)。因此，可以说，运输以交通为前提，没有交通就不存在运输；没有运输的交通，也就失去了交通存在的必要。交通仅仅是一种手段，而运输才是最终的目的。"交通"与"运输"既相互区别，又密切相关，统一在一个整体之中。这一整体即"交通运输"，它既包含了交通流与交通基础设施网络的平衡，也包含了运输生产层面的内容，是指运输工具在运输网络上的流动和运输工具上载运的人员和物资在两地之间的经济流动的总称。

6.1.2 综合运输的含义

综合运输是在社会生产发展到一定历史阶段产生的。18世纪蒸汽机的发明，使交通领域逐渐出现了列车、机动船、汽车、飞机和管道等新型运输工具。采用新型的运输工具，需要配套的工程技术设备和相应的科学组织管理，从而构成了新型的运输方式。资本主义社会运输业由于发展的盲目性，运输企业间竞争激烈，从而造成极大的重复和浪费。在这种情况下，人们开始认识到从综合角度对各种运输方式的发展及其协作关系进行科学研究的必要性。最初，某些国家的政府和私人企业，只是试图对不同运输企业之间的利害冲突

第6章 物流综合运输系统规划

进行某些调节工作。由于各种运输方式为完成一定客货运输任务所需的投资和经济效益不尽相同，而国民经济各部门和人民生活对客货运输的需求也较复杂，因此，根据客货运输的需要，研究各种运输方式的综合发展和综合利用，对于国民经济和社会发展具有重要意义。

"综合运输"其实是"运输"的一种特殊表现形式。它强调人员和物资的移动，以实现它们的时空转移为目的，关心的是运送人员或物资总量和输送的距离以及全程的服务水平，而实现的手段则是通过优化各种运输方式的总体结构，合理配置各种运输方式的基础设施网络，协调各种运输方式的运输组织。综合运输系统的核心是多方式联合运输，即"多式联运"。

1993年，欧洲运输部长会议在其综合运输(Integrated Transport)术语规定中，对货物综合运输体系给出以下定义："货物在同一个载货单元或运输工具中移动。载货单元或运输工具连续使用几种运输方式，在变更运输方式时其本身不进行货物装卸。"而美国长期从事综合运输研究的专家穆勒(Moeller)在其1995年出版的《综合货物运输》(第三版)一书中指出："综合运输系统是一种客货运输体系，其运输过程的各个组成部分都有效地相互连接和相互协调，并具有较大的灵活性；当用于货物运输时，综合运输是货物在两种以上运输方式上进行的无缝和连续的门到门运输；其直达运输作业过程，通过一个货运单据，进行逻辑上的连接和处理；对于集装箱货物综合运输来说，货物在整个运输过程中一直保持在同一集装箱内；综合运输不仅包括硬件设施或设备，而且还包括有关的软件。"

由于社会制度和经济体制的差别，我国早期的综合运输概念与西方国家的综合运输概念有较大的差异。20世纪50年代以后，我国在苏联的影响下，对综合运输采用了"Comprehensive Transportation"一词；而西方国家常用"Integrated Transportation"一词，定义是：使两种以上运输工具在最优化基础上的相互整合，以实现旅客和货物的直达运输。两者的区别相当明显：西方国家综合运输指的是在各种运输方式之间实现"无缝"和"连续"的一种运输，而我国指的是对各种运输方式合理使用范围、分工和投资比重等进行理论研究的学科。根据西方国家的社会经济制度和我国所处的社会历史时期，不难理解这种概念上的差异化：前者是在市场经济条件下，解决运输市场出现的问题；后者是在计划经济条件下，研究解决运输部门之间出现的问题。

随着我国工业化不断向更高层次发展和城市化进程的加快，在现代物流的理念和需求的带动下，综合运输系统的提法已被官方和非官方较广泛地应用，其中心思想指的是：根据全国或区域经济地理特征和各种运输方式的技术经济特点，经济合理地发展各种运输方式，并使之有机结合形成一个完整的高效的交通运输系统，为社会经济发展服务。对于什么是综合运输体系？至今还没有一个非常明确的、被普遍公认的定义。各国由于交通运输的具体结构不同、发展阶段和水平不同，给出了不同的定义，我国一些学者也提出了一些论述，主要体现在"无缝"、"连续"、"一体化"、"发挥各自优势，优势互补"上。

《中国大百科全书(交通卷)》(1999)的定义是：研究综合发展和利用铁路、公路、水运、航空和管道等各种运输方式，以逐步形成和不断完善一个技术先进、网络布局和运输结构合理的交通运输体系的学科。

由于交通运输涉及多门学科和行业，因此对综合运输系统而言，宏观政策引导和行业发展规划及管理也自始至终贯彻于其中，构成现代综合运输系统形成与运行的必备支持条件，同时也是现代综合运输体系建立与完善的关键。所谓的"综合运输规划"、"综合运输体系发展规划"就是从完成人和货物的位移需求的角度出发，根据各种运输方式比较优势、交通运输与国民经济和社会发展的关系、国家交通运输发展战略以及资源条件等，对交通运输总体结构、各种运输方式基础网络配置和布局、交通基础设施网络与交通流以及整个运行使用系统的平衡、一体化运输、发展政策等进行系统性研究和规划。

6.1.3 综合运输与物流的关系

综合运输与物流的关系十分密切，综合运输与物流的发展都是建立在系统思想之上的。综合运输强调各种运输方式的优势互补、分工合作，共同发展成一个优化的运输系统。而物流则是由各种功能、各种资源组成的一个复杂系统。运输是物流最基本、最重要的功能之一，现代物流是建立在现代发达的综合运输基础之上的。因而，综合运输的发展必将促进物流的发展。另一方面，物流的发展也可以使综合运输从中发现新的机会，找到新的利润增长点和发展切入点。

综合运输体系建设是发展现代物流系统的要求。现代物流系统是市场经济发展到一定阶段对物质生产、流通、分配、消费各环节提出的新要求，发展现代物流系统的目的就是实现社会物质生产、流通、分配、消费的全过程的社会综合成本最小化，获取最大的社会经济效益。运输是商品实现空间转移过程中的一种经济活动，依靠道路等基础设施和各种运输工具来实现，是物流过程中改变物品状态的主要手段。运输是物流中最为基础且最为繁多的服务活动，大量的物流都必须依托交通运输设施和运输服务来完成。现代物流理念的核心是产成品供应链一体化的管理。在市场经济条件下，发达的交通运输设施和良好、高效的运输服务，是一体化物流活动得以开展以及物流效率不断提高的基础和前提条件。没有好的运输设施和运输服务，物流活动就无法进行。由于物质产品的生产、流通、分配、消费都离不开交通运输，没有交通运输的整合，就不可能有一体化的运输系统，更不可能实现现代物流系统。

现代物流中的流通过程依托综合运输系统来完成。对现代物流企业而言，不论是输入物流、输出物流，还是流通领域的销售物流，最终都要依靠交通运输来实现商品的空间转移，才能够将商品送达客户手中。交通运输活动对物流活动成功与否以及物流成本的高低有着非常重要的影响。总成本控制是物流活动的重要理念。现代化综合运输要求交通运输业在行业内形成自己的专业化分工，建设包括公路、铁路、管道、水运和航空在内的立体的交通运输网络，发展高速货物运输、集装箱化运输和集约化的仓储等物资流通体系，使得每个企业都能够通过社会化的综合运输网络将各种交通运输方式有机地组合在一起，低成本构建自己的供应链，在实现自己的物流活动计划的同时，将服务全过程的系统总成本降至最低水平。

从物流的组成环节来看，运输只是物流的一部分，可以称之为物流运输。但是从综合运输网络上所有运输活动的角度看，物流运输只是所有运输活动的一部分，还有很多的运输活动并非属于物流企业。物流与一般运输活动的主要区别表现在以下几个方面。

(1) 内涵上的区别。运输在本质上强调的是面向"任务"，即运输任务；面向"单一客户"，它追求的是准时、完好、经济地完成客户每一次交给的运输任务。而物流更多的是面向"流程",即企业业务流程,它要求的是物品持续无间断、快速流动并保持与采购、生产、销售节拍的高度同步性。

(2) 二者发展的主要动力不同。由于交通运输是国家和社会经济的基础设施,基于使运输推动社会经济发展的迫切要求和运输资源的优化配置考虑,各级政府就成为综合运输发展的主要推动者。而物流发展的主要动力则是企业基于提升自身竞争力的愿望。通俗地讲,前者发展的主要推动力来自"官方",后者则来自地"民间"。

(3) 二者发展的目标不同。综合运输为了适应社会经济发展对交通领域提出的新要求,以提供安全、快捷和高质量的交通服务为目标。物流的发展目标是更好地融入供应链,促进物品无间断、快速流动并保持与采购、生产、销售节拍的高度同步。当然,目标不同,发展的思路和方法就不同。

(4) 二者发展的方向不同。综合运输发展追求的是现代五种基本运输方式之间高度的一体化,使运输对象(货物或旅客)实现"无缝式"的空间位移。而物流的发展追求的则是供应链上所有主体间(包括企业、其他组织和个人),供应、生产、销售各环节内部以及它们之间的高度一体化和柔性化。

虽然物流与一般运输活动相比具有个性鲜明的特色,但是其物流网络依托综合运输网络构建,是后者的子网络。不管是物流运输还是一般运输,都是以节约时间或成本为目的进行运输方式和运输路径的选择过程。当物流企业的主要运输活动在某一个相对稳定的范围内时,与该范围内有利于保证运输效率和效益的运输企业开展长期合作是保证企业运输活动稳定的必需手段。确定这种长期合作关系,也必须建立物流运输符合效益最大化原则的基础之上。从技术分析的角度看,物流企业只是网络中的一种特殊用户,物流中的运输与一般运输活动之间的差异可以忽略不计。

6.1.4 综合运输系统的构成

综合运输系统,是相对于单一的运输系统而言的,就是各种运输方式在社会化的运输范围内和统一的运输过程中,按其技术经济特点组成分工协作、有机结合、连接贯通、布局合理的交通运输综合体。

1. 一般运输系统的构成

对运输系统而言,其特定功能就是实现人或物的空间位移,其要素就是实现整个运输功能所需的基础设施、运输工具、工作人员、运算技术等。整个运输系统的运转,最终又是依托载运工具、装卸机械、运输线路等各个相对独立的子系统的相互配合和有效运转来实现的。从系统构成来看,一般运输系统包括下面几个组成部分,即客货流系统(运输对象系统)、载运工具系统、运输路网系统、信息系统、运输管理系统和运行组织系统。

1) 客货流系统

客货流系统又称为运输对象系统。运输对象随时间和地点而改变。同一地点既可以有相同的运输对象,也可以有不同的运输对象;不同的地点同样可以有相同的运输对象,也可以有不同的运输对象。不同的运输对象,具有各自不同的特征,并且不同地点的不同特征还相互影响。比如:在公路上的客货流,前一段时间的流动情况对后续时间的情况是有影响的。在不同的路线地段,其客货流情况也是相互影响的。对于各种不同的运输方式,客货流的流动也是有相互影响的。铁路运输对公路运输的客货流有影响,公路运输反过来又影响着铁路运输的客货流。同样,运输系统中的几种运输方式的客货流,形成相互依存、相互影响、相互制约的关系。因此,在整个交通运输系统中,客货流形成了一个动态的系统。

客货流系统的流动是运输对象的空间组合和变动的动态过程。这表现为两个方面:其一是运输对象的空间组合过程;其二是运输对象的空间移动过程。在绝大多数情况下,要实现旅客和货物的空间移动,必须进行客货的集散,亦即将各个分散的旅客或分散的货物聚集在一起,从而一批一批地实现其空间的位移。当旅客或货物被运送到一定地点后,再将其分别分散。这一整个过程就是存货流的组合和流动过程,实现这一过程,就是交通运输系统运转的目的。

2) 载运工具系统

交通运输业随着各种载运工具的演变和革新而不断得到发展,载运工具系统包括运输工具和装卸机械两大组成部分。运输工具实现旅客和货物的运送和集散;装卸机械实现旅客和货物上下运输工具的位移和运输枢纽内的空间组合。装卸机械一方面将运输对象送入运输工具;另一方面将运输对象从运输工具内取出。运输工具和装卸机械是紧密相连的,二者的运作过程相辅相成、相互配合。各种交通运输方式输送旅客和货物的速度及能承运的容量,主要取决于载运工具的速度和容量,两者的功能将直接影响整个交通运输体系的运转效率。

3) 运输路网系统

运输路网系统是由各种运输方式的道路、航线、航道等线路,车站、港口、码头等节点,以及两种及其以上不同的运输方式,或同一种运输方式的两条干线或干支相交所构成的枢纽所组成的网链结构。路网系统又可进一步划分为道路系统、节点或枢纽系统。它是运输工具得以运行、装卸机械能够进行作业的设施基础。从其功能来看,线网系统直接为运输对象提供运送服务,而港站、枢纽则是间接地为运输对象提供运送服务。路网系统尤其是公路网和铁路网分布在广大地域之上,具有分布广、建设工期大、投资量大等特点。一旦投入就不能随意拆毁,其通过能力情况直接影响交通运输体系的运转。因此,在对运输网络系统布局时,应充分考虑运输需求和国民经济的发展,否则,会造成运输能力和资源的极大浪费。

4) 运输管理系统

运输是物流运作的重要环节,在各个环节中运输时间及运输成本占有相当大的比重。现代运输管理是对运输网络和运输作业的管理,在这个网络中传递着不同区域的运输任务、资源控制、状态跟踪、信息反馈等信息。运输管理系统主要是指作为国家政府部门的交通运输部门,对交通运输体系实施宏观调控的系统。为了确保交通运输体系灵活有序地运转,取得良好的经济效益,就必须建立一套完整的组织机构,并通过这一机构为这一体系的各个行为者制定统一的行为规范,理顺体系内部的各种关系,并实施一定的管制。通过这些部门的统一调控管理,达到对整个运输体系的合理组织管理。

5) 运行组织系统

运行组织系统，是指由各种运输服务企业组成的系统。它与运输管理系统及信息系统共同组成交通运输体系的"软件"部分。各种不同的运输生产方式都是为了同一个目的：实现旅客和货物的空间移动。在绝大多数的情况下，完成运输的任务，需要各种运输方式的相互配合以及各个生产环节和工序的紧密衔接。比如，铁路运输只能实现定线运输，必须与其他运输方式联合才能完成运输的任务。而公路运输则能实现"门到门"的运输，恰好对铁路运输形成补充，实现客货的集散和中间衔接。另外，每种运输生产方式具有各自的技术经济特点，在运输生产过程中拥有优劣之处。从交通运输体系的整体效益着手，不但要求开展多式联运，更为重要的是对各种运输方式和各个运输生产环节进行合理的组织，保证运输系统的灵活运转，以取得较好的运输效益，这项工作的开展对于提高运输系统的社会效益和经济效益有着十分重要的意义。

6) 信息系统

运输信息系统就是在物流业务活动中，凡是有关运输方面的物流信息，都归类为运输信息系统工程，由主管运输业务的部门进行管理。当今的世界是信息的世界，任何行业要想发展，就必须把控好信息这一关。及时、快速、准确地把握各种信息关系到行业的生存和发展。运输路网分布地域十分广泛，运输生产活动就在运输路网范围内进行。因此必须通过各种手段来收集、掌握和传递一切与交通运输相关的信息，及时协调交通运输体系内各种运输方式和各个运输环节的衔接，以最小的经济消耗获得最大的运输效益，包括经济效益和社会效益。

2．综合运输系统的构成

综合运输系统是一个由铁路、公路、水路、管道和民航五种运输方式组成的系统，系统中各种运输方式的经济技术性能是不同的，对资源利用和环境影响等方面也各不相同，且差异很大。随着经济和社会的发展，科学技术的进步，运输过程从单一方式向多样化发展，运输工具也不断向现代化方向发展，因此，运输生产本身就要求把多种运输方式组织起来，形成统一的运输过程。从运输服务上分，综合运输系统除了包含这五种基本子系统外，还包括仓储公司、旅行社、邮政包裹服务、联运公司和运输承包公司等多种服务于综合运输运营的运输代理商，如图6-1所示。

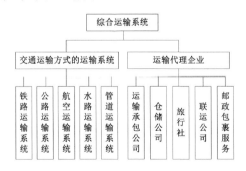

图6-1 综合运输系统的构成

综合运输系统根据其服务性质及服务对象的不同，大致可分为城际运输和城市运输两大系统，而城际运输又可以分为国内运输和国际运输两个子系统。各个子系统分别由各种交通运输方式提供不同的运输服务，其结构如图 6-2 所示。其中城市运输系统的铁路和水路系统的服务对象大部分为旅客，所以不再依客货性质分为更小的系统。同样，管道运输系统仅适用于货物，所以也不再分类。

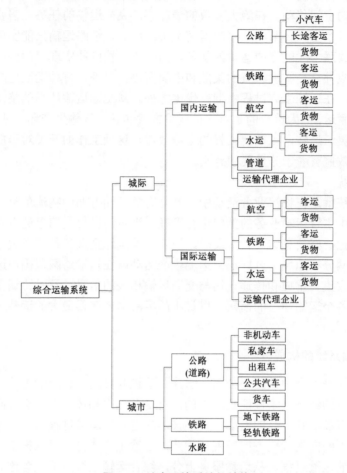

图 6-2 综合运输系统的结构

若按照系统功能划分，综合运输系统的构成一般应包括以下四个系统。
(1) 以高等级公路、铁路客运专线和民航为依托的城际快速客货运输系统。
(2) 以干线公路、水路和铁路大宗货物运输通道为依托的重载货物运输系统。
(3) 以干线公路、水路和铁路干线为依托的集装箱运输系统。
(4) 以管道、水路和铁路为依托的油气运输系统。

3. 综合运输枢纽

综合运输枢纽是综合运输体系的关节，各种运输方式的衔接通过综合运输枢纽来实现。《综合交通网中长期发展规划》中定义了"综合交通枢纽"的概念，即"在综合交通网络节点上形成的客货流转换中心"。

从地理位置上看，综合运输枢纽处于两种及以上的运输方式衔接的地区或重要的客货流集散地；从运输网络组成的角度看，综合运输枢纽是运输网络上多条运输干线通过或连接的交汇点，是运输网络的重要组成部分，连接不同方向上的客货流，对沟通不同运输方式网络，保证整个运输体系的畅通运转起着重要的桥梁作用；从运输组织的角度看，综合运输枢纽承担着各种运输方式的客货到发、同种运输方式的客货中转及不同运输方式的客货联运等运输作业。随着交通运输业的发展和物流现代化管理理念的引进与发展，城市内包括轨道交通在内的公共交通运输体系的发展，综合运输枢纽又被赋予了新的内涵，其不仅是多种运输设备构成的综合体，而是集设备、信息和运输组织综合管理于一体的复杂系统。

运输枢纽形成的前提条件是所在区域有较大的客货运输需求源，即周边地区有较大的人口和产业规模，对外客货运输需求量大。于是各种运输方式设施逐步建设，形成了较大规模的客货流的主要集散地。由于它对周边地区有较强的吸引和辐射作用，是区域内部和对外交通运输的主要中转地，因此形成了综合运输枢纽。综合运输枢纽的功能主要体现在以下三个方面。

(1) 为区域内部和区域外部的人员及物资交流提供集散和中转服务，带动和支撑区域经济的发展。综合运输枢纽一般地处区域主要中心城市，为所在地区或城市的经济发展和居民生活提供客货运输服务，是城市对外联系的桥梁和纽带。

(2) 实现不同方向和不同运输方式间客货运输的连续性，完成运输服务的全过程。以信息化、网络化为基础，改进运输组织方式，实现各种运输方式一体化管理，完成运输服务全过程，是提高运输效率、降低运输成本、节约资源、实现交通可持续发展的有效途径，而综合运输枢纽正是实现这一目标的关键。

(3) 为运输网络吸引和疏散客货流，促进交通运输产业的发展。交通运输产业发展的基础是日益增长的运输需求。在经济高度发达，需求日趋多样化的现代社会，交通运输产业的发展正朝着综合集成和一体化运输的方向发展，以满足客货运输多样化的需求。综合运输枢纽作为运输网络上的节点，集各种运输方式的信息、设备和组织管理于一体，吸引着大量的客货流，是交通运输产业发展的重要支撑。

6.2 物流综合运输网络规划

交通运输是国民经济和社会发展的重要基础。因此，构建网络设施配套衔接、技术装备先进适用、运输服务安全高效的综合运输网络，是物流运输领域落实科学发展观的重要举措，对促进经济长期平稳较快发展、全面建设小康社会具有十分重要的意义。

6.2.1 综合运输网络概述

1. 运输网络

网络可以用来描述人与人之间的社会关系，物种之间的捕食关系，词与词之间的语义联系，计算机之间的网络互联，网页之间的超链接，科研文章之间的引用关系，以及科学家之间的合作关系，甚至产品的生产与被生产关系。交通运输网络，是指在一定的范围(国家或地区)内，根据各种运输方式的优缺点以及合理分工、协调发展的原则，由各种运输方式的线路、枢纽等固定设施有机结合、联系贯通而组成的交通运输体系中的静态结构物的综合体。运输网络简称运网，是运输企业提供运输服务必须依赖的设施基础，其空间分布、通过能力和技术设备体现了整个运输系统的发展状况与水平，在运输业发展中占有十分重要的地位。交通运输的任务是以适合运输对象的交通运输工具及附属交通运输设施，通过一定的线路，实现客货流时空转移的要求。这一任务决定了交通运输系统结构的显著特点是由多个起讫点、多条线路、多种交通运输方式及交通运输设施等交叉组合所形成的复杂的网络结构。

网络化是交通运输系统发挥规模效益的基础和前提，也是交通运输系统实现运输服务现代化的必要条件。随着现代物流业的发展，运输开始向服务行业转型，服务范围进一步拓展，运输的产品也呈现多样化，只有网络化才能使运输资源得以有效配置和灵活运用，最终实现运输合理化。

2．图论概述

图论(Graph Theory)是数学的一个分支，以图为研究对象。作为分析和解决网络模型的有力工具，其起源可以追溯到 18 世纪中期著名的哥尼斯堡七桥问题。1736 年，瑞士数学家列昂德·欧拉(Leonhard Euler)发表的关于七桥问题的论文被公认为是图论历史上的第一篇论文，他本人也被公认为"图论之父"。此后的近一个世纪，图论一直处于萌芽阶段，大部分图论问题都是围绕游戏产生的。由于当时社会生产落后，对图论知识的要求较低，使得这一学科发展颇为迟缓，甚至出现停滞状态。19 世纪中叶到 20 世纪中叶出现了大量的图论问题，诸如"周游世界问题"、"四色猜想问题"以及与之有联系的图的可平面性问题等。1847 年基尔霍夫(Kirochoff)第一次应用图论的原理分析电网，从而把图论引进到工程技术领域，奠定了现代网络理论的基础。此后约半个世纪研究图论的人不多，直到 1936 年，匈牙利著名图论学家哥尼格(D. Konig)发表了图论的第一本专著《有限图与无限图理论》，总结了图论两百年的主要成果，开启了图论作为一门独立学科的新的里程。

20 世纪 50 年代以来，由于生产管理、军事、交通运输、计算机和通信网络等方面许多离散问题的出现，图论的理论得到了进一步发展。将复杂庞大的工程系统和管理问题用图描述，可以解决很多工程设计和管理决策的最优化问题，例如，完成工程任务的时间最少、距离最短、费用最省等。20 世纪 70 年代以后，高速电子计算机的出现，使得大规模问题的求解成为可能。图的理论及其相关网络分析技术在物理、化学、运筹学、计算机科学、电子学、信息论、控制论、网络理论、社会科学及经济管理等几乎所有学科领域中各方面应用的研究都得到"爆炸性发展"。

图论中的"图"并不是一般意义下的几何图形或物体的形状图，而是一个以抽象的形式来表达确定的事物，以及事物之间具备或不具备某种特定关系的数学系统。如果用点表示这些具体事物，用连接两点的线段表示两个事物的特定的联系，就得到了描述这个"图"的几何形象。图中点的绝对位置、线的长短曲直即连接方式是无关紧要的。图论为任何一个包含了一种二元关系的离散系统提供了一个数学模型，借助于图论的概念、理论和方法，可以对该模型求解。许多实际的网络，都可以直观地用图进行描述与分析，如电路网络、运输网络等。图 6-3 为著名的"哥尼斯堡七桥问题"的图示法。

与图联系在一起的通常还有一个与节点或边(弧)有关的数量指标(或称之为权)。这种带有某种数量指标(或权)的图称为网络。网络是一个赋权的有向图，它是由节点与有向边(弧)

构成的，网络中每条边(弧)都与标为弧长的非负实数相关联，我们称这个弧长为权。网络中每条边都与标为边长的实数相关联，边长可为正、负或零。在边长为正的情况下，它可以表示公路的实际长度，车辆运行时间、费用，通信线路的信息容量，电气系统从一个状态转移到另一个状态时吸收的能量等；在边长为负的情况下，它可以表示电气系统从一个状态转移到另一个状态时释放的能量等。

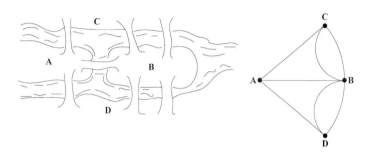

图6-3　司尼斯堡七桥问题

交通网络可以抽象为由节点、有向边和权构成的拓扑图，网中的节点就是各种运输方式的车站、枢纽或多种运输方式的结合部，如城市、地区中心、街道交叉口等；其边(弧)即该网络中车站之间、枢纽点之间或各种运输方式的结合部之间的区间线路，如铁路线、公路线、航空线、水运航道、运输管道，也可以是两城市间的公路、两地区中心间的路径、两交叉路口间的街道，以及一些运输线路等；其弧长是与该网络的边(弧)相关的数量指标，称为边(弧)的权，例如道路的长度、运行时间、运输费用等。

3．超图概述

在过去的几十年里，图论已被证明是解决几何、数论、运筹学和优化等领域中各种组合问题非常有用的工具。但是，经典的图论研究的是有限集中二元子集组成的网络，图中限定每条边的关联节点为两个，限制了线图的表达能力。现实世界中，广泛地存在着各种各样的多元联系，难以用图直观地表达。传统的主从结构网络也越来越多地被灵活敏捷的多级分布立体网络结构代替或向其演变。这就意味着多元子集、多层次网络以及功能块的出现。而这些复杂网络难以用一般图直观地进行表达。所以，必须考虑由多端子网络联成的大网络(称为"超网络")。为了解决超网络的更多组合问题，需要引入组合分析的方法，把一般图的概念进行推广或延伸。

使用系统的组合方法来研究集簇的思想大约起始于20世纪60年代。这就是把集簇中每个集合看作"广义的边"，把集簇本身称为"超图"。它被主要用来研究多元子集问题或者有限集中多元子集的多元关系。这一概念最先由法国数学家贝格(C. Berge)于1973年提出。对超图的研究起初只是推广图论中经典的结果，后来发现这种推广能带来较多的便利，而且可以把图论中一些定理用统一的、简单的形式加以表述。随后法国巴黎大学弗郎索瓦·布耶(Francois Bouille)教授在向欧洲航天研究发展局提交报告中首次提出了超图数据结构理论，该理论以超图和数据集理论为基础，使原有数据结构理论面目一新，从而引起超图在国际上的广泛重视。

超图模型的基本数据单元有：类、对象元素、类属性、对象元素属性、类关系、对象关系。类之间和类对象元素之间可有多种关系，这种关系可能是层次性的，也可能是非层次性的。超图类之间的层次关系表示了超图类的纵向关系，明晰地展现了面向对象模型的类继承、联合和聚集等。超图模型的非层次关系则表示了空间超图类的全方位横向关系。基于超图的对象模型所表达的空间关系远较现有的对象模型所表达的关系丰富，利用基于超图的对象模型来表述关系错综复杂的现实世界将具有极大的潜力和优势。近年来，随着计算机科学的发展和集成电路规模的增大，尤其是关系数据库和人工智能技术的发展，理论界和实业界越来越重视以功能块为单元的多层次网络结构的分析、诊断以及优化。超图和超图数据结构的提出，为层次和非层次并存的复杂的客观世界提供了新的描述方式，也为综合运输网络的空间描述与分析提供了新的思路。

超图是图的概念的更一般形式。在图 $G = (V, X)$ 中，X 的每一个元素可以看作是 V 的一个二元子集，而在超图中要考虑任意的子集。

1) 超图的定义

设 $V = \{v_1, v_2, \cdots, v_p\}$ 是一个非空的有限集。令 $E = \{e_1, e_2, \cdots, e_q\}$ 是 V 的 q 个子集组成的一个集族，则称二元组 $H = (V, E)$ 为一个超图，若

$$e_i \neq \phi, \quad i = 1, 2, \cdots, q, \quad \bigcup_{i=1}^{q} e_i = V$$

根据超图相关理论，超图 H 是一个有序二元组 $H = (V, E)$，其中 V 是一个有限集，V 中的元素称为 H 的节点，E 是一个超边的集合。E 中的每一条超边都是 V 的一个非空子集，并使得 V 中每个节点至少属于 E 中的一条超边。

$P = |V|$ 称为超图 H 的"阶"，$\max|x_i|$ 称为 H 的"秩"，记作 $r(H)$，V 的元素称为 H 的"顶点"，而 X 的元素称为 H 的"边"。顶点和边在图和超图中的用法有所不同，若在超图 H 的每一条边元素的数目相同，则称 H 是一致的。

2) 通路

设 $H = (V, E)$ 是一个超图，A、B 是 V 中的节点，则 H 中从 A 到 B 的一条通路是一个边的序列 $E_1, E_2, \cdots, E_k (k \geq 1)$，该序列满足下列条件：① $A \in E_1$，$B \in E_k$；②对于所有 $1 \leq i \leq k$，$E_i \cap E_{i+1} \neq \Phi$。则 H 中从 A 到 B 的边序列 $E_1, E_2, \cdots, E_k (k \geq 1)$ 为从 E_1 到 E_k 的通路。

3) 连通

在超图 H 中，如果两个节点(或边)之间存在一条通路，则称它们是连通的。如果一个边的集合中每一对边都是连通的，则称该边集是连通的。

4) 连通支

一个超图 H 中的任一连通边集以及它们的关联节点一起称作 H 的一个连通支。

5) 子图

设 $H = (V, E)$，$H' = (V', E')$ 都是超图，如果 $V' \subseteq V$，$E' \subseteq E$，则称 H' 是 H 的一个子图。

6) 化简超图

设 $H = (V, E)$ 是一个超图，如果边集 E 中不存在任何一条边是另一条边的真子集，则称 H 是一个化简超图。对于任意一个超图 H，通过从图中删去那些为别的边所真包含的超边而得到一个化简超图，称这个化简超图为 H 的化简图，记为 $\text{RED}(H)$。

7) 投影图

设 $H=(V,E)$ 是一个超图，节点集 $V'\subseteq V$，则我们称超图 $RED(V', E'_v)$ 为 H 到 V' 的投影，记作 H'_V，$E'_v=\{e\cap E'_v; e\in E\}-\{\phi\}$，$E_v$ 中的每一条边通常也称作 H 的一条子边。一个超图的投影不一定是它的子图，因为该投影中可能包含某些不属于原超图的边。

8) 对偶超图

X 上超图 $H=(E_1, E_2,\cdots, E_m)$ 的对偶是超图 $H^*=(X_1, X_2,\cdots, X_n)$，其中的顶点对应 H 中的边，而边为 $X_i=\{e_j | 在H中, x_i 属于 E_j\}$，由对偶超图的定义可知，超图的边和顶点可以互换角色来分析，这一点是构建层次超图的理论出发点。

9) 横贯超图

当超图 $H=(E_1, E_2,\cdots, E_m)$ 是集合 X 上的超图时，若集合 $T(T\subset X)$ 与 H 中每条边相交，即 $T\cap E_i \neq \Phi (i=1,2,\cdots, m)$，则称 T 是 H 的一个横贯。

6.2.2 综合运输网络结构分析

从网络中运输方式之间的互动关系来看，综合运输网络具有十分清晰的分层拓扑结构。目前相关研究主要集中于多式网络系统的优化与评价方法方面，研究成果较有影响力的包括：帕罗蒂诺(Pallottino)最早提出了用于多式运输网络的、基于超路径的最短路模型以及相应的搜索算法，洛萨诺(Lozano)和斯托尔基(Storchi)在帕罗蒂诺的基础上进一步拓展，给出了一种多式运输网络的最短有效超路径算法。除最短路搜索算法外，出行换乘行为和路径选择模型也是多方式运输网络的研究内容之一。此外，还有大量的研究工作在探讨多式网络理论成果的应用，主要包括运输系统运行图编制、欧洲多式网络建模、定价与政策、突发事件经济影响评价、出行信息条件下出行行为模拟系统、分层多式网络公共交通路径选择模型评价、城市高速通道多方式运输优化等。

由于各种运输方式对基础设施的独占性和排他性，各种方式之间不存在运行线路基础设施的交叉共享，所有的资源(主要指与方式密切关联的设施、信息、运输组织方案等)都只能在本方式网络中传播和利用。每种运输方式自成系统，由线路、道路、运输服务设施及库场、站台、出入口等组成复杂的网络子系统，独立于其他运输方式运行，为社会经济的发展提供客货运输服务。我国从计划经济时代起，就实行着每种方式独立规划建设、运营管理的政策，方式之间在共享资源利用方面存在着明显的竞争甚至恶性竞争。在相对独立的环境下，各种运输方式进行着自身运输设施的完善和运输技术的改进，不断提高自己的运输能力，以便提高自己的市场占有份额。近十年来，随着国家对交通基础设施建设的重视和投入的增加，各运输方式无论是在运输基础设施上还是在运输组织技术上都取得了较快的发展，使得单方式运输功能的内聚性能得到很大的提高与强化，也使得实现多方式一体化运输成为可能。多年来的独立发展使得每一种运输方式自成体系，在进行其内部结构分析的时候，完全可以将其独立于其他运输方式系统。

从枢纽功能上看，单一交通枢纽仍然归于其相应的运输方式层，只有综合交通枢纽才能担负起各运输方式之间沟通与衔接的作用。由于综合交通枢纽的建设规模与成本都相对较大，其数量在整个网络节点总数中只占很少的一部分比重，这也是与其功能相一致的。各种运输方式都有其合理的运距，大部分货主或运输企业都希望在运输效益最大的前提下能尽量进行直达运输，频繁转换运输方式不利于控制运输成本并保证运输安全。因此，相对于密集的单一交通枢纽，综合交通枢纽的分布要稀疏得多。这也就是说，相对于同种运输方式之间的交流和传递，方式之间的转换次数要少得多。

基于以上分析，综合运输网络的分层结构如图6-4所示。这种结构很清晰明确地表示了组成综合运输体系的五种运输方式之间的转换和影响关系。

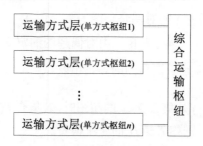

图6-4　综合运输网络按方式分层示意图

在对某一种运输方式进行分析时，又可以根据行政区划或者研究的细化程度对其运输网络进行分层研究。一种相对比较完善的运输方式网络一般都比较复杂，包括较多的边和节点，是一个没有边界的非封闭系统。对其层次性进行划分，有利于理解和分析网络的组成结构和主次关系，同时也符合人的一般认知规律。人类对客观世界的认知过程总是由粗到细、由简到繁、由表及里的，这一认知规律的抽象化描述即是层次性。将知识表示分为不同的层次并在各层次上进行推理是与人类认知相吻合的。与综合运输网络的方式分层不同，以下分析的层次具有明显的次序，或由粗到细，或由高级到低级，等等。如果说按照运输方式的功能分层属于自然分层，那么在对其中一种运输方式网络进行独立分析时，这种分层方法则掺入了更多的人为因素。这一分层方法主要从交通设施的服务水平和网络分析的细化程度这两个角度进行。

交通设施通常按照其任务、功能及适应的交通量来进行规划建设，这也给层次的划分提供了参照(如图6-5所示)。如在公路网络中，公路按照技术等级分，可以分为高速公路、一级公路、二级公路、三级公路、四级公路五个等级；按照行政等级划分又可以分为国道、省道、县道、乡道和村道。在水运网络中，全国内河航道划分为两个层次，分别是高等级航道和其他等级航道；而内河港口则划分为三个层次，分别是主要港口、地区重要港口和一般港口。在铁路网络中，铁路分为Ⅰ、Ⅱ、Ⅲ三个等级。

另外，不同运输方式的运输设施根据其地位又可以分为主干网与配套网络。其中主干网承担交通运输的主要任务，相当于动脉系统，配套网络承担交通运输的集散和通达功能，相当于静脉和毛细血管系统。骨干网与支线网有明确的功能定位，即骨干网主要承担交通运输通道上大能力、高要求、中长距离的运输需求；支线网主要满足可达性、灵活性及广覆盖的运输需求，二者互为补充。同样，对于网络中各对应元素也可因地位、功能的不同，处于不同阶层，从而发挥不同的作用，如不同城市节点中，可因城市的不同，分为运输主枢纽节点、运输次枢纽节点及一般运输枢纽节点。在具体进行网络分析的时候，根据研究问题的需要确定选择的设施等级划分方法。

第 6 章　物流综合运输系统规划

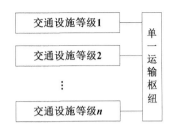

图 6-5　单方式网络按设施等级分层示意图

如果研究网络的规模较大，可采用分层路网的表示方式，将路网分成不同的层次。分层路网是对原有路网的抽象，抽象路网的节点可以是原有路网的一个区域，也可以是原有路网节点的一个子集。每一个层次的路网都必须覆盖所研究区域的全部。在进行网络分析时，可以首先在较高层次的路网上计算出"粗略"的最优路线，进而在较低层次的路网上对该路线进行细化，这显然比在单一层次上进行路径分析的效率要高得多。这种网络分析理念来源于层次空间推理。层次空间推理来源于地理学，是根据一定规则将问题按空间或任务划分而进行推理的空间分析方法。它是人类在解决具有空间特征的问题时常常采用的一种方法。从不同尺度上认识地理学问题，有助于人们逐步抓住问题的本质。在研究网络中用户的路径选择策略时，层次空间推理方法对于节约数据的内存占用，提高最优路径算法的搜索效率有很大的帮助。以公路网为例，按照逐层细化的方法分层如图 6-6 所示。

图 6-6　运输网络按细化程度分层示意图

该分层模型的层与层之间仍然是独立的关系，每一层具有同样类型的对象、关系和操作，其差别仅仅在于对网络问题描述的详细程度不同，这种划分方法通常与分区组织方法相关联。通常先将运输网络按区域进行分割，再结合抽象出的不同运输路线层来构建总体的运输网络分层/分区框架。在此框架中，下层的几个区域(子区域)合成为上层的一个区域(父区域)，父、子区域之间的对应关系可用树结构表示，如图 6-7 所示。

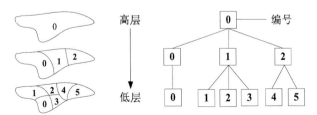

图 6-7　路网数据的分层/分区框架

287

6.2.3 综合运输网络组成元素

物流的过程，如果按其运动的程度即相对位移大小观察，是由许多运动过程和许多相对停顿过程组成的。一般情况下，两种不同形式的运动过程或相同形式的两次运动过程中都要有暂时的停顿，而一次暂时停顿也往往连接两次不同的运动。物流过程便是由这种多次的"运动-停顿-运动-停顿"组成的。运输网络是由道路、铁路轨道、空中航线、河海航道等组成的空间地理网络，由多个要素类组成。这些要素之间相互作用，就构成了交通几何网络。在交通几何网络上存在空间拓扑关系，因此可以在交通几何网络上进行网络分析。如果对交通几何网络的属性、关系和几何信息进行抽象描述，交通几何网络就变成交通逻辑网络，这样就可以在几何网络上负责管理对象的几何信息，而在逻辑网络专注于管理空间关系，从而在一定程度上增强了网络分析功能，使得复杂的空间分析功能能够得以实现。

1. 节点

"节点"的概念被广泛应用于许多领域。物流节点(logistics nodes)是指物流网络中连接物流线路的结节之处。广义的物流节点是指所有进行物资中转、集散和储运的节点，包括港口、空港、火车货运站、公路枢纽、大型公共仓库及现代物流(配送)中心、物流园区等。狭义的物流节点仅指现代物流意义的物流(配送)中心、物流园区和配送网点。在运输网络拓扑结构中，节点是 0 维的几何或拓扑目标，通常表示两个或多个弧段或链之间的拓扑交点或弧段与链的起终点。

现代物流发展了若干类型的节点，在不同领域起着不同的作用，但学者们尚无一个明确的分类意见，这有两个原因：其一是许多节点有同有异，难以明确区别；其二是各种节点尚在发展过程中，其功能、作用、结构、工艺等尚在探索，使分类难以明朗化。一般来说，节点的类型可以按照功能和复杂程度进行分类。

按功能分，节点可以分为代表交通区的节点和代表交通功能的节点。在目前成熟的交通分配理论中，交通小区的居民出行或车辆发生集中都假设从小区的质心流入或流出。当反映到交通网络图上时，这些节点就是交通量的发生集中点，是引起网络弧段交通流量增加的根本原因。微观上，这种节点可以是生活小区及其他类型的经济小区，或一个车站、港口等；宏观上，可以是一个城市、乡镇，在某种意义上，是一个区域(可大可小)的经济中心，也可称作亚区域中心，每一亚区域输出和从其他亚区域输入的人员和物资均经过该节点集散。所谓的交通功能的节点，则是指枢纽或者站点。在此处，运输对象可以改变运输方式，或进行相同方式之间的换装，甚至包括短暂的仓储。在对综合运输网络进行货流分析时，代表交通区的节点可以指某一物流园区、运输企业的货运集散点或者是某一生产加工企业；而代表交通功能的节点则主要指集装箱办理站、专办站或者中心站。根据研究层次的不同，代表交通区和交通功能的节点之间可以相互转换。如城市可以代表一个货流发生或集中的交通区，也可以代表一个具有交通功能的综合运输枢纽。

按照节点的复杂程度，可以把节点划分为简单节点和复杂节点。简单节点功能单一，为同一种运输方式服务，不存在多种方式之间资源与信息的交换，仅仅表示某个交通发生集中源或者是同一种运输方式线路的交叉处，如公路的交叉口等。复杂节点可以视作多个简单节点的组合体，完成比单一节点复杂的交通功能，是具有运输组织、中转、装卸、仓储、信息服务及其他辅助服务功能的综合性设施。复杂节点常常指代枢纽，包括服务于同一种运输方式的单式枢纽和服务于两种或两种以上运输方式的复式枢纽。简单节点在网络图中常常用一个实心点或者圆圈表示，而复杂枢纽则需要进行扩展变换以适应其功能的表达和分析。

2. 弧线

一般图中，两节点之间的拓扑连接称作边，也称作弧或链接。在一般综合运输网络拓扑结构中，边用于连接两个节点，是交通流行进的主要载体，作为现实交通基础设施的抽象，代表现实交通网络的通路。边可以代表的通常是网络中车站之间、枢纽点之间或多种运输方式(公路、铁路、民航、水运、管道等)的结合部之间的区间路线，例如两城市间的公路、两地区间的航道、两个火车站点之间的铁路线路等。边的属性与运输方式特性一致。如果表示为公路，则每条实边都具有等级、速度、车道数目和宽度等属性。一条边与其两端点的组合构成路段。这里的路段是广义的路段，不仅包括通常意义上的公路网络段，还包括铁路、航空、水运以及管道在内的适合运输方式运行的最简单的独立单元。路段是组成运输网络的最小单位。路径由一条或多条首尾相连、有序衔接的路段组合而成。路径是路段的集合，其特征在很大程度上受制于成员路段的属性。比如就通行能力而言，路径与路段之间的关系符合经济学上的"短板原理"。

在超图中，边的概念得到了推广。一条边可以只包含一个顶点，也可以包含两个或更多的顶点，该边称为超边。超图 H 的图形表示(如图 6-8 所示)比较抽象，通常用点的集合表示 V 中的元素，用线连接点表示元素间的关系。设超边的连接点数为 n，则

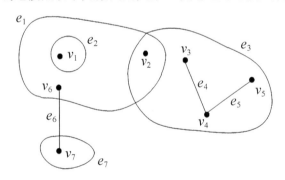

图 6-8　超图示意

当 $n=1$ 时，用一个只包含该节点的环表示，如图中的 e_2 和 e_7；
当 $n=2$ 时，用一条连接 n 个点的连续曲线表示，如图中的 e_4、e_5、e_6；
当 $n \geq 3$ 时，用一条包含所有节点元素的简单闭曲线表示，如图中的 e_1 和 e_3。

就综合运输超网络而言，每种运输方式所依赖的网络就是一个超边。这些超边通过多个"核"进行沟通与联系。这些"核"即沟通多种运输方式的综合运输枢纽。

3. 图权

节点和弧线只能构成网络的拓扑结构，只能表示网络元素之间的空间位置及互相之间的联系。在对运输网络的分析中，仅有空间联系是不够的，还需要各种元素的属性数据来充实网络实体元素，以便区分各种联系之间的差别，这就是权。

在空间网络图中，边具有一定的度量值，用以表示网络节点之间相互联系或相互影响的强度。具有权值的网络图叫赋权图。在交通运输网络有向图中，权是与网络的有向边相关的指标，例如运输方式的行程时间、行程距离、运输费用，以及换乘距离和时间等，也可能是将几种因素均衡考虑后通过某种算法而得到的一个值。在一般较为系统的网络模型中，权通常采取一种综合模式方法来表示，即静态数据和动态数据的组合。静态的内容主要是基础设施及相关的结构数据，如对于公路就是公路的技术等级、车道数、长度、路面宽、通行能力等相对静态的交通设施属性和管理方案，动态数据包括交通状况相关的信息，如流量、饱和度以及路段阻抗等。权可以作为独立的变量存在，与路径选择或交通分配关系最为密切的一个重要数据集合便是以费用为代表的矩阵。

6.2.4 综合运输网络模型

综合运输网络指的是由多种运输方式构成的运输网络，依据综合运输网络组织客货运输可以充分发挥各种运输方式的优势，获得最佳的运输方案。在综合运输网络上制定货物的多式联运方案时，需要分析不同运输方式的组合费用、时间以及可靠性。因此需要在综合运输网络上分析两点间最短路径、最短路径的方式构成、货物在不同运输方式间转换时发生的费用和时间等。为了简洁清晰地描述各种方式之间独立而又关联的关系，在网络模型中，除了使用实边来真实反映运输基础设施通路外，还需要引入虚边来协助描述各方式之间的关系。虚边仅存在于枢纽处，与枢纽的转换功能保持一致，视枢纽的功能复杂程度而定。

1．单一网络模型

在一般运输网络模型的研究中，运输网络被抽象成"基本网络"图，由节点、连线及运输方式组成。该网络表示现有基础设施上可能发生的全部货物运输活动。考虑一个简单的实例：三个城市A、B、C，A与B之间有包括公路、铁路和航空在内的三种运输方式可以使用，A与C之间有公路和铁路可以使用，而B与C之间除了公路外别无其他方式可以利用，如果按照实际交通设施的布局和运输方式之间的关系，则这种多方式并存的运输网络就可以用图6-9来表示。

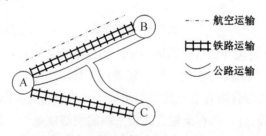

图6-9 简单的多方式运输网络

按照一般图论的描述习惯，该网络最基本的模型就是将所有的城市用直线连接起来，用连线的各属性表示各种运输方式，即连线(A，B)包括三种运输方式，(A，C)有公路和铁路两种方式，而(B，C)只有公路一种方式。这种网络模型非常简便直观，但是也存在很严重的缺陷。多种运输方式共用一条连线，无法分辨出每种运输方式承担的货流。如果只有一个货流对应一条连线,那么它一定是该连线上的总货流,因而具体每种运输方式的货流不能确定。如果每一连线与多种货流对应,那么如何描述这一现象将成为一个较大的难题。用数组来存储是一个可行的方法,但其直观性和简洁性将大打折扣,并且由于各方式共存于同一条弧线上,每种方式在该弧线上的成本与时间函数也不便区分,不利于后期网络的分析与交通分配。同时,这种方法也不能明确反映已建模型的基础设施的具体差别。因此有必要选择一种网络模型代替这一简易而原始的模型,以便于识别各方式的货流及各方式的成本和时间延误函数。一个较好的方法就是给每种运输方式分配一条边,当研究问题较为微观时,可以给每条通路一条边,因为在实际交通运输网络中,两个节点之间,使用相同运输方式的通路可能不止一条。这里引进"尺度"的概念,借助尺度来对不同层次的网络进行描述。尺度指的是数据表达的空间范围的相对大小和时间的相对长短,不同尺度所表达的信息密度不同。空间数据在不同的尺度下可以表现为不同的几何外形,不同的尺度对几何外形的抽象和简化程度不同。用双尺度表现多方式共存的网络模型常常从宏观和微观两个角度进行。在宏观尺度下,用一条单边表示一种运输方式,每条单边包含了实际运输网络中多条通路。这一层次的网络模型在分析时着重考虑用户对运输方式的选择行为和所选取运输方式的成本或时间延误,而不深究其具体走行路径;微观尺度主要针对某一种运输方式,通常是在用户选择了运输方式之后,根据分析的需要,将现实基础设施网络进行抽象,研究用户的路径选择行为和方法。

根据宏观尺度的观点,按照两点间存在的运输方式的种类,对边进行"复制",每条边代表一种运输方式,边与边之间平行共存。这种描述方式在概念上与现实网络比较接近,因为实际的铁路和道路基础设施是不同的。对于本例可以用图 6-10 所描述的具有平行连线的网络来表示。

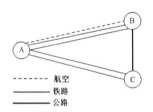

图 6-10 简单多方式运输网络的抽象

当采用这种网络结构时,运输方式将成为整体网络的一个特征属性,即用边的一个属性来识别边所代表的运输方式。但是,在网络中引入平行连线可能使网络模型难以计算,除非代表不同运输方式的两邻近节点之间的连线在结构上不同。因此,网络模型将一个连线定义为一个三元组 (i, j, m),其中 i 为始节点,$i \in V$(V 为网络节点集合);j 为终节点,$j \in V$;m 为该连线上允许的运输方式,$m \in M$(M 为网络上可利用的运输方式的集合)。

至此,一个简单的多方式运输网络构建完成,但是这一模型不能直观地表示多式联运的过程,而且由于每对节点间可能存在多重弧,不利于网络拓扑数据的组织存储和表达,因此需要进行改进。

2. 集计网络模型

在传统的交通规划或交通需求预测中,通常首先将对象地区或群体划分为若干个小区或群体等特定的集合体，然后以这些小区或群体为基本单位，展开问题讨论。因此，在建立模型或将样本放大时，需要以这一类的集合体为单位对数据进行集计处理。通过集计处理得到的数据称为集计数据，而用集计数据所建立的模型称为集计模型。

1) 综合运输网络中的超边结构

由于运输方式对运输设施的独占性，因此从整个运输流程上看，运输方式之间的转换是在一个节点内完成。但是在枢纽内部，货物实际上还是经过了短距离的运输才能到达另一种运输方式的集散区域，即场站。当运输方式受到运行时刻限制时，货物还需要经过一定的等待时间。在一定的运输和转运技术支持下(如集装箱运输)，集散距离可以缩短为零，如果货物能即到即发，除去办理相关手续的时间，那么等待时间也可以看作为零。枢纽内部的货物运输组织过程如图6-11所示。

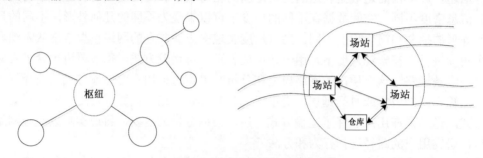

图6-11 枢纽内货物运营组织过程

以某一货主的运输方式选择策略为例，假设在出发点只有公路运输可选，而下一个节点是综合性运输枢纽，有三种策略可选：公路运输、水运和铁路运输，则这种策略用超边描述可以表示为图6-12所示的模型。

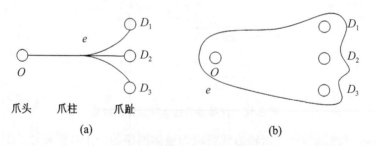

图6-12 运输网络中的超边结构

图6-12中，弧线结构就是一条典型的超边，设为e，e的尾$t(e)=\{O\}$表示出发点；e的头$h(e)=\{D_1, D_2, D_3\}$表示三种可选运输方式的处理站，在超图中这三个节点可称为O的起点"群"。如果这个群中各节点属于相同的运输方式网络，但表示不同方位的站点，则这条超边就构成了简单的单一方式运输网络。在综合运输网络中，每一种运输方式的运输网络就是一个超边。无论$h(e)$表示的是不同运输方式还是同一种运输方式的不同节点，$\{O, D_1, D_2, D_3\}$都是一个圈。图中的"爪形弧线"只是圈结构的变异体。如果这样的两个圈存在于同一种运输网络中，且共用O点，则这两个圈可以视作相交的关系。在综合运输网络中，这样的圈结构和圈的关系无处不在。单独理解一条超边或相交的两条超边比较容易，但是在规模较大的网络中，对含有多个超边的超级网络图的抽象理解就要困难多了。

2) 超边的分解

对于小规模的综合运输网络而言，综合运输枢纽的个数通常是非常有限的，假设一个区域只存在一个综合性交通枢纽，并且有三种运输方式可以利用，则在以该枢纽为研究中心，分析其区位作用和功能时，可以用图 6-13(a)来描述该综合运输网络。图中 N 表示综合性枢纽，围绕 N 的一个圈便是超边。该超边只含有一个点集合，而这个点是沟通三种单方式子网络的关键元素，也是形成综合运输复杂网络的重要成因。

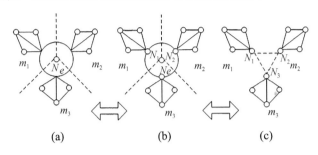

图 6-13　超边的圈表示及转换(平面视图)

根据以上的分析，由于运输方式的独立性，在枢纽内部各方式存在各自的服务设施或区域，而且它们之间是相互衔接的，属于枢纽内部的子系统。如果将这一特征体现出来，则图 6-13(a)可以演化为图 6-13(b)。根据运输方式的种类生成相应的虚拟节点数，类似于原始细胞分化，分裂成适应不同功能的新细胞，形成一个组织。但是这个组织仍然属于超边 e，只是它包含的点集从一个变成了多个，每个点只属于一种运输方式。这样，将网络中的每条边都转化成了普通边，超图便完成了分解过程图 6-13(c)。需要强调的是，通过分解生成的边代表了运输枢纽内的运输组织，并不能与代表干线运输的边相提并论。为区别看待，将两者分别命名为"实边"和"虚边"。

在现实世界中，除非地理条件的限制，各种运输方式可以利用的区域范围理论上是相通的，不存在明显的界限。根据这一特征，将图 6-13 转换视角便可以得到立体视图(层次超图)如图 6-14 所示，综合运输网络的层次结构描述模型便清晰可见了。从图 6-14 中也能很清楚地看出综合运输网络的特点：运输方式之间相对独立，各网络层普通的节点与异层网络不存在任何直接联系，只有在枢纽处才能实现联结，而这些点又相对集中，两两之间的联系与其他节点之间的联系有明显的功能区别。

在综合运输网络中，根据研究层次的不同，枢纽可以代表一个枢纽实体，也可以笼统地表现为一个城市。当枢纽代表某个城市时，其分解生成的节点便是城市内各种运输方式的场站，此时市区内各方式场站之间的短距离运输与实体枢纽内部的货运站台之间拖运过程本质上是相同的。当该城市发生运输需求时，可以将需求发生点归为其中任何一个方式的场站。考虑到一般情况下，货物都需要经由卡车运输到达仓库，因此可以认为货物都由公路货运场站发出，即货物运输需求发生在公路节点。在现实运输网络中，一些货物的收发仓库就在港口或专用铁路站。对于这一种现象，可以通过增加虚拟的公路货运站与之连接，以保证理论研究的一般性。

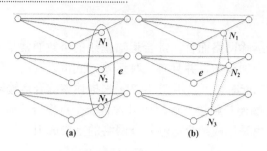

图 6-14　超边的圈表示及转换(立体视图)

3) 集计网络的分裂

从逻辑层面来看，集计网络可以视为图 $H(V, E)$，图分裂为一系列的子图 $\{H_m\}$，每个子图表示一个单方式子网络。单方式网络是相对独立的子网络，是一个由节点和弧段构成的图数据结构。为了便于应用图算法，建立集计网络的目标是将多种运输方式子网络构建成一个连通的大图。单方式子网络是内部连通的图，然后通过"核"完成子网络之间的二次连通，使复合交通网络成为一张可以支持高效图算法的大连通图。对图 6-14(a)进行纵向分析，可以将集计网络切分成若干子图，每个子图表示一种方式的运输网络，综合运输网络由多个子图连通而成，虚边代表了各方式层之间的衔接关系。利用集计网络不但可以研究出行者选择交通方式和路径的行为，还可以分析出行者在不同的交通方式间的转换行为。各运输方式子网络通过由枢纽分解生成的节点集和虚边集连接，为网络上的用户提供多式联运的功能。货物在网络上的流通可以只在某一种运输方式网络上进行。若要进行联合运输，则必须通过转运弧进行不同运输方式的转换，方式之间转换的成本函数和时间延误可以用转运弧的属性表示。

不难看出，超图理论很适合描述宏观结构层次比较分明的综合运输网络。简单而言，就是把各种运输方式的网络作为集计网络的低等级网络，而把整个综合运输网络作为一个高等级复合网络。实际上，图 6-14(b)与图 6-15 所代表的已有的多方式运输网络的描述模型在构造上是一致的。将图 6-15(a)和(b)分别称为"电路型"和"晶体型"网络。前者可以看作是后者的展开图，而后者则是典型的立体层次结构图，与本文研究的集计网络描述模型更为接近。虽然已有的网络描述方式也能解释多方式网络的结构特征，但大部分研究尚停留在感官认识和实践经验的基础之上，缺乏明确而具体的理论解释，不利于综合运输网络研究理论体系的进一步发展。相比而言，利用超图理论对综合运输网络进行分析不仅更具系统性和理论性，更重要的是人们可以根据需要，利用超图的相关理论对该网络进行更深入的研究。

集计网络的描述方法具有较强的可扩充性，通过增加区域运输网络内的城市数目、运输方式以及相应的运输线路，可以不断扩充网络范围。通过对节点和路段属性信息的定义，还可以构建各种运输方式的时空运营网络，反映各种运输方式在时空上的竞争特性。

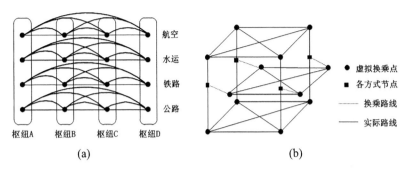

图 6-15 已有的多方式运输网络表示方法

在集计网络模型的基础上,根据研究的需要可以提取不同的子网络。这里的子网络不同于单项运输网络,而是集计网络的一个子集,同样可以包含多种运输方式。在研究不同货类或某些特殊企业的运输问题时,这种提取方法可以使研究网络的规模得到有效的简化,从而降低研究的难度和算法的复杂程度。一些大宗货物如粮食、煤炭等通常选择铁路和水路联合运输,而且会选择在离这些运输方式场站非常近的地方进行仓储,卡车运输通常用于城市内部配送,在整个运输过程中可以忽略不计,除了紧急物资调运情况外,航空运输方式一般不予考虑。因此,在研究此类货物运输时,可以完全忽略航空网络和大部分公路网络。另外,就某些运输货类而言,当供求关系相对稳定时,其运输网络也通常比较稳定,在研究时可以适当进行简化,排除掉大部分利用效率较低的运输方式或运输线路。同样的法则也适用于一些物流企业,它们通常有固定的物流配送设施和与之匹配的网络,是经过实践检验了的利用效率较高的综合运输网络中的一部分,这部分也可称为集计网络的子网络。

6.2.5 综合运输网络存储方法

1. 单项网络表示方法

网络优化研究的是网络上的各种优化模型与算法,通常需要借助计算机才能进行。为了在计算机上实现网络优化的算法,首先必须选择合适的方法(即数据模型)在计算机上来描述图与网络。

一般来说,算法的好坏与网络的具体表示方法,以及中间结果的操作方案是有关系的。

网络在数学和计算机领域被抽象为图,所以其基础是图的存储表示。一般而言,无向图可以用邻接矩阵和邻接多重表来表示,而有向图则可以用邻接表和十字链表表示,其优缺点的比较见表 6-1。

表 6-1 几种图的存储结构的比较

名 称	实现方法	优 点	缺 点	时间复杂度
邻接矩阵	二维数组	1. 易判断两点间的关系 2. 容易求得顶点的度	占用空间大	$O(n^2+m \times n)$
邻接表	链表	1. 节省空间 2. 易得到顶点的出度	1. 不易判断两点间的关系 2. 不易得到顶点的入度	$O(n+m)$ 或 $O(n \times m)$

续表

名　称	实现方法	优　点	缺　点	时间复杂度
十字链表	链表	1. 空间要求较小 2. 易求得顶点的出度和入度	结构较复杂	同邻接表
邻接多重表	链表	1. 节省空间 2. 易判断两点间的关系	结构较复杂	同邻接表

在交通运输网络分析中，最常用的数值表示方式是用邻接矩阵。邻接矩阵表示网络上各节点之间的一般邻接关系，也就是目标对象之间的关系，图 $G=(V,A)$ 的邻接矩阵是如下定义的：C 是一个 $n\times n$ 的 0-1 矩阵，即

$$C=(c_{ij})_{n\times n}\in\{0,1\}^{n\times n} \tag{6-1}$$

其中，$c_{ij}=\begin{cases}1, & (i,j)\in A \\ 0, & (i,j)\notin A \text{ 或 } i=j\end{cases}$

也就是说，如果两节点之间有一条弧，则邻接矩阵中对应的元素为 1，否则为 0，如图 6-16(b)所示。

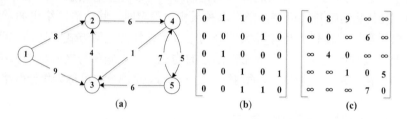

图 6-16　有向图及其邻接矩阵和权矩阵

根据邻接矩阵，计算机可以判别点与点之间的邻接关系，即能确定网络的连接方式，但连通矩阵只给定了节点与节点之间的一般连接关系，没有给定数量关系。连通的节点间存在对应的边，而边可以用来表示两节点间的连接长度或行驶时间、行驶费用等。在简单无向图中，两个节点之间最多只有一条边，因此边与端点集合是唯一对应的关系，可以用(起点，讫点)来表示。但是，当网络不是简单图，而是具有平行弧(即多重弧)时，邻接矩阵表示法是不能采用的。

节点与节点之间的数量关系即边的量化属性可以用权矩阵来表示。权矩阵中的第 i 行第 j 列元素由式(6-2)表示。

$$d_{ij}=\begin{cases}0, & i=j \\ \infty, & (i,j)\notin A, \\ \text{权值}, & (i,j)\in A\end{cases} \tag{6-2}$$

矩阵的权，按照研究需要而定，可以指两节点之间的距离、行驶时间、行程费用、交通流量等数值数据，也可以是是否禁行等布尔型数据，还可以用自定义类别数据，用来判断边的特殊属性，比如说运输方式类型等。对于图 6-16(a)所示的有向图，假设弧(1，2)，(1，3)，(2，4)，(3，2)，(4，3)，(4，5)，(5，3)和(5，4)上的权分别为 8，9，6，4，1，5，

6 和 7，则其权矩阵可以表示为图 6-16(c)。

一个完整的交通运输网络图是由点、线和权构成的，为了模拟现实用户中的网络出行行为，分析用户路径选择的主要影响因素并进行比较评价，边的权通常不止一种。当边含有两种及以上权值时，单个矩阵的表达能力就非常有限了。如果仍然采用 $n \times n$ 的矩阵，对于示例的网络图而言，每条边有几种权值就必须有相应数目的矩阵来表示，在对权值查询时还需要建立额外的权矩阵索引表，这种做法结构比较清晰，但是数据较为分散，缺乏整体性，不利于数据的组织和维护。如果需要读取一条边的所有信息，则需要进行多表联合查询，运行效率较低。另外，从表中也可以看出，邻接矩阵和权矩阵表示法虽然非常简单、直接，但是两者是 $n \times n$ 阶的，n 为运输网络节点个数。对于较复杂的网络，这个矩阵占用的内存空间会很大。矩阵中的绝大多数元素都是 0 或 ∞，网络越复杂，边与节点越多，0 或 ∞ 所占比例越高，会严重影响表示的可靠性和计算机运算效率。

为了解决以上问题，优化网络表示方法，一般不把此类矩阵的全部元素输入，而是采用邻接目录法建立网络结构的邻接关系。传统的邻接目录法用两组数组表示网络的邻接关系，其数据结构见表 6-2。一组为一维数组 $N(i)$，表示与 i 节点相连的边的条数；另一组为二维数组 $A(i, j)$，表示与 i 节点相邻接的第 j 个节点的节点号。根据这两个数组，计算机便能识别节点与节点之间的邻接关系。

表 6-2 一般邻接目录表结构

第 1 列	第 2 列	第 3 列	第 4 列
索引	节点编号	邻接数	邻接点集
ID	i	$N(i)$	$A(i,j)$

对于如图 6-17 无向网络示例所示的无向网络，其邻接目录表可以用表 6-3 来表示。

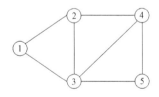

图 6-17 无向网络示例

表 6-3 示例邻接目录

第 1 列	第 2 列	第 3 列	第 4 列
1	1	2	2,3
2	2	3	1,2,4
3	3	4	1,2,4,5
4	4	3	2,3,5
5	5	2	3,4

在表 6-2 中，ID 列可有可无，但是作为记录的索引，建议保留该列(著名的交通规划分析软件 Transcad 中数据结构中的 ID 字段在软件的各种功能实现中具有举足轻重的地位)，

其字段数据类型为长整型。节点编号列的数据类型为数值，而数值有多种类型如字节、整型、长整形等可以选择，不同的具体数据类型将直接影响数据的存储空间。设网络最大的节点编号为 No_{max}，则当 $1 \leqslant No_{max} \leqslant 255$ 时，建议将节点编号字段数据类型设成"字节"，否则设成"整型"（$256 \leqslant No_{max} \leqslant 32367$ 时）。传统的邻接目录表把节点 i 的所有邻接点以文本的形式(点与点之间以","作为分隔符，可以用其他单字节符号代替)存储在一个字段(第 4 列)中(方法 1)。这样做时必须在设计字段时预先给该列设置足够的字段大小。字段的大小与最大节点编号关系密切，对图 6-18(a)和图 6-18(b)构建邻接目录表时，节点 1 和节点 180 的 $A(i, j)$ 字段分别为 "2" 和 "100，220，254"，所需要的空间相差了 10 倍。由于数据表字段大小的一致性，表格中不同的记录各个字段占用的空间是相同的。因此，在设计表格时将此字段大小设计成 L 才能充分保证字段数据不会溢出，L 的计算方法由式(6-3)给出。

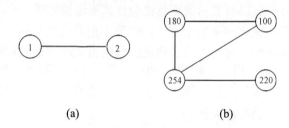

图 6-18 节点编号

$$L = l_{max} \times Nn_{max} - 1 \tag{6-3}$$

其中，l_{max} 表示 No_{max} 的字节长度；Nn_{max} 表示所有点邻接数中的最大值。

对 $A(i, j)$ 字段的设计方法直接导致整个邻接目录表在存储空间上的增加。另外，在具体编程实现时，还需要首先对文本进行截断处理，然后再循环读取。如果网络规模较大，这一步骤也会对网络构建的效率产生少许影响。

从节约存储空间以及程序优化设计的角度考虑，可以采用将每个邻接点存储在一个字段里的方法(方法 2)来进行数据表的设计。该方法中第 2 列第 3 列构成一维数组，第 4 列与第 2 列构成二维数组。方法 2 的优势主要体现在以下方面。

(1) "字节"字段只需要 1 个字节的实际存储空间，便可以存储最大为 255 的数字。同样存储 255 这个数字，文本就需要 3 个字节的空间，多个节点编号之间的分隔符还得另算。对于一个网络而言，以方法 2 表示的邻接目标表看上去会有很多空值，在视图布局上显得不够紧凑，甚至有浪费空间之嫌。但是由于它们是数字(字节或长整形)字段，当网络规模较大、节点较多时，方法 2 节约空间的优势便凸显出来了。

(2) 利用方法 2 从数据库中读取邻接目标表进行网络构建时，根据当前点的邻接数即可直接设定程序的循环次数，对程序的运行速度也有所改进。不过这一点与开发工具和程序功能设置关系较大，并不是绝对的。在基于 Microsoft Visual Basic+Access+MapX 的平台上，根据数据表结构的不同，定制不同的算法，在测试 1000 个节点网络时，对程序运行效率的影响不是很明显。

目前，为了更好地分析交通运输现象变化的规律，各地的交通网络信息平台正在逐步建立和完善之中，大量的数据被陆续收集并存储到基础数据库中。随着时间和空间维度的增加，海量数据对空间占用的扩张速度和对众多依赖此数据库平台的决策分析软件运行效率的影响是不容小觑的。因此，数据表空间的节约型设计理念依然值得重视。

虽然方法2在大量数据的存储上有较大的优势，但是方法1在文本描述和表格结构上具有绝对优势。

邻接目录表示方法(如表6-4所示)对于描述网络的几何结构已经足够，能够很好地解决数据空间浪费的现象，但是尚不能解决多种权矩阵的统一描述问题。因此还需要进行适当的扩展或用辅助手段来完成网络属性数据的存储。采用"边信息表"来记录与边有关的信息是一种比较好的方法。该方法可将网络中的所有边任意编排，每条路对应一个顺序号，计算机根据顺序号及每条路的起讫点存储整个网络。边信息表结构如表6-5所示。

表6-4 邻接目录表字段设计方法

列 序	字 段 名	属 性	
		方 法 1	方 法 2
第1列	ID	单列	单列
第2列	节点编号	单列	单列
第3列	邻接数	单列	单列
第4列	邻接点集	单列	复合列

注：所谓"复合列"是指实际上是性质相似的多列，为表述方便而采用单列说明。也可根据传统方法1的数据存储方法，将"复合列"理解为由多列通过某种方法合成的单列。

表6-5 边信息表结构

第1列	第2列	第3列	第4列	第5列		第M列
ID	起点编号	终点编号	权1	权2	…	权n

边信息表是明显的列表结构而非矩阵形式。在进行网络数据存储时，只记录存在的边，不罗列所有的点对组合，可以最大限度节约内存空间。在借助GIS等空间分析工具进行边属性查询时，只需要知道起点和终点，一次查询便可获得边的所有信息，可较好地提高相关软件的运行效率。

2．集计网络的表示方法

超图数据模型的基本单元有：类、对象、类属性、对象属性、类关系和对象关系。这些抽象数据类型通过图形表达方便了人们对真实世界的理解。超图数据模型不但可以表达类与类之间典型的层次关系，如分类、聚合、概括等，而且还可以表示类或对象间的非层次关系，如拓扑关系等。综合运输网络是一个典型的超图模型，每一个运输方式子网络就是一个类别，由相应的点、边和权聚合而成，类别属性就是运输方式的独特属性；每个运输方式层上的节点可以看作对象，对象属性就是节点属性；类别之间的连接通过枢纽完成；对象之间的连接则通过一系列边完成。对综合运输网络的层次关系和非层次关系结构的理解有助于利用扩展后的超图数据模型对集计网络进行存储和调用。

图6-19(a)为一经过抽象的平面运输网络模型，由三个类别组成$M=\{m_1,m_2,m_3\}$。节点2连接m_1和m_2，节点3连接m_1和m_3。节点3是三种类别的交汇点，可以实现各种类别之间的转换功能。实边上的数据指边的长度，虚边上的数据指单位货物在不同类别方式之间

的转换延误,这一属性在平面图上不易表达。图 6-19(b)是按照图 6-19(a)所示流程处理后的综合运输网络几何集计模型。该集计网络模型对原有枢纽节点进行了分解,并对分解后的节点进行归类和重新编号。两种模型节点间的关系见表 6-6。

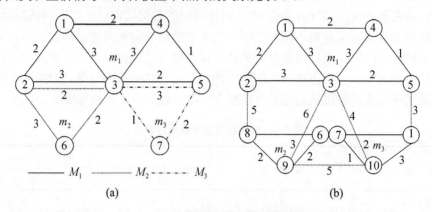

图 6-19 运输网络及其集计网络模型

表 6-6 节点对应表

序号	节点编号		分解后节点	序号	节点编号		分解后节点
	平面网络	集计网络			平面网络	集计网络	
1	1	1	—	5	5	5	5,11
2	2	2	2,8	6	6	6	—
3	3	3	3,9,10	7	7	7	
4	4	4	—				

虽然已经将原始的超图进行平面化处理,但超图的结构依然存在。根据超图数据模型对节点分解后的超级网络模型进行分析,可以得出如图 6-20 所示的层次结构和拓扑结构。

类	包含对象(节点)	对象关系(联通关系)	类关系(虚拟连接)	
第1类	1,2,3,4,5	(1,2)(1,3)(1,4) (2,1)(2,3) (3,1)(3,2)(3,4)(3,5) (4,1)(4,3)(4,5) (5,3)(5,4)	(2,8) (3,9) (8,2) (9,3)	(3,10) (5,11) (10,3) (11,5)
第2类	6,8,9	(6,8)(6,9) (8,8)(8,9) (9,6)(9,8)	(9,10) (10,9)	
第3类	7,10,11	(7,10)(7,11) (10,7)(10,11) (11,7)(11,10)		

图 6-20 超图数据结构表

借鉴简单网络图的表示方法,根据超图的一般数据模型,设计的综合运输网络数据对象模型如图 6-21 所示。

超图数据模型的特点是可以表达网络模型的复杂结构和关系,并将网络模型同面向对象的编程技术联系在一起,其中包括类、继承、聚合、概括(支持超类)、多层次关系(超类间的联系)以及复合类等。超图模型与面向对象技术存在一定的对应关系;其中类的划分和聚合同类图中的类、类(对象)的聚合相对应;概括可用于表述对应的继承关系;复合类适用于描述层次结构,复合类的每一个对象都是一个层次结构。因此,采用超图数据结构进行综合运输网络分析系统的构建是合理可行的。

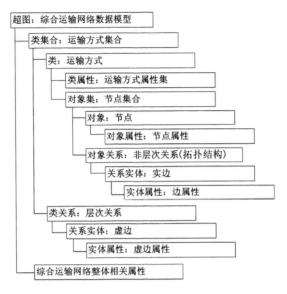

图 6-21 综合运输网络数据对象模型

根据超图数据模型,设计了扩展的邻接目录表来存储集计网络拓扑结构,如表 6-7 所示。

表 6-7 集计邻接目录表

序 列	属 性	说 明
第 1 列	索引	单列
第 2 列	节点编号	单列
第 3 列	所属类	单列
第 4 列	类邻接点数	复合列
第 5 列	货类转运属性	复合列
第 6 列	类邻接点集	复合列

相比传统邻接目录表而言,集计网络邻接目录表做了以下改进。

1) 增加所属类字段

"所属类"用来记录节点所属的实际运输方式种类 k。k 在 $\{1,2,3,4\}$ 中取值,虽然多方式之间的转运弧在本文中被定义为一种特殊的运输方式,但是它的两个端点都归到它们各自所属的运输方式网络中,所以运输方式 m_0 没有节点。

2) 增加"货类转运属性"字段

该字段是判断节点可以完成货类转运功能的标志,采用 0-1 标识法,用 0 表示普通节点,1 表示可转运节点。该字段是一个复合列:由于综合运输网络中存在多种货类,每种货类有其自身的特殊性，对技术和自然环境都可能有特殊的要求，而这种要求并非每个节点都能满足。因此，对于不同的货类，每个节点的"货类转运属性"并不一定相同。这也体现了多货类综合运输网络的复杂性。从一般意义上讲，该字段属于网络的属性字段。将此字段归入网络结构字段，一方面是为了强调多种货类网络之间的区别与联系；另一方面还可以用于拓扑结构的校核。事实上，这一设定依然是对现实网络的简化，并且假设任何一种货类在枢纽内都是可以双向转运的。当多种货类共用一个枢纽节点时，枢纽内部的衔接方式对任何货类都有效。不同货类对网络的要求主要通过该字段进行体现，其他不做要求。

3) 将原来的"邻接点数"字段扩展成"类邻接点数"字段

与"货类转运属性"字段类似，"类邻接点数"字段也是一个复合字段，其总列数与运输方式种类数相等。每一列记录当前节点在某一类运输网络中的邻接点个数。在与该点所属类相同的网络中，该点的邻接点总数可以超过 2 个，但是在异类运输网络中的邻接点最多只能有 1 个。这是由"节点分解"方法决定的。如果将综合运输网络描述成纵向分层结构，则在横向上，每个节点可以有多个邻接点，但是在纵向上，在不同的层次上最多只能有一个点与之相连。这些纵向上的邻接点又可以形象地称为"胞点"。

4) 将"邻接点集"更改为"类邻接点集"

为了简化描述，将"类邻接点数"和"类邻接点集"属性统称为"类邻接点"属性。按照邻接目录表的存储方法 1，在描述时，"类邻接点"字段就可以合并成直接用以特定符号分隔的类邻接点列表表示(见表 6-3 第 4 列)。

在集计网络邻接目录表中，提取第 2 列、第 3 列和第 5 列中与第 2 列相匹配的子列，就可以生成一个单方式网络；通过第 5 列中与第 2 列方式类不同的子列，便可以将多种方式的运输衔接起来。用这种存储方法可以高效地存储综合运输网络的拓扑结构，也非常易于根据需要提取各种运营子网络。

3. 网络拓扑表示示例

图 6-22 表示三种运输方式(m_1, m_2, m_3)子网络组成的综合运输网络。其中 m_1 与 m_2 在 h_1、h_2、h_3 和 h_4 连通，m_1 与 m_3 在 h_1、h_4 和 h_5 连通，三种方式在 h_4 处互相连通。在平面投影图(a)中，三种运输方式网络相互重叠，多种运输方式共用一条连线，不便于对各种方式的运量分担进行分析和研究。按照本文的研究思路，需要采用"节点分解法"向集计网络转换。

在生成集计网络的过程中，节点分解见表 6-8。

从表 6-8 中也可以看出，集计网络邻接目录表有关"类邻接点"的显著特点。即 1 个枢纽节点最多只能分解成与运输方式种类数相同的多个节点，且每个子网络最多只能获得 1 个。当节点分解完成但未添加虚连接之前，平面投影视图中的虚线圈可以理解为超图的圈结构即超边；当超边转化为虚连接之后，集计网络就可以表示如图 6-22(b)所示的三位立体视图，而相应的立体展开图如图 6-22(c)所示。

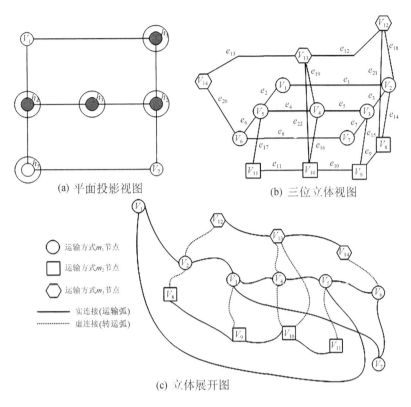

图 6-22 综合运输网络示例

表 6-8 节点分解表

枢纽节点	m_1	m_2	m_3
h_1	2	8	12
h_2	3	9	
h_3	4	10	13
h_4	5	11	
h_5	6		14

将集计网络记为 $H=(V,E)$，V 表示顶点集合，E 表示边的集合，则示例中
$$V=\{v_1,v_2,...,v_{14}\}, \quad E=\{e_1,e_2,...,e_{22}\}$$

在如图 6-22 所示的网络中，$p_1=\{v_1,e_2,v_2,e_3,v_3,e_7,v_7\}$ 则表示 OD 对(1,7)一条单方式(m_1)运输路径，而 $p_2=\{v_1,e_2,v_5,e_{17},v_{11},e_{11},v_{10},e_{10},v_9,e_{15},v_3,e_7,v_7\}$ 则表示同样起讫点的另一条两种方式 m_1 与 m_2 联合运输的走行路径。在本文的研究中，两者都属于广义的联合运输路径，简称"联合运输路径"，而将一般意义上的联合运输称为"狭义联合运输路径"。

假设该运输网络上有两种货类 A 和 B。枢纽 h_4 只能处理 A 类货物，而 h_2 只能处理 B 类，其余枢纽两种货类都能处理。以 v_i 的下标表示节点的编号，令 $m_1=1$，$m_2=2$，$m_3=3$，则示例综合运输网络可以用集计邻接目录表(见表 6-9)来存储网络拓扑结构。

表6-9 示例集计邻接目录表

ID	节点编号	所属类	货类A	货类B	类邻接点 m_1	类邻接点 m_2	类邻接点 m_3
1001	1	1	0	0	2,5		
1002	2	1	1	1	1,3	8	12
1003	3	1	0	1	2,4,7	9	
1004	4	1	1	1	3,5	10	13
1005	5	1	1	0	1,4,6	11	
1006	6	1	1	1	5,7		14
1007	7	1	0	0	3,6		
1008	8	2	1	1	2	9	
1009	9	2	0	1	3	8,10	
1010	10	2	1	1	4	9,11	13
1011	11	2	1	0	5	10	
1012	12	3	1	1	2		13
1013	13	3	1	1	4	10	12,14
1014	14	3	1	1	6		13

注:为描述方便,表中"类邻接点数"和"类邻接点集"已合并成"类邻接点",且以方法1表示。

6.2.6 综合运输网络系统

在交通规划中,基于地理的分析是决策的基本要求,交通规划涉及交通、人口、经济、基础设施等诸多因素,需要处理和分析大量与规划区域地理空间位置相关的空间和属性信息。GIS(Geographical Information System)是一种以地理空间数据库为基础,采用地理模型分析方法,适时提供多种空间动态的地理信息,为相关研究和决策服务的计算机技术系统,是对各种形式的空间相关数据进行收集、存储、更新、操作、分析和显示的综合信息系统,它具有处理空间数据、整合图形和属性数据以及综合分析等功能。当前GIS技术已经趋于成熟,并在多个领域有了比较深入的应用。在运输网络构建系统和地理信息系统空间数据的相似性基础上,可以建立空间数据与交通专业数据库间的各种映射关系,通过GIS与多种运输网络分析和处理技术的集成应用,构建综合运输网络。

以GIS为平台,开发综合运输交通分析系统是对综合运输网络研究的必需手段,也是提高网络分析能力的必然趋势。当前业内使用较多的交通规划分析软件中,除了美国的STAN和Cargo Cube专业软件应用于货物运输规划外,其他主要面向客运交通。紧随交通大部制的改革和综合交通研究中心的成立,借鉴国外成熟交通规划商业软件的经验,研究综合运输数据的组成结构,制定一定的数据规范和标准,开发具有自主知识产权的软件分析包,为后续理论研究提供基础数据和分析平台,是目前综合运输基础理论研究方向一个值得关注的课题。

本 章 小 结

物流综合运输系统规划理论有着非常丰富的内涵，其涵盖范围非常广泛。根据已有的理论研究体系和实践，综合运输需求预测是其中的关键内容，在运输网络规划和管理决策中的核心地位不可动摇。但综合运输需求预测本身也是一个覆盖面广、影响因素众多、研究难度较大的理论体系。综合运输理论发展至今，无论是在理论方面还是在实践方面，尚处于一个不断探索、不断完善的阶段。

本章主要从综合运输的基本理论入手，通过对综合运输的含义、综合运输与物流的关系、综合运输系统的构成以及货物运输过程组织的描述，引申出综合运输网络模型，围绕"路径生成"和"运量加载"这两个组成交通分配过程的核心问题，从剖析综合运输系统的特性出发，系统研究了综合运输网络的描述和存储方法、综合运输网络上的用户决策行为和运输决策方法。通过本章的学习，读者可对物流综合运输系统的基本内容、运输网络模型的实际应用以及运输决策行为与方法有一个初步的认识，在交通运输资源相对短缺，交通运输需求却随着区域经济快速发展而不断增长的背景下，对物流综合运输系统进行科学合理的规划具有重要的现实作用和深远意义。

思考与练习

1. 综合运输的概念是什么？
2. 交通运输系统的概念是什么？
3. 简述综合运输与物流的关系。
4. 简述综合运输系统的构成。
5. 简述综合运输网络的组成元素。

第 7 章 配送中心规划

【学习目标】

- 掌握配送的基本概念。
- 掌握配送中心的基本概念。
- 熟悉配送中心的作业流程。
- 了解配送中心规模确定的因素。
- 掌握配送中心选址的方法。
- 掌握配送中心设施布置规划。
- 掌握配送中心存储策略。
- 掌握拣货路径规划。

现代物流是随着现代化工业生产的客观需求与现代运输手段和现代信息技术的主观发展应运而生的。现代物流就好像一个自然人，物流运输工具、物流仓库、物流搬运设施、物流信息处理系统就像人的不同器官具有相对独立的功能，而物流解决方案则是解决物流问题的血液贯穿物流实施的全过程，物流配送中心正像人的心脏是决定物流方案能否成功实施的核心。

近年来，随着中国国民经济的快速发展和经济全球化的推进，物流已经成为各行业在中国发展的"第三利润源泉"，配送作为挖掘这一利润源泉的突破点，受到了国内外各行业的重视并得到较快发展。在物流配送业发展的同时，进出口贸易蓬勃发展和国民经济的增长也对中国的物流配送领域提出了更高的要求，但配送领域的诸多瓶颈却严重制约着配送水平的提升，如何改变配送领域的现状、促进配送系统现代化是物流配送业迫在眉睫的任务。

7.1 配送中心概述

7.1.1 配送的基本知识

1. 配送的概念

配送是指按用户的订货要求，在配送中心或其他物流据点进行货物配备，并以最合理的方式送交用户。配送，作为商业物流的基本功能之一，在商业物流活动中占有相当重要的地位和作用。物流的最终目的即满足用户的最终需要，它多是由配送来完成的。

配送有两方面的含义：一是配货，即把用户所需要的多种不同的商品组合在一起；二是送货，即把用户需要的商品送到用户手中。至于这两者哪个为主则视不同情况而定。一般来说在经济发达地区，"配"的比重可能大些，而经济落后、运输不方便地区，则"送"的比例大些。

第 7 章 配送中心规划

配送产生的背景虽然在各个国家不尽相同，但其根本原因是经济或利润的驱使。国外发达国家从 20 世纪六七十年代开始，经济发展出现了两个显著的特点：一是通过生产过程中的物质消耗而获取利润的潜力越来越小，因而努力方向转向了流通领域；二是庞大的商品流通量和激烈的市场竞争。因此，通过开始配送，提高流通中的专业化、集约化经营程度，进一步满足用户的各种需求，提高服务水平，降低流通成本，使产业资本在流通中发挥更大的效益，就成为资本的一种内在要求。

在美国，20 世纪 60 年代以来，仓库主要是储存货物，离生产厂很近。那时美国工业产地主要在东海岸，粮食产地在中部，所以仓库大多建在东海岸和中部。随着生产的发展，人们开始向西部和南部迁移，使西部和南部地区也出现了制造业，仓库也随之建立起来。后来，随着科学技术的发展，为满足越来越多的生产需要，周转已越来越快，储存期越来越短，对物流的要求也发生了变化，提出了"配送"的概念，原来的仓库也开始由"贮备型"向"流通型"转变。

在日本，"二战"后，工业的复兴使日本经济高速增长，随之而来的便是阻碍生产进一步发展的流通落后问题。分散的物流使流通机构庞杂，企业自备货车出行混乱，运输发送效率低下，物流费用逐年上升，设施不足，道路拥挤。这一现象引起了日本政府的高度重视，日本政府决定积极施行共同配送，并得到企业界的大力支持，于是配送便产生了。在英国，企业界普遍认识到配送是企业经营活动的组成部分。这种态度和认识的转变，首先发生于企业界的销售行业。由于消费者需求的变化，对服务要求的提高及销售企业向大型化、综合化方向发展，引起了市场结构的变化。过去许多单一品种的销售机构已经消失，或被兼并进入一些企业集团，销售企业的大型化、综合化，对商品的需求不仅在数量上猛增，而且对商品的花色、品种的要求也日趋复杂，而配送正是适应了这一需要而产生的。

配送是随着市场而诞生的一种必然的市场行为，是生产和流通发展到一定阶段的必然产物。它与旧时的"送货"具有以下不同的特征。

1) 目的不同

送货形式只是推销的一种手段，目的仅在于多销售一些东西，配送则是社会化大生产、专业化分工的产物，它是流通领域内物流专业分工的必然产物。因此，如果说一般送货是一种促销服务方式的话，配送则是一种体制形式。

2) 内容不同

送货一般是有什么送什么，对用户来说，只能满足其部分需要。而配送则是用户需要什么送什么，它不单是送货，在业务活动内容中还包括"分货"、"配货"、"配装"等项工作，这是很具有难度的工作，必须有发达的商品经济和现代化的经营水平。在商品经济不发达的国家或市场经济的初级阶段，很难实现大范围的高效率的配货。送货制与配送制有着时代的区别。

3) 配送是一种现代化的物流方式

配送是送货、分货、配货等活动的有机结合体，同时还跟订货系统紧密相关，这就必须依赖信息的处理，使整个系统得以建立和完善，成为一种现代化方式，这是送货形式所不能比拟的。

4) 装备不同

配送的全过程有现代化技术和装备保证，使配送在规模、水平、效率、速度质量等方面远远超过旧的送货形式,在这些活动中,大量采用各种传输设备和识码、拣选等机电装备,很像工业生产中广泛应用的流水线,使流通工作的一部分工厂化。所以,配送是技术进步的产物。

配送也不同于运输,而是包含在运输中的一个分支。众所周知,运输是将货物进行空间位移,是一个连续性强、多环节的生产过程;配送则是处在整个运输过程中的支线输送或末端输送的位置,即从物流据点到用户这一范围内的输送。可以看出,配送的特点:一是直接面向用户的运送活动,即货物到达的终点是顾客;二是在进行运送活动之前要进行必要的配货;三是行驶距离相对来说要近,相似于短程运输,而且多在大城市范围内或区域范围内。

2. 配送的形式

1) 按配送商品的种类和数量分

(1) 少品种大批量配送。这种配送适用于需求数量较大的商品,单独一种或少数品种就可以达到较大运输量,可实行整车运输,这种商品往往不需要再与其他商品进行搭配,可由专业性很强的公司实行这种配送。此种配送形式主要适用于大宗货物,如煤炭等。

(2) 多品种少批量配送。按用户要求,将所需的各种商品(每种商品需要量不大)配备齐全,凑成整车后由配送中心送达用户手中。日用商品的配送多采用这种方式。多品种、少批量的配送,适应了现代消费多样化、需求多样化的新观念。

2) 按配送时间及数量分

(1) 定时配送。按规定的时间间隔进行配送,配送品种和数量可根据用户的要求有所不同。

(2) 定量配送。按规定的批量进行配送,但不严格确定时间,只是规定在一个指定的时间范围内配送。这种配送计划性强,备货工作简单,配送成本较低。

(3) 定时定量配送。按规定的准确时间和固定的配送数量进行配送。

(4) 即时配送。不预先确定不变的配送数量,也不预先确定不变的配送时间及配送路线,而是按用户要求的时间、数量进行配送。

3) 按配送的组织形式分

(1) 集中配送。就是由专门从事配送业务的配送中心对多个用户开展配送业务。集中配送的品种多、数量大,一次可同时对同一线路中的几家用户进行配送,其配送的经济效益明显,是配送的主要形式。

(2) 共同配送。几个配送中心联合起来,共同制订计划,共同对某一地区用户进行配送,具体执行时共同使用配送车辆。

(3) 分散配送。由商业零售网点对小量、零星商品或临时需要的商品进行的配送业务。这种配送适合于近距离、多品种、少批量的商品的配送。

(4) 加工配送。在配送中心进行必要的加工,这种配送是将流通加工和配送一体化,使加工更有计划性,配送服务更趋完善。

4) 按配送的职能形式分

(1) 销售配送。批发企业建立的配送中心多开展这项业务。批发企业通过配送中心把商品批发给各零售商店的同时,也可与生产企业联合,生产企业可委托配送中心储存商品,按厂家指定的时间、地点进行配送。若生产厂家是外地的，则可以采取代理的方式，促进厂家的商品销售，还可以为零售商店提供代存代供配送服务。

(2) 供应配送。这是大型企业集团或连锁店中心为自己的零售店所开展的配送业务。它们通过自己的配送中心或与消费品配送中心联合进行配送，零售店与供方变为同一所有者的公司各部门内部的业务，从而减少了许多手续，缓和了许多业务矛盾，也使各零售店在订货、退货、增加经营品种上得到更多的便利。

(3) 销售与供应相结合的配送。配送中心与生产厂家及企业集团签订合同，负责一些生产厂家的销售配送，又负责一些企业集团的供应配送。配送中心具有上连生产企业的销售配送、下连用户的供应配送两种职能，实现配送中心与生产企业及用户的联合。

(4) 代存代供配送。用户将属于自己的商品委托配送中心代存、代供，有时还委托代订，然后组织配送，这种配送，在实施前不发生商品所有权的转移，配送中心只是用户的代理人，商品在配送前后都属于用户所有。配送中心仅从代存、代理中获取收益。

3．配送在物流中的作用

1) 配送有利于促进物流的社会化、合理化

社会化大生产要求社会化大流通与之相匹配。商品流通的社会化自然要求物流的社会化。社会化是以行业、技术的分工和全社会的广泛协作为基础的。商品经济的发展和现代化生产的建立，客观上要求社会提高分工协作水平。

从我国目前流通业的情况看，仓储业和运输业的社会化程度都处于一个较低的层次。从运输业来看，根据有关资料统计，我国专业营运车辆只占全国汽车的17%，专业营运车辆的实载率高，空载率低，经济效益好，而85%的社会车辆的实载率只有25%。发展配送，则可以大大减少企业的自有车辆，实现车辆的专营化，从而减少不合理运输造成的运力浪费和交通紧张，还为企业卸下了一个沉重的包袱，为生产企业和销售企业节约了物流成本。从仓储业来看，长期以来，我国储运体制分散，在行业上有外贸、商业、物资、铁道、交通等各部门的储运系统，在层次上有中央、省、市、县的各级储运机构，这种条块分割的管理体系是造成储运设施多而散、重复建库、盲目发展、利用率低下的主要原因。目前仓储的社会化虽然有一定的发展，例如仓储设施向社会开放，但远远还不够。在行政上缺乏统一管理机构，在业务经营上储运企业各行其是、缺乏联系，还没有形成产业化、专业化。通过开展配送，通过为生产企业、销售企业配送，借助于配送商品的对象品种不同，可以打破行业、地区的条块分割，尤其是共同配送，把各储运企业联合在一起，统筹计划，共同送货，取代了一家一户的"取货制"，取代了层层设库，户户储运的分散的、多元化的物流格局。配送所实行的集中社会库存、集中配送等大生产形式，对于从根本上结束小生产方式的商品流通，改变其分散的、低效率的运行状态，从而实现与社会化大生产相适应的流通的社会化，都具有战略意义。

2) 配送有利于促进物流设施和装备的技术进步

发展配送，有利于促进物流设施和装备的技术进步，具体表现在三个方面：一是促进信息处理技术的进步。随着配送业务的开展，处理的信息量也越来越多，原始的手工信息速度慢且容易出差错，已适应不了配送工作的要求，必然将大量应用电子计算机这一现代化的信息处理技术。二是促进物流处理技术的进步，从而提高物流速度，缩短物流时间，

降低物流成本,减少物流损耗,提高物流服务质量。配送业务的发展,必然伴随着自动化立体仓库、自动化分拣装置、无人搬运车、托盘化、集装箱化等现代化物流技术的应用。三是推动物流规划技术的开发和应用。配送业务的开展,配送货主越来越多,随之而来就是产生配送路线的合理选择、配送中心选址、配送车辆的配置和配送效益的技术经济核算等问题,这些问题的研究和解决,促进了我国物流技术的发展,并使之达到一个新的阶段。

3) 配送使仓储的职能发生变化

开展配送业务后,现代仓储的作用已由储存、保管商品的使用价值向着集散、分送商品、加速商品流通速度的方向发展。仓储业将从储存、保管的静态储存转向以保管储存、流通加工、分类、拣选、商品输送等连为一体的动态储存。建立配送中心后,仓储业的经营活动将由原来的储备型转变为流通型。不仅要保证商品的使用价值完好无损,而且要做到货源充足、品种齐全、供应及时、送货上门,其经营方式将从等客上门向主动了解用户的需求状况,以满足用户的各种要求的方向转变。

4) 促进商物分离

未开展配送业务之前,各个商店都有自己的仓库,并各自进行物流活动,叫作商物一致。开展配送业务以后,配送中心就可以充分发挥自己网络多、情报快、物流手段先进和物流设施齐全的优势,专门从事物流活动,而各商店只需要保持较低水平的库存。这就大大改善了零售企业的外部环境,使零售企业有更多的资金和精力来专心从事商流活动,这就是商物分离。

5) 有利于提高物流的经济效益

通过配送中心,开展"计划配送"、"共同配送"等形式,能够消除迂回运输、重复运输、交叉运输、空载运输等不合理运输;用大型卡车成批量地送到消费地配送中心,再用自用小型车从配送中心运给用户的方法,也可以从总体上节省费用;集中配送,又有利于集中库存,维持合理的库存水平,消除分散库存造成的各种浪费;同时还能减少不必要的中转环节,缩短物流周转时间,减少商品的损耗。因此,配送对提高物流综合经济效益有利。

4. 配送的发展趋势

(1) 配送组织的共同化。配送初期,是以单独企业为主体的配送,为满足用户配送要求,出现了配送车辆利用率低、不同配送企业间交叉运输、交通紧张等许多方面的不合理现象。通过一定的发展,出现了联合配送,配送企业互通信息、共同计划,大大提高了配送车辆的利用率和配送企业的效率。

(2) 配送区域的扩大化。随着交通运输条件的改善,一些发达国家的配送已突破了一个城市范围。美国已开展了州际配送系统,日本不少配送中心的业务是在全国范围或在很大区域范围内进行的。

(3) 配送方式的多样化。由于流通过程、流通对象及流通手段复杂,在各自领域出现了多种多样的经过优化了的配送方式。如在日本出现 30 公斤以下货物的"宅急送"、"宅配便"式配送,小批量快递系统,准时供应系统,分销配送等多种形式。

(4) 配送运输的专业化。在欧美和日本,不仅运输的社会化程度相当高,且有大量集装箱车和专用车辆投入运营,这种专业化运输提高了物流质量。日本的企业一般不配备自营汽车，认为外雇的更经济便利，配送中心定期与运输公司签订合同，这样运输企业就可以根据物流量的变化灵活调度车辆，最大限度地满足需求。

(5) 配送服务的信息化。随着计算机的发展，物流公司都在开发和采用信息管理系统。配送中心不仅要与生产商和客户联系，了解厂家、客户需求的信息，并沟通厂商、客户双方，还要与运输企业和内部各部门联系，以了解各项物流活动的进程。这都需要信息系统提供支持。

7.1.2 配送中心的基本知识

1．配送中心概述

配送中心是从供应者手中接受多种大量的货物，进行倒装、分类、保管、流通加工和情报处理等作业，然后，按照众多需要者的订货要求备齐货物，以令人满意的服务水平进行配送的设施。配送中心是一种末端物流的节点设施，通过有效地组织配货和送货，使资源的最终配置得以完成，是一种以社会分工为基础的、综合性、完善化和现代化的送货活动。货物在从其生产地至批发、零售网点并最终销售给消费者的流动过程中，一般要在配送中心进行一定的分类、保管和流通加工等处理，配送中心已成为连接生产和零售的一个纽带。

批发商或零售商在对他们的库存项目进行分析时会发现，他们所经营的商品如果只储存在生产这些商品的工厂，则需要很长时间才能将商品送到用户手中，而且往往运送不及时。为了解决这一问题，他们通过自己营建配送中心或寻求社会上的配送中心来负责所需商品的存储和配送，这种方式不但节省了物流费用，而且提高了服务水平。自己营建配送中心费用高，建设周期长，但易于管理、服务水平高，适用于配送商品种类多、数量大的用户；利用社会上的配送中心具有投资少、运营周期短等优点，但与自己营建配送中心相比，更不易于管理、服务水平不高。

2．配送中心的必要性

产品的生产和消费并不在同时同步发生，为了克服这种产品生产与消费在时间上的差异，配送中心是必要的。例如，新鲜的水果和蔬菜，它们的生产季节很短，因此必须储存起来，使得一年四季都有销售，这就需要配送中心的存储功能。每一个零售商在不同城市可能有很多的分店，而且供应商也分布在不同的城市，需要利用配送中心接受供应商的商品，在配送中心内进行分类、信息处理，然后按时配送给各个分店，这就需要配送中心的流通加工和配送功能。

配送中心的建立是社会化大生产发展的必然要求。社会化大生产的发展要求生产企业和零售网点从流通物流中彻底解放出来，专心致力于生产与销售，配送中心正是为了解决这个问题而发展起来的。图 7-1 显示的是配送中心产生前后物流过程的区别，配送中心的产生带来了物流组织形式的巨大变革，扩大了社会物流能力，提高了社会物流效率，并且推动了生产与流通向着社会化、专业化和现代化方向发展。

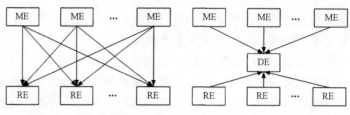

(a) 配送中心产生前的物流过程　　(b) 配送中心产生后的物流过程

图 7-1　配送中心产生前后的物流过程

ME—制造商实体；RE—零售/批发商实体；DE—配送中心实体

由于配送中心所配送的货物不同，而且流通方式也各不相同，使得设置配送中心的必要性也是多种多样的，综合起来配送中心的必要性有以下几点。

(1) 为了调整大量生产和大量消费的时间而进行的保管。比如生产棉衣的厂商，全年生产的棉衣，只有在冬季才有大量的需求。这样，他们必须利用配送中心进行存储。

(2) 为了调整生产和消费波动而进行的保管。

(3) 为了以经济地运输批量发货和进货而进行的存储。铁路货运站在运送货物时，一般先把货物集中，到货物的数量达到一定的批量时才组织运输，这就需要建设仓库或配送中心。

(4) 把分散保管的库存物资汇集在一起，并提高包括保管、装卸在内的效率。很多企业为了保持一定的库存，大多自己设立小型仓库或配送中心，由于数量少、保管不善，浪费了很多资源。通过建立私营的配送中心，将很多企业分散管理的物资集中起来一起管理，利用配送中心的专业设备和配送管理经验，可以提高效率，节约资源。

(5) 从各个方面把多种供应商品集中，或者为向消费者计划运输而将商品集中起来。

(6) 为了提高对顾客的配送服务水平，而在靠近消费地区保管。现在很多制造商为了提高其服务水平，在客户地区附近建立配送中心，在客户需要时马上提供配送，提高了客户服务水平。

(7) 为了维持对顾客的服务水平，平时保持合理的库存。

(8) 为了降低运输成本，组织批量运输或者设置货物集结点向终端用户配送。

(9) 商流和物流活动分开，以提高效率。现在的超市或便利店多利用配送中心，把物流活动交给配送中心去做，自己把主要精力投入到商业活动中，从而实现物流和商流的分离，大大提高了效率。

(10) 为了提高运输效率，在消费地点进行装配和加工等。基于以上的讨论，结合各种各样的商品与不同的流通形式，利用先进信息技术的现代化配送中心的应用越来越广泛。

3．配送中心的职能和分类

配送中心的职能可以分为保管职能、倒装职能、分类职能、加工与装卸职能、配送职能以及情报职能等。每个配送中心一般都具有这些职能，根据对其中某一职能重视程度不同，决定着该配送中心的性质，而且它们的选址、房屋构造、规模和设施等也随之变化。图 7-2 可以说明这一点。由图中可以看出，原料仓库、产品仓库的主要职能是保管，对于以制造厂为主体的情况而言，配送中心和货物储藏所是面向消费者的配送。

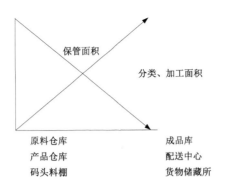

图 7-2 运输配送中心与职能

配送中心的种类，除按职能划分外，也按运营主体、选址、所有者、使用形态、物流阶段、建筑物形式等分类。

第一，按运营主体划分(如图 7-3 所示)：包括制造厂系统、商社批发商系统和零售系统。制造厂系统以家用电器、汽车、化妆品、食品等国有工厂为主。流通管理能力强的厂商，在奖励零售制度的同时，通过配送中心建立使物流距离缩短，并迅速向顾客配送的体制。商社和批发商系统是把每个制造厂的商品集中起来，作为商社和批发商的主体商品。这些商品可以单一品种或者搭配向消费地的零售店进行配送。这种形式，对于不能确定独自销售路线的工厂或本身不能备齐各种商品的零售店，是一种有效的办法。零售店系统是在零售店、特大型零售店和百货商店中，把来自不同进货者的配送货物在配送中心集中，然后再对其所属的各商店进行计划配送。

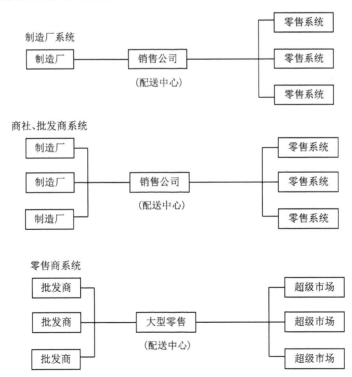

图 7-3 按运营主体划分的配送方式

第二，按选址分类，有两种情况：一种是从港湾、内陆城市的设施分布进行分类；另一种是根据产地中心、消费地中心等距离产地、消费地的远近进行分类。

第三，按"所有者"划分：与按运营主体的划分有所不同，它包括公司自有设施、营业设施、公共设施。所谓"公司自有设施"是指使用者用自己拥有的设施进行运营。而营业设施主要指利用物流业者(运输业者、仓库业者)的设施，自己运营或委托给物流业者运营。同样，公共设施是指公共设施或者第三种设施，供公司自己或与物流有关的公司使用的设施。

第四，按"使用形式"划分的种类，有专用设施、公用设施两种。就物流阶段而言，是指在同一个企业的配送中心内，根据配送中心的地理位置和配送对象的范围分类，分为主配送中心和子配送中心。从工厂向地方中心城市的主配送中心进行大批量运输，并从那里再向连接子配送中心的末端进行中转时，主配送中心起着对子配送中心进行缓冲(缓冲地带)的作用。它为各子配送中心汇集货物，有效地补充商品。

4．配送中心的主要业务和设施

一般配送中心的业务流程：收货→验收→收货的整理→临时保管→保管→上货位→商品搭配→包装→分类→发货场保管→发货。

也就是说，配送中心首先要接受种类繁多的大量货物；其次，对商品的差错、残损和数量进行检验；然后按发货的先后顺序进行整理和保管。该保管工作要适应广大需要者单独订货的要求，并且力求保管的数量最少。当接到发货通知时，立即拣选，按需要者的要求，把各类商品备齐、包装并按不同的方式对货物进行分类和发送。与此同时，还要进行流通加工和情报处理等业务。因而，配送中心为了进行上述业务，通常应由下列设施构成。

(1) 内部设施。收货场所；验收场所；分货场所；流通加工场所；保管场所；特殊商品存放场所；配送场所；办公场所。

(2) 附属场所。停车场；配送中心内道路等。

当然，为了高效率地进行配送作业，从总体布局上考虑，上述设施的效益是十分必要的。

5．配送中心国内外发展现状

1) 我国发展配送中心具有一定的经济和社会环境

经过我国改革开放和经济的持续发展，我国目前初步具备了发展配送中心的经济和社会条件。

(1) 市场供求关系的变化，市场竞争的加剧，为企业加强科学管理，发展物流与配送技术提供了很好的条件。随着改革的深入，中国经济保持了多年的持续快速增长态势，商品市场的供求关系发生了根本性变化，打破了长期以来商品供不应求的市场格局，初步形成了供求平衡或供过于求的市场格局，市场竞争日趋激烈。

国内市场竞争的加剧，其主要的特征：一是多元化市场竞争格局已基本形成，非国有经济的市场竞争能力日趋增强；二是市场竞争塑造了一大批具有竞争实力的优秀企业；三是国内市场竞争日趋国际化。目前世界500强中已有470多家进入中国市场，国内市场的很多领域的市场份额被一些实力雄厚的跨国公司所垄断。

国内非国有经济的增强和国外公司在中国的发展，给国内的企业带来竞争的同时，也带来了先进的技术和管理经验，为物流与配送业的发展提供了很好的经济环境。

(2) 企业改革日益深化，为物流与配送管理的发展提供了必要的微观基础。到目前为止，全国 30 多万家国有企业中，绝大多数实现了市场化经营，国有大型企业中，1/3 以上实行了公司化改造，国有小企业完成改组、改制的已达 50%～70%。与此同时，由于所有制理论的突破和改革开放政策引导，特别是近年来大力发展中小企业的政策，使得一大批非国有经济为主体的企业迅速成长起来，成为我国经济发展中不容忽视的力量。这些企业的发展为我国发展物流与配送业务提供了广阔的市场空间。

(3) 现代信息技术和现代商品物流技术的进步为中国发展物流和配送业务准备了充分的技术基础。现代配送业务中大量使用了先进的信息技术和商品物流技术，这些技术在发达国家日趋完善。目前已有相当多的配送技术开始进入我国，并在企业中得到越来越广泛的使用。如条码技术、计算机支持的信息管理技术、EDI 等。

(4) 政府对物流和配送的政策支持为配送的发展提供了有力保证。为了大力促进流通体制改革和流通现代化进程，为了促进连锁经营等组织形式的发展，国家有关部门对商品物流和配送采取了积极鼓励和支持的政策。如：国务院有关领导同志多次强调了配送中心对发展连锁机关经营至关重要的作用。原国内贸易部在《全国连锁经营发展规划》中，重点提出了发展配送中心的政策措施。在我国流通领域对外开放政策中，鼓励国外资本投资于物流和配送设施等。

以上四点说明，我国发展配送中心业务有着良好的经济环境和广阔的市场，更有政府的大力支持，我国发展现代化的配送中心势在必行。目前，国内已有很多企业建立了自己的配送中心或使用社会上的专业配送中心，物流配送已经成为许多企业降低成本、提高竞争力的重要手段。特别是一些大型的连锁经营的零售企业，他们绝大多数都实行了商品配送业务，或者建立自己的配送中心，或者利用社会化的配送中心，为企业内部的连锁网点提供物流配送服务。

但是我国目前连锁商业发展很快，1998 年全国已有连锁公司 1000 多家，再加上现在电子商务对配送中心的需求，使得配送中心的能力远不能与需求相适应。如郑州友谊连锁公司 1999 年门店已有 50 多个，却没有一个像样的配送中心。虽然有些公司有自己的配送中心，但配送功能不完善，技术和管理落后，使得这些配送中心远不能适应现代物流配送的要求。

制约我国配送业务发展的主要原因有两个：一是企业对物流和配送缺乏正确的认识。虽然我国对物流和配送的研究早在 20 世纪 80 年代就已经开始，但对整个社会而言，对物流和配送的认识还非常模糊，特别是企业。根据国务院发展研究中心市场经济研究所对北京市开展配送情况的调查显示，北京市各种类型商业企业和生产企业对配送有一定的了解，但对配送的功能或作用还没有完全清楚的认识。如表 7-1 所示，在所调查的北京小型商业企业、大中型商业企业和生产企业中，了解配送的分别有 30%、40%和 80%，不了解配送的分别有 40%、60%和 20%。二是配送技术和管理方法落后。现代化的配送中心需要有先进的技术，如计算机技术、网络技术、条码技术、EDI 技术等，还要有先进的管理方法，这些技术和管理方法在国外已经发展得很成熟，而在我国相对还很落后。

表 7-1 对配送了解程度调查表

了解程度	小型商店	大中型商店	生产企业
了解	30%	40%	80%
不了解	70%	60%	20%

2) 我国配送中心在技术与管理方面与发达国家还有很大的差距

目前,在国外配送中心的发展已非常成熟,成为集仓储、配送、流通加工等功能于一身现代化的配送中心。通过利用通信网络技术,使其能够为客户提供迅速及时的配送服务。

例如,美国的联合包裹服务公司(UPS)为顾客提供门到门的配送服务。这种服务主要依靠先进的技术手段,如配送路线管理技术。联合包裹服务公司利用 GPS(全球定位系统)技术在配送地区为他们的配送驾驶员指明配送的地理位置以方便配送。另外,UPS 还为一些商家提供在线运输服务。

美国邮政服务公司(USPS)最近与航空公司进行联合共同提供"航空上门"服务。首先,快运公司使用 14000 辆卡车到商家的配送中心装货,然后使用一系列航运设施包括本地站和区域性卡车中心进行货物的分拣工作。最后航运公司将包裹运送到 24000 个当地邮政公司,邮政驾驶员在当地邮政公司收取包裹并在第二天配送至顾客的家中。航空公司在包裹运输途中跟踪包裹的状态,而 USPS 则负责其余的配送工作。

美国联邦快运(Federal Express)每天向全世界 211 个国家递送 250 万个包裹,其中 99%属于限时配送,FedEx 利用现代化的配送中心完成配送业务,该公司制订了一项名为联邦快递动力船(FedEx Ship)的计划,该计划为其主要客户提供了一条进入联邦快递计算机系统的途径。货运处的工作人员进入联邦快递动力船的终端后,可以直接开出订单,系统将自动填写各种表单并跟踪订单的状况。

任何人只要拥有一部电脑和一个调制解调器,就可以利用联邦快递船软件来订购商品。客户订购商品以后,FedEx 利用 FDX 运输公司来进行送货,为客户提供完整综合的货物运输服务。FDX 公司有几个重要的运输成员,他们共同组成运输集团,这个集团能够为 FedEx 提供全球的配送业务,这些成员包括 RPS 公司,它是北美第二大零散运输企业,具有先进的管理信息系统;Viking 公司,可以提供加急的非整车公路运输;Caliber 后勤公司,为客户提供后勤管理的集成方案;Roberts 公司,可以为客户提供按时的水上运输路线,直达世界许多国家;Caliber 技术公司,为客户提供技术服务,使客户的计算机系统能随时同 FDX 公司的计算机系统进行业务联系。

FedEx 通过公司内部的专用网络联邦快递 COSMOS,可以对商品交易的全过程(从客户订购一直到货物抵达终点)了如指掌。当客户输入提货指令时,管理员将会从系统中得到客户指定的提货时间和地点。管理员将商品上的条形码扫入手持系统中,记录下该商品已经被提走。联邦快递的其他工作人员将以系统记录为根据,跟踪货物装运,直到运抵客户的全过程。

美国的 Amazon.corn 网站通过建立全国的配送中心网络来负责网上购物商品的配送。在过去几年,该网站已建立了 7 个配送中心,在美国的配送面积超过 300 万平方英尺。

日本的配送中心无论在数量上还是在技术上都有很大的优势。当前,日本在各大城市建立的配送中心已近 30 个,其中在东京一个城市就设立了 5 个配送中心。而且,每个配送中心都有现代化的装备和管理手段。

美国的曼彻斯特配送中心是美国 J. C. PENNY 公司建立的六家配送中心之一。经营的商品主要有服装、装饰品、杂品、家具、家电等。他的服务范围涉及美国四个州和纽约、马里兰等部分地区。其经营规模在公司中居第二位，处理货物的能力一般为 3.5 万件/天，最大能力可达 12 万件。

从以上外国公司经营配送中心业务的经验上，我们可以看出，现代化的配送中心都具有几个明显的特征，一是处处体现以客户为中心，满足客户多方面的需求；二是有先进的配送设备，如现代化的立体仓库、先进的装卸以及搬运设备；三是都具有先进的通信网络设备，使得他们可以随时了解货物的运输状态以及供应商和客户情况。我国的配送中心在以上几个方面与国外先进的配送中心还有很大的差距，我们需要借鉴这些管理方法和技术，使我国配送中心的发展达到一个更高的水平。

7.1.3 配送中心的作业流程

配送中心要提供将货物送到客户指定地点过程中的终端服务，它将供应商运送过来的货物进行储存，通过装卸搬运、订单处理等环节，再配送给客户。具体的作业有进货作业、订单处理、拣货作业、配送作业等。其作业流程如图 7-4 所示。

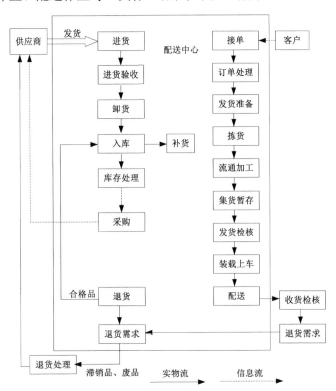

图 7-4 配送中心的作业流程

进货作业是对供应商送达的货物进行验收并入库储存的过程，这一过程是保证配送作业顺利进行的第一步，如果没有足够的库存量，配送中心便不能及时地将货物配送给客户。补货作业流程如图 7-5 所示。

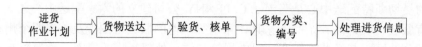

图 7-5 补货作业流程

订单处理就是对客户订单进行搜集整理、确认订单和仓库存货情况并进行单据处理的作业过程,订单处理直接关系到客户服务水平、客户满意程度和配送中心后续作业水平。其作业流程图如图 7-6 所示。

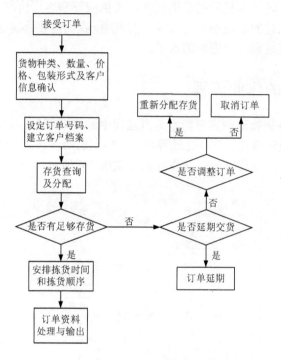

图 7-6 订单处理作业流程

补货作业是为了保持一定的安全库存,保证及时为客户供货的作业过程,其流程如图 7-7 所示。

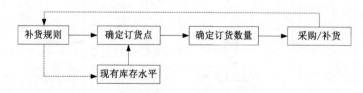

图 7-7 补货作业流程

配送作业是将从仓库拣取出来的货物进行检货与配货,将货物进行包装和配载,并按客户指定的时间送到指定地点的作业过程,其流程图如图 7-8 所示。

图 7-8 配货作业

除了以上作业，还有装卸搬运、流通加工和退货处理等作业。配送中心要完成以上工作和实现其具有的功能，需借助相应的设施设备来完成和实现。这些设备主要如下。

(1) 储存设备。储存设备主要有货架和托盘，用来储存货物。不同类型的仓库具有不同类型的货架，如重力式货架、旋转货架、立体货架等。

(2) 搬运设备。搬运设备用来完成对货物的短距离移动，主要有搬运车、叉车、货物输送带、垂直升降机等。

(3) 拣货设备。拣货设备用来完成将货物从货架取出存至货物暂存区的工作，主要有拣货车辆、载人升降机、拣货传送带、自动分拣机等。

(4) 计算机信息设备。随着科学技术的发展，信息技术在配送中心得到了越来越广泛的应用，特别是在配送中心的自动化仓库中。配送中心常见的信息设备主要有计算机设备、网络设备、电子标签、射频设备、终端读取设备等。

7.2 配送中心规模的确定

配送中心的规模主要是指配送中心内部各作业区域及其相关设施的规模，它是配送中心规划设计决策中最为重要的因素之一。设施规模一旦确定，它将在设计年限(一般是10年或更长)内成为配送中心运营发展的约束条件。一般来说，设施的内部布局相对容易调整，但要改变整体规模就相对困难。如若设施规模的规划设计小于实际需要，则会造成货物频繁倒库或租用其他设施而引起搬运成本增加；若设施规模规划设计过大，则会导致配送中心空间利用率降低，空间占用成本增加，同时富余的空间也会增加搬运的距离，导致搬运成本增加。

在规划过程中，配送中心的规模确定还会受到城市总体规划、土地征用等因素的影响。因此，通过一定方法或理论确定设施的位置后，综合考虑多方面影响因素，合理确定配送中心设施规模，对企业而言具有重要的意义。

7.2.1 影响配送中心规模的因素

1. 市场需求

配送中心本身就是一个服务性场所，它的任务就是为了更好地满足市场的需求，而市场需求主要由两部分组成：一部分是目前已经呈现出的物流配送需求量；另一部分是潜在的未来可能会产生的物流需求量。一般而言，未来物流需求量一般是受企业、地方和整个社会经济的发展所影响，具有很大的未知性。但也可以根据过去的数据和一定的经济预期增长量等大致预测出来。我们这里所指的市场需求主要是目前的物流配送需求量，它是决策配送中心规模的主要因素。

2. 物流运作成本

另一个影响配送中心规模大小的重要因素就是配送中心内部运作过程中可能产生的各项物流成本。

(1) 采购成本。指企业向外部的供应商发出采购订单的成本及订单处理过程中发生的相关费用，包括购买成本、处理订货的差旅费、邮资、文书等支出。

(2) 库存持有成本。库存持有成本是指为保持库存而发生的成本。分为两部分，一部分是固定成本，它和库存数量的多少无关，如配送中心的折旧、中心职工的固定工资等；另一部分是变动成本，它和库存的数量有关，主要有四项：资金占用成本、存储空间成本、库存服务成本和库存风险成本。

(3) 土地、设施及建造成本。

3．资金

配送中心不是根据市场需求想建多大都行的。需要根据企业自身的资金实力和所能融到的资金数额来进行决策，因而它也是决策模型中主要的限制条件。由于配送中心初期投入资本是相当大的，对企业运营和资金周转状况会产生一定的影响，因此，需要企业根据未来的发展状况和自身的经济实力对配送中心的建设规模作出最有利的选择。

4．服务水平定位

配送中心是一种服务性场所，其提供的产品就是服务，显然，合理决策配送中心规模大小的一个很重要的指标是它的服务能力。一般而言，配送中心总规模与服务能力是正相关的，服务水平高的配送中心，其规模较大。

7.2.2 配送中心总体规模的确定

在分析影响配送中心规模的因素后，就可以对配送中心的建设规模进行确定。目前，国内外主要采用类比法确定配送中心的规模。一是通过横向对比国内外已有同类配送中心的规模来确定；二是借鉴交通运输规划中确定货运场站规模的方法。

横向对比方法根据企业自身发展战略，类比国内外配送中心的规模得到本企业的规模，较少考虑宏观因素的影响；交通运输规划方法主要从宏观角度确定配送中心的规模，由于配送中心与传统的货运站存在本质的区别，此方法对配送中心的业务特点考虑不充分。所以，采用类比法确定配送中心规模误差较大，应该研究选择计算方法确定配送中心规模。

确定配送中心规模的主要依据是满足客户配送需求量。一般考虑配送中心的配送供给能力等于客户的配送需求。从配送供需平衡的角度出发，研究影响配送中心规模的宏观因素与微观因素之间的关系，建立配送中心规模的确定模型。根据供需平衡原理建立的配送中心规模的确定模型如图 7-9 所示。

1．配送需求分析

配送中心主要为其所在地周边经济发展提供物流配送服务，大致可分为两类：一是为生产企业提供原材料及零部件；二是为商贸流通企业提供销售商品和为大用户提供消费品配送。

配送需求量是经过配送中心的相关作业后由配送中心送达客户的物流量。它是配送中心规模确定的主要依据。配送需求量的大小取决于配送中心所在地的客户数量及客户的配送需求量，配送需求量的计算方法如下：

$$R = a \cdot \sum_{i=1}^{n} M_i, \quad i = 1, 2, \cdots, n \tag{7-1}$$

式中：R——配送需求量；

M_i——第 i 个客户的配送需求量；

α——调整系数；

n——有配送需求的客户数量。

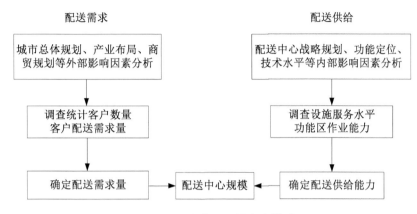

图 7-9　配送中心规模确定模型

配送需求量 R 是配送中心所在地用户的配送总需求量，对不同类别的物品，其单位可以分别用吨/天、个/天、台/天、万元/天(货值)等表示；调整系数 $\alpha = 1 \sim 3$，用以调整配送需求量；配送需求量 M_i 是第 i 个客户的配送需求，其单位可以分别用吨/天、个/天、台/天、万元/天(货值)等表示；客户数量是配送中心所在地需要配送服务的客户数。

2. 配送供给分析

配送供给能力由其占地规模以及生产组织水平、作业效率、硬件设备条件等因素决定。随着管理信息技术的发展，物流管理与技术的信息化程度越来越高。配送中心总体设施与技术水平直接反映了配送服务供给的规模和服务质量。假设配送中心机械化水平及生产组织水平一定，则可以认为配送中心供给能力与占地规模成正比。配送中心的供给能力可以用如下公式计算：

$$P = f \cdot k \cdot \lambda \cdot S \tag{7-2}$$

式中：P——配送中心供给能力；

f——弹性系数；

k——关键功能区单位面积作业能力；

λ——关键功能区占配送中心总面积的比例；

S——配送中心总占地面积。

配送中心供给能力 P 是配送中心在一定时间内可以提供的配送量，对不同类别的配送物品其单位可以分别用吨/天、个/天、万元/天(货值)等表示；弹性系数 $f = 1 \sim 1.3$，用以调整配送中心的配送供给能力；k 是配送中心关键功能区的单位面积作业能力，其单位可以是吨/天·m^2、个/天·m^2、万元/天·m^2 等。关键功能区是指全部订单的配送作业流程必须经过的作业区。配送中心总占地面积是配送中心各作业功能区的全部占地面积，单位通

常用 m^2。

3. 占地规模确定

配送中心的占地规模应该满足规划年内所服务客户的配送需求总量的要求。配送中心占地规模合理的条件是供给满足需求。即

$$P = \beta \cdot R \tag{7-3}$$

式中：β ——所规划配送中心占周边配送需求总量的比例。

所以，由式(7-1)和式(7-2)有

$$f \cdot k \cdot \lambda \cdot S = \alpha \cdot \beta \sum_{i=1}^{m} M_i, \quad (i=1,2,\cdots,n)$$

即

$$S = \frac{\alpha \cdot \beta \sum_{i=1}^{n} M_i}{f \cdot k \cdot \lambda} \tag{7-4}$$

式中：S ——配送中心总占地面积；

α ——调整系数。

β ——所规划配送中心占周边配送需求总量的比例；

M_i ——第 i 个客户的配送需求量；

n ——有配送需求的客户数量；

f ——弹性系数；

k ——关键功能区单位面积作业能力；

λ ——关键功能区占配送中心总面积的比例。

显然，若 α、β、M_i、n、f、k、λ 已知，便可通过式(7-4)得到配送中心占地规模 S。

所规划的配送中心占周边配送需求总量的比例 β，可经过调查由客户的实际需求确定，若该区域有 m 个配送中心，则 $\sum_{i=1}^{m} \beta_i = 1$，其中，$\beta_i$ 为第 i 个配送中心所分担的配送需求量比例。

配送中心关键功能区单位面积作业能力 k 取决于配送中心的组织管理水平及设施设备的利用水平，通过调查各类不同发展阶段的配送中心，结合企业战略发展规划及管理水平、机械化水平确定。由于我国配送中心建设发展的时间较短，数据收集存在一定难度，根据已有参考数据，k 值一般在 1~5 吨/天·m^2。如果管理水平和现代化水平较高，土地资源紧缺，则 k 取大值；反之取小值。

基于供需平衡思想，通过分析配送需求与供给两方面因素有效地控制配送中心的占地规模，使之既能够保证提供必需的配送供给能力，又可以有效地提高土地利用率。经过上述分析，运用基于供需平衡理论的方法确定配送中心占地规模具有较强的科学性和可操作性。

7.2.3 配送中心进出货区规模的确定

1. 车位数规划

车位数的规划，即指在现有装卸水平条件下，综合考虑未来的需求变化，以确保所有

货物按时装卸所需的车位数。

月台车位数通常可按以下公式计算：

$$m = \frac{\mu \sum N_i t_i}{T} \tag{7-5}$$

式中：m——月台车位数；

μ——进(出)货峰值系数；

i——进(出)货车种类数；

N_i——第 i 类进(出)货车台数；

t_i——第 i 类进(出)货车装卸货时间；

T——进(出)货时间。

在这里，我们需要注意进(出)货时间的确定。通常配送中心的进(出)货时间可分为两种形式，一种是配送中心每天的进(出)货时间分为一个或几个时间段，另一种是进(出)货时间无明显间隔，连续进货。对于第一种情况，我们可以根据各时间段的进(出)货车台数、吨位及各货车的装卸货时间分别求出所需的车位数，取最大值为最终所规划的车位数；对于第二种情况，我们可以对进(出)货高峰时期重点分析，满足此阶段所需的车位数即为最终所规划的值。

2．进出货区面积计算

进出货区面积按以下公式计算：

$$A = m \times K \times L \tag{7-6}$$

式中：A——进出货区面积；

m——进出货车位数；

K——每个车位宽度(一般取 K=4m)；

L——站台宽度(一般取 L=3.5m)。

7.2.4 配送中心仓储区规模的确定

1．仓储区储运量规划

要确定仓储区的储运量，需要收集各类商品的年储运量及工作天数等的基础资料，然后根据仓储区进出货的频率进行分析，进而确定仓储区的储运量。

计算公式如下：

$$M' = \sum M_i' = \sum \lambda_i (N_i' f_i) \tag{7-7}$$

其中：

$$N_i' = \frac{H_i}{T_i} \tag{7-8}$$

式中：M'——仓储区储运量；

i——商品品项数；

N_i'——第 i 类商品平均发货日的储运量；

H_i——第 i 类货物的年发货量；

T_i——第 i 类货物的年发货天数；

f_i——第 i 类商品的厂商送货频率(送货间隔天数);

λ_i——第 i 类商品的仓容量放宽比,用以适应高峰时期的高运转需求。一般取放宽比为 1.1~1.2。

为了简化计算,可以将货物按送货品频率进行 ABC 分类,则不同的货物群可设定不同的送货频率,计算各个货物群所需要的储运量,然后再予以求和,即可得到总的储运量。

在计算中需要注意以下几点。

(1) 年发货天数的计算可采用两种基准,一为年工作天数,二为按各商品的实际发货天数为单位,若有足够的信息反映各商品的实际发货天数,则以此计算平均储运需求量较接近真实状况。

(2) 确定放宽比时,如果配送中心商品进出货有周期性或季节性的明显趋势,则需研究整个仓储营运政策是否需涵盖最大需求,或者可经由采购或接单流程的改善,来达到需求平衡化的目的,以避免放宽比过高,增加仓储空间,造成投资浪费。

(3) 当部分商品发货天数很小并集中于少数几天出货时,易造成储运量计算偏高,从而导致储运空间闲置或库存积压的后果。因此建议对平均发货天数的发货量进行 ABC 分析,再与实际年发货量进行交叉分析,对于年发货量小但是单日发货量大者,基本上不适用上述估计法,可将其归纳为少量机动类商品,以弹性储位规划,而其订货时机应采用机动形式,当订单需求发生时再订货,以避免平时库存积压。

2. 仓储区面积计算

根据仓储区的储运量,可知日常存货的数量,除此之外,在进行仓储区作业面积规划时,还必须事先了解货物的尺寸、堆放方式、托盘尺寸、货架储位空间和通道宽度等。采用不同的储存方式,货物所需要的仓储作业面积是不一样的,通常配送中心货物的储存方式有地面堆码、使用托盘货架、轻型货架和自动化仓库等多种方式。

在要求不精确的情况下,可以用下面的公式来确定仓储区储存面积:

$$B = \sum M_i / \omega_i \tag{7-9}$$

式中:B——仓储区储存面积;

M_i——第 i 类货物平均储存量;

ω_i——第 i 类货物在该区域的面积利用系数。

ω_i 的值取决于货品的类型、存放方式以及所采用的作业设备等,应根据经验和具体条件确定。

7.2.5 配送中心拣货区规模的确定

1. 拣货区储运量规划

配送中心拣货区储运量的计算,与仓储区储运量的计算方法类似,但是须注意的是,仓储区的容量要维持一定期间(供应商送货期间)内的出货量需求,因此对进出货的特性和处理量均须加以考虑;而拣货区则以单日出货商品所需的拣货作业空间为主,故以品项数及作业面为主要考虑因素,一般拣货区的规划不须包含当日所有的出货量,在拣货区商品不足时则由仓储区进行补货。

进行拣货区储运量规划时，须掌握以下三类数据。
(1) H_i——第 i 类商品的年发货量；
(2) T_i——第 i 类商品的年发货天数；
(3) N_i'——第 i 类商品日均发货量。

$$N_i' = \frac{H_i}{T_i} \tag{7-10}$$

式中：i——商品品项数。

之后，我们可以将各类商品的 H_i、T_i、N_i' 三项因素综合考虑，进行组合交叉分析与综合判断，以更有效地掌握商品发货特性。

进行 ABC 组合交叉分析时，我们可以先对各类商品的 H_i 及 N_i' 进行 ABC 分析，并分成不同类别的商品群。然后将发货天数按高、中、低进行等级分类，与已划分的商品群进行组合交叉分析，依其发货特性的不同作适当的归并后形成不同类别的拣货区。根据各拣货区的特性，分别确定其存量水平，将各商品的品项数乘以相应拣货区存量水平，便可得到拣货区储运量的初估值。

2．拣货区作业面积计算

拣货作业是配送中心内最费时的工作，因此拣货区作业面积规划的好坏必将影响整个配送中心的效率。按照拣货作业量、出货频率以及商品特性，拣货区的规划模式可分为三类，如表 7-2 所示。

表 7-2 拣货区规划模式

拣货区规划模式	作业方式	拣货量	出货频率	使用范围
拣货区与仓储区分区规划	由仓储区补货至拣货区	中	高	零散出货 拆箱拣货
拣货区与仓储区同区分层规划	由上层仓储区补货至下层拣货区	大	中	整箱出货
拣货区与仓储区合并规划	直接在储位上进行拣货	小	低	少量零星出货

根据不同的规划模式，我们分别分析其所需的作业面积。

1) 拣货区与仓储区分区规划

在这种方式下，仓储区与拣货区不是使用同一个货架，需要通过补货作业把商品由仓储区送到拣货区，再从拣选货架上拣取商品。通常采用流动货架，适合于以内包装或单品出货的商品。采用这种方式，拣货区作业面积的计算需要综合考虑商品品项数、拣货区的储运量、商品特性、货架尺寸以及通道宽度等因素。

2) 拣货区与仓储区同区分层规划

通常在这种规划方式下，仓储区和拣货区共用托盘货架，一般是托盘货架的第一层为拣货区，其余层次为仓储区，当拣货结束后再由仓储区向拣货区补货。

采用这种方式，拣货区作业面积的大小取决于商品品项数以及仓储区的库存量所需的托盘数。

单层存货所需的托盘个数为

$$P' = \lambda' \cdot \sum \frac{M'_i}{N'_i(L'-1)} \tag{7-11}$$

式中：M'_i——第 i 类商品库存总量；

N'_i——每托盘堆放第 i 类商品数量；

L'——托盘货架层数；

i——商品品项数；

λ'——放宽比。由于实际库存以托盘为单位，不足一个托盘的商品品项仍按一个托盘来估计，因此库存所需空间应适当放大，一般取 $\lambda'=1.3$。

那么，拣货区所需占用的托盘数量为商品品项数与单层存货所需的托盘数中的较大值，即为 $\max(i,P')$。

再根据托盘和货架的规格、尺寸以及通道的宽度，即可求出拣货区作业面积。

3) 拣货区与仓储区合并规划

具体有以下三种形式。

(1) 两面开放式货架：货架的正面和背面呈开放状态，两面可以直接存放或拣取商品；或者从一面存入，另一面取出，如流动货架。

(2) 单面开放式货架：商品的入库和出库在同一侧进行。在作业中要将入库和拣选出库时间错开，以免造成作业冲突。

(3) 积层式货架：通常下层为大型货架，采用箱拣货模式，上层为轻量小型货架，采用单品拣货模式。

采用这类拣货方式，由于仓储区和拣货区合并在一起，因此不单独计算拣货区作业面积，而是在进行仓储区作业面积规划时，根据储运量，结合通道宽度、拣货设备等因素一并考虑。

7.3 配送中心选址

7.3.1 配送中心选址的传统方法

1. 配送中心选址方法分类及特点

配送中心的选址方法多种多样。从宏观方面可以把这些方法分成两类，即执行运输成本最小化原则的方法和执行运营利润最大化的方法。从微观方面讲，这些方法又可以分为单一配送中心的选址方法和复数配送中心的选址方法。

此外，根据选址中所用方法是定性分析还是定量分析，又可以将其分为定性方法、定量方法以及定性定量相结合的方法。

定性方法是指凭借个人或集体的经验做出决策。它的执行步骤一般为：①根据经验确定评价指标；②对各备选地点，利用评价指标进行优劣性检验；③根据检验结果进行决策。定性选址常用的方法有头脑风暴法、专家调查法、PERT 法等。定性方法的优点是：注重历史经验，简单易行；其缺点是：容易犯经验主义和主观主义的错误，并且当可选地点较多时，不易做出理想的决策，导致决策的可靠性不高。

定量分析方法则是通过建立数量化的公式或者数学模型求解出最优配送中心地址。定量方法进行选址的优点是能做出比较准确、可信的解；缺点是常常为了量化，使本来比较复杂的事物简单化、模糊化了，有的意见被量化以后可能被误解和曲解。

定量与定性方法相结合的模型是现有文献中最常见的一种方法。这种方法适用于在大范围内进行选址的行为。这类方法都是先对备选地址进行评价，初筛掉与目标相差太远的地址，然后再利用数学模型进行挑选。这种方法的优点是综合了定性和定量两个方面，能够做出比较理想的决策。

定性分析方法适用于决策者经验丰富，选址问题比较简单的情况。在当今配送服务半径不断扩大，复杂程度越来越高的形式下，仅仅采用定性方法选择配送中心的地址往往不能达到理想的效果和置信度。因此，下面着重介绍几种定量方法，并比较它们之间的优缺点，在此基础上，重点提出了一种运用模糊层次分析法评价配送中心备选地址的定性定量相结合的方法。该方法将决策者或者专家等的语言形式的定性评价转化为梯形模糊数，从而实现了定性评价向定量分析数据的转化。这种转化与定量分析中的数据抽象相比，虽然数字更为模糊，但是评价的效果却更加精确，也就是说，利用模糊的理论提高了评价的精确性。然后，利用简便可靠的去模糊技术和本文提出的悲观最劣解、乐观最优解的概念依次得出被评价地址的层次单排序和层次总排序，也就是备选地址的整体水平状况。

2. 传统配送中心选址方法

物流配送中心的合理选址可以有效节省费用，促进生产和消费两种流量的协调与配合，保证物流系统的平衡发展。正是基于配送中心的重要作用，近几十年来大量学者专家都对这一问题展开了研究，建立了一系列的选址模型与算法。常用的配送中心地址选择模型有重心法、运输规划法以及鲍莫尔-沃尔夫法等。下面分别对这几种常用的选址方法进行讨论，然后与本文所提出的基于模糊层次分析法的配送中心选址方法进行比较。

1) 重心法

重心法是单一配送中心选址问题中最常用的方法之一。它是一种静态的选址方法，它将运输成本作为唯一的决策因素，即如果一个配送中心为多个客户提供配送服务，配送中心应选在运输费用最小的地方。若给定配送中心和各个客户的坐标，以及它们之间的运输量，则可以建立运输总额最小的模型：

$$TC = \sum_{i=1}^{n} V_i R_i d_i \tag{7-12}$$

式中：TC——运输成本；

V_i——到客户 i 的运输量；

R_i——备选地址到客户 i 的运费费率；

d_i——备选地址到客户 i 的直线距离。

重心法的目标就是求得式(7-12)中使得 TC 最小的配送中心的地址，亦即求出最优备选地址的 (X_0^*, Y_0^*)。当 $\dfrac{\partial TC}{\partial X_0} = 0$，$\dfrac{\partial TC}{\partial Y_0} = 0$ 时，(X_0^*, Y_0^*) 即为最佳位置，即

$$\frac{\partial TC}{\partial X_0} = \sum_{i=1}^{n} V_i R_i (X_0 - X_i)/d_i = 0$$

$$\frac{\partial TC}{\partial Y_0} = \sum_{i=1}^{n} V_i R_i (Y_0 - Y_i)/d_i = 0 \tag{7-13}$$

由式(7-13)求得 X_0 和 Y_0 的解为

$$\begin{cases} X_0^* = \dfrac{\sum_{i=1}^{n} V_i R_i X_i / d_i}{\sum_{i=1}^{n} V_i R_i / d_i} \\ Y_0^* = \dfrac{\sum_{i=1}^{n} V_i R_i Y_i / d_i}{\sum_{i=1}^{n} V_i R_i / d_i} \end{cases} \tag{7-14}$$

式中：(X_0^*, Y_0^*) 为待选的配送中心地址坐标；(X_i, Y_i) 为各个客户的地址坐标；$d_i = k[(X_i - X_0^*) + (Y_i - Y_0^*)^2]^{1/2}$，$k$ 为模型中坐标位置与实际空间距离的比例尺。

运用重心法求解的步骤如下：

(1) 确定已知客户的地址坐标、运输量和线性运输费率。

(2) 忽略距离 d_i，根据重心公式求得待选地址的初始坐标 (X_0, Y_0)；

$$\begin{cases} X_0 = \dfrac{\sum_{i=1}^{n} V_i R_i X_i}{\sum_{i=1}^{n} V_i R_i} \\ Y_0 = \dfrac{\sum_{i=1}^{n} V_i R_i Y_i}{\sum_{i=1}^{n} V_i R_i} \end{cases} \tag{7-15}$$

(3) 根据第(2)步求得的 (X_0, Y_0)，计算出 d_i，其中的比例系数暂不考虑。

(4) 将 d_i 代入公式(7-14)，求出修正的 $(\bar{X}, \bar{Y})$。

(5) 根据修正的 $(\bar{X}, \bar{Y})$ 重新计算 d_i。

(6) 重复第(4)步和第(5)步，直到计算出 $(\bar{X}, \bar{Y})$ 小于理想的精确度。

(7) 根据所求的最佳选址计算运输总成本。

2) 运输规划法

线性规划方法是一种最优化技术，它是在考虑特定约束条件的前提下，从众多可行的选择中挑选出最佳行动方案。在物流问题中使用最为广泛的线性规划形式是网络最优化。而运输规划法作为一种网络最优化方法，其目的是在给定的供给、需求和能力的约束条件下，使生产、输入、输出运输的可变成本最小化。对于配送中心的选址问题，尤其是复数配送中心选址问题，运输规划法都有其自身的优越性。

运输法的数学模型如下：

目标函数：
$$\min z = \sum_{i=1}^{m} \sum_{j=1}^{n} C_{ij} X_{ij} \tag{7-16}$$

约束条件：
$$\begin{cases} \sum_{i=1}^{m} X_{ij} = b_j \\ \sum_{j=1}^{m} X_{ij} = a_i \\ x_{ij} \geqslant 0 \end{cases}$$

式中：m——配送中心的个数；

n——配送中心的顾客数；

a_i——配送中心 i 的配送服务能力，$i=1,2,\cdots,m$；

b_j——客户 j 的需求量，$j=1,2,\cdots,n$；

c_{ij}——从配送中心 i 向客户 j 运送单位产品的配送运输费用；

x_{ij}——从配送中心 i 向客户 j 运送产品的数量。

3) 鲍莫尔-沃尔夫法

(1) 鲍莫尔 沃尔夫法的基本思路。

鲍莫尔-沃尔夫法首先将研究的问题抽象定义如下。

① 工厂到配送中心间的整车运输成本，及配送中心到客户的零担运输成本，都与运输量呈线性关系。

② 客户的位置及需求量为已知。

③ 配送中心的容量可满足需求点的要求。

④ 配送中心的备选位置及其变动、固定存储成本为已知。

在上述四项假设条件下，求解配送中心的个数、规模大小及其位置，以使运输成本和存储成本之和为最小。

与其他选址方法不同的是，鲍莫尔-沃尔夫法不再假设配送中心存储成本随配送中心规模成线性变化，因为实际中更常见的情况是存储成本随配送中心配送量增大而变得更加平坦。因此，鲍莫尔-沃尔夫法假设存储成本与配送中心配送量之间的关系如下：

$$S_k = \mu_k \sqrt{d_k} \tag{7-17}$$

式中：S_k——存储成本；

μ_k——常数；

d_k——配送中心的配送量。

对某一规模的配送中心 k，可以求出它的边际存储成本，也就是存储费率 C_k：

$$C_k = \mu_k \sqrt{d_k}/2d_k = S_k/2d_k \tag{7-18}$$

由于 C_k 是单位货物存储费率，所以其可以和运输费率直接相加，这样原问题就可以通过构建一般的运输规划模型，直接应用运输规划技术来求解。

(2) 鲍莫尔-沃尔夫法的基本步骤。

步骤一：求初始方案。

假设有 q 个备选地点，令所有备选地点上的网点配送量均为 0，即 $d_k = 0$，所以各网点存储费率 $C_k^0 = 0$，$k=1,2,\cdots,q$，上角标表示迭代次数。再对所有供给点 i 和需求点 j，求各供给点和各需求点之间的最低费用率，用 C_{ij}^0 表示，$C_{ij}^0 = \min(C_{ik}^0 + C_{kj}^0 C_{ik}^0)$，$i=1,2,\cdots,m$，

$j = 1, 2, \cdots, n$。C_{ik}^0, C_{kj}^0 分别是从各供应点到配送中心的运输费率以及从配送中心到各用户的运输费率。显然，由于 $C_k^0 = 0$，由供给点 i 向需求点 j 配送货物要经过配送中心 k。

假设各供给点的供给量和需求点的需求量已知，然后以 C_{ij}^0 为运价系数构建运输模型如下：

$$\min F^0 = \sum C_{ij}^0 X_{ij}^0 \tag{7-19}$$

$$\begin{cases} \sum_{i=1}^m X_{ij}^0 = a_i \\ \sum_{j=1}^n X_{ij}^0 = b_i \\ x_{ij}^0 \geq 0 \end{cases}$$

式中：X_{ij}^0 ——由供给点 i 经网点 k 向需求点 j 配送货物的数量；

a_i ——供给点 i 的可供产品量；

b_i ——需求点 j 的需求量。

计算各配送中心网点的边际成本：$C_k^1 = \mu_k \sqrt{d_k^0} / 2 d_k^0$。

步骤二：求改进方案。

用 C_k^1 代替 C_k^0，求出一组新的 d_k^1。

步骤三：新旧方案比较。

如果两个方案完全相同，取新方案为最优解。否则返回步骤二，反复进行步骤二和三，直到 d_k^n 和 d_k^{n-1} 完全相同，即获得最优解。

7.3.2 传统选址方法与模糊 AHP 方法的比较

在选址方法研究的初期，定性分析占据主要地位。在这个过程中，配送中心基本还未摆脱作为企业存储和配送服务的据点的角色。因此，其地址的选择一般情况下都依赖于企业的战略定位以及计划发展方向。在影响因素较少且较简单的情况下，采用诸如头脑风暴法、专家评价法等应该说是有一定优势的。它们的评价过程比较简单，能较好地利用专家或者决策者的经验；但是，正是由于定性分析方法这种对评价者较强的依赖性，决定了它带有较强的主观性。随着配送中心规模的不断扩大，配送业务不断增加，配送范围和强度也不断扩张，仅仅依靠定性分析就显得不能适应整个配送系统的要求，往往造成顾此失彼。同时，这种方法还容易犯经验主义和主观主义的错误，并且当备选地址较多时，仅靠经验和人的主观思维很难做出理想的决策，导致决策的可靠性不高。

伴随着物流系统和物流理念的发展，配送中心作为供应链中的一个关键环节逐渐从企业的附属部门角色中独立出来，成为一个独立的经济部门，作为第三方服务者为企业和消费者提供服务。独立出来的配送中心规模空前扩大，其配送范围往往超过了地区、省市，成为跨地区甚至跨国家的超级配送服务者，这也使得配送中心选址问题的研究迅速发展起来，其中尤以定量分析方法居多。

定量分析模型的不断提出大大改善了定性方法仅靠经验和主观判断为主所导致的可靠

性低，并能有效避免经验主义和主观主义错误的发生。比如重心法、运输规划法和鲍莫尔-沃尔夫法等都是以定量模型为主的选址方法。它们都是将配送中心的运营成本作为目标函数，并将配送中心的配送过程用恰当的数学模型或优化技术抽象出来，再在此基础上进行求解以期得到使目标函数值最小的备选地址的指标，最后依据该指标选择科学合理的地址。

如果配送成本中的运输费用是很重要的因素，而且多种产品由多个供给地供应，则可根据重心法确定配送中心的位置。重心法是一种静态的单一配送中心选址方法，如果想同时建设两个或者多个甚至是不确定数量个配送中心的情况时，重心法就失去作用了。同时，由于重心法将运输成本作为唯一的决策因素，它往往容易忽略其他诸如竞争对手的实力水平以及在该地区建立配送中心后竞争对手可能采取的反应等能对经营绩效产生重要影响的关键因素。综上，重心法的优点是模型操作和理解简单，计算数据容易获得；缺点就是假设条件比较苛刻，适用范围较窄，比如配送服务客户较多且配送货物数量和品种以及运输成本随时间有较大变化的配送系统就很难抽象成重心法选址模型。

运输规划法是将传统线性规划方法中的运输规划模型应用到配送中心选址问题中形成的一个最优化方法。由于线性规划方法求解时往往是在初始解的基础上逐步寻优的过程，因此，如果一个多层次配送中心网络若干年前已经建成，但经过一段时间以后，客户及需求量发生了很大变化，需要对这个配送网络进行重新调整，重新分配各个子配送中心的配送范围及配送量。这类问题并不涉及配送中心的新建，可以应用一般运输规划模型求出新的布局方案。运输规划法可以采用运筹学中的表上作业法进行求解，不但简洁而且直观。这种方法的优点就是模型和求解过程都有坚实的理论基础，比较容易抽象出建模所需要的条件和数据，但是应用时应该保证配送中心的特点严格符合模型的要求。

鲍莫尔-沃尔夫法属于非线性规划方法，且以逐次求解运输问题为思路的启发式方法。模型一般适用于考虑租用的配送中心，所以模型中不包括配送中心的固定投资成本，它主要适用于如图 7-10 所示的物流系统。其中，上层和下层的圆圈分别表示配送中心的供货方和需求方，而中间的方框表示已建成并投入使用一段时间的配送中心或者是租用的配送中心。

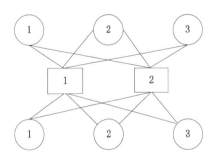

图 7-10 物流系统示意图

鲍莫尔-沃尔夫法较好地解决了存储成本非线性的问题，而且每次迭代都能沿着使存储成本不断下降的方向选择最小方案，因此可以相信最终解是所要求得的解。鲍莫尔-沃尔夫法的最主要缺点是不能保证最终解是最优解，而且该解法没有涉及配送中心新建固定投资成本。此外，它和上述两种定量方法一样，适用范围也受到一定的限制。

定量方法是将相对较为精确的数学模型和优化技术整合到决策过程中的分析方法。但是，这种看似严谨的建模分析方法本身却存在严重的缺陷。

一方面，这种方法为了获得的量化数据，往往会使本来比较复杂的事物简单化，再加上面对庞大复杂的配送系统抽象出数据和模型，本身就是一项极其艰难的工作，所以，有些决策者或者专家的意见在被量化的过程中就可能被误解和曲解了。这样，即使模型最终可以得到精确定量的结果，其可信度也大打折扣。

另一方面，这些定量模型往往仅仅考虑影响配送中心运营成果的因素中为数不多的几个方面，一般都只是考虑比较易于量化的运营成本、运输成本等指标。而对于当今以消费者满意度和长期可持续发展为战略眼光的现代配送中心来说，仅仅考虑成本和费用是远远不够的，诸如竞争者的强弱、企业业务增长潜力以及气象地质条件还有国家政策的导向等都将对配送中心地址的选择产生极其重要的影响，而这些指标往往是定量分析方法所不能包含的。这也是定量分析方法通过对现实问题的抽象建模进而解决问题时所不能避免的问题。

相对于定量分析方法来说，本文所提方法能全面地考虑所有可能影响配送中心运营绩效的所有因素，并将它们根据重要性的不同赋予了不同的权重，每个因素根据其重要程度的不同对最终的选址结果产生相应的影响，将各项指标抽象为数据时不是采用传统定量方法所采用的精确数字，而是采用更能准确反映评价者评价值的梯形模糊数，这样就能大大改善评价者的意见被曲解和误解的情况，提高了最终结果的准确性和可信度。

7.3.3 基于模糊 AHP 的配送中心选址评价

1. 配送中心选址影响因素的确定

依据上述配送中心选址的约束条件分析可知，影响配送中心地址的因素主要包括四个方面：自然环境因素、经营环境因素、基础设施因素和其他因素。因此，基于模糊 AHP 的配送中心地址评价模型即以这四个因素作为考察配送中心地址优劣的一级评判准则。在这四个因素的基础上，再将影响因素细化以建立二级评判准则，也就是一级评判准则的子准则，然后根据一级和二级评判准则和备选的配送中心地址以及选择一个合理高效的配送中心的目标即可建立起层次分析过程中的递阶层次结构，如图 7-11 所示。

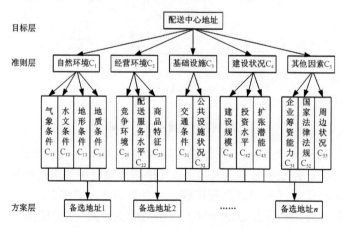

图 7-11 配送中心选址的递阶层次结构

其中：配送服务水平主要是指某地址所能达到的配送范围和距离，以及发送频率和发送周期等；商品特征是指商品本身的特点是否有特殊的储存与运输要求，将这一项考虑进来是因为配送中心主营配送商品的不同可能会导致其选址的结果不同。

2. 配送中心选址影响因素评价数据的获得

基于模糊 AHP 的配送中心地址评价模型是一种将决策者或者是专家的主观评价通过层次分析法实现量化的定性定量相结合的选址模型。它将评价主体或决策主体对评价对象进行的思维过程数量化。因此，在分析配送中心选址的影响因素之后，就是要求专家或决策者对各个因素进行评价。

评价方法有很多种：专家评定法、问卷调查法等，但是这些评价都不可避免地带有主观判断的性质。它不仅和配送中心地址的客观条件有关，还与评价者的知识、个性以及偏好等有很大的关系。所以，如果采用精确值定量表示评价结果显然不符合客观实际，而若改用"很好"、"较差"、"一般"等模糊概念表示则显得更为合理自然。

评价过程中，评价者被要求用语言变量集合{很高(VH)，略高(SH)，相当(F)，略低(SL)，很低(VL)}来评价配送中心选址的一级准则和二级准则两两比较的重要性程度。集合中每个语言变量的值可以用对应的模糊数表示，最常用的模糊数有区间模糊数、三角模糊数和梯形模糊数，而前两者可以看作是后者的特殊形式。为了使研究不失一般性，本文采用梯形模糊数表示语言变量，记作 (a_1, a_2, a_3, a_4)，其中 $(0 \leqslant a_1 \leqslant a_2 \leqslant a_3 \leqslant a_4 \leqslant 100)$。$[a_2, a_3]$ 是语言项的最可能值，a_1 和 a_i 分别作为上界和下界表示语言变量的模糊性。鉴于评价者对语言变量相应的模糊值的认识各不相同，所以，评价时不仅要给出语言形式的评价，而且还要说明语言变量与模糊值的对应关系，如图 7-12 所示。

评价二级准则下备选地址的优劣时，评价者被要求用语言变量集合{很差(VL)，差(L)，一般(F)，好(SH)，很好(VH)}用来表示每个各选地址在每个二级准则下的优劣程度。这个语言变量集合与评价配送中心一、二级准则的语言变量集合具有相同点：它们都是五级语言评价变量。因此，两个语言变量集中的各语言变量对应的梯形模糊数是一致的，如图 7-12 所示。

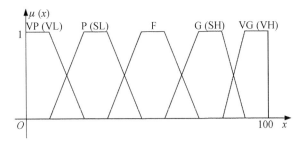

图 7-12　语言变量与梯形模糊数的对应关系

3. 基于模糊 AHP 的配送中心选址过程

基于模糊层次分析法评价配送中心备选地址的过程如下：首先，根据给出的评价指标建立评价过程的递阶层次结构；其次，评价者用语言变量集合中的语言条件给出一级准则和子准则的相对重要性评价值，以及各个配送中心备选地址相对于二级评价准则的优劣程度；再次，定义了备选地址间悲观相似度和乐观相似度的概念，并在此基础上应用去模糊技术得到备选地址在二级准则下的优劣指数及排序；最后，确定出了被评价配送中心的备选地址在优劣程度上的合成优劣指数及其排序，从而避免了指标数量较大时评语太多的问题，例如对 20 个备选位置进行评价时的评语就只有 20 个。

1) 基于层次分析法构建评价指标的递阶层次结构

应用基于模糊 AHP 的配送中心选址模型的首要工作就是依据上述配送中心选址的约束条件分析并建立配送中心选址的递阶层次结构，如图 7-11 所示。即使同样是配送中心的选址问题，递阶层次结构也可能因其规模、种类甚至所有制形式等的不同而有所不同，但是构造递阶层次结构的方法是相同的。

2) 各级准则和方案的评价值的获得

基于模糊层次分析法的研究步骤，并根据图 7-11 给出的评价指标的递阶层次结构来进一步研究配送中心备选地址的评价过程，即基于模糊理论确定准则权重、二级准则下备选地址的优劣程度的层次单排序和被选地址相对目标层次上优劣水平的合成总排序等。

3) 基于模糊 AHP 确定一级和二级准则的权重

评价者将四个一级准则以及与每个一级准则有关的二级准则两两比较，用语言变量给出评价的结果，即比较判断矩阵。为了求解准则的权重，首先将语言形式的比较判断矩阵按照评价者提供的对应关系转换为梯形模糊数比较判断矩阵。假设有 P 位评价者参与评价，那么每个两两比较的过程就必然生成 P 个不同的比较判断矩阵，将 P 个矩阵中的元素对应相加再被 P 除，即得到所有评价者评价结果的均值比较判断矩阵 R，如式(7-20)所示。

$$R = \begin{bmatrix} r_{11} & r_{12} & \cdots & r_{1n} \\ r_{21} & r_{22} & \cdots & r_{2n} \\ \cdots & \cdots & \cdots & \cdots \\ r_{n1} & r_{n2} & \cdots & r_{nn} \end{bmatrix} \tag{7-20}$$

其中，$r_{ij} = (l_{ij}, m_{ij}, n_{ij}, s_{ij})$ 是一个梯形模糊数。所得矩阵 R 还必须进行一致性检验，不满足一致性条件时需适当调整。

令 $\alpha_i = \left[\prod_{j=1}^{m} l_{ij}\right]^{1/m}$，$\alpha = \sum_{i=1}^{m} a_i$。类似的定义

$\beta_i = \left[\prod_{j=1}^{m} l_{ij}\right]^{1/m}$，$\beta_i = \sum_{i=1}^{m} \beta_i$；$\gamma_i = \left[\prod_{j=1}^{m} l_{ij}\right]^{1/m}$，$\gamma = \sum_{i=1}^{m} \gamma_i$；$\delta_i = \left[\prod_{j=1}^{m} S_{ij}\right]^{1/m}$，$\delta_i = \sum_{i=1}^{m} \delta_i$，则因素 A_i 的模糊权重 ω_i 为

$$\omega_i = (\alpha_i \delta^{-1}, \beta_i \gamma^{-1}, \gamma_i \beta^{-1}, \delta_i \alpha^{-1}) \tag{7-21}$$

式中：$i \in \{1,2,\cdots,m\}$。

根据公式(7-21)即可求得五个一级准则(C_1,C_2,C_3,C_4,C_5)的权重向量 $W\{w_i\}(i=1,2,\cdots,5)$，以及每个一级准则 C_i（$i=1,2,\cdots,5$)下的二级准则 C_{ij}（$j=1,2,\cdots,n$)的权重向量 $W\{w_i\}(i=1,2,\cdots,m; \ j=1,2,\cdots,n)$。$W_i(i=1,2,\cdots,m)$ 分别与其对应的一级准则的权重相乘就得到 15 个二级准则对应于总目标配送中心备选地址的优劣程度这个总评价目标的权重向量 $W_总\{w_l\}(l=1,2,\cdots,15)$，如式(7-22)所示：

$$W_总 = (w_{11}w_1, w_{12}w_1, w_{13}w_1, w_{14}w_1, w_{21}w_2, \cdots, w_{53}w_5) \tag{7-22}$$

4. 确定被评价地址在二级准则下的优劣指数

1) 确定梯形模糊数评价矩阵

评价二级准则下配送中心备选地址的优劣时，语言变量集合｛很差，差，一般，好，很好｝用来表示每个备选地址的优劣。评价者采用上述语言变量评价各个备选地址 $A_i(i=1,2,\cdots,m)$ 在二级准则 $C_j(j=1,2,\cdots,n)$ 下的优劣程度。同样将全部评价者语言形式的评价转换成梯形模糊数并加和平均成一个总的优劣评价矩阵 $T\{t_{ij}\}(i=1,2,\cdots,m;\ j=1,2,\cdots,n)$，如公式(7-23)所示：

$$T = \begin{bmatrix} t_{11} & t_{12} & \cdots & t_{1n} \\ t_{21} & t_{22} & \cdots & t_{2n} \\ \cdots & \cdots & \cdots & \cdots \\ t_{m1} & t_{m2} & \cdots & t_{mn} \end{bmatrix} \quad (7\text{-}23)$$

其中，t_{ij} 表示评价者对备选地址 $A_i(i=1,2,\cdots,m)$ 在准则 $C_j(j=1,2,\cdots,n)$ 下的评价结果的均值。

2) 去模糊化

应用模糊数 α-截集的概念于评价矩阵(7-23)中，就可以得到区间优劣矩阵，如式(7-24)所示：

$$Z_\alpha = \begin{bmatrix} [z^\alpha_{11l}, z^\alpha_{11r}] & [z^\alpha_{12l}, z^\alpha_{12r}] & \cdots & [z^\alpha_{1nl}, z^\alpha_{1nr}] \\ [z^\alpha_{21l}, z^\alpha_{21r}] & [z^\alpha_{22l}, z^\alpha_{22r}] & \cdots & [z^\alpha_{2nl}, z^\alpha_{2nr}] \\ \cdots & \cdots & \cdots & \cdots \\ [z^\alpha_{m1l}, z^\alpha_{m1r}] & [z^\alpha_{m2l}, z^\alpha_{m2r}] & \cdots & [z^\alpha_{mnl}, z^\alpha_{mnr}] \end{bmatrix} \quad (7\text{-}24)$$

其中，$0 \leq \alpha \leq 1$。对于给定的 α，z^α_{ijl} 和 $z^\alpha_{ijr}(i=1,2,\cdots,m;\ j=1,2,\cdots,n)$ 分别是清晰区间的下界和上界。

α 值表示配送中心的决策者对于评价者模糊评价的置信度。较大的 α 值表示决策者对相应的模糊数区间有较高的信任度，这个区间就会更窄且其中数值隶属于相应语言变量的程度就会更高。

为了反映决策者在决策过程中对于风险的偏好程度，引入一个偏好指数 λ，其中 $0 \leq \lambda \leq 1$，则式(7-24)即可转化为一个清晰值矩阵，如式(7-25)所示：

$$Z_\alpha = \begin{bmatrix} z^\lambda_{11\alpha} & z^\lambda_{12\alpha} & \cdots & z^\lambda_{1m\alpha} \\ z^\lambda_{21\alpha} & z^\lambda_{22\alpha} & \cdots & z^\lambda_{2m\alpha} \\ \cdots & \cdots & \cdots & \cdots \\ z^\lambda_{n1\alpha} & z^\lambda_{n2\alpha} & \cdots & z^\lambda_{nm\alpha} \end{bmatrix} \quad (7\text{-}25)$$

其中，$z^\alpha_{ijl} = \lambda z^\alpha_{ijl} + (1-\lambda)z^\alpha_{ijr}$ $(i=1,2,\cdots,m;\ j=1,2,\cdots,n)$，即反映了管理者在式(7-24)中的 z^α_{ijl} 和 z^α_{ijr} 之间的相对偏爱程度。$\lambda=1$，说明决策者偏爱区间数中的最大值，即是一个乐观的决策者；若 $\lambda=0$，说明决策者对于评价者的评价值是比较悲观的；处于 0 和 1 之间的 λ，则反映了决策者不同程度的乐观和悲观态度。

3) 求解优劣指数

在上述概念的基础上，乐观最优解 $z^+_{j\alpha}$ 和悲观最劣解 $z^-_{j\alpha}$ 分别表示所有备选地址相应于每个二级准则下的优劣程度在 $\lambda=1$ 时的最大值和在 $\lambda=0$ 时的最小值,如式(7-26)所示:

$$z_{j\alpha}^+ = \max(z_{1j\alpha}^{\lambda=1}, z_{2j\alpha}^{\lambda=1}, \cdots, z_{mj\alpha}^{\lambda=1}), \quad j=1,2,\cdots,n$$
$$z_{j\alpha}^- = \min(z_{1j\alpha}^{\lambda=0}, z_{2j\alpha}^{\lambda=0}, \cdots, z_{mj\alpha}^{\lambda=0})$$
(7-26)

$A_\alpha^+ = \{z_{j\alpha}^+\}(j=1,2,\cdots,n)$ 和 $A_\alpha^- = \{z_{j\alpha}^-\}(j=1,2,\cdots,n)$ 分别表示可能存在的最好和最差的配送中心备选地址的评价向量。

为了得到每个备选地址与最优备选地址以及与最劣备选地址之间的相似度,定义了积极相似度 $S_{ij\alpha}^+$ 和消极相似度 $S_{ij\alpha}^-$ 两个概念,如式(7-27)所示:

$$S_{ij\alpha}^+ = \frac{z_{ij\alpha}^\lambda}{z_{j\alpha}^+}, S_{ij\alpha}^- = \frac{z_{j\alpha}^-}{z_{ij\alpha}^\lambda}, i=1,2,\cdots,m; j=1,2,\cdots,n$$
(7-27)

其中,$z_{ij\alpha}^\lambda$ 是(7-25)中矩阵的第 i 行,第 j 列的元素,表示备选地址 A_i 在准则 C_j 上的对应优劣程度评价向量。$S_{ij\alpha}^{\lambda+}$ 和 $S_{ij\alpha}^{\lambda-}$ 分别表示当决策者偏爱指数为 λ 时备选地址 A_i 的评价值与乐观最优解和悲观最劣解的相似度。

如果给定决策者对模糊评价的置信水平(α)和风险偏好指数(λ),就可以用下式确定每个备选地址的全部优劣指数,如式(9-28)所示:

$$P_{ij\alpha}^\lambda = \frac{S_{ij\alpha}^+}{S_{ij\alpha}^+ + S_{ij\alpha}^-}, \quad i=1,2,\cdots,m; \quad j=1,2,\cdots,n$$
(7-28)

式(7-28)说明的基本原理就是配送中心的最佳地址应该和乐观最优解有较高的相似度,与悲观最劣解有较低的相似度。配送中心的地址越理想,此备选位置相对于其他备选地址的整体水平越高。因此,生成的优劣指数是一个相对概念,表示在各个影响因素构成的准则下被评价地址的相对水平。它的值越大,说明该备选地址的整体水平越接近最优,越远离最劣,也就是整体水平相对更高。

对矩阵(7-25)运用式(7-26)和式(7-28),可得被评价的 m 个备选地址在 n 个准则下优劣指数矩阵 $P\{P_{ij\alpha}^\lambda\}(i=1,2,\cdots,m; \quad j=1,2,\cdots,n)$,如式(7-29)所示:

$$P = \begin{bmatrix} P_{11\alpha}^\lambda & P_{12\alpha}^\lambda & \cdots & P_{1n\alpha}^\lambda \\ P_{21\alpha}^\lambda & P_{22\alpha}^\lambda & \cdots & P_{2n\alpha}^\lambda \\ \cdots & \cdots & \cdots & \cdots \\ P_{m1\alpha}^\lambda & P_{m2\alpha}^\lambda & \cdots & P_{mn\alpha}^\lambda \end{bmatrix}$$
(7-29)

根据式(7-29)即可在每个二级准则下对所有备选地址进行排序,确定其在相应二级准则下的顺序。

4. 合成总排序

评价矩阵 T 与准则的权向量 $W_总$ 相乘即得评价矩阵 $B\{B_{ij}\}(i=1,2,\cdots,m; \quad j=1,2,\cdots,n)$,如式(7-30)所示:

$$B = RW_总 = \begin{bmatrix} r_{11}w_{总1} & r_{12}w_{总2} & \cdots & r_{1n}w_{总n} \\ r_{21}w_{总1} & r_{22}w_{总2} & \cdots & r_{2n}w_{总n} \\ \cdots & \cdots & \cdots & \cdots \\ r_{m1}w_{总1} & r_{m2}w_{总2} & \cdots & r_{mn}w_{总n} \end{bmatrix}$$
(7-30)

将矩阵 B 中元素按行相加得所有备选地址在整体水平上的评价向量 $U\{U_i\}(i=1,2,\cdots,m)$，如式(7-31)所示：

$$U = \begin{bmatrix} \sum_{j=1}^{n} b_{1j} \\ \sum_{j=1}^{n} b_{2j} \\ \cdots \\ \sum_{j=1}^{n} b_{mj} \end{bmatrix} \qquad (7\text{-}31)$$

对 U 运用式(7-24)和式(7-29)即可求得全部备选地址作为配送中心的地址在整体水平上的评价优劣指数向量 $P_{总}\{P_S\}(s=1,2,\cdots,m)$。由 $P_{总}$ 可知所有被评价地址的相对水平和优劣顺序，以帮助决策者确定配送中心的最终位置。

7.4　配送中心设施布置规划

设施规划是在配送中心经营策略的指导下，根据配送中心服务系统的功能转换活动，将物流设施所涉及的对象即配送中心本身、人员配备、机械设备和物料管理作业等，利用信息系统做出最有效的优化组合与资源配置，并与其他相关设施相协调，以期达到安全、经济、高效的目标，满足配送中心经营的要求。

设施规划都要遵循一定的规划程序。对配送中心规划来说，其设施规划程序如图 7-13 所示。

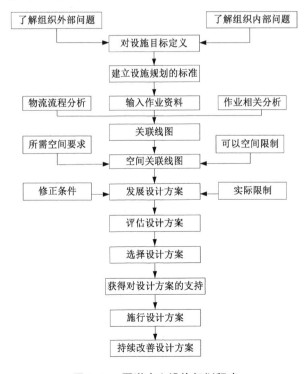

图 7-13　配送中心设施规划程序

7.4.1 配送中心设施布置主要流程

配送中心设施布置设计规划需要考虑大量相互影响的定性和定量因素，是一个涉及不同背景的人员和各种影响因素的非结构化、非线性的离散问题。这些特点决定了配送中心设施布置设计是一个比较复杂的问题。基于 SLP 进行配送中心系统布置能够较好地解决配送中心的设施布置设计问题。一般要经历规划资料分析、物流流程分析、作业区域规划、作业区域相互关系分析、作业区域布置等几个阶段。

1. 规划资料分析

配送中心设施布置设计过程涉及大量影响配送中心系统规划的基础数据。这些数据并不是相互独立的，而是存在着某种依赖关系，通过分析数据，确定配送中心的运营模式、库存容量、拣货方式和自动化水平等，为后续的布置规划提供参考。

以缪瑟(R.Muther)给定的 SLP 的五个基本要素为基本出发点，经过分析得到决定配送中心设施布置设计的基本要素是配送的对象 E(Entry)、配送商品种类 I(Item)、配送商品的库存量和数量 Q(Quantity)、配送的通路 R(Route)、服务品质 S(Service)、交货时间 T(Time)、配送商品的价值 C(Cost)等。这七个基本要素即为用 SLP 进行系统布置的基本要素，通过运用各种方法对各要素进行全面调查和准确分析、才能求得最佳的配送中心布置方案。

配送中心基本要素的分析方法主要有物品特性分析、装载单元分析和 EIQ 分析等。物品特性是货物分类参考因素，如按货物性质可分为一般物品、易燃品、易爆品、冷冻品等，不同性质的物品放在不同的区域，因此设施布置设计时首先要进行物品特性分析，以划分不同的作业区域。装载单元是一般运输货物的装载单位，如装满规定物品的托盘为一个装载单元。配送中心的其他装载单位还包括料箱、塑料箱等。不同的装载单位，其配备的储存和运输设备也不同，因此需要进行装载单元分析。EIQ 分析是利用配送的对象 E(Entry)、配送商品种类 I(Item)、配送商品的库存量和数量 Q(Quantity)三个关键要素来研究配送中心的需求特性，为配送中心规划提供依据。

2. 作业区域规划

配送中心的作业区域一般包括收货区、发货区、货物储存区、托盘暂存区、拣货区、流通加工区、办公区、计算机管理监控区和设备存放与维护区等，根据规划资料分析确定所需的作业区域。作业区域确定后，然后确定各区域的基本运转能力。最后根据各区域的基本运转能力确定各区域的作业面积。

1) 基本运转能力分析

在确定了所需的功能区域后，需要通过对规划资料进行分析，确定各作业区域的基本运转能力，以仓储区的储运能力为例，其估算可采用周转率估算法，其数学模型为

$$仓储量 = \frac{年仓储运转量}{周转次数} \times 安全系数$$

2) 区域面积规划

各作业功能区域面积的确定与各区域的物流量、所配备的设施和设备以及作业方式等有关，因此具体每个作业区域的面积应分别进行详细计算。

以仓储区作业面积的计算方法为例，仓储区的作业面积与货物尺寸及数量、托盘尺寸、

货架尺寸等因素有关。使用不同的堆码方式，考虑因素也不一样。以下列举出采用地面堆码时仓储区作业面积的确定。

设托盘宽度为 a，每托盘平均可叠放 n 箱货品，托盘可堆码 c 层，若配送中心的平均存货量约为 q，则存货面积 s 为

$$s = \frac{a \times a \times q}{n \times c}$$

实际仓储需求空间须考虑叉车存取作业所需空间，一般通道面积占全部面积的 35%～40%，设 ε =35%～40%，因此实际仓储面积为

$$S = \frac{s}{\varepsilon}$$

对于有些物流作业区域，其作业面积不能通过像仓储区的作业面积那样直接求得，但是由于其作业面积主要取决于货物作业量，因此可以通过下面的公式估算：

$$s = \sum \frac{h_j}{\lambda}$$

式中，h_j 代表一种货物每日的作业量，λ 代表该区域的面积利用系数，面积利用系数取决于货物的类型、货物的存放方式以及所采用的作业设备等。

3．物流流程分析

流程分析是整个配送中心设施布置设计的前提。货物的流程指货物在整个配送中心中的移动路径。货物流程分析不仅考查每件货物在配送中心的路径，而且试图使以下因素降到最低：①移动距离；②返回次数；③交叉运输；④费用。

不同的配送中心，通常具有不同的物流作业流程，同一个配送中心内部也具有多条作业流程。通过物流流程分析，将不同性质的作业加以分类，并将各作业阶段的储运单位及作业量加以整理统计，得到各项物流作业的物流量大小及分布。在物流流程分析过程中，可以通过做物流流程图的方式来详细描述货物处理过程中配送中心各作业阶段的关系，也可以用来描述整个配送中心各部门之间的流程。

4．作业区域相互关系分析

作业区域相互关系分析包括物流相互关系分析、非物流相互关系分析和综合物流相互关系分析。

物流相互关系分析是对配送中心各区域间的物流量进行分析，通过划分物流强度等级的方法来研究物流状况，建立物流相关表，用物流强度和物流相关表来表示各功能区域之间的物流关系强弱，确定各区域的物流相关程度。

非物流相互关系分析即活动相关性分析，用来考虑除物流外的其他因素对配送中心各区域间相互关系的影响，通过划分关系密切程度等级，建立作业区域相互关系表来研究各作业区域相互关系的密切程度。

在确定了配送中心作业区域物流相互关系和非物流相互关系后，要将物流和非物流相互关系进行合并，求出合成的相互关系表即综合相互关系表，然后从综合相互关系表出发，实现各作业单位的合理布置。

5. 作业区域布置

作业区域布置包括作业区域位置布置和作业区域面积布置两个步骤。

1) 作业区域位置布置

配送中心总平面布置时并不直接考虑各作业单位的占地面积及外形几何形状，而是从各作业单位间综合相互关系的密切程度出发，布置各作业单位之间的相对位置，综合相互关系密切程度高的作业单位之间的距离近，反之则距离较远，由此得到作业单位位置相关图。

2) 作业区域面积布置

配送中心的作业单位位置相关图确定后，将配送中心各作业单位的占地面积与其建筑物空间几何形状结合到作业单位位置相关图上，并作适当调整，减少区域重叠和空隙，即可得到作业单位面积相关图。

7.4.2 作业区域关联性分析

配送中心的不同区域之间，在作业程序、组织结构、业务管理等方面存在一定的依存关系，要对这些关系进行关联性分析，那么对设施规划的区域布置是至关重要的。关联性分析主要包括定量从至图和定性关联图等方法。

1. 定量从至图

定量从至图以资料分析所得出的定量单据为基础，目的是分析各作业区域之间的物料流动规模的大小，使设计者在进行区域布置时，避免搬运流量大的作业要经过太长的搬运距离，以减少人力物力的浪费，并为设计各区域的空间规模提供依据。定量从至图的表格如表 7-3 所示。

表 7-3 定量从至图

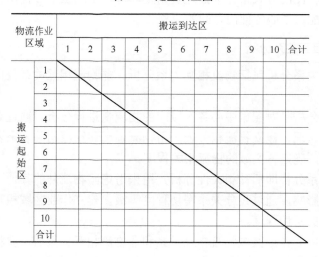

从至图的制订过程如下。

(1) 依据主要作业流程，将所有作业区域分别以搬运起始区与搬运到达区按同一顺序列表。

(2) 为了正确地表现各流量之间的关系,需要统一各区域的搬运单位,以方便计算流量的总和。

(3) 根据作业流程将物料搬运流量测量值逐项填入从至图内。

(4) 以从至区域间的搬运流量作为后续区域布置的参考,流量大的两个作业流程将具有较高优先顺序,并被放置于相邻的位置。

2. 定性关联图

定性关联图方法主要是对设施内部的各种活动之间的相互关系进行定性分析,确定两两活动区域间的关联程度,以此为设施规划的空间布置提供设计上的基本依据。其一般性的关联图如图7-14所示。

关联图左边的各个活动区域由实体模块组中的功能模块活动区域,以及支持实体作业的需求区域如办公事务区等共同组成。图7-14表明某些实体功能模块在活动区上可以进行空间上的整合,以提高设施的利用率,如退货作业与进货作业区合并。在定性关联图中,任何两个区域之间都有将两个区域联系在一起的一对三角形,其中上三角形记录两个区域关联程度等级的评估值,下三角形记录关联程度等级的理由编号。关联程度等级如表7-4所示,关联程度等级理由如表7-5所示。

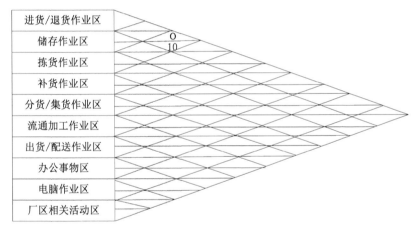

图7-14 定性关联图

表7-4 关联程度等级设计表

相关程度等级	相关程度说明	相关程度等级	相关程度说明
A	绝对重要	O	一般重要
E	特别重要	U	不重要
I	重要	X	禁止接近

表7-5 关联程度等级理由表

编 号	两区域需要接近的理由	编 号	两区域需要接近的理由
1	人员解除程度	3	文件往返程度或配合事物流程顺序
2	共用相同的人员	4	使用共同的记录

续表

编　号	两区域需要接近的理由	编　号	两区域需要接近的理由
5	共用设备	9	作业安全的考虑
6	共用相同的空间区域	10	提升工作效率的考虑
7	进行相似活动	11	改善工作环境的考虑
8	物料搬运次数的考虑		

一般来说，一个区域的设施布局，A、E、I 级的关系所占比例在 10%～30%之间，其余为 O、U 级关系，而 X 级关系需根据具体情况而定。

在图 7-14 中，由于进货/退货作业区与拣货作业区的关联程度等级为普通重要，其理由是为了提升工作效率，则在与两区域相联系的上三角中标记"O"，下三角中标记"10"。

7.4.3　基于图形建构法的配送中心设施布置

图形建构法以不同作业区间的权数总和作为挑选作业区的法则。下面介绍一种启发式的图形建构法，主要是根据节点插入的算法来建构邻接图，并且保持共平面的性质。图形建构法首先要设定各作业区间的关联权重。下面举例说明图形建构法在配送中心设施布置中的应用。

例如某配送中心内货物作业流程及比例如图 7-15 所示。

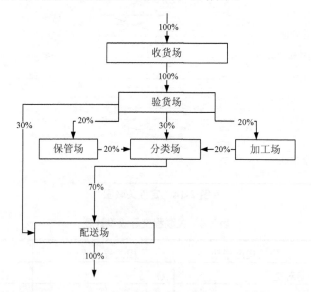

图 7-15　配送中心内货物作业流程及比例

根据图 7-15 作出配送中心各场所间关联图，如图 7-16 所示。

把相关程度等级转化为数字表示，数字越大，表示相关等级越高，A(18~20)，E(14~17)，I(10~13)，O(4~9)，U(1~3)，X(0)。将图 7-16 经过处理后得到图 7-17 和图 7-18。

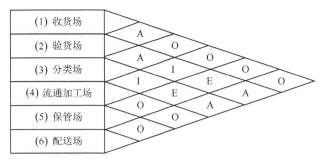

图 7-16 配送中心各场所间关联图

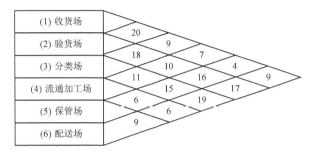

图 7-17 配送中心各场所作业关联图

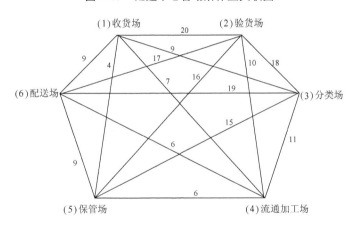

图 7-18 配送中心场所关联线图

在此基础上，图形建构法的基本步骤如下。

(1) 从上述关联图中，选择具有最大关联权重的成对作业区。因此，在本例中作业区(1)和作业区(2)首先被选中而写进关联线图中。

(2) 选定第三个作业区进入图中，其根据是这个作业区与已选入的作业区(1)和作业区(2)所具有的权重总和为最大。在表 7-6 中，作业区(3)的权数总和为 27，所以入选。如图 7-19 所示，线段(1-2)、(2-3)和(3-1)构成一个封闭的三角形图面，这个图面可以用符号(1-2-3)来表示。

表7-6 作业区选择步骤二关联权重总和表

作 业 区	(1)	(2)	合　计
(3)	9	18	27(最佳)
(4)	7	10	17
(5)	4	16	20
(6)	9	17	26

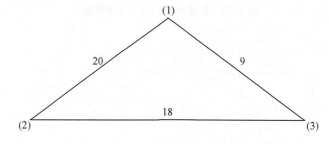

图7-19　图形建构法第二步骤示意图

(3) 对尚未选定的作业区，建立第三步骤的关联权重总和表(见表7-7)，在此表中，作业区(6)的权数总和为45，所以入选，以节点形态加入图面，并置于区域(1-2-3)的内部，如图7-20所示。

表7-7 作业区选择步骤三关联权重总和表

作 业 区	(1)	(2)	(3)	合　计
(4)	7	10	11	28
(5)	4	16	15	35
(6)	9	17	19	45(最佳)

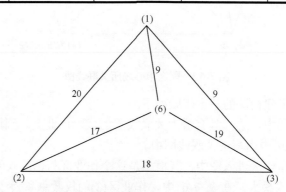

图7-20　图形构建法第三步骤示意图

(4) 对尚未选定的作业区，建立第四步骤的关联权重总和表(见表7-8)，在此表中，作业区(5)在(2-3-6)中的权数总和为40，所以入选，以节点形态加入图面(2-3-6)，并置于区域(2-3-6)的内部，如图7-21所示。

(5) 剩余的工作是决定作业区(4)应该加在哪一个图面上。建立第五步骤的关联权重总和表(见表7-9)，在此表中，作业区(4)在(1-2-3)中的权数总和为28，所以将节点加入图面(1-2-3)，并置于区域(1-2-3)的内部，如图7-22所示。

表7-8 作业区选择步骤四关联权重总和表

作 业 区	(1)	(2)	(3)	(6)
(4)	7	10	11	6
图画		合计		
1-2-3		28		
1-2-6		23		
1-3-6		24		
2-3-6		28		
作业区	(1)	(2)	(3)	(6)
(5)	4	16	15	9
图画		合计		
1-2-3		35		
1-2-6		29		
1-3-6		28		
2-3-6		40(最佳)		

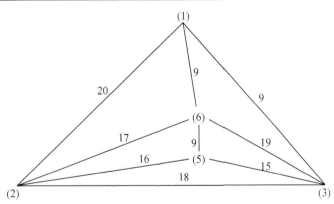

图7-21 图形建构法第四步骤示意图

表7-9 作业区选择步骤五关联权重总和表

作业区	(1)	(2)	(3)	(5)	(6)
(4)	7	10	11	6	6
图画			合计		
1-2-3			28(最佳)		
1-2-5			23		
1-2-6			23		

续表

作业区 (4)	(1) 7	(2) 10	(3) 11	(5) 6	(6) 6
1-3-5			24		
1-3-6			24		
1-5-6			19		
2-3-5			27		
2-3-6			27		
2-5-6			22		
3-5-6			23		

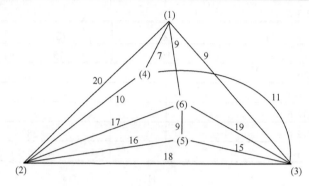

图 7-22 图形建构法第五步骤示意图

(6) 建构完成一个邻接图之后，最后一步是依据邻接图来重建区块布置，如图 7-23 所示。在建构区块布置图时，各作业区的原始形状必须作出改变，以配合邻接图的要求。但在实际应用中，由于作业区形状需要配合内部个别设备的几何形状，以及内部布置结构的限制，所以作业区的形状还需根据具体情况来决定。

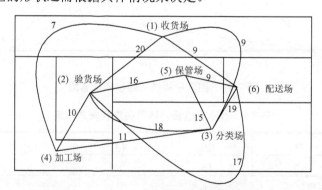

图 7-23 最终邻近区布置示意图

7.5 配送中心存储策略

现代配送中心与传统仓库的一个最主要区别就是货物在库的停留时间短、流通速度快，现代配送中心已经不仅仅起到传统仓库的"蓄水池"作用，而是更加强调"为取而存"，存和取两者的关系紧密，储存策略的效果直接影响着拣货策略和路径安排是否合理，拣货策略和路径安排也验证着储存策略是否高效，它们之间的关联及约束直接影响配送中心的运作效率和服务质量。

7.5.1 储位规划与管理方法概述

现代配送中心的货物要做到"好存好取"，对储位进行有效的规划显得尤为重要。好的储位规划可以通过合理安排仓库储位，达到快速地存放、提取货物，减少货物出入库移动的距离、缩短作业时间，充分利用储存空间，提高设备利用率，降低成本，最终达到提高配送中心运作效率和提高客户服务水平的目的。在根据客户订单对货物进行拣选之前，货物必须要先保存在仓储中心内的具体存储位置。储存作业应考虑最大限度地利用空间，最有效地利用劳动力和设备，最安全经济地搬运货物，最良好地保护和管理货物。储存策略是储区规划的大原则，因而还必须配合货位规划法则才能确定货物的具体存放位置。

储存策略是指各种货物在仓储区存储的规则，即如何给存货单元分配存储位置。不同货物存放的位置不同，拣货人员在仓储区拣货的路径也会发生相应的改变。对储存策略进行选择的主要目的有两个：一是尽可能提高仓储货位的利用率，二是提高拣货系统的拣货效率。要实现以上两个目标，在对储存策略进行选择时，要重点考虑的因素有储存货物的周转率、储存产品的相关性、同一性、互补性；还要尽量做到货物的先进先出和储位布置明晰等。下面对经常采用的几种存储策略进行讨论。

1．随机存储与最近可用存储策略

随机存储将入库的货物，按相同的概率指派到任意可使用的存储位置，如果允许存储作业人员自主选择他们所存储货物的存储位置，那么得到的存储系统就是最近可用存储系统。对于随机存储策略而言，每一种货物被指派的储存位置不是固定的，而是随机且可以改变的，也就是说，任何货物可以被存放在任何可利用的位置。由于存储位置可以共用，所以储区空间的利用效率较高，但会给货物的出入库管理及盘点工作带来较大的困难。同时，因为周转率高的货品可能被储存在离出入口较远的位置，这样就增加了出入库的搬运距离，所以随机存储策略通常以增加行走距离为代价获得较高的空间利用率，有些相互影响特性的货品可能被存储在相邻位置，造成货物的相互损伤甚至发生危险。在实际的运作中，货物通常按其入库时间的先后顺序被存储于距离出入口由近至远的存储位置，如果仓储中心中存在空闲的存储位置，可能会出现越接近出入口位置的货架越满，越接近仓库后面的货架越空的现象，也不能保证货架结构的稳定性。随机存储策略因其使用简单，可以节约存储空间而被广泛使用，但一般只在计算机控制环境下采用。随机储存策略适用于仓库货物的种类较少、体积较大，而且不同货物的储存单位基本一致，仓库的储存空间要求较少的情况。

2．定位存储策略

对于定位储存策略，每一种货物都有固定的储位，货物不能互用储位。定位储存的一个优点是每种货品都有固定储存位置，拣货人员对货物的位置比较熟悉。这种存储策略的一个缺点是即使货物不在储位，其存储位置也要保留。此外，这种储存方式要求每一种货物规划的储位容量不得小于其可能的最大在库量。因此是空间利用率最低的一种存储指派方式。

定位储存策略可按周转率大小或出货频率安排货物的存储储位，从而缩短出入库时货物搬运的距离；还可根据货物的特性安排其存储位置，从而降低货品之间的不良影响。如果货物重量差异较大，定位存储策略对于减少能耗和提高安全性也是有帮助的，我们可以将较重的货物放在货架的底部，较轻的货物放在货架的项部，这样可以使货物的重心尽可能的低，以保证货架的稳定性。定位存储策略适用于各种货物的特性差别较大，储存单位的差别大，多种少量货物的储存，同时仓储空间要求较大的情况。

3．全周转率存储

全周转率存储根据货物周转率确定它们在存储区域的位置。通常销售率最高的货物被摆放在最易取得的位置，如靠近出入口的地方；搬动速度低的产品通常位于仓库后面的存储位置。存储策略用来确定货物在各区域当中分配存储位置时考虑的是货物的周转频繁度和存储空间需求，采用体积-订单指数 COI(Cube-Per-Order Index)来表示。COI 是单位货物的存储空间需求(Cube)和其存取需求次数的比值，COI 越低的货物所占存储空间越小，存取需求越高。仓库管理者将各货物的 COI 算出，然后按照递增顺序排列。最后，管理者按照排列顺序安排存储位置，COI 值越低的货物，越靠近进出货口(Input/Output，I/O)布置。这样 COI 的原则就是将单次存取量大、存储空间要求较少的货物放在进出货口附近。

实际中，全周转率存储和定位存储的结合较易实现。其缺点是由于用户需求经常变化会导致产品 COI 排序的频繁变化。采取基于 COI 或其他需求频率的定位指派方法，能大大减少通道内拣货行走的时间，但和随机存储相比，其信息精确度要求高，不容易管理。因为必须对订单数据和存储数据进行分析处理以便对货物重新进行储存定位。

4．分类存储

所谓分类存储，就是将所有的储存货物按照一定特性划分成不同类别，每一类货品的存放位置固定，并按照一定的原则为同一类的不同货物指派具体的存储位置。分类储存通常按产品相关性、流动性、尺寸、重量、特性等对货物进行划分，是以上提到的方法的组合。

在进行库存控制时，将货物划分为不同类别的经典方法是 ABC 分析法，通常由 COI 或拣货体积等衡量货物需求频率实现货物的分类。习惯上将移动速度最快的货物称为 A 类，次快的为 B 类，并依次类推。尽管在某些情况下，更多的分类能在行走时间方面带来附加的收获，但分类的数目通常为三个。根据仿真实验结果，彼德森(Petersen)等人发现在人工拣选系统中考虑行走距离时，全周转率存储优于分类存储方法。两者之间的差别在于类划分策略(如分类数、每类占存储体积的百分比等)以及所采用的路径规划方法。关于分类存储的研究多集中于自动拣货系统。分类储存的优点是便于畅销品的存取，具有定位存储的各项优点；各分类的储存区域可根据货品特性再做设计，有助于货品的储存管理。分类储存的缺点是储位必须按各项货品最大库存量设计，因此储区空间平均的使用效率低；分类储存比定位储存具有弹性，但也有与定位储存同样的缺点。

分类存储是将物品按拣货频率的高低分类，将流量大的品项存放在离出入口近的地方，分类存储比随机存储节约 12%～26%的拣货时间，节约的程度取决于拣货单上被拣品数量的多少，大的拣货单比小拣货单节约的时间少。

此外，还有按货物流量存储和分类随机存储策略等。总之，拣货系统的储存策略很多，各有优缺点，配送中心在选择储存策略时要根据具体情况确定适合自己的方法。

7.5.2 分区拣货问题分析

所谓分区拣货问题是指将拣货作业场地按照一定的方式进行区域划分，每一拣货人员或设备只负责拣选指定区域内的货物。这种拣选方式最突出的特点是，一个拣货员被指派到某个区域，而其他拣货员都不在那个工作区域工作，主要优点是拣货人员分拣范围缩小，可以减少每次拣货的穿插行为和需要记忆的存货数量，从而达到缩短拣货作业时间的目的。拣选员被分配到指定的工作区域后，首先，他们会越来越熟悉自己所负责区域里的产品及其位置，这种对货品的熟悉可以提高订单拣选作业的效率和准确性。其次，由于同一时间一条走廊里不会超过一个操作员，所以拥挤的程度被减小到最小。不论是按订单拣货还是分批拣货，为了进一步提高拣货效率，分区拣货策略非常具有研究价值。

目前关于分区策略分为两类：静态分区(Static Zoning)与动态分区(Dynamic Zoning)。静态分区是指在配送中心规划时已经确定分拣区的大小、形状与数量等，这些因素在拣货过程不会发生动态变化；动态分区则是在拣货时根据需要、分区数量和大小随时变化，而且分区方式也有多种，如货品特性分区、拣选方式分区、拣选单位的分区和工作分区等。根据各分拣区拣货时间并发与否又分为串行分区和并行分区。

1．串行分区与并行分区

1) 串行分区系统

在串行分区系统中，所有货物都是逐步拣选的，拣货人员负责拣选完所负责区的货物后将装物品的容器(箱或托盘)移入或交给下一个分区接着拣选，就像接力赛跑一样，一棒传一棒，在此系统中，经常出现某分区拣货员回到和前一分区的交接点时，没有前一分区已经完成的订单，由于不能越过交接点去帮助前一分区那位忙碌的拣货员，只得无奈地等待，造成了时间的浪费，拣货不能达到最高效率；动态分区(接力式分区)是串行分区的一种改进，订单在此不作分割，拣货一区接一区地接力拣选，但分区大小不固定，以接力的方式来完成所有的分拣动作，消除了拣货区的限制，避免了节点间的无奈等待。这种只包含一个订单的拣选，可以大大提高顾客订单响应速度，同时省去了分类作业的成本。但货物量很少时，拣选一个货物平均所需的往返步行时间就相当多，降低了拣货效率。一般串行分区的系统配置如图 7-24 所示。

串行分区拣货方式是在分区拣货的前提下，订单不作分割，一张订单由不同工作分区内的不同的拣货员以接力的方式来完成所有的拣取动作，每个拣货员只负责自己所在区域内产品的拣货。这种拣货系统通常需要借助于电子标签、自动输送机等设备进行辅助拣货。一般干货、日用品、烟酒等属零散拆箱属性的品项，通常采用接力拣取式的拣货作业。在接力拣货过程中，如果某个分区中需要拣取的品项数量特别多，就会导致该分区中的拣取时间特别长，工作人员也相对较累；同时，其他需要拣取品项数量较少的分区，由于拣取时间较短，工作人员会出现空闲。这种现象会影响拣货系统工作的连续性和均衡性，降低拣货作业的效率。为了避免这种情况，需要对一定时期的订单特性进行分析，在入库时，对储位进行优化布置与分配设计，以保证各分区的被拣品数量大致相当。同时，分区数量的多少也是影响拣货效率的重要因素，配送中心在旺季和淡季对拣货区数量和人员的配置也应根据实际情况进行实时调整，以保证旺季工作人员不会超负荷工作，淡季也不会出现设备和人员闲置现象。

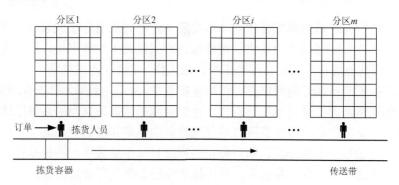

图 7-24　串行分区的系统配置示意图

2) 并行分区系统

并行分区是在管理人员分配好各分区作业人员的拣选任务后，所有区域同时开始拣货作业直至完成订单需求再汇总一起。各分区固定，但配合订单分割与分批策略，运用多组拣货人员在短时间内共同完成订单的拣选。拣货员在拣选一件货物的过程中，会在产品上贴上条码标签，然后将其放在一个大的手推车里面，或是放在位于拣货员行列旁边的传送带上。手推车或是传送带上的货随之将被送到一个分类系统处，该系统会按照顾客订单的要求将货物进行分类，可以是手工分类，也可采用自动分拣设备进行分类。即当一项订单被分配给多个拣货员时，将这些订单里的货物重新整合在一起所付出的努力也极大地增加了。一般并行分区的系统配置如图 7-25 所示。

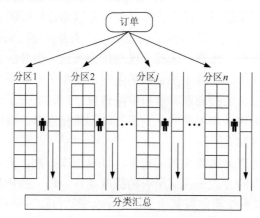

图 7-25　并行分区系统配置示意图

有订单需求时，分区拣货人员根据订单物品需求信息同时进行拣货作业，直到所有分区拣货作业完成物品汇总为止。显然，订单的拣货时间仅仅与最大的分区拣货时间相关，则拣货作业系统在运作过程中，不仅要求各分区拣货作业时间最少，而且需考虑分区中物品的相关均衡储存,使后续的订单拣货作业中各分区拣货时间均衡相等,达到订单拣货提前期最短的目的,所谓订单拣选提前期,类似于生产系统的提前期概念,指拣货设备从收到订单开始拣选到拣货完毕这段时间。一般情形下,订单拣货时间即为订单提前期,但在某些特殊情况下,两者不相等,如订单拣货过程中发生中断或者订单被分割同时拣选等情形。特别随着物流技术和现代化管理方法在配送中心的应用,分拣系统中的物品拣选时间得到显著改善,不同位置物品在分拣区中的拣选时间差异减小,趋于单元化,订单的拣货时间逐步与订单需求物品种类数量呈正线性关系,物品在各并行分区之间的均衡储存更显得非常重要。

如果订单需求的所有物品均衡储存在不同分区中,则订单在各分区的需求物品数量基本相同,各分区拣货作业时间趋于相同,分区拣货设备无空闲现象存在,订单提前期达到最短。但是,不同订单需求物品种类是不一样的,各订单在各分区的物品需求也不相同,种类数量也存在差异,这带来物品的均衡储存的复杂性。为了最小化订单提前期,减少分区中拣货设备的空闲时间,一般处理方法的思想是将所有订单中物品需求频率相同或相似的物品储存在不同的分区中,这样可以使后续的订单需求物品分布在各分区尽量均衡,达到各分区的拣货时间基本一致。如何获取物品之间的需求关系以及在获取关系数据后如何安排物品均衡地储存在不同分拣区中是一个值得研究的问题。

物品需求相关关系越强的物品储存在不同的分拣区可以最小化拣货提前期,减少拣货设备的空闲时间,而物品之间的需求相关关系可以通过历史订单信息分析获得。如果某两种物品的需求发生在基本相同的一组订单中,而且该组订单数量越大说明这两种物品的需求相关关系越强,在物品储存时就越应该储存在不同的分区中。

3) 静态与动态分区系统

在静态分区拣货作业问题中,不仅需要考虑每一分区拣货作业路径最优化或拣货时间最小化,而且需考虑物品在各分区的均匀储存,来实现拣货作业人员劳动效率的提高。特别是并行分区拣货作业,由于订单拣货时间(提前期)是所有分区作业时间最大者的值,更为强调这一点。动态分区与静态分区正好相反,其分拣区域没有固定,而是随着拣货作业的进行而动态变化。拣货过程中类似于串行分区,拣货人员是一区一区地接力拣选,但分区大小不固定。动态分区系统配置如图7-26所示。

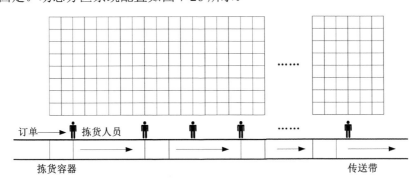

图7-26 动态分区系统配置示意图

如图7-26所示,拣货人员按照拣货效率从小到大依次安排在分拣系统中,拣货过程中,拣货人员完成自身所分配的拣货任务后立即前移,从前一位拣货人员处接手未完成的拣货任务继续开始拣货，前一位拣货人员的任务被接手后也立即前移到更前一位拣货人员处接手其拣货任务，依次类推，拣货随着订单的不断到达，拣货系统的拣货任务一直如此动态进行，直到完成所有拣货任务为止。

2. 分区拣货的时间均衡性评价

在分区拣货作业中，为保持拣货作业的连贯性和作业设备的平衡利用，各拣货分区的拣货数量保持均衡性是非常重要的。特别是并行分区拣货系统，保持这种均衡性不仅可以均衡拣货设备或人员的劳动量，还能显著缩短客户订单的拣货提前期等。时间均衡设计的目的就是为了在既定拣货策略下使拣货过程中的作业等待时间达到最小。在分区拣货系统中，通过工作量的均衡设计可以实时调整拣货区的大小，减少工作人员的空闲时间，消除分区拣货及订单批量拣货中的等待时间等。这些方法往往不需要大的投资，比较容易实现。

国内外很多学者都是通过采用合理的存储策略、配合恰当的订单分批方式、结合各种订单拣取路径策略及适当的分区策略来提高拣货效率。但大都从某一方面考虑如何减少行走时间和距离从而达到减少成本的目的，而未从订单分批、分割、分区拣选集成优化的角度考虑各区拣取时间不均衡会影响配送中心响应速度和整体运行效率，从而导致对顾客的服务水平降低的问题。

时间不均衡是指在拣货过程中，在既定的拣货策略下，由于各拣货分区所花的拣货时间有差异性，导致一批订单或被分割的订单不能同时完成拣货，而必须等拣货时间长的分区拣货作业完成后，才能进行包装和配送装车等作业的等待时间。这个等待时间的存在，一方面会对人员和设备造成闲置浪费，另一方面会延误下一周期的拣货作业，最终影响配送中心的整体作业效率。所以我们引入下面两个时间均衡评价指标。

某配送中心拣货区分成 n 个并行分区，下面引入两个均衡拣货时间的指标。

第一个指标：设各区分系统的拣货时间分别为 $t_i(i=1,2,\cdots,n)$，要完成一批拣选任务，使整个系统等待时间尽可能小，即评价的关键在于缩短各并行作业之间的时差，用数学公式可表示为 $\min\{|t_i - t_j|\}(i=1,2,\cdots,n;\ j=1,2,\cdots,n)$，并且 $i \neq j$。

第二个指标：把生产装配中的平衡延误(Balance Delay)原则引入到分区拣货问题中来，各分系统中最大拣货时间设为 t_{max}，各分系统中平均拣货时间设为 t_{ave}，可得分区拣货时间均衡性的另一个评价指标为 $\min \dfrac{t_{max} - t_{ave}}{t_{max}}$。

采用以上两种拣货时间均衡指标能保证各拣货分区拣货时间的相对平衡，有效减少拣货作业中因订单分批、分割拣选及工作分区不平衡引起的等待时间，不仅能改善拣货作业效率，最小化设备和人员闲置时间，而且有利于提高客户服务水平。如果改变订单资料如订单到达的速率、订单订购的货物数及总量等，均可以按照此方法进行时间均衡的设计。

如果计算结果表明 n 个拣货分区的作业时间严重不平衡，则必须对拣货系统做相应的调整，如改变储区的布局；通过历史数据分析挖掘，重新进行储位规划；改变时间大小或是调整订单分批策略等；之后再重新验证。上述过程可以反复进行，直到满意为止。

7.5.3　储位规划模型及算法

存储策略是储区规划的大原则，必须配合货位分配的方法才能确定货物的具体存放位置,最终决定整个拣货系统实际运作的模式。所以存储策略应结合货位规划才能更符合实际情况,才能在拣货系统乃至整个配送中心系统运作中发挥更大的作用。

在上述各种拣货系统的存储策略中,无论是定位储放还是分类储放,都是以货物周转率为依据、以减少拣货行走的时间或距离为目标来对储位进行分配的,一般都假设货物的搬运成本仅与货物的搬运距离有关。但在实际运作中,从减少整个搬运系统能耗的角度考虑,货物的搬运距离和重量都是影响搬运成本的重要因素。在存储定位中考虑货物重量,另一方面原因是为了很好地保证货架结构的稳定性,应该遵循下重上轻的原则,尽量使货物的重心最低。

为解决上述问题,我们将在某些假设的前提条件下,考虑货物的重量、搬运距离、周转频率及安全性等因素的基础上,建立储位规划模型。

1. 模型的建立

1) 模型假设

(1) 拣货员或拣货车辆只在拣货区和出入货口(I/O)之间行走,拣货过程中只计算货物重量产生的能耗,拣货员或拣货车辆自身重量忽略不计。

(2) 按简单的往返拣货程序进行拣货,不考虑拣货员或拣货车辆空驶的能量消耗。

(3) 不考虑缺货对拣货系统的影响,即在拣货过程中不会发生缺货现象。

(4) 从存储位置取出货物的能耗为一常数,在模型中忽略不计。

(5) 每个储位存放的货物以容积为限而不是以重量为限。

(6) 储位的整体容积利用比较高,大多数储位都是满的。

(7) 每个储位只存储一种货物,每个储位的容量为常数。

(8) 补货作业与拣货作业相互独立,模型中不考虑补货作业对拣货作业的影响。

2) 参数的定义

H_{xz}——从 I/O 到货架的第 x 列,z 层上的货物的垂直距离;

S_{xz}——从 I/O 到货架的第 x 列,z 层上的货物的水平距离;

μ——搬运器械与地面的磨擦系数;

g——重力加速度;

v_i——存储单位货物 i 所需要的容积空间;

w_i——单位货物 i 的重量;

m_{xz}——存储于货架的第 x 列,z 层货位上的货物的重量;

V——每个储位的容量空间;

Q_i——每个周期内订购货物 i 的数量的数学期望;

f_i——每个周期内货物 i 的存货周转率(次);

X_{xzi}——第 x 列、z 层上的货物 i 的储存数量。

$Y_{xzi} = \begin{cases} 1 & \text{货物}i\text{存储在货架的第}x\text{列},z\text{层上} \\ 0 & \text{否则} \end{cases}$

3) 目标函数

第一个目标函数:从减少能耗的角度出发,拣货员或拣货车辆从一个储位取出订单中的货物运送到 I/O,需要消耗的能量可以由拣货员或拣货车辆拣取单位货物行走的能量消耗与取出操作的期望次数来确定。外力对物体所做的功等于外力 F 与物体在力的方向上所移动的距离之积，即 $W=FS$。假设拣货过程中拣货员或拣货车辆匀速行走，需要克服水平方向的地面摩擦的力做功和垂直方向上的重力做功。这样，一次拣取单位货物 i 时，拣货员在水平方向和垂直方向所做的功可以表示为 $W = W_s + W_h = w_i g \mu S_{xz} + w_i g H_{xz}$。

在一个周期内，从储位 (x, z) 取出货物 i 所需要的总功可以用水平方向所做的总功和垂直方向所做的总功两部分之和表示，即

$$\min = f_1 = g \sum_{x=1}^{p} \sum_{z=1}^{q} \sum_{i=1}^{n} (\mu S_{xz} + H_{xz}) w_i X_{xzi} f_i \tag{7-32}$$

第二个目标函数：为了使货架受力均匀，很好地保证货架结构的稳定性，应该遵循下重上轻的原则，保证货架的稳定就是使货物的重心最低，即

$$\min f_2 = \sum_{x=1}^{p} \left(\frac{\sum_{z=1}^{q} z * m_{xz}}{\sum_{z=1}^{q} m_{xz}} \right) \tag{7-33}$$

4) 约束条件

$$v_i X_{xzi} \leq V \quad (x = 1, 2, \cdots, p;\ z = 1, 2, \cdots, q) \tag{7-34}$$

$$\sum_{x=1}^{p} \sum_{z=1}^{q} X_{xzi} \geq \frac{Q_i}{f_i} \quad (i = 1, 2, \cdots, n) \tag{7-35}$$

$$\sum_{i=1}^{n} Y_{xzi} \leq 1 \quad (x = 1, 2, \cdots, p;\ z = 1, 2, \cdots, q) \tag{7-36}$$

$$\sum_{x=1}^{p} \sum_{z=1}^{q} y_{xzi} \geq \left[\frac{Q_i v_i}{V f_i} \right] \quad (i = 1, 2, \cdots, n) \tag{7-37}$$

式中：X_{xzi} 为正整数；Y_{xzi} 为 0，1 变量。 (7-38)

上述约束条件(7-34)表示存储到储位 (x, z) 的货物的容积不能大于该储位的容量空间；(7-35)是为了保证货物 i 在周期内的最大存储水平，防止缺货产生；式(7-36)表示储位 (x, z) 至多只能存放一种货物；式(7-37)表示货物 i 所占用的储位数，且向上取整数；式(7-38)为变量的取值约束。

2. 启发式算法设计

1) 算法思路

体积-订单指数法(COI)是存储策略中比较合理的一种方法。COI 是单位货物的存储空间需求和其存取需求次数的比值，COI 越低的货物所占存储空间越小，存取需求越高。但是除了需求次数、存储空间外，还要充分考虑如何减少能耗，这样搬运行走的距离和货物的重量成为评价储位分配优劣的一个重要标准，为解决这个问题我们把货物的重量引入 COI 法则中，即

$$\text{WCOI}_i = \frac{\text{COI}_i}{w_i} = \frac{Q_i v_i}{w_i Q_i f_i} = \frac{v_i}{w_i f_i}$$

WCOI 越低的货物所占的存储空间越小，存取频率越高，重量越大。这些货物越靠近 I/O 布置。

考虑第一个目标函数的实现。它和货物的重量、频率、数量及 $(\mu S_{xzi} + H_{xzi})$ 都有关，但

重量、频率在 WCOI 法则中已经有所考虑，所以我们现在只考虑 $(\mu S_{xzi}+H_{xzi})$，$(\mu S_{xzi}+H_{xzi})$ 的实际意义是：将物体从第 x 列、z 层移动到 I/O 点时，相当于克服地面摩擦力和物体重力所移动的距离，当储位具有相同的 $(\mu S_{xzi}+H_{xzi})$ 值时，拣出这些储位上重量相同的货物所需要耗费的能量相同。

考虑第二个目标函数的实现。引入 WCOI 法则，并不能很好地实现第二个目标函数，有可能会违背遵循上轻下重的原则，所以在采用 WCOI 法则进行存储定位时，对于那些 WCOI 值相差不大的货物，可以把密度大的货物调整到下层。这样在不违反储区和货位规划的大原则的条件下，同时考虑货架结构的稳定性，使货物的重心尽可能最低。

2) 算法步骤

Step0：初始化。待存储货物集 $\{i\,|\,i=1,2,\cdots,n\}$，储位集 $\{x\,|\,x=1,2,\cdots,p;\ z\,|\,z=1,2,\cdots,q\}$ 给定 σ 值，令 $i=1$。

Step1：计算各储位的 $(\mu S_{xz}+H_{xz})$ 值、各货物的 WCOI_i 和密度 $\dfrac{w_i}{v_i}$ 值。

Step2：将储位 (x,z) 按 $(\mu S_{xz}+H_{xz})$ 值升序排列。

Step3：将货物 i 按 WCOI 值升序排列，不妨假设 $\text{WCOI}_1 \leqslant \text{WCOI}_2 \leqslant \text{WCOI}_i \leqslant \cdots \leqslant \text{WCOI}_n$。

Step4：将具有最低 WCOI 值的货物 i 存入 $(\mu S_{xz}+H_{xz})$ 值最低的储位 (x,z)，并把此货物从待储存货物集中移走。

Step5：如果一个储位的存储空间不够，则将剩余货物存入下一个具有次大的 $(\mu S_{xz}+H_{xz})$ 值的储位。

Step6：重复 Step5，直到该种货物全部都分配到储位为止。

Step7：计算 $\text{WCOI}_{i-1}-\text{WCOI}_i$ 的值，如果 $\text{WCOI}_{i-1}-\text{WCOI}_i \leqslant \sigma$，则比较密度值 $\dfrac{w_{i-1}}{v_{i-1}}$ 和 $\dfrac{w_i}{v_i}$ 的大小，如果密度值大的货物在上层，则对调货物 i 和 $i-1$ 的位置；$i=i+1$。

Step8：将未分配到储位且具有最高 WCOI 值的货物 i 存入 $(\mu S_{xz}+H_{xz})$ 值最低的空储位。

Step9：重复 Step6～8，直到所有的货物都分配到储位为止。

3. 算例

某配送中心现有 4 层 8 列、尺寸相同的货架 10 个，俯视如图 7-27 所示。假设每个货格的容量空间为 $1\times1\times1\text{m}^3$，根据储位规划的模型及算法把货物分配到具体的储位，货物的基本信息如表 7-10 所示。

由于篇幅有限，本算例只考虑二区巷道中的左边一面货架，如果所有货架同时考虑的话，只需要把所有储位按 $(\mu S_{xz}+H_{xz})$ 值大小排序即可。为测试模型和算法的有效性，选取数据来进行计算对比，假设拣货车辆轮胎与地面的摩擦系数均为 0.8，取重力加速度 $g=9.8\text{m/s}^2$，取 $\sigma=0.0024$。

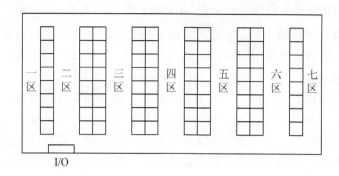

图 7-27 拣货区布局俯视图

表 7-10 货物相关数据表

货 物	f_i(次/月)	Q_i(个)	w_i/kg	v_i(10^{-2}m³)
A	2	136	1	2.8
B	1.6	42	2	4.05
C	1.1	20	3.5	4.9
D	4	50	6	5.6
E	2	34	1.5	5.8
F	8	84	2	5.6
G	1.3	54	1	8.5
H	2	48	2.1	3.7
I	2.7	39	7.2	4.5
J	1	45	10	11

由表 7-10 可得各货物的密度 $\dfrac{w_i}{v_i}$ 值，根据上述算法计算各储位的 $(\mu S_{xz}+H_{xz})$ 值和各货物的 $WCOI_i$ 值并分别按升序排列，结果如表 7-11 和表 7-12 所示。

表 7-11 各储位的 $(\mu S_{xz}+H_{xz})$ 值排列表

10	14	18	22	26	29	31	32
6	9	13	17	21	25	28	30
3	5	8	12	16	20	24	27
1	2	4	7	11	15	19	23

注：表中数字表示各储位的排序号。

表 7-12 各货物的 $WCOI_i$ 值升序排列表

货物	D	I	F	H	J	C	B	A	E	G
WCOI($\times 10^{-3}$)	2.33	2.34	3.50	8.81	11.00	12.25	12.66	14.01	19.33	63.78
序号	1	2	3	4	5	6	7	8	9	10

按照 Step4 到 Step9 的方法把货物分配到相应的储位中，并注意随时根据 Step7 把密度值大的货物调整到下层，直到所有的货物都分配到储位为止，储位分配结果如表 7-13 所示。

表 7-13 储位分配结果表

F	H	C	A	E	G	G	G
F	F	H	J	B	A	G	G
D	I	F	H	J	B	A	E
D	D	I	F	J	J	J	A

经过计算可知：货物按照上述方法进行储位分配后货物的重心离地面为 1.317m，如果不采用 Step7 的方法把密度值大的货物调整到下层，则货物的重心离地面为 1.485m，可见引入第二个目标函数和相应的算法后，有效地降低了货架重心达 0.168m，在以减少搬运系统能耗为目标的储区和货位规划的基础上，同时考虑货架结构的稳定性，使货物的重心尽可能最低，模型和算法取得了较好的效果，具有一定的实际意义。

7.6 拣货路径规划

拣货路径或顺序优化是配送中心拣货作业问题中最重要也是最核心的问题，不仅其耗费的时间和费用占整个拣货作业比例较高，而且也是构成订单分批作业和存储分区作业的基础。配送中心通过有效的运作方式和管理手段来提高拣货作业效率，提高经济效益。

在拣货作业中，客户订单首先转换成拣货单。订单拣货的时间可分成取货、行走时间和逗留时间。行走时间跟储位之间的搬运活动相关，取货时间包括查寻、取货、装车、核对货单等；逗留时间跟等待下一单命令的时间相关。行走时间常常占拣货时间的一半，应该把减少库内行走距离当成一项重要的内容。所以拣货路径的选择策略是影响拣货效率的重要因素。

减少在储区行走距离的途径有以下几个方面，可通过提高配送中心的机械化程度来减少行走距离，例如使用小件物品自动分拣机或者传输带；采用合理的存储策略及订单分批策略；选择恰当的拣货路径以便确定取货的次序。

7.6.1 启发式路径策略

拣货路径策略一般都是在低层人至物拣货系统(拣货员沿着巷道行走到拣取位置拣取相应的货物)中进行的，拣货人员在进行拣货作业过程中，由于拣货顺序的不同，拣货人员行走路径会有所差异，进而影响拣货路径距离与效率。传统拣货路径策略概括起来主要有基本路径策略、启发式路径策略和最优路径策略三类，穿越策略和返回策略属于基本路径策略，启发式路径都是在基本路径策略的基础上，对某些规则做一定的改进形成的，一般来说启发式路径策略比基本策略更优越一些，包括综合拣货策略、中点策略、最大间隙策略、S 形启发式策略和通道接通道策略。

1. 启发式路径策略概述

1) 穿越策略

穿越策略是指拣货员或拣货车辆从仓储区的一端进入拣货通道，而从该通道的另一端离开，进入下一个最近包含拣取位置的拣货通道，拣货员或拣货车辆从入口出发，在返回出入口之前按这种方法遍历所包含拣取位置的通道。当通道较窄时，可以同时拣取两侧货架上的商品；如果通道较宽，则必须横跨走道，这时所经路径的轨迹类似"Z"字型。所以也可叫 Z 型穿越策略。如图 7-28 和图 7-29 所示(图中阴影部分表示拣取位置)。

2) 返回策略

返回策略是指拣货员或拣货车辆从通道的一端进入通道拣货之后从同一端离开进入下一通道，拣货员或拣货车辆只需要进入包含拣取位置的通道，不包含拣取位置的通道可以跳过，如图 7-30 所示。

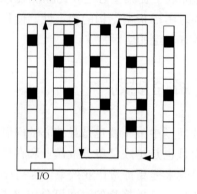
图 7-28　穿越拣货策略

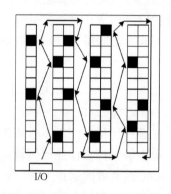
图 7-29　Z 字型穿越拣货策略

3) 综合拣货策略

综合拣货策略结合了穿越策略与返回策略两种基本路径策略的优点，其关键在于确定穿越与返回的时机，综合拣货策略就是寻找 2 个相邻拣货通道中最远的拣取位置之间的最短行走距离。图中，第一通道的最远拣货单元在第 2 个货位，第二个通道的最远拣货单元在第 10 个货位，假设在通道内行走的为直线，则在拣取完第一通道的第 2 个货位后采用返回策略进入第二通道，在拣取完第二通道的第 10 个货位后采用穿越策略进入第三通道，依此类推。结果表明采用综合拣货策略比采用穿越拣货策略少行走 18 个单位，比采用返回策略少行走 16 个单位，如图 7-31 所示。

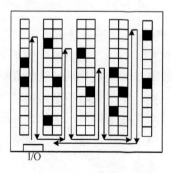
图 7-30　返回拣货策略

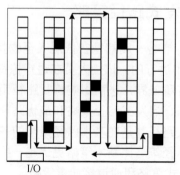
图 7-31　综合拣货策略

4) 中点策略

中点策略是指从拣货通道的中点处将储区分为 2 个部分，拣货员或拣货车辆从拣货通道一端进入，到达一个拣货通道的最远处就是中点，和返回策略类似，拣货员或拣货车辆从通道的一端进入通道拣货之后从同一端离开进入下一通道。一个拣货员先只拣取一半拣货区的货物，之后再去拣选剩余半边的货物，也可派两个拣货员从两边同时拣货，如图 7-32 所示。

5) 最大间隙策略

最大间隙策略与中点策略相似，区别是到达通道最远处是最大间隙而不是中点，一个通道的最大间隙就是拣货员或拣货车辆未穿越的通道部分。最大间隙是指同一拣货通道中任意 2 个相邻拣取位置之间的距离和距离两侧底端最近的拣取位置中的最大者。拣货员或拣货车辆在拣选作业时，就是要在同一拣货通道中任意 2 个相邻拣取位置之间和距离两侧底端最近的拣取位置之中选择较短的路径，如果最大间隙在 2 个拣取位置之间，拣货员采取直接回转的策略，如图 7-33 所示。

6) S 形启发式策略

拣货员或拣货车辆沿着拣取位置以呈 S 形的路线行走，穿越任何包含拣取位置的通道，而跳过不包含拣取位置的通道。在只有一个拣货区的仓库中，S 形启发式策略等同于穿越策略；而在具有多个与拣货通道垂直的横向通道的仓库中，拣货区被分成多个分区，这时对每个分区分别采用穿越策略，具体方法为从第一个拣货分区开始采用穿越策略，拣选完毕后，进入下一个拣货分区的通道，依此类推，直到最后一个拣货区内的货品被全部拣出为止，如图 7-34 所示。

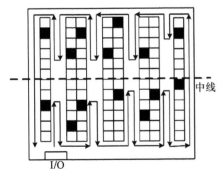
图 7-32 中点拣货策略

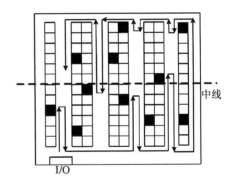
图 7-33 最大间隙拣货策略

7) 通道接通道策略

通道接通道策略是针对具有多个横向通道仓库的启发式方法，采用这种方法对每个拣取通道只访问 1 次，即首先拣取通道 1 内的所有货物，接着拣取通道 2 内的所有货物，依此类推，那么如何确定从一个拣取通道向下一个拣取通道的行走线路，一般采用动态规划的方法，如图 7-35 所示。

8) 最优策略

储区中的拣货路径问题的确定过程实际上是确定从起点到终点的最短路径的旅行商问题(TSF)。从最优化方法确定的拣货路径来看，最短拣货路径通常就是 S 形启发式策略和最大间隙策略的结合。最优化方法虽然使得拣货的总路径最短，但由于在最优化的拣货路径中，有些拣货通道要进入两次甚至是多次，增加了拣货路径的复杂程度，比较复杂的路径会导致更多的混乱，从而引起拣货时间的增加和拣货错误的增多。

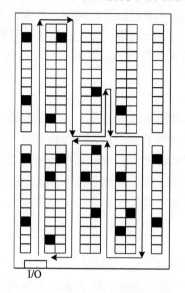
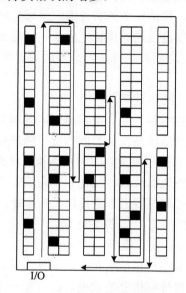

图 7-34　S 形启发式拣货策略　　　　图 7-35　通道接通道拣货策略

在实际应用中，企业普遍愿意接受启发式路径方法，因为这些方法很多情况下能形成接近最优的路径，而且算法更加直接简便、易于接受，确定的拣货路线更适于拣货人员进行拣货，所以，即使是具有现代化信息技术的专业化的仓库管理系统也仍然使用简单的启发式方法。

2．启发式路径策略比较分析

拣货路径问题是一个比较复杂的问题，与储区布局、系统配置、存储策略、拣货策略等因素有关。对启发式路径的比较分析主要是针对低层货架仓库中人工拣货的拣货路径问题。目前，启发式路径问题研究的基本上都是假定一种货物只存储在一个拣取位置，一个拣货员只拣取一张拣货单并且被拣取货物不超过拣货车容量等条件下进行研究的，很少考虑紧急插单、拣货拥挤、客户服务水平等综合决策问题。

以上方法虽然都是针对 1 个区的仓库，但只要对它们进行适当的修改就能用于具有多个区的仓库。在巷道数多或拣货单大的情况下，改进的混合策略和最优方法结果之间的差别也较大，为 1%～25%。通道接通道策略、混合策略和改进的混合策略在一个区的仓库中结果相同，而综合启发式策略则总是优于 S 形方法。但是，当横向通道的数量较少或者拣取密度较小时，综合启发式策略与 S 形启发策略的差异会减少。

总之，每种启发式策略都有它的适用条件，没有一种启发式策略会在任何情况下效果都好。一般来说，综合策略的效果较好，在高拣取密度情况下，S 形启发策略比其他启发式策略要好，而在拣取密度较低的情况下则相反。

7.6.2　拣货系统的 VRP 问题研究

车辆路径问题在物流企业的应用主要在物流配送部门，因为要解决城市之间或者城区之间配送路径优化，但很少应用在配送中心内部设备行走路径优化问题上，随着精细管理思想的推广，成本模型的完善，物流企业特别是仓储物流企业对配送中心内的设备调度非常频繁，如何优化货物的存储和仓库内部设备(或人员)的调度成为企业关注的焦点。配送中心拣货路径问题主要考虑怎样将订单中的货物分配到多趟(或是一趟)车次中拣取，使其总的拣货路径最优，该类问题类似于 VRP 或是 TSP。

1. 旅行商问题

旅行商问题，即 TSP 问题是数学领域中的著名问题之一。假设有一个旅行商人要拜访 n 个城市，他必须选择所要走的路径，路径的限制是每个城市只能拜访一次，而且最后要回到原来出发的城市。路径的选择目标是要求得到的路程为所有路径之中的最小值。此类问题的显著特点即单一性(只有一个回路)和遍历性(各点不可遗漏)，这是一个典型的组合优化问题。已被证明属于 NP 难题，即没有确定的算法能在多项式时间内求得问题的解，对于小型问题可以采用枚举法得到精确的最优解，而大规模的线路优化问题无法获得最优解，只有通过启发式算法得到局部最优解。

给定一组网络 $G = (N, A, C)$，其中 N 为点集合，A 为边集合，而 $C=c_{ij}$ 为距离矩阵，表示由点 i 到点 j 的距离；旅行商问题就是求解一条通过集合 N 所有的点一次且仅一次，并回到原来的点的最小成本路线。TSP 问题的数学模型如下：

$$\min z = \sum_{i=1}^{n} \sum_{j=1}^{m} c_{ij} x_{ij} \tag{7-39}$$

约束条件：

$$\sum_{i=1}^{n} x_{ij} = 1 \quad (j = 1, 2, \cdots, n) \tag{7-40}$$

$$\sum_{j=1}^{n} x_{ij} = 1 \quad (j = 1, 2, \cdots, n) \tag{7-41}$$

$$\sum_{j=1}^{n} x_{ij} \leqslant |S| - 1 \quad (R \in \{2, 3, \cdots, n\}) \tag{7-42}$$

$$x_{ij} = \begin{cases} 1 & \text{表示走行线路经过边}(i, j) \\ 0 & \text{否则} \end{cases} \tag{7-43}$$

其中，式(7-39)为目标函数求解总路程最短的路径，约束条件式(7-40)和式(7-41)表示每个点只能经过一次；式(7-42)表示路径中不存在小回路，|S|表示集合中元素的个数；式(7-43)表示 x_{ij} 为 0,1 变量。

上述为 TSP 问题的基本模型，拣货路径问题也可视为特殊 TSP 的问题，路径优化的目的是合理安排拣选顺序，以实现行走距离或行走时间的最小化，如果将所拣取货物的存储位置抽象为点，存储位置之间的行走距离抽象为点之间的弧，该类型问题就是一类特殊的 TSP 问题，而解决该问题现在已经出现了许多方法，比如：利用遗传法、禁忌搜索、神经网络、蚁群优化算法等来求解最佳拣货路径问题。

2. VRP 问题

VRP 是物流系统研究中的一项重要内容。选取恰当的车辆路径，可以加快对客户需求的响应速度，提高服务质量，增强客户对各物流环节的满意度，降低物流运作成本。很多专家学者对车辆路径问题进行了大量的理论研究和实验分析,取得了很大的研究进展。其研究结果在运输系统、物流配送系统、快递收发系统中都已得到广泛应用。目前,对车辆路径问题的研究仍然相当活跃。

VRP 的一般描述是:对一系列给定的客户点,要求确定适当的车辆行驶路线,使车辆有序地通过它们,在满足一定的约束条件(如货物需求量、发送量、交发货时间、车辆容量限制、行驶里程限制、时间限制等)下,达到一定的目标(如路程最短、费用最小、时间尽量少、使用车辆尽量少等)。由此不难看出,TSP 问题是 VRP 的一个特例。已经证明 TSP 和 VRP 问题都是 NP 难题。

根据研究重点的不同,VRP 有多种分类方式。有对弧服务问题(如中国邮递员问题)和对点服务问题(如旅行商问题)以及混合服务问题(如校车路线安排问题);按车辆载货状况分类,有满载问题和非满载问题;按车辆类型分类,有单车型问题和多车型问题;有车辆开放问题(车辆可不返回车场)和车辆封闭问题(车辆必须返回车场);按已知信息的特征分类,有确定性 VRP 和不确定性 VRP;按约束条件分类,有 CVRP(带能力约束)、DVRP(带时间距离约束)和 VRPTW(带时间窗口约束);按需求是否可切分分类,又可分为可切分的 VRP 和不可切分的 VRP。按优化目标数来分类,有单目标问题和多目标问题。由于情况的不同,车辆路径问题的模型构造及算法有很大差别。在 VRP 中,最常见的约束条件有容量约束、优先约束、车型约束、时间窗口约束、相容性约束、随机需求、开路、多运输中心、回程运输、最后时间期限、车速随时间变化等。

根据问题特点建立配送中心内部拣货系统车辆路径问题模型如下:配送中心拥有多台拣货车辆,在同一时段执行多个拣货任务,每台拣货车辆可以装载多个任务的多件货物(考虑拣货车辆容积的限制条件),走行多条回路,在保证能完成拣货任务的条件下,用尽可能少的设备资源,要求所有车辆走行路程之和最短,且各台拣货车辆的任务执行数基本上均衡,VRP 问题如图 7-36 所示,图中数字表示订单号,如订单 1、4、7 被分为一批,在一条拣货路径上完成。

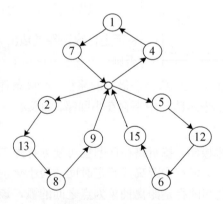

图 7-36 VRP 示意图

定义符号如下:对于拣货车辆 c ($c=1,2,\cdots,m$),V_c 为车辆 c 的装载容积;N 表示待拣货物集 $\{k|k=1,2,\cdots,g\}$;对于货物 $k,p(k,p=1,2,\cdots,g)$,v_k 为货物 k 的体积,d_{kp} 为拣货车辆从货物 k 所在的位置直接到货物 p 所在的位置走行的距离,定义两个 0,1 变量:

$$z_{kc} = \begin{cases} 1 & \text{车辆}c\text{拣取货物}k \\ 0 & \text{否则} \end{cases}$$

$$Y_{kpc} = \begin{cases} 1 & \text{车辆}c\text{拣取完货物}k\text{后立即拣取货物}p \\ 0 & \text{否则} \end{cases}$$

配送中心在同一个时段里有大量订单到来时,此时问题变成了处理多条路径的 VRP 问题,配送中心内部拣货系统 VRP 模型如下:

$$\min Z = \sum_{c=1}^{n}\sum_{k=1}^{g}\sum_{p=1}^{g} d_{kp} Y_{kpc} \tag{7-44}$$

约束条件:

$$\sum_{k=1}^{g} v_k Z_{kc} \leqslant V_c \quad (\forall c) \tag{7-45}$$

$$\sum_{c=1}^{m} Z_{kc} = 1 \quad (\forall k) \tag{7-46}$$

$$\sum_{p=1}^{g} Y_{kpc} = Z_c \quad (\forall k,c) \tag{7-47}$$

$$\sum_{p=1}^{g} Y_{kpc} = Z_{pc} \quad (\forall p,c) \tag{7-48}$$

$$\sum_{p=1}^{g} Y_{kpc} \leqslant |S|-1 \quad (\forall c, S \subseteq \{1,2,\cdots,g\}) \tag{7-49}$$

$$Y_{kpc} = 0 \text{ 或 } 1 \quad \forall k,p,c \tag{7-50}$$

$$Z_{kpc} = 0 \text{ 或 } 1 \quad \forall k,c \tag{7-51}$$

上述式(7-44)为所有车辆走行路程之和最短,式(7-45)为拣货车辆装载容积约束,式(7-46)保证货物 k 必须被装载,式(7-47)表示只有一辆拣货车 c 来装载货物 k,式(7-48)表示只有一辆拣货车 c 来装载货物 p,式(7-49)保证最多只能有一回路,不能出现多环,$|S|$表示集合中元素的个数,式(7-50)和式(7-51)为数据取值约束。

7.6.3 求解 VRP 的主要算法

解决 VRP 的方法主要有动态规划法、传统启发式方法及现代启发式方法,如模拟退火算法、禁忌搜索算法、遗传算法,还有其他一些人工智能算法等。

1. 模拟退火法

模拟退火法(Simulated Annealing,SA)是通过模拟热力学中经典粒子系统的降温过程来求解规划问题的极值。当孤立粒子系统的温度以足够慢的速度下降时,系统近似处于热力学平衡状态,最后系统将达到本身的能量最低状态,即基态,这相当于能量函数的全局极小值点。由于模拟退火法能够有效地解决大规模的组合优化问题,且对规划问题的要求很少,因此引起研究人员的极大兴趣。当系统温度足够低时,就认为达到了全局最优状态。按照热力学分子运动理论,粒子做无规则运动时具有的能量带有随机性,温度较高时,系统的内能较大,但是对某个粒子而言,它所具有的能量可能较小。因此算法要记录整个退火过程中能量较小的点。

模拟退火算法的步骤如下：

Step1：任选一个初始解 i_0，$i := i_0$；$k := 0$，$t_0 := t_{max}$（初始温度）。

Step2：若在该温度达到内循环停止条件，则到 Step3；否则，从邻域 $N(i)$ 中随机选一 j，计算 $\Delta f_{ij} = f(j) - f(i)$；若 $\Delta f_{ij} \leqslant 0$，则 $i:=j$，否则若 $\exp(\Delta f_{ij}/t_k) > \text{random}(0,1)$ 时，则 $i := j$；重复 Step2。

Step3：$t_{k+1} := d(t_k)$；$k := k+1$；若满足停止条件，终止计算；否则，回到 Step2。

Step4：算法结束。

2．遗传算法

遗传算法(Genetic Algorithm，GA)是一种随机性优化算法，最初由美国密执根大学霍勒德(J. H. Holland)教授于 1975 年提出。它的突出特点在于包含了与生物遗传及进化很相似的步骤，如遗传、变异、选择等。遗传算法与传统的优化算法相比，具有以下特点。

(1) 该算法是利用目标函数本身的信息建立寻优方向，而不是利用其导数信息建立寻优方向，因此它对优化设计问题的限制较少，仅要求问题是可计算的。

(2) 遗传算法利用概率转移规则，可以在一个具有不确定性的空间上寻优，与一般的随机型优化方法相比，遗传算法不是从一点出发沿一条线寻优，而是在整个解空间同时开始寻优搜索，因此可以有效地避免了陷入局部极小值点，具有全局最优搜索能力。

(3) 在该算法中，由于群体中每个个体的搜索是独立进行的，因此算法具有内在的并行性。这些优点使得 GA 能处理许多传统优化算法无法解决的复杂问题，但 GA 在许多问题的早熟(即过早收敛于局部最优解而非全局最优解)现象始终未得到很好的解决，在将 GA 应用于布局优化时有时得不到最优解，即存在遗传欺骗问题。

将求解 VRP 问题的遗传算法简单地描述如下。

Step1：选择 VRP 问题的解的一个编码；给出一个有 N 个染色体的初始群体 POP(1)，$t:=1$。

Step2：对群体 POP(t) 计算它的适应函数，$f_i = \text{fitness}(\text{pop}_i(t))$。

Step3：若停止规则满足，则算法停止；否则，计算概率：

$$P_i = f_i / \sum_{j=1}^{N} f_j \quad (i = 1, 2, \cdots, N)$$

并以概率分布从 POP(t) 中随机选一些染色体构成一个种群 NewPOP($t+1$) = \{POP(t) | $j = 1, 2, \cdots, N$\}。NewPOP($t+1$) 集合中可能重复选 POP(t) 中的一个元素。

Step4：通过交配，得到一个有 N 个染色体的 CrossPOP($t+1$)。

Step5：以一个较小的概率 P，使得染色体的一个基因发生变异，形成 MutPOP($t+1$)；$t:=t+1$，一个新的群体 POP(t) = MutPOP($t+1$)；返回 Step2。

Step5：算法结束。

3．禁忌搜索

禁忌搜索(Tabu Search，TS)是一种现代启发式(MetaHeuristic)搜索算法。弗莱德格洛夫

(Fred Glover)于 1986 年首次提出这一概念，进而形成了一套完整的算法。TS 通过引入一个灵活的存储结构和相应的禁忌准则来避免迂回搜索，并通过藐视准则来赦免一些被禁忌的优良状态，进而保证多样化的有效探索以最终实现全局最优化。其最引人注目的地方在于其跳出局部最优解的能力。TS 与 GA 和 SA 最大的不同在于，后两者不具有记忆能力。与传统的优化算法相比，TS 算法的主要特点如下。

(1) 在搜索的过程中可以接受劣解，因此具有较强的"爬山"能力。

(2) 新解不是在当前解的邻域中随机产生，而或是优于"到目前为止最好的"的解，或是非禁忌的最佳解，因此选取优良解的概率远远大于其他解。禁忌搜索在求解一些困难复杂的问题时表现出极好的寻优能力，近年来被应用到优化问题的诸多领域，有广泛的前景。

禁忌搜索算法的步骤如下：

Step1：使禁忌表(tabu list)$H=\phi$ 并选定一个初始解 x^{now}；

Step2：满足停止规则时，停止计算，输出结果；否则，在 x^{now} 的邻域 $N(x^{now})$ 中选出满足不受禁忌的候选集 Can_N(x^{now})；在 Can_N(x^{now}) 中选一个评价值最佳的解 x^{next}，$x^{now}:=x^{next}$；更新历史记录 H，重复 Step2。

Step3：算法结束。

4．动态规划法

动态规划法存在的主要问题是计算时间和空间代价随问题规模成指数增长，只适合于小规模的 VRP 问题。

本 章 小 结

目前，随着我国物流配送业的蓬勃发展，配送中心的建设已成为企业优化资源、健康发展的一个亮点。而配送中心规划是配送中心建设前至关重要的步骤，选择最优的规划方案可以避免配送中心运营后再修正所产生的巨大浪费。所以，配送中心规划方案的优选问题已经成为物流系统优化的重要课题。

本章根据我国现代物流发展的需求，全面论述了配送中心规划的基本结构、规模确定，阐述了随着现代生产和商业的发展建立现代物流配送中心的重要性和必要性，并在此基础上，详细介绍了配送中心选址、设施布置规划、存储策略和拣货路径规划的具体实现方法和完整的规划方案。通过本章的学习，读者可对配送中心的基本内容与配送中心规划的实际应用及相关的规划方法有一个初步的认识，对现代物流配送中心的建设和发展将具有重要的指导意义和推动作用。

思考与练习

1. 配送的概念是什么？
2. 配送中心的概念是什么？

3. 简述配送中心的作业流程。
4. 简述影响配送中心规模的因素。
5. 简述配送中心设施布置主要流程。
6. 储存策略的概念是什么？
7. 启发式路径策略的概念是什么？

第 8 章 物流信息系统规划

【学习目标】

- 掌握物流信息的概念。
- 掌握物流信息系统的概念和特点。
- 熟悉物流信息系统的技术基础。
- 熟悉物流信息系统的构建原则。
- 熟悉物流信息编码的方法。
- 掌握自动识别系统的类别和作用。
- 熟悉条码技术。
- 掌握库存的内容及分类。

在现代生产领域中,提高设备生产能力和挖掘生产潜力是很有限的。而物流是新兴产业,是第三利润的源泉。因此,挖掘物流潜力,提高社会总体效益,节约社会资源,是企业寻求成本优势和差异化优势的重要举措。为了达到这一目标,尽快缩短与发达国家的差距,就必须要运用现代化的信息技术提高物流作业效率,实现物流服务的信息化、标准化、专业化。现代物流作为一种先进的组织方式和管理技术,正在逐渐形成一种新兴产业,而物流信息系统的功能贯穿现代物流的各项业务活动之中,是物流系统的神经系统。如何既满足企业的组织变动、业务重组和新业务开拓的需要,又提高物流信息系统的可重构性是我们面临的一个最大挑战。

8.1 物流信息系统概述

信息技术的发展不仅使得信息得以产业化,同时也使得企业逐渐认识到信息的重要作用,开始致力于对企业有关的信息进行管理。在传统的企业管理活动中,管理者注意的是人力、财力、物力这三种基本资源。但在现代企业中,信息已经与人、财、物等资源一样,成为企业的第四种资源。人们开始懂得,忽视了对信息的管理,就不能提高效率、就难以保持企业的竞争力,难以提供良好的服务,也就谈不上是现代化的管理。特别是信息技术高度发展的今天,只有运用先进的信息技术,才能对以上四种资源进行有效的管理,在激烈的竞争中掌握主动权。最近十年来,企业的信息化已成为了一种非常普遍的发展趋势。

8.1.1 物流信息的概念

1. 信息系统

信息系统是一种由人、计算机(包括网络)和管理规则组成的集成化系统。该系统利用计算机软硬件,手工规程,分析、计划、控制和决策用的模型、数据库,为一个企业或组织的作业、管理和决策提供信息支持。

物流信息系统是企业管理信息系统的一个重要的子系统，是通过对与企业物流相关的信息进行加工处理来实现对物流的有效控制和管理，并为物流管理人员及其他企业管理人员提供战略及运作决策的人机系统。物流信息系统是提高物流运作效率，降低物流成本的重要基础设施。

2．物流信息

整个物流过程是一个多环节(子系统)的复杂系统。物流系统中的各个子系统通过物质实体的运动联系在一起，一个子系统的输出就是另一个子系统的输入。合理组织物流活动，就是使各个环节相互协调，根据总目标的需要适时、适量地调度系统内的基本资源。物流系统中的相互衔接是通过信息予以沟通的，基本资源的调度也是通过信息的传递来实现的。因此，物流管理必须以信息为基础，一刻也不能离开信息。为了使物流活动正常而有规律地进行，必须保证物流信息畅通。

物流信息是随企业的物流活动同时发生的。物流的各种功能是为了使运输、保管、装卸、配送圆满化所必不可缺的条件。在物流活动中，物流信息一般包括订货信息、库存信息、生产信息、发货信息、物流管理信息等。

一般来说，在企业的物流活动中，按照顾客的订货要求，接受订货处理是物流活动的第一步。因此，接受订货的信息是全部物流活动的基本信息。当商品库存不足时，制造厂把接受订货的信息和现有商品的库存信息进行对照，根据生产信息安排生产。在销售业中，按照采购信息安排采购。物流管理部门进行管理和控制物流活动，必须收集交货完毕的通知，物流成本费用、仓库、车辆等物流设施的机械工作率等信息作为物流管理信息。

3．物流信息与物流的关系

1) 物流管理对物流信息的要求

物流信息是随企业活动而同时发生的，是实现物流功能必不可少的条件。物流管理对信息的质量有很高的要求，主要表现在以下三个方面。

(1) 信息充足。高效的物流系统需要充足的信息，提供的信息是否充足，是否能满足物流管理的需要至关重要。

(2) 信息准确。信息必须准确，只有准确的信息才能为物流管理提供帮助。

(3) 通信通畅。管理需要及时准确的信息，就要求企业通信顺畅。通信的方式必须使人容易接受，否则可能产生误解，导致决策失误。

2) 物流信息对物流的影响

(1) 信息质量的影响。

信息质量上的缺陷会造成无数个作业上的难题。典型的缺陷可以划分为两大类。首先，所收到的信息会在趋势和事件方面不准确。由于大量的物流是在未来的需求之前发生的，不准确的判断或预测都会引起存货短缺或过剩，过分乐观的预测会导致不恰当的存货定位。其次，有关订货信息会在具体的顾客需求方面不准确。处理不准确的订货产生所有的物流成本，而实际上并没有完成销售。

(2) 信息传递速度的影响。

信息迅速流动的好处直接关系到工作程序的平衡。信息传递速度越快，物流管理决策的成本越低，决策效果越科学。

8.1.2 物流信息系统的概念

物流信息系统是企业管理信息系统的一个重要的子系统，是通过对与企业物流相关的信息进行加工处理来实现对物流的有效控制和管理，并为物流管理人员及其他企业管理人员提供战略及运作决策的人机系统。物流信息系统是提高物流运作效率，降低物流成本的重要基础设施。

1. 物流中的信息流

信息流是由商流和物流引起并反映其变化的各种信息、情报、资料、指令等在传送过程中形成的经济活动。因此，信息是具有价值和使用价值的。没有信息流，商流和物流就不能顺利地进行。信息流既制约着商流，又制约着物流，它为商流和物流提供预测和决策依据。同时，信息流又是将商流和物流相互沟通，完成商品流通的全过程。

流通过程的信息流，从其信息的载体及服务对象来看，又可分成物流信息和商流信息两类。两类信息中，有一些是交叉的、共同的，又有许多是商流或物流特有的、非共同的信息。商流信息主要包含与进行商品交易有关的信息，如资源信息、价格信息、市场信息、资金信息、合同信息、需求信息、付款结算信息等。物流信息则主要是输入、输出物流的结构、流向与流量、库存储备量、物流费用、市场动态等信息。商流中的商品交易、供需合同等信息，不但提供了商品交易的结果，也提供了物流的依据，是两种信息流主要的交汇处。而物流信息中的库存量信息，不但是物流的结果，也是商流的依据，还是两种信息流的交汇处。所以，物流信息不仅作用于物流，也作用于商流，是流通过程不可缺少的预测和决策依据。因此，在商品经济条件下，迅速、准确、完整地掌握商流信息和物流信息就成为企业、部门、地区和国家经济是否能够持续、快速、健康发展的重要前提。

物流向一方流动而资金流则向相反方向流动，退货和赊购是例外的情况。信息的流动在这里要求是双向流通的。需求信息流自下而上流动，而供应信息流则自上而下流动。定单是从用户向供应商移动，而订单收到通知、货运通知和发票则是以相反的方向流动，如图 8-1 所示。

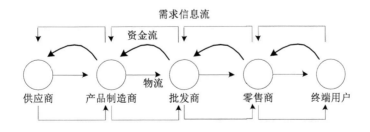

图 8-1 供应链中的物流、资金流和信息流

2. 物流信息系统的概念

管理信息系统的创始人明尼苏达大学卡尔森管理学院的著名教授高登·戴维斯(Gordon B. Davis)给出管理信息系统的定义："它是一个利用计算机硬件和软件，手工作业，分析、

计划、控制和决策模型，以及数据库的用户——机器系统。它能提供信息支持企业或组织的运行、管理和决策功能。"

我国的学者根据我国的特点也给管理信息系统下了一个定义："管理信息系统是一个由人、计算机等组成的能进行信息的收集、传送、储存、加工、维护和使用的系统。管理信息系统能实测企业的各种运行情况；利用过去的数据预测未来；从企业全局出发辅助企业进行决策；利用信息控制企业的行为，帮助企业实现其规划目标。"

物流信息系统是在保证订货、进货、库存、出货、配送等信息通畅的基础上，使通信据点、通信线路、通信手段网络化，提高物流作业系统的效率。物流系统的目的在于以Speed(速度)、Safety(安全)、Surely(可靠)和Low(低费用)的3S1L原则，即以最少的费用提供最好的物流服务。

现代物流的根本宗旨是提高物流效率、降低物流成本、满足客户需求，并越来越呈现出信息化、网络化、智能化、柔性化、标准化和社会化的特征。其中信息化是现代物流的核心，只有实现了信息化，才能有效地实现物流的网络化、系统化和柔性化，物流企业才能有效地提高物流效率，为客户提供优良的物流服务。

一个现代化的物流除了具备自动化和省力化的物流设备和物流技术之外，还应具备现代化的物流管理系统。这样才能取得最大的效率和效益。

作为物流信息化进程核心的物流信息系统日益成为社会物流企业的发展"瓶颈"，物流信息资源整合能力也是需求企业考量物流供应商的主要因素。我国只有少数的物流供给企业拥有物流信息系统，说明我国物流供给市场的信息化程度较低，不能满足客户需求，信息系统的业务功能不完善，远程通信能力低，缺乏必要的决策功能。

现代物流是涉及社会经济生活各个方面的错综复杂的社会大系统。具体地看，现代物流涉及原材料供应商、生产制造商、批发商、零售商以及最终消费者，即市场流通的全过程。从物流的流向看，现代物流包括内向物流和外向物流，内向物流是企业从生产资料供应商进货所引发的产品流动，外向物流是从企业到消费者之间的产品流动，即企业将产品送达市场并完成与消费者交换的过程。由于现代物流的宗旨是以最经济、最快捷的优质服务来满足消费者的需求，而消费者的需求又是千变万化的，因而，企业进行生产时必须依据消费者的具体需求进行采购、设计和投产，这就导致企业生产经营必须有很强的市场目的性，企业在生产之前必须深入市场调查，确实掌握消费者的需求信息。要完成这一信息的准确、快速传递，现代物流必须完成两个使命，一是商品的流动，即从生产者流向消费者；二是信息的流动，即从消费者流向生产者。商品的流动要达到准确、快速地满足消费者需求，离不开前期的信息流动，所以在现代物流中，信息起着至关重要的作用。物流企业的信息化是物流企业发展的必然趋势。

物流管理信息系统是计算机管理信息系统在物流领域的应用。广义上来说，物流管理信息系统应包括物流过程的各个领域的信息系统，包括在运输、仓储、海关、码头、堆场等，是一个由计算机、应用软件及其他高科技的设备通过全球通信网络连接起来纵横交错的立体的动态互动的系统。而狭义上说，物流管理系统只是管理信息系统在某一涉及物流的企业中的应用，即某一企业(物流企业或非物流企业)用于管理物流的系统。

综合有关物流、物流管理、信息和管理信息系统的定义，可以对物流管理信息系统作一个基本的定义：以采集、处理和提供物流信息服务为目标的系统，即可以采集、输入、处理数据，可以存储、管理、控制物流信息，可以向使用者报告物流信息，辅助决策，使其达到预定的目标。物流管理信息系统的概念如图8-2所示。

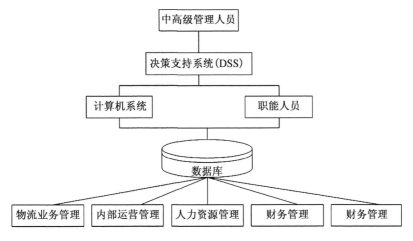

图8-2 LIMS 的概念

物流信息系统的概念可以从不同的角度去理解。

从构成上看，物流信息系统由物流信息系统的软件和硬件两大部分组成。软件主要指物流企业完成物流活动的运输、仓储、搬运等各环节的各种信息系统软件；硬件主要指支撑相应软件的载体(如通信设施与计算机硬件)。

从技术层面上看，物流信息系统是利用计算机技术、通信技术等现代高新技术对传统的货物流通管理过程进行全面的改造，用以提升物流活动的整体效益与用户服务水平而形成的信息系统。如利用条形码技术、EDI技术、GPS技术等实现货物的跟踪查询功能。

从政府行业管理部门的角度上看，物流信息系统在于构筑一个政府部门协同工作的环境，实现行业及市场管理的规范化，并为宏观部门提供决策需求信息。

从企业管理角度上看，水平方向的物流信息系统贯穿于物流活动的各基本功能的实现；垂直方向上物流信息系统具有作业层、控制层与管理层三个不同层面。

3．物流信息系统的特点

作为辅助物流企业进行事务处理，为管理决策提供信息支持的物流信息系统具有以下一些基本特征。

(1) 管理性和服务性。物流信息系统通过其所拥有的各种管理工程模型，辅助管理者进行物流运作的管理和决策，为客户提供良好的服务和信息支持。

(2) 适应性和易用性。物流信息系统应尽量做到当环境发生变化时，系统无须太大的变化就能适应新环境，且模块化的系统结构应相对易于操作和修改。

(3) 开放性和异构性。物流信息系统必须满足不同职能部门使用不同操作平台以及异构数据库的实际要求。同时还必须在符合相关标准的前提下提供数据共享的应用平台。

(4) 可扩展性和灵活性。物流信息系统必须具备随企业发展而发展的能力，要能够提供物流企业进行二次开发的功能，满足企业业务重组、流程再造的需求。

(5) 动态性和实时性。物流信息系统必须满足数据库的实时更新，保证用户实时地掌握和控制系统中各环节的运作数据,使经营者进行及时准确的决策。

(6) 协同性和安全性。物流信息系统必须提供完善的接口,实现与客户,与企业内各部门之间,供应链其他环节及社会各方的协同,并保证系统的安全。

(7) 集成化和模块化。物流信息系统将业务逻辑上相互关联的部分连接在一起,为企业物流活动中的集成化信息处理工作提供基础,并将其划分为各个功能模块的子系统,满足物流企业不同管理部门的需要。

(8) 网络化和智能化。物流信息系统使物流企业通过物流信息网络实时地了解各地业务的运作情况。智能化是物流信息化和网络化的高层次应用,目前正在朝这个方向发展,旨在解决物流作用过程中大量的运筹和决策问题。

4. 物流信息系统的作用

对企业而言,物流信息系统主要有以下几个方面的作用。

(1) 简化管理,改善企业内部和企业之间的信息交换方式,提高工作效率。
(2) 提高系统运作的速度,在最短的时间里将正确的商品和服务提供给客户。
(3) 对人员安排和资源利用进行优化,创造最大投入产出比。
(4) 获取并分析供应商、客户及合作伙伴的相关信息,帮助企业做决策。

当然,物流信息系统的作用还不止这些。如果停止使用思爱普(SAP)的软件,德国经济将宣告崩溃。如果在美国停止使用呢?美国许多地方势必陷入一片黑暗之中,例如硅谷。由此可见,信息系统的使用给企业带来的是怎样的前景。对企业的客户而言,当然是能得到更加快捷和周到的服务,并且有条件的话能够得知自己的货物当前的状态和位置。如果软件用户是制造企业,那它可以更合理地安排企业的生产计划和销售计划等。

5. 物流信息系统与物流系统的关系

物流信息对物流系统的管理和控制意义重大,现代的物流系统需要依靠完善的物流信息系统来处理信息。

1) 建立快速的信息传递机制。

在物流系统中,物流活动的管理和运行,都需要相关的物流信息才能完成。随着物流范围的扩大,能否保证信息在物流系统中迅速通畅地流动决定了物流服务的质量。物流信息系统为物流信息的传递提供方便的渠道和机制,是它的主要功能之一。

2) 物流信息的分析与处理。

随着物流规模的扩展,物流系统和物流信息越来越复杂,没有功能完善的物流信息管理系统,信息的处理就处于混乱状态,从而给物流系统的管理和控制带来麻烦。物流信息系统通过充分利用计算机强大的数据处理功能和数据分析功能,可以维持信息的条理性、可用性和及时性,提高信息处理的效率和质量,辅助物流系统的管理和决策。

3) 物流数据的存储和分析。

随着时间的积累,历史物流信息和物流数据会越来越多,这些信息中,有相当部分对企业的管理和经营是一笔财富,物流信息系统能发挥数据存储和分析的功能,有效管理历史数据,提供强大的分析处理功能,支持企业管理决策。

8.1.3 物流信息系统中的信息流分析

1. 供应链信息流的原始运作模式——直链式信息传递

供应链是由供应商、制造商、分销商、零售商和最终用户组成的。这种链状物理结构使得信息交换主要发生在相邻的节点上，即信息成直链，如图 8-3 所示。这种直链式的信息传递模式存在许多缺陷，主要表现为：信息滞后严重，各节点反应不同步，信息传递效率低；信息传递的准确性受影响，出现"牛鞭效应"(Bullwhip Effect)；非相邻节点间的信息沟通难以进行，整体协调性差。

图 8-3　直链式信息流模式

2. 供应链信息流的演变模式Ⅰ——直链式跨级信息传递模型

"牛鞭效应"会造成需求信息放大，这导致供应链上游的生产商和供应商建立了大量不必要的生产能力和库存。为了克服这一缺陷，下游的零售企业将原来不公开的 POS 系统(零售商销售时点系统)单品管理数据提供给厂商和批发商，实现需求信息在供应链上共享。供应链的信息运行模式也因此演变为跨级传递的模式，如图 8-4 所示。这种跨越式的信息传递虽然从某种程度上减小了牛鞭效应的影响，但是它只改善需求信息的传递，仍无法摆脱直链信息流模式下的主要缺陷。

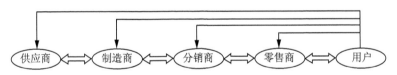

图 8-4　直链式跨级信息传递模式

3. 信息流的演变模式Ⅱ——网状信息传递模式

日益激烈的市场竞争要求供应链上的每一节点具有灵活的反应性，为此，供应链中的节点不仅希望能够及时了解前后相邻节点的生产情况，还希望能够了解链中非相邻节点的生产情况。通信技术的快速发展，尤其是 Internet 网络的普及和基于 Internet 的电子商务技术的运用，使节点间可以方便地建立起信息通道。这时，供应链中的信息传递模式演变成一种网络状模式，如图 8-5 所示。这种网状模式基本上克服了直链模式的缺点，但它也引发了新的问题：每个节点要面对如此多的信息通道，信息处理成本明显增加。同时信息交流还是以两个节点为基本单位，整体协调性没有得到根本改善。

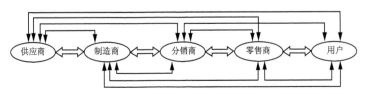

图 8-5　网状信息传递模式

4．供应链物流信息系统中的信息流采用集成式信息流运作模式

集成式信息流运作模式是一种与传统信息流模式完全不同的新模式，如图 8-6 所示。在这种模式下，一个独立于供应链之外的新的功能节点被建立，我们称之为信息集成中心。信息集成中心的主要功能有：信息存储、信息处理、信息收集与发送。供应链中各节点的主要信息包括需求信息、库存信息、生产计划、促销计划、需求预测和运输计划等被收集于此，形成信息共享源。同时信息中心还负责对收集到的信息进行加工，并把加工后的信息发送到需要这些信息的节点企业。此外，供应链中的所有节点与信息中心建立高速的信息通道，这个信息通道保证各节点与信息集成中心的信息实时互通，实现所有信息在整个供应链上的实时共享。可以说集成式信息流运作是一种"瘦客户端"的信息处理模式(这里的客户指供应链上的节点企业)，它把节点的大部分信息处理功能独立出来，由信息集成中心集中处理。

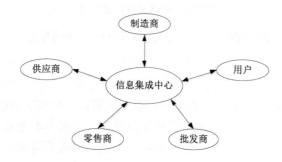

图 8-6　集成式信息流运作模式

集成式信息流运作模式的优点如下。

(1) 该模式实现供应链上的所有节点之间的信息实时共享。这些信息都是反映供应链内外实际状况的原始信息，克服了因信息的级级传递造成的"牛鞭效应"。

(2) 当供应链局部节点出现意外或外部市场需求发生变化时，信息的实时共享保证这种信息可被瞬间传送到整个供应链，使各节点能够及时调整生产和库存，并同步作出反应，提高了供应链的快速反应能力。

(3) 信息集成中心为所有企业提供了一个信息交流的场所。该中心的建立可以使这些在物理上处于分散的节点企业，共同对某些问题进行探讨和决策。这样就使供应链由原先的分散决策的分散系统转变为一个集中决策的集中系统，从而大大提高了供应链的整体协调能力。

(4) 信息集成中心是独立于供应链外的一个节点，它不受供应链中某一具体节点企业的控制，也不受节点企业间利益冲突的影响，具有一定的独立性。这种独立性能保证信息的透明度和信息流运行的稳定性。

(5) 新模式增强了供应链的开放性和伸缩性。因为面对外部市场消费者需求结构的变化，供应链要不断进行调整，这种调整主要是新企业的加入和原有企业的退出。而在新模式下，只要节点企业与信息集成中心建立信息通道即可实现与供应链的物理连接。

(6) 新模式可方便地实现信息外包。在新模式下，信息集成中心把原本由各节点承担的信息处理功能独立出来并将信息进行集中处理。这样只需信息集成中心外包即可方便地实现供应链信息外包。

8.1.4 物流信息系统的技术基础

物流信息系统是 IT 技术在物流领域的具体应用,其关键技术包括条码技术、数据库技术、EDI、GIS 和 GPS 技术等,用来实现数据的自动、快速、批量采集,满足业务处理和决策的需要,因而是构成物流信息系统的技术基础。

1. 条形码技术

条形码技术(Bar Code)是在计算机与信息技术基础上发展起来的一门集编码、印刷、识别、数据采集和处理于一身的新兴的信息采集技术。其核心内容是利用光电扫描设备识别条码符号,从而实现机器的自动识别,并快速准确地将信息录入计算机进行数据处理,以达到自动化管理的目的。它是实现 POS 系统、EDI、电子商务、物流信息系统的基础。在物流系统中,由于条形码技术输入速度快、准确率高、成本低、可靠性强等优点而得到广泛应用,解决了数据录入和数据采集的"瓶颈"问题,大幅度提高了物流效率,并为物流信息系统的设计与应用提供了有力的技术支持。

2. EDI 技术

EDI(Electronic Data Interchange,电子数据交换)是指按照协议,对具有一定结构特征的标准经济信息,经数据通信网络在贸易伙伴的电子计算机系统之间进行交换和自动处理。利用 EDI 能使信息在不同职能部门之间通畅、可靠地流通,有效减少低效工作和非增值业务。还可以快速地获得信息,更好地进行通信联系、交流和更好地为用户提供服务。EDI 是计算机之间结构化的事务数据交换,它是通信技术、网络技术和计算机技术的结晶。它的应用大大提高了物流工作的效率和效益,为物流信息系统提供了最基础的支持。

3. 分布式数据库系统

分布式数据库系统(DDBS)是物理上分散而逻辑上集中的数据库系统,它支持分布式数据库,如图 8-7 所示。分布式数据库是由一组数据组成的,这组数据可分布在由计算机网络连接在一起的不同计算机上,网络上的每个节点具有独立处理的能力,可以执行局部应用,同时每个节点也可以通过网络执行全局应用。分布式数据库是数据库技术和网络技术的有机结合。物流企业采用分布式数据库技术进行物流信息管理,可以提高实时化水平。

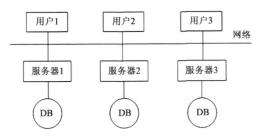

图 8-7 分布式数据库示意图

4. 全球卫星定位系统

全球卫星定位系统(GPS)是利用通信卫星、地面控制部分和信号接收机对对象进行动态定位的系统。GPS 是一项高科技,20 世纪 90 年代以来,全球卫星定位系统在物流领域得到越来越广泛的应用。可用于汽车自定位、跟踪调度、陆地救援;内河及远洋船队最佳航程和安全航线的测定、航向的实时调度、监测及水上救援;空中交通管理、精密进场着陆、航路导航和监视;铁路运输管理等。

5. 地理信息系统

地理信息系统(GIS)以地理空间数据为基础,采用地理模型分析方法,适时地提供多种空间的和动态的地理信息,是一种为地理研究和地理决策服务的计算机技术系统。其基本功能是将表格型数据转换为地理图形显示,然后对显示结果进行浏览、操作和分析。其显示范围可以从洲际地图到非常详细的街区地图,显示对象包括人、销售情况、运输线路以及其他内容。GIS 应用于物流分析,主要是指利用 GIS 强大的地理数据功能来完善物流分析技术。目前,国外已开发出利用 GIS 为物流分析提供专门分析的工具软件。完整的 GIS 物流分析软件集成了车辆路线模型、最短路径模型、物流网络模型、分配集合模型和设施定位模型等来实现车辆路线的选择、物流网点的布局和设施的定位等功能。

8.2 物流信息系统设计

物流信息系统的设计至关重要,可以说设计的成败与否,在很大程度上决定了开发出来的信息系统能否满足物流业务的需要,能否适应物流行业的快速发展和业务流程的频繁变化。

8.2.1 构建物流信息系统的原则

1. 信息的可得性

物流信息系统所存储的信息,必须具有容易而且持之以恒的可得性,例如订货和存货的信息。这包括两个层面的含义,一是情报的存入,物流信息系统必须能够快速而准确地将以书面为基础的信息转化为电子信息,保证第一时间提供最新的信息;二是信息系统应能够向信息需求者提供简易、快捷的获取信息方式,而不受时空的限制。信息的可得性能够减少企业作业上和制订计划上的不确定性,减少损失和浪费。

2. 信息的精确性

物流信息必须精确地反映企业当前的状况和定期活动,以衡量顾客订货和存货水平。信息精确性的含义既包含了信息本身由书面信息转化为电子信息时的准确性,同时又包含了信息系统上所显示的存量信息与实际存货的一致性。通常,要达到平稳的物流作业要求,企业实际的存货与物流信息系统提供的存货其吻合度必须达到 99%以上,信息越准确,企业不确定性运作情况就越少,缓冲存货或安全存货的需求量也越少,甚至根本就不需要。

3. 信息的及时性

物流信息必须及时地提供快速的管理反馈,及时性要求一种活动发生时与该活动在信息系统内可见时的时间耽搁应尽可能的小。信息系统必须及时地更新系统内的庶民,信息更新的时间间隔越长,信息系统所报告的信息与实际情形的偏差就越大,对物流过程和其他活动过程的危害也就越大。

4．处理异常情况的能动性和主动性

物流信息系统必须以处理异常情况为基础,依托系统来突出问题和机会。管理者通过信息系统能够集中精力关注最重要的情况,包括存量的居高不下或严重不足,促使管理者做出相应的决策。

5．信息系统的灵活性

物流信息系统必须具有高度的灵活性,以满足用户和顾客的需求。因为顾客的广泛性和需求的多样性,他们对信息的需求也不尽相同,企业物流信息系统必须有能力提供能迎合特定顾客需要的数据。

6．系统界面的易操作性

物流信息系统必须是友善和易于操作的,这一方面是为了使管理者便于使用操作,另一方面也可提升工作效率。适当的系统界面要求提供的物流信息要有正确的结构和顺序,能有效地向决策者提供所有相关的信息,避免管理者通过复杂的操作才能达到相应的要求。

8.2.2 物流信息系统网络

为了对物流的全过程进行控制,根据现代物流中心现代管理理念,建立如图 8-8 所示的系统网络拓扑结构。

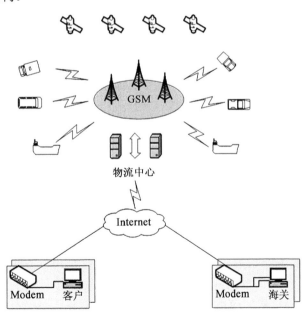

图 8-8 系统网络拓扑结构示意图

8.2.3 物流信息系统的体系结构

系统体系结构是指根据系统分析的要求和组织的实际情况，对新系统的总体结构形式和可利用的资源进行大致设计，它是一种宏观、总体上的设计和规划。

1. 集中式和分布式体系结构

"集中式处理"和"分布式处理"的概念最初源于计算机的体系结构。后来引申到企业计算的基本环境和企业信息系统的体系结构。对于企业信息系统来说，究竟采用"集中式"还是采用"分布式"，取决于企业商业活动对信息的需要。信息系统的体系结构必须和企业的组织结构和功能结构相适应。

对于一个全球性航运物流企业的信息系统来说，可以从"网络拓扑结构"、"数据处理分布结构"和"数据分布结构"三个层面来分析"集中式"和"分布式"的含义。

从"网络拓扑结构"这一层面来分析，可以有三种可能的结构：①典型的集中式结构。特点是各分支节点相连，各分支节点之间没有直接的联系，只能通过中心节点进行联系。②分层的集中式结构(树形)。每一层都有一个中心节点，各分支节点仅仅和上一层的中心节点相连，同层分支节点之间没有直接的联系。③分布式(网状)结构，任意 2 个节点之间都可能有直接的连接。

从"数据处理分布结构"这一层面来分析，也有"集中式"和"分布式"之分。从企业的角度来讲，如果只允许存在一个数据处理中心，那么就是集中式的结构，如果允许存在多个数据处理中心，则为分布式结构。对于某一数据处理中心来说，其设备配置也有"集中式"和"分布式"之分，如果所有的应用系统都在一台大型主机系统上运行，则为集中式结构。反之，如果不同的应用系统分布在不同的服务器上运行，甚至一个事务处理也分布在多个服务器上运行，则为分布式处理结构。

从"数据分布结构"这一层面来分析：典型的分布式数据库的数据可以分布在若干不同地域上的数据库中。一个事务处理可能需要向多个不同地域上的数据库进行查询，而典型的集中式数据分布结构只有一个数据中心(不包括后备数据中心)，位于数据中心的中央数据库提供全球数据共享。

集中式结构的另一种可能的方案是只有一个数据中心，但允许局部地域数据库的存在。数据中心的中央数据库有一个全球数据模型，各地的数据库在数据定义和数据结构上和中央数据库保持一致。中央数据库和各地局部数据库之间共享一部分数据。"共享"的数据可以实时地或定时地保持一致，中央数据处理中心完全可以依赖于本地的中央数据库来完成所有的企业计算，而不必查询任何远程的数据库。

2. 应用系统计算结构——浏览器/服务器(B/S)模式

企业管理软件的体系结构的发展经历了三个阶段：从文件/服务器(F/S)体系结构，到客户机/服务器(C/S)体系结构，再到浏览器/服务器(B/S)体系结构。

在文件/服务器体系结构的应用软件中，网络以文件服务器为核心，数据库和全部应用程序全部存储在文件服务器上，但应用程序的执行则全部在微机/工作站上进行，从而增加了网络传输的负荷。同时由于 F/S 体系结构的缺陷，当服务器的负荷超过某个阈值后，其效率会出现明显的下降，即使换用功能更强大的服务器或者增加网络带宽，也只能解决部分问题。这类软件由于受数据库性能以及 F/S 计算模式的制约，不能有太多的网络用户，也不能进行大数据量处理，因此一般不适合于在大型企业应用。

C/S 体系结构应用将一个复杂的网络应用的用户交互界面和业务应用处理与数据库访问以及处理相分离，服务器与客户端之间通过消息传递机制进行对话，由客户端发出请求给服务器，服务器进行相应的处理后经传递机制送回客户端。对数据库的大量操作通过远程数据库访问的方式交给了后台数据库服务器去完成，从而提高了用户交互反应速度，降低了客户端对 CPU 处理能力的要求，应用开发简单且具有较多强大功能的前台开发工具。但是一般采用 C/S 体系结构的应用软件，由于应用处理留在客户端，使得在处理复杂应用时客户端应用程序仍显"肥胖"，限制了对业务处理逻辑变化适应和扩展的能力。当访问数据量增大和业务处理复杂时，客户端往往变成瓶颈。在采用远程数据库访问模式时，客户端与后台数据库服务器数据交换频繁，且数据量大，当大量用户访问时，易造成网络瓶颈，C/S 结构的向前发展就形成分布式多级体系结构。

将业务处理和数据管理彼此之间相互彻底分离，各自完成其擅长和应该完成的任务，就形成了所谓分布式多级体系结构模式。多级分布式体系结构与一般的 C/S 体系结构的不同之处是在中间插入了专门完成应用业务处理功能的服务器，它相对于前台客户端和后台数据库服务器均构成 C/S 结构。这种中立的应用服务器即是所谓的应用中间件。客户端的功能注重在用户交互和数据表征。后台数据库完成数据访问和数据管理，应用服务器则专注应用业务处理。该结构可将复杂的业务处理分割成相互之间可交互、调用和通信的若干业务功能部件或对象，并可将其分配到多个网络互连的应用服务器中间件上实现负荷的分担。应用服务器中间件往往还具备对分布对象的管理和实时调度功能，可以实现真正的分布处理和动态负荷分担。

随着 Internet/Intranet/Extranet 技术不断发展，尤其是基于 Web(HTML，HTTP)的信息发布和检索技术、Java 跨网络操作系统计算技术以及 CORBA 网络分布式对象技术三者的有机结合(Web+Java+CORBA)、导致了整个应用系统的体系结构从 C/S 的主从结构向灵活的多级分布结构的重大演变，使其在当今以 Web 技术为核心的信息网络的应用中予以更新的内涵。这就是浏览器/服务器(B/S)体系结构。

传统的 C/S 体系结构采用的是开放模式，由于通信协议等的标准化，使得企业可以构筑采用多厂家产品的网络系统，但这只是系统开发者一级的开放性。在特定的应用中，无论是客户端还是服务器端都还需要特定的软件，没有能够提供用户真正期望的开放环境，而 Intranet 则是真正的开放系统。因为在 Intranet 终端系统已经统一为 Web 浏览程序的单一平台。Intranet 系统里的文件，应用程序处理的结果，一律通过 Web 浏览程序显示出来。作为最终用户，只要操纵 Web 浏览程序，各种各样的处理任务都可以通过 Web 浏览程序调用系统资源来完成。因此，也可以将 Intranet 结构称为 Browser/Server(B/S——浏览器/服务器)结构。与 C/S 处理模式相比，它大大简化了客户端，只要装上操作系统、网络协议软件以及浏览器即可。这时的客户机成为瘦客户机，而服务器则集中了所有的应用逻辑，开发、维护等几乎所有工作也都集中在服务器端。同时当企业对网络应用进行升级时，只需更新服务端的软件，而不必更换客户端软件，减轻了系统维护与升级的成本与工作量，使用户的总体拥有成本大大降低。

基于以上的分析，物流信息系统的应用系统结构应采用 B/S 结构。在体系结构设计方案中，为了与企业业务的组织功能结构相适应，采用了集中分布式的网络体系结构和数据分布结构。为了减轻系统维护与升级的成本与工作量，应用系统采用了 B/S 计算结构。最后，为了便于系统的扩充，总部采用了多层服务器结构，并适当采用冗余技术和群集技术，以满足高可靠性和安全性。

8.2.4　物流信息系统的层次结构

按信息的作用和加工程度不同，物流信息系统可分为业务层、控制层和决策层。

(1) 业务层，主要包括日常经营和管理活动所必需的信息，一般来自具体的物流业务部门，由基层管理者使用，供控制业务进度及作用计划调整时使用。

(2) 控制层，主要包括系统内部管理人员进行经营管理控制所需要的信息，其目的是使物流业务符合活动目的要求，并监督内部分目标的实现。

(3) 决策层，是最高管理层，主要包括制定物流活动的目标、方针、计划所需要的信息。

确定了设计的原则，构建出一个合理高效、同时扩展性好的架构之后，对于以后的开发具有指导性的关键意义。实践证明，很多失败的项目不是因为开发技术的原因，而是系统设计的失误，使完成的项目无法满足现实业务的实际要求。只有设计正确完成，才能进行下一步的具体开发。

8.3　物流信息系统的开发

物流信息系统的开发是一个复杂的系统工程。它不仅涉及计算机的开发技术，还涉及系统理论、工程控制、管理功能、组织结构等多方面的问题。尽管开发方法有很多种，但是至今尚未形成一套完整的，能为所有开发人员所接受的理论以及由这种理论所支持的工具和方法。

8.3.1　物流信息系统开发的关键点

要实际开发物流信息系统，首先必须制定相应的系统开发策略。系统的开发要点是指包括识别问题，明确系统开发的指导思想，选定适当的开发方法，确定系统开发过程、方式、原则等各个方面在内的一种系统开发总体方案。

1. 实现客户价值，技术为业务服务

物流信息系统的开发，技术不可或缺。但是技术不是目的，通过技术的运用，帮助客户实现业务价值，才是最根本的目的。一味追求技术的先进性，而忽视了客户的企业价值，将导致项目的最后失败。在开发信息系统的时候，要始终把客户的价值放在首位，以满足客户的业务需要为目标。总结很多失败的项目，大都不是技术上的失败，而是开发人员或公司忽视了技术是为业务服务的宗旨。我们的目标不是开发一个先进的信息系统，而是开

发一个满足客户需求,能够帮助客户解决业务问题,实现客户业务价值的系统。实现客户的价值,是我们唯一的目标。

2. 识别分析

根据用户的需求状况、实际组织的管理现状以及具体的信息处理技术来分析和识别问题的性质、特点,以便确定应采用什么样的方式来加以解决,如结构化、确定性问题应采取什么样的方式解决;半结构化、不确定性的问题应采用什么样的方式解决;非结构化、完全没有规律的问题应用什么样的方式和技术来解决;等等。该阶段需要解决的问题如下。

(1) 信息和信息系统需求的确定性程度。
(2) 信息和信息处理过程的确定性程度。
(3) 体制和管理模式的确定性程度。
(4) 用户的理解程度。
(5) 现有条件和环境状况等。

3. 可行性研究

可行性是指在当前组织内外的具体条件下,系统开发工作是否具备必要的资源和条件。在系统开发过程中进行可行性研究,对于保证资源的合理利用,避免浪费和失败,都是十分重要的。系统开发可行性研究包括以下几个方面。

(1) 目标和方案的可行性。
(2) 技术方面的可行性。
(3) 经济方面的可行性。
(4) 社会方面的可行性。

4. 贯彻系统开发的原则

(1) 领导参加原则。
(2) 优化与创新原则。
(3) 充分利用信息资源的原则。
(4) 实用和实效的原则。
(5) 规范化原则。
(6) 发展变化的原则。

5. 做好准备工作

做好系统开发前的准备工作是信息系统开发的前提条件。系统开发前的准备工作一般包括基础准备和人员组织准备两部分。

(1) 基础准备工作。基础准备工作要严格科学化,具体方法要程序化、规范化;做好基础数据管理工作,严格计量程序、计量手段、检测手段和基础数据统计分析渠道,数据、文件、报表的统一化。

(2) 人员组织准备。系统开发的人员组织准备包括:建立一支由系统分析员、企业领导和管理岗位业务人员组成的研制开发队伍,明确各类人员(系统分析员、企业领导、业务管理人员、程序员、计算机软硬件维护人员、数据录入人员和系统操作员等)的职责。

6. 选择系统开发的策略

系统开发策略目前主要有以下四种。

(1) 接收式开发策略。经过调查分析，认为用户对信息需求是正确的、完全的和固定的，现有的信息处理过程和方式也是科学的，这时可采用接收式的开发策略，即根据用户需要和现有状况直接设计编程，并过渡到新系统。

(2) 直接式的开发策略，是指经过调查分析后，即可确定用户需求和处理过程，且以后不会有大的变化，则系统的开发工作就可以按照某一种开发方法的工作流程(如结构化系统开发方法中系统开发生命周期的流程等)，按部就班地走下去，直至最后完成开发任务。

(3) 迭代式的开发策略，是指当问题具有一定的复杂性和难度，一时不能完全确定的，就需要进行反复分析、反复设计、随时反馈信息，发现问题，修正开发过程的方法。

(4) 实验式的开发策略，是指当需求的不确定性很高，一时无法制订具体的开发计划时，则只能用反复试验的方式来做。原型方法就是这种开发策略的典型代表。

7. 制订系统开发计划

目前常用的系统开发方法有：结构化系统分析与设计方法、原型方法、目标导向(或称为面向对象)方法、计算机辅助软件工程方法等。开发计划主要是制订系统开发的工作计划、投资计划、进度计划、资源利用计划。开发计划一般都根据具体问题、具体情况而定，没有统一的模式。在一般情况下，常用甘特图来记载和描绘开发计划的时间进度、投入和工作顺序的关系。

8.3.2 物流信息系统开发的步骤

用结构化系统开发方法开发一个系统时，要将整个开发过程分为五个首尾相连的阶段。

1. 系统规划阶段

系统规划阶段的工作是根据用户的系统开发请求，初步调查明确问题，然后进行可行性研究。如果不满足，需要重新修正；如果不可行，只能取消项目；如果可行并满意，方可进入下一阶段工作。

2. 系统分析阶段

该阶段的任务是：分析业务流程；分析数据；分析功能与数据之间的关系；最后提出新系统逻辑方案。

3. 系统设计阶段

该阶段的任务是：总体结构设计，代码设计，数据库/文件设计，输入/输出设计；模块结构与功能设计。同时根据总体设计的要求购置与安装设备，最终给出方案。

4. 系统实施阶段

该阶段的任务是：同时进行编程(由编程人员进行)、人员培训(有系统分析设计人员培训业务人员和操作人员)以及数据准备(由业务人员完成)，然后投入试运行。

第8章 物流信息系统规划

5．系统运行阶段

该阶段的任务是：同时进行系统的日常运行管理、评价、监理审计三部分工作，然后分析运行结果。如果运行良好，则送管理部门，指导生产经营活动。

8.3.3 物流信息编码的方法

物流管理及物流信息的设计与开发离不开物流信息的编码。编码是指由某一种符号系统表示的信息转换为另一种表示信息的符号系统的过程。信息编码使客观存在的事物对象或属性变成便于计算机识别和处理的统一代码。简单地说，编码就是代码的编制过程，是物流信息管理，特别是自动识别系统的前提。编制一套简单高效的编码规范，对于后期的开发具有非常重要的意义。可以说，编码决定了程序处理的效率和复杂度，直接影响了开发的速度和程序执行的效率。

1．物流信息编码的原则

(1) 选择最小值代码。这个原则对于人们经常使用的代码是非常重要的。随着信息量的迅速增长，代码长度日趋加长，信息处理的出错率必然随之增加，同时也增加了信息收集的工作量，加大了信息输入、存储、加工和输出设备的负荷。

(2) 设计的代码在逻辑上必须满足用户的需要，在结构上要与处理的方法相一致。

(3) 代码应具有逻辑性、直观性以及便于掌握的特点，应能准确、唯一地标示出对象的分类特征。

(4) 代码应该系统化、标准化，便于同其他代码的连接，适应系统多方面的使用需要，即代码应尽量适应组织的全部功能。例如，由于订货，会引起库存、销售、应收账户、采购、发运等多方面的变化，所有与此相关的代码应尽量做到协调一致。

(5) 不要使用字形相近、易于混淆的字符，以免引起误解。

(6) 代码设计要等长。例如用 001～200，而不是使用 1～200。

(7) 不能出现与程序系统中语言命令相同的代码。

以上仅仅是一些通常的原则，具体编码时需要根据业务的具体情况灵活运用。实际开发的情况下，某些物流业务的编码情况比较复杂，首先需要对业务了解清楚，才能制定出有效的编码准则。

2．物流信息编码方法

对物流信息进行整理分类的关键是选择一个好的编码系统。根据所用代码符号数量的多少，可将物流管理信息划分为少位的(包括 1～2 个符号)和多位的。每个代码可以是简单的，也可以是复合的。所谓复合码，就是用两种及两种以上简单码所组成的代码。

1) 确定代码设计的方法

顺序码：又称序列码，是一种用连续数字代表编码对象的代码，通常从 1 开始。

区间码：把数据分成若干组，代码的每一区间对应一组数据，例如电话号码。在使用这种编码时，需要为待编码的每组信息规定出一个号码序列；当项目表很复杂，但有明确分组时，适宜使用区间码。

2) 代码结构中校验位的附加

为了保证代码输入的正确性，有意识地在编码设计结构中原代码的基础上附加校验位，使它事实上变成代码的一个组成部分，又称校验码。校验位的数值是通过事先规定的数学方法计算出来的。输入代码时，程序中设置了代码校验位值的计算功能，并将它与输入的校验位进行比较，以检验输入是否有错。

8.3.4 主要开发技术路线

物流系统的开发可以采用两种技术路线，即基于 Windows 技术路线和基于 JAVA 技术路线。

1. 基于 Windows 技术路线

(1) 操作系统平台：Windows 98/Windows NT/Windows 2000/Windows Me。

(2) 数据库系统：MS SQL Server 2000，Oracle，Sybase。

(3) 开发工具：Microsoft Visual Studio 6.0，Delphi，Power Builder。

(4) 开发语言和关键技术：C#、ASP、JSP、ADO/OLE DB、IIS。

(5) 体系结构：基于微软的 DotNet 框架，可以分为应用服务器和数据服务器，客户端可以采用浏览器方式。在应用服务器上基于 IIS 技术，数据库采用 ADO 技术，与数据服务器连接。数据的交互和页面的设计由 ASP 技术来开发。具体如图 8-9 所示。

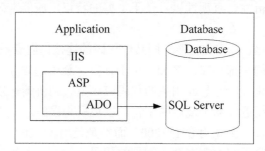

图 8-9　ASP 技术开发示意图

2. 基于 JAVA 技术路线

(1) 操作系统平台：Windows NT/2000，Linux，Unix，Sun Solaris。

(2) 数据库系统：Oracle，Sybase，MySQL。

(3) 开发工具：JBuilder，Delphi。

(4) 开发语言和关键技术：JSP、Servlet、EJB、YDBC、J2EE。

(5) 体系结构：基于 J2EE 的开发框架，采用三层的开发结构，表示层用来响应客户的事件和动作，主要用 JSP 和 Servlet 来开发；中间的逻辑层负责处理业务逻辑，建立起表示层与数据层之间数据的交互和传递，主要是通过开发和部署 EJB 来实现；数据层用来存储大量的数据，通过逻辑层与表示层连接开发框架如图 8-10 所示。

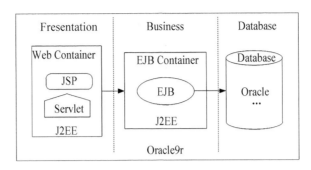

图 8-10 J2EE 的开发框架

目前 JAVA 路线的解决方案是采用国际上先进的 J2EE 技术路线及跨平台的开放式体系结构，采用大型分布式数据库管理系统 Oracle，运用 JAVA、JSP、EJB、多层次体系结构等先进的技术元素，实现系统的高可靠性、高可用性、高伸缩性。

基于 Windows 的技术路线有很多选择的途径，开发工具也可以选择很多种，可以考虑微软的工具 VC++，VB，也可以选择 Delphi，或者使用 PB，由于 DotNet 得到了微软的大力推广和支持，目前使用 DotNet 开发的项目正越来越多。相信 DotNet 将是未来主流的解决方案。下面主要介绍微软的 DotNet 技术。

1) VS.NET 体系构架

微软发布了.NET 开发平台，这是自 1993 年 7 月随着 Windows NT 3.0 出现的 Win32 API 后微软软件开发平台的第一次大升级。Win32 只是提供了更多功能强大的 API，但其开发工具和技术并没有很大的变化。.NET 与微软在此之前推出的开发工具最大的不同之处在于，.NET 是一个真正的开发平台，在创造应用程序的工具和技术上都做了根本的改变。

.NET 开发平台是一组用于建立 Web 服务器应用程序和 Windows 桌面应用程序的软件组件，.NET 开发平台使得开发者创建运行在 Internet Information Server(IIS)(互联网信息服务器)Web 服务器上的 Web 应用程序更为容易，也使创建稳定、可靠而又安全的 Windows 桌面应用程序更为容易。

.NET 开发平台包括以下内容。

(1) .NET Framework(架构)，包括 Common Language Runtime(CLR)(通用语言运行环境)，这是用于运行和加载应用程序的软件组件；新的类库，分级组织了开发者可以在他们的应用程序中用来显示图形用户界面、访问数据库和文件以及在 Web 上通信的代码集。

(2) .NET 开发者工具，包括 Visual Studio.NET Integrated Development Environment (IDE)(Visual Studio.NET 集成开发环境)，用来开发和测试应用程序；.NET 编程语言(例如 Visual Basic.NET 和新的 Visual C#)，用来创建运行在 CLR 下并且使用类库的应用程序。

(3) ASP.NET，一个取代以前的 Active Server Pages(ASP)的特殊类库，用来创建动态的 Web 内容和 Web 服务器应用程序，这些都将采用诸如 HTML、XML 和 Simple Object Access Protocol(SOAP)(简单对象访问协议)等 Internet 协议和数据格式。

.NET 开发平台的结构如图 8-11 所示。

(4) Common Language Runtime(CLR)是一个软件引擎，用来加载应用程序，确认它们可以没有错误地执行，进行相应的安全许可验证，执行应用程序，然后在运行完成后将它们清除。

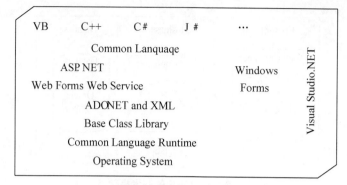

图 8-11 .NET 开发平台的结构

(5) Class Libraries 是一个类库集，它提供了以下内容。
- 基本类库(诸如数据类型(例如数值或文本字符串)的处理、文件输入/输出等底层功能)。
- XML 数据读写处理。
- Internet 通信。
- ADO 数据库访问。
- 处理 Web 请求的服务器端的库。
- 发送和接收 SOAP 信息的 Web Services 库。
- 接收用户输入并动态地生成 Web 页面库。
- 应用程序界面处理的 Winform 库(也称作 Windows 表单)。

(6) Visual Studio. NET 是利用 Class Libraries 创建应用程序的集成开发环境(Integrated Development Environment，IDE)。
- .NET 编程语言(Visual Basic . NET、Visual C#、ASP.NET)。
- 源程序编辑、生成、运行、测试环境。
- FORM 编辑平台。

2) VS . NET 带来的新的思维

由于 .Net 平台完全基于类库实现，支持所有已规范的面向对象技术，所以为应用软件设计提供了真正意义的面向对象的设计与实现的平台。当然，正如熟悉 C 语言的程序员在 C++的规则下，仍然可以以面向过程的编程思路设计程序一样，.Net 并不强制用户用面向对象的设计方法在.Net 下开发应用程序。这样的话，.Net 的优势基本无从发挥，因此，采用面向对象的设计思想来考虑、设计软件，在.Net 上加以实现，这才是"人间正道"。

.Net 提供了新的开发手段及平台环境，这里所说的"新"主要体现如下。

(1) 基于 WEB_SERVICE 的 Internet 环境下的整体开发。

.Net 平台提供了 Web Services 这样一个组件，一个 Web Services 类似于这样一个 Web 站点，向应用程序提供服务，从应用程序接收 XML 格式的请求消息，处理这些请求，然后向应用程序返回 XML 格式的响应消息。.Net 屏蔽了 Internet 的物理存在，在.Net 中，Internet 的 Web 服务器、路由、数据传输等概念被抽象为 WebService、Dataset 等逻辑的、形式化的对象，正如在 C/S 结构下，使用 VB6、数据库开发时，你不必考虑应用程序是如何与数据库连接，只需知道如何使用 DAO、ADO 这样的对象一样。微软秉承了一贯的思路，屏蔽底层、提供新的概念，使得开发工作更加有效、方便。

.Net 平台提供的分布式计算解决手段 Web Service 可以方便地搭建一个基于 Internet 的分布式系统。基于同一个体系结构和数据库系统，可以根据不同的应用要求处理为不同的实际表达形式，通过提供业务表达层的 Web Service 接口，实现了网上客户销售，同时调用供货商提供的 Web Service 将采购单传输给供货商平台，并保存为与任何数据库系统都无关的 XML 格式文件。

(2) 统一的底层实现，不同的表现方式。

在传统的开发工具中，界面与实现界面功能的程序是紧密结合在一起的。在.Net 平台下，可以一层一层地构造应用程序，在表现层(Windows Form 或网页)，可以分别设计，但是，实现这些界面处理的底层程序都是一样的。在.Net 中没有 C/S 结构或 B/S 结构之分，只是用网页的形式做界面还是用 Windows Form 来做界面而已。你可以先开发一套传统 Windows Form 形式的应用，继而再用网页来表达一番。因此，在商务管理系统的开发中，其优点是不言而喻的。

(3) 充分利用.NET Framework。

.NET Framework 类库，向程序员提供了用来编写在 CLR 的控制下运行的代码的软件组件。它们按照单一有序的分级组织提供了一个庞大的功能集——从文件系统到对 XML 功能的网络访问的每一样功能。Web 服务器应用程序也可以使用 ASP.NET，这个类库将再做详细解释。桌面应用程序不需要 ASP.NET。与以往微软的开发工具的不同之处在于，.NET Framework 类库并非简单的功能堆砌，其自身就是一个自成体系的对象集合，构造.NET Framework 的所有类都对程序员开放，其方便程度可想而知。在开发软件的过程中，要充分利用.NET Framework 类库，把开发思路由"我要编个功能"转换为"先查查.NET Framework 类库中有没有"，一定要避免闷头苦编的现象发生。

(4) 建立基于 XML 的数据处理机制

XML 语言规范为跨系统(包括应用系统与数据库系统的跨接、不同应用系统的跨接、同一应用系统不同实现环境的跨接)的应用提供了一个数据对象的统一描述，在.Net 体系结构中基于 XML 规范对数据对象描述提供了更高一层的抽象，即 DATASET 类，Dataset 作为系统内部的数据存储对象使用，其实现完全基于 XML 语言描述，一个 XML 文件可以很方便地转化为一个 Dataset 对象，一个 Dataset 对象也可以直接存储为 XML 格式的文件。由于提供了这一层次的抽象，因此在进行系统结构设计时可以具备更高的自由度，业务系统和存储系统以及表达形式之间的直接耦合可以通过 Dataset 数据对象来断开，提高了系统的健壮度，可维护、可扩展能力也得到了极大的提高。

3) VS.NET 平台的技术优势

.Net 平台作为 Microsoft 推出的第一个集成化的开发环境，面向程序开发设计人员拥有以下全新的技术优势。

(1) 基于类库的语言集成。

不只是简单地集成了数种开发语言，而是基于共同的底层类库，通过命名空间实现跨语言的面向对象开发集成。即，开发者在同一个解决方案中可以根据自己体系结构不同层次的实际需求选择开发语言，可以集成地编译、调试并最终生成可执行文件和动态对象库。

(2) 强大的代码编辑功能。

在代码编辑环境中如果设置了编译开关为必须检查变量定义和静态类型检查,在代码编辑时,开发环境将自动对所定义的变量进行类型检查并标注出错误及错误产生的原因,避免了因类型转换而引发的编译错误和运行错误。并且编辑环境还支持在代码书写时根据语句的嵌套进行自动缩排。

(3) 方便直观的原代码版本控制。

在多人协作开发一个大型系统时,结合 Visual Source Safe 服务器,可以快速地移植解决方案、项目的原代码(.Net 环境提供了根据 Source Safe 中存在的解决方案、项目建立新的解决方案和项目的功能,免去了各种手工配置的移植操作),支持进行整个解决方案、项目的原代码版本比较、合并、签入、签出等操作。

(4) 支持 XML 格式文件的书写。

在编辑环境中支持直接书写 XML 格式的文件,编辑器可以自动检查 XML 语法的有效性,对于 XML 格式的数据文件,编辑器提供直接使用 DATAGRID 进行输入的功能,并可以将结果自动保存为 XML 文件,同理也可以将一个数据存储的 XML 文件自动转化为 DATAGRID 形式浏览。同时支持将 XML 格式的数据文件自动生成模式文件并可使用可视化的形式由用户来编辑。

虽然在这里讨论的都是目前先进的解决方案和开发技术,但是采用何种开发技术,没有绝对的原则。还是需要根据业务的具体情况,综合考虑客户选用的技术解决方案、硬件设备、软件支持水平、后继开发能力以及财务状况和预算做出合适的决定。仅仅从开发人员的角度出发,选择技术解决方案,往往会与客户的目标相抵触。在选择技术解决方案的时候,需要充分了解客户的需求,本着为客户服务的原则,这样才可能选择一套真正切实可行的方案。在实际开发过程中,除了上述两种方案之外,也大量使用 PB、Delphi 甚至用 VBA 来开发信息管理系统,同样取得了客户满意的效果。

8.4 自动识别系统

物流管理中的一项最基本的工作就是数据的采集。物流数据采集的特点是数据量大,数据种类繁多,数据的处理要求实时。数据采集应摆脱人工收集的种种弊端,走向自动化的收集。这就与自动识别密切相关。物流信息管理系统的一个重要特点是基于单品管理的进销调存业务会产生大量的数据,键盘输入的问题是人力成本和差错率很高,无法满足业务的实时需求。

8.4.1 自动识别系统的类别和作用

1. 自动识别系统的种类

自动识别系统的种类很多,其中条形码的应用和普及最为广泛。

1) 条形码

条形码是最早的也是使用范围最广,普及面最大的自动识别技术。常用的条形码有 UPC/EAN128 码、Code39 码、Code93 码和交叉二五码,其标准由国际标准组织(ISO)制定。

线性条形码可用于将数字或者数字字母作为数据库关键字的许多领域。条形码最主要的缺点是条形码储存的数据量有限。另外,打印对比度不够或缺墨时,会降低对条形码的识别能力。

2) 二维条形码

二维条形码是新兴的条形码,可以在很小的地方存储大量的数据。二维条形码有三种类型,即堆叠式符号(线性条形码彼此堆叠)、矩阵式符号(明暗点、圆点、方点或者留变形组成的矩阵)或层式符号(线性符号随机排列),如 PDF41、Code49 码、Code16K 码(堆叠式)、Code One 码、Maxi Code 码、Data Matrix 码、Aztec 码(矩阵式)和 SuperCode 码(包式)。这些标准大多已经提交 ISO 批准,部分代码已经在工业上开始运用。

与线性条形码相比,二维条形码的主要优点是能存储大量的数据:每个符号可存储 7000 个数字或者 4200 个字母数字;还可以利用多重符号表示信息,从而提供几乎无限制的储存空间。二维条形码的缺点是需要特殊的扫描器。

除了条形码被广泛使用之外,磁卡、智能卡、光卡和射频指示等几种技术也得到了较多的应用。

2. 自动识别系统的作用

自动识别系统提供了快速、精确、低成本的数据采集方法,来代替容易出错并且耗时的手工数据输入。在此基础上,自动识别系统通过对商品或对人进行编码而实现跟踪功能。

自动识别技术由:①光学。条形码(包括二维条形码)、OCR 和视觉系统。②磁。磁条、磁墨字符识别。⑨电磁。④生物识别。语言识别、指纹识别、视网膜扫描。⑤触摸。触摸屏。⑥智能卡。卡的储存与阅读设备等开发成功的技术构成。

条形码是最常用的自动识别技术,在工业领域被广泛运用。它可以联一个数据文件或者直接附带数据;磁卡常用做身份标示控制访问者;射频标示系统可以远距离识别动态或者静态的对象,而射频数据通信系统则可以将在各处采集到的数据发送到远处的计算机上;智能卡可在嵌入的集成电路上储存信息进行一定的处理。

自动识别系统可将数据输入工作流水线化、自动化并降低成本,迅速提供电子化的信息,从而为管理人员提供准确和灵活的业务视图。此外,自动数据输入与人工作业相比更精确、更经济。其优点如下。

(1) 低成本的数据。自动识别系统可以大幅度降低数据输入的成本并解放劳动力。由于数据成本非常低,可以收集详细数据。

(2) 信息可用性。自动识别系统提供了即时的活动报告,从而加快了信息相关业务流程,例如配送中心在卸车、理货、发货装车时,需要知道包装箱属于哪个采购订单,是按照标准运输步骤发货还是需要特别处理,需要发向何地。如果没有自动识别,等待上述信息时货物只能处于静止状态。使用就可以立即向中央计算机系统报告到达的货物,大多数情况下可将货物直接装车,不需要额外的储存空间,降低通过仓库的货物总量。这一点在工业应用中特别明显。

(3) 精确。除了速度和经济外,自动识别系统还有精确的优点。这不但减少了员工人数,增加了工作吞吐量,还使公司提高了工作质量,从而保证了与关键客户的关系。

3. 自动识别系统的应用领域

(1) 销售信息系统。在商品上贴上条码，能快速、准确地利用计算机进行销售和配送管理。其过程为，对销售商品进行结算时，通过光电扫描读取并将信息存入计算机，然后输入收款机，收款后开出收据，同时，通过计算机处理，掌握进、销、存的数据。

(2) 库存系统。在库存物资上应用条形码技术，尤其是规格包装、集装、托盘货物上，入库时自动扫描并输入计算机，由计算机处理后形成库存的信息，并输出入库区位、货架、货位的指令，出库程序则和 POS 系统条码应用一样。

(3) 分货拣选系统。在配送方式和仓库出货时，采用分货、拣选方式，需要快速处理大量的货物，利用条形码技术便可自动进行分货拣选，并实现有关的管理。其过程如下：一个配送中心接到若干个配送订货要求，将若干订货汇总，每一品种汇总成批后，按批发出所有条码的拣货标签，拣货人员到库中将标签贴于每件商品上并取出用自动分货机分货，分货机端的扫描器对处于运动状态分货机上的货物进行扫描，一方面确认所拣出的货物是否正确，一方面识读条码上的用户标记，指令商品在确定的分支分流，到达各用户的配送货位，完成分货拣选作业。

8.4.2 条形码技术

1. 条形码技术介绍

条形码技术、条形符号设计技术、快速识别技术和计算机管理技术，是实现计算机管理和电子数据交换不可缺少的开端技术。

条形码技术将数据编码成可以用光学方式阅读的符号，印制技术生成机读的符号，扫描器和解码器可以采集符号的图像并转换成计算机处理的数据进行校验。现存许多不同的条形码符号，每种符号都有各自的字符编号、印制和译码要求及错误校验。不同条形码表示数据的方式和所编码的数据类型都不同：有些仅对数字编码，有些则可以对数字、字母和标点符号编码，还有些可以对 ASCII 确定的 128 个字符甚至 256 个字符进行编码，甚至允许(通过冗余)重构数据以保证破损符号的阅读。现有 255 种条形码，但是目前广泛使用的仅有少数几种。

商品条形码由一组黑白相间、粗细不同的条状符号组成。条码隐含着数字信息、字母信息、标志信息、符号信息，主要用于表示商品的名称、产地、价格、种类等，是世界通用的商品代码的表述方法。在技术上，条形码是由一组黑白相间的条纹组成的，这种条纹由若干个黑色"条"和白色的"空"的单元所组成。其中，黑色条对光的反射率低而白色的空对光的反射率高，再加上条和空的宽度不同，就能使扫描光线产生不同的反射接收效果，在光电转换设备上转换成不同的电脉冲，形成可以传输的电子信息。由于光的运动速度极快，所以可以准确无误地对运动中的条码予以识别。

常用条形码的介绍如表 8-1 所示。

表 8-1 常用条形码

条形码种类	条形码名称	示例	描述	应用
一维条形码	UPC 码		只用数字，长度为 12	在美国和加拿大被广泛用于食品、百货及日用品零售业
	EAN 码		与 UPC 兼容，具有相容的符合体系	用于世界范围的食品、百货及日用品零售业
	Code 128 码		采用 ASCII 码字符集：0~9, A~Z	广泛用于制造业及仓储、物流业
	UCC/EAN-128		是目前可用的最完整的字母数字型一维条形码	广泛用于物流标识及其他物流单元
二维条形码	PDF417		可以容纳 1848 个字母字符或 2729 个数字字符。约 1000 个汉字信息，比普通条码信息容量高几十倍	用于报表管理、产品的装配线、银行票据管理，行包及货物的运输管理等

2．条形码在物流作业中的作用

条形码的物流应用包括配送中心的订货、进货、补货、拣货、出库等。

1) 订货作业

以超市价格卡与便利店订货簿的方式为例。

在超市的货架上每种商品陈列处都贴着价格卡，其用途有二：一是向顾客告知商品价格；二是可按卡上所注的订货点，指引工作人员计算商品所乘的陈列量是否低于设定的订货点，若需订货，即以手持式条形码扫描器读取价格卡上的商品条形码，就可以自动输入商品货号。

连锁总部定期将订货簿发给各便利店，订货簿上有商品名称、商品货号、商品条形码、订货点、订货单位、订货量等，工作人员拿着订货簿巡视各商品以确认所剩陈列数，记入定货量；回到办公室后，用带条形码扫描器的掌上终端机扫描预定商品的条形码并输入定货量，再用调制器传出订货数据。

2) 配送中心的进货验收作业

对整箱进货的商品，其包装箱上有条形码，放在输送带上经过固定式条形码扫描器的自动识别，可接收指令传送到存放位置附近。

对整个托盘进货的商品，叉车驾驶员用手持式条形码扫描器扫描外包装箱上的条形码标签，利用计算机与射频数据通信系统，可将存放指令下载到叉车的终端机上。

3) 补货作业

基于条形码进行补货，可确保补货作业的正确性。有些捡货错误源于前项的补货作业错误。商品进货验收后，移到保管区，需适时、适量地补货到拣货区；避免补货错误，可在储位卡上印上商品条形码与储位码的条形码，当商品移动到位后，以手持条形码扫描器读取商品条形码和储位码条形码，由计算机核对是否正确，这样即可保证捡货作业的正确地。

4) 拣货作业

拣货有两种方式，一种是按客户进行拣取的摘取式拣货；另一种是先将所有客户对各商品的订货汇总，一次拣出，再按客户分配各商品量，即整批拣取；二次分拣，称为播种式拣货。

对于摘取式拣货作业，在拣取后用条形码扫描器读取刚拣取商品上的条形码，即可确认拣货的正确性。

对于播种式拣货作业，可使用自动分货机，当商品在输送带上移动时，由固定式条形码扫描器判别商品货号，指示移动路线和位置。

5) 交货时的交点作业

交货时的交点作业通常分为两种形式，一种是由配送中心出货前即复点数量；另一种是交由客户当面或事后确认。

对于配送中心出货前的复点作业，由于在拣货的同时已经以条形码确认过，就无须进行此复点作业了。

对于客户的当面或事后确认，由于拣货时已由条形码确认过，无须交货时双方逐一核对。

6) 仓储配送作业

其实商品的自动辨识方法还可以采用磁卡、IC 卡等其他方式来达成。但以物流仓储配送作业而言，由于大多数的储存货品都备有条形码，所以用条形码做自动识别与资料收集是最便宜、最方便的方式。商品条形码上的资料经条形码读取设备读取后，可迅速、正确、简单地将商品资料自动输入，从而达到自动化登录、控制、传递、沟通的目的。

3．条形码技术在物流中的应用

条形码技术应用解决了数据录入和数据采集的"瓶颈"问题，为企业物流管理提供了有力的技术支持。

条形码技术是实现各企业自动化管理的有力武器，有助于进货、销售、仓储管理一体化；是实现电子数据自动交换，节约资源的基础；是及时沟通产、供、销的纽带和桥梁；是提高市场竞争力的工具；可以节省消费者的购物时间，扩大商品销售额。

条形码技术为我们提供了一种对物流中的物品进行标示和描述的方法，借助自动识别系统、POS 系统、EDI 等现代技术手段，也可以随时了解有关产品在供应链上的位置，并即时做出反应。当今欧美等发达国家兴起的供应链管理策略，都离不开条形码技术的应用。条形码是实现 POS 系统、EDI、电子商务、供应链管理的技术的基础，是物流管理现代化、提高企业管理水平和竞争能力的重要技术手段。由于条形码技术具有输入速度快、信息量大、准确度高、成本低、可靠性强等优点，因而发展十分迅速。它不仅在国际范围内为商品提供了一套完整的代码标示体系，而且为供应链管理的各个环节提供了一种通用的语言符号。

4．条形码在流通企业中的应用

货物的条形码是建立整个供应链的最基本条件。它是实现仓储自动化的第一步，也是用为 POS 系统快速准确收集销售数据的手段。以零售业为例，借助条形码，POS 系统可以实现商品从订购、送货、内部配送、销售、盘货等零售业循环的一元化管理，销售商从而可以随时掌握商品早晚的销售情况，以调整进货计划，组织适销货源，从而减少脱销、滞销带来的损失，并可加速资金周转，有利于货价安排的合理化，提高销售额。

5．条形码在加工制造企业中的应用

物料在企业信息系统中扮演的是主角，计划、采购、制造、库存、成本计算和销售都是围绕着"物料"展开的。通过代码打印成条形码，便于物料跟踪管理，而且有助于做到合理的物料库存准备，提高生产效率，缩短企业资金的占用时间。

采用条形码技术，在库存管理时，在收件后可根据条形码对相应的物料划分种类，区别安放。并可根据实际情况跟踪库房数据，不会造成库存的不准和出入库产品无法跟踪的现象。

采用条形码技术还能更加准确地完成库存出入库操作。通过采集货物单件信息，处理采集数据，建立库存的入库、出库、移库、盘点数据，使库存操作完成更加准确。

尤其在采用无线条码数据终端、无线登录点及中心数据服务器等组成无线作业仓储管理系统后，能更实时准确地传递数据和指令，使作业人员与管理系统之间灵活互动，实现流畅的工作流，真正使物流成为企业供应链的一部分。

6．条形码技术在仓储配送中的应用

条形码技术在日本的物流业务中得到了广泛的运用，充分缓解了日本人力资源紧张、劳动力不足的现状。同时为了提高物流服务质量，降低物流成本，增强市场竞争力。日本的物流配送企业十分注重研究探索物流的新技术、新方法，并注意引进、学习美国等国家的物流新技术。在日本，物流配送运作中商品条码的使用、计算机控制系统和管理系统的采用等非常普遍。

在日本的物流配送企业物流作业中，移动式商品条码扫描设备、条码识别装置、自动化输送线、自动分拣系统、叉车、铲车、货物升降机、自动化立体仓库、POS 机等机电液气一体化设置设施应用程度较高，计算机管理系统比较普遍，一般是机械部分负责动作、电气部分负责信号传递。计算机系统负责控制管理。

目前许多日本物流企业已经开始应用了数码分拣系统，大大提高了工作效率和准确性，自动分拣的前提和保证就是条形码识别技术的应用。如佐川急便(株)总公司东京营业总部的货物自动分拣系统，设施非常先进。货物出口 70 个，可以通过计算机系统控制不同的货物类别、不同的货物地址、不同的货物需求量，自动实现不同的分拣路线和出口，它把商品的分拣、拼配作业安排得犹如生产企业的生产流水线一样。

特别值得一提的是，大阪物流配送中心为解决部分药品需要在冷冻状态下保存与分拣

而采用的全自动循环冷藏货架。由于人不便进入冷冻库作业,冷冻库采用了全自动循环货架,取、放货时操作人员只需在库操作计算机即可调出所要的货架到库门口,存、取货作业完毕后再操作计算机,货架即回复原位。日本某大型第三方物流公司在全日本有十几个规模很大的配送中心。每个配送中心分为三个区域:分货区、拣货区和发货区。在分货区,一般用叉车卸货。先把货物放到暂存区,工人用手持式扫描器分别识别运单上和货物上的条形码,确认匹配无误才能进一步处理,有的要入库,有的则要直接送到发货区(称作直通作业,可以节省时间和空间)。该中心建立了自动化立体仓库,采用了自动分拣系统和自动检验系统,从进货检验、入库到分拣、出库、装车全部用各种标准化物流条码经计算机终端扫描,由传送带自动进出,人工操作只占其中很小一部分,较好地适应了高频度、小批量分拣出货的需要,降低了出错率。

条码设别技术和机电自动化的结合,实现了商品入库、验收、分拣、比库、过程监控、配送线路优化等物流作业全过程的计算机管理与控制,大大提高了物流准备率,加强了物流过程的管理。

整个系统充分利用了条形码技术和无线传输技术。首先承担大量数据采集工作的是条形码扫描器和无限数据传输设备,如图 8-12 所示。左边的设备就是数据传输的无限中端设备,右边的设备就是手持式扫描器。

图 8-12　条形码扫描器和无限数据传输设备

经过扫描得到的条形码数据,通过无线中端设备,与数据库服务器进行交互。如同在一台 PC 机上访问局域网里的服务器一样方便。同时可以通过一台便携式打印机,随时打印需要的数据,如同操作一台普通的打印机一样便捷。打印机如图 8-13 所示。

图 8-13　打印机

打印机和扫描器之间通过有线连接，支持热插拔，使用非常方便。

像这样一套终端设备，功能等同于一台普通的 PC，解决了物流业务活动区域比较大，及其携带不方便的问题。虽然目前也有扫描枪和 PDA 配套使用的方法，但是这套设备还集成了无线数据传输，远程应用程序调用等功能，是专业的物流信息采集处理设备。当然，价格也比较昂贵，一台手持扫描器的价格相当于一台笔记本的价格。

除了可以在一定范围内通过无线中端设备的帮助，将手持扫描器与数据库服务器连接在一起之外，在厂区之外，如果没有无线中端设备，使用手机，利用蓝牙技术，通过互联网，同样可以实现扫描器与服务器之间的连接。蓝牙技术的应用，解决了地域的问题，使无线业务处理成为可能，很好地满足了物流业务的实际需要。

蓝牙是为满足个人移动设备在个人区域网络环境中进行无线通信而设计的。蓝牙的目的是使网络无所不在，即现有的网络连接要全部被无线取代。蓝牙使个人区域网络中设备对设备的连接最优化，诸如其中的同步，短数据传输，语音通信控制。蓝牙"高速无线通信技术的手机，可以在 10 米左右的近距离内以无线方式进行高速数据通信，不仅可以接收在个人计算机上制作的电子邮件和图像数据，而且能够通过因特网进行上网。

整套系统的设计和开发采用三层架构，手持扫描器相当于客户端，类似于浏览器的功能，通过调用部署在应用服务器上的程序，连接数据服务器，进行通常的数据增删改查的操作，扫描器通过无线中端与远端的服务器相连，这台服务器部署了相应的支持程序和中间件平台，这台服务器相当于应用服务器，业务逻辑的处理都放在该服务器上，应用服务器通过局域网，与数据库服务器相连。

应用服务器部署的程序，完全可以采用通常程序的开发方法，支持 C 语言和 VB 开发。开发和部署也非常简单。

经过实践证明，这套系统的应用，大大提高了物流业务的处理，在日本一家著名的糕点厂家全面推广使用后，90%的糕点在运往仓库，进入货架的过程中就被有效地配送到全国各地。如果没有这种实时便捷的数据采集和自动识别技术，是很难实现的。

8.5 库存信息管理

物流有许多作业程序，包括货物的入库、出库、货物库位调整、仓库之间的货物调拨、货物的配送、货运代理、通过 Internet 网下单、在网上查询车辆调配情况以及物流中心的其他资源情况、商品进出口预通关等作业。出入库是物流作业中的重要环节，要收集与处理各种信息，形成库存管理。库存的目的是为了销售，要做到购销流畅必须讲究效率。商品库存量不能过多也不能过少，库存量过少就有可能脱销，因此就要经常检查商品是否齐备，要多采购畅销的商品，并加快这种商品的库存周转；与此同时必须防止因商品存量过多而影响资金的周转，必须经常对商品的库存量进行合理的调整。而这些目的的实现是依靠完整而又准确的库存信息为基础，可以说库存信息管理的好坏决定着物流信息管理乃至物流管理能否成功。库存信息管理一般是着眼于数量信息的管理与控制，如订货点、订货量，以及安全库存量等信息的管理。

8.5.1 库存的内容及分类

库存正日益得到企业的重视。库存通过整合需求和供给，维持各项活动顺畅进行。库存管理的目的，是如何使库存既不影响销售，又不造成积压而影响资金周转。为了实现库存管理的这一目的，就必须掌握完善、准确的库存信息，并以此为基础来为库存管理提供决策依据。

1. 库存的内容

库存是指处于储存状态的物品或商品。库存与保管概念的差别在于前者是从物流管理的角度出发强调合理化和经济性，后者是从物流作业的角度出发强调效率化。库存具有整合需求和供给，维持各项活动顺畅进行的功能。一般来讲，企业在销售阶段，为了能及时满足顾客的要求，避免发生缺货或延期交货现象，需要有一定的成品库存。在采购生产阶段，为了保证生产过程的平准化和连续性，需要有一定的原材料、零部件的库存。而库存商品要占用资金，发生库存维持费用，并存在库存积压而产生损失的可能。因此库存既要防止缺货、避免库存不足，又要防止库存过量，避免发生大量不必要的库存费用。

过去认为仓库里的商品多，表示企业发达、兴隆。现在则认为零库存是最好的库存管理。库存多，占用资金多，利息负担加重。但如果是过分降低库存，则会出现断档。

库存管理需要特别考虑下述两个问题。

第一，根据销售计划，按计划生产出来的商品在市场上流通时，要考虑在什么地方，存放多少。

第二，从服务水平和经济效益出发来确定库存量以及如何保证补充的问题。

一般来说，库存功能如下。

(1) 防止断档。缩短从接受订单到送达货物的时间，以保证服务，同时又要防止脱销。
(2) 保证适当的库存量，节约库存费用。
(3) 降低物流成本。用适当的时间间隔补充与需求量相适应的合理的货物量以降低物流成本，消除或避免销售波动的影响。
(4) 保证生产的计划性、平稳性以消除或避免销售波动的影响。
(5) 展示功能。
(6) 储备功能。在价格下降时大量储存，减少损失，以应灾害等不时之需。

2. 库存的分类

现代库存控制的任务是通过适量的库存达到合理的供应，实现总成本最低的目标。

库存可以从几个方面来分类。从生产过程的角度，可分为原材料库存、零部件库存和半成品库存、成品库存三类。从库存物品所处状态，可分为静态库存和动态库存，静态库存指长期或暂时处于存储状态的库存，这是一般意义上的库存。广义库存还包括处于制造加工状态或运输状态的库存，即动态库存。从经营过程的角度，可将库存分为七种类型。

(1) 经常库存。
(2) 安全库存。
(3) 生产加工和运输过程中的库存。

(4) 季节性库存。
(5) 促销库存。
(6) 投机库存。
(7) 沉淀库存或积压库存。

8.5.2 库存信息及其管理

库存管理由入库管理系统、出库管理系统、库存储位管理系统等组成。

1．入库管理系统

货物入库是物流中心实体物流的起始点，必须自订单发出开始即掌握确实的信息。相关功能应包括以下几方面。

(1) 厂商资料维护：包括供货厂商的基本资料、交易形态(如买断、代理、委托配送等)、交货方式、交货时段等项目。

(2) 订货数据处理：以采购作业及预订交货资料为主，包括供货厂商、预订交货日期等基本资料，另外须特别注意交货前置时间、最小订货单位等项目。

(3) 入库操作：对实际进货物品项、数量、日期，进行入库验收与稽核，应用手持红外数据采集器，采集条码信息，实现物品的条码信息的标准化，这样就可以实现检验物品和发货作业标准化，缩短作业时间，便于加强出库管理。与预订交货信息进行对比，如有差异，进行标注。在贸易伙伴之间、在不同的物流作业环节、在物流管理系统之间可以考虑应用 EDI 或其他数据通信技术，便于统筹运作与管理。

(4) 库存预警：须对采购物品交货日程与预订交货期的准确性做管理，并适时修正采购前置时间，并加入采购点预警建议功能。对库存上限和下限两种情况都做预警处理。

2．出库管理系统

须提供完整精确的出库相关信息，以供执行处理出库作业程序所需，并对业务人员、储运经理及客户服务等，提供及时性的出库信息。主要系统功能如下。

(1) 客户资料维护：以配送客户的基本资料维护为主，并配合配送作业所需，建立相关客户信息台账。

- 客户的基本情况：名称、地址、营业执照号码等。
- 客户的资信情况：开户行、账号、信誉情况。

(2) 出库合同管理：合同资料在输入后，如何有效率地汇总及分类，是后续拣货及车辆调派成功与否的关键，其中有一些重要因素必须掌握。

- 合同基本情况。
- 合同处理，包括单一订单处理、以配送区域或路线分批处理、以车辆需求类型分批处理、在批量拣货条件下分批处理。

(3) 出库日程安排计划：以客户预定送货日为主要依据，并核对库存量，进行库存分配及保留，并须考虑有无紧急出货的插单需求，以及配送资源与车辆等的分配。

(4) 拣货命令指派：依出库日程计划安排拣货指令及打印拣货单据(一般为拣货单及出库单)。

(5) 换货退货作业：须注意退货原因的分类、退货客户的统计、退货的分类处理及再入库等问题。

(6) 客户交易咨询服务：可以让物流中心管理人员及客户及时查询订单执行状态、交易内容及相关订单信息。

3．库存储位管理系统

(1) 商品资料维护：建立商品基本资料、包装特性、包装规格、储存环境需求特性、进货有效周期等信息。

(2) 储位管理维护系统：依储区及储位的配置，记录储位储存内容、储存单位及相对位置等信息，并配合商品品项新增异动做维护调整。

(3) 库存管理系统：对进、销、库存数据进行处理及对所有进出库记录明细进行维护，进一步则可考虑对商品库存的动态管理，包括以下内容。

- 在库量：在仓库内的实际货品数量。
- 订单保留量：客户订单输入系统后所预订分配的出货量。
- 在途量：即将交货或由其他仓库调拨的库存量。
- 可用库存量：尚可接受订单的剩余库存量，即为在库量与订单保留量的差额，若考虑到交期因素，可将预订出货日之前的在途量并入计算，即

$$可用库存量=在库量-订单保留量+在途量$$

(4) 到期日管制系统：包括对产品进货日期及出货有效周期的管理，物品先进先出作业的管制，并对已过期或即将到期产品的分析及处理。

(5) 盘点操作系统：包括库存冻结作业、盘点窗口打印、盘点资料输入处理、盘差分析、盘盈盘亏调整及库存解冻作业等。

(6) 库存统计系统：根据入、出库资料随时统计并可形成报表。

本 章 小 结

现代物流已成为跨部门、跨行业、跨地域的以现代科技管理和信息技术为支撑的综合性物流服务。在现代物流中，信息已成为提高营运效率、降低成本、增进客户服务质量的核心因素。信息系统的建设，一方面是发展现代物流的核心和关键；另一方面，通过建设信息系统又极大地推动着现代物流向前发展。

本章主要从物流信息系统的基本理论入手，通过介绍物流信息的概念、物流信息系统的概念及其技术基础，引申出物流信息系统构建的原则，揭示了物流信息系统的体系结构和层次结构。着重分析和讨论了物流信息系统的开发、自动识别系统和库存信息管理。通过本章的学习，读者可对物流信息系统的基本内容与信息系统设计的实际应用及相关开发技术有一个初步的认识，对物流企业的信息化改造和建设有一定的指导意义。

思考与练习

1. 物流信息的概念是什么？
2. 物流信息系统的概念和特点是什么？
3. 简述物流信息系统的构建原则。
4. 简述物流信息系统开发的关键点。
5. 简述自动识别系统的类别和作用。
6. 简述库存的内容。

第 9 章 供应链一体化设计

【学习目标】
- 掌握供应链一体化的概念和实现基础。
- 熟悉供应链一体化框架结构。
- 掌握供应链业务流程的概念。
- 掌握企业流程再造的内涵。
- 熟悉供应链流程一体化的特征。
- 熟悉供应链物流成本的构成。
- 熟悉生产延迟规划。
- 熟悉供应链一体化战略的影响因素与战略选择。
- 熟悉供应链信息一体化规划。

随着科技的不断进步和经济的不断发展，市场竞争越来越激烈，新的竞争环境迫使企业竞争要素不断改变，企业竞争表现在如何快速响应市场需求，满足消费者不断变化的多样化需求。供应链思想就是在新的竞争环境下出现的企业之间产品质量、性能方面的竞争转向企业所在供应链之间的竞争。正如美国供应链管理专家克里斯托弗(Christopher)所说："21 世纪的竞争不是企业与企业之间的竞争，而是供应链与供应链之间的竞争。"

9.1 供应链一体化概述

9.1.1 供应链一体化的概念和实现基础

1. 供应链一体化的概念

供应链的概念是从扩大的生产(Extended Production)概念发展来的，它将企业的生产活动进行了前伸和后延。譬如，日本丰田公司的精益协作方式中就将供应商的活动视为生产活动的有机组成部分而加以控制和协调，这就是向前延伸。后延是指将生产活动延伸至产品的销售和服务阶段。因此，供应链就是通过计划(Plan)、获得(Obtain)、存储(Store)、分销(Distribute)、服务(Serve)等这样一些活动而在顾客和供应商之间形成的一种衔接(Interface)，从而使企业能满足内外部顾客的需求。

供应链运行的基础是核心企业与其上游供应商之间的基于供应链契约的合作伙伴关系，以及与其下游客户组成的客户关系，二者的有效对接是供应链实现的关键。供应链上下游企业之间的对接在组织结构上就形成了供应链的一体化，它是供应链运行的组织基础。

供应链一体化通过科学的管理方法将彼此独立、彼此从事买卖交易的企业连成一个整体，提高了企业的市场影响力、整体效率和整体竞争力，并能不断完善。一个真正的一体化供应链不仅要能够降低物流成本，也要为公司及其供应链伙伴与股东创造价值。

第 9 章 供应链一体化设计

供应链一体化主要体现在三个方面，如表 9-1 所示。

表 9-1 供应链一体化的体现

方　面	调整的内容	方　法
信息集成	信息、知识	信息共享、合作计划、预测与补货
协调与资源共享	决策、经营	决策委托，工作重组，外包
组织关系链接	责任、风险、成本、利益	沟通和绩效评价的扩展，积极的联盟

从某一个单纯的流程来看，供应链上游企业的市场目标的实现确实以供应链的终端客户的购买为必要条件，此时可以说终端客户就是供应链的终端。但是，从企业的整个运行和供应链的生存状态而言，企业所追求的是供应链的良性循环，并且只有在供应链的良性循环状态下，企业的生存和发展才能成为可能。而供应链的良性循环除了需要企业源于自身的内在价值追求的推动力之外，源于客户的拉动力对于供应链的整体运行来说更为重要。

供应链一体化是对"纵向一体化"的扬弃。一方面，它在形成和完善的过程中吸取了"纵向一体化"模式的某些合理内容，如降低机会主义概率，减少不确定性损失，保持目标的一致性、技术和物流的一体化，易于形成优势资源壁垒，等等；另一方面，它又是对"纵向一体化"模式创新的产物。这些创新克服了"纵向一体化"模式所具有的结构僵化、反应迟缓、负担过重的官僚主义弊端，增强了企业组织结构的柔性，形成了以核心竞争力管理为基础的一体化功能网络结构的利益共同体；改变了"纵向一体化"模式的单向性、封闭型缺陷，提高了信息流、资金流和物流双向性流动，实现了协作者之间的资源共享和运行的协调一致；革新了传统的以生产推动为动力的"推销机制"，形成了以客户为导向的"需求拉动机制"，增强了对市场反应的能力。

通过对现有资源的优化整合，培育和巩固竞争力是供应链一体化的目标。供应链一体化的实现，能够将供应商、生产厂家、分销商、零售商等企业的现存资源进行优化整合，避免了与新产品开发相配套的厂房、设备、营销网络建设的巨额投资，从而减少了资本负担。生产资料以最快的速度，通过生产、分销环节变成增值的产品，到达有效需求的客户手中，缩短上市时间，取得市场机会。这不仅降低了成本，减少了社会库存，并使社会资源得到优化配置，更重要的是通过供应链一体化实现了生产及销售的有效连接和物流、信息流、资金流的合理流动。因此，供应链一体化是提高企业竞争力的一种手段。在供应链一体化环境下，企业的根本目标是培育和加强企业的核心竞争力，在此基础上通过整合供应链中企业与企业、企业与客户、企业与供应链、供应链与供应链的有效资源，实现成本组合最小化，从而实现价值最大化。因为企业以自身核心优势资源整合协作企业资源时，总能寻找到现有的、比企业自营更低的成本；企业通过非关键业务外包可以降低企业自营的风险成本；企业通过供应链中企业的协作可以免去或降低非关键业务的技术改造成本，降低投资建厂和设备更新的成本，缩短订单履行时间，降低庞大的业务管理成本，从而实现企业成本组合最小化。

供应链一体化的基本模式如图 9-1 所示。

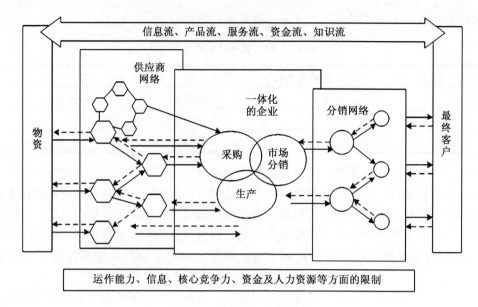

图 9-1 供应链一体化模式

2. 供应链一体化的特征

供应链一体化并不是实现顾客价值最大化与企业价值最大化的唯一选择，而是基于供应链成员核心竞争力的一种优化选择。在一定环境下，纵向一体化也是实现顾客价值最大化与企业价值最大化的一种合理选择。但在目前新的经营环境下，供应链一体化更趋合理。

供应链一体化具有如下特征。

(1) 顾客导向性。企业的目标永远都会是以最低的投入，为顾客提供产品和服务，获得最大化的收益。所不同的是，传统企业凭借自身资源，或单独面向市场，或以"纵向一体化"形式面对市场而获利，他们按照自己对市场的预测设计、生产产品，按自己的需要为顾客提供服务。由于体制的局限，他们往往离顾客最远，因此往往不能满足顾客的需求。而供应链一体化中的企业可以通过整合各自企业的优势，以最低的整体成本，敏捷地满足顾客化需要，通过提供全面的服务，赢得顾客，稳定顾客，实现市场目标和企业的经营目标。整个供应链就是围绕顾客而展开的服务网络，在这个网络中，有的企业开发和设计顾客喜欢的产品，有的企业以最低的成本生产出优质产品。为实现敏捷的物流保证，及时的可得性，完善的售前、售中、售后服务，各企业分工协作、协调运行，从而使顾客认为该产品就是为其量身定做的，该产品所承载的服务是其所需要的。靠某一个企业的有限资源来做到这些往往并不是最优的，良好的选择应是依靠供应链的整体。因此，供应链一体化的价值取向是顾客服务，顾客服务是提高效率，实现企业目标的决定性因素。

(2) 战略性。供应链一体化强调和依赖战略管理。在供应链一体化模式下，信息、技术等企业资源成为供应链节点企业的共享资源，克服了传统管理模式下企业"纵向一体化"的"大而全"、"小而全"的资源浪费和管理成本居高不下的弊病；从供应链节点企业的竞争性质来看，节点企业之间的竞争是基于培育和巩固供应链整体竞争力和各企业竞争力的双赢性竞争，克服了传统管理模式下企业之间竞争的对抗性；供应链节点企业与其他企业的竞争不仅仅是企业与企业之间的竞争，而且也是供应链系统与供应链系统之间的整体性竞争。

(3) 系统性。供应链一体化把从供应商、生产商、销售商到终端顾客组成的供应链中的所有节点企业都看成是一个系统整体，使管理贯穿整个物流的、从供应商到终端顾客的采购、制造、分销、零售等职能领域的过程，从而克服了传统管理模式中企业只关注自身因素，忽视外在因素对企业竞争力的影响，导致供、产、销、人、财、物相互脱节的弊端。

供应链一体化是集成化管理的思想的结果，而不仅仅是节点企业、技术方法等资源简单的连接。它包括三个层面的内容：首先，它强调企业内部供应链的整合，这是供应链一体化的基础。它强调企业管理的效率，如在优化资源和能力的基础上，如何以最低的成本和最快的速度生产最好的产品，敏捷地满足顾客的需求，以提高企业反应能力和效率，提高企业的运作柔性。其次，强调企业外部供应链的整合，这是供应链一体化的关键。它强调企业战略伙伴关系管理，强调以面向供应商和顾客取代面向产品，加强与供应商和顾客的联系，保持一定的一致性，实现信息共享。最后，形成具有同步化敏捷响应有效顾客需求能力的动态联盟。

(4) 敏捷性。组织结构柔性化和业务流程规范化是供应链一体化的基础和保证。在企业内部，通过采用 TQM(全面质量管理)、JIT(准时制管理)，有效地提高生产的柔性，降低生产成本，提高质量；在企业外部，通过与合作伙伴的业务流程的规范化，合理规划时间窗口，降低物流成本，增强市场竞争的协同性和顾客服务的一致性，赢得市场营销的优势；同时将顾客纳入一体化管理系统，采用顾客关系管理系统(CRM)、柔性管理系统(FMS)，提升顾客响应能力，提高顾客服务水平。如果以核心企业为基点，供应链一体化可以被看作两种关系的对接与融合。在核心企业的上游是由核心企业与供应商乃至供应商的供应商组成的供应链伙伴关系，在核心企业的下游是由核心企业与下游生产商、销售商(分销商、零售商)、终端顾客组成的顾客关系。这两种关系通过核心企业在供应链上衔接，从而形成一个一体化的整体。

通过 Internet/Intranet 或电子数据交换(EDI)系统将企业无缝链接，可以根据动态联盟的形成和解体进行快速的业务流程重构，提高企业的敏捷性和对市场的快速反应。这样在供应链管理的整体需要的带动下，企业内部的业务流程也必然敏捷化，而企业内部的业务流程的简捷化又会使企业间的业务流程效率提高，服务质量和服务效率也会随之得到提高。

在供应链一体化的基础上，企业通过资源整合，可以有效地构建一条"顾客服务链"。在这条服务链中，通过各方面兑现订单履行的承诺来实现顾客化满足。这种满足的最高程度是履行"完美订单"。实现完美订单意味着顾客服务的每一个要素的表现都是符合顾客需要的：交付准时、完整、无差错，从而通过顾客化定制和顾客化营销来实现顾客价值最大化，具体实现途径如下。

(1) 建立良好的顾客关系，直面终端顾客，提供定制化服务。

(2) 整合供应链资源，协同服务，实现顾客价值最大化。从企业的角度看，企业虽然尽可能在产品/服务设计与提供之前考虑顾客的需求，但他们并不知道实际的终端顾客是谁；从顾客的角度看，他也无法直接确定最终产品的确切特征。不确定的产品和服务提供者，与不确定的需求者之间的关系大大放大了这种现实的不确定性。在这种环境下，企业满足顾客需求的最佳途径是：在顾客需求相对确定时就敏捷地满足。在生产环节，企业可以即时化调整设计方案，或者采用敏捷制造模式在时间窗口内将产品生产出来。但许多的需求并不是明确的，他们往往在最后时刻才能明确下来。此时，在销售的最后环节对顾客的即时化、个性化需求进行敏捷反应就至关重要。这种敏捷反应可以通过物流功能的同步化运行去实现，但前提是具有可以通过供应链一体化的资源整合去协同化实现的机制。

(3) 供应链一体化可以实现对供应链流程进行改造，如降低生产线长度，吸引和鼓励顾客参与设计，实现供应链信息化库存；激活供应链成员的积极性，让供应链上的所有企业一齐为顾客服务；创建有利于成员利益最大化和合理规避风险的机制，使供应链成为顾客化的生产线，实现顾客化需求的满足。

(4) 通过现代信息技术提高顾客价值。通过现代信息技术的应用建立起来的高效的专业化供应链能够使企业通过电话、网络、顾客关系管理系统以及面对面的接触和顾客建立良好的沟通和服务支持渠道，同时也通过现代信息技术的应用使得上游的零件供应商能够及时准确地知道企业所需零件的数量、时间，从而大大减少了存货，避免了库存风险，降低了产品价格，使顾客得到实惠。面向顾客的、安全可靠的平台系统，使顾客能够方便、安全地与企业进行便捷即时沟通。优秀的信息平台系统可以在顾客一进入就能够很快地辨别其身份和需求，从而快速提供个性化的服务，如亚马逊公司。利用现代信息技术能够使企业内部供应链顺畅连接，形成以顾客为导向的服务链，提供良好的在线顾客服务，如DELL。

同时，在供应链一体化基础上，企业可以达到如下目的。

(1) 通过供应链一体化的协调互动、资源优化和先进技术的应用降低顾客成本，创造增值价值。

(2) 通过供应链一体化的资源合理配置，使整个供应链围绕顾客提供增值服务，提高顾客价值。

(3) 通过整合资源，弥补企业与顾客在时间、空间、信息、消费观念、供需等方面的差异，引导和服务顾客消费，或根据顾客需要提供个性化服务，而不是单一的"推销"。

(4) 通过供应链优化和物流技术改善，使物流成为赢得竞争和创造顾客价值最大化的主要手段，促使营销成本因为物流效率的提高得到一定的降低，使顾客价值得到提升。

3. 供应链一体化的实现基础

供应链一体化的形成和有效运行依赖于良好的供应商伙伴关系和顾客关系(包括内部顾客关系)的建立、信息共享以及对于供应链风险的有效规避和共担，有赖于本企业内部供应链一体化及其持续改善，有赖于供应链信息共享，有赖于供应链风险的有效防范及其规避。它们是供应链一体化的基础。只有在此基础上，物流敏捷化才有可能实现。

如果将供应链中的本企业作为一个节点，那么，处于本企业上游的企业是它的供应商，处于其下游的企业和消费者就是它的顾客。供应链中的本企业与上游供应商所建立的以信任、合作、双赢为基础的关系就是供应链伙伴关系。通俗而言，供应链伙伴关系主要是供应商与制造商、制造商与制造商、制造商与销售商之间，在一定时间内的共享信息、共担风险、共同获利的战略联盟。供应链伙伴关系是供应链一体化的基础之一。

但这种关系与一般意义上的协议关系又不完全相同。一般意义上的协议关系具有非常明确的权利义务约定，是一种法律意义上的权利义务关系和要约承诺关系。而供应链伙伴关系是在不降低质量、不降低顾客价值的前提下为了降低供应链总成本、降低库存总水平、增强信息共享、改善相互之间的交流、保持战略伙伴关系的一贯性、提高企业自身的核心竞争力和整个供应链的核心竞争力,以实现供应链节点企业的财务状况、质量、产量、交货期、顾客满意度和业绩的改善和提高而形成的,其根本目标是提高企业核心竞争力。

在供应链环境下,供应链伙伴关系与传统供应商的关系也不相同。传统的供应商伙伴关系更多的是一种博弈关系,实行供应商伙伴关系就意味着由供应商与制造商甚至销售商来共同开发新产品、新技术,市场机会共享,风险共担。在供应链伙伴关系环境下,制造商选择供应商不再只是考虑价格,而是更注重优质服务、技术革新、产品设计等因素。同样地,制造商与销售商也更多地转向协同。销售商、制造商、供应商都不能依靠自己的壮大而赢得胜利,也不是通过与本行业中单个竞争对手竞争而是靠加强与其在同一条供应链上的销售商、供应商的联盟来实现。

供应链伙伴关系可以使供应商与本企业获得双赢:增加产品价值、改善营销进程、强化运作管理、降低资本成本,提高资本收益、提高顾客价值。

企业必须从战略层面考虑顾客关系对企业发展的意义,否则可能导致决策上的风险。顾客关系是供应链一体化的基础。顾客关系管理是顾客拉动的供应链运行的前提。供应链一体化的运作方式有两种,一种称为推动式,一种称为拉动式。推动式的供应链运作方式以产品生产为核心,产品生产出来后从分销商逐级推向终端顾客。拉动式供应链的驱动力产生于顾客,整个供应链的集成度较高,信息交换迅速,供应链系统库存量较低,可以根据需求实现顾客化服务,能够为顾客提供更大的价值。因此,它会通过更准确地预测订单而缩短提前期;因为提前期的缩短,零售商库存也相应减少;由于提前期的缩短,产品设计、制造的变动性减少,满足顾客需求的准确性提高,从而能够有效地提高顾客服务质量。现实中,纯粹的推动式供应链和纯粹的拉动式供应链并不多见,更普遍的是推动与拉动结合的供应链,或者在一条供应链中有时推动的因素更多一些,有时拉动的因素更多一些。但相对而言,这种混合了拉动式和推动式两种因素的供应链运行更加复杂,对于顾客关系的依赖性更强。

顾客关系管理是实现供应链价值的关键。传统企业按照自己的预测生产产品,然后推销给顾客,这是建立在产品生产基础上的企业与顾客相对分离的"推销模式"。而现在,产品的差异性缩小,可替代性加强,订货时间缩短,改进质量降低成本的压力加大,企业借以提高竞争力的手段主要是提供具有独特价值的个性化产品和服务。因此,企业不得不根据顾客的需要来设计和制造产品;通过优质的顾客服务,提高顾客价值,赢得顾客,"顾客拉动模式"也就成为企业经营模式的必然选择,这种模式的基础就是良好的顾客关系。

由本企业与其下游的分销商、专业技术服务商和终端顾客组成的供应链就是销售渠道。渠道是实现企业市场目标的资源,是供应链一体化的毛细血管和神经末梢,是企业实现物流配送和顾客服务的通道,是顾客获得产品和服务的途径。没有强大的营销渠道,供应链一体化运行就缺少了载体,企业就不能为顾客提高最大化的价值,当然也做不大或者做不长久。但渠道资源并不是所有企业都具有的优势,因此这些企业为了获得市场竞争力就必须与拥有渠道资源优势的企业如销售商等建立供应链,完善企业资源配置。

本企业与供应链下游企业之间的关系优化可以有效地维护和巩固良好的顾客关系。同时企业内部的顾客关系管理的优化具有同样重要的意义,它是链接供应链中供应链伙伴关系、本企业与下游企业之间的顾客关系的基础。顾客价值是顾客关系管理的核心问题。一方面，通过完善顾客服务，提高顾客价值来提高核心竞争力是企业的内在追求；另一方面，顾客需求和市场竞争的压力也迫使企业不遗余力地去争取顾客，维持顾客，提高顾客价值。要做到这些，供应链必须能够为适应顾客关系的变化而作出调整。

同时，供应链的高效运行又促进了企业与顾客关系的改善和加强。企业通常会应用供应链的优势，在最短的时间内以最低的成本为顾客提供产品或服务，促进顾客价值的提高，就好像 DELL 通过供应链及时向顾客提供定制化的产品而确立竞争优势一样。并且，高效运行的供应链可以使准时交货、订单时间缩短、产品可得性、顾客及时了解订单信息等复杂业务流程简捷化，从而使企业为顾客提供的服务"一次性到位"。

但需要注意的是，供应链的高效运行也依赖于顾客关系的优化，其前提是首先应当找出谁是供应链中的合适顾客和关键顾客以及明确有效顾客需求。将所有类型和等级的顾客都包容进来可能导致供应链网络结构的复杂化，甚至会导致供应链运行的低效率、高成本。同时，在供应链中，本企业如果拥有太多的一级顾客或顾客的顾客，会使企业的资源过分紧张，并限制了本企业可以整合及有效管理一级以上的流程连接数。通常情况下，本企业应当将对一般顾客服务转给一级顾客，如分销商，由分销商来代行管理职能，在一定程度上可以使资源整合的有效性加强，服务的层次性得到有效规划。

企业内部供应链的一体化是实现本企业与上游供应商、下游顾客一体化的桥梁，也是建立良好供应链伙伴关系、顾客关系的保障。没有企业内部供应链的一体化，也就不能实现其与上游、下游的一体化。信息共享是实现供应链管理的纽带。信息技术是实现一体化的关键资源。当信息不能在组织间有效共享时，物流的一体化就难以实现。现代信息技术对于任何供应链管理都是必需的，而不仅仅是针对复杂的供应链。在供应链成员企业之间，传输数据主要有手工、半自动化(如 E-mail)、自动化(如 EDI)三种方式。顾客需求订单、给供应商的采购订单和供应商的回执可以通过手工或 EDI、E-mail 来传递，EDI 和 E-mail 也一样可以用来交换非结构化的数据。运用 EDI 和 Internet 等信息技术可以支持与供应商及顾客的联系，获得快速的反应能力。

信息技术是供应链管理得以正常有效运行的纽带，同时它又是企业决策的支持系统。供应链管理的基本问题不在于获得了多少数据，而在于数据能够在供应链中高效流动，实现共享，形成共同的决策的一致性，产生效益。

供应链一体化的运行应当具备相应的供应链风险防范和规避的能力。风险对于供应链而言是不可克服的，有效的防范和合理的规避，可以减轻其对供应链的影响，实现物流敏捷化。

9.1.2　供应链管理的理论基础

缺乏理论基础的思想和观点是难以获得进一步发展的，因此探讨供应链管理的理论基础可以更清晰地揭示供应链的内涵、全方位地展现供应链管理的理论精髓、深层次地剖析供应链管理的复杂结构框架。将供应链管理的理论基础分成两个层面：一是应用层面，包括库存管理理论、采购理论、物流理论、客户关系管理理论、供应链拓扑结构理论、战略管理理论、核心能力理论等；二是系统层面，主要包括系统论、信息论、控制论和集成论。

1. 供应链管理的应用理论基础

1) 供应链管理库存理论

(1) 联合管理库存(Joint Managed Inventory，JMI)。JMI 是一种基于协调中心的库存管理方法，其目的是为了提高供应链的同步化程度。JMI 强调供应链节点企业同时参与，共同制订库存计划，使供应链管理过程中的每个库存管理者都能从相互之间的协调性来考虑问题，保证供应链相邻的两个节点之间的库存管理者对需求的预测水平保持一致，从而消除需求变异放大现象。任何相邻节点需求的确定都是供需双方协调的结果，库存管理不再是各自为政的独立运营过程，而是供需连接的纽带和协调中心，联合管理库存模型如图 9-2 所示。

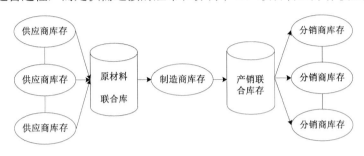

图 9-2 联合管理库存模型

(2) 供应商管理库存(Vendor Managed Inventory，VMI)。VMI 是一种战略贸易伙伴之间的合作性策略，它以系统的、集成的管理思想进行库存管理，使供应链系统能够同步优化运行。在这种库存控制策略下，允许上游组织对下游组织的库存策略、订货策略进行计划和管理。在已经达成一致的目标框架下由供应商来管理库存。供应商与客户企业之间实现信息交换、信息共享后，信息便代替了库存，拥有最佳的信息就可以达到最小的库存，大大降低缺货的概率，更好地改善客户满意度。供应商管理库存模型如图 9-3 所示。

(3) 协同规划、预测和补给(Collaborative Planning、Forecasting and Replenishment CPFR)。CPFR 是一种协同式的供应链库存管理技术，它能同时降低销售商的存货量，增加供应商的销售量。CPFR 始终从全局的观点出发，制订统一的管理目标以及实施方案，以库存管理为核心，兼顾供应链上其他方面的管理，同时能及时准确地预测由各项促销措施或异常变化带来的销售高峰和波动，从而使销售商和供应商都能做好充分的准备。因此，CPFR 能在供应链中的合作伙伴之间实现更加深入广泛的合作。CPFR 的数据流程如图 9-4 所示。

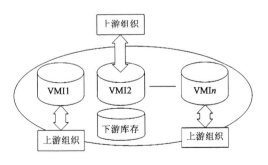

图 9-3 供应商管理库存模型

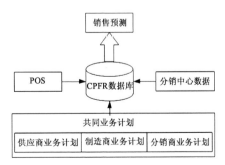

图 9-4 CPFR 数据流程

2) 供应链管理物流理论

(1) 物流的基本含义。物流一词源于国外。目前国内外的定义很多，但其中最基本的定义是：物流是指物质实体(article)从供应者(supplier)向需要者(demander)的物理性移动(physical move)，它由一系列创造时间和空间效用的经济活动组成，包括运输(transportation)、储存(storing)、装卸(loading and unloading)、包装(packaging)、流通加工(distribution processing)、配送(distribution)及物流信息处理等多项基本活动，是这些活动的统一。

(2) 物流体系。整个物流体系如图9-5所示。

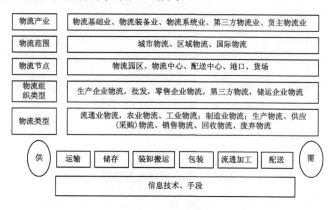

图9-5 物流体系

(3) 物流要素。物流包括许多具体活动，人们进行物流活动的方式多种多样，不管用什么样的方式进行什么样的具体物流活动，都需要具备六个最基本的要素，即流体、载体、流向、流量、流速和流程。

(4) 物流是"第三利润源泉"的理论。因为物流贯穿了生产和流通的全过程，所以合理、高效的物流能够通过对整个生产和流通结构的协调与完善带来巨大的利润。概括地说，合理、高效的物流，能够从以下几方面创造利润：①促进国民经济合理布局，有利于社会资源的优化配置；②有效地使用社会流通设施设备，节约社会财富；③减少流通环节，缩短生产周期，加速资金周转；④简化信息流通渠道，增强社会物质财富的可调节性；⑤在具体的生产、流通物资上的节约。

对物流是"第三利润源泉"的理论最初认识基于两个前提条件。

①物流可以完全从流通中分化出来。自成一个独立运行的，有本身目标，本身的管理，因而能对其进行独立的总体的判断；②物流和其他独立的经营活动一样，它不是总体的成本构成因素，而是单独盈利因素，物流可以成为"利润中心"型的独立系统。

物流成为"第三利润源泉"基于两个自身能力：①通过物流活动能够降低成本；②物流活动最大的作用，并不仅仅在于为企业节约了消耗，降低了成本或增加了利润，更重要的是在于提高企业对用户的服务水平进而提高了企业的竞争能力。通过物流的服务保障，企业以其整体能力来压缩成本，增加利润。

(5) 物流的地位与作用。

① 物流的地位。流通，作为社会经济活动的主要形式之一，在生产和消费之间搭起了一座通畅的桥，发挥着重要的中介作用。物流是连接生产和消费的桥梁，处于中介地位。

② 物流的作用。具体来说，可以从四个方面来说明物流的作用：服务商流；保障生产；方便生活；提高国民经济的综合实力。

3) 供应链拓扑结构理论

(1) 供应链的结构模型。在供应链拓扑结构理论研究方面，王圣广与马士华的研究是国内较深入的。他们提出的供应链拓扑结构模型有静态链状模型、动态链状模型、网状模型和石墨模型。研究供应链拓扑结构的意义：一是可以明确供应链的概念；二是从图学上描述了供应链结构，使图论的许多概念(诸如最短生产时间、关键线路、相关因素分析等)可以用来描述、说明、度量供应链；三是供应链拓扑结构模型囊括了现实世界中所有的产品流、信息流、资金流，对商品世界是一个很好的表述；四是供应链拓扑结构模型很好地区分了虚拟企业与企业集团公司(子网)，对于我们深刻地认识虚拟企业有很大的帮助。

(2) 供应链的节点、长度和体积。对于供应链节点的概念，有些学者认为指的是供应链中的企业；有些学者认为指的是供应链中的库存；有些学者认为是指供应链上每个企业的战略经营单位；还有的学者认为是指供应链中的实体，包括法律实体、功能实体和物理实体。供应链节点的概念应该根据研究对象的不同来定义，因此，在本书中，供应链节点就是指供应链中的企业，供应链的长度是指供应链上每一个节点的所有提前期之和(从供应商到消费者)，供应链的体积是所有提前期与持有库存(按时间计算)之和。

4) 供应链管理采购理论

有效的采购管理将增强企业的竞争优势和实现企业的最低成本运作。除了以最优的成本从可靠的渠道及时取得企业所需要的产品和服务等资源外，采购还将是企业的一个重要信息源，与市场的接触可以为企业各部门提供有用的信息，包括价格、产品的可用性、新供应源、新产品、新技术等；此外，采购运作的有效性将反映到其他组织的运作上，采购质量将直接影响企业的效益和效率，采购将在质量、支持和服务、及时性、成本等几方面决定后续阶段的表现。

采购处于供应链的上游，它要求能在任何时候、任何地点，以最低的价格和最快的速度获得产品。为了满足这一需求，企业必须调整好客户驱动的物流运营流程，实施与业务合作伙伴等协同作业的供应链管理。

2．供应链管理的系统理论基础

21世纪的市场竞争就是供应链的竞争，因此。运用系统论这种有哲理性的科学理论和方法论，对发展和完善供应链管理具有极其重要的作用和意义。供应链管理作为一种现代管理观念，其实践必须以系统论为指导，其理论必须以系统论为基础，离开了系统论，就无法正确认识、解释和操作供应链管理。

(1) 供应链是由多要素、多层次所构成的具有采购过程、运输过程、生产过程、销售过程等的人造系统，它具有人造系统的一些共性。

① 供应链是具有目的性和可控性的人造系统。首先，供应链作为一个人造系统有明确的目的性。一方面将以前"以产品为中心"的经营理念转变为"以客户为中心"的经营理念，其核心是使客户满意，除了在产品质量、品种和性能等方面外，还需要在时间、空间上最大限度地满足客户的需要；另一方面将以前的那种你死我活、两败俱伤的市场竞争转变为通过合作竞争，使彼此在供应链上扮演不同的角色，最大限度地发挥自己的优势，

从而达到双赢的目的；另外其最重要的目的是通过供应链寻找新的利润增长点。其次，供应链系统是一种可控系统，人的能动作用对系统的构成和功效有重大影响。

② 供应链是一个开放系统。一方面，供应链作为一个完整的系统必须从外部输入各种要素，因而供应链的存在和发展受外部环境的制约；另一方面，经过供应链系统的运行，产生新的物质与能量，输出给外部，并使产出大于投入。供应链系统既有对环境适应性的一面，又有能动地影响和改造环境的一面。

③ 供应链系统是一种远离平衡态并具有自组织作用的系统。供应链系统不仅是一个开放系统，而且总是处于远离平衡态。系统内的各要素(节点企业以及节点企业作为下一级系统，其内部的各要素，包括人员、设备、原材料、资金、技术、信息等)之间存在非线性关系，这就决定了供应链企业必定存在涨落机制和具有自组织作用，但是这种涨落机制和自组织作用在很大程度上又受人的思想和行为的影响。一般来说，供应链系统具有不断完善、分化与扩展的特性。例如，随着供应链中核心企业专业化程度的加深，将会不断地有节点企业加入供应链，使供应链继续扩展；或者有节点企业从供应链中剥离出来，使原有的母供应链分化成若干个子供应链。但是有时也会出现相反的情况，如供应链运转不畅，效率下降，这说明在错误的管理决策和管理行为下，系统的自组织作用遭到破坏。

(2) 供应链系统既有上述人造系统的共性，又有着与其他系统不同的个性特征，这些特征既表现在系统的输入、行为和产出方面，也表现在系统的功能、结构和行为方面。就供应链系统本身而言，它还具有多样性。

① 广泛采用先进技术进行整合优化。在供应链系统中采用了许多先进的生产方式、管理模式，比如计算机集成制造系统(CIMS)、柔性制造系统(FMS)、成组技术(CE)、制造资源计划(MRPII)、企业资源计划(ERP)等。同时飞速发展的信息技术在供应链中被广泛采用使得物流、信息流、资金流在企业间的无阻流动得以实现。它不仅为系统资源在整条供应链上进行配置奠定了基础，而且也为供应链系统的发展创造了重要的先决条件。

② 必须处理好供应链中各个节点企业之间的关系，重视战略联盟。在供应链系统中，每个企业都想利用其他企业最优秀的资源，但是这些最优秀的资源也许是同行竞争对手所拥有的。这时每个企业就要从战略的高度与其他企业建立起伙伴关系，进行战略上的合作，形成能达到共同目标，获得最大利润的网络型长期联盟，也就是战略联盟。战略联盟可以发生在企业与其供应商、销售商及相关企业之间，有时也可能在竞争对手之间。

③ 供应链系统中的每个节点企业不论大小都是拥有独特优势的企业，或者有快速敏捷的反应，或者有低廉的成本，或者有先进的技术，或者有先进的管理经验，等等。供应链系统的目的在于充分利用供应链中所有节点企业的优势资源，加强自身的竞争力。

(3) 供应链管理的系统观念是在认识供应链系统特征的基础上建立起来的。有了系统观念，在供应链管理中就会自觉地运用系统工程的原理与方法去分析处理问题，使供应链管理工作更加有效。

供应链管理的系统观念，主要体现在供应链管理的整体性、有序性、相关性和动态性。

① 供应链管理的整体性。供应链管理处理的都是供应链系统的有关问题。一个系统是一个有机整体，并处于更大的系统之中。所以解决供应链管理的问题必须有整体性观点。组成供应链的要素是节点企业，或是企业内的部门，供应链系统的整体功能取决于它的结构系统中的各组成企业或部门间的协调关系。供应链中的每个节点企业都必须从供应链整

体利益出发，恰当处理节点企业与节点企业、节点企业与整个供应链之间的关系。处理节点企业内部问题，同样也要用整体观点作指导。供应链的整体性不仅仅在于我们借助于各种技术和各种设备将各部分组成浑然一体的直观表现，更在于它功能表现的整体性。

② 供应链管理的有序性。系统的结构都是有序的。供应链的结构也不是杂乱无章的，它同样呈现出有序的特性。供应链的组成是按供需关系组成的结构。核心企业与供应商之间、供应商的供应商之间、销售商之间、销售商的销售商之间组成层层分布的网络结构。只有供应商按时将核心企业需要的部件或原材料送达核心企业，核心企业才能组织生产；只有供应商的供应商将部件或原材料送给供应商，供应商才有可能及时将部件或原材料送达核心企业。供应链管理系统中的各环节之间应该合理分工、职责分明，只有这样才能发挥系统的功能。

③ 供应链管理的相关性。系统论认为，系统中各要素都不是孤立存在的，而是彼此之间互为存在的条件；系统整体的存在和发展是要素存在和发展的前提；系统的环境又是系统存在和发展的基础。这种相关性，使系统存在着一种因果关系，形成了一种因果链。供应链内的企业或部门之间相互影响、相互依赖、相互制约，形成了特定的关系。从单个企业看，企业内部各组成部分之间的关系对供应链的性质和功能起很大的作用，但是供应链的性质和功能更受组成供应链各企业之间关系的影响。供应链重视各组成企业之间形成的战略联盟关系，这是供应链获得成功的保障。

④ 供应链管理的动态性。系统论认为，系统实际上都是开放的，不断地与环境进行着物质、能量和信息的交换活动。供应链系统内部有三种形式的流在流动：物流、信息流和资金流。供应链中上游企业得到下游企业的信息需求，向下游企业传递供给信息和物流，同时资金流由下游企业向上游企业流动。供应链系统的动态性最明显的表现是节点企业的动态变更。作为一个系统，为了满足人们预期目标的实现。必须根据供应链系统的自身需要和系统外部环境的变化适时地更新，这是供应链系统存在和发展的需要。

3．供应链管理的集成理论基础

1) 集成论

(1) 集成的内涵分析。

根据 Webster 大词典的定义，集成被广义地认为是把部分组合成一个整体。而针对具体对象时，往往用"Integration"表示集成，由词法构成可知"Integration"更重视的是内部联系，通过对对象间的相互联系进行有机整合，使其成为一个整体。集成作为一个名词可以理解为整合过程的结果；当把集成作为动词理解时，表示整体(集成体)采用相应的方式而被整合的过程。

较早使用集成这一术语的是计算机领域，美国人约瑟夫(Joseph Harrington)博士在 Computer Integrated Manufacturing 一书中首次提出计算机集成制造概念，此处集成的内涵主要是指：通过计算机系统将企业生产经营过程中的设计、制造、销售等不同环节，各种职能进行协调和联合，以达到充分有效地利用资源、减少浪费、快速响应市场变化的目的。显然这里的集成主要是指借助于计算机系统对分布在企业各个部门中的信息进行的集成，集成的结果就是企业的信息系统。

武汉理工大学李必强教授认为：集成是指若干个单元有效的集合，集成的自然结果是某种系统。系统具有集合性和相关性特征，而集成正是人们按照某种目的把若干个单元集合在一起，使其成为具有某种功能的系统。集成一定是系统，但系统不一定是集成的结果，集成包含了人的因素，确切地说集成是人造系统。如企业是一个人造系统，所以它是集成体，而太阳系虽然是系统，但它不是人造系统，所以它不是集成体，确切地说它是一个共生体。

由系统的观点，武汉理工大学海峰教授等将集成的内涵描述为：集成是将两个或两个以上的集成单元(要素或系统)集合成一个有机整体系统的过程。所集成的有机整体(集成体)不是集成要素之间的简单叠加和堆积，而是按一定的集成方法和模式进行的构造和组合，其目的在于更大程度地提高集成体的整体功能，适应环境的要求，以更加有效地实现集成体(系统)的目标。因此，从本质上讲，集成强调人的主体行为和集成体形成后的功能倍增性与适应进化性，这无疑是构造系统的一种理念，同时也是解决复杂系统问题和提高系统整体功能的方法。

(2) 集成的基本问题。

海峰和李必强认为集成研究的基本问题主要包括集成单元、集成结构、集成模式、集成接口(界面)、集成条件和集成环境。

① 集成单元。集成单元是指集成体或集成关系的基本单位(集成要素)，是形成集成体的物质基础。集成单元如同系统的要素一样，是相对于具体的集成体(系统)而言的。如对于 CIMS 集成体而言，它由管理信息子系统、技术信息子系统、制造自动化子系统、计算机辅助质量子系统组成，这些子系统即为 CIMS 的集成单元；例如计算机辅助质量子系统由质量计划制定支系统、质量的检测与监控支系统、质量分析与评价支系统等集成单元组成。所以，处于不同层面上的集成单元，有其不同的内容。当然也存在一些相对不可分的集成单元，如成组单元和柔性制造单元中的人及设备等，可以将这些相对不可分的集成单元称为基本集成单元。

② 集成结构。作为结果的集成体是由不同的集成单元组成的，集成体因为其目标功能的差异，具有不同的要素结构，相同的集成单元，通过不同的结构方式进行整合，可以产生不同的集成结果。所以集成单元的结构是集成研究的重要内容。一般知道每个集成单元除了具有一项独特的功能之外，还具有其他的相关功能，因而对集成体中相同的集成单元进行不同的排列组合，必然影响各集成单元功能间的耦合，从而会形成不同的集成体功能。

③ 集成模式。集成模式是指集成单元之间的相互联系的方式，它既反映集成单元之间的物质、信息交流关系，也反映集成单元之间能量互换关系，最后还包含集成体中集成单元间的集成度的内容。

从集成的行为方式来看，集成体中存在着互惠型集成、互补型集成和聚合重组集成三种关系。互惠型集成关系是指集成单元为更好地实现其自身功能，以某种物质为介质，以供给和需求为主要方式建立起来的集成关系。如生产系统的共生、产业间的关联、供应链中各企业之间联系等均属于互惠型集成关系。互补型集成关系是集成单元之间以功能的优劣互补为基础形成的集成关系，当某一集成单元的优势恰恰是另一集成单元的劣势时，互补就成为集成单元形成集成体的条件。如产学研合作、动态联盟等的形成与运作都体现了互补型集成关系。聚合重组型集成关系是集成单元为改善各自的功能，经过聚合重组而形成的相互交融、浑然一体的集成关系，在此基础上形成集成功能的涌现，且集成单元所表现出来的特征与集成体的特征相一致。如基于信息流集成的集成供应链中的协同商务和协同计划，以及企业市场营销组合中的策略集成等。

从集成的组织方式来看，集成体中存在着单元集成、过程集成和系统集成三种组织形式。单元集成组织是使处于同一层面的同类或异类集成单元，在一定的时空范围内，为实现特定功能而集合成的集成组织。在单元集成组织中，各集成单元之间联系紧密，但关系简单，往往具有相同的界面，且界面介质较为单一，形成的集成体较为稳定。如一台计算机中，以主板为集成界面将同一层面的处理器、硬盘、内存等进行集成，介质则为数据流。过程集成组织是指集成单元按照某一有序过程集合而成的集成组织。在过程集成组织中，各集成单元有着统一的集成介质，产生的集成界面自发地形成一种有序关系。如流水线就是按工艺过程顺序排列加工设备(集成单元)，工件(介质)在生产线(集成体)中按节拍顺序进行加工。系统集成组织是将各种同类、异类集成单元在相同层面或不同层面上，集合而成的整体系统组织。集成界面的多样性、复杂性是其显著的特征，且系统集成体具有明显的层次结构。各集成单元之间的联系复杂，集成系统具有显著的学习型组织的特征，自组织机制的作用突出，对环境变化的适应性较强，集成系统的目标具有多重性。如集成供应链作为系统集成，是实体和非实体层面的集成单元的有机结合，实体层面的资金流、物流与生产加工，同非实体层面的计划、组织、协调和控制活动通过信息流进行有效的集成，从而实现协同商务、协同计划的功能。

任何完整的集成关系，都是行为方式和组织方式的具体结合，并且集成关系会随着集成单元的性质和环境的变化而变化。

④ 集成界面。集成界面是集成单元之间接触方式和机制的总和，或者说是集成单元之间、集成体和环境之间物质、信息和能量传导的媒介、通道或载体，集成界面是集成关系形成和发展的基础。集成单元之间的接口联系是界面的一种形式，集成单元通过接口连接后的集成能够产生一种功能倍增的效果，但集成单元通过界面连接后的集成可能产生功能涌现的效果。信息技术与Internet技术的快速发展，使得基于联盟企业间的连接已经从接口连接转向为界面连接，通过联盟企业间的集成，完全改变了企业的运作模式。当然集成界面的形成是由集成单元的性质决定的，这是集成界面的内在性。集成界面性能的高低，直接影响集成体功能的发挥，也就是说，集成度高的集成体，如果没有与之相对应的集成界面，其集成的效能就不能充分发挥。所以集成界面影响集成度，制约着集成效果。

⑤ 集成条件。集成条件是指管理集成单元集合成为有机集成体的基础和前提，也是集成体内集成单元内在关系的表现。因此，集成条件主要包括相容性条件、互补性条件和界面条件。

集成的相容性条件是指在某一集成目标前提下，各集成单元内在性质间相互兼容的程度，这是各集成单元能否建立集成关系，形成集成体(系统)的判断、选择的依据和准则。一般相容性程度越高，集成单元越易于建立联系，易于建立集成体，如企业或供应链的信息系统集成。如果各部门或实体的信息系统具有较好的相容性，则信息系统的集成就容易实现。

集成的互补性条件是指在某一集成目标前提下，各集成单元在功能、作用等方面是否能够相互补充，以及相互补充的程度，它是各集成单元为实现集成体整体功能，形成集成关系的依据和准则。集成单元间的互补性越大，则越需要进行集成，也越能产生功能和效益的最大化。

集成的界面条件是集成体中集成单元间的连接方式，包括线性的连接方式和非线性的连接方式等，因而它是不可缺少的条件。

⑥ 集成环境。集成环境是集成体存在的空间，集成体的功能和效果是通过与环境的交互来实现的。集成体与环境之间也是通过集成界面来实现物质、信息和能量的交流，集成体一经确定或形成，其环境同时也就确定了。随着环境的变化，集成体将随之变化，以适应环境的需求，这是集成体产生的前提。从系统论角度分析，集成体是环境的构成要素，环境是集成体等要素构成的更高一级的系统。

(3) 集成的基本原理。

集成的基本原理是反映集成的行为、产生和发展过程的一般规律。研究集成的基本原理是把握集成这一复杂行为和过程的关键。集成的基本原理除了系统论中的整体性、有序性、相互作用、功能结构、开放系统等原理外，还有其特殊的基本原理，即相容性原理、互补性原理、界面选择原理、功能倍增或涌现原理等。

① 相容性原理。集成的相容性原理是反映集成单元间内在联系性的基本规律。集成单元能否相容或相关联，是集成体能否形成的前提条件。对于不相容的要素不能够直接对其进行集成，而需要通过一个转换或寻找一个中间要素，它与两个不相容的要素都具有相容性，方能进行集成。相容性表现在结构的相容性和功能的相容性两个层面，相容性原理表明集成体是结构相容和功能相容的并集，它既可以是结构相容的要素集成体，也可以是功能相容的要素集成体，还可以是结构和功能都相容的要素集成体。

② 互补性原理。集成的互补性原理反映的是各集成单元在功能、优势相互补充的条件下，实现集成体整体功能的基本规律。集成体通过互补性获得整体功能的大小，一方面受集成体中集成单元间结构的影响，另外一方面还受集成单元间的连接方式的影响。因为基于集成体一定结构的集成单元间可以通过线性连接方式产生互补功能，也可以通过非线性的连接方式产生互补功能。通过集成单元的线性连接而集合成的集成体的整体功能，是建立在线性基础上的集成单元间优势互补，因而集成体可能产生功能线性倍增的效应。同样通过非线性连接而集合成的集成体的整体功能，是建立在非线性基础上的集成单元间的优势互补，所以集成体可能产生功能非线性的涌现效应。

这里的集成单元间的连接是建立在相容性原理基础上的，只有相容的集成单元才能够直接连接，非相容的集成单元必须通过中间单元来转换，所以基于一定结构的相容性越高的集成单元间越能够通过非线性连接的方式产生更大的整体功能，这也是集成体功能涌现的理论基础。

③ 界面选择原理。集成的界面选择原理是反映集成体在形成过程中，集成单元间物质、信息和能量的交换，以及联系方式及形成机制的基本规律。集成界面作为集成单元相互作用的媒介，具有信息传输、物质交流、能量传导和集成有序性形成等功能。其中集成有序性功能是指集成单元在集成过程中形成的集成单元间的有序连接，集成界面为这种有序连接方式提供了规则和尺度。

④ 功能倍增或涌现原理。集成的功能倍增或涌现原理反映的是集成体形成过程中，集成单元以线性或非线性连接方式相互作用、聚合重组后，使集成体整体功能倍增或涌现

第9章 供应链一体化设计

的基本规律。它既反映局部规则(Local Rule)导致系统宏观变化(Global Change)的规律，又反映"整体大于部分之和"的整体论的规律。产生集成整体功能倍增或涌现的方式有：功能重组、结构重组、过程重组和协同重组。

功能重组是集成单元以功能上的互补为前提，相互组合后，所形成的集成体功能倍增或功能涌现。功能的重组可以通过组织系统内部以匹配的方式实现，也可以在组织外部通过竞争来选择集成单元，这都是建立在相容性原理基础上的。

结构重组是集成单元在集成过程中，通过重组集成单元间的空间结构和集成界面，形成集成体的新的功能。集成单元间的空间结构以及各集成单元间的集成界面反映集成体的整体形式，集成体也正是通过其具体多样的结构，来实现其具体的组织特征和整体功能的，所以结构的变化将导致集成体整体功能的变化。例如跨部门的矩阵式组织结构形式，就是将分布在不同部门中的，具有不同专业技能的人员(集成单元)有机组合在一起，通过建立有效、良好的集成界面(组织和管理方式)，使得集成组织能够实现目标功能，甚至还可能产生功能涌现。

过程重组是集成单元在集成过程中，通过时间顺序(流程)及界面功能的建立来实现集成体的整体功能。如企业的业务流程再造(BPR)、企业资源计划(ERP)的编制和准时制(JIT)运作等，均是指将各集成单元以时间(或过程、逻辑)顺序重组的过程，以此实现集成体整体功能倍增或涌现，其中界面起着保障过程有序进行的作用。

协同重组是通过对集成体中集成单元的相容性、互补性和界面选择性的分析，按照既定的目标功能，寻找出一条最佳的行为模式，对集成体的结构和过程进行优化，最后集合成集成体的过程。其中集合成的集成体呈现出高度有序的整体特征并涌现出许多新的功能。在管理系统中，要素(集成单元)通过某种共同的行为模式，使系统产生新的功能现象是十分普遍的。如企业中的流水生产线(集成体)就是各工序工作地(集成单元)在特定的空间内，按某一布置方式组合在一起，在时间上按统一的节拍(集成单元的行为模式)，完成各自的加工工序(功能)，使工件在生产线上流水般(界面机制)运动，实现了整个流水线完成某一类零件的加工生产或装配的整体功能，这种具有高度节拍性、平行性、比例性的生产特征，是协同重组产生的整体功能涌现。

相容、互补、界面选择、功能倍增或涌现是集成的本质所在，也是集成行为规律的集中体现。所以对集成体的构造过程就是要对集成体中集成单元的相容性、互补性和界面选择进行分析，然后通过功能整合、结构整合、过程整合，直至协同整合，完成一个集成体的构造。

2) 集成化供应链管理

集成化供应链管理是近年来在国内外逐渐受到重视的一种新的管理理念和模式。随着信息技术的发展以及全球经济的出现，面对市场竞争的日趋激烈化，用户需求的个性化和不确定性，产品的寿命周期越来越短，所有这些都给企业以巨大的压力，管理者和学者开始重新审视市场竞争、制造资源集成和传统的企业管理模式。供应链管理模式提供了一种全新的管理哲学，强调快速响应市场，以最短的时间、最低的价格提供最优质的满足个性化需求的产品。集成供应链是围绕核心企业，通过对信息流、物流、资金流的控制，从采购原料开始，到最后由销售网络把产品送到消费者手中的将供应商、制造商、销售商、直到最终用户连成一个整体的功能价值网链结构模式。集成化供应链管理理论模型如图 9-6

所示。

集成化供应链管理的核心是由客户化需求—集成化控制—业务流程重组—面向对象过程控制组成第一个"作业回路",由客户化策略—信息共享—调整适应性—创造性团队组成第二个"策略回路"。作业回路中的每一个作业形成各自的作业性能评价与提高性能评价回路。供应链管理正是围绕这三个回路展开的,形成相互协调的一个整体。

调整适应性—业务重组回路中主要涉及供需合作关系、战略伙伴关系、供应链重建精细化策略等问题。

面向对象的过程控制—创造性回路中主要涉及面向对象的集成化生产计划与控制策略、基于价值增值的多级库存控制理论、资源约束理论在供应链中的应用、质量保证体系、群体决策理论等。

客户化需求—客户化策略回路中主要涉及的内容包括满意策略与客户满意评价理论、面向客户化的产品决策理论研究、供应链的柔性敏捷化策略等。

信息共享—同步化计划回路中主要涉及 JIT 供销一体化策略、供应链的信息组织与集成、并行化经营策略等。

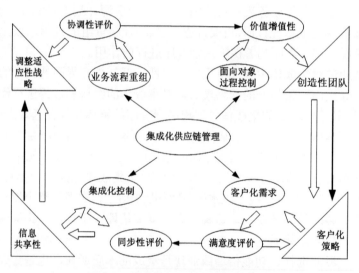

图 9-6　集成化供应链管理理论模型

3) 委托-代理理论

委托-代理理论是信息经济学中的一个重要研究领域,它可以合理地解释经济社会中的种种现象。委托-代理关系的实质就是由于信息的不对称和契约的不完备,委托人不得不对代理人的行为后果承担风险。降低代理人道德风险的基本途径有两条:一是加强监督;二是报酬激励。从理论上讲,如果委托人可以不花任何代价就能对代理人进行有效的监督,那么这种委托-代理关系就不会产生任何问题。然而由于信息不对称,委托人无法确切了解代理人所采取的行动,而且由于代理人可以利用其信息优势来逃避监督,追求自身利益的最大化目标,所以试图对代理人的任何决策都进行完全的监督是不可能的。因此,只能通过激励机制实现控制。

集成供应链上的企业以最终用户的满意度为目标,协同组织生产。但是,供应链上的企业又是独立的经济利益体。为了在谈判中获得优势,企业往往会保留一定的私有信息,如原料或产品成本、产品质量、企业生产能力等。因此，在供应链中，供应商和采购商由于占有的信息不对称也存在着委托-代理问题。

(1) 供应链企业间是一种"合作-竞争"的关系。供应链的本质强调处于供应链上的企业之间的合作，强调企业集中资源发展其核心业务和核心竞争力，而非核心业务则通过外包等与其他企业协作的形式完成。供应链企业间虽然强调合作，但是利益冲突在所难免，企业间会对合作带来的利益展开竞争。因此，供应链企业的基础和目标是合作，但是他们由于利益主体的不同也存在竞争。研究供应链企业之间的委托-代理关系，就是通过代理理论的分析，通过企业间的制度安排和设计，实现利益分享和风险分担。

(2) 供应链企业间的委托-代理是多阶段动态模型。供应链企业之间的合作强调建立一种持久稳定的关系，这与传统的委托-代理模型有所不同。在供应链中企业需要长期进行交易，因此，供应链的委托代理问题是多阶段、长期性的，制度设计和激励则显得更为重要。

(3) 供应链企业间的委托-代理是多任务委托代理。随着竞争全球化、产品需求顾客化、技术创新加快，市场对产品质量、服务、交货期的要求越来越高，企业不可能单凭价格获得竞争优势。同样，供应链企业之间的供货商不仅仅是提供价格低廉的产品，而要在技术创新、质量改进、缩短产品提前期、提供服务等方面作出响应。供应商在有限的时间资源和经济资源约束下，需要在多目标之间作出权衡。采购商的评价和报酬标准则是供应商决策的依据。因此，采购商对供应商的绩效评价和报酬激励应该具有综合性。

4．博弈理论基础

在供应链系统的研究中，博弈论模型常常与运筹学的其他方法相结合，分析供应商与制造商之间的相互协调问题。例如，克里斯蒂(Christy)和格罗特(Grout)建立了一个经济博弈模型，用于描绘供应链中供应商和采购商的关系。该模型建立了一个 2×2 的供应链关系矩阵，用于区分每种关系类型产生的条件。通过该矩阵可以获得由供应商和采购商假设的相关风险。迪士尼(Disney)等学者建立了博弈模型，描绘与分析一个两极供应链中渠道合作问题。

博弈(Game)是指一些个人、队或其他组织，在一定的环境条件和一定的规则下，同时或先后，一次或多次，从各自允许的行为或策略中进行选择并加以实施，各自取得相应结果的过程。

在国内博弈论也称作"对策论"。这是因为在博弈论的研究中，每个参与人的决策既受到其他人的影响，反过来又会影响他人。其实，用对策和对策论称呼博弈和博弈论并不恰当。因为"对策"在实际中常用来表示具体的应对方案，而我们研究的问题却常常是一个过程。在这种过程中可能包含多个面对特定情形的对策选择，而问题的解则往往是由一组对策构成的一个完整的行动方案。所以也可以这样来理解：对策是博弈的一个组成部分或一种特例，而博弈是对策的延伸与拓展。因此，用较能表达一个完整过程意思的"博弈"来称呼我们所研究的决策问题更为合适。

在具体问题的研究中，定义一个博弈至少需要设定以下五个要素。

(1) 博弈的参与人或博弈方(player)：即在所定义的博弈中独立决策、独立承担结果的个人或组织。

(2) 博弈的信息：指参与人对其他参与人关于成本、需求、决策方式等方面的了解。

据此可将博弈分为完全信息博弈、不完全信息博弈两大类。

(3) 参与人可选择的全部行为或策略的集合。

(4) 博弈的时序(time order)：指对参与人同时决策或按先后次序决策的规定，据此可将博弈分为同时博弈和序贯博弈。

(5) 博弈方的收益或支付(pay off)：对应于各博弈方的每一组可能的决策选择，博弈都有一个结果表示各方在该策略组合下的所得和所失，如利润、成本等。

以上五个要素是定义一个博弈时必须首先设定的，确定了上述五个要素即确定了一个博弈。博弈论就是系统研究用上述方法定义的各种各样的博弈问题，寻求各博弈方合理选择策略的情况下博弈的解，并对这些解进行分析、讨论的理论。博弈论可以分为合作博弈(cooperative game)和非合作博弈(non-cooperative game)，现在人们谈到的博弈一般指非合作博弈。合作博弈与非合作博弈的区别主要在于人们的行为相互作用时，当事人能否达成一个具有约束力的协议(binding agreement)。应该指出的是，合作博弈强调的是集体理性(collective rationality)，强调的是效率(efficiency)。非合作博弈强调的是个人理性(individual rationality)、个人最优决策，其结果可能是有效率的，也可能是无效率的。

9.1.3 供应链一体化框架

1. 供应链一体化框架结构

供应链一体化的本质是企业核心竞争力管理，核心是业务流程一体化管理，其中包括供应链伙伴关系管理和客户关系管理等，纽带是信息流资金流一体化，而供应链一体化的直接体现是物流一体化。另外，供应链一体化战略实施的成功与否最终必须通过供应链的绩效评价作为保证。因此供应链一体化的框架如图 9-7 所示。

图 9-7 供应链一体化的框架结构

2. 供应链一体化的内在关系

供应链企业之间存在物流、信息流和资金流。物流是供应链中最明显、最直观的流动，有人认为供应链管理就是物流管理的延伸和扩展。但进入信息社会以后，信息的价值已经赋予供应链新的意义和地位。在供应链中，一切物流、资金流都紧密地围绕信息流展开，只有在信息的指引下，物流和资金流才是有效的，才能达到效率最优、成本最低。卡乔恩(Cachon C.P.)和费舍尔(Fisher M.)的数理分析结果证明，充分的信息交流较之只通过订单联系的传统方式，可以使供应链整体成本平均降低22%，最大可达72.1%。而考虑到信息技术的发展带来了更快捷和更低成本的订货处理过程以后，利益还要大得多。

供应链物流一体化是供应链一体化战略的直接体现，供应链中的物流，根据产品的状态可以分为产品生产中的物流、零配件和产成品的仓储中的物流以及分销和配送中的物流，这些不同物流形态产生了不同的物流成本，因此物流一体化战略的选择直接导致了不同物流成本的不同，最终导致供应链中总的物流成本的高低和客户服务水平的不同。而供应链物流一体化战略必须使得成本和服务水平最优化。

另一方面，供应链一体化中，对于供应链最优化的改造必须通过供应链业务流程一体化得以实现，这些关键流程中包括了客户关系管理、合作伙伴关系产品开发与制造等，同样供应链流程一体化也影响了供应链的结构，因此供应链一体化的本质是对于供应链中业务流程的一体化整合。

最终，供应链一体化战略的实施必须需要一个全新的完整的供应链绩效评价体系，原有的以财务指标为基础的评价不再适用于供应链的评价，如在单体企业中最为重要的库存周转率的指标。在供应链环境下，由于供应链中节点企业随着其位置向客户端移动，其价值也越大，因此各个节点企业中库存周转率指标的重要性也不同，因此采用库存周转率作为供应链的考核指标明显不合适。

综上所述，供应链物流一体化是供应链一体化战略的直接体现；流程一体化是供应链一体化战略的本质；而供应链信息一体化是物流一体化和流程一体化得以实现的基础；最后必须通过供应链一体化的绩效评价体系保证物流一体化、流程一体化和信息一体化的实现。

9.2 流程一体化规划

9.2.1 供应链业务流程的概念

在现实生活中，无论是买食品、买衣服、买汽车、买房子，还是购买和享受某种服务；无论是在百货商店、超级市场、街头小贩那里购买，还是通过电话购物或者其他方式；无论是消费、购买还是生产制造，业务流程无处不在。业务流程(process)在《牛津英语大词典》中的定义是："一个或一系列连续有规律的行动，这些行动以确定的方式发生或执行，导致特定结果的实现。"最简单的流程由一系列单独的任务组成，有一个输入和一个输出，输入经过流程后变成输出。流程对输入的处理可能是将它转变(transform)成输出、转换(transfer)成输出或仅仅照料(look after)其通过以原样输出。就企业的业务流程而言，则具体包括"顾客需求"、"顾客满意"以及输入/输出之间的价值增值过程，如图9-8所示。

迈克尔·波特(Michael E.Porter)在《竞争优势》中认为业务流程是一条增值链。波特将企业的活动分为两类：基本活动和辅助活动。基本活动为公司的产出增加对于那些愿意购买这些产出的顾客而言的价值，辅助活动支持目前和未来的基本增值活动(primary value adding activities)。在向顾客提供产品的流程中，价值链上基本活动之间的紧密衔接有助于物流和信息流在这些活动之间的顺畅通过。每项活动及活动间的衔接都要强调对顾客的增值，确保各项活动能带来的价格增加不高于该活动的费用。

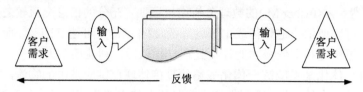

图9-8　流程或者业务流程

1) 基本活动

(1) 内部后勤。与接收、存储和分配相关联的各种活动，例如原材料搬运、仓储、库存控制、车辆调度和向供应商退货。

(2) 生产作业。与投入转化为最终产品形式相关的各种活动，例如机械加工、包装、组装、设备维护、检测、印刷和各种设备管理。

(3) 外部后勤。与集中、存储和将产品发送到买方有关的各种活动，例如产成品库存管理、原材料搬运、送货车辆调度、订单处理和生产进度安排。

(4) 市场和销售。与提供一种买方购买产品的方式和引导他们进行购买有关的各种活动，例如广告、促销、销售队伍、报价、渠道选择、渠道关系和定价。

(5) 售后服务。与提供服务以增加或保持产品价值有关的各种活动，例如安装、维修、培训、零部件供应和产品调整。

2) 辅助活动

(1) 采购。购入生产和非生产性资本货物。

(2) 技术开发。设施、机器、计算机、电信等。

(3) 人力资源管理。组织人力资源管理有关的活动，如员工的招聘、培训、发展、报酬等。

(4) 基础设施。基础管理、财务、发展战略、计划、质量保证。

供应链的业务流程是指供应链中的一组相互联系，在时间空间上衔接的活动，通过这些活动的相互作用创造出价值，形成一条贯穿供应链的价值流，最终满足顾客的需求。供应链中每个节点企业的业务流程都形成了一个价值模型，而每个价值模型都对外部的供应链价值模型(如图9-9所示)做出贡献。

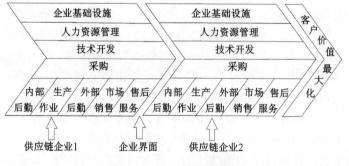

图9-9　供应链价值模型

9.2.2 传统企业的业务流程特征

传统企业的管理是基于职能的专业化管理,这种管理模式源自英国经济学家亚当·斯密(Adam Smith)在《国富论》中提出的专业化分工理论。分工,分工理论在福特公司的大规模生产中得到了淋漓尽致的发挥,福特公司建成了世界上第一条流水生产线,应用了生产的分工,极大地提高了汽车生产的生产率,随后,分工理论又被普遍地应用到企业管理的设计中,它通过将企业管理划分为不同的职能,形成了许多的分工细致的职能部门,使得管理专业化、集成化,这种职能部门之所以能够提高效率,在于其通过将具备某种技能的管理专家进行集中,从而使处理某个问题的单位效率提高,但为了保持对于专业化分工后的职能部门进行有效管理、协调和控制,企业的组织结构是按照等级制度构成的,这种组织结构的特点是多职能部门、多层次、严格的等级制度,从最高管理者到最基层的员工形成了等级森严的"金字塔"形的组织体系,这种组织适合于稳定的市场环境、大规模的生产、以产品为导向的时代,规模效应带的来利益促使这种专业化分工发挥了最大的优势。但是这种组织结构付出的代价是管理的僵化和部门间的壁垒,在这种组织结构中,一个业务流程要按顺序流经各个职能部门,由于部门间的人为壁垒,流程被分解得支离破碎,既造成了部门间的大量等待,又使得各个部门增加很多的重复劳动(如图 9-10 所示),特别在供应链一体化中,流程不仅要流经单个企业间的职能部门,还要流经不同的企业,壁垒更大。

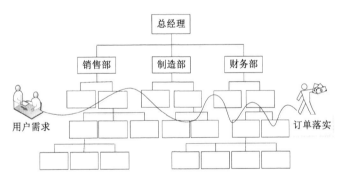

图 9-10 传统典型的金字塔形组织结构

9.2.3 企业流程再造

业务流程再造(Business Process Reengineering,BPR)是 20 世纪 90 年代发源于美国的一种新的管理理念和方法,1990 年,美国哈佛大学教授迈克尔·哈默(Michael Hammer)在《哈佛商业评论》上首先提出了企业业务流程再造的概念,随后在 1993 年哈默与美国管理咨询专家詹姆士·钱皮(James Chamby)合著出版了《企业再造——工商管理革命的宣言》一书,系统地介绍了业务流程再造理论的含义及实施问题,奠定了业务流程再造的基础。从现代组织学的观点看,BPR 属于组织转型理论(Organizational Transformation,OT)的研究范畴,是由组织发展理论(Organizational Development,OD)发展而来的。我国组织学学者复旦大学杨洪兰教授在其所著的《现代组织学》中把企业再造理论与系统理论、权变理论和行为科学理论作为组织行为学改革和创新的四种理论。

哈默与钱皮在《企业再造》一书中，将业务流程再造定义为：为了在衡量绩效的关键指标上取得显著改善，从根本上(fundamental)重新思考，彻底(radical)改造业务流程(process)，取得显著(dramatic)的改进。其中，衡量绩效的关键指标包括：产品、服务质量、顾客满意度、成本、工作效率等方面。这个定义具有以下含义。

1) 根本上重新思考

即企业再造需要从根本上重新思考，对长期以来企业在经营中所遵循的分工思想、等级制度和官僚体制等进行重新审视，这需要打破原有的思维定式，进行创造性思维。例如，企业在准备进行再造时，必须自问："我们为什么要这样做？"、"我们为什么要做现在的事？"和"它与组织的整体目标有什么关系？"，而不能在既定的框架上实施再造。

2) 彻底的变革

企业再造不是对组织进行肤浅的调整修补，而是要进行脱胎换骨式的彻底改造，抛弃现有的业务流程和组织结构以及陈规陋习，另起炉灶。只在管理制度和组织方面进行小改小革，对根除企业的顽疾无济于事。

3) 显著的进步

企业再造是根治企业顽疾的一剂"猛药"，可望取得"大跃进"式的进步。哈默和钱皮为"显著改善"制定了一个目标，即"周转期缩短70%，成本降低40%，顾客满意度和企业收益提高40%，市场份额增长25%。企业再造，绝非是缓和的、渐进的改善，而是一日千里的大跃进。

4) 从重新设计业务流程着手

在一个企业中，业务流程决定着组织的运行效率。在传统的企业组织中，分工理论决定着业务流程的构造方式，但同时也带来了一系列弊端。由于分工过细，组织机构庞大，组织效率低下，管理费用增多，已背离了"分工出效率"的初衷。企业再造之所以从重新设计业务流程着手，就是因为原有的业务流程是低效率的根源所在。

企业流程再造的理论目前主要用于单个企业的管理实践中，但在企业间、供应链中的应用较少。对于供应链流程一体化而言，企业流程再造是供应链流程一体化的基础，供应链流程是贯穿整条供应链的一组相互联系、在时间空间上衔接的活动，这些活动同样贯穿企业各个职能部门，因此供应链流程在任何一个节点企业中遇到壁垒都将使整个流程不通畅，只有通过实现供应链中各个节点企业的企业流程再造，各个企业都是面向流程进行管理，构造好企业间流程整合的接口，才有可能实现企业间的流程一体化。供应链流程一体化是企业流程再造的延伸，企业流程再造的核心是基于客户需求的流程管理。站在供应链的高度，上游企业的客户就是下游企业，例如零配件的生产商面对的是产品装配生产商的需求。而从供应链流程一体化来讲，供应链流程的终点是最终客户的需求，这种对产品质量、性能、价格的需求将被分解到供应链中各个下游企业对于上游企业的需求，通过上游企业满足下游企业需求将流程再造进行延伸，才能最终满足终端用户的需求。

9.2.4 供应链流程一体化的特征

供应链流程一体化的目的在于进行面向客户价值的流程管理，它将打破原有的部门间的壁垒和企业间的企业界面，从而适应快速变化的市场和客户需求。它具有以下几个特点。

1) 面向客户价值

供应链流程一体化的核心是以客户价值为中心，在供应链层面，流程将流经各个节点企业，对于参与业务流程的各个企业，必须随时随地考虑到最终顾客的客户价值。客户价值不仅仅体现在终端的销售和售后的服务水平，而是贯穿于整条供应链中的产品和服务构思、工业设计、选材用料、工艺安排、精细制造、及时配送、个性化满足的一个完整的流程中，客户在终端上接收的产品和服务，是这个供应链协调运作、优势互补的结果，因为客户需求个性化的压力以及企业资源的有限性使得单个企业不可能从源头到终点完整地为客户提供每一项专业化、个性化的满意服务，只有供应链上的每一个企业都以其资源优势快速响应客户需求时才能做到。另一方面供应链的下游企业同时也是上游企业的客户，必须将客户价值分解到每一对节点企业中。从企业内部而言，业务流程的下端是上端的客户，他们具体职责有所差异，但服务职能是共同的。假设每个供应链节点企业的每一个员工的服务满意度只有99%，那么三个人的服务满意度是97%，如果这种"客户满意递减原理"推广到整条供应链中，将使得最终客户的价值受到巨大的损害。

2) 组织结构的扁平化

在供应链流程一体化的战略中，首先要打破企业部门间的壁垒，通过实施企业业务流程再造(BPR)，实现基于流程和授权的管理模式。BPR 的核心思想就是打破企业按照职能设计部门的管理模式，代之以业务流程为中心，重新设计企业管理过程。组织内的每个成员、每个部门都以业务流程为中心，对于每一业务而言，服务水平、成本达到最优；而对于整个公司而言，通过整合，每个员工都能达到额定工作负荷，同时公司的质量控制制度、考核激励制度、薪酬制度、员工的职业发展制度也以业务流程为基础，原有的金字塔形的组织结构被各个平行的项目小组所取代。另一方面，随着现代信息技术的发展，企业中层管理人员上通下达的功能在很大程度上被现代大容量的通信技术所替代，企业高层管理者和下层之间可直接沟通，减少不必要的中间层，从而实现组织结构的扁平化。例如北京第一机床厂进行的新产品开发机构重组，以新产品开发流程为中心，组织集设计、工艺、生产、供应、检验人员为一体的项目小组，打破部门的界限，实行团队管理，以及将设计、工艺、生产制造并行交叉的作业管理等，如图 9-11 所示。

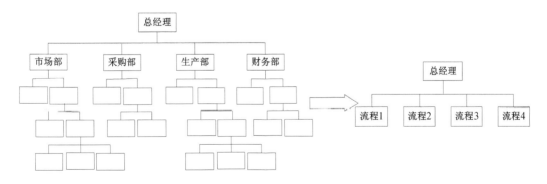

图 9-11 传统组织结构向扁平化组织转化

3) 打破企业界面

传统企业的管理目标是实现企业的利润最大化，它最终体现在单一产品生产流水线的稳定性和高效性、大规模制造的效益、产品批量送货的物流成本最小化、技术的成熟和持久、产品生命周期的延长等方面。然而供应链流程一体化的目标是客户价值的最大化,体现在柔性生产线、定制化产品服务、准时送货和持续补货、技术的不断创新、缩短产品的生命周期等,客户价值最大化和传统企业利润最大化的矛盾将时时刻刻体现在两个相邻的企业间,随着产品沿着供应链从上游向下游的流动中,这种矛盾将被逐步放大和激化,由最初的可协调到不可协调,进而发展为相邻的节点企业间的敌对状态,最终不能满足最终顾客的需求,使整体供应链上的企业失去顾客甚至于退出市场。因此供应链流程必须打破原有的企业间壁垒,将传统的交易型的企业界面转化为企业间流程一体化的界面,如图9-12所示。

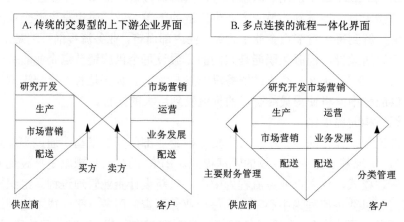

图 9-12 交易型关系向流程一体化合作伙伴关系的转变

9.2.5 供应链流程一体化规划模型

1. 供应链关键流程的识别

在一个企业中存在着成百上千的业务活动,这些业务活动将在企业间进行连接和管理并形成业务流程,众多的供应链节点企业形成了一个交叉影响的业务流程网络,因此一个企业内部的业务活动会影响到其他企业的业务活动,例如生产商制造流程会对批发商的库存管理流程、零售商的销售流程产生影响,而最终,这些业务流程将影响到客户价值。哈堪森(Hakansson)和斯涅何塔(Snehota)指出:"企业间的业务流程是形成独特的供应链的基石。"因此,成功的供应链一体化战略需要将业务流程整合为供应链的关键流程。

在供应链中各个参与的企业,存在着不同的企业管理体制,有的是职能制的管理,有的是流程管理机制,有些则是流程和职能混合的管理机制。在流程管理机制的企业中,对于相同性质的流程有着不同的定义和不同的业务活动组成,这种流程的非一致性会导致供应链流程一体化的无效,如图9-13所示。

通过对30个成功的供应链流程再造的案例研究,翰威特(Hewitt)发现大部分企业有大致9到24种不同的业务流程,其中两个最为重要并普遍存在的业务流程是订单完成管理流程(Order Fulfillment)和产品开发流程(Product Development)。兰伯特(Lambert)和库珀(Cooper)通过大量的案例研究发现供应链的关键流程是供应链中核心企业内部关键流程的延伸,进行供应链流程一体化首先要进行供应链中核心企业内的业务流程再造,对企业内部关键流程进行识别,并根据流程组成交叉功能小组。当核心企业的能力增长到足以影响这条供应链时,这些内部的关键流程将延伸到上游的供应商和下游的批发商成为供应链的关键流程,因此采用不同战略的核心企业将采用不同的供应链关键流程。

流程的范围是指穿越的企业组织的单位数量。窄范围的流程可能只发生在一个企业或者企业中的某些部门,宽范围的流程则可能穿越数个企业。流程的规模取决于它的业务内容。有的流程仅由几个非常简单的业务活动组成,有的则可能包括众多高度复杂且又相互关联的业务活动。根据流程的规模与范围,可将流程划分为三大类。

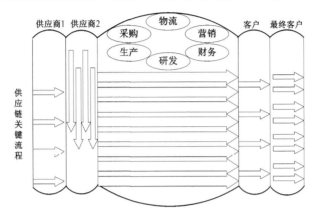

图 9-13 供应链中的流程不一致性

(1) 战略流程。通过这些流程组织规划和开拓组织未来的流程,包括战略规划、产品/服务开发以及新流程的开发等。

(2) 经营流程。通过这些流程组织实现其日常功能,例如赢得顾客、满足顾客、顾客支持、现金与收支管理、财务报告等。

(3) 保障流程。为战略流程和经营流程的顺利实施提供保障,例如人力资源管理、管理会计、信息系统管理等。

以上的分析虽然从不同的侧面阐述了供应链的业务流程,但是大多都停留在实证研究层面,其着眼点也是落在个体企业上,而供应链流程一体化整合的对象是供应链的业务流程,它具有更大的复杂性和广泛性,因此必须要在实证研究的基础上对供应链所涉及的流程进行分类,根据托马斯·H.达文波特(Thomas H. Davenport)对于供应链关键流程定义:"一组可以控制和评价的业务流程,这些业务流程为产品供应链特定的客户和市场产生特定的产出,它们将是客户价值在供应链的具体体现。"并结合迈克尔·波特(Michael Porter)的价值链模型,我们将供应链业务流程分为关键流程和非关键流程,关键流程是指供应链中对于客户价值起决定性作用的流程。

全球供应链论坛成员定义了七条关键的供应链业务流程:客户关系管理(Customer Relationships Management)、客户服务管理(Customer Service Management)、需求管理(Demand Management)、订单完成管理(Order Fulfillment)、生产管理(Manufacturing Flow Management)、采购管理(Procurement Management)、产品开发(Product Development and Commercialization)。七条业务流程加上返回物流管理(Return Management)就构成了供应链的关键流程,如图 9-14 所示。

但是由于供应链的属性和其所处的外部环境的不同,并不是每条供应链都拥有同样的

8条关键流程,有的可能拥有一条关键流程;同样,不同的供应链可能存在完全不同的关键流程。例如,费舍尔(Fisher)在1997年将供应链分为效率型供应链和灵敏反应型供应链,效率型供应链的基本目标是以尽可能低的价格有效地供应,关键流程主要是订单完成管理、生产管理、采购管理(Procurement Management)、产品开发等以产品生产为主的流程;而市场反应灵敏型供应链的基本目标是迅速对不可预见的需求做出反应以使因产品脱销、降价销售和存货过时所造成的损失最小化,这种供应链的关键流程主要是客户关系管理、客户服务管理、需求管理、返回物流管理等以服务为主的流程。

图 9-14 供应链一体化关键流程

2.供应链企业的识别

要进行供应链流程一体化就必须识别参与供应链的企业,对于一个产品供应链而言,供应链所涉及的企业数量众多,这些企业与供应链流程有着直接或者间接的关系,并构成错综复杂的供应链企业网络结构,而对于这个企业网络进行流程一体化将变得十分复杂甚至于不可能实现。因此,供应链流程一体化的关键在于辨别这个网络结构中哪些企业对关键流程起到关键作用。

首先,在产品供应链中,同供应链流程存在着直接或者间接联系的企业构成了供应链成员。然后,根据波特的价值流模型对于供应链关键流程的定义以及全球供应链论坛成员对于供应链关键流程的分类和定义,我们将供应链成员企业分为基本成员和辅助成员。

(1) 基本成员。基本成员是指直接执行和管理供应链管理流程的企业,而供应链关键流程是指一组可以控制和评价的业务流程,这些业务流程为产品供应链特定的客户和市场产生特定的产出。

(2) 辅助成员。辅助成员是指为基本成员提供资金、设备和技术支持的企业。例如,供应链中生产商的运输设备和机器设备的提供商、提供库存空间的仓储所有者、提供会计和税务的会计事务所以及提供给零售商资金的银行都是辅助成员,这些辅助成员虽然提供了供应链所必需的资金、技术和设备,但他们不对供应链关键流程提供增值。

在供应链中企业可能会存在着双重身份,一个供应链企业能够作为一个基本成员进行一项供应链关键流程的业务活动,也可能作为辅助企业为另一项供应链关键流程提供支持。例如,设备供应商为制造企业提供关键的生产设备,当制造企业开发新产品时,设备供应商参与产品工艺设计,这样设备供应商成为产品开发和商业化(Product Development and Commercialization)关键流程的基本成员;而对于生产管理(Manufacturing Flow Management)关键流程而言,设备供应商则成为辅助成员。因为设备供应商不对生产管理关键流程产生增值业务活动。

3. 供应链流程一体化战略类型

由于供应链处于不同的内部环境和外部环境,以及流程一体化资源的有限性,供应链流程一体化存在三种不同的整合战略,如图 9-15 所示。

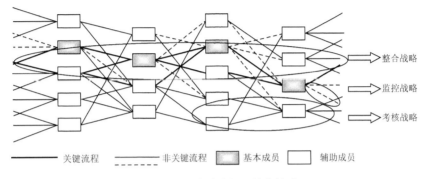

图 9-15　供应链流程一体化战略

(1) 全程整合战略。供应链的客户价值是由供应链关键流程产生的,这些关键流程由供应链基本成员执行和管理,全程整合战略将整合供应链关键流程,通过人力、物力和财力的投入实现基本成员的无缝链接,供应链全程整合的流程战略是实现客户价值最大化的最佳途径,同样全程整合战略使用的供应链资源最大。

(2) 监控战略。供应链流程监控战略的对象并不是供应链关键流程,但这些流程涉及关键流程上的基本成员,并对辅助成员和基本成员进行流程整合,它们间的流程整合将影响到基本成员间的业务活动。例如,对于零售商和提供给零售商资金的银行,零售商是供应链中关键流程订单管理的基本成员,而银行是为订单管理流程提供资源支持的辅助成员,但是,银行和零售商的资金流管理将影响零售商的订单管理的业务活动。因此要对银行和零售商间的资金流管理进行监控。

(3) 考核战略。供应链流程考核战略的对象同样不是供应链关键流程,这些流程仅仅涉及支持关键流的辅助成员,它可能是辅助成员间的流程,也可能是辅助成员和供应链以外的企业之间的流程,这些流程对于供应链的客户价值流的影响最小,但对它们进行整合和监控的成本也较高,因此要通过设置关键考核指标(KPI),对这些流程进行考核,以保证其输出的产品或者服务,从而支持供应链一体化流程。例如,在生产管理关键流程中,零配件的包装物生产企业作为供应链辅助成员为产品零部件生产企业提供支持,在包装物生产企业中,同样存在生产管理流程,它将延伸到其上游原材料供应商(如纸质包装物的纸浆生产)。包装物生产企业的生产管理流程决定了包装的质量和性能,包装物的质量和性能又会影响零部件运输过程中的损坏率,作为产品供应链而言,它不需要对包装物的生产管理流程进行整合和监控,资源的有限性也不允许这种一体化战略,因此,零部件生产商只要规定包装物的厚度、硬度以及韧性的指标，对包装物进行考核，从而保证包装物的质量和性能，进而控制零部件运输过程中的损坏率。

9.3 物流一体化规划

供应链物流一体化是供应链一体化的直接体现，通过供应链物流一体化建立起供应链物流的优化结构，才能充分发挥供应链业务流程一体化实时、高效、无缝连接的作用，而物流一体化就是对供应链的物流网络进行重新设计和改进，达到成本最优。

通俗而言，供应链物流是指供应链中物的流动，在供应链中，物流根据其状态可以分为生产中的物流、配送和运输中的物流和仓储中的物流，每一种物流功能对应相应的成本，生产流引起了生产成本，运输流引起了运输成本，而仓储流则引起了产品或者物料的仓储成本。

9.3.1 供应链物流成本的构成

供应链一体化中，物流一体化战略追求物流成本的最优化，而供应链物流成本在供应链一体化总成本中占有相当高的比例，特别是在零售业供应链中，物流成本所占比重则更高。

供应链物流成本的影响因素包括运输成本、库存成本、生产成本和客户服务水平。

(1) 运输成本。运输成本在各种物流成本中所占比例最高，达到57%。具体来说，运输成本包括供应链内部(成员单位之间)的转移成本和供应链外部的配送成本(供应链终端到客户的运输成本)。

(2) 库存成本。库存成本由库存机会成本和库存管理成本构成。库存成本是指物料、在制品、半成品和产成品占用的资金成本，因而可看作一种机会成本。由于机会成本是一种资金成本，因此以何种利率核算是确定存货成本的关键问题。库存管理成本是物资在库存过程中发生的成本，主要包括物资在库存过程中发生变质、损失、丢失等自然损失费用，以及仓库运营的人工费、税金的支出等。库存管理成本的多寡，主要取决于企业库存物资的库存量多少与库存时间长短。

(3) 生产成本。在供应链中，产品或者物料的生产形成了产品的生产流，生产的规模效应将对生产流成本产生影响，在规模效应递增的供应链中，随着产品生产量的增加，生产物流成本的增加速度呈递减状态。

(4) 客户服务水平。客户服务水平最基本的三个方面：可得性、作业绩效和可靠性。可得性是指当客户需要存货时所拥有的库存能力，可以用缺货频率(缺货发生的概率)、供应比率(衡量缺货的程度和影响大小)、订货完成率(衡量缺货的程度和影响大小)等指标来体现；作业绩效是指客户订单完成情况，通过速度一致性、灵活性、故障和恢复等指标来衡量；可靠性是指客户服务的质量和持续改进。客户服务水平直接决定了物流成本的高低。

9.3.2 生产延迟规划

一方面，随着科技进步和生产力的发展，客户对于产品质量、服务水平的要求越来越高，已经不能满足于标准化生产的产品，他们希望得到符合自己要求的个性化的产品和服务。另一方面，随着供应链产品线的加宽加广和跨国生产，不同地域不同市场对于产品的要求也各不相同。这些变化直接导致了产品生产方式革命性的变化，传统的"一对多"的标准化生产方式，即企业将开发出的产品进行大规模大批量生产，用一种标准化产品满足不同消费者的需要，已经不再能使企业获得最佳效益和适用供应链的发展。产品供应链必须具有根据每一个顾客的特别要求定制产品和服务的能力，即"一对一"的服务。延迟生产就是在这样的背景下产生的，延迟战略的创新虽来自汽车工业，但它的变革的深刻影响涉及各个行业。

一般产品供应链的生产流程包括毛坯生产、零部件生产、产品多样化装配等环节。而基于延迟生产的供应链生产流程是尽量延长产品的标准化生产，保持产品的中立性(通用性)或者非委托状态，从而制造一定数量的标准产品或基础产品，以实现规模经济效益，而将体现产品个性特征的生产环节，如产品的装配、着色、包装等尽量推迟到收到客户订单以后进行生产，以此来满足产品个性化的需求。

根据沃尔特•津恩(Walter Zinn)和唐纳德•J. 鲍尔索克斯(Donald J. Bowersox)在1999年对于延迟的五种分类，我们得出了延迟生产的四种类型。

(1) 包装延迟。在全球制造工厂进行集成生产，全球使用统一品牌，具有标准组成和相同的辅助产品，但是按照客户订单进行不同包装(不同的文字说明、包装物的尺寸、包装规格等)，延迟程度最小。

(2) 贴牌延迟(不同于OEM中的贴牌生产)。在全球制造工厂进行集成生产，具有标准组成和相同的辅助产品，但是对于同一产品采用了不同的品牌策略，如P&G的同种洗衣粉在不同地区采用不同的品牌。贴牌延迟按照客户订单进行不同的贴牌，同时相应地采用不同品质的包装，如高档品牌的精美包装和低档品牌的纸质包装。

(3) 装配延迟。在全球制造工厂进行集成生产，根据客户的订单进行装配，具有不同的组件和不同的辅助产品，这些辅助产品包括了产品的外观颜色、款式、辅助的电源装备以及配件(如手机产品中的充电器)。装配延迟可能存在着不同的品牌和不同的包装。

(4) 制造延迟。根据客户的订单进行少批量多品种的生产，具有不同的组件和不同的辅助产品，可能采用不同的品牌，延迟程度最大。

从以上介绍可以看出，四种延迟方式在其延迟程度上逐步加大，这种延迟水平与供应链上的客户订单分离点有关。客户订单分离点(CODP)是指在客户订单贯穿于整个运行系统的价值增值过程中产品与顾客订单相关联的点。

通常供应链的生产流运作可以分为推动式和拉动式两种。在推动式中，企业根据对顾客需求的预测进行生产，然后将产品通过经销商逐级推向市场，其实质是基于库存预测的生产模式。推动式生产模式的弱点是分销商和零售商处于被动地位，企业间信息沟通少、协调差、提前期长、库存量大、快速响应市场能力弱。且往往会产生供应链中的存货数量逐级放大的牛鞭效应。其优点是能利用制造和运输的规模效应为供应链上的企业带来规模经济的好处，还能利用库存来平衡供需之间的不平衡现象。拉动式供应链生产流模式通常按订单进行生产，由顾客需求来激发最终产品的供给，制造部门可以根据用户实际需求来生产定制化的产品，降低了库存量，缩短了提前期，能更好地满足顾客的个性化需求；但缺点是生产批量小，作业更换频繁，设备的利用率不高，管理复杂程度高，难以获得规模经济。表 9-2 从产品类型、规模效应、提前期以及对需求的反应等方面对两种生产模式进行了比较。

表 9-2 推动和拉动生产模式的比较

比较项目	推动的生产模式	拉动的生产模式
产品类型	较少的生产变动，适用于大规模标准化生产的产品	较大的生产变动，适用于少批量多品种的产品
规模效应	生产及运输的规模经济	较难实现生产及配送的规模反应
提前期	较长的提前期	较短的提前期
对需求的反应	不能很好地满足需求的变化	对需求快速反应，有效地减少了供应链上的需求不确定性

延迟制造是上述两种生产模式的整合，通过两种模式的结合运用，起到扬长避短的作用。运用延迟制造的生产过程可分为推动阶段和拉动阶段。两种阶段的界点就是客户订单分离点，在客户订单分离点之前，供应链的上游属于预测驱动，生产流的运作是推动式的，而在客户订单分离点之后，供应链的下游是订单驱动的，生产流的运作是拉动式的。从这条供应链来看，延迟生产属于订单驱动的生产模式，即拉动式供应链，如图 9-16 所示。

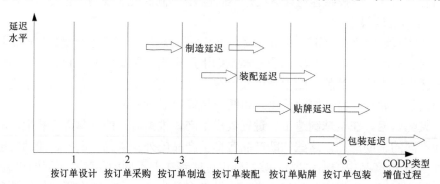

图 9-16 延迟生产类型

9.3.3 库存的集中战略

供应链库存管理中存在着两种战略：集中化的库存管理战略和分散化的库存管理战略。分散化的库存管理是供应链库存管理最为常见的战略，它是一个多级库存体系，制造商、批发商、零售商、终端的分销门店都设置自己的库存，从而形成了库存网络。例如上海汽车工业集团总公司的库存网络，分成制造中心(Manufacturing Center)、地区分销中心(Regional Distribution Center)、车辆分销中心(Vehicle Distribution Center)和车辆销售中心(Vehicle Sale Center)。在分散化的库存管理系统中，各级库存的运作如下。

(1) 每一个终端库存单位都根据它所面临的需求情况设定安全库存水平和再订货点,每一个终端库存都以不同的订单规模各自作出补给决策并向上级中心仓库发出订单。

(2) 中级库存单位根据它所面临的需求设定它自己的安全库存水平和再订货点(来自于各当地仓库的需求),中级仓库决定从更高的层次订货的时间和数量(例如工厂和批发商)。

供应链的库存集中战略就是由供应链上游企业集中下游企业的库存,并在供应链中适当的位置设置中心库存,如制造企业,中心库存直接面对客户订单并根据它所面临的需求确定其安全库存水平和再订货点,而下游的库存实质上只是一个转运库存,不对客户做出反应。道格拉斯·兰伯特(Douglas M.Lambert)对于集中库存的机理做出了阐述,在供应链产品增值链模型中,随着产品沿着供应链向下游移动(接近最终消费者),它的价值将增加。产品价值的增加导致了两个后果:库存的产品价值增加,这表示库存所占用的资金将增大,其机会成本也大大增加;在库存上的投资和库存管理成本(包括库存的缺货成本)增加,从图9-17可以看出,零售商的机会成本、库存投资和库存管理成本比供应商和制造商都大,因此,为了实现供应链库存流的成本最优化,必然会促进供应链的库存流延迟流向下游,而产品的库存将向上游转移。

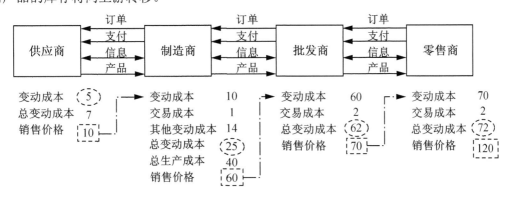

图 9-17 产品的增值流程

通常而言,随着库存沿着供应链流向下游,产品变化的弹性越来越小,则不能满足客户需求的危险越来越大,为了减少这种危险性,可以通过将库存推向上游来避免库存报废和转运成本。

在实际供应链应用中,戴尔公司采用了集中式库存管理模式,而康柏公司采用分散式库存管理模式,从它们的运行状况,我们可以看出两种模式同样都存在着各自的优缺点,如表9-3所示。

表 9-3 两种库存管理模式的比较

比较项目	集中式库存管理模式	分散式库存管理模式
库存规模效应	具备规模效应	不具备规模效应
配送成本	配送成本高	配送成本低
总库存量	总库存量小	总库存量大
客户服务水平	客户服务水平高	客户服务水平低

续表

比较项目	集中式库存管理模式	分散式库存管理模式
分销成本	分销成本小甚至于没有	分销成本高
总库存成本	总库存成本低	总库存成本高

注：客户服务水平主要从库存可得性角度考虑。

9.3.4 供应链物流一体化规划

供应链物流根据产品在供应链中的状态，可以分成运输流、库存流和生产流三种，因此供应链一体化的战略是基于对这三种流战略的综合考虑，其中库存流的战略分为集中式库存管理模式和分散式库存管理模式；生产流的战略分为推动式生产模式和推动和拉动混合的延迟生产模式；对于运输流而言，供应链的运输管理采用订单驱动的战略，即运输企业或者第三方物流企业接到订单后进行分销或者配送。因此，基于对生产流模式和库存流模式形成 2×2 的供应链物流一体化战略矩阵，如图 9-18 所示。这四种战略及其采用的模式如下。

(1) 完全提前战略。采用推动式生产和分散库存管理。
(2) 集中提前战略。采用推动式生产和集中库存管理。
(3) 生产延迟战略。采用混合式延迟生产和分散库存管理。
(4) 集中延迟战略。采用混合式延迟生产和集中库存管理。

矩阵的横坐标代表物流一体化所采取的库存模式：集中库存管理模式或者分散库存管理模式；矩阵的纵坐标代表物流一体化战略所采用的生产模式：推动式生产或者推动和拉动混合的延迟生产。四种战略的讨论基于对四种成本的衡量：运输成本、库存成本、生产成本和客户服务水平。

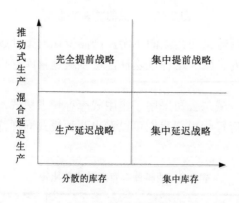

图 9-18 物流一体化战略矩阵

1. 完全提前战略

这种战略采用推动的生产模式和分散的库存管理模式，它作为传统的物流战略模式被大部分供应链所应用，如图 9-19 所示。完全提前战略具有以下几个特点。

(1) 基于库存预测的推动式生产，所有的生产都早于配送，通过定期或定量跟踪各个分散的库存中的产品存量，当到达一定的条件时进行产品生产并补充库存。

(2) 零售商或最终客户位于供应链的最下游。客户订货点位于终端库存中心,订单发至各个库存中心。
(3) 各个分散的库存中心靠近最终客户,通过各个库存中心配送给最终客户。
(4) 分散的库存中心中的产品都是最终产品,具有一定的差异性。

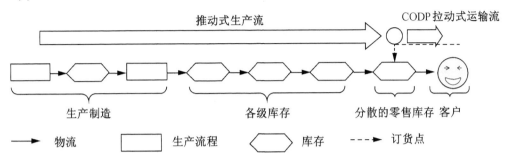

图 9-19　完全提前的物流战略

这种完全提前的物流战略有以下影响。
(1) 大批量生产和大批量配送将产生生产和配送的规模效应。
(2) 分散的库存将导致对于仓储设备的投资大大增加。
(3) 总体的存储成本也大大增加。
(4) 由于产品更新换代产生的产品过时的风险将增加。

2. 生产延迟战略

这种战略采用了分散式的库存管理模式和混合的延迟生产模式,各个分散在库存中的产品为通用的半成品,并不是最终产品形式,而最终的生产环节,包括少量的加工(电源线、挡板等辅助产品生产)、包装物的生产和不同形式的包装(标签、说明书等)将被置于供应链的下游进行生产,当最终客户向库存中心发出订单时,才根据不同的需求进行不同的加工并配送给不同的最终客户,如图 9-20 所示。这种物流战略具有以下几个特点。

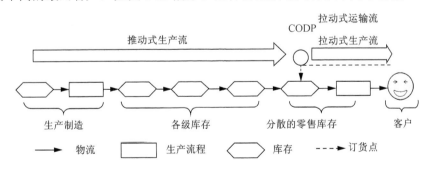

图 9-20　生产延迟的物流一体化战略

(1) 客户订货点先于最终的生产环节,客户订单发至各个终端库存中心。
(2) 采用混合的生产模式,在客户订货点之前,供应链采用推动式生产;而在客户订货点之后,采用的是拉动式生产。
(3) 各个分散的库存中心较靠近最终客户,各个分散库存中心的产品经过最后加工配送给最终客户。

(4) 分散的库存中心中的产品不是最终产品，产品具有中性或无差异性。

应用这种生产延迟物流战略较为成功的是惠普公司，惠普公司在美国、欧洲和远东地区分设了配送中心，但在每个配送中心都面对着不同的客户个性化需求，因此总厂生产了种类繁杂的不同类型打印机以满足客户个性化的需求，在每个配送中心，为了保持一定的最终用户的库存可获得性，惠普公司为每种类型的打印机设置了目标库存水平(其等于预测销售量加上一定的安全库存水平)，从而导致配送中心存储了大量的不同类型的台式打印机，直接的影响是库存成本和运输成本大幅度增加。

应用了生产延迟物流战略后，惠普公司将最终的生产加工(如电源、包装、说明书等生产环节)延迟到各个配送中心，各个配送中心在接到客户的订单后根据客户的不同需求进行二次生产并配送，这种物流战略使得总厂只要生产少数几种类型的打印机，而各个配送中心也只要根据不同类型打印机总体的销售预测加上安全库存水平设置目标库存水平，最终，虽然总厂的规模效应没有提高，但各个配送中心的目标库存水平大大降低，直接的运输和库存成本减少了25%。

生产延迟的物流战略的影响有以下几点。

(1) 简化了产品主要部件的生产和管理。
(2) 产品主要生产的规模效应提高。
(3) 配送中心的产品类型和安全库存减少。
(4) 客户满意度(产品库存的可得性)提高。
(5) 产品配送的规模效应没有变化。

随着大量第三方物流企业的成长，他们已经有能力进行包装甚至于进行简单的装配，因此许多供应链中的核心生产企业正逐步地将这部分的功能转移给第三方物流企业，但必须注意到，这种生产延迟战略导致的生产过程的割裂使得部分的产品加工不具有规模效应，同时，生产过程的割裂对于生产过程间的协调要求越来越高。

3. 集中提前战略

这种战略采用了基于库存的生产模式和集中库存管理模式，没有分散的库存中心，只有设在生产商处的集中库存，而生产基于预测进行(即根据库存生产)，产品的配送基于订单进行。从图9-21中可以看出这种战略所具有的特点。

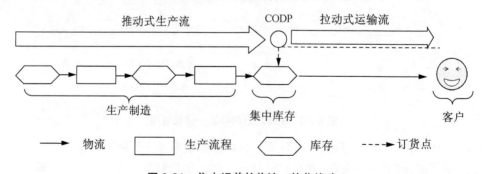

图 9-21　集中提前的物流一体化战略

(1) 客户订单点位于供应链的集中库存处，订单发至生产商的集中库存。
(2) 基于库存的推动式生产，所有的生产都早于配送，通过定期或定量跟踪集中库存中的产品存量，当到达一定的条件时进行产品生产并补充库存。

(3) 配送基于客户订单进行。

这种物流战略近几年被大量应用，它给供应链带来以下几点影响。

(1) 提高了配送的准确率。
(2) 缩短了订货准备时间。
(3) 相对于分散的库存管理，集中库存减少了整体的库存成本和分散库存管理下的转运成本。
(4) 加快了新产品的市场投入。
(5) 生产的规模效益没有变化。
(6) 由于小批量、多品种的快速配送，配送成本激增。

4．集中延迟战略

这种战略采用了混合的延迟生产模式和集中库存管理模式(如图 9-22 所示)，并具备以下几个特点。

(1) 客户订货点位于供应链的集中库存处，在客户订货点之前，供应链采用了推动式的生产模式；而在客户订货点之后，采用了拉动式的生产模式。
(2) 集中的库存中心中的产品不是最终产品，产品具有中性或无差异性。

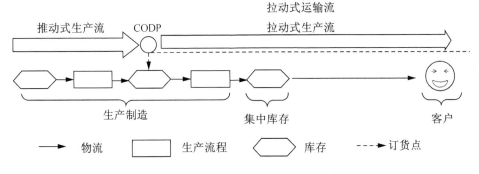

图 9-22 集中延迟的物流一体化战略

成功采用这种战略的典型案例是 B&O 公司，B&O 公司主要制造高端电视和立体声音响并销售到全球的市场，这些产品的竞争重点在于设计和质量，B&O 公司根据零售终端的订单，特别是客户个性化的需求(数量、款式、特点、颜色、尺寸等)在制造工厂进行最终装配和包装，然后直接配送到最终客户或零售商。在改变战略之前，B&O 公司采用的是完全提前战略，导致了很高的库存水平和反应缓慢的配送流程。

这种战略将带来以下的几点影响。

(1) 生产库存成本和分销系统库存成本大大降低。
(2) 产品主要的生产仍存在规模效应。
(3) 配送的规模效应将降低。

从以上分析可以看出，不同的物流一体化战略导致了不同类型的成本高低变化，无法进行确切的定量分析，但可以分析不同的物流战略对于一种成本的影响，如图 9-23 所示。

	分散的库存	集中库存
推动式生产	生产成本低 库存成本高 配送成本低 客户服务水平低	生产成本低 库存成本低 配送成本高 客户服务水平高
混合延迟生产	生产成本高 库存成本高 配送成本低 客户服务水平低	生产成本高 库存成本低 配送成本高 客户服务水平高

注：客户服务水平主要从库存可得性的角度来考虑。

图 9-23　物流一体化战略对于成本和服务的影响

9.3.5　物流一体化战略的影响因素

对于特定的供应链，如何选择正确的物流战略应从供应链的综合成本(供应链物流综合成本＝f(产品成本，库存成本，运输成本，客户服务水平))进行考核，但是在不同的环境下，物流战略对于四种指标的影响因素都不同，因此，不能进行静态的量化的评价断定这四种物流战略的优劣。

1．供应链内部影响因素

1) 产品生命周期

产品的生命周期以及产品生命周期的不同阶段对于选择供应链物流战略有着很大的影响，随着产品生命周期的引进、发展、成熟和衰败的变化，将需要不同的供应链物流战略。当产品处于引进和发展期时，侧重于高水平客户服务，通过实行分散的库存中心直接面对客户群体，从而更能掌握客户的需求和扩大潜在的消费群体。同样，由于客户需求的不确定性，生产和分销更多地依据预测来进行。当产品处于成熟和衰败期时，产品的需求趋向稳定，需求变动产生的库存过多或缺货风险减少，但产品面临着过时或淘汰的技术风险增大，此时的物流战略的目标是减少技术风险并降低总体成本，可以采用集中库存管理。随着产品生命从引进到衰败，采用的物流战略将从战略矩阵的左上角移动到右下角，如图 9-24 所示。

2) 产品的价值类型

产品的货币价值比重和增值模型也是影响物流战略选择的重要因素。产品的货币价值比重是指单位总量或体积的货币价值(等于单位产品的货币价值除以它的体积或总量)，当产品的货币价值比重高时，它的仓储成本较高而相对配送成本较低，则应尽量减少总体的库存量从而降低存储成本，因此适合采用集中库存战略；反之，当产品的货币价值比重低，它的仓储成本较低而配送成本较高，则应尽量减少配送路程。因此随着不同产品的货币价值比重增大，物流战略将从矩阵的左边向右边移动，如图 9-25 所示。

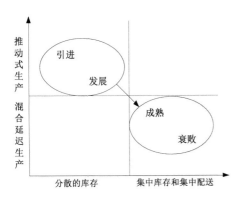
图 9-24 产品生命周期对物流战略的影响

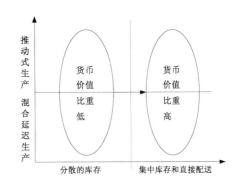
图 9-25 产品价值类型对物流战略的影响

产品的增值模式也会影响物流战略的选择,产品的增值模式是指产品在供应链中的移动过程,不同的环节增值的大小和比重相关。重点考察在接近最终客户的生产和分销的增值,当产品的主要增值在于最终的制造时,为了降低库存成本,则应该延迟最终的制造;同样,当产品的主要增值在于最终的分销时,则应该采用集中库存管理模式,如图 9-26 所示。

3) 产品的设计特性

产品的标准化是影响物流战略选择的重要因素,产品的标准化体现在三个方面。

(1) 产品品牌(全球化或具有地区性)。
(2) 产品主要部件的结构(如电气标准、颜色、尺寸等)。
(3) 产品辅助(产品标签、产品包装、产品说明手册)。

对于不同程度的产品标准化将采用不同的物流战略,对于标准化产品和较狭窄的产品生产线,应采用提前的物流战略;而对于不具标准化和产品线较宽的产品,则适用集中延迟战略。因此随着产品标准化程度的不断提高和产品线的不断加宽,物流战略将从战略矩阵的左上方向右下方移动,如图 9-27 所示。

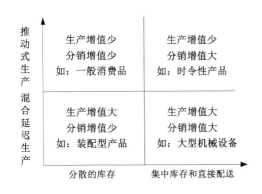
图 9-26 产品增值模型对物流战略的影响

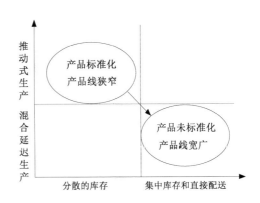
图 9-27 产品标准化对物流战略的影响

产品的模块化同样也制约了供应链物流战略的选择,产品模块化是一种有效的组织复杂产品和过程的战略。产品由一个模块系统构成,而模块系统由单元(或模块)组成,这些单元单独集成了一定的功能,各个模块的功能集成就成为产品的功能,但各个模块都是单独设计的,并通过接口和其他模块相互作用。产品模块化程度提高,将促进使用生产延迟战略,如图 9-28 所示。

4) 规模效应

生产和库存的规模效应程度也会对物流战略产生影响,生产的规模效应较大时,适合选择基于库存的生产模式;同样库存的规模效应较大时,适合选择集中库存管理模式,如图 9-29 所示。

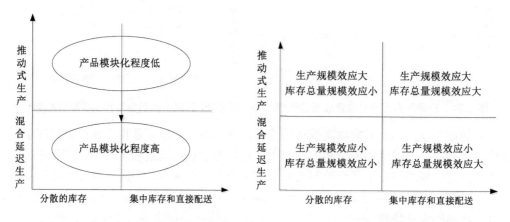

图 9-28　产品模块化对物流战略的影响　　　　图 9-29　规模效应对物流战略的影响

5) 供应链竞争战略

迈克尔·波特(Michael E.Porter)提出了三种基本的竞争战略:总成本领先战略、标歧立异战略和目标聚集战略。总成本领先战略要求积极地建立起达到有效规模的生产设施,通过低成本的分销系统以最大限度地减少开发、推销、广告等方面的成本费用。因此采用总成本领先战略的供应链适合采用完全提前或者集中库存战略。标歧立异战略要求提供的产品或者服务在全产业范围内具有独特性的东西,如产品外观特点、客户服务水平等,而成本并不是其关注的重点,因此适合采用生产延迟战略或者集中延迟战略。目标聚集战略是主攻某一特定的顾客群、某产品系列的一个细分区段或某一地区市场,实质上它是特定细分市场总成本领先战略和标歧立异战略的综合,供应链竞争战略对物流战略的影响如图 9-30 所示。

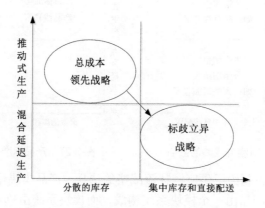

图 9-30　供应链竞争战略对物流战略的影响

2. 供应链外部影响因素

1) 市场需求

马歇尔·费舍尔(Marshall L. Fisher)根据产品需求模式将产品属性分为两类：功能性产品和创造性产品。功能性产品包括可以在大量零售商如杂货店和加油站买到的主要商品。这些产品满足基本需要，不会有太大的变化，并具有以下特点。

(1) 需求稳定并且可以预测。
(2) 产品的差异性低。
(3) 产品生命周期长。

功能性产品因为其稳定性会引起竞争，进而导致利润率较低，其物流战略的重点在于以下方面。

(1) 保持稳定价格降低需求波动。
(2) 稳定生产能力及高生产能力利用率。
(3) 追求生产与配送中的规模经济。
(4) 利用分散库存理顺生产与配送关系。
(5) 提高产品的库存可得性和客户服务水平。

因此功能性产品适合采用基于预测的完全提前物流战略。相对而言，创造性产品具有以下特点。

(1) 市场具有很大的不确定性，需求不稳定而且不可预测。
(2) 产品具有多样化性和高边际收益。
(3) 产品的生命周期短。

创造性产品的高利润率和投入市场的前期销售的重要性增加了产品的短缺成本，加上产品的短生命周期增加了产品过时的风险以及过度供给的成本，因此其物流战略的重点在于以下方面。

(1) 尽早获得市场信息。
(2) 采用柔性生产及额外的生产能力以快速反映市场需求的变化。
(3) 将过期库存最小化。
(4) 提高产品供给的速度和灵活性。

因此适合采用延迟集中战略。市场需求对物流战略的影响如图9-31所示。

2) 客户订单属性

客户订单属性包括订货的批量、订货提前期以及订货频率。其中，订货的批量对于供应链物流战略选择的影响不大，订货提前期是指客户发出订单到客户收到产品之间的时间，当客户要求的订货提前期较短时，应采用在当地设置库存中心的分散式库存管理战略；当客户对于订货提前期的要求不高时，则可以采用从供应链中心库存直接配送的集中式库存管理战略。订单的订货频率属性是指在平均的供应链一次产品生产和配送的总时间内(即提前期)客户订货的次数，当客户订货频率高时，采用当地的库存才能很好地满足要求；反之当客户订货频率较低，可以采用集中式库存管理战略。客户订单对物流战略的影响如图9-32所示。

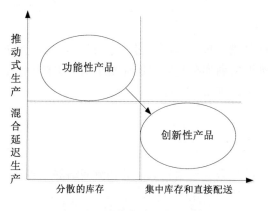

图 9-31　市场需求对物流战略的影响 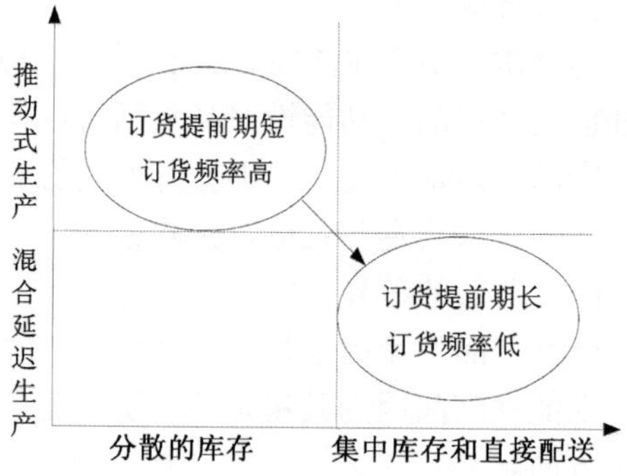　　图 9-32　客户订单对物流战略的影响

9.3.6　供应链一体化战略的选择

供应链一体化物流战略的选择和确定可以由两个步骤组成：确定影响供应链一体化的影响因素；根据影响因素确定供应链物流一体化战略。

1．确定供应链一体化战略的影响因素

影响供应链一体化的因素很多，关键在于选择关键因素。如果选择的因素过多，将会掩盖关键因素的重要性；但如果选择的因素太少，就不能反映供应链的真实情况，从导致决策偏差。从上文的分析，我们得出，如图 9-33 所示的影响因素。

供应链物流战略影响因素		完全提前战略	生产延迟战略	集中提前战略	集中延迟战略
供应链竞争战略		总成本领先战略			标歧立异战略
供应链外部影响因素	市场需求	不确定性低			不确定性高
	订单的提前期	提前期短			提前期长
	订单的频率	次数多			次数少
产品的生命周期		产品引进	产品发展	产品的成熟	产品册衰败
规模效应	生产的规模效应	规模效应显著	规模效应不显著	规模效应显著	规模效应不显著
	库存的规模效应	规模效应不显著	规模效应不显著	规模效应显著	规模效应显著
工艺设计特性	产品标准化	标准化程度高			标准化程度低
	产品规模化	模块化程度低	模块化程度高	模块化程度低	模块化程度高
产品价值模型	产品货币比重	产品货币比重低	产品货币比重高	产品货币比重低	产品货币比重高
	分销增值比重	分销增值比重小	分销增值比重小	分销增值比重大	分销增值比重大
	生产增值比重	生产增值比重小	生产增值比重大	生产增值比重小	生产增值比重大
客户服务水平		客户服务水平高	客户服务水平高	客户服务水平低	客户服务水平低

图 9-33　供应链物流战略影响因素汇总

2．确定供应链物流一体化战略

根据我们得到的供应链影响因素，从外部环境到内部产品的特性等分析特定供应链的实际情况，最终通过定性的方法确定供应链物流一体化战略(如图 9-34 所示)，大致的流程如下。

(1) 确定供应链所采用的竞争战略。
(2) 分析供应链的外部市场环境。
(3) 确定各个因素所采用的时间区间,以便于进一步的成本数据统计和比较。
(4) 分析在特定时间段内的产品属性、工艺特性以及生产模式等。
(5) 分析供应链的客户服务水平情况等。

供应链物流战略影响因素		完全提前战略	生产延迟战略	集中提前战略	集中延迟战略
供应链竞争战略		总成本领先战略			标歧立异战略
供应链外部影响因素	市场需求	不确定性低			不确定性高
	订单的提前期	提前期短			提前期长
	订单的频率	次数多			次数少
产品的生命周期		产品引进	产品发展	产品成熟	产品衰败
规模效应	生产的规模效应	规模效应显著	规模效应不显著	规模效应显著	规模效应不显著
	库存的规模效应	规模效应不显著	规模效应不显著	规模效应显著	规模效应显著
工艺设计特性	产品标准化	标准化程度高			标准化程度低
	产品规模化	模块化程度低	模块化程度高	模块化程度低	模块化程度高
产品价值模型	产品货币比重	产品货币比重低	产品货币比重低	产品货币比重高	产品货币比重高
	分销增值比重	分销增值比重小	分销增值比重小	分销增值比重大	分销增值比重大
	生产增值比重	生产增值比重小	生产增值比重大	生产增值比重小	生产增值比重大
客户服务水平		客户服务水平高	客户服务水平高	客户服务水平低	客户服务水平低

图 9-34 供应链物流战略的确定

根据以上供应链的内外环境定性分析,其 13 个影响因素中,应采用生产延迟战略的影响因素有 9 个,应采用完全提前战略的影响因素有两个,而采用库存集中战略的影响因素有两个,综合考虑,大部分的影响因素都导致了生产延迟战略。因此,供应链应该采用的物流战略为生产延迟战略。

9.4 供应链信息一体化规划

9.4.1 供应链中的信息

在供应链战略中,信息的一体化战略是供应链一体化的基础和支撑。供应链是一个多层次多系统的结构,而信息则是供应链网络中各系统和各成员间密切配合、协同工作的"黏合剂"。企业的供应链信息层次结构模型如图 9-35 所示。

图 9-35 供应链信息层次结构

为了实现供应链的目标，必须通过信息的不断传递，一方面进行纵向的上下信息传递，把不同层次的经济行为协调起来；另一方面进行横向的信息传递，把各部门、各岗位的经济行为协调起来，通过信息技术处理人、财、物和生产、供应、销售之间的复杂关系，因此供应链就有了信息一体化的集成问题。供应链的信息流动和获取方式不同于单个企业的情况。在一个由网络信息系统组成的信息社会里，各种各样的企业在发展的过程中相互依赖，形成了一个"生物化企业环境"，供应链就是这样的"生态系统"中的"食物链"。企业通过网络从内外两个信息源中收集和传播信息，捕捉最能创造价值的经营方式和方法，创建网络化的企业运作模式。在这种企业运作模式下的供应链信息系统和传统的企业信息系统是不同的，需要新的信息组织模式和规划战略。因此建立信息一体化是实施供应链一体化的前提和保证。

9.4.2 供应链信息一体化的目标

如果将供应链作为一个整体，其信息的处理流程可以分为信息的收集、信息的访问、信息的分析、信息的处理和新信息的传播，如图 9-36 所示。

图 9-36 信息处理流程

根据供应链信息处理模型，信息一体化的目标如下。

1. 信息透明性

信息透明性是指收集每一个产品从生产到运送(或者购买)的信息，向供应链中的所有成员提供全部的可见信息。供应链信息一体化的主要目标是将供应链中的各个节点企业(包括供应商、生产商、批发商、零售商到购买点)紧密地连接起来，并使信息路线与产品的物理运动路线一致。同时，对于整条供应链而言，信息是透明的，各个节点企业都能够获得产品的位置、状态、运动方向等信息，这样才能够在真实数据的基础上计划、跟踪以及预测提前期，若供应链的任何节点企业想知道产品的行踪，那么它可以随时访问这一信息。

产品及物料信息的可得性是一体化供应链做出决策的基础，但是仅仅跟踪供应链过程中的产品是不够的，我们需要告知其他系统跟踪的目的是什么。如果某次因为送货延迟而影响了生产进度，我们就应该告知其他系统从而让它们做出适当的调整，或者推迟生产进度，或者寻找替代资源。

实现信息的可得性必须有两个基础：信息的过滤和信息的标准化。

1) 信息的过滤

产品在供应链中的移动，涉及生产、仓储、财务结算、分销、配送等不同的环节，将产生数以万计的海量信息，对于信息的使用者而言，真正有用的信息只是很少的一小部分，例如生产商需要知道产品的物流清单的信息，而并不需要知道产品的价格等财务信息；同样，第三方物流企业需要知道产品的体积或者重量等信息，而不需要知道产品的物料清单。如果信息可得性仅仅是将所有的信息都向使用者开放，一则将导致信息的使用效率低下，信息使用者需要大量时间去进行分析和过滤才能得到真正需要的信息；二则大量的无用的甚至于错误的信息很可能误导信息使用者。因此一体化的供应链信息系统应具备信息过滤的能力，通过一定的规则将信息分类，针对不同的信息使用者提供不同的信息，如提供给生产制造商相关的产品物料清单，提供给第三方物流企业产品的体积或重量等信息等。

2) 信息的标准化

随着产品在供应链中的移动，供应链的各个环节(供应商、生产商、批发商、零售商)都产生相应的产品信息，这些产品信息由于是由不同的企业信息系统产生的，彼此间对于产品的辨识可能互不兼容，这意味着供应链中某个节点企业的信息系统读不懂其他系统的信息，因此一体化的供应链信息系统要求将产品信息进行标准化。例如当零售商需要知道其订单所处的状态或者供应商预测制造商下达的订单时，它们能够收集到其他公司的数据以及公司内部不同功能部门和地理位置的数据并将数据导入自身的系统中。为了达到信息标准化的目的，需要在企业内和企业间推行产品鉴别的标准化，形成统一的、唯一的产品标识。

条形码技术是实现产品信息标准化的一种途径，条形码是一种商品自动识别的符号，条形码技术主要应用于商品数据的采集、数据输入和商品识别。条形码具有高速自动输入数据、高读取率、低误读率、容易操作、设备投资低等优点。一般来说，数据人工输入的典型差错率是每 300 个字符出现一个差错，而条形码输入的差错率可低至每几百万个字符才错一个的程度，而且条形码输入的速度是人工输入的 5 倍。在一体化供应链系统中，条形码的应用包括订货、收货、摆货、仓储、配货、补货、销售、结算、生产等各个环节，它的建立使得供应链信息一体化的数据处理自动化成为可能。因此，条形码技术是供应链信息一体化系统的基础。

应用条形码技术必须要建立起一套完整的条形码体系。根据条形码技术功能的不同以及流程的不同，条形码体系可以分为出入库条形码体系、货位条形码体系、运输条形码体系和销售条形码体系、生产条形码体系等，它们分别应用在不同的流程中。对于每件商品来说，从订货到收货、仓储、出货、运输到最终销售都要涉及不同的条形码体系，所以必须将各种不同的条形码体系进行关联处理。一般来说，供应链一体化信息系统是以零售或者销售系统为中心的，并且零售或者销售系统是整个信息流的终点——面对顾客。因此零售或者销售系统中的销售条形码体系将成为"基础条形码体系"，由销售条形码产生其他的各种条形码，其关系如图 9-37 所示。

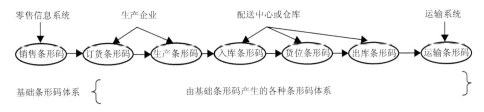

图 9-37 供应链条形码体系

2．单点联系

第二个重要目标就是对所有可获取的信息实行单点联系，只有这样才能够做到不论查询的方式怎样(如电话、电传、互联网、信息站)，信息能在某一点得到并且是唯一的，然而，事实上，这种要求是比较复杂的，因为要满足顾客的查询，我们就必须把散落在供应链上各处的信息收集起来，可能是企业中的不同部门，甚至是几个不同企业的信息。

在企业中，按照职能划分的信息系统像岛屿的分布一样。客户服务通过一个系统，会计结算通过另一个系统，制造和分销系统也是完全独立的。偶尔需要跨系统传递的一些重要的信息，但是传递不是实时进行的，那么系统内部就会有不一致的数据，销售代表收到订单时可能无法提供有关的当前运输状态的信息，工厂也可能无法得到当前确切的订单信息。实际上，需要利用某些数据的人应该通过某些接口访问完全一致的实时数据。

3. 系统性

第三个目标关系到分析数据(尤其是当考虑到全球供应链的背景)，必须利用信息系统找到最为有效的生产、装配、仓储、分销方式，即运营供应链的最好方式。这需要不同层次的决策，例如从安排顾客订单的运作决策，到在仓库内仓储什么商品的策略决策(或者未来3个月的生产计划)，再到仓库的选址以及将要发展或者生产什么产品的战略决策。要执行这些策略，就必须有一个足够弹性的系统来应对供应链战略的变化，而要获得这种弹性，需要系统有高度的可配置性，并且要采用新标准。

9.4.3 供应链一体化信息系统的框架

一体化的信息系统是由信息总线、供应链全程计划、信息一体化的技术基础设施支持构成的。信息总线是一体化信息系统的基础，而供应链全程计划是信息一体化的核心内容，并且通过技术基础设施支持得以实现，如图9-38所示。

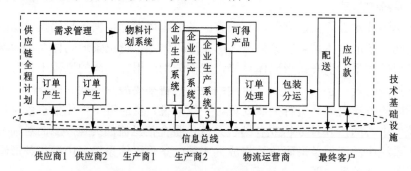

图9-38 供应链一体化信息系统的框架

1. 信息总线

在信息系统的三大基本元素(软件、硬件、信息)中，只有软件因素是不能轻易地模块化的。因为在一个大的供应链一体化信息系统中，每一种功能部分都必须与其他的功能部分直接交换信息。如果一个流程被分割成不同的部门，最终的解决方案就需要包含一个复杂的接口，用以同其他结果进行沟通，这将导致一个流程变得十分复杂甚至于烦琐，当把整条供应链的各个流程整合在一起时，同样需要一个共同的接口，从这个要求来看，整条供应链的信息一体化的整合显得无法实现。而信息总线的出现也就是基于这些要求，就像原子一样，在天文系统中原子是物质的基本形态，对于供应链一体化信息系统而言，信息总线就是信息传送技术的基本形态，在一定程度上，信息总线的功能就像硬件总线和集成电路总线,我们可以称之为软件总线。信息总线是一体化信息系统的基础平台,信息总线提供如下两种基本功能。

1) 通用接口

在过去,企业的信息系统一旦被设计出来,其系统配置就很少发生变化。一方面,当分散式计算机成为主流,企业开始在它们的系统中加入新的不同形式的计算机和服务器时,企业间的信息系统也开始进行联机,这就需要对网络上其他所有计算机重新编写程序,使旧的设备能够同新的设备或者是新的信息系统进行信息交换(如图9-39所示);另一方面,分散式的计算机系统将会变得越来越广泛和多样化,公司主机、AS/400、PC机、UNIX服务器和工作站,以及各种各样的网络服务——所有这些都运行着不同的操作系统,执行复杂的用不同的语言写成的软件程序。正是由于分散式计算机系统的不断复杂化和多元化,信息总线显得越来越重要,信息总线提供了一个软件的通用接口,分散式的计算机系统可以灵活性地增长,不再是在每一次有新节点加入(企业内的功能模块或是企业的信息系统)时,都要对通用的接口重新编程。总线上的新节点只要同总线对话,就可以与网络上其他所有部分进行交流。通过这种通用接口,信息总线从根本上简化了程序的整合过程,使得信息一体化成为可能,如图9-40所示。

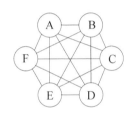

图9-39 传统点对点应用程序界面

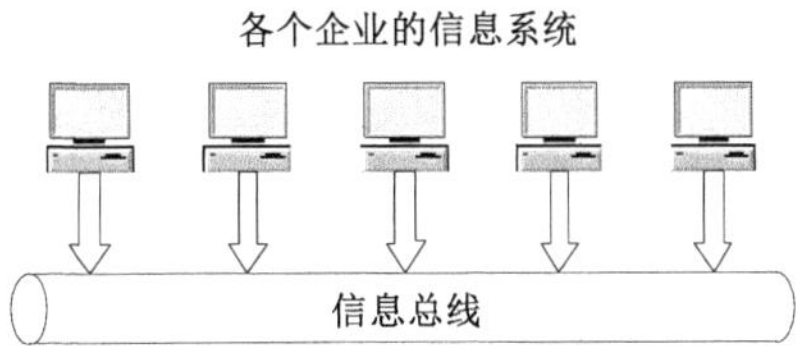

图9-40 供应链一体化信息系统总线结构

2) 形成虚拟的中心数据库

随着分散式计算机的发展,企业信息系统普遍应用客户/服务器技术,三层客户/服务模型如图9-41所示;第一层是表示层,完成用户接口的功能;第二层是功能层,利用服务器完成客户的应用功能;第三层是数据层,服务器应客户请求独立地进行各种处理。

图9-41 客户/服务模型

从客户/服务技术的结构可以看出,企业信息系统的中心是一个中心数据库,从一系列应用软件中收集和反馈数据,这些软件支持企业各个不同的职能部门,使用一个单一的数据库,将大大精简流动于企业中的信息。同样对于供应链的一体化信息系统,也存在着"一个中心数据库",这是一个分布式的数据库,包括供应链中各个节点企业的中心数据库,信息总线通过通用接口将各个企业的数据库进行集成,并进行信息过滤形成虚拟的中心数据库。对于信息使用者而言，始终面对的是整个供应链的一个中心数据库，如图9-42所示。但是信息总线要实现这种功能必须建立在信息标准化的基础上。

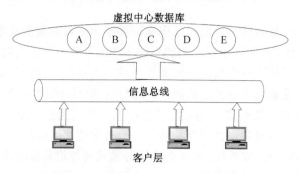

图9-42　信息总线下的"虚拟中心数据库"

2. 供应链全程计划

一体化供应链计划作为一体化信息系统的核心，包括订单管理、物料计划、企业生产能力平衡、生产进度控制、运输管理、仓储管理、资金流管理等子系统。在一体化信息系统中，只有加强各种活动之间的约束及冲突管理，才能使供应链中的各部分活动都能明确局部的变化可能对全局引起的影响，从而使组成的供应链达到优质、高效的目的。

1) 订单管理子系统

在一体化供应链计划中，供应链企业之间最重要的联系纽带是订单，企业内部和企业之间的一切经营活动都是围绕着订单运作的，如各个企业的采购部门围绕采购订单进行采购，生产企业根据生产订单和装配订单安排生产计划进行生产，物流企业根据运单和交货单进行分销和配送。订单管理子系统作为一体化供应链计划的驱动力，具有以下功能。

(1) 客户订单的发送、获取、修改和撤销以及客户订单中价格、期限、服务承诺等项目的制定管理。

(2) 根据客户订单生成各个节点企业的各种订单，包括采购单、生产订单、交货单、运单等。

(3) 规划订单的计划完成指标，包括时间、工作量、成本和质量。

(4) 根据订单对整个供应链流程进行监督和协调。

(5) 对订单的运作状态进行跟踪监控。

(6) 分析订单的完成情况，与计划进行比较分析。

(7) 根据客户需求变化和订单的完成情况对一体化供应链计划进行改进。

订单管理子系统的大致流程如下：首先获取客户需求信息并形成需求订单，需求订单在供应链物料计划系统中分解为企业生产订单、运单、配送单、交货单等，这些订单进入供应链各个节点企业中，进一步在节点企业的信息系统中形成物料清单、零部件的采购订单、生产订单、装配订单以及各种运输订单和库存单据，驱动供应链各个环节的业务活动，而最终产品通过交货单配送到最终客户手中。

2) 物料计划子系统

供应链一体化下的物料计划系统与供应链的主生产计划、供应链生产能力平衡以及物料清单文件有着紧密的联系,供应链的主生产计划是以客户订单为主,以供应链综合计划和随机客户需求预测为辅产生的,在供应链一体化下的计划体系和传统的企业分层式计划体系有较大的不同,传统的企业计划体系根据计划时间范围分为长期(1年半以上)、中期(6~18个月)、短期(少于6个月)。由于供应链计划体系需要考虑不同能力、不同层次的节点企业,而且供应链一体化的计划系统是以客户需求为驱动的,而客户的需求又是变化不定的。因此供应链计划不能采用分层计划体系,只有一个时间范围更短的供应链综合计划,而且在制定过程中不仅要考虑各个节点企业的制约因素,还要考虑整条供应链所面临的各种制约因素,从而导致供应链整合计划的精度较差。基于以上原因,供应链主生产计划的依据不是供应链综合计划,而是以各个企业的物料计划为基础,从下游企业向上游企业拉动。供应链生产能力平衡作为一个反馈环节使得物料计划系统构成一个闭环,是一个非常重要的环节。

一体化下的供应链物料计划系统具有以下特点。

(1) 拉动式。传统企业的物料计划系统采用推动的方式进行,它主要是根据企业综合生产计划,并考虑到客户的订单和对于客户的预测信息形成企业生产主计划,从而进一步形成物料计划。而供应链物料计划系统是以各种订单从下游企业向上游企业逐级拉动的。

(2) 协调性。供应链物料计划是以各个节点企业的企业物料系统为基础的,因此必须注重各个节点企业间企业物料系统的协调性。间隔时间过短或过长都将引起零部件或者设备的等待。

(3) 层次性。物料清单文件在供应链计划中分为两个层次,一是供应链层面,物料清单指出了用于制造最终产品所用的物料以及正确的数量;二是企业层面,物料清单指出了每一种物料所用的原材料以及正确的数量。库存记录文件包括现有物料和已订购的数量的数据,同样它也存在着供应链和节点企业两个层面。供应链下的物料计划系统如图9-43所示。

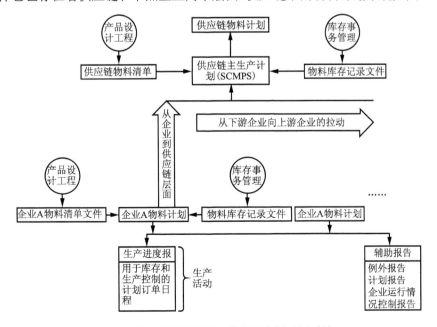

图9-43 供应链信息一体化的物料计划系统

3) 生产能力平衡子系统

在传统的生产企业的信息系统中，企业的生产能力平衡作为主生产计划的一个反馈，形成一个闭环，数据将反馈到系统中检验系统，并进行必要的修改，如图 9-44 所示。信息系统的输入是主生产计划，通过主生产计划对所有的零件、组件和为满足计划所需的其他资源进行需求展开后形成物料计划，判断是否有足够的能力，如果没有，逐级向上进行修改，首先更改生产能力计划，进而更改物料需求计划，最终反馈信息对主生产计划进行修改，再下达订单给生产系统，执行生产能力计划和物料需求计划。

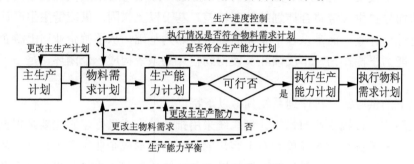

图 9-44　供应链信息一体化的生产能力平衡

在供应链一体化的计划系统中，生产能力平衡存在着两个层次，企业层面上的生产能力平衡和上述的传统企业的生产能力雷同，但在供应链层面上，企业生产能力的平衡不仅仅是考虑某个企业的生产能力分析，还必须考虑到上游企业和下游企业的生产能力平衡，因此在考虑供应链一体化下的生产能力平衡中，应该考虑整体供应链各个节点企业的生产能力平衡，从而形成供应链计划系统的闭环。在供应链生产能力平衡中，存在以下特点。

(1) 追求供应链中的物流平衡，而不是能力平衡，供应链一体化的计划系统是由顾客订单推动和决定的，而客户的需求是不断变化的，要保持供应链生产能力平衡难以实现，供应链中生产能力不平衡是绝对的，因此一体化的供应链要求实现各个节点企业的生产同步化，以求提前期最短，供应链中库存最少。

(2) 从生产能力的角度考察，供应链中存在着"瓶颈企业"和"非瓶颈企业"，"瓶颈企业"是指整体供应链产品生产系统中生产率的薄弱环节。

(3) 供应链中一个企业达到了特定产品生产能力的最优生产负荷并不代表着整体供应链生产能力的最优生产负荷；"非瓶颈企业"特定产品的生产利用率不是由本身决定的，而是由"瓶颈企业"决定的，如果让"非瓶颈企业"提高生产利用率，并不能提高特定产品总的生产利用率。

(4) "非瓶颈企业"的生产能力的提高不能为供应链特定产品生产能力平衡带来贡献，"非瓶颈企业"在生产能力的增加投入并不能增加整条供应链的产出。

从上述内容可以看出，"瓶颈企业"的生产能力平衡是整个供应链生产能力平衡的重点，应尽可能地使"瓶颈企业"的生产能力达到最大负荷，可以采取以下几项措施。

(1) "瓶颈企业"的上游企业和下游企业采取不同的计划方法，为了达到供应链的物流平衡，避免上游企业大量的库存积压和下游企业的生产能力空闲，对于上游企业采取拉动式(根据"瓶颈企业"的需求制订生产计划)的主生产计划，即通过生产订单、合同或者协议等形式，"瓶颈企业"提供给上游企业自身的生产能力，并允许一定程度的浮动，这样,上游企业在编制主生产计划时必须考虑到"瓶颈企业"的这一能力上的限制。而下游企业则采取推动式的主生产计划,同样,"瓶颈企业"通过合同或者协议形式,给出自身的生产能力约束下游企业。

(2) "瓶颈企业"应该加强对于零配件或者产品生产前的质量控制,保证投入生产的产品零缺陷。

(3) 在"瓶颈企业"生产前设置缓冲,这种缓冲是以时间或者库存增加作为代价的,即在上游企业完工时间和"瓶颈企业"开工时间之间设置时间缓冲。

通过增加"瓶颈企业"生产前的产品或零配件的库存量,增加产品在生产"瓶颈"点处的生产企业数量,通过设置库存缓冲增强"瓶颈"节点的生产能力。

4) 生产进度控制子系统

供应链生产进度控制的目的在于根据供应链主生产计划,检查各个节点企业零部件的投入和出产数量、出产时间和无缝衔接性,保证产品能准时生产,供应链环境下的进度控制和传统企业生产模式的进度控制不同,在供应链环境中生产进度控制跨越了整条供应链,控制的难度大,因此必须建立有效的跟踪机制、反馈机制和快速响应机制。供应链生产进度控制应具备以下功能。

(1) 生产进度信息的共享。在供应链一体化全程计划中,生产进度信息是指供应链各节点企业主生产计划的执行状况,它来自于各个节点企业的物料计划信息系统中产品生产报告。它是供应链检查供应链生产计划的重要依据,同时它也作为反馈信息用于对连续供应链生产计划进行修正。生产控制系统首要的功能是实现各个节点的生产进度信息全程共享,这种信息的可视性,使得供应链企业不仅能够在供应链主计划下进行最优化生产,而且能够共享生产进度信息,时刻了解产品在供应链中的状态,从而能够更加合理地安排采购、生产以及库存管理等活动。

(2) 增强生产柔性。在企业的生产系统,必然存在一定的波动性,另外客户需求的不确定性也会放大这种波动性(牛鞭效应)。但如果这种波动性超过了企业负荷,将导致整条供应链出现生产节奏紊乱、库存积压以及生产的断层。生产进度控制系统作为实时反馈系统,能够在第一时间内调整供应链的供应链主生产计划,使得其他企业适当地调整企业的生产计划,避免节点企业间出现供需脱节的生产断层,实现供应链持续同步生产的节奏,保证供应链上的整体利益。

从上述可知,供应链生产进度控制系统的主要任务是依照供应链主生产计划,检查各种零配件或者产品的投入和产出时间、数量以及无缝性,保证产品能够准时完成,按照订单上对于时间、质量等要求送到客户手中。根据供应链生产进度控制系统的流程,供应链生产进度控制系统存在着三个机制,即跟踪机制、反馈机制和快速反应机制。

(1) 生产进度控制系统的跟踪机制。生产进度控制系统的跟踪机制的原理是在产品加工路线上保留了订单信息,在供应链一体化系统中,产品订单是驱动产品生产的动力,产品订单经过订单管理系统被分解为各个企业的生产订单或者装配订单,各个节点企业根据供应链的生产订单又分解为采购订单、生产订单以及仓储订单等各种各样的单据,并以订单作为主生产计划的驱动力进行本企业的生产、仓储和运输等作业。而在生产进度控制系统中,订单又作为跟踪机制和各种作业流程紧密地集合在一起,订单中包含大量的信息,如生产子订单有投入物料的编码、生产的质量要求、投入期和出产期等信息,库存订单有库存单位、入库时间、出库时间、库存时间等信息，而运单有实际出库时间、目的地、运输质量标准等信息。订单此时起到两个作用。

第一，作业流程的识别作用。在没有跟踪机制的生产系统中，由于生产计划中没有子订单信息，生产进度控制系统无法识别作业与子订单的关系，也无法将不同的子订单区别开来。由于订单的作业流程识别作用，生产进度控制系统能够跟踪到零配件或者产品的实时状态，为反馈机制和快速反应机制打下基础。

第二，订单的事件驱动作用。订单的事件驱动作用是指当作业流程发生变化，导致作业流程和订单信息不符时，和作业流程捆绑在一起的订单作为一个事件驱动信号向生产进度控制系统发出预警，同时供应链生产进度控制系统将找到这个特定的订单，并能够根据订单信息获得作业流程变化的具体情况。如在企业生产流程中，当发生生产能力不足导致特定零配件或者产品出产延迟，订单的信息和流程的信息发生不符的情况，子订单将通过订单系统向生产进度控制系统发出预警，生产进度控制系统得到信息并通过订单的识别找到该子订单以及相关的作业流程，进而检查订单信息和实际的作业流程获知生产能力不足的状况。

(2) 生产进度控制系统的反馈机制。在供应链一体化下的生产进度控制系统的反馈机制与传统的生产进度控制系统的反馈机制有较大的区别，供应链的生产进度控制系统的反馈机制存在着两个层面：在企业层面，供应链生产进度控制系统首先将信息反馈到企业的物料计划系统；在供应链层面，这个信息也必须反馈到供应链的物料计划系统中，并进而反馈到各个节点企业的物料计划系统中。

(3) 生产进度控制系统的快速反应机制。供应链生产进度控制系统的快速反应机制是指对于原有的物料计划系统或者主生产计划以及持续的物料计划系统进行实时的修正，目的是将生产波动的影响消除，保持供应链的同步生产。同样快速反应机制也存在两个层面：在供应链层面，是对于供应链主生产计划的调整；在企业层面，是对产生波动的企业的主生产计划的调整，供应链生产进度控制系统的快速反应机制基于两个原理。

第一，将生产计划的修正控制在企业层面。由于供应链主生产计划跨越供应链中的所有相关的节点企业，供应链主生产计划的变动将波及其他所有企业的主生产计划的修正，必然使系统产生不稳定性，而要能够保证节点企业间的无缝链接和同步生产，其难度较大；而将修正局限在产生波动企业中，能够使其他企业的生产节奏保持不变，修正对于整条供应链的影响较小，并且其修正的难度也较小。

第二，按优先级保证对客户的产品供应。在订单管理系统中，子订单处于不同的层次，根据子订单对于客户服务质量的贡献来看，子订单在物料需求结构树中有高层次和低层次之分，高层次的子订单对于客户服务质量的贡献高，而低层次的子订单对于客户服务质量的贡献低，因此快速反应机制将生产的波动限制在优先等级低的子订单内，保证优先等级高的子订单的同步生产，因此在对主生产系统进行修正时，总是将变动限制在优先级别低的子订单内，对于高优先级的子订单要确保能够不受影响，并随着子订单优先等级的提高，总是优先保证高优先级的订单；同样，在供应链层面，也有高优先级企业和低优先级企业之分，快速反应机制也必然要保证高优先级企业不受波动的影响。相反，如果盲目地进行主生产计划修正，会导致整条供应链主生产计划的紊乱，为持续的生产造成后患。

5) 运输管理和库存管理子系统

供应链一体化信息系统的运输管理和库存管理系统主要实现供应链节点企业间基于物流最优化的信息流最优化。从增值链的角度来看，运输和库存通过对产品或者服务进行重新分布、重新包装或者重新分割尺寸而产生价值，因此它们也成为供应链的重要环节。作为全程计划系统的一个功能模块，运输管理和库存管理系统同样也是建立订单系统，它们是以运输单据(包括提货单、运单、交货单)和库存单据(包括入库单、库位单、出库单)等为驱动的。在企业层面，由于第三方物流企业的大量涌现以及其力量的不断增强，制造企业纷纷将运输管理和库存管理的功能转移给第三方物流企业，而第三方物流企业通过不同的方式建立起自己的运输管理和库存管理信息系统。但在供应链一体化中，运输管理和库存管理系统同企业层面有很大的不同，首先必须从供应链的角度对物流战略进行重新设计，在供应链一体化的信息系统中，运输管理和库存管理系统具有更广的信息"透明度"、更强的"同步性"以及更强的"计划性"，因此供应链一体化的运输管理和库存管理系统具有以下功能。

(1) 库存管理和运输管理的全程供应链信息共享。在传统的物流和库存管理中(上游企业、第三方物流企业、下游企业)，通过将第三方物流企业的信息系统和上游企业、下游企业进行连接达到信息的无缝连接；目前我国许多第三方物流公司没有自己的运输和库存管理信息系统，大多采用了向上下游企业派驻常驻现场小组。在上游制造企业中，他们部分参与生产计划、质量控制、预测等管理工作，并在生产线的末端处理现场的交接工作；在下游的销售企业中，收集货物是否适时、到位、服务质量等信息，通过这种方式也可以达到信息的上下游之间的共享。但在供应链一体化信息系统中，对于运输管理和库存管理的信息不仅是在上下游之间共享，而且要达到整条供应链对于该信息的共享，各个节点企业能够实时地了解产品或者零配件或者物料在运输过程中的位置、状态(在库状态、在途状态)，以及何时达到下一个状态(从库存到运输、从运输到库存)，从而使得整条供应链更具柔性。

(2) 全程供应链的运输管理和库存管理的"同步化"。在供应链的生产计划系统中，我们要求供应链生产同步化。要形成供应链生产同步化，需要供应链中各个节点企业之间以及内部各个部门之间生产节奏保持一致，而要保持生产节奏的一致性就必须形成准时生产系统，要求上游企业准时为下游企业提供必要的零部件，如果供应链的任何一个企业延迟为下游企业交货，都会导致供应链不稳定或中断，导致供应链对用户的响应性下降；另一方面，如果上游企业提前为下游企业交货，由于零配件的配套性，将会导致下游企业提前到达产品或者零配件的等待，形成多余的库存。因此供应链一体化下的运输管理和库存管理计划系统必须做到和供应链的生产节奏合拍，与供应链生产计划系统融为一体。

(3) 全程供应链的运输管理和库存管理的计划性，如果将一切的增值活动都作为生产活动，则运输管理和库存管理同产品生产环节一样，也存在着生产计划、能力平衡、生产进度控制等流程，在供应链一体化系统中，应从整体考虑物流管理和库存管理，首先根据客户订单产生供应链运输和仓储主计划，在物料清单的分解下产生供应链物料运输和库存管理计划，接着进行运输和库存能力平衡分析，形成反馈环节，最终进行运输和库存管理的控制，其流程如图 9-45 所示，全程供应链的运输管理和库存管理在一定程度上是生产计划的辅助子系统，但它在保持生产节奏和生产同步性方面起着至关重要的作用，因此也成为生产计划系统中不可分割的一个功能模块。

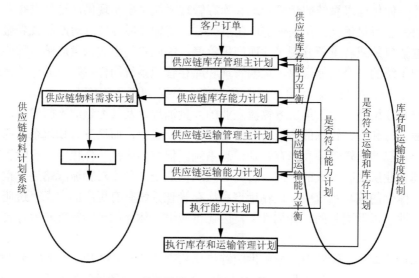

图 9-45 供应链信息一体化的运输与库存管理

3. 供应链信息一体化的技术支持

供应链一体化信息系统的技术基础设施包括以下方面。

1) 中间软件和通用的语言

在供应链一体化信息系统中，由于信息的交换跨越不同的节点企业，而随着各个节点企业采用了分散式信息技术系统，使得在一个企业内部的信息整合都已经很困难，对于企业间的信息整合更是艰巨，因此中间软件的重要性日渐增加。中间软件，简单来说就是一个连接和整合复杂的应用程序和计算机网络的软件。传统的信息系统间的交换，必须在每一个信息系统中设置一个和其他信息系统的信息交换程序。而中间软件的应用，使得不需要为每一个信息系统编写一个转换程序，只要在中间软件中设置一个广泛适用的程序，以确保在中间软件中应用程序符合应用编程接口(API)。这种革新使得权通过对应用编程接口的改变，就能确保各个节点企业信息系统的改变和更新。在供应链一体化信息系统中，中间软件建筑了供应链的信息总线结构，而要达到这个目的，必须对供应链各个节点的信息系统进行技术简化，中间软件帮助各个节点企业定义各个控制流程的规则，并在系统间交换数据时实现这些规则，中间软件通过对于这些规则进行整合和优化，形成所有的信息系统都可以使用的控制和交换的规则，因此供应链一体化信息系统的中间软件是一个完整的结构，它为各个节点企业信息系统提供联结、信息传递、系统实时更新、系统管理服务等功能。在某种程度上，互联网本身就是一个巨大的中间软件，除去了许多计算机语言和平台个性化的差别，可以通过原始的传输控制协议/网际协议(TCP/IP)进行几乎全世界范围的信息交换。

供应链一体化的信息系统中，信息的转换应该基于一个共同的语言，这种语言所使用的语句是无二义性的；并且，这种标准不受计算机机型的影响，既适用于计算机间的数据交流，又独立于计算机之外。目前，EDI 作为一个信息交换标准得到了大量的应用，ISO(国际标准化组织)将 EDI(电子数据交换)描述为："将商业或行政事务处理，按照一个公认的标准，形成结构化的事务或信息数据结构，从计算机到计算机的数据传输。"EDI 作为信息交换标准有其特定的含义和条件，即包括以下几个方面。

(1) 使用 EDI 的是交易的双方，是企业之间的文件和数据传递，而非同一组织内的不同部门。

(2) 交易双方传递的文件是特定的格式，采用的是报文标准，现在即是联合国的 UN/EDIFACT。

(3) 双方都有自己的信息系统，之间存在着网络通信系统，即通常所指的 VAN(增值网)，信息传输通过该网络通信系统实现。

但是由于 EDI 的数据标准十分严格，并且必须通过专门的软件和硬件才能实现，因此它具有以下的不足。

(1) 难以实施。在供应链中实施全程的信息交换，就必须对每一个节点企业原有的信息系统进行转换，如图 9-46 所示，因此使用 EDI 技术实现供应链一体化信息系统难以在短时间内完成。

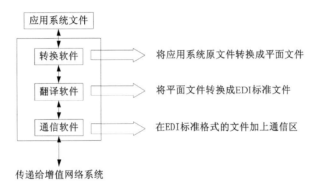

图 9-46　EDI 数据转换模式

(2) 高昂的维护费用。在 EDI 技术中翻译软件将数据从原应用系统中抽取出来，再转换为EDI语法格式(如联合国的 UN/EDIFACT 标准、美国国家标准化委员会ANSI X.12 标准等)，经过增值网络系统传送后到达目标企业的信息系统中，然后再转换为目标企业信息系统适用的文件和数据。供应链节点企业包括制造业、运输业、零售业，其所采用的 EDI 标准也各自不同，如化工业的 CIDX 标准、零售业的 VICX 标准以及运输业的 TDCC 标准，因此翻译软件将随着 EDI 标准的变化而变化，许多大公司雇用了全职的 EDI 人员管理翻译软件系统，并进行操作审核。

(3) 由于 EDI 的复杂性和随之而来的高维护成本，EDI 将中小企业排除在自动交易大家族之外。另一方面，要实现供应链一体化信息系统需要相应的 VAN(增值网络)来支持(如图 9-47 所示)，增值网络系统必须支持不同标准的 EDI 报文交换，这也大大增加了网际交换的复杂性和技术难度。

随着互联网日新月异的发展，超文本标记语言(HTML)的出现，使世界上所有接入互联网的电脑都能看到同样的网页，而在此基础上发展起来的可扩展标记语言(Extensible Markup Language，XML)技术，则能够使标准化转递的信息不再局限于网页。XML 出现于 1997 年 8 月，是一种元语言，主要用于创建包含描述文件结构标识的语言标识。XML 通过将数据抽象内容(时间、地点、事件等)和数据具体表现(字体大小、字体颜色等)进行分离，从而使得 XML 可以脱离专门的软件平台而独立被传递和解释。XML 数据类型定义标识符号可以参照国际通行的标准，也可以根据特定的需要自行添加删改。EDI 和 XML 语言解决方案的比较如表 9-4 所示。

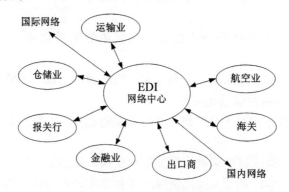

图 9-47　EDI 的增值网模式

表 9-4　EDI 和 XML 语言解决方案的比较

比较项目	XML 技术	EDI 技术
技术的实质	经过优化易于编程	经过信息压缩优化
基础设施成本	网络服务器成本为 0 到 5000 美元	需要专门的 EDI 服务器，费用从 10000 到 100000 美元
信息交换成本	使用现有的网络连接	使用增值网络，单条信息的交换成本为 1 到 20 美元
使用的难易程度	几个小时就可以学会 XML 信息格式	EDI 信息格式要几个月才能学会
对于操作人员的要求	只需要掌握 JavaScript、Visual Basic、Perl Script Writers	需要掌握 C++高级编程
信息整合灵活性	信息整合灵活性强	信息整合范围小
数据的结构化程度	数据的结构化程度高	数据的结构化程度低

2）基于信息的公布/预订模式

不论是传统的企业信息系统或者国际互联网中，最主要的信息系统都是基于"要求/回复"或者"拉动式"的模式进行工作的。在这种模式下，信息的获取首先要寻找信息存储的地点，然后再通过适当的方式传回。而信息的提供者(企业的信息系统)对每一个需求者进行需求排序，并分别满足它们的需求。例如对于供应链中的总装配企业而言，要得到物料 A 的信息，首先要对信息进行定位，它可能存在于物料 A 的生产企业的信息系统中，也可能在物料 A 的运输企业的信息系统中，当确定了信息的地点后，物料 A 的生产企业对于所有信息需求者进行一定方法的排序，按照优先级别进行回复，而总装配企业必须等待回复，当信息要求超时时，总装配企业继续发出要求信号，一直到得到回复。这种"要求/回复"将带来可想而知的低效和信息需求者的挫折感。另一方面，对于一体化供应链信息系统而言，存在着海量信息，因此对信息的查询也是海量的，这样就会造成许多人同时访问一个数据库或同一信息系统，结果就导致网络堵塞甚至于系统崩溃。因此供应链一体化信息系统需要一种全新的信息查询模式，我们称之为"推动式"或者是"公布/预订"模式。

第 9 章　供应链一体化设计

"公布/预订"技术由两个不可分割的部件构成:"公布"机制和"预订"机制。但对于供应链一体化信息系统而言,"预订"机制是决定信息整合的关键,20 世纪 90 年代后期,许多软件开发商意识到单纯的"需求/回复"模式的局限性,但是并没有从根本上改变这一模式,他们引进了一种"自动查询"或者称之为"自动拉动"模式,对于信息使用者而言,通过自动向信息源发出信息获取要求,信息源将逐个地对每个请求进行回复,这种模式由于缺少"预订"机制,使信息源变成了一个失控的搜索引擎,往往会在信息使用者的系统中堆积大量无用的、过时的数据。这种模式实质上仍然是利用"要求/回复"模式反复地进行公布而已,就像原来每一个用户都打电话询问股票价格,只不过现在改为自动拨号而已,其后果是直接导致网络更加拥挤。

供应链一体化信息系统的"预订机制"包括对实时数据的预订和对意外事件数据的预订。供应链信息中的实时数据是指产品或者物料的实时状态,如产品的实时生产状态、产品的实时运输状态、产品的实时销售状态等,例如装配企业预订了基于组成产品的物料生产为主题的实时信息,某运输企业只预订了基于某个物料 A 的生产的实时信息,而零售商预订了基于产品销售的实时信息等,然后供应链根据不同的"预订"向不同的企业发布不同的信息。例如,每天下午 6:00,沃尔玛商店向 Wrangler 牛仔服供应商发出关于当天销售情况的数据,使得 Wrangler 能在当天晚上进行持续补货。在意外事件数据的预订中,意外事件是指和供应链全程计划不相符合的数据,如物料 A 的生产发生了延迟、物料 B 超出库存上限等,意外事件数据的预订是基于整条供应链的,供应链一体化信息系统将向所有的节点企业进行公布。

供应链一体化的信息系统的"公布/预订"模式基于管理主题进行,管理主题是以上两种预订的所有规则构成的,供应链主题管理将被集成在信息总线中,管理主题的工具是主题目录,一般而言,供应链主题目录采用了分层目录结构,类似于 Windows 的文件管理系统的树型结构,它是由主题的唯一定义、主题的权限和新主题的控制构成的。管理主题的唯一定义是指预订信息的定义,如物料 A 的生产状况(投产时间、出产时间)、产品的运输状况(出库时间、入库时间)等;主题的权限界定了信息使用者(零件生产商 A、产品装配企业、运输企业 B);新主题的控制主要用于对管理主题的增加和删除。

供应链一体化信息系统以"公布/预订"的推动模式代替了"要求/回复"的拉动模式,其革新性的变化是公布机制的变化,在"要求/回复"模式中,采用了单路广播,一个信息要求对应着一条信息的广播,于是,实质上相同的信息以不同的形式被重复广播,广播的次数和要求的次数相同,当信息在广播过程中失真时又必须再次广播,这种公布模式势必造成供应链的信息堵塞。而多路广播则根据一个管理主题,向不同的信息使用者广播一条相同的信息,例如对于物料 A 的生产信息,在传统模式下,供应链中有 300 个该信息的使用者向物料 A 的生产企业发出要求,则企业必须向 300 个使用者发出 300 条关于物料 A 的生产信息,但在多路广播中,物料 A 的生产企业只需要将关于物料 A 的管理主题的信息向 300 个使用者广播一次,从而大大减少了传播的信息量。多路广播的概念最早出现在 20 世纪 80 年代初期,在金融企业的信息广播中得到应用,但是在早期的系统中,多路广播虽然很好地解决了信息流量的问题,但是其可靠性不够,当信息在传播过程中出现信息遗失或者信息失真时,将会导致信息传播的失败。因此,在供应链信息系统中,必须增加一个"反馈回路",使得任何信息的失真和遗失在到达时可以被注意到,然后信息源根据"反馈回

路"的信息重新向终端传输一遍。

本 章 小 结

随着经济全球一体化进程的加快,企业之间的竞争也愈来愈激烈。在产品已趋于同质化的今天,成本是否低于竞争对手,服务是否优于竞争对手,往往是企业能否战胜对手的关键因素,降低成本及提升服务成了企业生存的必然选择。供应链一体化管理为企业降低内部成本及提高对客户的服务水平,提供了一种有效的解决方法。而以互联网技术广泛应用为标志的信息时代的来临,为供应链一体化管理的实施提供了可靠的基础。

本章从涉及供应链管理各个层面的理论出发,首先介绍了供应链一体化的概念和理论,引申出供应链一体化的框架结构,从不同层次分析了流程一体化规划的基本内容,指出了物流一体化规划的直接体现,并在此基础上对供应链信息一体化规划的目标和框架进行了探讨。通过本章的学习,读者可以对供应链一体化的基本内容与供应链一体化规划的基本框架有一个初步的认识,同时可以掌握流程一体化、物流一体化和信息一体化规划的基本理论与方法。

思考与练习

1. 物流一体化的概念是什么?
2. 供应链管理的理论基础有哪些?
3. 简述供应链一体化的内在关系。
4. 供应链业务流程的概念是什么。
5. 企业流程再造的概念是什么?
6. 简述供应链流程一体化的特征。
7. 简述物流一体化战略的影响因素。
8. 简述供应链信息一体化的目标。

第 10 章 物流运营管理系统规划

【学习目标】
- 掌握运营系统的概念。
- 掌握物流运营模式。
- 掌握物流运营网络协同运作方式。
- 掌握物流服务营销的内涵。
- 熟悉物流营销模式。
- 掌握数据包网络分析方法。

企业运营效率提是企业获得高额利润和持续竞争优势的来源和基础。企业欲在经济全球化的当今社会立于不败之地，最有效也是最关键的一点是不断提升企业的运营效率。目前我国的物流成本占 GDP 的比重高达 18%，是发达国家平均水平的 2 倍，已成为我国国民经济发展的一个主要瓶颈。深入研究现代物流运营机制和模式，找出有效降低物流成本的途径，已成为一个越来越重要的问题。面对机遇和挑战，物流业要敢于打破传统的运营模式，要勇于创新，这是发展现代物流的必由之路。

10.1 物流运营管理系统概述

10.1.1 运营系统的概念

运营和战略是企业经营管理的两大主题。如果说战略指引着企业通过参加不同的比赛而赢得胜利，那么运营就是要指导企业如何在每一场比赛中获胜，成为每一个领域的赢家。对于运营与战略的关系，以及二者在企业中的地位，战略管理大师迈克尔·波特(Michael Porter)曾指出，运营是指你和竞争对手做同样的事情，但是你设法做得比他好。因此，运营效益的代名词是"优良操作"，也就是你比竞争对手更会运营。没有运营活动，企业就不能生存。

1. 运营的概念

运营的概念来源于生产的概念及其拓展。在过去，生产(Production)主要是指物质资料的生产活动，将原材料转化为特定的有形产品，即实物制造。与生产相近的另一概念为制造(Manufacturing)，国际工程生产协会对制造下的定义是："在制造企业中，由产品设计、材料选择、计划、加工、质量保证、生产管理到销售的一系列活动。"如今，生产的含义越来越窄，仅局限于狭义的加工，而制造的含义则越来越广泛。服务业的兴起，使生产的概念进一步得到延伸和扩展，学者们有时将有形产品的制造(Production)和提供劳务的活动(Operations)均称为"Operations"，把生产的概念扩大到了非制造领域。

随着服务业的迅速发展，以及生产概念的不断拓展特别是在服务业的延伸，运营一词正在逐渐取代生产。

从一般意义上讲，可以给运营下这样一个定义：一切创造财富的活动都可以称作运营。这样的一个定义从更为广泛的视角审视了运营的概念。

(1) 系统观：运营系统是一个人机复合系统，一个动态开放系统。运营的系统观体现在运营管理的全局性、协同性和层次性。

(2) 集成观：运营是人员、技术、管理的综合集成，只有集成才能发挥优势，实现最佳配置。

(3) 信息观：运营过程是一个信息采集、加工、转化和传递的过程。

(4) 服务观：现代生产观念强化了组织内部部门之间的服务关系，运营过程就是一个服务过程。

2．运营系统的相关理论

运营的本质是转换。转换过程能够将输入的资料转换成所需的产品。输入的可能是原材料、土地、劳动、资本、信息等，或者是另一个系统的成品，而输出的则是产品和服务。图 10-1 呈现出了运营的转换过程。转换过程是一个价值实现增值的过程，这也是衡量转换过程成功与否的标志。为了实现增值，要对转换过程进行控制，将产品或者服务信息反馈给转换过程，进而反馈给输入端，从而决定所需输入的原材料。

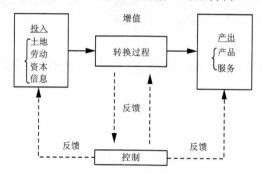

图 10-1　运营的转换过程

从这个角度讲，运营是一切社会组织将其输入转化为输出的过程。转换是在运营系统中实现的。

1) 运营系统的概念

运营系统是由人和机器构成的、能将一定输入转化为特定的输出的有机整体。运营系统本身是一个人造的系统，它是由输出决定的。输出的"质"不同，则运营系统不同。例如，餐馆的运营系统不同于银行的运营系统。不仅如此，运营系统还取决于输出的"量"。

运营系统是由企业内部生产、管理等许多有机联系的活动组成的一个系统，这些活动具有不同的功能，它们支持着同一战略定位下的各个主要战略。企业运营系统的功能是保证提供产品或服务的质量、效率、安全等。企业运营系统关注的是企业内部，以内部运营为主要出发点。

2) 运营系统的特征

首先，运营系统是多功能的综合系统；其次，运营系统体现了劳动过程和价值增值过程的统一；第三，运营系统是物质系统和管理系统的结合。

3) 运营系统的基本构成

人们通常会将运营系统分解为结构要素和非结构要素两大类。结构要素主要是指硬件要素，包括技术、设施、能力等，是运营系统的物质基础；非结构要素主要是指软件要素，包括人员、组织、计划等，用来为运营系统提供支持和保证。硬件要素决定着系统的结构形式，软件要素决定着系统的运行机制。两类要素必须相互匹配，而且要不断进行动态调整，才能充分发挥其各自的作用。

10.1.2 物流运营模式

物流运营模式是指按照客户的要求，提取订单信息，经过分货、拣选、包装等一系列货物配备工作，把商品从仓库或配送中心直接送到消费者手中的移动和存储过程，它是以市场为导向、以满足顾客要求为宗旨、获取物流成本最小化的适应现代电子商务企业发展的物流运作方式。

1. 完全自营物流运营模式

完全自营物流运营模式是指电子商务企业为了满足自身物流业务的需要，自己建立物流系统，包括企业自己投资购置物流设施设备、配置物流作业人员，自主组织和管理具体的物流业务的一种物流运作与管理方式。

1) 完全自营模式的物流运营过程

此模式的物流运营过程如图 10-2 所示，消费者通过电子商务网络平台完成订货，订货信息传递到企业的自有物流中心，由其完成消费者所订购商品的物流配送服务，同时处理退换货物流业务。如果企业的物流能力比较强，在满足自身物流需求的同时，还有相当的剩余，则可以承接外来物流业务。采用此模式的一般是大型生产企业和连锁经营企业，像海尔集团、沃尔玛连锁超市，国美电器等，也包括卓越网等虚拟企业。

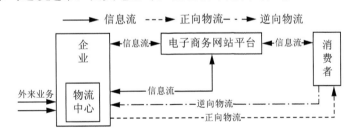

图 10-2 完全自营物流运营模式运营过程

2) 完全自营物流运营模式的优势与不足

(1) 企业完全自营物流运营模式主要具有以下优点。

第一，有利于增强企业对物流的控制力。完全自营物流的主要优点就在于可以帮助企业摆脱第三方物流的束缚，解决物流瓶颈问题，从而结束与第三方物流代理公司之间无休止的讨价还价。

第二，能完全服务于企业经营战略，具有区域优势，有利于企业自身发展壮大。对一个新兴的电子商务企业而言，业务量跟不上规模，很难与专业物流公司达成比较好的服务价格。完全自营物流则可以根据企业的发展状况，分阶段逐步建设与完善。在电子商务创建早期，可以根据服务区域合理配置物流力量，将主要物流力量投放在重点推广的区域，然后随着企业业务的发展不断扩大物流服务范围，将物流投入与公司产出相搭配，最大限度地实现有效物流。

第三，物流服务柔性强，能有效保证服务质量、提升企业形象。对电子商务企业而言，交易洽谈、购买、支付等都是在虚拟环境下完成，顾客的消费体验比较有限，一切都是流程式操作，只需要价格适宜、页面美观、网速快，很难进一步提升消费体验。因此，物流环节成为提升顾客满意度的关键之一，通过及时的送货、贴心的包装等服务，使顾客获得完美的消费体验，有利于提升企业形象。

第四，长远来看可以节约物流成本。完全自营物流可以降低外包代理公司所带来的物流风险，而且当企业完全自营物流发展到一定规模和水平，横向比较具有优势时，便可节约物流成本。

(2) 但是，企业自行组建物流配送系统也面临着不少困难，完全自营物流运营模式本身也有一些不足，比较突出的包括以下方面。

第一，投资规模大、周期长、资金占用多。对于大多数的电子商务企业来说，通常物流硬件设施比较贫乏，要建立一套完善的物流配送系统就需要较大投入，这使得在企业发展早期难以与电子商务企业的产出成正比，资金占用过多，容易产生资金链的断裂。

第二，业务覆盖范围有限。由于大范围的建造物流配送中心和建设物流配送队伍需要较大的资金投入，必然带来巨大的投资风险，因此对于大多数的电子商务企业，尤其是规模较小的中小型企业来讲，完全自营物流的业务范围不可能覆盖企业的整个交易网络。

第三，需要具备较强的综合物流管理能力。企业完全自营物流与物流代理企业相比较存在专业障碍、专业化人才缺乏等问题。然而企业要想使完全自营物流具有横向的比较优势，就必须增强企业自身的综合物流管理能力，可是人才的积累和培养同样不是一朝一夕的事情，要经过相当长的时间才能实现。物流作为商业活动的一个重要环节，越来越呈现出专业化的趋势。

第四，投资风险较大。完全自营物流必须要有相应的业务量来保证，企业业务量不够，完全自营物流设施必定会大量闲置，从而增加企业开支、加重经营风险；完全自营物流设施在企业创建初期也许能满足物流需求，当随着企业规模壮大和市场范围拓展，完全自营物流便无法跟上企业的发展步伐。

2．完全外包物流运营模式

完全外包物流运营模式是电子商务企业为集中资源和精力在自己的核心业务上，增强企业的核心竞争能力，把自己不擅长的物流业务或者在某些区域暂时无法做到的物流业务，全部以合同方式委托给专业的第三方物流公司(TPL)的一种物流运作与管理方式，电子商务企业通过信息系统与 TPL 保持密切联系，以达到对物流全程的管理与控制的目的。

1) 完全外包模式的物流运营过程

此模式的物流运营过程如图 10-3 所示，第三方物流公司提供全部的物流设施，通过与电子商务企业内部的业务管理部门交互沟通，获取消费者的商品订货配送信息，然后运用自身的物流设施、管理人员以及专业的配送团队完成对消费者的送货换货服务。采用此模式的通常是规模较小的无物流设施的电子商务企业，或者本身规模较大但在某些偏远地区仍然无法实现完全自营配送全辐射的企业，或者不愿分散精力介入非企业核心业务的物流领域的电子商务企业。大部分电子商务企业，如淘宝网、拍拍网、红孩子等均采用此模式。

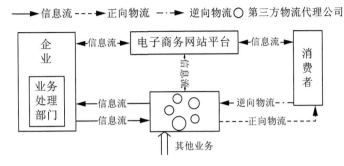

图10-3　完全外包物流运营模式运营过程

2) 完全外包物流运营模式的优势与不足

(1) 完全外包物流运营模式具有以下优势。

第一，物流覆盖区域比较广泛。外包物流企业的服务网点通常遍布全国各个大中小城市，可以实现门对门的物流配送服务，因此相对于企业完全自营和物流联盟运营模式来讲，外包物流服务的覆盖区域较为广泛。

第二，有利于减少投资、降低物流成本、减轻企业负担。完全外包物流运营模式可以减少固定资金的投入，提高企业资金周转速度，降低企业的物流运营成本，实现经济效益。

第三，有利于社会物流资源的充分利用。很显然，与其每家电子商务企业建一套自有的物流体系，倒不如将所有的物流需求集中到一家更为专业化的物流企业来解决。

第四，有利于培养企业核心竞争力。完全外包物流运营模式可以使企业集中力量发展主营业务，把企业有限的资源配备到核心业务上，有利于培养企业的核心竞争能力。

(2) 完全外包物流运营模式的不足。

第一，企业对物流控制力较低。对物流代理企业的依赖性增强。企业将自身的物流业务完全外包给物流代理公司，促使企业丧失了对物流业务控制的主动权，某种程度上必定会受到物流外包企业的制约。

第二，物流服务具有一定的风险性和不确定性。物流业务完全外包使企业失去了对顾客的直接接触，无法为顾客提供较为个性化的服务，对于企业培养忠实稳定的客户群体来讲具有一定的风险性和不确定性。

第三，物流代理企业现代化水平不高。由于我国大多数的物流代理企业是民营资本操控，受资金、人力等局限，其硬件设施离现代物流还有一段距离。虽然物流代理企业数量众多，但真正能覆盖全国，可以提供高质量物流配送服务的企业并不多。

3．物流联盟运营模式

物流联盟是一种介于完全自营物流和完全外包之间的物流运营模式，通常可分为狭义的物流联盟和广义的物流联盟两种，狭义的物流联盟是指企业自身拥有一定的物流资源但并不具有比较优势，不适合建立完全自营物流，因此企业运用自身有限物流资源和物流外包相结合的方式；或者企业规模有限，仅有能力在业务比较集中的重点区域建立完全自营物流，在业务量较少和交易相对偏远的区域没有能力组建完全自营物流，而不得不采用外包代理的物流运营模式,它是一种企业与物流代理企业之间形成的物流联盟。广义的物流联盟还包括合作的非专业物流代理企业,各自共享企业自身的物流资源组成一个长期合作的物流联合体,为实现电子商务企业物流配送合理化,降低物流成本,以互惠互利为原则,彼此提供各自有优势的物流配送服务而形成一种协作型配送模式,它包括配送的共同化、物流资源利用共同化、物流设施设备和技术利用共同化以及物流管理共同化。

1) 物流联盟模式的运营过程

此模式的运营过程如图 10-4 所示,电子商务企业与专业的物流代理公司(广义上讲,可包括供应链上功能互补的非专业物流代理企业)有机结合形成联盟,并进行信息共享、实现协调合作;联盟企业从电子商务网站平台获取订货信息,然后处理订单,拣货发货,同时还提供取货换货服务。物流联盟的运营特点在于电子商务企业可以将偏远地区的企业自营物流难以完成的物流业务委托给第三方物流代理,同时运用自己有限的物流资源为业务较为集中的区域的消费者提供商品配送服务,可是随着自身业务规模的扩展,当自营物流无法满足重点业务区域的物流服务时,由第三方物流代理企业组成的物流联盟能够及时提供必要的帮助和协作,从而形成一种较为灵活的联盟关系,即能促进电子商务企业的稳定发展,减少由于自营物流无法满足企业业务发展而带来的经济损失,同时也能实现联盟内企业的利益最大化。如京东商城、卓越网等都采用此模式。

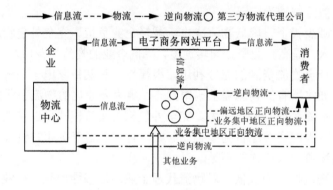

图 10-4 物流联盟运营模式运营过程

2) 物流联盟运营模式的优势与局限

(1) 组建物流联盟可以实现优势互补,为电子商务企业发展壮大提供契机。具体说来,有以下几方面优势。

第一,有助于迅速拓展市场。如罗兰爱思(Laura Ashley)正是与联邦快递联盟,完成其全球物流配送,从而使业务在全球范围内展开。

第二,有助于降低企业的运营风险。单个电子商务企业的力量是有限的,当对某一领域的探索失败时损失会很大,但如果几个企业联合起来,在行动上协调一致,对于突如其来的风险,能够共同承担,这样就减少了企业经营的风险,从而加强了抵御风险的能力。

第三,有助于降低物流成本。物流合作伙伴之间经常沟通与合作,互通信息,相互信任和承诺,减少履约风险,能有效地减少相关交易成本、降低物流成本,提高企业竞争能力。

第四,有助于提高企业物流能力。企业组成联盟能够在物流设施、信息技术、管理经验等诸多方面互通有无,优势互补,从而达到共同发展进步、逐步完善企业物流能力的目的,使物流业朝着专业化、集约化方向发展,提高整个企业的竞争能力。

(2) 物流联盟运营模式的局限性。

第 10 章　物流运营管理系统规划

第一，稳定性不易控制。尽管结盟可以实现整体利益最大化，但是在具体环节上未必都能实现利益最大化，这可能打击一些企业的积极性，使得联盟不太稳固。

第二，整合优势不易发挥。进行横向结盟的企业，能够使分散物流获得规模经济和集约化运作，降低了成本，并且能够减少社会重复劳动。不足之处在于，必须有大量的商业企业加盟，并有大量的商品存在，才能发挥它的整合作用和集约化的处理优势。

第三，物流配送不易标准化。由于合作伙伴众多，各类商品配送方式的集成化和标准化也不是一个可以简单解决的问题。

第四，资金投入相对较大。为了和物流联盟匹配，在组建联盟的初期需要投入较大的资金，建设相关物流设施和加强信息技术更新。

4．物流运营模式比较

物流运营模式的目的就是帮助企业完成经营目标，采用何种模式受制于企业的经营目标和实际情况。对上述三种物流模式而言，完全自营物流运营模式有利于实现弹性服务，最大限度满足客户需求，但是在企业销售达不到一定规模时则难以产生效益，反而容易成为企业的负累；完全外包第三方物流运营模式代表现代物流的操作方式，但是我国物流业整体水平较低，加上我国幅员辽阔，各地区经济发展不平衡，对第三方物流公司覆盖区域与服务效率提出了考验；物流联盟可以整合企业资源，较大程度地发挥物流综合效益，但是电子商务物流有别于传统物流，需要有较高的物流服务水准来保障。从某种意义上讲物流联盟模式不单是一套物流系统，还是产业流程的供应链，因此在经济一体化、全球化的背景下，物流联盟是一种发展趋势。

由表 10-1 对比分析可知，完全自营物流的优势在于物流控制能力较强，前期的资金投入比较大，从长远来看可以降低物流运营成本，能随着企业的经营战略进行适时的调整，为客户提供较为个性化的服务，因此比较适合资金投入比较充裕、物流管理水平较高、物流业务相对比较集中的电子商务企业；完全外包物流运营模式的优势在于节约企业物流运营成本，有利于集中精力发展核心竞争力，业务覆盖区域较为广泛，因此比较适合投资规模较小、企业自身物流资源匮乏、业务区域相对较为分散的电子商务企业；物流联盟的优势在于可以促进企业的信息化和管理的科学化，发挥规模效应，因此比较适合具有一定投资规模、合作伙伴较为广泛，但自身物流资源不是很好的电子商务企业。

表 10-1　三种物流运营模式的比较

模式＼项目	优　势	劣　势
自营物流	对物流有较强的控制能力；企业可以对其物流各个环节进行管理和监控，保持供应链的稳定；能完全服务于本企业的经营战略；可以不断改善提供个性化服务；在一定地域较有优势；长远成本低廉	投资规模较大、周期长、资金占用多；容易导致企业资金链的中断；对企业的物流配送的管理能力要求较高；需要物流配送管理系统的支持和专业化的管理人员；难以覆盖广阔区域

续表

模式\项目	优势	劣势
完全外包	有利于社会物流配送设施的充分利用；节约企业的资金和人力，企业可以集中力量于自己的核心能力；第三方物流配送企业可以提供高效专业化的物流配送服务；覆盖区域及人群相对更大；成本更低	容易受制于第三方物流配送企业，企业对供应链的控制能力差；物流服务具有一定的风险性和不确定性、个性化服务较难实施；物流代理企业现代化水平不高
物流联盟	充分利用企业已有的物流资源；能促进企业的信息系统建设；可以降低经营风险和不确定性，提高竞争力；可以发挥物流合力，覆盖更大区域及人群；获得物流技术和管理技巧，取长补短实现专业化；合作伙伴广泛，可以发挥规模效应，减少投资，降低成本	与联盟企业间的协调、信息沟通、资料保密等环节不易解决；稳定性不易控制；更换物流伙伴较难；在构建物流联盟的时候需要较大的交易费用

10.2 物流运营网络协同规划

物流运营网络一体化，其中的产品流动包括许多环节，如农产品的流动。在整个物流网络中，将会包括农产品生产、初加工、包装、仓储、运输、销售、配送等环节，利用协同理论规划各个物流环节一体化，产生协同效应，最终提高物流系统效率，降低物流成本。

10.2.1 物流运营网络协同的运作方式

1. 物流运营网络协同的序参量及其影响

在推导物流运营网络的序参量之前，先了解几个概念。

组织：如果每个工人只有在领导发出外部指令，才会以一定的方式进行活动，那么这种过程称为组织。

自组织：如果每个工人进行工作，不需要领导对其发出命令，而总是自发地进行集体行动，那么这种过程称为自组织。

序参量：每个系统的序参量各不相同。比如，光场强度是激光系统中的序参量；浓度或粒子数是化学反应中的序参量；在社会学和管理学中，需要对宏观量进行描述，反映对某项意见的反对或赞同要采用测验、调研或投票表决等方式来实现。此时，反对或赞成的人数就可作为序参量。

物流系统状态有序的性质和程度由序参量的两个特性表征。物流运营网络的序参量是在各参与者的相互影响过程中产生的，因为各个参与者属于物流运营网络的子系统，它们决定着城乡物流系统的整体形态，那么从它们相互影响中所产生的序参量也对物流系统的整体形态起到了决定性作用。另一方面，物流运营网络中的各参与者的相互影响产生了序参量，而序参量也对它们有影响作用，它会影响到各参与者对协同方式地选择，从而影响到整个系统。那么我们可以推断物流运营网络系统的序参量就是对应着不同作用力的F+和F-。将合力细化分解,就可以得到物流运营网络中序参量的物理意义:核心竞争力的互补度、对整体物流网络的贡献度、物流信息的分享度和各成员之间合作程度。

序参量产生于物流系统中各子系统的相互作用,那么我们可知它对整个物流系统的性能产生影响,可以考察二者之间相互影响情况。世界上没有绝对稳定的系统,物流系统同样如此,它之所以在一段时间可以保持稳定状态,是因为它的序参量没有发生变化,而当它的序参量发生变化时,物流系统的整体形态就会发生巨大的变化。譬如政府对某项政策的作用范围进行了调整,从而增大了这项政策对物流运营网络的影响程度时,那么这项政策的发布就会对物流运营网络的组织状态产生巨大影响,那么它就会成为物流系统新的序参量而取代原本的序参量,从而影响到物流系统当前的整体形态,使其发生巨大的变化。但是对于整个物流系统而言,序参量常常会出现在一起相互作用,它们之间既可能合作,也有可能相互竞争,序参量决定了物流运营网络的整体形态。

物流系统在序参量的作用下整体形态会发生变化,但这个变化是如何发生的?研究发现,任何系统的序参量都不是固定不变的,它不可能永远影响系统的整体形态,只有在它占据优势地位时,才会对系统整体形态产生影响,当它不再具有优势地位时,就会出现新的可以占据优势地位的序参量,所以序参量的共同协作或竞争可以对协同学的宏观性质进行阐明。类比到物流网系统,在子系统物流网建立时核心竞争力互补度可以作为物流网参与企业间的协同依据,因此这一阶段核心竞争力互补度占据优势地位,其他的序参量只是起到辅助作用,核心竞争力互补度将决定物流网的形态。但到了物流网运作时期,核心竞争力互补度就不再具有优势地位,可能会由对物流网络的贡献度或物流信息的分享度取代,依此类推到整个物流网系统,序参量的交替取代,是物流系统形态变化的原因。

2. 物流运营网络的组织与自组模型

1) 物流运营网络一体化组织模型

物流系统和其他任何系统一样,具有不稳定性和系统效应,那么要建立物流系统的组织模型,我们首先要考虑系统不稳定的原因和系统效应,可以在二者之间建立方程,在这里 P 表示城乡物流系统效应,假设城乡物流系统效应 P 在短时间 S 内会发生一定的变化,这个变化与 S 成正比,也和不稳定原因的大小 E 成正比。

所谓组织,就是只有在外力作用下,系统才会发生活动的过程。应遵循组织的概念,即没有外部力量时,系统就不会产生活动。也就是说,在没有外力作用时,期望 $P=0$,当没有力的作用时,系统返回到状态 $P=0$,这就是要求,当 $E=0$ 时,系统状态是稳定的。这种类型中最简单的方程是 $\overset{*}{P}=-\gamma P$。公式中的 γ 表示阻尼系数。当加上一个外部力时,我们得到的简单方程是

$$\overset{*}{P}=-\gamma P+E(S) \tag{10-1}$$

在物流运营网络系统中,E 是物流网络序参量组合的函数。式(10-1)的解在形式上可写为

$$p(s)=\int_0^s e^{-r(s-\tau)}E(\tau)\mathrm{d}\tau \tag{10-2}$$

对于上述的关系,式(10-2)是个简单的例子:P 表示物流对施加外力 $E(\tau)$ 的系统效应。显然,系统效应 P 在时刻 S 的值,不仅依赖于在给出指令的时刻 S,而且也依赖于它以前的状态。即时作用的系统,也就是其中 $p(s)$ 仅依赖于 $E(s)$,令

$$E(S) = ae^{-\delta s} \tag{10-3}$$

对式(10-2)和式(10-3)进行积分,可得出方程

$$p(s) = \frac{a}{\gamma - \delta}(e^{-\delta s} - e^{-\gamma s}) \tag{10-4}$$

借助于式(10-4),我们可以表示 q 即时间作用的条件,情况是这样,如果 γ 无穷大于 δ,即

$$p(s) \approx \frac{a}{\gamma}(e^{-\delta s}) \equiv \frac{1}{\gamma}E(s) \tag{10-5}$$

或者以另一种形式表示为,系统固有的时间常数 $s_0 = \frac{1}{\gamma}$ 必须远小于本身所固有的时间常数 $s_1 = \frac{1}{\delta}$。如果在最初导出的方程式(10-1)中令 $q_1 = 0$,会求出同样的结果式(10-5),也就是求解了方程

$$-\gamma p + E(S) = 0 \tag{10-6}$$

2) 物流运营网络一体化自组织模型

所谓自组织,就是系统会进行自发的活动,不需要外力的介入。基于此理论,要建立物流运营网络的自组织模型,就要把外部力的影响忽略掉,把它作为整个物流系统的自身部分来处理。最简单的系统中,只有一个子系统。现在假设 E 与 p_1 相当,前面的变量 $\overset{*}{P}$ 与 P_2 相当,这样可得到以下方程

$$\overset{*}{P}_1 = -\gamma_1 p_1 - ap_1 p_2 \tag{10-7}$$

$$\overset{*}{P}_2 = -\gamma_2 p_2 - bp_1^2 \tag{10-8}$$

另外,我们假设,系统式(10-7)不存在时,系统式(10-8)是阻尼的,其中要求 $\gamma_2 > 0$。为了建立现在的状态和以前的状态之间的联系,需要确保绝热法的有效性。为此要求

$$\gamma_1 \gg \gamma_2 \tag{10-9}$$

虽然在式(10-7)中 γ 之前是小于0的值,但在以后我们将允许取 $\gamma_1 > 0$。注意到式(10-9),我们可以令 $\overset{*}{P}_1 = 0$ 而近似地求解式(10-8)。其结果为

$$p_2(t) = \gamma_2^{-1} bp_1^2(s) \tag{10-10}$$

因为式(10-10)告诉我们系统式(10-8)紧跟系统式(10-7),系统式(10-8)是上述式(10-7)系统的随动系统。是随动系统反作用于系统式(10-7)中的 p_2 以式(10-10)来代替。从而就得出方程

$$\overset{*}{P}_1 = -\gamma_1 p_1 - \frac{ab}{\gamma_2} p^3 \tag{10-11}$$

在此我们可知,对于 $\gamma_1 > 0$ 或 $\gamma_1 < 0$ 出现了两种完全不同的解。当 $\gamma_1 > 0$ 时,则 $p_1 = 0$,这样也即 $p_2 = 0$,也就是说,完全没有活动发生。但是,如果 $\gamma_1 < 0$,则式(10-11)的定态解写为

$$p_1 = \pm(|\gamma_1|\gamma_2/ab)^{1/2} \tag{10-12}$$

从以上两个模型可知,物流运营网络系统在选取运作模式时,组织模型的运作模式还

无法使物流系统的状态达到稳定有序,还不能把物流系统作为一个闭合系统来研究,自组织模型也同样存在这些问题,而这些问题现在还无法解决,因为现阶段物流系统还不是很成熟,只有当其发展到比较成熟的时期,才能对这些问题进行验证。

10.2.2 物流运营网络的协同效能

在物流运营网络中的各个环节彼此协同,最终目的是为了提高物流效率,高的物流效率需要高的物流服务水平,而物流运营网络中的各个物流环节企业,在提高服务水平的同时,会面临成本的增加。

1. 物流成本/质量模式

物流属于服务业范畴,所以物流的核心竞争力就是服务水平。物流运营网络要追求协同发展,因为协同物流可以提供高水平的服务,物流运营网络的协同发展,也就是享受了协同物流的高水平服务。但物流服务水平并不能一味地盲目提高,因为高水平的服务,也会使物流企业产生更大的成本费用,所以服务水平与成本费用之间存在着二律背反现象。那么,要建立高效率的城乡协同物流,就必须从均衡的角度考虑客户服务质量和物流总成本费用的关系,找到二者的均衡点。物流管理作为经营管理的一环,随着社会经济的发展和市场的不断完善,客户对商品的需求会不断增加,而且商品在进行流通时的物流成本会不断减少。物流企业和其他企业一样,收益是它们的最终追求,物流企业要综合考虑各种因素,探寻高水平服务与低成本运营的平衡点,也就是最优情况。如图10-5所示,一般在追求物流成本的高性能和高效益时,会采用不同的协同策略。

(1) 降低物流成本的同时保持原来物流服务水平不变,即向 A 点移动,追求成本效益的协同策略有很多,改善物流系统流程来降低物流成本也是一种方法。1997年一些电子产品公司建立了共同物流配送中心。每个公司的地理位置是比较分散的,物流公司每天从各个地方的公司拿到商品以后,然后要集中到某流通中心去,然后根据送货区域的不同把货物分开,配送至300多家零售店或二级批发商,各店的返修商品还可以在回来时顺便捎回。虽然这种方式不如企业自有配送来得方便,但是对于电子产品这种每日各门店销售量较小,种类又繁多的商品来说,共同配送可以显著降低物流成本,提高物流效率。

(2) 较高的物流服务水平可以通过较低的成本来实现。物流运营网络是一个大的系统,拥有许多子系统,在进行资源分配时,不仅要考虑整体,还要考虑各子系统,要进行合理的配置,如图10-5所示,要想增加各子系统和整体的销售量和收益,就需要使物流成本与服务水平沿 B 方向移动。

(3) 可以采用一种有效利用物流成本性能的协同策略,即在成本不变的前提下提高物流服务水平,如图10-5所示沿 C 方向移动。

(4) 在特定顾客或特定商品面对市场竞争时,可以利用为了提高物流服务水平不惜增加物流成本的方法,采取这种策略也可以提高企业收益,如图10-5所示沿 D 方向移动。

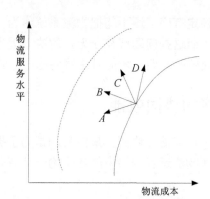

图 10-5 物流服务与成本策略模式

物流运营网络中，各服务环节企业，不仅要保证物流服务质量和服务效率，自身的成本问题也需要重点考虑。物流成本/质量模式是基于价值工程思想的，可以通俗地表述为"花钱是为了省钱"，同时也使得企业有可能创造差别化竞争优势。通常实现利润的最大化是企业的最终目标，如果物流服务能够满足甚至超过顾客要求的话，产品用高售价格去占据市场可以通过物流成本得到补偿，赢得更多的客户需求，企业产品的销售额也会随之增加。在这样的情况下，企业为了获得某一水平的物流服务绩效可以理性地适当增加物流成本。在图 10-6 中，如果物流服务水平处于低水平阶段，物流成本在点 A 和点 B 之间等额地增加，物流成本增加 ΔC 的同时物流服务可提高 ΔS；如果物流服务水平处于高水平阶段，物流成本同样增加 $\Delta C'$ 的同时，物流服务只能提高 $\Delta S'$。显然，物流服务水平越高，成本增加与服务水平并不完全成正比，$\Delta S' < \Delta S$。在曲线的末端，物流服务水平的微小改善就需要物流成本的巨大投入。

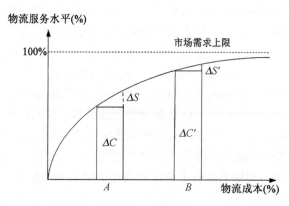

图 10-6 物流成本与质量的关系模式

当物流服务处于某个阶段时，企业销售出的单位产品所产生的边际收益与一个物流服务单位的边际成本相等，这个时候也就是说，我们找到了服务水平和成本费用二者的均衡点，从而实现了企业利润的最大化。边际成本(M)表示为

$$M = \frac{\Delta C}{\Delta S} \tag{10-13}$$

当 $M > 1$ 时，物流成本的增加速度大于物流服务水平的增加速度。

当 $M=1$ 时，物流成本增加多少，服务水平也同样会增加多少，也就是说二者增加速度相等；

当 $M<1$ 时，物流成本的增加速度小于物流服务水平的增加速度。

2. 物流协同的效率优势

从以上研究可以看出，高效率对城乡协同物流企业意义重大，要建立企业的协同效能优势，需要做许多工作，如对整个物流网络中的企业进行资源整合，物流信息达到共享阶段，建立新的专属销售渠道，降低物流成本等方面。

1) 企业收益

协同物流网络要求各合作成员进行信息共享，所以物流信息对各个参与者都是透明的，这样对整合供需双方的流程产生推动作用，产品销售价格的降低可以通过有效的沟通与了解实现。

协同物流网络会使产品在流通过程中得到增值，对其面向消费者的价格会产生较大的影响。设 n 表示参与物流运营网络协同的成员个数，每个协同成员的成本由运营成本 C_i 和交易成本 $C_n = f(p, q, \inf, \varepsilon)$ 两部分组成，其中各个协同成员专有的资产用 p 表示，协同成员之间进行的交易次数用 q 表示，物流信息的分享度用 inf 表示，市场的不稳定性用 ε 表示。假设产品的价格与产品产量不存在函数关系，则存在以下关系式：

$$\text{TC} = \sum_{i=1}^{n}(C_i + C_{ti}), \ \text{TR} = p_f q, \ \text{MC} = \frac{\text{dTC}}{\text{d}q}, \ \text{MR} = \frac{\text{dTC}}{\text{d}q} = P_f \tag{10-14}$$

其中，TC 为产品包括生产、流通和销售的总成本，TR 为协同成员企业的总收益，MC 为协同企业的边际成本，MR 为协同企业的边际收益。

当边际成本与边际收益相同时，企业可以实现利润最大化，则此时可以确定产品的最终销售价格为

$$\overset{*}{P}_f = \frac{\text{dTC}}{\text{d}q} = \frac{\text{d}\left[\sum_{i=1}^{n}(C_i + C_{ti})\right]}{\text{d}p} = p_0 + \frac{\text{d}\sum_{i=1}^{n} C_{ti}}{\text{d}p} \tag{10-15}$$

其中，$p_0 = \dfrac{\text{d}\sum_{i=1}^{n} C_i}{\text{d}q}$ 为不忽略交易成本因素时产品最终的均衡价格。

产品交易成本与物流信息分享程度存在函数关系，并且当物流信息分享度高时，产品交易成本会降低。参与协同物流网络，对参与企业的发展有积极的促进作用。没有参加协同物流网络的单个企业，它们的交易成本相对较大，导致产品的价格也比较高，所以企业就无法扩大市场，以获取更大的利润，而对参与协同的企业相比较而言，上面的问题刚好相反，所以协同有利于其发展。

2) 价值增值效率

协同物流包括许多环节，如生产、采购、销售等，这些环节需要相互协调。这样才能降低企业的各种成本，从而使产品在物流中的增值效率进一步提高。产品在流通时，有时不可避免地会经过许多多余的环节，从而浪费了物流资源。利用技术手段可以解决这个问题，使企业效率得到提高。

物流运营网络的物流成本降低程度可以量化，用 C_s 表示其降低程度，物流运营网络的

利润率表示为 $\mu = \dfrac{TR-TC}{TC}$，物流成本与网络利润率存在一定的关系，前者的减少对网络利润率的贡献程度为

$$D = \frac{TR-(TC-C_s)}{TC-C_s} - \frac{TR-TC}{TC} = \frac{TRC_s}{TC(TC-C_s)} > 0 \tag{10-16}$$

设 C_s 占总成本 TR 的比例为 k，则上式又可表示为

$$D = \frac{kTR}{(1-k)TC} = \frac{k(1+\mu)}{1-k} > 0 \tag{10-17}$$

因此，物流成本减少对利润率增长的贡献率为

$$r_s = \frac{D}{\mu} = \frac{k(1+\mu)}{\mu(1-k)} > 0 \tag{10-18}$$

从以上方程可以看出，物流运营网络的总成本由许多其他成本构成，其中也包括物流成本。物流成本在总成本中所占的比例情况，会影响成本与利润的相互关系，这个比例越大，成本的降低，会使利润增加变快。这说明，物流运营网络要获得大的收益，就必须尽量降低物流成本，从而使产品增值效率提高。

10.2.3 物流效率均衡的协同

在协同物流网络中，物流成本与收益都起着重要的作用，物流成本影响整体的收益状况，而收益是协同企业以及整个网络追求的目标，不仅收益要进行分配，物流成本也要进行合理的分配，在保证高的协同效率的前提下，对二者进行合理公平的分配是物流运营网络协同效能的主要内容。

1. 物流效率均衡的影响因素

协同网络中各协同参与者的协同合作不是固定不变的，它们是不稳定的，它们合作的深度和广度受许多因素影响，任何一个因素发生变化，合作情况也会发生变化。这种变化遵循竞争与合作相互循环的模式，即从竞争到初步的合作再到密切合作最后又恢复到竞争状态。影响城乡物流协同效率均衡的因素如下。

(1) 协同物流成员的能力不同。协同物流成员的能力是指协同成员企业所拥有的资源大小。合作产生的收益增长会随着物流协同合作的深入而逐渐减慢，由于协同双方利益增长不一定相同，会使协同合作中产生的矛盾逐渐变大，主导企业便会利用其优势地位迫使弱势企业接受不平等条件，协作的不均衡将会加剧从而影响协同效率均衡状态。

(2) 风险—收益的不一致。在城乡物流协作过程中，协同联盟的收益是共同分配的，而风险与收益是共存的，收益要进行分配，那么风险也需要分配，不可能让某个人或某家企业独自承担风险。市场千变万化，所以收益也是变化的，预期收益不一定与实际收益一样，所以有时承担的风险大小可能与收益情况不成比例，从而会影响到协同效率的均衡状态。

由以上分析发现，协同物流的效率，不可能总是处于均衡状态，许多因素都会对其产生影响，使其产生多种情况的不确定性。因此，协同物流网络中协同成员不能只追求效益的最大化，寻找各协同成员间合作的动态均衡点才是最重要的，这个对各协同成员的意义

重大，可以提高各自的协作积极性，对提高协同收益也有重要的作用。

2. 协同物流网络的协调均衡

协同物流网络的协作效率不是固定的，它是不断变化的，在一个时段内，它会出现一个较高的协作效率，也会出现一个较低的协作效率，这种现象会不停循环出现。因为是彼此协同的，所以获得较高效率的成员应该给获得较低效率的成员一定的补贴。较大的效率 η^H，较低的效率 η^L，设补贴系数为 β，双方在同一个时间段 t 的效率均衡用 $F(\eta_i^0(x),\eta_i^0(y))$ 表示，其中，$\eta_i^0(x)$ 和 $\eta_i^0(y)$ 分别为协同物流成员 i 和 j 在时间段 t 上的物流效率初始值。如果协同物流的一方选择某一时段(如偶数时段)获得大的效率，而他的对手在另一时段(如奇数时段)获得大的效率，那么就会产生一种均衡状态交错的出现，即如果 $\eta_{ij}(x,y)>0$ 或 $\eta_{ij}(x,y)<0$，那么竞争伙伴将交错地(或同步地)获得产出效率。

为了使整个物流联盟的效率提高，各合作成员也要追求自身物流效率的提高，如果两个协同成员同时得到物流效率，它们都采取随机选择的话，最后会产生一个期望效率，可表示为

$$\prod{}^C = \frac{F(\eta^H,\eta^H)+F(\eta^L,\eta^L)}{2(1+\beta)} \tag{10-19}$$

物流效率在一个时间段内会出现交替变化，高的物流效率会在协同双方中交替出现，那么就会出现一个贴现期望效率，可表示为

$$\prod{}^S = \frac{F(\eta^H,\eta^L)+F(\eta^L,\eta^H)}{2(1-\beta)} \tag{10-20}$$

同步与交错效率之间的差值表示为

$$\Delta = \prod{}^C - \prod{}^S = \int_L^H\int_L^H \eta_{ij}(x,y)\mathrm{d}x\mathrm{d}y \tag{10-21}$$

从上式看出，当 $\Delta>0$，即 $\eta_{ij}(x,y)>0$ 时，协同成员会选择获得效率的同步性，它们都会同步地选择获得较高的效率水平；反之协同成员会选择获得效率的交替性，可能会是较高的效率，也可能是较低的效率。这说明协同物流双方要根据当前的实际情况做出有利于自身的决策，它们要形成协同效应，所做的决策就需要有一定的互补性，从而每个协同成员都可获得较高的物流效率水平。

协同物流效率的均衡有两种情况，一个是同步协同均衡，一个是交替协同均衡，这就要求协同成员在为企业行为做决策时，要根据对长期协同效果优劣的考察来作出决定，一种决策不会只专属于一个人，这个时间段一个企业做出这个决策，下个时段其他企业也可能做出相同的决策。一方在做出决策时，另一方需要做出一定的回应，在这里可以以反映函数的形式进行分析。在现实的物流协同合作中，一方在某时段做决策时，一般会参照合作方在上一时段时所做的决策，双方的协同合作不是稳定状态的，而处于动态之中，而且在不断地相互博弈。物流效率协同的最终目的是达到一个完美的均衡状态。设协同物流成员 i,j 在 $(t-1)$ 时期的决策分别为 z_i 和 z_j，$R(Z_j)$ 代表节点 j 对竞争者 i 所作决策的反应，表示为

$$R(z_j) = \arg\max \pi_2(z_i,z_j)+\delta\pi_1(z_i) \tag{10-22}$$

令 $\pi_2(z_j)$ 为式(10-22)中最优解的效益水平，$\pi_2(z_i)$ 代表决策 z_i 在时期 t 的博弈中给节点 i 带来的收益，表示为

$$\pi_1(z_i) = \pi_2(z, R(z)) + \delta\pi_2 R(z_i) \tag{10-23}$$

由于协同物流效率均衡状态不会稳定不变，而是具有很强的动态性，会出现交替变化，并会受到许多因素的影响，如企业核心竞争力的情况、风险和收益的分担情况等。协同效率均衡虽然不稳定，但它的变化是有一定范围的，物流协同效能的主要研究内容就是如何使这个范围控制在最好情况。物流各协同成员在选择决策时，在不同时期，选择均衡时，会出现同步或交替变化两种情况，这样不仅可以让物流效率某个时间点上达到均衡，而且有利于在整个时间段上保持协同均衡。

10.3　物流服务营销系统规划

物流服务营销现在越来越重要，但是在国内对物流业的服务营销还不是很重视，一些基本的服务有时候都还没有能得到真正的发展，更不用说一些增值服务，或者附加服务。国内很多企业对于服务营销的理念还没有形成，很多企业没有对物流服务营销形成足够的重视。对于服务营销在物流中的应用我们应该更加深刻的理解，这是一个趋势，我们必须要跟得上社会的发展，不然将面临被淘汰。尤其在这个竞争如此激烈的社会中，早一步发现先机，走在市场的前面，引领整个物流业的发展就必须要及早地融入服务营销在物流中的这个概念。把市场营销的理念融入物流中，使得两者相得益彰，相辅相成，做到更好。

10.3.1　物流服务营销的内涵

1．物流营销的本质——服务营销

1）物流营销的特征

物流营销有它自己的特征以及独特的作用，我们通过它的特征和作用来得出物流营销的本质。

物流营销的特征可以归结为以下几个方面。

(1) 无形性即不可感知。物流营销消费于正在生产的过程中，这跟有形产品不同，有形产品可以生产后储存起来，以备随时使用，而服务产品则不行，而且服务的顾客基本都参与在整个的服务过程中，并且也提供一部分自我服务。基本上物流服务中顾客购买的都是一个感知服务的过程，伸缩性很强。就是因为这样使得客户很难直观评价物流服务的质量。物流企业所提供的物流服务的水平并不能由企业控制，而同客户的主观感受有很大的关系。可能物流公司认为自己的物流服务达到客观标准了，但是顾客却认为不符合他们对服务的要求，不予认可。所以这就是物流企业要经常与客户进行沟通获取客户对服务的要求的原因。

(2) 服务性不可分离。物流服务企业提供的服务产品是在生产与消费的同时发生的，两者在时间上是不可分割的。

(3) 不可储备性。物流企业在服务提供完后，服务就会消失，物流需求的不稳定性使

第10章　物流运营管理系统规划

得整个服务型物流企业不能在淡季储存服务，旺季销售。

（4）质量波动性。服务是一个过程，很大程度上是受客户本身的需求变化以及产品周期的影响，在淡季和旺季时又有着不同的需求。因此服务具有不稳定性，质量具有波动性。

（5）从属性。物流服务是一个过程，它从属于企业的一个部分，必须跟企业的目标一致，在整体上必须跟企业保持一致。在企业中设立物流服务就是为了企业能达到自己的目标，不能为了服务而损害了企业的目标，可能增加更多的费用能达到更好的服务效果，但是跟企业整体利润最大化的目标相背，这样也是不允许的。

（6）移动性和分散性。物流服务是一个运动的过程，它广泛而且不可估测，物流服务不是在一个固定地点，也不能固定在一点，因为他是根据顾客的需求来决定服务的地点和服务的过程，企业不能根据自己的需求随意地把地点定在某个地方，也不能因为过于分散就不服务于某一个客户。

（7）缺乏所有权。物流服务不属于某一个特定的企业，它没有归属性。

2）物流营销的作用

物流营销的作用可以概括为以下六个方面。

（1）提高经营能力。物流营销可以很有效地为物流企业收集客户需求、市场信息、产品状况等方面的信息，使物流企业有的放矢地提高物流资源配置的能力，最大限度地满足客户的需要，实现企业的经营目标。如果一个物流公司不去做调查，不去分析客户的需求，不有的放矢的话，那么即使再努力也做不好。不能做到应时而动。首先不能满足客户的需求，再者也不可能满足企业的自己的利润目标。物流营销包括收集信息，做信息调查，分析消费者心理学，研究消费者等活动，这对于物流企业是非常重要的。

（2）集中优势减少风险。物流营销可以集中资源优势，使企业实现资源优化配置，将有限的人力、财力集中于核心业务，进行重点研究，发展基本技术，开发新产品等，以增加竞争力。这就是一个定位问题，多而广意味着的就是必死，不是什么都是做的多才能算成功的，保时捷只卖跑车而利润丰富，通用汽车什么都卖却亏损得一塌糊涂，现在以破产保护收场。每个企业都要有自己的一个定位，强项要重点发展，而弱势则要毅然决然地抛弃，不能看到其他行业在这个行业赚钱就什么都想尝试。做自己擅长的，才能做到最好。集中资源优势，使资源优化最大化配置。集中做好研究调查，使企业立于不败之地。

（3）降低运营成本。物流营销之所以能够显著降低运营成本，主要是因为其主体是由诸多节点和线路组成的网络体系。如果物流企业能掌握好各个网络体系，那么可以极大地降低空载率，使效率得到最大限度的提高，极大地降低成本。现在网络的发展非常迅速，如何掌握并控制网络的发展是物流业的一个很关键的问题。

（4）提高物流能力。物流营销可以更好地处理信息，更好地分析所获得的市场信息、客户信息。用营销知识分析物流市场情况，有利于物流企业进行内部管理、资源配置，提高服务质量，增加物流灵敏性。

（5）提升企业形象。物流营销以客户为服务中心，物流提供者与客户是战略伙伴关系。如果客户满意该物流公司的服务，那么以后将成为该公司的忠诚客户，他将会告诉他的伙伴，提高物流公司的声誉。

（6）推动物流企业提升附加价值。可以提升物流企业的品牌知名度，使物流企业成为一个品牌。品牌的价值不是在于实物本身而是在于客户忠诚度和满意度的影响合力。品牌的溢价能够帮助企业安然接受制造成本，物流成本的上升，人力成本的上扬。当一个物流企业做到品牌的时候那么该物流公司不仅仅存在品牌溢价，而且消费者乐意支付这个溢价。

通过介绍物流营销的特征和作用，我们可以总结出物流营销的本质就是服务营销，在物流中做营销，其实就是在做服务营销，怎么样服务好客户，怎么样才能使顾客对该物流企业的满意度达到最大，这些都属于服务营销。它的无形性，服务性等都与服务营销相关，而它的作用包括提高物流效率、降低物流成本、提高物流企业的附加价值等，最终目的都是为了实现更好的服务客户，本质上还是服务营销。物流的表现就是服务，它的本质也是服务，而物流营销本质就是服务营销，在服务中推崇物流，在物流中把服务真正地表现出来。掌握了物流营销的本质有助于物流企业掌握好企业的发展方向，在物流业更好地做好营销。

2．物流服务营销的含义及理念

1) 物流服务营销的含义

任何产品的销售过程，都包含着有形因素的商品及无形因素的服务，物流企业主要是提供无形的服务产品。因而，物流服务营销既与传统的产品营销有着千丝万缕的联系，又有服务产品的特性，还兼具物流行业特点，形成了比较复杂的特性，相关理论也还不够成熟。

物流服务营销是指物流服务的提供商在向客户提供物流服务的过程中进行的、用以满足客户需求并建立良好关系的一系列积极活动。物流服务营销用物流服务建立、维持和强化物流活动中的客户关系，展开物流市场调查，划分物流服务市场，组合物流营销策略，设计物流营销方案，通过现代化信息手段，以顾客满意为中心来优化物流的作业和管理。

物流服务营销是一个新兴的概念，相对于产品营销的比较，还可以从以下几方面进一步理解。

(1) 物流服务的销售者。

传统产品营销是存在于销售者(卖方)与消费者(买方)之间的业务活动，多个卖方和买方在市场上相互竞争，产生公开的交易行为，市场营销才有存在的理由和价值。物流服务营销的产生与其很类似，若没有物流业务与货主企业(制造企业和流通企业)的分离，没有专门的物流服务企业存在，物流服务营销就不可能产生。将目前的物流服务业务按其所提供的业务范围分类，可分为企业物流和物流企业物流。前者仅服务于该制造企业或流通企业本身，他们所从事的物流活动是企业产品营销的一部分，不存在市场交换，所以也不需要进行系统的物流服务营销活动；后者主要是第三方物流企业，这些物流服务产品的卖方企业服务于所有愿意接受他们服务的单位和个人，服务范围广泛，服务对象差异性大，在市场中竞争激烈，需要引入服务营销的理念，来提升其竞争力。因此，物流服务营销活动主要是第三方物流服务企业开展的。

(2) 物流服务的消费者。

与其他服务行业相比，物流服务的消费者对象大多数是各种规模、各种类型的企业，这将导致营销策略组合也有所差异。这类对象消费物流服务时更趋理性，服务的质量也可以通过各项企业指标来衡量。另外，物流服务营销往往还涉及企业内部的多个部门，他们彼此对服务质量的评判可能会有所差异。

(3) 物流服务营销的范围和项目。

由于物流服务对象的差异很大，物流服务包含很多服务项目，所以物流服务营销的范围特别广泛，不但提供普通的物流服务，为了在激烈的市场竞争中取胜，还要提供增值物流(Value Added Logistics，VM)服务。

(4) 满足客户需要的积极活动。

物流企业进行服务营销是满足客户需要的积极活动，从内部来讲是为了建立以消费需求为出发点的内部管理机制及企业氛围，从外部来讲是为了与其服务对象建立一种紧密、和谐、长期的伙伴关系，建立长期、稳定、开阔的物流服务关系网络。由于各个物流企业的营销，必将导致物流服务市场上有效率的供给和需求。对销售者来说，这个效率表示能够快速准确寻找物流消费者，并通过提供良好的物流服务达到物流企业的利益要求；对于消费者来说，这个效率代表着及时、便利、低成本地得到物流服务。

2) 物流服务营销的理念

物流服务营销的产生和发展离不开传统市场营销的基础，但在营销活动中又有其自身的思路和理念。

(1) 以顾客满意为核心。

顾客满意包含了两个内容：一是什么是顾客满意；二是如何衡量顾客满意度。

① 顾客满意是顾客对其要求已被满足的程度的感受，对企业和员工提供的产品和服务的直接性综合评价，是顾客对企业、产品、服务和员工的认可。顾客满意是一种心理活动，是顾客的需求被满足后的愉悦感。

物流提供的产品是物流服务，它是一种增值产品，增加客户所获得的空间、时间效用及产品形状、性质转变的效用，客户所关心的是所购买的全部产品，即不仅仅是产品的实物特点，还有产品的附加价值。物流服务营销就是提供这些产品附加价值的重要活动，对于客户反应和客户满意程度产生重要影响，良好的客户服务会提高产品的附加价值，从而提高客户满意度。

② 顾客满意度是指客户满意程度的常量感知性评价指标。客户在购买产品服务前有一个要求应该达到的标准，从而形成期望，购买产品服务后，将产品和服务的实际价值与自己的标准相比较，从中判断自己的满意度。满意水平是可感知效果和期望之间的差异，顾客可以体验三种不同满意度中的一种：如果效果低于期望，顾客就会不满意；如果可感知效果与期望相匹配，顾客就满意；如果感知效果超过期望，顾客就会高度满意。顾客满意度是一种很难测定的、不稳定的心理状态，在实际工作中，可参考以下一些标准来衡量。

- 顾客重复购买次数及重复购买率。这是衡量的重要标准。一般来说，在一定时期内，顾客对某一产品或服务重复购买次数越多，说明顾客的满意度或忠诚度越高，反之越低。
- 产品或服务的种类、数量与购买百分比。即客户购买某类产品或服务的品牌、数量以及客户最近几次购买各种品牌所占的百分比。这种百分比的大小，在一定程度上反映了顾客对品牌的满意度和忠诚度。
- 顾客购买挑选的时间。一般来说，挑选的时间越短，说明他对这一产品的忠诚度越高，反之越低。
- 顾客对价格的敏感程度。客户对各种产品或服务的价格敏感程度不同，一般来说，对喜爱并信赖的产品和服务的价格变动敏感性低，对不喜欢、不信赖的产品和服务的价格变动敏感性高。
- 顾客对竞争产品或服务的态度。顾客对竞争产品有好感、兴趣浓，则对某一品牌的忠诚度低，购买时很可能以前者代替后者；如果对竞争产品没有好感、兴趣不大，则对某一品牌的忠诚度高，购买指向比较稳定。
- 顾客对产品或服务的承受能力。客户对产品或服务的一般性质量事故或偶发的质量事故持宽容态度，并会继续购买，则表明对某一品牌的忠诚度很高；若因此拒绝这一品牌，则忠诚度不高。

如何收集顾客满意度数据，直接关系到衡量结果的正确与否。可以采用问卷调查、电话调查、专题小组、面访、座谈会、深访、顾客投诉文件分析等方法取得相关资料。并运用检查表、帕累托图、直方图等图表工具进行分析，最后得到顾客满意度的报告。

3. 我国物流服务营销的现状及发展战略

1) 物流服务营销的产生与发展

物流服务与物流服务市场是伴随着第三方物流服务的产生而产生的。第三方物流服务的产生，使得物流服务市场得以形成，为物流市场营销的产生创造了前提。

第三方物流服务产生时，服务营销的概念已经产生，第三方物流管理理论中，本身就吸纳了很多服务营销的丰富理论，并将其运用到物流服务的生产管理当中，使第三方物流服务取得了长足的进步。第三方物流服务企业通过对客户企业物流系统的"定制化"设计，与客户的数据交换系统的开发，赢得顾客满意，获得顾客忠诚度；通过长期合同的采用，长期合作关系的建立，减少交易成本并提高物流服务质量；通过采用短期评估(操作性评估)与长期评估(战略角度)结合的方式，以及对统计测量参数的定性与定量评价相结合的方式，进行物流服务质量的评估；通过采用公开式会计方法，提供详细的成本，以打消客户的疑问，取得信任。这些方法和手段都是服务营销的内容。所以说，第三方物流服务与服务营销的理论已经融合到了一起，形成了具有物流服务行业特点的物流服务营销。

但是，第三方物流服务毕竟是一个新兴的事物，企业要将与自己生命息息相关的流通环节交到"外人"的手上，还是会有诸多顾虑的。这些顾虑表现在：其一，对第三方物流服务的能力的怀疑；其二，对运营情报外泄的疑虑；其三，有业务流程失控之忧；其四，承担巨大风险之虑。客户企业被第三方物流的"魅力"所吸引的同时，又对第三方物流企业能否提供高效的物流服务表示怀疑。

这样的市场格局决定，第三方物流服务企业必须通过采用适当营销方法，进行详细的市场调查，把握市场上不同企业的不同需求，根据需求定制相适应的物流服务，获得客户的信任，逐渐打开市场。对物流服务的市场营销，成为第三方物流服务企业渡过难关，成长壮大的法宝。

2) 我国物流服务营销的现状

从物流服务在我国产生以来，物流服务行业得到了很大的发展，但还处于起步阶段，存在很多的问题，使得我国第三方物流服务的发展难于更上一层楼。目前我国物流服务主要存在以下几个方面的问题。

(1) 物流服务营销理念有待提升。

我国的物流服务企业很大一部分是由传统的运输、仓储等企业转换而成，这些企业原来都仅仅完成物流环节中的某种单一功能，企业的管理者及员工适应的是老的管理方法和工作模式，管理松散，缺乏规范的约束，固有的观念根深蒂固，对物流服务概念的理解不全面，对物流服务营销更是知之甚少。

(2) 物流服务企业整体服务水平低。

随着 20 世纪末物流热潮在我国的兴起，各行各业纷纷成立物流企业，但是真正有一定规模的比较少。截至 2013 年 12 月，我国在工商管理部门登记的"物流"企业已达 90 多万家。由于规模小，缺乏资源，使大多数物流服务企业提供的物流服务还只停留在某一个层面或某一个环节上，没有实现从原材料供给到商品销售整个供应链的全程服务，还没有形成真正意义上的网络服务；整体水平还不高，真正实力超群、竞争力强的物流企业为数不多。据统计，中国第三方物流服务商的收益有 85%来自基础性服务，如运输管理和仓储管理，而增值服务及物流信息服务、支持物流的财务收益只占 15%。据此情况很难针对物流市场进行营销策划，实施物流服务营销组合策略，提供个性化、差异化和高水平的物流服务。

(3) 物流服务企业服务效率偏低。

目前，全国范围的物流信息网络平台还未搭建完成，条形码技术、全球卫星定位系统(GPS)、物料资源计划(MRP)和企业资源计划(ERP)等物流管理软件，在物流领域中的应用水平较低，EDI、互联网等基础的物流信息系统在我国还没有得到广泛的应用。没有先进技术和信息系统的支持，进行现代物流服务营销只能是举步维艰，甚至是不可能。这种现状极大地制约了第三方物流企业的发展，影响了企业综合竞争实力的提高，严重制约了物流服务水平和服务效率的提高。

(4) 物流服务营销人员素质有待提高。

在物流服务营销中，人员就是服务的一部分，服务人员的素质与行为直接决定了服务质量和水平。很多物流服务营销人员的服务质量和服务水平比较低，难以满足顾客需求，服务工作简单草率或出现较多的服务断层链。服务工作是一项长期连环工作，它贯穿于售前、售中和售后，组成一个环环相扣的服务链。当前一些企业只能简单地服务，服务有其名无其实，无法形成企业综合竞争力。

(5) 物流服务市场供需的矛盾。

我国的第三方物流服务企业在目前席卷全球的物流热中却遭到了冷落，众多具有传统运输、仓储、货代等服务项目的物流公司举步维艰，陷入了行业内低价竞争的困境，难以找到新的利润增长点。

从理论上讲，购买第三方物流服务是我国现阶段很多制造企业降低物流成本、增加利润的理性选择，但是现实中制造企业的物流模式选择与物流企业的期望还有相当的差距。分析其原因可以看出，一方面大多数制造企业仍然停留在"大而全"、"小而全"的经营模式，不愿意将物流业务外包；另一方面是第三方物流企业没有准确地把握好市场需求，服务项目单一，信息化水平低，缺乏有效的营销手段，与制造企业缺乏沟通，提供的物流服务不能使客户满意。

一方面存在巨大的潜在市场，另一方面存在物流企业资源的闲置浪费，物流服务企业不能破其门而入，这不仅造成生产企业和物流企业的"双失"，并且也造成了大量社会资源的浪费。这样的市场状况不得不让我们思考：怎样才能打破现在的僵局，实现物流企业与制造企业"双旅"的沟通，在物流企业与制造企业之间架起一座"双赢"的桥梁？许多物流企业已经充分认识到了物流服务营销的重要意义。

这种情况下，物流服务企业必须通过合理的营销手段，让潜在的客户认识自己，了解自己，与客户拉近关系，靠良好的服务取得信任，并保持长期的合作伙伴关系。也只有这样，我国的物流服务企业与制造企业才能摆脱目前"双失"的困境。

综上所述，我国的第三方物流服务企业必须首先实现从传统的产品营销策略向现代服务营销策略的转变，必须尽快按照现代物流服务业的要求建立起服务营销的思想和理念，进而根据自己企业的需要和市场环境，选择和确定企业的服务营销策略及其组合。

3) 物流服务营销的基本战略

(1) 关系营销策略。

物流企业应尽快建立起自己的直销服务网络，通过合理的竞争去获得发展和提高。物流企业与顾客的关系不仅仅是服务产品卖方和买方的交换关系和还包括广泛的信息交流关系和感情沟通关系。关系营销策略的实质就是通过互动和交流，与客户建立一种超越买卖关系的非交易关系。其目的就是促使顾客形成对企业及产品的良好印象和评价，提高企业及产品在市场上的知名度和美誉度，为企业争取顾客，开拓和稳定市场关系，保证企业营销成功。建立并维持与顾客的良好关系是企业营销成功的基本保证，因此企业必须有效地实施顾客关系营销策略。

(2) 总成本领先战略。

总成本领先战略是一种内涵积累式战略，在物流服务产品品质相同、企业资金实力雄厚、服务功能相差不大的前提下，通过降低成本的努力，使成本低于竞争对手，以便在行业中取得成本优势，获得高于行业平均水平的收益。

(3) 特色经营战略。

特色经营战略亦称差异化战略，在具备强大的市场营销能力和创造性眼光、服务方面享有盛誉、拥有传统的优质技能、销售渠道合作伙伴强有力的合作这些前提条件下，通过企业形象、产品特色、客户服务、技术特点和客户网络等形式，努力形成一些企业自身的服务特色，使客户建立起品牌偏好和忠诚度。

(4) 集中化战略。

集中化战略亦称专业化战略，是企业在具备市场需求大且具有明显不同的客户群、服务特点适宜于专业化经营、适合于按标准化管理这些前提条件下，将全部资源集中使用于最能代表自身优势的某一市场、某一特定目标或某一品牌的物流服务产品上，更好地调查研究与产品有关的技术、市场、顾客以及竞争对手等各方面的情况，做到"知彼"并取得成本优势的战略。

(5) 多角化战略。

多角化战略亦称多元化战略，是指物流企业的服务产品、市场或服务类型等，在保持原有经营领域的同时，进入新的经营领域，使企业同时涉及多个经营领域的一种经营战略。为了达到这个战略目标，必须充分分析企业自身的能力，要以新技术开发、新产品研究和开发等为推进力，并预先积累足够的经营资源。一个正确的多角化战略，可以为企业带来美好的前景，但如果多角化战略决策不当或实施不力，不仅会导致新业务的失败，还会影响到已有的事业，殃及整个企业的前途。

总之，引入服务营销的理论服务于物流服务企业的运作，是改变物流服务企业目前困境的有效方式。我国于 20 世纪 70 年代末引入物流的概念，开始知道物流是什么；90 年代引入第三方物流服务的概念，开始知道脱离生产企业的物流是什么，尤其是在供应链管理中，自营还是外购物流服务已成了企业不能回避的决策之一；21 世纪初开始将服务营销的概念引入到物流服务中，开始知道物流服务的实质是什么。现在国内许多企业为增加产品竞争力更加专注于本企业的核心业务，而把物流业务交给高效优质的第三方物流企业去完成的愿望不断增强，物流企业如何运用物流服务营销策略，提供优质的物流服务，在激烈的市场竞争中取得优势，还有漫长的路要走。

10.3.2　物流服务营销规划的程序

物流服务营销规划是对物流服务企业的战略行为的策划。同有形产品企业一样，物流服务产品也有生命周期，其成长过程必然经历幼稚期、成长期、成熟期和衰退期等阶段。要保证物流服务企业能健康迅速地成长，就必须对企业行为进行理性的、长远的、整体的规划。

当然，不同规模、不同业务方向的物流服务企业其战略选择及营销组合方式都会因其个性选择而不同，但是它们也遵循一些共同的规律，具有一些相同的规划程序和内容。

物流服务营销规划包括以下一些程序。

1. 营销环境分析

当代策略大师迈可·卡米(Michael J. Kami)曾经说过："由外向内的策略，是唯一合理的选择。"这句话说明了营销的本质正是在于对消费者需求、竞争者和市场环境的变动做出反应。在目前这个竞争全球化，科技日新月异，以及社会快速变迁的时代，任何营销人员都要坦然地接受"社会大众不可能任由公司摆布，公司也无法推动整个社会的转变"这样一个事实。任何对新产品和新服务的需求的产生都是由消费者及整个外在环境的变化共同促成的。因此，对营销环境的分析，成为制定营销计划的首要问题。

物流服务营销环境是指在物流服务企业与其目标顾客进行交易时，能够对该交易行为产生影响的所有因素。物流服务企业对营销环境的分析，就是企业对其所在的环境中各种可能的营销机遇和威胁进行分析。物流服务企业营销环境中的威胁是指营销过程中所出现的不利于企业发展的因素及由此形成的挑战，如果企业不采取果断行动，这种不利的趋势将导致物流服务企业的市场地位受到侵蚀。营销机遇是指在营销环境中所出现的对物流服务企业的营销活动具有促进作用的因素，在该因素的推动下，物流服务企业拥有竞争的优势或具有得到更好营销效果的可能性。

通过营销环境的分析，能够预见环境变化的趋势和规律，并根据环境变化趋势制定充分利用营销机会、消除环境威胁的营销战略。物流服务企业只有能够识别营销机会和发现环境威胁，制定相应的营销战略，提高企业对环境的适应性，才能在与环境协调发展的过程中健康成长；反之，企业则将面临被市场环境淘汰的威胁。物流服务企业所面临的市场环境是多变的,因此,物流服务企业开展营销活动以前,首先进行环境分析至关重要,只有这样才能做到知己知彼,在竞争中求得生存与发展。

1) 物流服务企业所处的宏观环境分析

(1) 经济状况。经济的发展状况关系着物流服务消费者的购买能力、购买欲望和购买类型。从物流服务的个人市场角度来讲,经济状况的好坏决定了个人的收入水平,而个人收入水平的高低又决定了个人对物流服务购买的数量和形式。从物流服务的企业市场角度来讲,经济状况也对该种体制和发展水平下工商企业的物流服务需求有着决定性的作用。

(2) 社会文化。社会文化反映着个人的基本信念、价值观和行为规范的变动,它会影响到企业的目标市场定位。营销活动必须符合社会文化的潮流,才能顺应消费者的需求。

(3) 政治环境。市场营销决策在很大程度上受政治环境变化的影响。政治与法律环境是由法律、政府机构和在社会上对各种组织及个人有影响和制约的压力集团构成的。不管是20世纪80年代以前我国政府对运输行业的控制,还是80年代引入物流的概念后对物流行业的扶持,都说明了这个行业是受着政府高度关注的行业。政府为物流行业制定的相关方针、政策、规范及对物流行业发展的态度,都决定了物流服务企业的生死存亡,所以应给予相关的政治环境以高度的重视。

(4) 科技环境。科技环境对企业的影响是爆炸性的、全盘性的,它带给我们的是一种"创造性的破坏",因此企业的营销员必须密切地注意与公司息息相关的各种技术的变动。对于物流企业来讲,其发展的历程本身体现了一个科技推动企业进步的历程。信息技术的发展、网络技术的发展、GPS的运用、RF技术的运用和各种功能软件的开发,促进了物流从配送阶段发展到综合物流阶段再到供应链阶段,既降低了物流的运作成本,又赢得了更高的顾客满意。

(5) 自然环境。随着公众环保意识的提高,不管是普通的工商企业,还是物流服务企业本身,都将面临越来越重的环保压力。工商企业一方面需要增加对环保设备的投资,如钢铁业要投入庞大的资金添购反污染设备,汽车工业需用昂贵的排气控制器。另一方面要面临逐渐增多的废弃物的回收(废弃物的回收对废弃物流和回收物流产生影响),都会逐日加重影响企业的经营。因此,物流服务的营销人员必须了解工商企业的产品、包装、生产步骤等对环境的影响,以便制定更合理的营销方案。

2) 物流服务消费者购买行为分析

市场需要的本质是需求的变动。因此,若能预先发觉让消费者的购买行为发生变动的因素,就能找出影响预期市场的机会及威胁,愈是能了解需求的变动,愈能拟定更好的营销策略。市场是由客户构成的,客户的选择是自由的,因此如果不能了解目前和潜在的客户,营销就沦为了没有任何操作意义的事情,对客户愈能深入了解,就愈能迎合客户,满足客户的需求。从长远的观点看,争取客户的最佳途径就是比竞争者更能了解客户的需求及客户的购买行为。

物流服务企业的客户有两类:个人客户和企业客户。由于影响个人购买行为和企业购买行为的因素是有差异的(如图10-7、图10-8所示),所以物流服务企业在分析消费者购买行为时应将两类消费者分别对待。

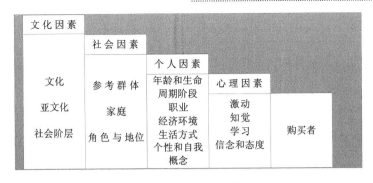

图 10-7 影响个人消费者购买的因素

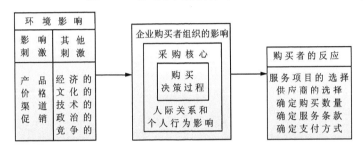

图 10-8 企业购买行为过程及影响购买的因素

3) 物流服务市场的竞争者分析

俗语说得好,"对手是帮手",因此,了解竞争者对有效的营销规划起到关键的作用。物流服务企业必须经常将它的服务产品、价格及促销方式等与其接近的对手进行比较,用这种方法,能确定物流企业竞争者的优势与劣势,从而使企业能发动更为准确的进攻及在受到竞争者攻击时能做较强的防卫。找出竞争者在未来的发展过程中对企业究竟会带来哪些不可避免的影响,是我们要分析的主要内容。愈是能掌握住竞争者带给我们的机会及威胁,就愈能制定出可行的目标及对应策略。物流服务企业的竞争者对企业可能造成的影响因素及程度,可以从三个方向着手分析:一是从了解市场结构着手;二是对个别竞争者做竞争分析;三是做相对竞争优势分析。

企业间相互竞争的状况即称为市场结构,市场结构往往成为影响企业间竞争、协调、利润、革新速度的前提。对市场的竞争状况充分了解后,企业就能知道是处在一个什么样的竞争环境,在这个竞争环境中哪些策略有效,哪些策略用起来将两败俱伤。

目前,我国的物流服务企业主要由三部分组成:一是国际物流企业,这些国际物流公司一方面为其原有的客户——跨国公司进入中国市场提供延伸物流服务,另一方面,针对中国市场正在生成的专业化物流服务需求提供服务。二是由传统运输、储运及批发贸易企业转变形成的物流企业,它们依托原有的物流业务基础和在客户、设施、经营网络等方面的优势,通过不断拓展和延伸物流服务,逐步向现代物流企业转化;三是新兴的专业化物流企业,这些企业依靠先进的经营理念、多样化的服务手段、科学的管理模式在竞争中赢得了市场地位,成为我国物流产业发展中一种不容忽视的力量。

从总体来讲,我国物流服务供应商的功能单一,增值服务薄弱。物流服务商的收益85%来自基础性服务,如运输管理和仓储管理,增值服务、物流信息服务与支持物流的财务服务的收益只占 15%。增值服务的主要内容是货物拆拼箱,重新贴签/重新包装,包装/分类/

并货/零部件配套，产品退货管理，组装/配件组装，测试和修理。也就是说，目前我国的物流服务企业所提供的物流服务只能局限在相对低利润的物流服务上。另外，我国整个第三方物流服务市场还相当分散，第三方物流服务企业规模小，没有一家物流服务供应商拥有超过 2%的市场份额。这就是我国物流市场竞争的状况。

在对市场整体的竞争结构进行分析之后，需要对市场上的个别竞争者进行分析。对个别竞争者的分析，首先要找出谁是最直接的竞争者；知道了谁是竞争者后，收集竞争者近几年的物流服务销售情况及市场占有率等资料，分析竞争者最近几年的业绩成长或衰退的情况，并将其业绩和自己的业绩相对比来寻找企业的优劣势。还需要了解的竞争企业的情况包括：竞争企业的目标和市场定位，竞争者的市场策略，竞争者未来的目标，竞争者的反应模式等。

由于我国物流服务市场上没有绝对意义上的垄断者，所以物流服务企业竞争优势的赢取重点在"相对竞争优势"的取得上。企业成功的关键因素之一，就是把企业的资源集中投入可以取得竞争优势的特定项目上。相对竞争优势的策略方法，是避免去做与竞争者相同的事情，因为唯有如此，才能较为容易地取得竞争优势。若是不得不和竞争者做同质竞争时，就必须在竞争者也在努力的领域中，做得比他们更快、更好。

4) 物流服务市场需求分析

物流服务市场需求分析的重要性不容置疑，市场需求分析包含了对市场需求的预测。市场总需求量预测，是指业界在既定的营销计划下和预估的营销环境中对一定期间内全体客户购买产品总量的预测。在对物流服务市场需求进行分析时，首先要掌握历年市场总需求量的增长状况，目的是描绘出全盘市场的大小。全盘市场的大小变化，代表着物流产业的消长，掌握物流产业的消长及各物流提供商的市场占有率的变化是知己知彼的第一步，其次还要对区域市场和产品细分市场的成长状况有个清醒的认识。这些关键、重要的情报，是规划新年度计划时，必须准确掌握的。

目前，我国物流市场上，客户对第三方物流服务的需求千差万别，呈现着如下特点。

(1) 对客户而言，降低物流成本和周期，提高物流服务水平是对物流服务企业主要的要求。

(2) 客户认为国际物流供应商在 IT 系统、行业及专业方面具有较为丰富的经验。同时，他们认为我国物流供应商在成本、本地经验与国内网络方面的优势较为显著。

(3) 我国企业，尤其是传统的国有企业使用第三方物流服务的比例较少。与此相反，在中国的跨国企业在外包物流方面的脚步最快，是目前中国第三方物流市场的重点。但这些跨国公司在外包时也十分谨慎。

(4) 客户外包物流，第一是为了降低物流成本，第二是为了强化核心业务，第三是为了改善与提高物流服务水平与质量。客户在选择第三方物流企业时，第一注重行业与运营经验即服务能力，第二注重品牌声誉，第三注重网络覆盖率，第四注重较低的价格。

(5) 据相关调查，使用第三方物流的客户中，有超过 30%的客户对第三方物流企业不满意。不满意最多的是物流供应商的信息技术系统很差，信息反馈有限，互相之间沟通不顺畅，供方不了解需方的情况变化，缺乏标准化的运作程序，导致各地区的服务水平参差不齐，无法提供整体解决方案等。

(6) 总体来讲，物流服务需求呈现稳步上升的趋势。物流需求市场潜力较大，第三方物流服务业有较大发展空间。

2. 企业自身优势分析

1) 物流服务企业对前期策略和业绩的评估

检查物流服务企业的前期业绩和策略，对企业在过去一段时间内所投入的营销努力做一个评估，并且在评估的过程中，通过分析企业什么地方做得好，什么地方做得不好，什么策略能够奏效，什么策略无法产生预期的效果，作为以后制订营销计划的参考。对以前业绩的评估项目，必须是企业能控制的因素，因为只有这样才能将一些改正或改进的方法和策略加进新的营销规划里，同时企业还能发现许多尚未解决的问题，这些未解决的问题可以作为企业新一轮的营销目标。

2) 物流企业优劣势分析

要把握住企业的长处及制定出发挥企业长处的营销战略，需要进行三方面的工作：评估资源，认清优势，评估优势及劣势对未来的影响。

企业的资源包括企业的资产和能力。企业资产是指企业内的人、物、财，资产大多是可以量化的、具体存在的，例如货运堆场、仓库、运输车辆、装卸设备、网络平台、自有资金、营销人员等。能力是指企业如何满足客户及胜过竞争对手的专有能力，多半不能量化。例如企业家创业精神、市场的专有诀窍、企业信誉、技术力、创新能力等。企业的优势是从资源中滋生出来的，但是资源本身不一定会产生盈利点，除非正确地运用它。

企业对其拥有的资产和能力进行某种组合后便能产生力量，达到特定的企业目标，这就是企业的优势。若是不能让资源充分发挥作用或对资源进行了不当的组合，都无法形成企业的优势。认清企业的优势以后，就可以对企业的优势和劣势的影响进行分析。

3. SWOT 分析

SWOT 最早见诸设计学派的代表人物菲利普·塞兹尼克(Philip Selznick)与阿尔弗雷德·钱德勒(Alfred D. Chandler)的战略管理学说。S、W、O 和 T 分别是优势(Strength)、弱点(Weakness)、机会(Opportunity)和威胁(Threat)各词语英文单词的第一个字母。机会是环境的变化带给企业的相对竞争优势，威胁的作用则与机会相反；优势是指企业对自身资源及能力的恰当组合，弱点则是会抑制企业成长的内在因素。优势、弱点、机会与威胁，是企业战略家进行企业环境分析和内部评估后所得出的评价结论，企业需据此进行战略决策。SWOT 分析的主要目的在于对企业的综合情况进行客观公正的评价，以识别各种优势、劣势、机会和威胁因素。将企业的优势、弱点、机会和威胁——列举出来，然后对应搭配，从而形成可行的战略方向，供企业挑选。

掌握住外在环境带来的机会及威胁，也就掌握住企业应该做什么；掌握住企业的优势及弱点，也就掌握住企业能够做什么。机会与威胁是指来自外界环境的变化可能带给企业的影响。企业可以把前面两部分中所分析的优势、弱点、机会和威胁的各项结论，汇总于 SWOT 表内进行分析，从而制订适合企业发展的战略规划。

4. 物流服务营销规划的假设及前提

由于计划是对未来进行的规划，因此必定会面临一些不可控制因素，而这些不可控制因素却时时刻刻都在影响着规划的实现，所以企业在制订营销规划时必须先设定规划的前提和进行一些假设。这些假设条件包括：国内生产总值的变化、经济形势、预计需求水平、通货膨胀率、利率变化等。对关键假设条件的变化，企业要制订应急的方案，以保证原有规划的顺利实施。

5. 设定物流服务营销目标

营销目标的设立是建立在对企业的 SWOT 分析、以前目标完成情况的评估和对市场需求情况的分析基础之上的，在以上分析的基础上对物流服务市场进行细分，选择企业的目标市场，从而确立营销的目标。

SWOT 分析能让企业了解如下情况：①通过外在环境的分析，让企业把握住现实环境中有哪些关键因素会影响到企业在营销上的机会与风险；②通过优势及弱点的分析，让企业能客观地分析企业的实力；③通过对①和②的相关性分析能指出企业该朝何处发展。事实上，企业花费大量的时间及精力，做③分析的目的，就是要通过这项分析协助企业设定营销目标及目的。

对上一个营销目标的业绩及执行情况进行评估后，所留下来的问题及悬念，都可能成为新的营销计划中需要继续解决的目标，因此，上年度的评估结果也会影响到新年度的目标设定。各细分市场及区域市场的潜量大小、市场成长率、市场占有率的趋势都是企业设定新的市场目标的重要参考指标。

如果能明确如下问题，企业物流服务营销目标的设定将是适合企业发展趋势的：①物流服务企业的事业领域(如是提供全程的物流服务，还是仅强调某一功能)；②企业的市场范围(如是针对个人客户的服务，还是针对企业客户的服务)；③企业可用的资源(如拥有载运车辆的数量和类型、仓库的面积及现代化程度、网络平台的建设状况等)；④总需求量的变化趋势(如总体需求的增加，但伴随着需求结构的变化)；⑤市场机会与威胁等。

市场细分是指营销者利用一定需求差别因素、细分因素把某一整体市场需求者划分为若干具有不同需求差别的群体的过程或行为。通过市场细分，物流服务可以有效地分析和了解各个客户群的需求满足程度和市场上的竞争状况，从而抓住市场机会，并结合自身能力，确立适合于自身发展的目标市场，然后以此为出发点设计出适宜的营销战略，以迅速取得市场优势，提高市场占有率。

物流服务企业的营销市场可划分为个人客户市场和企业客户市场两类。个人客户市场主要是为个人提供运送服务的市场，如中国邮政的包裹投递、宅急送提供的货物快运服务等都主要是针对个人市场进行的。个人客户市场可以再根据地理因素、行为因素、心理因素、人口因素、收入因素等进行进一步的细分。企业客户市场可以根据企业的性质分为制造企业客户和商业企业客户。

目标市场是指物流服务企业的目标客户，也就是物流服务企业营销活动所要满足的服务对象。物流服务企业的一切营销活动都是围绕着目标市场进行的，选择和确定目标市场，明确物流服务企业的具体服务对象，是物流服务企业制定营销策略的基本出发点。物流服务企业的目标市场是在市场细分和确定市场机会的基础上形成的，是物流服务企业为满足现实的或潜在的物流服务需求而开拓的特定市场。一般来讲，由于自身资源有限，物流服务企业应根据自身的条件和特点选择某一个或几个细分市场作为营销对象，集中优势和力量，增加在竞争中取胜的机会。

6．确定物流营销战略

确立企业营销目标的意义是确定要完成什么，当确定了企业要完成什么后，接一下来该考虑的就是如何去做。营销战略的含义就是要如何完成上述的目标，体现了一种行动导向。在确定物流营销战略时，需要设定企业的战略领域，决定企业的竞争地位及竞争战略，最后从策略性营销观点制定相应的战略。

7．确定营销组合策略

由于有太多的变数影响着营销的成效，所以营销是一个动态的过程，营销组合策略也没有既定的最佳方案，最佳的组合方案要由企业视市场现状去制定。营销组合策略包括产品策略、价格策略、促销策略和营销渠道策略四个策略，如何巧妙地将这四个策略密切地组合，以达成整体策略的目标是制定营销组合策略的目的。

8．制订营销活动方案及安排进度

在营销战略及营销组合确定以后，要制订详细的营销活动实施方案来保证营销活动的顺利实施，营销活动实施方案的合理制定，是保证营销战略完成的必要手段。在营销活动方案制定过程中，要将营销计划的内容细化到实施过程的各个环节中去，安排好实施的进度，确定各个进度的完成目标，并在必要时对计划进行修正。

9．营销预算

营销预算是对营销计划及实施过程中费用的预算、企业销售目标的预算和销售人力的计划，正确地进行营销预算是保证善用财政资源的唯一方法。营销预算必须从制定营销计划开始着手，在计划中一边添加实施方案细节，一边建立预算。预算是一种战略思想，也就是说，有什么样的战略，就应该有什么样的预算。企业绝对不能为了预算而做预算，一定要考虑实现的战略目标有什么难度、需要多长时间、用什么样的行动实现等诸多问题。从时间顺序上讲，预算肯定是在一系列战略规划之后才能产生的。所以，只有把预算当作战略的一部分，带着战略思想去制定预算，才能把握更多的机会，并给企业赚取更多的利润。

营销预算一般可以分为以下四个环节进行。

1） 原始预算的提报

营销主管在公司预算部门制定的预算原则之下，组织下属部门和人员在营销战略制定后开始制定预算。进行过营销预算的物流公司会发现，完全由下而上的预算其销售收入和市场份额往往定得过低，而相应的费用却定得很高；而完全自上而下的预算，下级经理会产生抵触，并且因为没有参与预算制定过程而心存抱怨，认为是强加给自己的目标。因此比较理想的做法是两者有效地结合。一般来讲，制定营销预算的时候，本年度的预算业绩应该优于上一个年度的预算业绩。

2） 协商

协商在两个层面上发生：首先发生在营销层面。高级营销经理就下属部门提出的预算进行审查复核，并提出意见，这些意见当然要与公司的预算指导原则和追求的目标吻合。值得注意的是，对预算的修改意见应该与下级部门协商并取得一致，让下级部门和人员理解修改的理由是充分的，双方交换的数据和信息是可靠的。然后是公司层面的协商。公司的 CEO、财务主管也会对营销主管制定的营销预算结果有不同的看法。同样的协商过程会再次发生。这样的协商过程经常不可能完美，下级经理不情愿地接受上一级经理的预算目标时有发生，高明的预算批准者会在产生这种情况时保持合理的"度"，保证预算目标既有可达到性、又能够发挥公司的经营潜力。

  3) 复核和审批

  在做出最终批准营销预算之前，公司会对所有部门的预算总量进行检查和平衡，以便保证营销预算的可执行性。比如，需要检查运输部门的成本预算是否与营销部门的销售量预算相适应；财务部门是否可以提供相应的资源保证营销计划得以实行；营销部门提供的现金流量是否足以维持公司的营运，如果不够，财务应该采取什么样的筹措资金的办法等。

  4) 营销预算的修改

  营销预算的修改并不是所有的营销预算都要经历的过程。营销预算既然在审批之前进行过反复的修改和审查，那么以后就不应该被允许随便修改，除非经营环境发生了很大的变化，维持现有的预算已经没有任何意义。有时候会遇到各种尴尬的局面，比如"非典"的侵袭，海啸的发生，石油价格的大幅度上升或下降。在这些超出预定的事情发生之后，物流服务企业有必要对企业的营销预算做出及时的修改，或者调整收入目标，或者追加营销费用预算，或者减少营销投入。还有，企业在制定营销预算时盲目乐观，或者过于悲观，导致销售收入远远达不到或者会被大幅超过的情况下，为了使营销预算进一步发挥控制功能，进行修改也是必要的。

10.3.3 物流服务营销规划的内容

  物流服务营销规划从客户导向的角度分析企业的现状，指出企业面临的需求、存在的问题及机会，制定企业期望达成的目标，探讨要达成目标所需的策略。因此，物流服务营销规划探讨的主要内容为：物流服务企业是个什么样的企业，服务的对象是什么，提供什么样的服务，目前所处的状况及地位如何，日后想成为什么样子，如何从目前的状况达到期望的状况，为了达成所期望的目标需要做哪些执行计划，何时、何地，用什么资源，期望完成什么，如何完成，谁负责。

  一般来讲，一份营销计划方案应包含以下内容。

  (1) 营销计划介绍。主要是对营销计划过程的介绍。

  (2) 营销计划摘要。对营销计划主要内容的简要阐述。

  (3) 市场环境分析。对社会、经济、文化、资源等的分析过程及结果。

  (4) 营销目标。即通过营销环境分析得出的企业营销目标。一般包括以下方面。

  ① 市场地位目标。服务产品的销售额、企业所占的市场份额、服务质量应达到的水平、服务拓展的可行性。

  ② 创新目标。服务营销方式上的创新、服务营销手段上的创新、服务营销理念上的创新。

  ③ 生产率水平方面。服务劳动效率、资本产出率。

  ④ 资源开发利用的目标。建筑物及设备的利用率、技术开发目标、原材料和部件成本的减缩。

⑤ 利润率目标。利润及利润率的预期、利润的使用与扩大投入、风险奖励、吸引新资本。
⑥ 管理者的业绩目标。管理者业绩的目标与具体指标、管理者培训、学习和晋级等。
⑦ 职工的业绩和态度。职工的业绩的目标和指标、职工服务态度规范等。
⑧ 公共责任的目标。对社会发展和公益事业的贡献以及对社会生态环境保护的贡献等。
⑨ 营销战略。对企业将要实施的营销战略的详细阐述,如竞争型战略、领导型战略等。
⑩ 营销策略。对企业将要实施的营销策略的详细阐述,如产品策略、价格策略等。
⑪ 营销计划实施方案和进度计划时间表。
⑫ 利润预算及损失核算。阐述企业营销预算的依据和过程,列出预算结果。

10.4 物流运营效率评价系统规划

随着经济的发展和全球化进程的进一步加快,物流产业已经成为现代经济的重要组成部分,得到了国内外社会的广泛关注。物流已经成为企业在降低物资消耗,提高劳动生产率以外的第三利润源泉,在企业运营管理中具有极其重要的地位,也已经成为一个新兴复合型产业。物流产业目前已成为发达市场经济国家的一个重要产业,今后必然在中国经济增长中成为一个新的增长点。伴随着物流产业的发展,物流产业效率也已经成为衡量一个地区物流业发展水平的一项重要指标。因此,开展行业物流企业运营效率问题的研究,对行业物流业的发展有着重要意义。

10.4.1 数据包络分析方法概述

由查尼斯(Charnes)和库珀(Cooper)等在 1978 年创建的数据包络分析(Data Envelopment Analysis,DEA),是一种用来评价具有多输入多产出指标的工程效率的线性规划方法,其研究对象是一组同质的决策单元,通过对各决策单元的观测值来判断其是否有效,有效的决策单元定义了生产可能集的前沿面,也确定了生产函数。它最大的特点是无须考虑输入与输出之间的函数关系,无须考虑单个指标的量纲,直接用输出指标值与输入指标值加权和之比来确定 DMU 的技术效率,避免了主观因素对效率评价的干扰,特别适合性质相同的单元之间的评估比较。

初始的 DEA 模型是 CCR 一个分式规划模型,使用 C^2R 变换后,可转化为与其等价的线性规划问题。通过线性规划的对偶理论,可以得到一个对偶规划,它与生产可能集和投影的生产前沿面相联系。因此,判断一个决策单元是否 DEA 有效,就是判断其是否落在生产前沿面上。之所以称其为数据包络分析,是因为实际观察道德决策单元的输入数据和输出数据包络面的有效部分均在生产前沿面上。数据包络面的有效部分,如果从多目标规划角度看,以输入最小、输出最大为目标,即以生产可能集作为约束集的相应的线性多目标规划的 Pareto 面。

DEA 分析有三种结果:DEA 有效、DEA 弱有效和 DEA 无效,后两者统称为非 DEA

有效。与此同时，我们还可根据软件计算结果得出各决策单元改进的大小和方向。

在介绍基本模型前，先介绍 DEA 分析中的几个基本概念。

1) 输入和输出指标

输入和输出在一个生产过程中分别被称为投入和产出，具有量纲无关性这一特点。

2) 决策单元

决策单元(Decision Making Unit，DMU)是输入转化为输出的实体，DEA 效率正是某决策单元相对于其他决策单元的生产能力的效率。在实际的运算中，我们要求决策单元具备同质性。这里的同质性包括以下几点特征：相同的目标，相同的外部环境和相同的输入输出指标。

3) 生产可能集

假设现有有 n 个决策单元，决策单元 j 的输入和输出向量为 $x_j, y_j, j=1,2,\cdots,n$，称集 $T_{C^2R} = \{(X,Y) | \sum X_j \lambda_j \leqslant X, \sum Y_j \lambda_j \geqslant Y, \lambda_j \geqslant 0, j=1,2,\cdots,n\}$ 为所有可能的生产活动构成的生产可能集。

生产可能集满足如下公理。

平凡公理，即任意 $(x_j, y_j) \in T, j=1,2,\cdots,n$。

凸性公理，若 $(x,y) \in T$，$(x',y') \in T$，则对任意 $\lambda \in [0,1]$，有 $\lambda(x,y) + (1-\lambda)(x',y') \in T$。

锥性公理，若 $(x,y) \in T$，则对任意 $\lambda \geqslant 0$，有 $\lambda(x,y) \in T$。

无效性公理，若 $(x,y) \in T$，且若任意 $x' \geqslant x$，$y' \leqslant y$，有 $(x',y') \in T$。

最小性公理，生产可能集 T 是所有满足上述公理的最小者。

4) 生产前沿面

设 $\omega \geqslant 0$，$\mu \geqslant 0$，且 $L=\{(x,y) | \omega^T x - \mu^T y \geqslant 0\}$ 满足 $T \in \{(x,y) | \omega^T x - \mu^T y \geqslant 0\}$，则 L 为生产可能集 T 的弱有效面；$L \cap T$ 为生产可能集 T 的弱生产前沿面；特别地，当 $\omega > 0$，$\mu > 0$，则 L 为生产可能集 T 的有效面，$L \cap T$ 为生产可能集 T 的生产前沿面。

5) 投影定理

设决策单元 j 的投入和产出为 (x_j, y_j)，其 DEA 效率为 θ_j，令 $x'_j = \theta_j x_j$，$y'_j = y_j$，或 $x''_j = x_j$，$y''_j = y_j / \theta_j$，则称 (x',y') 或 (x'',y'') 为该决策单元对应的 (x_j, y_j) 在生产前沿面上的投影。

基于 DEA 方法的综合评价方法就是既能对一个待评价系统的输入输出元素的相对效率进行评价、排序，又能通过对 DEA 投影分析，将非有效评价单元向 DEA 的有效面(生产前沿面)"投影"，可以确定各非有效单元当前的弱势和需要改进的方向以及调整的数量。

令 $\varepsilon \succ 0$ 是一个非阿基米德无穷小量，则具有非阿基米德无穷小量 ε 的 DEA 模型为

$$\begin{cases} \max \mu^T Y_0 \\ \omega^T X_j - \mu^T Y_j \geqslant 0, \quad j=1,2,\cdots,n \\ \omega^T X_0 = 1 \\ \omega \geqslant \varepsilon \hat{e} \\ \mu \geqslant \varepsilon e \end{cases} \tag{10-24}$$

其对偶规划为

$$\begin{cases} \min[\theta - \varepsilon(\hat{e}^T S^- + e^T S^+)] \\ \sum_{j=1}^{n} X_j \lambda_j + S^- = \theta X_0 \\ \lambda_j \geqslant 0, \quad j=1,2,\cdots,n \\ S^- \geqslant 0, \quad S^+ \geqslant 0 \end{cases} \tag{10-25}$$

其中，$\hat{e} = (1,1,\cdots,1)^T \in E^m$，且 $\hat{e} = (1,1,\cdots,1)^T \in E^s$。设 $\lambda_0, S^{-0}, S^0, \theta^0$，为式(10-26)的最优解，令 $\hat{X}_0 = \theta^0 X_0 - S^{-0}$，$\hat{Y}_0 = Y_0 + S^{+0}$，称 $(\hat{X}_0, \hat{Y}_0)$ 为 DMU_{j0} 在生产可能集 T_{c^2R} 生产前沿面上的"投影"。通过求解上述线性规划问题，得到的决策单元的投影 $(\hat{X}_0, \hat{Y}_0)$ 为 DEA 有效，其中

$$\hat{X}_0 = \theta^0 X_0 - S^{-0} = \sum_{j=1}^{n} X_j \lambda_j^0 \tag{10-26}$$

$$\hat{Y}_0 = Y_0 + S^{+0} = \sum_{j=1}^{n} Y_j \lambda_j^0 \tag{10-27}$$

对于非 DEA 有效单元通过式(10-27)进行改进计算从而把无效单元的各指标值投影到 DEA 相对有效平面的超平面 Π 上。

10.4.2 数据包络分析模型简介

早期的 DEA 模型有两种形式：分式规划模型和线性规划模型。这两者本质上是等价的，分式规划是计算产出投入的综合比值；线性规划是由公理假设转化得到。DEA 方法是把每个被评价对象作为一个 DMU，将所研究的诸 DMU 构成一个被评价主题，运用数学规划，根据各 DMU 产出相对于投入的利用程度，计算出其是否 DEA 有效，再将 DEA 无效的 DMU 进行比较，即可找出改进 DEA 无效的方法。基于 DEA 方法提出的基础模型包括 CCR 模型和 BCC 模型。

DEA 模型的假设条件如下。
(1) 决策单元具有相同的性质、目标、任务、环境。
(2) 决策单元具有相同的多投入和多产出变量。
(3) 假定效率最高的 DMU 的效率为 1，其他 DMU 的效率在 0 到 1 之间。

DEA-CCR 模型是 Charnes(查尼斯)提出的基于不变规模收益(Constant Return to Scale，CRS)的效率评价模型，DEA-BCC 模型则是班克(Banker)在 CCR 模型的基础上提出的基于可变规模收益(Variable Return to Scale，VRS)的评价模型，BCC 模型将 CCR 模型所求的技术效率 TE(Technical Efficiency)分解成了纯技术效率(Pure Technical Efficiency，PTE)和规模效率(Scale Efficiency，SE)，从而能有效地分析引起效率欠缺的原因是纯技术还是规模效率。

1. CCR 模型

在 DEA 方法中最基本且重要的模型之一是 CCR 模型，CCR 模型又称为规模报酬不变模型，在这个模型中假设有 n 个决策单元，且对于每个决策单元 DMU 有 m 种类型的输入 X(类似于微观经济学的生产要素，这里我们可以将其视为决策单元对"资源"的消耗)和 s 种类型的输出 Y(表明"成效"的一些指标，比如经济效益指标及产品质量的指标等)，这里对输入与输出的理解是在输出一定的条件下，输入越小越好。整个模型可以用图表简单表达，

如图 10-9 所示。

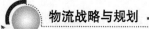

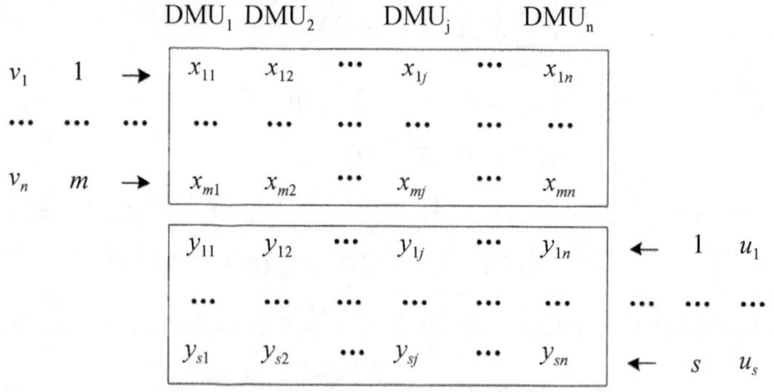

图 10-9 CCR 模型示意图

下列各式中(决策单元 j 记为 DMU_j, $0 \leqslant j \leqslant n$)

$x_{ij} = \text{DMU}_j$ 对第 i 种输入的投入量, $x_{ij} > 0$;

$y_{rj} = \text{DMU}_j$ 对第 r 种输出的产出量, $y_{rj} > 0$;

v_i 对第 i 种输入的一种度量(或称权);

u_r 对第 r 种输出的一种度量(或称权) $i=1,2,\cdots,m$; $j=1,2,\cdots,n$; $r=1,2,\cdots,s$。

为方便, 记

$x_j = \mu^T y_j, j=1,2,\cdots,n;$

$y_j = (y_{1j}, y_{2j}, \cdots, y_{sj})^T, j=1,2,\cdots,n;$

$v = (v_1, v_2, \cdots, v_m)^T;$

$u = (u_1, u_2, \cdots, u_s)^T$。

这里, x_j 和 y_j 分别为 DMU_j 的输入向量和输出向量, $j=1,2,\cdots,n$, 因为它们均可以由历史资料或统计的数据直接得到, 故为已知数据; 这里的 v 与 u 则分别是对应 m 种输入和 s 种输出的权向量, 因而它们为变量。

对于权系数向量 v 和 u, 我们定义决策单元 j 的效率评价指数为

$$h_j = \frac{\sum_{r=1}^{s} u_r y_{rj}}{\sum_{r=1}^{m} v_i x_{ij}}, \quad 1 \leqslant j \leqslant n \tag{10-28}$$

我们总可以选取适当权系数 v 和 u, 使得 $h_j \leqslant 1$, $j=1,2,\cdots,n$。效率评价指数 h_j 的含义是: 在权系数 v, u 之下, 投入为 $v^T x_j$, 产出为 $u^T y_j$ 时的投入产出之比。

现在, 考查 DMU_k 的效率评价问题: 以 DMU_k 的效率评价指数

$$h_k = \frac{\sum_{r=1}^{s} u_r y_{rk}}{\sum_{r=1}^{m} v_i x_{ik}}, \quad 1 \leqslant j \leqslant n \tag{10-29}$$

为目标, 以所有的决策单元($j=1,2,\cdots,n$)的效率指数(包括 DMU_k)为约束, 构成式(10-30)的分式规划问题:

$$\max h_k = \frac{\sum_{r=1}^{s} u_r y_{rk}}{\sum_{i=1}^{m} u_i x_{ik}} \tag{10-30}$$

$$s.t. \begin{cases} \dfrac{\sum_{r=1}^{s} u_r y_{rk}}{\sum_{j=1}^{m} v_i x_{ij}} \leqslant 1, \quad j=1,2,\cdots,n \end{cases}$$

$$u_r \geqslant 0, \ v_i \geqslant j, \ r=1,2,\cdots,s, \ i=1,2,\cdots,m$$

式(10-30)所示的模型即为 CCR 模型,它将科学—工程效率的定义延伸到多输入、多输出系统的情形。最初的 CCR 模型是一个分式规划,而分式规划一般不利于求解,因此在实际中我们通过 CC 变换,将其转换成对应的线性规划模型。为此,设

$$t = \frac{1}{v'X_k}, \quad \omega = tv, \quad \mu = tu$$

经简单的代换计算整理得到对应的线性规划模型如下。

$$\begin{cases} \max \mu'Y_k \\ \omega'X_k - \mu'Y_k \geqslant 0, \quad j=1,2,\cdots,n \\ \omega'X_k = 1 \\ \omega\mu \geqslant 0 \end{cases} \tag{10-31}$$

式(10-31)是线性规划问题,有关定理可以证明它与分式规划是等价的。这里记对偶变量为 θ 与 λ_j,相应的松弛变量为 s_r^+ 与 s_i^-。进一步经对偶变换并引进非 Archimedes 无穷小量 ε,就可以得到式(10-32)的模型。

$$\min\left[\theta - \varepsilon\left(\sum_{r=1}^{s} S_r^+ + \sum_{i=1}^{m} S_i^-\right)\right]$$

$$s.t. \begin{cases} \sum_{j=1}^{n} \lambda_j x_{ij} + S_i^- = \theta x_{ik}, \ i=1,2,\cdots,m \\ \sum_{j=1}^{n} \lambda_j y_{rj} - S_r^+ = y_{rk}, \ r=1,2,\cdots,s \\ \lambda_j \geqslant 0, \ j=1,2,\cdots,n \\ S_r^+ \geqslant 0, \ S_i^- \geqslant 0, \ r=1,2,\cdots,s, \ i=1,2,\cdots,m \end{cases} \tag{10-32}$$

DEA 有效性的经济意义如下。

将具备相同类型的决策单元视为某种经济活动,则 DEA 有效性具有一定的经济含义:CCR 模型中 DEA 有效的决策单元,从生产函数的角度讲,既是"技术有效",又是"规模有效"。

如果 $\theta<1$,如果保持产出不变的条件下,可将投入的各分量全部按统一比例缩小,则表明可用比决策单元更少的投入达到相同的产出,说明当前决策单元既不是技术有效也不是规模有效。

如果 $\theta=1$,如果保持产出不变的条件下,投入的各分量不可以全部减少,但减少部分投入仍可达到相同产出水平,则表明当前的 DMU 是弱 DEA 有效,而不是 DEA 有效,从

生产理论角度看，它是技术有效而非规模有效。

2. BCC 模型

在上面规模报酬不变情形下的 CCR 模型中，我们使用了这样的一个隐含的假设，即可以通过等比例增加投入以扩大决策单元的产出规模。但是我们知道任何模型都是在现实世界的一步之外，即现实具有很强的复杂性，比如外部环境是不断的变化，且影响因素可能是多元化的，企业与社会都不可能持续保持统一的生产规模。也即上面隐含假设在现实中很难符合。由于规模变化的不确定性，其会不同程度的在企业内部影响产出或收益的大小与趋势。由于我们要考虑的决策单元不是全部都处于最佳规模时的情况，并且不同的决策单元所处的规模状况不一，这个时候，技术进步导致的效率与规模效应导致的效率就混杂在一起，为了解决这个问题，我们将 CCR 模型改进为 BCC 模型，也即变动规模报酬模型。

为了方便具体的计算，引入非 Archimedes 无穷小 ε (在实际计算中，我们可以将其设为一个充分小的数，如 10^{-6})，在一个凸性约束条件下就可以获得投入导向的变动规模报酬 DEA 模型，于是在规模报酬可变的假设前提下，我们在计算技术效率时可以去除规模效率的影响，由此计算出来的效率是纯技术效率。

班克(Banker)、查尼斯(Charnes)和库伯(Cooper)在 1984 年给出 BCC 模型。

1) 投入导向变动规模报酬 DEA 模型

$$\min\left[\theta - \varepsilon(\hat{e}^T s^- + e^T s^+)\right]$$
$$s.t.\ Y\lambda - s^+ = y_0$$
$$X\lambda + s^- = \theta x_0$$
$$\prod^T \lambda = 1 \tag{10-33}$$
$$\lambda \geq 0$$
$$s^+ \geq 0,\ s^- \geq 0$$

其中，$\hat{e}^T = (1,1,\cdots,1)^T \in E_N$，$e^T = (1,1,\cdots,1)^T \in E_M$，$\prod$是单位 1 向量，$\lambda$是变向量。

2) 以此类推，可得出产出导向变动规模报酬得 DEA 模型

$$\max \phi$$
$$s.t.\ Y\lambda - s^+ = \phi y_0$$
$$X\lambda + s^- = x_0$$
$$\prod^T \lambda = 1 \tag{10-34}$$
$$\lambda \geq 0$$
$$s^+ \geq 0,\ s^- \geq 0$$

其中，$1 \leq \phi < +\infty$，$1/\phi$ 是第 i 个企业的技术效率；λ 是变向量。通过上述模型计算得到的最优解为 λ^*，S_n^{-*}，S_m^{+*}，θ^*，在此基础上我们分析其 DEA 有效性。

(1) 当 $\theta^* = 1$ 且 $S_n^{-*} = S_m^{+*} = 0$ 时，决策单元 DEU_{j0} 有效，技术效率和规模效率均有效，资源得到了最优配置，此时的生产规模处于相对最佳状态。

(2) 当 $\theta^* = 1$ 且 $S_n^{-*} \neq S_m^{+*} \neq 0$ 时，决策单元 DEU_{j0} 为弱 DEA 有效，此时仅技术有效，规模无效。S_n^{-*} 和 S_m^{+*} 分别为第 n 种投入要素冗余量和第 m 种产出要素不足量。

(3) 当 $\theta^* < 1$ 且 $S_n^{-*} \neq 0$，$S_m^{+*} \neq 0$ 时，决策单元 DEU_{j0} 为非 DEA 有效，技术、规模均为非有效。即在现有技术水平下，决策单元 DEU_{j0} 存在一定程度上的资源浪费或产出不足，投入要素量过多而产出要素量太少。同时，S_m^{+*}，S_n^{-*} 越大表明决策单元改进为 DEA 有效的空间也越大。效率评价指数 θ^* 越小，决策单元 DEU_{j0} 的运作效率越低。

在此基础之上，我们分析其规模效益增减情况。

若 $\lambda^*/\theta^* = 1$，则决策单元 DMU 效益递增。

若 $\lambda^*/\theta^* > 1$，则决策单元 DMU 收益不变。

若 $\lambda^*/\theta^* < 1$，则决策单元 DMU 收益递减。

由上面的分析结果，可有如下结论。

(1) 规模效益递增且技术无效时，意味着我们要加强投入资源的管理，以增加产出的效率。

(2) 规模效益递减且技术无效时，表示产出的增加与投入的增加不成正比，并小于投入的增加。此时增加投入是非理性的，我们需要加强投入资源的管理，以达到产出投入最大化。

(3) 规模不变且技术有效时，意味着此时处在最佳生产点。

(4) 规模效益递增且技术有效时，表示我们要加大资源投入力度。

通过上述两模型的介绍可以看出，CCR 模型所求的效率值为 BCC 模型中的整体效率值，而 BCC 模型所求的为纯技术效率和规模效率，因此整体效率不会大于纯技术效率，当且仅当整体效率等于 1 时，规模效率等于 1 且纯技术效率等于 1。

10.4.3 物流企业运营效率的 DEA 评价

DEA 方法的应用步骤如图 10-10 所示。

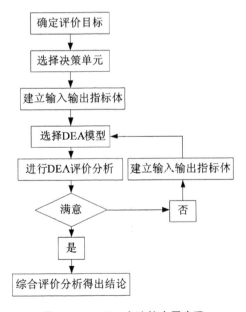

图 10-10 DEA 方法的应用步骤

求解 DMU 效率值，计算出各个备选指标的权数，依据权数的大小确定 DEA 模型的输入和输出指标，再将指标值代入 DEA 的 CCR 和 BCC 模型中，利用 DEA-SOLVER3.0 软件对其进行规划求解，得出相应的 DMU 效率值。

1. 决策单元的选取

在实际生活中，一个经济系统或一个生产过程都可以看成一个单元在一定的可行范围内，通过投入一定数量的生产要素并产出一定数量的"产品"的活动，这样的单元被称为决策单元(Decision Making Units，DMU)。其基本特点是具有一定的输入和输出，并且在将输入转化成输出的过程中，努力实现自身的决策目标。

决策单元是输入转化为输出的实体，实践中企业、政府、学校、医疗机构、军队都可以作为决策单元，但是 DEA 评价方法的同质性要求各个决策单元必须具备相同的性质。

1) 决策单元选择的原则

理论上，决策单元的同质性要求我们在选取决策单元时考虑三个要素，一是所选的 DMU 具有相同的目标和任务；二是这些 DMU 要具有相同的外部环境；三是要具有相同的输入和输出指标及量纲。

实际应用中，我们可以通过下述两个方面对决策单元进行选择：首先，决策单元需要具有相同的目标、环境，相同的输入、输出指标及相同的任务；其次，采用决策单元活动的时间间隔来选择。在对决策单元的个数进行选择时，一方面由于难以取得较多决策单元的数据，另一方面决策单元的同质性会受过多的决策单元干扰，因此，通常我们选取的决策单元的个数为输入、输出指标总数的两倍。

2) 决策单元的选择

假设选取的 DMU 物流企业具有相同的环境，均为了实现利润最大化；具有相同的投入和产出变量；假定效率最高的 DMU 的效率为 1，其他 DMU 的效率在 0~1 之间。

实际操作中，我们选择 DMU，不但要考虑上述三个条件，还要考虑到 DEA 方法对 DMU 个数的要求。从理论上来讲，DMU 的个数与测量结果成正比，即个数越多，其结果的精确度就越高。因此，为了能用包络线原理构造出有效生产前沿面，找到最有效的 DMU，就必须保证有足够多数量的 DMU。鉴于决策单元的同质性要求，可以采用按照全国第二次经济普查分类标准的交通运输业、仓储和邮政业下的 20 个小类作为实证的 DMU，这 20 个小类分别是：其他铁路运输辅助活动、公路旅客运输、道路货物运输、客运汽车站、公路管理与养护、其他道路辅助活动、公共电汽车客运、出租车客运、远洋货物运输、沿海货物运输、内河货物运输、通用航空服务、机场、其他航空运输辅助活动、装卸搬运、运输代理服务、谷物和棉花等仓储、其他仓储和其他寄递服务以及货运港口。

2. 建立评价指标体系

物流企业运营效率评价具有多个投入和多个产出，具有多元性和复杂性的特点，难以预先确定生产函数模型及其指标的权重。而 DEA 模型直接采用统计数据进行运算，不受指标量纲的限制，且不需要事先对指标进行相关性分析；同时，DEA 模型要求同质性，即选取同类型的 DMU 为决策单元，并进行分析比较，使得操作简单可行，因此适合多投入、多产出的产业评价活动。

1) 评价指标体系建立的原则

运用 DEA 方法进行评价的前提工作就是建立输入输出指标体系,评价体系的完善与否会对评价结果的好坏产生很大的影响。在具体的应用中,输入、输出指标的选取带有很强的任意性与主观性,用不准确的指标体系来评价系统必然会导致评价结果与实际发生很大偏差;评价指标的数量多少也会给评价结果带来影响。因此如何客观地、有效地、有针对性地选取输入、输出指标是 DEA 方法关键的基础问题之一。

纵观前人的研究成果,不难看出,DEA 方法评价指标体系的建立主要有以下五个原则:目的性;全面性;代表性;多样性;精简性。

2) 指标选取的依据

尽管 DEA 是一个多输入多产出的评价模型,但受结算结果准确性和模型计算方法的影响,我们在选取指标时要考虑三个方面的因素:首先是投入产出之间的非负性联系;其次是指标个数的问题,一般来说,DMU 的个数应该大于投入产出之积的 3 倍;最后,还要确定是使用综合性指标还是单一性指标,多数情况下我们采用两者的结合。

3. 指标的确定

由生产理论可知,人力、物力和财力构成了生产投入的组成部分,各种商品和服务则构成产出的组成部分。根据建立评价指标体系的原则以及结合我国物流业自身的特点、全国第二次经济普查数据所能提供的数据,选取的物流产业效率评价指标体系,如图 10-11 所示。

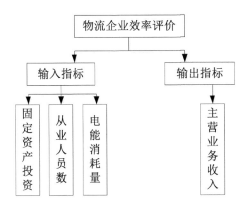

图 10-11 物流企业效率评价指标体系

一般来讲,输入指标主要从人力、物力和财力三方面考虑,人力方面选取交通运输业、仓储和邮政业从业人员数代表物流产业从业人员数,物力方面选取物流企业对电能的消费数量,财力方面选取了 20 个行业交通运输、仓储和邮政业固定资产投资额代表物流业固定资产投资额。

4. DEA 模型的选用

对具有不同规模收益条件下的 DEA 模型的研究是 DEA 研究的一项重要内容。CCR 模型是一个刻画生产规模与技术有效的 DEA 模型,而 BCC 模型是用来评价生产技术相对有效性的。使用 DEA 方法测算相对效率主要有两种模型:投入导向模型和产出导向模型。

这两种模型对应不同的经济含义，我们在实际应用中应该综合考虑评价目标和经济环境，并据以选择恰当的评价模型。

本 章 小 结

21世纪是一个充满了竞争和机遇的世纪，如何更好地满足顾客的个性化需求，如何缩短商品的生命周期，是生产制造行业迫在眉睫的事情。如何使企业所处的供应链在竞争中立于不败之地，如何有效降低物流运作成本，达到物流的运作系统流程优化，提高竞争力成为企业发展的关键问题。

本章主要从运营的基本理论入手，通过介绍运营的概念、运营系统的相关理论引申出物流运营模式，分别从物流运营网络协同规划、物流服务营销系统规划、物流运营效率评价系统规划三个方面阐述了物流运营系统规划内容和方法。通过本章的学习，读者可对物流运营的基本内容与供应链环境下的物流运营系统规划的方法和理论有一个初步的认识，为进一步改进和完善物流系统整体运营规划提供了有意义的参考指导。

思考与练习

1. 运营的概念是什么？
2. 简述物流运营模式。
3. 简述物流协同的效率优势。
4. 简述物流物流服务营销的内涵。
5. 物流营销的概念是什么？

参 考 文 献

[1] 戴恩勇,陈永红. 物流绩效管理[M]. 北京:清华大学出版社,2012.
[2] 恩勇. 集装箱多式联运策略研究[D]. 硕士论文:武汉理工大学,2005(4).
[3] 戴恩勇,赵敏. 农产品逆向物流[J]. 集团经济研究,2007(2).
[4] 戴恩勇,袁超. 农业生态系统循环物流研究[J]. 中国市场,2008(2).
[5] 周兰兰. 基于服务体系的物流营销模式研究[D]. 硕士论文:大连海事大学,2010(6).
[6] 江泽智,戴恩勇. 长株潭经济一体化与物流网络的互动[J]. 中国国情国力,2009(5).
[7] 王玉. 港口物流运营系统评价研究[D]. 硕士论文:大连海事大学,2010(6).
[8] 余冰,戴恩勇. RFID 在库存管理中应用的研究综述[J]. 物流技术,2011(1).
[9] 史磊. 基于协同理论的城乡物流运营网络一体化研究[D]. 硕士论文:长安大学,2011(4).
[10] 邹安全,戴恩勇. 肉制品企业物流监控系统安全评价[J]. 工业工程,2010(3).
[11] 邹安全. 企业物流工程[M]. 北京:清华大学出版社,2012.
[12] 薛冰. 基于企业工程理论的企业物流系统的体系结构研究[D]. 硕士论文:天津大学,2004(2).
[13] 薛晗. 供应链一体化战略研究[D]. 硕士论文:上海交通大学,2003(1).
[14] 付东文. 物流信息系统的设计和实践[D]. 硕士论文:南开大学,2004(3).
[15] 方静. 企业物流战略联盟构建与管理研究[D]. 博士论文:长安大学,2009(8).
[16] 于佳. 发展我国绿色物流的战略措施研究[D]. 硕士论文:长安大学,2006(3).
[17] 王小旭. 绿色物流的生态哲学基础及其运行机制研究[D]. 硕士论文:合肥工业大学,2010(4).
[18] 张琳琳. 绿色物流系统构建问题研究——以大连市为例[D]. 硕士论文:大连交通大学,2008(12).
[19] 李志权. 企业供应物流中循环取货的运作及成本节省研究[D]. 硕士论文:中南大学,2008(5).
[20] 陈云萍. 企业物流战略与物流绩效关系的实证研究[D]. 博士论文:河海大学,2007(2).
[21] 王言斌. 制造企业供应物流运作模式的构建[D]. 硕士论文:东华大学,2005(1).
[22] 邹安全,戴恩勇. 钢铁企业订货系统建模与仿真分析[J]. 中国工程科学,2009(2).
[23] 熊成. 基于精益思想的企业生产物流系统分析与设计[D]. 硕士论文:江苏大学,2007(6).
[24] 穆春涛. 基于客户服务质量的配送中心拣货系统优化研究[D]. 硕士论文:西南交通大学,2009(12).
[25] 张凤娟. 基于模糊理论的配送中心地址评价与消费者分类研究[D]. 硕士论文:天津大学,2005(6).
[26] 宋建阳,张良卫. 物流战略与规划[M]. 广州:华南理工大学出版社,2006.
[27] 陆华. 物流系统战略规划设计理论与方法研究[D]. 硕士论文:武汉理工大学,2003(3).
[28] 刘颖. 物流园区选址与总体布局研究[D]. 硕士论文:西安建筑科技大学,2005(4).
[29] 葛再雪. 物流园区规划的方法研究[D]. 硕士论文:同济大学,2008(12).
[30] 孙华灿. 基于综合运输网络的货运配流方法研究[D]. 博士论文:东南大学,2009(7).
[31] 刘磊. 配送中心设施布局规划与分拣系统仿真研究[D]. 硕士论文:中南大学,2008(11).